现代企业人力资源管理与市场营销

冯 奇 邱 超 冯子轩◎著

线装书局

图书在版编目（CIP）数据

现代企业人力资源管理与市场营销 / 冯奇, 邱超, 冯子轩著. -- 北京 : 线装书局, 2023.8
ISBN 978-7-5120-5586-5

Ⅰ. ①现… Ⅱ. ①冯… ②邱… ③冯… Ⅲ. ①企业管理－人力资源管理－研究②企业管理－市场营销－研究
Ⅳ. ①F272.92②F274

中国国家版本馆CIP数据核字(2023)第144727号

现代企业人力资源管理与市场营销
XIANDAI QIYE RENLI ZIYUAN GUANLI YU SHICHANG YINGXIAO

作　　者：冯　奇　邱　超　冯子轩
责任编辑：白　晨
出版发行：线装书局
地　址：北京市丰台区方庄日月天地大厦B座17层（100078）
电　话：010-58077126（发行部）010-58076938（总编室）
网　址：www.zgxzsj.com
经　　销：新华书店
印　　制：三河市腾飞印务有限公司
开　　本：787mm×1092mm　1/16
印　　张：9.5
字　　数：225千字
印　　次：2024年7月第1版第1次印刷

线装书局官方微信

定　　价：68.00元

前　言

当人们认识到人不仅仅是成本，而且更是资源、是资本的时候，管理学已经前进了一大步。自从泰罗把管理由经验变成科学的那一天起，人一直是管理学研究的中心和重点。今天，当历史跨进 21 世纪、人类进入知识经济信息经济的时代以后，人力资源在所有的生产要素中的地位已经成为最重要最关键的因素，人力资源管理也成为 21 世纪管理学的核心。

人力资源管理包括两个层面上的意义，一个是宏观层面，一个是微观层面。宏观层面涉及基础教育、成人培训、基础设施建设和制定科技发展战略以及人力资源的宏观配置机制等方面。在短期内，宏观层面上的人力资源是无法置换的，也是无法改变的。在微观层面上，主要涉及对人力这一资源进行有效开发、合理利用和科学管理，其终极目标是实现求才、用才、育才、激才和留才的管理模式。其实，也就是一个发现人才、得到人才、保住人才以及人才使用、人才培养、人才储备的系统工程。无论在短期还是在长期内，与宏观层面不同，一个企业、一个单位组织的人力资源是可以变化的，也是可以置换的。当然，人力资源管理的宏观层面和微观层面又是相互联系和相互影响的。

随着中国改革开放的进一步深化和市场经济的逐渐成熟，中国正在融入一体化的世界经济，并成为整个世界经济体系中的重要一员。中国走向世界，世界进入中国。今后，中国企业将面临一个结构更为复杂、变化日趋加快、机会与挑战并存的竞争环境。在这个环境中，终极的竞争是人才的竞争、是人力资源的竞争。第二次世界大战后许多国家的发展历程表明，不同的人力资源管理模式和政策，导致了不同的发展路径、发展模式和发展结果。美国和日本的不同人力资源管理模式都曾经创造了经济的辉煌和奇迹，但到了今天，又都暴露出了其自身的弱点和缺陷。这些经验和教训，都可以为中国在今后的国际竞争中如何针对自己的情况探寻一条适合中国国情的人力资源管理之路提供有益的参考。从这一角度出发，我们说，普及人力资源管理的理念和知识、掌握人力资源管理的基本理论和方法、把人力资源管理提升到企业管理的重要位置并成为企业战略的主要内容，是中国企业的当务之急。

由于编写者的理论水平和实践经验的欠缺，教材中肯定存在着许多不足甚至错误之处，欢迎广大读者批评指正。

前言

编委会

目　录

第一章　概　述

第一节　人力资源管理

一、人力资源管理的基本概念

随着科技的进步和社会经济的飞速发展，“人力资源是第一资源”已经被提到了战略层高度，其重要性不言而喻。要了解人力资源管理，首先要掌握人力资源管理的主要对象，即人力资源的概念和特征。

（一）人力资源的概念及特征

1.人力资源定义

人力资源一词，英文名称为“Human Resources”，指在一个国家或地区中，处于劳动年龄、未到劳动年龄和超过劳动年龄但具有劳动能力的人口之和，也称“人类资源”或“劳动力资源”“劳动资源”。这种劳动能力，构成了其能够从事社会生产和经营活动的要素条件，包括数量和质量两个方面。

通常来说，人力资源的数量为具有劳动能力的人口数量，其质量指经济活动人口具有的体质、文化知识和劳动技能水平。一定数量的人力资源是社会生产的必要先决条件。一般来说，充足的人力资源有利于生产的发展，但其数量要与物质资料的生产相适应，若超过物质资料的生产，则不仅消耗了大量新增的产品，而且多余的人力也无法就业，对社会经济的发展反而产生不利影响。在现代科学技术飞跃发展的情况下，经济发展主要靠经济活动人口素质的提高而提高。随着生产中广泛应用现代科学技术，人力资源的质量在经济发展中将起着越来越重要的作用。

人力资源的最基本方面包括体力和智力两个方面。从现实的应用形态看，其包括体质、智力、知识和技能四个方面。

具有劳动能力的人，不是泛指一切具有一定的脑力和体力的人，而是指能独立参加社会劳动、推动整个经济和社会发展的人。所以，人力资源既包括劳动年龄内具有劳动能力的人口，又包括劳动年龄外参加社会劳动的人口。

2.人力资源的相关概念

在理论与实践中，人口资源、人才资源与人力资源接近，且容易混淆，准确地把握这些概念和它们之间的相互关系，有助于我们准确地理解人力资源的实质、内涵及其重要性。

（1）人口资源、人才资源与人力资本的概念

人口资源是指一个国家或地区所拥有的人口总量，是一个最基本的底数，是一切人力资源、人才资源的最基本的人口资源，主要表现为人口的数量。在人口范围内，人分为劳动能力者、暂时不具备劳动能力而将来会具备劳动能力者以及丧失劳动能力者。

人才资源是指一个国家或地区中具有较多科学知识、较强劳动技能，在价值创造过程中起关键或重要作用的那部分人。人才资源是人力资源的一部分，即优质的人力资源。

人力资本是指人们花费在人力保健、教育、培训等方面的开支所形成的资本。这种资本就其实体形态来说是活的人体所拥有的体力、健康、经验、知识和技能及其他存量的总称。它可以在未来特定经济活动中给有关经济行为主体带来剩余价值或利润收益。简言之，人力资本的基本特征有二：凝结在人身上的“人力”；获利手段使用的“资本”。

与非人力资本比较，人力资本的根本特征在于这种资本体现、凝结和储存在特定的人身上，与作为其载体或天然所有者的个人不可分离，并经由这个人形成支配和使用才能发挥职能，其他任何人、经济组织或政府对人力资本的形成、支配和使用并从中获取收益都不能无视或超越他的载体、归属体或直接所有者个人而为之。在这个意义上说，人力资本是一种具有显著个体性或私人性的资本。

与非资本的人力比较，人力资本的根本特征在于它是为未来获得预期收益，在目前投资而形成的人力，是资产化了的人力资产，是可以进行货币计量、会计核算的作为获利手段使用的人力资源。

（2）人力资源、人口资源、人才资源三者的关系

应当说这三个概念的本质是有所不同的，人口资源和人才资源的本质是人，而人力资源的本质则是脑力和体力，从本质上来讲它们之间并没有什么可比性。就人口资源和人才资源来说，它们关注的重点不同，人口资源更多是一种数量概

念，而人才资源更多是一种质量概念。但是这三者在数量上却存在一种包含关系。在数量上，人口资源是三者中最多的，是人力资源形成的数量基础，人口资源中具备一定脑力和体力的那部分才是人力资源；而人才资源又是人力资源的一部分，是人力资源中质量较高的那部分，也是三者中最少的。在比例上，人才资源是最小的，是从人力资源中产生的，而人力资源又是从人口资源中产生的。

我国是拥有14亿人口的大国，人口资源丰富，但高素质的劳动力资源，特别是人才资源比较匮乏，主要表现为：劳动力素质结构失调，高素质劳动力供不应求；农村专业技术人才短缺；专业技术人才资源素质结构不能满足需要；高级专业技术人才不足。因此，注重教育、注重培养、注重人力资源的合理开发利用已经成为共识，只要我们坚持不懈，就能够充分利用我国人口资源的优势，不断增加人才资源数量，实现我国人口资源大国向人力资源强国的转变。

（3）人力资源和人力资本的联系与区别

人力资源和人力资本都是以人为基础产生的概念，研究的对象都是人所具有的脑力和体力，从这一点看两者是一致的。而且，现代人力资源管理理论大多都是以人力资本理论为根据的；人力资本理论是人力资源管理理论的重点内容和基础部分；人力资源经济活动及其收益的核算是基于人力资本理论进行的；两者都是在研究人力作为生产要素在经济增长和经济发展中的重要作用时产生的。

二者的区别在于：首先，在与社会财富和社会价值的关系上，两者是不同的，人力资本是由投资形成的，强调以某种代价获得的能力或技能的价值，投资的代价可在提高生产力过程中以更大的收益收回。因此，劳动者将自己拥有的脑力和体力投入到生产过程中参与价值创造，就要据此来获取相应的劳动报酬和经济利益，它与社会价值的关系应当说是由因致果的。而人力资源则不同，作为一种资源，劳动者拥有的脑力和体力对价值的创造有重要贡献作用。人力资源强调人力作为生产要素在生产过程中的生产、创造能力，它与社会价值的关系应当说是由果溯因的。

其次，两者研究问题的角度和关注的重点不同。人力资本是通过投资形成的存在于人体中的资本形式，是形成人的脑力和体力的物质资本在人身上的价值凝结，从成本收益的角度来研究人在经济增长中的作用，强调投资付出的代价及其收回，考虑投资成本带来多少价值，研究的是价值增值的速度和幅度，关注的重点是收益问题，即投资能否带来收益以及带来多少收益的问题。

人力资源则不同，它将人作为财富的来源，从投入、产出的角度来研究人对经济发展的作用，关注的重点是产出问题，即人力资源对经济发展的贡献有多大，对经济发展的推动力有多强。

最后，人力资源和人力资本的计量形式不同。众所周知，资源是存量的概念，而资本则兼有存量和流量的概念，人力资源和人力资本也同样如此。人力资源是指一定时间、一定空间内人所具有的对价值创造起到的贡献作用并且能够被组织所利用的体力和脑力的总和。而人力资本，从生产的角度看，往往是与流量核算相联系的，表现为经验的不断积累、技能的不断增进、产出量的不断变化和体能的不断损耗；从投资活动的角度看，它与存量核算相联系，表现为投入到教育培训、迁移和健康等方面的资本在人身上的凝结。

可见，人力资源和人力资本虽然相关联但却是含义不同、外延有差异的概念。

3.人力资源的特征

人力资源是一种特殊而又重要的资源，是各种生产力要素中最具有活力和弹性的部分，具有以下基本特征。

（1）能动性

能动性或主体性是人力资源的首要特征，是与其他一切资源最根本的区别。人力资源具有思想、情感，具有主观能动性，能有目的、有意识地主动利用其他资源去工作，而其他资源则处于被动利用的地位。一切经济活动的基础都是人的活动，由人的活动引发、控制、带动其他资源的活动。另外，在经济活动中，人力资源是唯一有创造作用的因素。经济活动的生命是发展、进取、创新，而只有人力资源才能担负起这种发展、进取和创新的任务，其他任何生产要素都不具有这样的能力。

（2）时效性

人力资源存在于人的生命中，是一种具有生命的资源，其形成、开发和利用都要受到时间的限制。作为生命有机体的人有生命的周期：幼年期、少年期、青春期、中年期和老年期。由于每个时期人的体力、智力和成熟度不同，劳动能力也不同，因此这种资源在各个时期的可利用程度也不同。生命周期和人力资源是一种“倒U”形关系，这就决定了必须在早期对人力资源进行开发和利用，否则就浪费了宝贵的人力资源。同时，科技的不断进步加速了人的知识和技能的老化速度，使人力资源的时效性更为突出。

（3）可再生性

与物资资源相似的是，人力资源在使用过程中，也会出现“有形磨损”和“无形磨损”。“有形磨损”是指人自身的自然衰老和疲劳，是不可抗拒的消耗。“无形磨损”是指人的知识和技能的老化、意识的敏觉性下降、意志的消磨以及斗志和士气的下降等。但是，一方面，由于总体人口的再生产、劳动力的再生产以及个体的体能在生产过程中消耗之后可以通过休息并补充能量得到恢复；另一方面，人的知识和技能可以通过持续不断的学习、培训和潜能开发等手段得到不断的更新，因此人力资源是可以再生的。这就要求对人力资源的管理注重终身教育，加强后期培训和开发，不断提高员工的德才水平。

（4）双重性

人力资源既是投资的结果，又是财富的创造者；既是生产者，又是消费者。人力资本的投资程度决定了人力资源质量的高低。从生产和消费的角度看，人力资本投资是一种消费行为，并且这种消费行为是必需的，先于人力资本收益，即先期投资，后期收益。人力资源的双重性要求我们既要重视对人口数量的控制，又要重视对人力资源的投资、开发和利用。

（5）社会性

社会性是人的本质特征。人力资源受到社会、文化和时代等因素的影响，从而具有社会属性。社会政治、经济和文化的不同，会导致人力资源质量的不同。不同的社会和民族有不同的价值观，不同的个体也有不同的价值取向、信仰和行为模式，这就要求在劳动力多元化和跨国经营的背景下，人力资源管理注重团队管理的建设，注重人与人、人与群体、人与社会的关系以及利益的协调和整合，倡导团队合作和相互包容的精神。

（6）不可分割性

人力资源之所以能够创造价值，是因为它所具有的积极态度和工作能力。但是，人的态度和能力与人本身是不可分割的。现在国内的很多企业面临的问题是，能力很强的人走了，绩效就急剧下滑，甚至企业倒闭。对此，组织要设法留住比较有价值的人力资源，做好知识管理工作，确保“人走知识留”“人走经验留”。

（7）可变性

人力资源与物资资源不同，在使用过程中，它发挥作用的过程会有所变动，从而具有一定的可变性。人力资源是人所具有的智力和体力，必须以人为载体，因此人力资源的使用就表现为人的劳动过程，而人在劳动过程中又会因为心理状态不同而影响劳动的效果。例如，当受到有效的激励时，他会主动地进行工作，较充分地发挥自身的能力，人力资源的价值就得到充分的发挥；相反，人力资源的价值就不会得到充分的发挥。所以，人力资源作用的发挥具有一定的可变性，不同的条件下，人力资源创造的价值也不同。

（二）人力资源管理的含义

人力资源管理从产生至今，经过近一个世纪的发展，早已超越了培训、选拔、绩效管理、薪酬设计等单一功能的人事管理，演化成为目前为保持组织持久竞争力而进行的一种开发“人”的“活的资源”管理体系。

1.人力资源管理的含义

人力资源管理作为企业的一种职能性管理活动的提出，最早源于工业关系和社会学家怀特·巴克发表的《人力资源功能》一书。该书首次将人力资源管理作为管理的普遍职能来加以讨论。

美国著名的人力资源管理专家雷蒙德·A·诺伊等在其《人力资源管理：赢得竞争优势》一书中提出：人力资源管理是指影响雇员的行为、态度以及绩效的各种政策、管理实践以及制度。

美国的舒勒等在《管理人力资源》一书中提出：人力资源管理是采用一系列管理活动来保证对人力资源进行有效的管理，其目的是实现个人、社会和企业的利益。

加里·德斯勒在《人力资源管理》一书中提出：人力资源管理是为了完成管理工作中涉及人或人事方面的任务所需要掌握的各种概念和技术.

迈克·比尔则提出人力资源管理包括会影响公司和雇员之间关系的（人力资源）所有管理决策和行为。

综合以上定义，人力资源管理是指根据企业发展战略的要求，有计划地对人力资源进行合理配置，通过对企业中员工的招聘、培训、使用、考核、激励、调整等一系列过程，调动员工的积极性，发挥员工的潜能，为企业创造价值，确保企业战略目标的实现。这些活动主要包括企业人力资源战略的制定、员工的招募与选拔、培训与开发、绩效管理、薪酬管理、员工流动管理、员工关系管理、员工安全与健康管理等。

人力资源管理的内涵至少包括以下内容：一是任何形式的人力资源开发与管理都是为了实现一定的目标，如个人家庭投资的预期收益最大化、企业经营效益最大化及社会人力资源配置最优化。二是人力资源管理只有充分有效地运用计划、组织、指挥、协调和控制等现代管理手段才能达到人力资源管理目标。，三是人力资源管理主要研究人与人关系的利益调整、个人的利益取舍、人与事的配合、人力资源潜力的开发、工作效率和效益的提高以及实现人力资源管理效益的相关理论、方法、工具和技术。四是人力资源管理不是单一的管理行为，必须将相关管理手段相互配合才能取得理想的效果。例如，薪酬必须与绩效考核、晋升、流动等相配套。

人力资源管理的主要任务就是以人为中心，以人力资源投资为主线，研究人与人、人与组织、人与事的相互关系，掌握其基本理念和管理的内在规律，充分开发、利用人力资源，不断提高和改善职业生活质量，充分调动人的主动性和创造性，促使管理效益的提高和管理目标的实现。

人力资源管理的基本任务是根据企业发展战略要求，吸引、保留、激励与开发企业所需人力资源，促成企业目标实现，从而使企业在市场竞争中得以生存和发展。具体表现为：求才、用才、育才、激才、护才和留才。

人力资源管理的最终目标是通过促进人与工作的有效匹配，促进企业战略的实现。

2.与传统人事管理的区别

人力资源管理与人事管理既有历史上的渊源关系，又有本质的区别。它们不仅是称谓的变换和职能部门名称的改变，而且有着下列区别。

传统人事管理将事作为重心，把人降格为“执行指令的机器”，着眼于为人找位，为事配人。而人力资源管理则将人作为重心，把人作为第一资源，既重视以事择人，也重视为人设事，尤其对特殊的人力资源。

传统人事管理将人视为组织的财产，部门所有、闲置和压抑等现象严重，只重拥有、不重开发利用。人力资源管理将人力资源作为劳动者自身的财富。作为人力资本，它有增值的本能。因而个人、组织和社会均重视人力资源的开发利用，一旦闲置或遭到压抑，就在市场机制作用下重新配置。

传统人事管理的主体是行政部门，管理制度受到领导人意志左右，个人、组织包括企业均是被动的接受者。而人力资源管理的主体也就是市场运行的主体，它们的行为受到市场机制的左右，遵循市场通行规则和人力资源管理自身特有的规律。

传统人事管理的部门作为组织内的一个从事执行的职能部门，从事日常的事务性工作。而人力资源管理部门被纳入决策层，把人的开发、利用、潜能开发作为重要内容，鼓励成员参与管理，将人力资源管理部门作为组织战略决策的参与者，管理模式也由“垂直”模式过渡到“主体”模式。

人力资源管理充分运用了当代社会学、心理学、管理学、经济学和技术学等学科的最新成果，更加强调管理的系统化、规范化、标准化以及管理手段的现代化，突出了管理者诸要素之间的互动以及管理活动与内外部环境之间的互动。

3.人力资源管理的功能

人力资源管理是以人为对象的管理，在某种意义和程度上，至少涉及以下五种功能。

（1）获取

根据组织目标，确认组织的工作要求及人数等条件，从而进行规划、招聘、考试、测评、选拔与委派。

（2）整合

通过企业文化、价值观和技能的培训，对已有员工进行有效整合，从而达到动态优化配置的目的，并致力于从事人的潜能的开发活动。

（3）保持

通过一系列薪酬、考核和晋升等管理活动，保持企业员工的稳定和有效工作的积极性以及安全健康的工作环境，增加其满意感，从而使其安心和满意地工作。

（4）评价

对员工工作表现、潜质和工作绩效进行评估和考核，为做出相应的奖惩、升降和去留等决策提供依据。

（5）发展

通过员工培训、工作丰富化、职业生涯规划与开发，促进员工的知识、技能和其他方面素质的提高，使其劳动能力得到增强和发挥，最大限度地实现其个人价值和对企业的贡献，达到员工个人和企业共同发展的目的。

4.人力资源管理的特征

从人力资源管理的含义可以看出，人力资源管理具有以下几个明显的特征

（1）综合性

人力资源管理是一门综合性的学科，需要考虑种种因素，如经济、政治、文化、组织、心理、生理、民族等。它涉及经济学、系统学、社会学、人类学、心理学、管理学、组织行为学等多种学科。

（2）实践性

人力资源管理的理论，来源于实际生活中对人的管理，是对这些经验的概括和总结，是现代社会化大生产高度发达，市场竞争全球化、白热化的产物。应该从中国实际出发，借鉴发达国家人力资源管理的研究成果，解决我国人力资源管理的实际问题。

（3）民族性

人的行为深受其思想观念和感情的影响，而人的思想观念和感情则受到民族文化的制约。因此，人力资源管理带有鲜明的民族特色。

（4）社会性

作为宏观文化环境的一部分，社会制度是民族文化之外的另一个重要因素。在影响劳动者工作积极性和工作效率的各因素中，生产关系和意识形态是两个重要因素，而它们都与社会制度密切相关。

（5）发展性

任何一种理论的形成都要经历一个漫长的时期，各个学科都不是封闭的、停滞的体系，而是开放的、发展的认识体系。随着其他相关学科的发展及人力资源管理学科本身不断出现的新问题、新思想，人力资源管理正进入一个蓬勃发展的时期。

（三）人力资源管理的重要性

1.人力资源管理在企业中的地位及作用

（1）人力资源管理在现代企业中的地位

企业管理是随着社会经济的发展、企业的不断进步而不断发展的，已经历了几个不同的历史发展阶段。在世界性新技术革命迅速发展的今天，现代企业管理较传统的企业管理有了巨大发展，具有很多新特点，形成了一系列新的发展趋势。人们在研究企业管理发生、历史演变的过程中，越来越清楚地认识到：对人的管理是现代企业管理的核心。现代企业管理的重心已经由过去对物的管理转移到对人的管理，这是现代企业管理发展的一个重要趋势。

如何看待人在管理中的地位和作用，这是传统管理理论与现代管理理论的一个重要区分标志。传统管理理论重视对生产过程和组织控制的分析研究，强调对“物”的要素的管理，把劳动者当作机器的附属物。而现代管理理论认为，人是社会中的人，管理的基本目的之一就是采用特定的方法，充分发挥人的积极性、主动性和创造性。有效的管理者总是既把人看作管理的对象和客体，又把人看作管理的主体和动力。现代管理的一个重要学派一行为科学学派认为，管理的首要问题是如何调动员工的积极性、激励人的动机。动机可以支配人的行为，有时一个能力差的人的工作成绩可能比能力强的人更好。一个处境艰难的企业通过企业家和全体员工的努力，有可能在很短的时间内超过比自己先进的企业，这是动机激励程度不同的结果。总之，企业要想在市场经济条件下生存和发展，就要重视人的因素，尤其要重视加强企业人力资源的开发和管理。

（2）人力资源管理在现代企业中的作用

人力资源管理是现代企业管理的核心。这一重要地位的确定，取决于人力资源管理在现代企业中的如下重要作用。

①科学化的人力资源管理是推动企业发展的内在动力。列宁曾指出，全人类首要的生产力就是工人和劳动者。在一定物质条件下，劳动者是推动生产力前进的决定性因素，这是因为人和物的根本不同，人是有理智的社会人，具有能动性和创造性。科学化的人力资源管理是以企业中的员工为对象的管理，它的中心任务是有效地开发和利用企业各级员工的潜能。无论是组织员工的招聘、录用、晋升、培训和绩效考评，还是确立完善员工的薪酬福利和社会保险制度，乃至不断地调整劳动和分工与协作，改善工作环境和劳动条件，实现劳动组织的科学化，其目的都是有效地开发利用企业的人力资源、挖掘潜力、降低消耗、提高工效。总而言之，以人力资源开发为主导的现代企业人力资源管理就是要通过有效的物质与精神鼓励，不断发掘员工的主观能动性和聪明才智，为企业的发展提供永不枯竭的内在动力。

②现代化的人力资源管理能够使企业赢得人才的制高点。随着科学技术的迅速发展、市场需求的不断变化，企业间的竞争将比以往任何时期都要激烈得多。

企业外部社会环境的深刻变化，促使企业竭尽全力去探寻克敌制胜的法宝，首先是占领生产经营战略的制高点。在激烈的市场竞争中，企业为了赢得经营战略上的先机，至少要占领五个制高点，即人才的制高点、资本的制高点、技术的制高点、产品的制高点和市场的制高点，而人才的制高点或者说是智力资本的制高点则是关键中的关键。在现代市场经济的发展中，跨国公司剧烈竞争的事实说明：企业之间的竞争实质上是人才的竞争、智力资本的竞争，哪个企业拥有大批高素质的人才，占据了智力资本上的优势，哪个企业就能开发、引进、采用最高、最新的技术，开发、研制出具有高技术含量、高品质、高附加值的产品，并运用最新的经营战略和战术去占领市场，最终在激烈的市场竞争中克敌制胜。所谓高素质的人才包括三类：一是具有经营战略头脑的企业家人才；二是掌握并具有开发能力的管理和技术人才；三是一大批训练有素，具有敬业、创业精神的员工队伍。现代化的人力资源管理，不仅为企业的经营管理者选拔和配置高素质的人力资源奠定了可靠的基础，而且为企业占领抢夺人才的制高点，并相继占领资本、技术、产品和市场的制高点，在激烈的市场竞争中立于不败之地提供了必要的决策依据。

总之，企业外部环境和内部条件是一个相辅相成的有机整体。如果企业仅有良好的外部环境，而缺乏内部动力，那么在激烈的竞争中不会“克敌”，也不可能“制胜”，反之亦然。

人力资源管理之所以成为现代企业管理的核心、中心和重心，正是因为企业需要充足丰富的动力，需要在日益激烈的市场竞争中赢得总体发展战略的制高点。

2.企业人力资源管理的原理和职能

（1）两种不同的人力资源管理哲学

所谓的哲学是关于世界观的学说，是对自然和社会知识的概括和总结。而人力资源管理哲学，则是人力资源管理的世界观，是对人力资源管理知识的高度概括和总结。

从某种意义上说，管理的任务和目标是实现组织中资源的有效配置。组织中的人力、物力、财力等各类资源配置，是通过对相对稀缺的资源在各种可能的生产经营用途之间做出的选择，或者说是对各种资源在不同使用方向上的分配，以获得最佳经济效益和社会效益的过程。组织中各种生产要素的补充、调节是通过外部市场的作用来保证的，而组织内部人力、物力和财力三大资源的合理有效配置则必须通过有效的科学管理来实现。

人力资源管理理论是以组织中的人力资源为核心，研究如何实现人力资源与其他资源合理配置的学问。现代人力资源管理理论与传统的人事管理理论之间存在着明显的不同。首先，它比传统的人事管理更具战略性和预见性。传统的人事管理基本上是一种业务性管理，好比是机器的润滑油，需要的时候才能发挥作用，而现代人力资源管理不仅兼顾局部还要总揽全局；不仅要应对当前更要考虑长远，一切着眼于未来。其次，它比传统的人事管理更具系统性、科学性和可行性。现代人力资源管理吸收了当代各种相关学科的最新研究成果，为我所用，形成了自己完整的概念和理论体系。同时，它所阐述的基本原理、基本观点和基本方法，经受了长期的实践检验，被证明是科学的、正确的和可行的。但是，这些特点尚不足以完全区分现代人力资源管理理论与传统人事管理理论的本质区别。

事实上，现代人力资源管理理论与传统人事管理理论基于两种不同的管理哲学。

一种哲学将员工看成单一的技术要素，认为他们或多或少地、有意无意地总是与组织的目标和管理发生抵触。为了实现组织的目标，必须将员工置于严密的监督和控制之下。因此，应当采用“用人成事，军令如山，严格控制，步步为营”的策略。

另一种哲学则认为员工是组织中“活”的要素，是最具主动性、积极性和创造性的一种特殊的资源，他们具有内在的无限的建设性潜力。员工的建设性潜力开发的程度，完全取决于管理。可以说，人的成长和组织的发展同等重要。因此，对员工应当采取“乐于成事，积极主动，勤奋工作，自立自强，有所提高，有所创新，有所前进”的策略。

上述两种不同的人力资源管理哲学的根本区别就在于：一个是“用人做事”，另一个是“乐于成事”，中华人民共和国成立前的民族资本家在这方面也不亚于西方资本家的原始积累，如天津三条石工人所举证的“昧心钟”，乃至各种奴役工人的“惩罚律条”，都充分证明了传统人事管理与现代人力资源管理在理念上的根本区别。

总之，现代人力资源管理理论完全冲破了传统人事管理理论的“桎梏”，不再把员工看成一种“技术要素”，而是“内在的无限建设潜力的最活泼的要素”。它将员工作为一种能使组织在激烈的竞争中生存和发展、始终充满生机和活力的特殊资源，刻意地加以发掘；它不再把员工置于“严密的监督和控制之下”，而是要为他们提供并创造良好的环境、氛围和条件，使其主观能动性和潜力得到充分发挥；它不再容忍滥用权力造成士气低落，乃至人力资源的浪费，而是像保护自然资源为人类造福一样，更加珍惜和爱护人力资源。这是因为人力资源是各种资源中最宝贵的资源，是创造社会物质财富的源泉。

（2）现代人力资源管理的基本原理

为了有效地对企业人力资源进行管理，应掌握以下基本原理。

①同素异构原理。同素异构原理一般是指事物的成分因在空间组合关系和方式上的不同，即在结构形式和排列次序上的不同，会产生不同的结果，引起不同

的变化。例如，在群体成员的组合上，同样数量和素质的一群人，由于排列、组合不同而产生不同的效应；在生产过程中，同样人数和素质的劳动力因组合方式不同，其劳动效率高低也不同。

同素异构是化学中的一个重要原理，最典型的例子就是金刚石与石墨，其构成是同样数量的碳原子，但由于碳原子之间在空间上的排列方式与组合关系的不同，形成了在物理性质上差别极为显著的两种物质——坚硬无比的金刚石和十分柔软的石墨，两者在色泽与导电等方面也迥然不同。

通过这一原理，企业必须建立有效的组织人事调控机制，根据企业生产经营的需要，重视组织内部各种信息的传递与反馈，不断对组织和人员结构方式进行调整，以保证系统的正常运行。

②能位匹配原理，人员招聘、选拔与任用机制。能位匹配原理是指根据岗位的要求和员工的能力，将员工安排到相应的工作岗位上，保证岗位的要求与员工的实际能力相一致、相对应。“能”是指人的能力、才能；“位”是指工作岗位、职位；“匹配”是指一致性与对称性。企业员工聪明才智发挥得如何，员工的工作效率和成果如何，都与人员使用上的能位适合度成函数关系。能位适合度是人员的“能”与其在其“位”的配置程度。能位适合度越高，说明能位匹配越合理、越适当，即位得其人、人适其位、适才适所，这不仅会带来高效率，而且会促进员工能力的提高和发展，反之亦然。

根据这一原理，企业必须建立以工作岗位分析与评价制度为基础，运用人员素质测评技术等科学方法甄选人才的招聘、选拔、任用机制，从根本上提高能位适合度，使企业人力资源得到充分开发和利用。

③互补增值、协调优化原理，员工配置运行与调节机制。互补增值、协调优化原理是充分发挥每个员工的特长，采用协调与优化的方法，扬长避短，聚集团体的优势，实现人力、物力和财力的合理配置。人作为个体，不可能十全十美，而作为群体，则可以通过相互结合、取长补短，组合成最佳的结构，更好地发挥集体力量，实现个体不能达到的目标。在贯彻互补原则时，还应当特别注意主、客观因素之间的协调与优化。所谓协调，就是要保证群体结构与工作目标相协调，与企业总任务相协调，与生产技术装备、劳动条件和内外部生产环境相协调。所谓优化，就是经过比较分析，选择最优结合方案。

互补的形式是多层次、多样化的，如个性互补、体力互补、年龄互补、知识互补、技能互补、组织才能互补、主客观环境和条件互补等。

④效率优先、激励强化原理，员工酬劳与激励机制。效率优先、激励强化原理是指将提高效率放在首要位置，通过有效激励，使员工明辨是非，认清工作的目标和方向，保持持续不竭的内在动力。在企业中，一切工作都要以提高效率为

中心，时时刻刻将提高效率放在第一位，各级主管应当充分有效地运用各种激励手段，对员工的劳动行为实现有效激励。例如，对员工要有奖有惩、赏罚分明，才能保证各项制度的贯彻实施，才能使每个员工自觉遵守劳动纪律、严守岗位、各司其职、各尽其力。如果干与不干、干好与干坏都一样，就不利于鼓励先进、鞭策后进、带动中间，也不利于把企业的各项工作搞好。

此外，通过企业文化的塑造，特别是企业精神的培育，教育、感化员工，以提高组织的凝聚力和员工的向心力；通过及时的信息沟通和传递，以及系统的培训，员工可以掌握更丰富的信息和技能，在观念上、知识上发生转变和更新。

⑤公平竞争、相互促进原理，员工竞争与约束机制。公平竞争、相互促进原理是在企业的人事活动中坚持“三公”原则，即待人处事、一切人事管理都必须坚持“公平、公正和公开”的原则，提倡起点相同、规则相同、标准相同，提倡考评公正、奖惩公正、政务公开，采取比赛、竞争的手段，积极开展“比、学、赶、帮、超”活动，激发员工的斗志，鼓舞员工的士气，营造良好的氛围，调动员工的积极性、主动性和创造性。在企业中，为了促进生产任务的完成，应当提倡员工相互比赛、相互竞争。在社会主义市场经济条件下，企业要为员工搭建一个体现“三公”原则的大舞台，将绝大多数员工吸引到这个“效率优先、平等竞争”的舞台上，使他们能够大显身手，施展本领，发挥自己的才能。在企业中，应当创造一切条件鼓励员工在生产产量、质量、技术操作等方面相互比赛、相互竞争，使员工的才能在竞争中得到充分开发和利用。

⑥动态优势原理，员工的培训开发、绩效考评与人事调整机制。在工作活动中，员工与岗位的适合度是相对的，不适合、不匹配是绝对的。因此，应当注重员工的绩效考评及员工潜能和才智的开发，始终保持人才竞争的优势。社会中的一切事物和现象都处于变动之中，企业的员工也处于变动之中，“流水不腐，户枢不蠹”，从优化组织的角度看，企业员工必须有上有下、有升有降、有进有出，不断调整、合理流动，才能充分发挥每个员工的潜力、优势和长处，使企业和员工个人都有收益。

二、人力资源管理的历史沿革

（一）人力资源管理的起源

1.人事管理

人力资源管理起源于人事管理，而人事管理的起源则可以追溯到非常久远的年代。

18世纪末，瓦特蒸汽机的发明与推广引发了工业革命，改变了以前家族制和手工行会制的生产方式，并出现大量的实行新工厂制度的企业，这些企业在日益激烈的竞争环境中发展壮大成为19世纪初的时代特色。竞争与发展要求这些企业进一步扩大规模，但制约扩大规模的主要“瓶颈”却是企业主们以前从未遇到过的劳工问题。其产生的主要原因在于当时人们不喜欢也不习惯于工厂的劳动方式：工厂工作很单调，一年到头都得按时上班，接受新的监督制度和按机械速度劳动，以及时时刻刻都要全神贯注等。这导致企业很难找到足够的工人，尤其是技术工人。上述劳动问题的解决措施导致福利人事概念的形成和发展。所谓福利人事，即由企业单方面提供或赞助的、旨在改善企业员工及其家庭成员的工作与生活的一系列活动和措施。

同样关注劳工问题的泰勒认为，劳动组织方式和报酬体系是生产率问题的根本所在。他呼吁劳资双方都要进行一次全面的思想革命，以和平代替冲突，以合作代替争论，以齐心协力代替相互对立，以相互信任代替猜疑戒备。他建议劳资双方都将注意力从盈余分配转到盈余增加上，通过盈余增加，使劳资双方不再为如何分配而争吵。为此，泰勒提出了科学管理原则。泰勒的科学管理思想对人事管理概念的产生具有举足轻重的影响。

一方面，它引起了人们对人事管理的关注，并推动了人事管理职能的发展。

另一方面，科学管理宣扬管理分工，从而为人事管理职能的独立提供了依据和范例。

福利人事与科学管理的融合使人们认识到，过去由一线管理人员直接负责招聘、挑选、任命、培养、绩效考核、薪酬、奖励等工作的做法，已经不能适应企业组织规模扩大的现实，企业要做好对人的管理这项工作，必须要有相应的专业人士，这为人事管理作为参谋部门而非直线部门的出现奠定了基础。

2.人事管理的演进

20世纪30年代的霍桑实验为人事管理的发展开拓了新的方向。霍桑实验证明，员工的生产率不仅受到工作设计和员工报酬的影响，而且受到社会和心理因素的影响。因此，有关工作中人的假设发生了变化，工业社会学、工业关系学、人际关系学和组织行为学等新学科应运而生，推动了人事管理的迅速发展，主要表现在以下几个方面。

①工业社会学将企业作为一个社会系统，研究组织化的员工问题，并强调社会相互作用，要求在各个组成部分之间保持平衡。当这一思想被运用于人事管理领域时，员工参与、工会与管理层合作、员工代表计划等进入了人事管理研究者与实践者的视野。

②工业关系学认为，管理层与工人在关于如何分配由先进的技术化社会所创造的盈余上存在着必然的矛盾，而这种工业化冲突的解决不在于人际关系，在于

克服管理层和有组织的工人之间的利益和意识形态上的冲突，工业化的和谐只有通过集体的讨价还价以及专业的工业关系专家参与才可能实现。因此，工业关系专家登上了人事管理的舞台，化解劳资冲突、集体谈判等又成为人事管理的职责。

③人际关系学以管理应该更多地关心人而不是关心生产力为核心观点，强调管理的社会和人际技能而不是技术技能，强调通过团体和社会团结来重建人们的归属感，强调通过工会、参与领导以及将工厂中的正式组织与非正式组织集合起来使权力平均化。沟通成为人事管理的主要任务和必备技能，员工满意度成为衡量人事管理工作的重要标准。

④组织行为学是在人际关系学的基础上形成的管理科学中的一门学科。它着眼于一定组织中的行为研究，重视人际关系、人的需要、人的作用和人力资源的开发利用。这一学科的出现对管理科学的发展产生了重要的影响，使其由以“事”与“物”为中心的管理发展到以“人”为中心的管理；由靠监督与纪律的管理发展到动机激发、行为引导的管理；由独裁式管理发展到参与式管理，它的应用成果得到了普遍的重视。

进入20世纪六七十年代，西方涉及人事和工作场所的相关立法急剧增加，并且立法的关注点也从工会与管理层间的问题转向了员工关系。随着各项法律的出台，企业很快意识到，卷入与员工或雇佣有关的司法诉讼的花费巨大。于是，大量的律师走进了人事部，规范直线经理管理行为的合法性，尽可能地为企业避免司法诉讼，以及直接处理有关的司法诉讼等人事管理的新职能。

20世纪80年代是一个充满了持续而快速的组织变革的时代，杠杆收购、兼并、剥离等事件层出不穷，人事管理也进入了企业更高的层次，从关注员工道德、工作满意度转变为关注组织的有效性。高级的人事主管开始参与、讨论有关企业未来发展方向、战略目标等问题，工作生活质量、工作团队组织、组织文化等成为人事管理的重要内容。

（二）人力资源管理的发展与成熟

1.西方人力资源管理的发展历史

西方学者对人力资源管理的发展阶段进行了深入的研究，提出了各自的观点。典型的理论包括六阶段论、五阶段论、四阶段论、三阶段论和二阶段论，它们从不同的角度揭示了人力资源管理渐进发展的历史。

（1）六阶段论

以美国华盛顿大学的弗伦奇为代表，从管理的历史背景出发，将人力资源管理的发展划分为六个阶段。

第一阶段：科学管理运动阶段。这一阶段以泰勒（Taylor）和吉尔布雷斯

（Gilbreth）夫妇为代表，关注重点主要是工作分析、人员选拔、培训和报酬方案的制定以及管理者职责的划分。

第二阶段：工业福利运动阶段。在此阶段，企业出现了福利部、社会秘书或福利秘书，专门负责员工福利方案的制定和实施，员工的待遇和报酬问题成为管理者关心的重要问题。

第三阶段：早期工业心理学阶段。这一阶段以心理学家雨果·芒斯特伯格等人为代表的心理学家的研究成果，推动了人事管理工作的科学化进程。个人心理特点与工作绩效关系的研究、人员选拔预测效度的提出，使人事管理开始步入科学化的轨道。

第四阶段：人际关系运动阶段。这一阶段的代表是梅奥等人，由他们发起的以霍桑实验为起源的人际关系运动，推动了整个管理学界的革命，也影响了人力资源管理。人力资源管理开始由以工作为中心转变到以人为中心，把人和组织看成社会系统。此阶段强调组织要理解员工的需要，这样才能让员工满意并提高生产率。20世纪三四十年代，美国企业管理界流行着一种“爱畜理论”，在爱畜牛奶公司的广告中说爱畜来自愉快的奶牛，因此品质优良。研究人员认为愉快的员工的生产率会比较高，于是公司用郊游和员工餐厅等办法来试图改善员工的社会环境，提高士气，从而提高生产率。实际上，这一理论夸大了员工情感和士气对生产率的影响，最终实践表明，良好的人际关系可以提高生产率的理念不可靠。

第五阶段：劳工运动阶段。雇佣者与被雇佣者的关系，一直是人力资源管理的重要内容之一，从1842年美国马萨诸塞州最高法院对劳工争议案的判决开始，美国的工会运动快速发展；1869年就形成了全国的网络；1886年，美国劳工联合会成立；大萧条时期，工会也处于低潮；到1835年美国劳工法案，即瓦格纳法案（Wagner Act）的颁布，工会才重新兴盛起来。罢工现象此起彼伏，缩短工时、提高待遇的呼声越来越高，出现了集体谈判。到20世纪六七十年代，美国联邦政府和州政府连续颁布了一系列关于劳动和工人权利的法案，促进了劳工运动的发展，人力资源管理成为法律敏感行业。对工人利益的重视、工人权利的重视，成为组织内部人力资源管理的首要任务。

第六阶段：行为科学与组织理论时代。进入20世纪80年代，组织管理的特点发生了变化，人的管理成为主要任务。从单个的人到组织人，把个人放在组织中进行管理，强调文化和团队的作用，这成为人力资源管理的新特征。

（2）五阶段论

以罗兰（K.M.Rowland）和菲利斯（G.R.Ferris）为代表的学者则从管理发展的历史角度将人力资源管理的发展阶段划分为五个阶段。

第一阶段：工业革命时代。

第二阶段：科学管理时代。

第三阶段：工业心理时代。

第四阶段：人际关系时代。

第五阶段：工业生活质量时代。

五阶段论中关于前四个阶段的划分与六阶段论是一样的。此观点的独特之处，是把工作生活质量作为一个独立的阶段提出来。工作生活质量一般有两种含义，一种是指一系列客观的组织条件及其实践，包括工作的多样化、工作的民主性、员工参与、工作的安全性等；另一种是指员工工作后产生的安全感、满意程度以及自身的成就感和发展感。

第一种含义比较强调工作的客观状态；第二种含义比较强调员工的主观需要。将这两种含义结合起来，工作生活质量是指员工在工作中所产生的生理和心理健康的感觉。美国的一项调查研究表明，在辞职的打字员中，有60%是由于工作枯燥无聊，而不是因为工作任务繁重而辞职的。影响工作生活质量的因素有很多，为了提高员工的工作生活质量，企业可以采取一系列措施。

工作生活质量的核心是员工参与管理，参与的方法有很多，并且还在不断推陈出新。从美国的实践看，工人参与企业管理的形式主要有建立质量控制小组以及解决各种问题的小组，劳资双方合作，参与工作设计和新工厂设计，实现收益分享和利润分享以及斯坎隆计划，实行企业雇员所有制。

（3）四阶段论

持这种观点的学者以科罗拉多（丹佛）大学的学者韦恩·福·卡肖为代表，他从功能的角度将人力资源管理的发展历程划分为四个阶段。

第一阶段：档案保管阶段。这一阶段，人事管理的主要工作就是招聘、录用、培训、人事档案管理。随着雇主对员工的关心程度的增加，新员工的录用、岗前教育、个人资料的管理等工作，都由人事部门或专门的人员负责，但在这一阶段缺乏对工作性质、目标的明确认识，也没有清晰的条理和制度。

第二阶段：政府职责阶段。这一阶段的特点是政府介入和法律规定开始在各个方面影响员工雇佣，但企业的高层领导人仍将人力资源管理的成本视为非生产性消耗。

以美国为例，继1964年通过《民权法》之后，政府相继通过了《种族歧视法》《退休法》《保健安全法》等涉及公民雇佣的多种法规，企业如果违反这些法规就会造成巨大的经济损失。这就迫使企业各层领导对劳动人事管理工作给予足够的重视，要求日趋严格，不允许任何环节有丝毫的疏忽，力求避免和缓解劳资纠纷，在出现劳资纠纷时能够争取主动。美国电话电报公司曾经于1973年与联邦政府达成一项协议，同意将晋升到管理职位上的女员工的起点工资与晋升到同样职位上的男员工的工资拉平。这本属于纠正性别歧视的合理之举，但在当时的企业中却被认为是“错误的人事管理”，因为该公司为此多支付了3亿多美元。正是在上述背景条件下，企业人事管理工作不得不强调规范化、系统化和科学化。工作内容逐渐形成了主要包括吸收、录用、维持、开发、评价和调整的工作链，完成上述各种任务所需要的各类人事专家也纷纷进入企业。而为此所支出的一切费用，仍然被许多企业的高层管理者视为整个组织的非生产性消耗，企业不过是为了应付政府不得已而为之。所以，这个阶段称为“政府职责”阶段。

第三阶段：组织职责阶段。进入20世纪80年代后，企业领导人不再认为人事管理是“政府的职责”，而把它真正视为自己企业的“组织的职责”，人力资源管理和开发成为企业人事部门的职责。

这种认识的转变是有历史背景的。首先，心理学、社会学和行为科学日益渗透企业管理领域，在这种学科交融的基础上形成的理论日益受到企业的重视，并被广泛接受。其次，1972-1982年，美国的生产率平均年增长0.6%，而同期的日本、西德和法国则分别增长了3.4%、2.1%和3%，员工的懒散和管理的平庸使企业高层领导日益忧虑再次，劳资关系日益紧张。最后，政府官员对企业进行了非公正的干预，再加上劳动力的多样化、教育水平的提高，导致对人的管理更加困难。因此，企业高层领导被迫从企业内部寻找出路，发现人力资源管理是一个重要的突破口，认为人力资源是一种重要的战略资源，是企业兴衰的关键。为此，企业开始吸收人事经理进入企业高层领导集团，共同参与企业的经营决策。20世纪80年代初期，美国和欧洲纷纷出现了人力资源开发和管理组织，人事部改名为人力资源管理部，企业从强调对物的管理转向强调对人的管理。

第四阶段：战略伙伴阶段。把人力资源战略作为公司重要的竞争战略，或者从战略的角度考虑人力资源管理问题。把人力资源管理与公司的总体经营战略联系在一起，是20世纪90年代后企业人力资源管理的重要发展。

（4）三阶段论

这种观点的代表是福姆布龙（Fombrun）、蒂奇（ticky）和德兰纳（deanna），他们从人力资源管理所扮演的角色和所起的作用这一角度把人力资源管理的发展划分为三个阶段。

第一阶段：操作性角色阶段。在此阶段，人力资源管理的内容主要是一些简单的事务性工作，在管理中发挥的作用并不是很明显。

第二阶段：管理性角色时代。人力资源管理在这一阶段开始成为企业职能管理的一部分，承担着相对独立的管理任务和职责。

第三阶段：战略性角色阶段。随着竞争的加剧，人力资源在企业中的作用越来越重要，人力资源管理开始纳入企业的战略层次，要求从企业战略的高度来思考人力资源管理的相关问题。

（5）二阶段论

国内学者赵曙明从人事管理和现代人力资源管理之间的差异性角度，将人力资源管理的发展历史划分为人事管理和人力资源管理两个阶段。

第一阶段：人事管理阶段。人事管理阶段又可具体分为以下几个阶段：科学管理阶段；霍桑实验和人际关系运动阶段；组织行为学理论的早期发展阶段。

第二阶段：人力资源管理阶段。人力资源管理是作为替代传统的人事管理的概念提出来的，它重在将人看作组织中一种重要资源来探讨如何对人力资源进行管理和控制，以提高人力资源的生产效率，帮助组织实现目标。人力资源管理阶段又可分为人力资源管理的提出和人力资源管理的发展两个阶段。

对人力资源管理的发展阶段进行划分，目的并不在于这些阶段本身，而是要借助于这些阶段来把握人力资源管理整个发展脉络，从而更加深入地理解它。因此，对于阶段的划分并没有绝对的标准和绝对的对错。

2.我国人力资源管理的发展历史

中华人民共和国成立以来，我国企业管理发展经历了计划经济、经济改革两大发展阶段。人力资源管理的发展是从单一计划体制下的人事管理到目前多种所有制并存的人力资源管理，可以分为四个发展阶段。

（1）人事管理阶段

中华人民共和国成立以后，我国确定了计划经济的经济体制。与经济体制相适应，实行“统包统配”的就业制度，企业没有用人的自主权，不能自行招聘所需的人员；人员只进不出，没有形成正常的退出机制；在企业内部，对员工没有考核，大家干好干坏都一样，干多干少都一样；工资分配中存在着严重的平均主义，与工作业绩和工作岗位没有任何关系。

在此阶段，人事管理的主要内容是一些流程性的事务性的工作，如员工人事档案管理、招工录用、劳动纪律、考勤、职称评定、离职退休、计发工资等。企业人事部完全服务于国家的政策，配合国家有关政策的落实完成。内部听命于厂长或经理，外部听命于政策部门，工作技术含量很低。人事主管充其量是一个高级办事员的论断由此得来。至今仍有不少人认为人力资源管理是一个没有专业的工作，只有那些专业水平不高、技术能力不强的人才去做人力资源管理。

（2）人力资源管理阶段

党的十一届三中全会特别是改革开放以来，随着我国经济体制改革的不断深入，国有企业的劳动人事工作也在不断进步。1979年，国务院颁发了《关于扩大国营工业企业经营自主权的若干规定》（简称《规定》），重新规定了企业人事管理的职责权限范围《规定》指出：允许企业根据生产需要和精简效能的原则决定自己的机构设置和人员配备；企业有权根据国家下达的劳动指标进行招工，进行岗前培训；企业有权对成绩优异、贡献突出的职工给予奖励；企业有权对严重违反劳动纪律的职工给予处分，甚至辞退。

随着这些规定的落实，企业在用人方面有了更大的空间，正常的进出渠道逐渐形成；劳动人事管理制度逐渐完善，劳动定额管理、定员定编管理、技术职称评聘、岗位责任制等在企业中广泛推广；工资管理规范化，打破了分配的平均主义，增强了工资的激励作用。所有这些都表明，我国企业的人力资源管理工作发生了巨大的变化，已经初步具备了人力资源管理的某些功能和作用。

（3）人力资本阶段

在管理理念上将员工看成资本，认为进入企业的人力已经是资本，不再是资源；在发展观上，完成了以物为本向以人为本的转变。此阶段的人力资源管理，从追求数量转到追求质量。人力资源管理工作的重心转移到员工的绩效管理，建立现代薪酬体系，营造良好的工作氛围和优秀的企业文化等环境，并开始考虑整合企业人力资源，通过工作分析和人才盘点，更加合理地配置企业人力资源；通过加大培训力度，提高员工的工作技能和绩效能力；通过改革和优化薪酬体系，使之更有激励性，提高人力资本的“投资收益”比率。

人力资源经理秉持人力资本理念，在企业里倡导和培养重视人才、开发人才、有效配置人才、激励人才的观念，带动整个企业人才观的转变，自身也向人力资源专家的方向迈进。

（4）战略人力资源管理阶段

随着知识经济和全球化时代的到来、经营环境不确定性的加强，以及企业竞争的加剧，人才的作用越来越重要，企业对人才的争夺战也愈演愈烈，人才成为企业竞争的核心，也成为企业核心竞争力的来源。在此条件下，企业人力资源管理就需要与企业战略密切结合，使人力资源更好地服务于企业战略的实现。基于此，人力资源经理进入了企业的决策层，以专家顾问和战略合作伙伴的身份出现，参与决策，推动变革，使人力资源管理上升到战略人力资源管理阶段。

第二节　走进营销

一、认识营销

（一）市场的含义

最早的市场指买方和卖方聚集在一起交换货物的场所，如乡村的集市。经济学家用市场一词来泛指交易某类产品的买方与卖方的集合，如住房市场、谷物市场。但是，在营销者看来，卖方组成行业，买方构成市场。市场营销中的市场是指具有特定需要和欲望，而且愿意并能够通过交换来满足这种需要或欲望的全部潜在客户。市场包括三个主要因素：人口、购买力和购买欲望，用公式表示为：

市场=人口+购买力+购买欲望

人口是构成市场的基本因素，有人才有消费，才有对消费品的需求，进而有对工业用品的需求。中国是一个拥有13亿人口的大国，世界知名的跨国公司纷纷大举进入中国市场，正是看到了中国人口众多、消费潜力大的国情。

当然，人口仅仅是市场的基础之一，购买力和购买欲望也是市场的必备因素。购买力指人们购买商品的倾向支付能力。显然，具备购买力的需求才能形成真正意义上的市场。例如，目前中国汽车市场还不够发达，每年的销售远远落后于欧美国家。但这并不是因为中国消费者不想买汽车，而是相当部分的消费者不具备购买能力。一般地说，收入是影响购买力的主要因素。收入越高，购买力越大。

购买欲望是人们购买商品的动机、愿望和要求。它是潜在购买需求转化为现实购买行为的重要条件。人们的购买欲望受多方面因素的影响。这里首先要明确的是，价格是影响购买欲望的重要因素。一般而言，价格越低，人们的购买欲望越强烈；反之，价格越高，人们的购买欲望越低。大多数的企业都清楚地认识到了这一点，所以它们频频采取降低商品价格、折扣、优惠等手段刺激需求，提高人们的购买欲望，最终促进产品销售。市场的反应表明，这确实是屡试不爽的好办法。

只有具备了这三个要素的市场才是一个现实有效的市场。有时候对一个市场的判断，还与个人的能动性有关，营销者需要能动地对一个市场进行研究。

按照顾客购买目的或用途不同，市场可分为消费者市场和组织市场。

1）消费者市场

消费者市场是个人或家庭为了生活消费而购买产品和服务的市场。生活消费是产品和服务沟通的终点，因而消费者市场也称为最终产品市场。消费者市场具有广泛性、分散性、复杂性、易变性、发展性、情感性、伸缩性、替代性、地区性、季节性等特点。

2）组织市场

组织市场指以某种组织为购买单位的购买者所构成的市场，购买目的是为了生产、销售、维持组织运作或履行组织职能。组织市场包括产业市场、中间商市场、非营利组织市场和政府市场。组织市场具有购买者比较少、购买数量大、供需双方关系密切、购买者的地理位置相对集中、派生需求、需求弹性小、需求波动大、专业人员采购、影响购买的人多、直接采购、互惠购买、租赁等特点。

企业面向市场，是指企业要面向某一国家、某一地区的顾客，面向目标顾客的需求，研究其具体购买行为和购买心理，以顾客需求为导向，结合企业实际情况，研究产品销售地区的供求状况、商品交换中的买卖、协作、竞争等关系，确定企业的经营方向和经营服务对象，制定生产、经营决策和市场营销策略，以达到企业的经营目标，并提高经济效益。

（二）市场营销的含义

市场营销对你我来说并不陌生，因为它就在你的周围。你会从附近购物中心琳琅满目的货架上看到市场营销。你会从整个充斥电视屏幕、报纸杂志的广告中看到市场营销。在家庭里、学校里、工作单位、娱乐场所——无论你在做什么，你几乎都处在市场营销之中。但是市场营销远非消费者的眼睛所随意看到的内容。在这一切的背后，是一个庞大的人员网以及为获得你的注意而进行的大量活动。如市场调研、选择目标市场等一系列与市场有关的活动。

“市场营销”译自英文Marketing，市场营销是与市场有关的人类活动，是通过市场进行的、以货币为媒介的交易活动的统称。任何企业可以通过市场营销来创造及交换产品或价值，并获得企业所需。因此市场营销，被视作企业的基本功能。市场营销的含义不是固定不变的，它源自企业的市场营销活动和实践，因此，它也会随着企业市场营销活动和实践的发展而发展。

市场营销（Marketing）与销售（Sale）有区别，对市场营销的理解应从满足客户需要的维度去考虑。如果营销者能够很好地理解消费者的需要，开发出具有较高价值的产品，并能有效地进行定价、分销和促销，那么他们很容易销售这些产品。市场营销包括销售活动，但它又不同于营销活动，市场营销活动与销售活动的区别如下：现代企业市场营销活动包括市场营销研究、市场需求预测、新产品开发、定价、分销、物流、广告、人员推销、销售促进、售后服务等，而销售仅仅是现代企业市场营销活动的一部分，而且不是最重要的部分。著名管理学权威彼得·德鲁克曾指出：“市场营销的目的就是使销售成为不必要。”

市场营销（Marketing）与促销（Promotion）也有区别，促销包括广告、公关、人员推销和行业推广等方面，促销只是市场营销的一个重要组成部分。海尔总裁张瑞敏指出：“促销只是一种手段，但营销是一种真正的战略。”营销意味着企业应该“先开市场，后开工厂”。

（三）市场营销相关概念

概念是最基本的思维方式，只有形成概念，才能进行判断和推理。“我们只有靠我们概念搭成一个脚手架，才能达到科学的境地。”

1）需要、欲望和需求

（1）需要

需要是指没有得到某些基本满足的感受状态。它描述人类最基本的需要，如人们为了生存，需要食物、衣服、房屋等生理需要以及对安全、归属感、尊重和自我实现等方面的心理需要，需要是人类所固有的本性，没有需要，市场营销就完全没有必要。市场营销者不能制造需要，只能适应它。有远见的企业并不是完全被动地去满足消费者的需要，而是努力创造性地激发和刺激目标市场上的消费者产生更多地需要。

（2）欲望

欲望是指人们想得到上述基本需要的具体满足物的愿望。一种需要可以用不同的具体满足物来满足。一个人需要食品，想要得到一块面包；需要衣服，想得到一件皮尔·卡丹上装；需要被人尊重，想购买一辆汽车。人们的需要是有限的，但欲望是无穷的，一个欲望满足之后，会有更多的欲望产生，所谓欲壑难填，就是对人本性的高度概括。欲望促使人们努力创造条件以使之得到满足，正是这种无止境的欲望才构成了人类社会生存和发展的原动力。企业虽然无法创造人们的基本需要，但可以利用各种营销手段来创造人们的欲望，并开发及销售特定的商品或服务来满足欲望。假如人们口渴时（生理的需要），可以通过营销手段使人们产生喝汽水、果汁、啤酒的欲望。

（3）需求

需求是指有支付能力和愿意购买某种具体物品的欲望。消费者的欲望在有购买力作后盾后就会变为需求。许多人想购买奥迪牌轿车，但只有具有支付能力的人才能购买。营销者不仅要了解有多少消费者需要什么产品，还要了解他们是否有能力购买。人的欲望是无止境的，需要是无限大的，但人们的收入在特定时期和条件下是有限的，即人们的支付能力总是有限的，需求直接与企业的营销活动相关，企业营销活动的目标就是为了把握消费者的需求、适应消费者的需求、引导消费者的需求、满足消费者的需求，从中获得利益，得到发展。企业必须高度重视对市场需求的研究，尤其是研究需求的发展趋势。

需要、欲望和需求是有区别的：需要早就存在于市场营销活动出现之前，市场营销者并不创造需要；市场营销者和社会上的其他因素共同影响着人们的欲望，并试图向人们指出何种特定产品可以满足其特定需要，进而通过使产品富有吸引力、适应消费者的支付能力且容易得到来影响需求。

2）产品

人类通过产品来满足自己的各种需要和欲望。产品是指能够满足人类某种需要或欲望的任何东西。产品分为有形产品与无形产品、物质产品与精神产品，产品的共同点是可以满足人们的不同欲望和需要。有形产品是为顾客提供服务的载体，是人们看得见、摸得着的实体产品。无形产品或服务是通过其他载体，诸如人、地、活动、组织和观念等来提供的。如人们感到疲劳时，可以到音乐厅欣赏歌手演唱（人），可以到公园去游玩（地），可以到室外去散步（活动），可以去参加俱乐部活动（组织），或者去接受一种新的意识（观念）。有形产品的重要性并不是它们的形态、性能和对它们的占有，重要的是它们所能带给人们的各种各样的服务。人们购买小汽车不是为了观赏，而是因为它可以提供一种叫作交通的服务。如果市场营销者只重视有形产品，忽视围绕商品提供的各种服务，就难以满足人们真正意义上的需求，导致营销近视。营销者的任务：一是推销商品实体；二是提供商品实体中所包含的各种服务。就无形产品或精神产品而言，其本身就是服务，视其满足人们需要的程度不同而显示其优劣。

3）效用、费用、满足

（1）效用

效用是消费者从产品的购买和使用中所感受到的好处，是消费者对某产品满足其需要的整体评价。如产品的速度快慢、安全性、方便性、美观性、节约性、可靠性等。如果消费者认为产品各方面都得到较好的满足，则认为这种产品的效用高。

（2）费用

消费者在获得、使用和享受产品效用的过程中要产生费用，即消费者要为所得付出一定的代价，包括货币成本、时间成本、精力成本和心理成本。

（3）满足

产品的效用与费用之比，即通常所说的性能与价格之比。性价比越高，消费者满足度寇高。消费者在作出购买决策时，既要考虑效用，又要考虑费用，即取决于顾客从产品中所看得的效用与所支付费用的比值。

4）交换、交易、关系

（1）交换

交换指从他人处取得需要之物，且以其某种东西作为回报的行为。交换的发生，须具备相应条件：至少有交换双方；每一方都有对方需要的有价值的东西；每一方都有沟通和运送货品的能力；每一方都可自由地接收或拒绝；每一方都认为与对方交易是合适或称心的。兰人们决定以交换方式来满足需要或欲望时，就存在市场营销了。交换是市场营销的核元概念。

（2）交易

交换并非是一次性的活动，而是一个过程。交易指双方在交换过程中达成协议。一项交易产生涉及以下几个方面：至少有两件具有价值的物品；双方同意的交易条件、时间、地点；有法律制度来维护和迫使双方执行承诺。

（3）关系

精明的营销者都会重视同顾客、分销商等建立长期、信任和互利的关系。而这些关系要靠为对方提供高质量产品、良好服务及公平价格来实现，靠双方加强经济、技术及社会联系来实现。处理好关系的最终结果是建立起市场营销网络，该网络是企业同它的利益攸关者（顾客、营销中介和其他一些公众）建立起的牢固的、互利的业务关系。关系营销可以减少交易费用和时间，最好的交易是使协商成为惯例化。

二、分析营销

（一）市场营销观念

市场营销观念在一定的经济基础上产生，并随着社会经济的发展和市场形势的变化不断变化。市场营销观念的发展经历了生产观念、产品观念、推销观念、市场营销观念和社会市场营销观念五个阶段。

1）生产观念

从工业革命至20世纪20年代以前，生产观念曾是主导西方企业的指导思想。企业经营不是从消费者需求出发，而是从企业生产出发。其主要表现是“我生产什么，我就卖什么”。生产观念认为，消费者喜欢那些可以随处买得到而且价格低廉的产品，企业应致力于提高生产效率和分销效率，应该不断扩大生产、降低成本以扩展市场。我国在计划经济时期，由于市场商品短缺，企业不愁其商品没有销路，工商企业在其经营管理中也奉行生产观念。

2）产品观念

在生产观念阶段的末期，即20世纪20年代前后，供不应求的市场现象在西方社会得到了缓和，产品观念应运而生。产品观念认为，在市场产品有选择的情况下，消费者会欢迎质量最优、性能最好和特点最多的产品。因此，企业应该致力于生产质量优良的产品，并不断地加以改造提高。但事实上，这种观念与生产观念一样，无视消费者的需求和欲望。所谓优质产品往往是一群工程师在实验室里设计出来的，这些产品上市之前从来没有征求过消费者的意见。

产品观念其实质是一种“营销近视症”。即不适当地把注意力放在产品上，而不是放在市场需求上，在市场营销管理中缺乏远见，只看到自己的产品质量好，看不到市场需求在变化，常常致使企业经营陷入困境。“酒香不怕巷子深”“皇帝的女儿不愁嫁”就是其典型表现。

3）推销观念

20世纪30-40年代，随着工业化和生产机械化的发展，生产部门的劳动生产率和产量迅速提高，产品质量不断提高，大量产品充斥市场，供给已不成问题，买方市场开始在西方国家逐渐形成。在激烈的市场竞争中，企业认为不能只重视生产，消费者的购买通常表现出一种购买惰性或抗衡心理，如果顺其自然，消费者一般不会足量购买某一企业的产品，因此必须大力推销和积极促销，以刺激消费者大量购买本企业产品。

由于推销观念的立足点是在对于已生产出来的产品加强推销，因而它与生产观念的特点相同，都是先有产品后有顾客，都是“我生产什么，我就卖什么，你就买什么”。只是从生产观念发展到推销观念，提高了销售工作在企业经营管理中的地位，并使企业更多地了解市场情况，为企业转变观念创造了条件。

4）市场营销观念

市场营销观念产生于20世纪50年代。当时社会生产力迅速发展，新产品不断推出，供应量大大增加，市场趋势表现为供过于求的买方市场，为顾客提供了更多选择；同时，消费者收入水平大大提高，其需求也更为多样化和多变化，市场竞争激化。许多企业开始认识到，必须转变经营观念才能求得生存和发展。

市场营销观念认为，实现企业各项目标的关键，在于正确确定目标市场的需要和欲望，并且比竞争者更有效地传送目标市场所期望的产品或服务，进而比竞争者更有效地满足目标市场顾客的需求。这种观念以满足顾客需求为出发点，即“顾客需要什么，我就生产什么”。市场营销观念的出现使企业经营观念发生了根本性变化，也使市场营销理论上发生了一次重大的变革。市场营销观念同推销观念相比具有重大的差别。

5）社会市场营销观念

产生于20世纪70年代的社会市场营销观念是对市场营销观念的修正和补充。市场营销观念是满足消费者的需求与愿望，从而实现利润目标。社会市场营销观念要求企业不但要考虑消费者和企业的利益，同时要关注社会利益，考虑整个社会长期的可持续性的发展。

如企业生产是否有利于节约能源，是否有利于环境保护，是否有利于消费者身心健康，是否有利于社会文明，等等。

引例：日本本田汽车公司青木勤社长在每天外出途中发现汽车排放的大量废气直接污染了城市环境，并造成街道旁绿树的枯萎，制定了“今后每卖一辆车，就要在街道两侧种一棵纪念树”的经营方针，随后本田公司又将所获利润的一部分转为植树费用，以减轻越来越多的汽车尾气对城市环境的污染。“本田妙案”实施后，汽车一辆辆地驶出厂门，街上的树木一棵棵栽上，绿化地带也一块块铺开，消费者心中自然产生了一种强烈的需求愿望：同样是买汽车，为什么不买绿化街道的本田汽车呢？这种别出心裁的“你买我汽车，我为你植树”的营销策略，就是企业践行社会营销观念的典范。

（二）市场营销管理

市场营销管理的实质是需求管理。在不同的需求状况下，市场营销管理的任务有所不同。

1）负需求

负需求是指市场全部或大部分顾客对某种商品或劳务持否定的态度，被称为否定需求或负需求。面对这些情形，市场营销管理的任务是分析市场为何不喜欢这种产品，在对人们否定的原因有较充分了解的前提下，通过企业自身营销策略的调整，如改变产品或服务的设计、降低价格或进行宣传，扭转顾客对产品或服务的抵制态度，实行扭转性营销，把负需求变为正需求。

2）无需求

无需求是指市场对某种产品或劳务表现出对产品或服务的毫无兴趣或漠不关心。无需求通常是针对新产品和新的服务项目，人们因不了解而没有需求；或者是非生活必需的装饰品、玩赏品等，消费者在没有见到它们以前也不会产生需求。因此，市场营销管理的任务就是弄清楚商品或服务与消费者之间的关系，通过各项促销宣传活动，设法把产品或服务能够带给消费者的利益让人们理解，实行刺激性营销，激发消费者的购买兴趣，使无需求变为有需求。

3）潜在需求

潜在需求是指多数消费者对市场上现有的产品和服务感到已经不能适应自己的需要，渴望有新的、更优越性能的产品和服务出现。在这种情况下，市场营销管理的任务是估量潜在市场的规模和发展前景，实行开发性营销，通过新产品和新的服务项目的开发，将潜在需求变为现实需求，为自己创造新的市场机会。

4）下降需求

人们对产品和劳务的兴趣，总会有需求下降的时候。在这种情况下，市场营销管理的任务是分析市场衰退的原因，在市场仍有价值的基础上，实行恢复性营销，通过产品重新定位，挖掘其内在价值，使已下降的需求重新回升，原本“夕阳西下”的产品也可峰回路转，再创市场销售新高潮，延续其市场生命周期。

5）不规则需求

某些产品或服务的消费需求是不规则的，有明显的淡季和旺季之分，因此，市场营销管理的任务是设法调节需求与供给的矛盾，实行同步性营销，通过灵活运用价格策略、促销策略，引导和改变消费者的消费习惯和消费方式，达到减少需求大幅度波动的目的，使供求趋于协调同步。

6）饱和需求

饱和需求是指当前市场对企业产品或劳务的需求在数量上、时间上同预期的最大需求达到一致。一般来说，这是企业追求的最理想需求状态和水平。但是，饱和需求状态是动态的，它常常因消费者偏好和兴趣的改变或同行业者的竞争而发生变化。市场营销管理的任务是设法保持现有的需求水平和销售水平，防止出现下降趋势。实行维护性营销，保持产品质量的稳定，严格控制企业的成本，及时发现消费者的偏好变化，维持现有的需求水平，维持企业自身的竞争地位。

7）过度需求

过度需求是指市场对某种产品或劳务的需求量超过了企业所能供给和所愿供给的水平，企业面临着巨大的压力。在这种情况下，市场营销管理的任务是设法长期或暂时降低需求水平，实行限制性营销，通常采取提高价格、减少促销活动和服务项目、劝导节约等措施，其目的不是杜绝某方面的需求，而是通过企业行为来协调市场需求。

8）有害需求

有些产品或劳务对消费者、社会公众或供应者有害无益，对这种产品或劳务的需求，就是有害需求。此时，市场营销管理的任务是为了消费者的长远利益，实行抵制性营销或禁售。抵制性营销与限制性营销不同：限制性营销是限制过度的需求，而不是否定产品或劳务本身；抵制性营销则是强调产品或劳务本身的有害性，从而抵制这种产品和劳务的生产和经营。

（三）市场营销组合

市场营销组合策略是市场营销研究的重要内容之一，是系统工程理论在企业营销活动中的具体运用。美国哈佛大学教授尼尔·恩·鲍敦于1964年首先提出“营销组合”的概念，同年，美国伊·杰罗姆·麦卡锡教授概括为易于记忆的“4P组合”，被后人广泛应用。

1）市场营销组合的含义

市场营销组合是企业针对目标市场的需要状况，对自己可控制的各种营销因素进行优化组合和综合运用，使之协调配合，扬长避短，发挥优势，以实现企业的营销目标。

营销组合策略的四个基本策略——产品策略、价格策略、分销渠道策略和促销策略，虽独立构成各个子系统，但又包括若干可变因素，每一个可变因素都是一个完整的市场营销战略或战术的组成部分，每一个可变因素的变动都可能影响其他因素，从而产生新的组合关系。市场营销组合是对单个营销策略的整合过程。通过市场营销组合，使各个策略之间相互影响、相互制约，产生协同效应。

（1）产品（Product）策略

它是指企业与产品有关的计划与决策。产品为目标市场而开发，用于满足目标市场特定顾客的需求，包括产品类别、质量、规格、款式、品牌、包装、服务、保证等。产品是营销组合的核心因素，企业的其他各项营销策略都是以产品为基础制定和执行。企业应根据需求特点和竞争对手的实际情况，确定自己的产品结构和产品的发展战略。

（2）价格（Price）策略

价格策略是企业根据产品在目标市场中的定位，为产品确定既能被目标消费者接受，又能够为公司带来利润的价格决策，主要包括目录价格、折扣、折让、付款期限、信用条件等。定价必须考虑目标市场上的竞争性质、法律政策限制、顾客对价格的可能反应。价格得不到顾客的认可，市场营销组合的各种努力将是徒劳的。价格是营销组合中最灵活的一个因素，企业可以根据竞争的需要，及时地调整价格。

（3）分销（Place）策略

分销策略是指企业如何选择产品从制造商顺利转移到顾客的最佳途径的决策，主要包括中间商、渠道、地点、市场覆盖面、仓储、运输等。渠道的计划与决策，是通过渠道的选择、调整、新建和对中间商的协调安排，来控制相互关联的机构，以利于更顺畅地达成交易。因为分销包含许多企业无法控制的因素，所以分销是营销组合中的难点。企业应该时刻注意市场变化和自身资源，及时调整分销策略，保证企业的有序运行。

（4）促销（Promotion）策略

促销策略是企业如何把产品、价格和营销方面的信息传达给目标市场消费者的决策，是一个沟通和说服的过程，主要包括广告、人员推销、销售促进、公共关系等。促销策略的关键是要使消费者的认识空间产生排他性。

产品、价格、分销和促销是企业市场营销中可以控制的四个因素，在动态的市场营销环境中，它们相互依存、相互影响、相互制约，处于同等地位。在企业营销实践中，只有它们围绕目标市场的消费者需求结合形成统一体才有意义。

2）市场营销组合的特点

（1）可控性

营销组合各因素对企业来讲都是“可以控制因素”，即企业可以根据市场的需要，选择生产经营的产品结构，制定产品价格，选择分销渠道和促销方式等，对这些营销手段进行自主的运用和搭配。但是企业的自主性是有限的，要受到企业本身资源和目标的制约，而且还要受到各种外部环境的影响和制约，而这些是企业的“不可控制因素”。营销管理者的任务就是在综合运用营销组合策略时，既要善于利用各种可控因素，又要善于灵活地适应外部环境的变化。因此企业在制定营销组合时，必须开展深入细致的市场调研，充分掌握市场环境变化趋势和目标市场需求特点，争取市场主动权。

（2）动态性

市场营销组合是一个动态的组合，是一个变数。这是因为4P中的产品、分销、促销、价格四大因素，每一个因素中又包括许多个因素。每一个因素的变动，都会引起营销组合的变化，形成一个新的组合。企业制定的市场营销组合会因为一个因素的改变而完全不同。

（3）复合性

营销组合具有复合结构，是至少包含两个层次的复合系统。首先是四大因素（4P）的整体组合，其次是各个大因素内部的组合。以促销为例，企业要根据整体目标和要求，对广告、人员推销、公共关系、营业推广等因素进行选择配置，使这些因素相互配合，形成促销组合，实现整体组合的目标和要求。

（4）整体性

营销组合是企业根据营销目标制定的整体营销策略，它要求企业市场营销的相关因素相互配合，协调行动，产生协同效应。因为各因素独立发挥作用时，难免缺乏整体的协调，有时营销的效果可能相互抵消，或者效果不明显；而在组合条件下，各个因素相互补充，协调配合，目标统一，其整体功能大于局部功能之和。

三、展望营销

（一）网络营销

网络营销是以互联网为基础，利用数字化的信息和网络媒体的交互性来辅助营销目标实现的市场营销方式。网络营销作为一种新型营销方式，它在通过满足消费者需求进而满足企业自身需求（获得利润）方面与传统营销并无两样。但是，在网络营销中，营销者可充分运用发达、畅通的通信网络技术为企业的营销目标服务，互联网和商业在线服务已成为强有力的营销工具。网络营销与传统营销相比具有市场全球化、产品个性化、价格公开化、渠道直接化、服务大众化、交易虚拟化的特点。

网络营销的程序主要包括：

（1）企业网上信息发布

企业网上信息发布是网络营销的起点，网上发布的信息能够长期保存，而且修改成本也很低，多媒体制作技术可以把文字、图像、色彩、声音、动作进行完美结合，给观者留下深刻印象。

（2）网上市场调研

通过调研获取市场信息，从中发现消费者需求动向，从而为企业细分市场提供依据，是企业开展日常市场营销的重要内容。

（3）网络分销联系

企业通过互联网构筑虚拟专用网络并将分销渠道的内部网与其连接，可及时了解渠道网络成员的产品购销情况和产品销售状况，便于调整产品、及时补货、优化库存结构、分析市场特征和调整市场营销策略。

（4）网上直接销售

网络营销可以不通过中间分级渠道，直接通过媒体连接企业与消费者，利用网络进行销售。

网络营销的职能实现需要通过一种或多种网络营销手段，常用的网络营销方法有搜索引擎注册、关键词搜索、网络广告、交换链接、信息发布、邮件列表、许可E-mail营销、个性化营销、会员制营销、病毒性营销等。

①搜索引擎注册与排名。搜索引擎是人们发现新网站的基本方法，在主要的搜索引擎上注册并获得最理想的排名，是网站设计过程中需要考虑的问题之一，网站正式发布后尽快提交到主要的搜索引擎，是网络营销的基本任务。

②网络广告。在网络营销手段中，网络广告的作用最为直接。网络广告的点击率一直作为衡量网络营销效果的重要指标。2000年以后，新的广告形式不断出现，直接提升了网络广告的点击率。但是有研究表明，网络广告的点击率并不能完全代表其效果，网络广告对那些浏览而没有点击广告的、占浏览者总数99%以上的访问者同样产生作用。

③许可E-mail营销。基于用户许可的E-mail营销比传统的推广方式或未经许可的E-mail营销具有明显的优势，比如可以减少广告对用户的滋扰、增加潜在客户定位的准确度、增强与客户的关系、提高品牌忠诚度等。开展E-mail营销的前提是拥有潜在用户的E-mail地址，这些地址可以是企业从用户、潜在用户资料中自行收集整理，也可以利用第三方的潜在用户资源。

④个性化营销。个性化营销的主要内容包括：用户定制自己感兴趣的信息内容，选择自己喜欢的网页设计形式，根据自己的需要设置信息的接收方式和接收时间等。个性化服务在改善顾客关系、培养顾客忠诚以及增加网上销售方面具有明显的效果。据研究，为了获得某些个性化服务，在个人信息可以得到保护的情况下，用户才愿意提供有限的个人信息，这是开展个性化营销的前提保证。

⑤网上商店。网上商店建立在第三方提供的电子商务平台上，由商家自行经营，如同在大型商场中租用场地开设商家专卖店一样，是一种比较简单的电子商务形式，也是一种有效的网络营销手段。从企业整体营销策略和顾客的角度考虑，

网上商店的作用主要表现在两个方面：一方面，网上商店为企业扩展网上销售渠道提供了便利条件；另一方面，建立在知名电子商务平台上的网上商店增加了顾客的信任度。从功能方面看，对不具备电子商务功能的企业网站也是一种有效的补充，对提升企业形象并直接增加销售具有良好的效果，尤其是将企业网站与网上商店相结合，效果更为明显。

（二）绿色营销

广义绿色营销，指企业营销活动中体现的社会价值观、伦理道德观，充分考虑社会效益，既自觉维护自然生态平衡，更自觉抵制各种有害营销。

狭义绿色营销，主要指企业在营销活动中，谋求消费者利益、企业利益与环境利益的协调，既要充分满足消费者的需求，实现企业利润目标，也要充分注意自然生态平衡。在整个营销过程中贯穿着“绿色”概念的主线，体现出浓厚的环保意识，让产品、服务更符合现在及未来生活中消费方式的转变。

绿色消费是开展绿色营销的前提。究竟什么是绿色消费呢?“绿色”的含义是指给人们身体健康提供更大更好的保护，舒适度有更大的提高，对环境影响有更多的改善。绿色消费不是消费“绿色”，而是保护“绿色”，即消费行为中要考虑到对环境的影响并且尽量减少负面影响。真正意义上的绿色消费，是指在消费活动中，不仅要保证我们这一代人的消费需求和安全、健康，还要满足以后的人的消费需求和安全、健康。其基本要求是在消费过程中注重对垃圾的处置，不造成环境污染；消费者要转变消费观念，在追求舒适生活的同时，注重环保，节约资源，实现可持续消费。

目前，全世界的“绿色消费”总量已达数千亿美元。在欧美发达国家，绝大多数人购物时会考虑健康安全和环境保护因素，首选绿色商品，特别是绿色食品。我国经济虽然还欠发达，但近年来人们的绿色意识在普遍增强。这就要求企业必须对此作出积极的反应，顺应消费观念的这种变化趋势，推出广大消费者越来越强烈追求的绿色产品。

在市场竞争激烈、贸易保护主义盛行的当代，许多国家以进口商品不符合健康安全和环保标准为由限制进口，对一些影响生态环境的产品除征收一般关税外，再加征额外关税，作为本国的环保基金。有些发达国家，通过立法手段制定严格的强制性环保技术标准，严禁可能导致环境污染的国外产品进口。同时，发达国家为限制外国产品的进口设置严格的卫生检疫标准，对蔬菜水果中的农药残留量、放射性残留量的要求极为苛刻。企业若想开拓国际市场，应该对这些国家的绿色保护及绿色壁垒有所认识与了解，并在努力提高自身绿色营销水平的前提下，攻克绿色壁垒，进军国际市场。

企业开展绿色营销应实施新的绿色营销组合策略：在产品方面，由于绿色消费观念的引导，人们购物时更注重企业及其商品对环境保护和自身健康的有益性，绿色产品备受青睐。绿色产品的开发策略有别于传统产品开发策略的内容主要体现在绿色设计、绿色包装和绿色标志三方面。在价格方面，由于绿色产品具有较高的技术含量和环保价值，有益于消费者的身心健康，同时在开发研制过程中用于环保的投入增加，其成本一般高于普通产品，因而价格可以定得高些。以绿色食品为例，芬兰政府允许其价格比一般食品高30%，日本则允许高出20%左右。但这种策略不能作为企业长期的定价策略，为了企业的长足发展，应在环保技术的开发研究上下功夫，不断革新技术，降低成本。在分销方面，绿色产品的特殊性对分销策略的设计提出了挑战，企业在选择分销渠道时必须考虑运输过程是否会带来污染，如何尽量缩短分销渠道长度，如何选择分销商，以及是否建立自己的分销系统等问题。在促销方面，绿色公关是树立企业以及产品绿色形象的重要传播途径，它能帮助企业更直接、更广泛地将绿色信息传到广告无法达到的细分市场，给企业带来竞争优势。

（三）关系营销

关系营销是以系统论为基本思想，将企业置身于社会经济大环境中来考察企业的市场营销活动。关系营销与传统营销的区别是对顾客关系的理解。传统营销对关系的理解仅限于向顾客出售产品，完成交易，把顾客看作产品的最终使用者，一旦完成销售，顾客就不再有利用价值。关系营销把顾客看作有着多重利益关系、多重需求、具有潜在价值的人。关系段内涵发展到了不断发现和满足顾客的需求，帮助顾客实现和扩大其价值，并建成一种长期良好的关系基础。

关系营销的主要目标是维系现有顾客。企业在实施关系营销的过程中要重视“退出”管理。“退出”指顾客不再购买企业的产品或服务，终止与企业的业务关系。退出管理指分析顾客退出原因，相应改进产品和服务以减少顾客退出。退出管理可按照以下步骤进行：测定顾客流失率；找出顾客流失的原因；测算流失顾客造成的公司利润损失；确定降低流失率所需的费用。

尽管关系营销需要支付一定的成本，但这些成本可以发挥更大的效能。因为时间与财物都花在了最有潜力的顾客身上，针对顾客目前与未来的需要，做持续性的交流，可以提升顾客的忠诚度。而且随着技术的进一步发展，营销网络的进一步健全，关系营销所需的成本会不断减少。

关系营销的手段多种多样，不同企业应根据自身的不同特点，在发展的不同阶段，针对不同的需要进行选择，也可以多种营销手段综合使用，达到企业、顾客利益最大化。

（四）体验营销

所谓体验营销是指企业以消费者为中心，通过对事件、情景的安排以及特定体验过程的设计，让消费者在体验中产生美妙而深刻的印象，并获得最大程度上的精神满足的过程*当人们的物质生活水平达到一定程度后，心理方面的需求就会成为其消费行为的主要影响因素。在消费需求日趋个性化、多样化的今天，消费者已经不仅仅关注产品或服务本身所带来的价值，更重视在消费过程中获得的体验。

体验营销认为消费者消费时是理性与感性兼具的，企业应高度关注消费者在消费前、消费中和消费后的体验，这是成功经营的关键。因此，企业制定营销策略时要从消费者的感官、情感、思考、行动和联想等五个方面进行设计。体验营销是一种满足心理需求的营销活动，它通常是和营造一种氛围、制造一种环境、设计一种场景、完成一个过程、作出一项承诺紧密结合在一起的，而且它还要求顾客积极主动地参与。因此，企业在实施体验营销的过程中，各个部门之间需要有高度的协调性，每个业务环节都要注重营销的一致性和整体性。

第二章　人力资源的战略管理

在激烈的市场竞争中，企业为了寻求长期的生存和发展，必须从企业外部环境和自身条件出发，在明确企业的目的、经营宗旨和目标的基础上，制定出切实可行的总体发展战略，并在总体发展战略之下，制定出各类职能战略，如人力资源战略、营销战略、研发战略、生产战略、财务战略等。在这些战略中，人力资源战略处于核心性、中心性地位。面对竞争全球化、技术化、知识化的未来趋势，企业的竞争归根结底将是人才的竞争，企业必须制定合理的人力资源战略，以适应环境的变化和竞争的需要，并与企业的总体战略有效整合，以赢得企业的竞争优势。

第一节　人力资源战略的基本概念和特点

一、企业战略的基本概念和分类

（一）战略的含义

“战略”一词来源于战争，原是指统帅军队的将领，后来演变成军事上的一个重要术语，意为指导战争全局的计划和方略，是交战国的一方运用武装力量赢得战争胜利的一种科学和艺术。

“战略”一词应用到企业管理领域始于20世纪30年代末，最初出现在巴纳德（C.I.bernd）所著的《经理的职能》一书中，作者为了说明企业组织决策机制，从有关企业的各种要素中产生了“战略”因素的构想美国著名的管理学家安索夫（H.I.Ansoff）所著的《企业战略论》一书问世，此后“战略”一词被广泛应用起来。

对企业战略基本概念的表述有很多种，西方学者阿尔弗雷德·钱德勒（Alfred Chandler）认为，战略是企业基本的长期目标及其为达到目标所采取的行动方案与配置所需资源的决策；迈克尔·波特（Michael Porter）认为，战略是公司为之奋斗的一些终点与公司为达到它们而寻求的途径的结合物。

加拿大麦吉尔大学教授明茨伯格（H.Mintzberg）认为，战略是一系列或整套的决策或行动方式，可以从五方面进行解释。（1）计划（Plan），战略是一种有意识、有预计、有组织的行动程序，是解决一个企业如何从现在的状态达到将来位置的问题；（2）计策（Ploy），战略不仅仅是行动之前的计划，还可以在特定的环境下成为行动过程中的手段和策略，一种在竞争博弈中威胁和战胜竞争对手的工具；（3）模式（Pattern），战略可以体现为企业一系列的具体行动和现实结果，而不仅仅是行动前的计划或手段，即无论企业是否事先制定了战略，只要有具体的经营行为，就有事实上的战略；（4）定位（Position），战略是一个组织在其所处环境中的位置，对企业而言就是确定自己在市场中的位置；（5）观念（Perspective），战略表达了企业对客观世界固有的认知方式，体现了企业对环境的价值取向和组织中人们对客观世界固有的看法，进而反映了企业战略决策者的价值观念。

综上所述可以认为，企业战略是企业根据其外部环境、内部资源和能力状况，为了企业的生存和发展，不断赢得市场的先机和竞争上的优势，对企业未来的发展目标，以及实现目标的途径、方式和方法所作出的总体谋划。

（二）企业战略的分类

按照不同的标志，企业战略有以下几种分类方法：

1.按照企业战略的层次分类，可以分为总体战略、业务战略和职能战略

总体战略也称公司战略，是企业从全局出发制定的未来一定时期内要达到的总体目标和总体规划，是企业一切行动的纲领和指导方针，是企业的战略经营单位及各个职能部门战略制定的指引。其战略重点是：公司内的资源如何有效配置和合理分配，各个下属单位如何提高绩效、相互协调聚集团体的竞争优势，如何根据公司的体制和战略目标开拓新的事业，进入新的领域等。

业务战略也称竞争战略、经营战略，是公司的二级战略或属于事业部层次的战略，受企业总体战略的指导。它一般是指在单一生产经营的企业中，为了生存、发展和赢利，实现总体战略目标，围绕企业的生产经营模式、增强市场竞争优势、提高整体绩效等问题所做出的战略决策。而在大型企业或企业集团中，往往有多个子公司、事业部或者其他具有相当独立地位的部门或单位（如分厂），一般称为战略经营单位或者战略业务单位，这些战略经营单位或者战略业务单位层次的战略也属于业务战略，受大型企业或企业集团战略的指导并服从于大型企业或企业

集团战略。

职能战略是涉及公司各个职能部门，充分发挥其功能，以推动企业总体发展战略实现的具体的分支战略。不管是大型企业还是中小型企业，往往有多个职能部门，如生产部门、营销部门、财务部门、人力资源部门等，职能战略就是这些职能部门在企业总体战略或者战略经营单位战略的指导下制定的一定时期内的职能部门的运作策略。因此，本部分在特指经营战略或职能战略时，经常采用“策略”一词来替代，以显示它们与总体战略在范围和层级上的差别。

2.按照企业的基本竞争方式分类，可以分为成本领先战略、差异化战略和集中化战略

成本领先战略的目标是成为产业中的低成本生产厂商，较长时期内在价值链的各环节上企业产品成本保持同行业的领先水平，因此可以以低单位成本价格为用户提供标准化产品，以赚取更高单位利润，获取竞争优势。首先是采取成本领先战略的企业往往通过实现规模经济降低成本，并且能够在降低成本的同时满足消费者的需求；其次是采用最新技术来降低成本和改进生产力，或在可行的情况下采用廉价劳动力；再次是企业往往专注于生产力的提高，并将制造成本降到最低；最后为了降低成本想方设法获得更优惠的供应价格。

为了实现低成本，企业还可以采取的经营策略有：减少产品和产品种类的数量，减少为顾客提供的服务；减少产品性能和质量特色；低工资和低福利；减少产品分销中使用的不同销售渠道的数量；延长给客户的送货时间；专注于提高生产率；提高或降低购入材料的价格等。但是这些策略可以供企业有选择的、适度的采用，因为这些策略在降低成本的同时，也可能给企业带来负面效应，如客户不满，员工流失，质量下降，公司声誉下降等。采用该战略还应注意可能出现的过度削价的威胁，容易忽视顾客需求特性和需求趋势的变化，以及大量投资集中于现有技术、现有设备，对新技术的采用和技术创新反应迟钝等弊端。

差异化战略是指企业力求在顾客广泛重视的一些方面在产业内独树一帜，它选择许多客户重视的一种或多种特质，并赋予其独特的地位以满足顾客的需求。这些特色可以表现在产品设计、技术特性、产品品牌、产品形象、服务方式、销售方式、促销手段等某一方面，也可以表现在几个方面。为了保持产品的差异化，企业往往以提高成本为代价，伴随着成本的提高，企业的产品或服务价格也会相应提高，甚至高出同类产品很多倍，但是实行该战略之所以能成功是因为顾客对企业产品或服务特色的注意和信任，由此对产品价格不敏感，企业也因此可以获得较高的利润。

集中化战略也称聚焦战略或小市场战略，是指企业集中于整体市场的某一狭窄部分或专注于某类客户的特殊需求，来建立自己的竞争优势及其市场地位。由

于经营目标集中，可以集中使用企业的人、财、物等资源，有条件深入钻研专门技术，很好地熟悉产品的市场、用户及同行业竞争方面的情况，一般适用于实力较弱的中小企业，可以做到以小补大，以专补缺，以精取胜，成为受市场欢迎的“小型巨人”。

3. 按照企业的总体战略态势分类，可以分为发展型战略、稳定型战略和紧缩型战略

发展型战略也称成长型战略，是以发展壮大企业为基本导向，致力于使企业在产销规模、资产、利润或新产品开发等某一方面或某几方面获得增长的战略，增长的方式可以通过自我发展或者外部并购、战略联盟等方式实现。发展型战略一般包括一体化战略、密集型成长战略和多元化成长战略。一体化战略是指企业对具有优势和增长潜力的产品或业务，沿其经营链条的纵向或横向扩大业务的深度和广度，扩大经营规模，实现企业成长。密集型成长战略，也称为加强型成长战略或集约型成长战略，是指企业在原有生产范围内充分利用在产品和市场方面的潜力，以快于过去的增长速度来求得成长与发展的战略，是较为普遍采用的一种公司战略类型。多元化战略是指同时生产和提供两种以上基本经济用途不同的产品或劳务的一种经营战略，可能跨越不同的行业，也可以是在同一行业内经营，但是产品或劳务有较大的差别，有着不同的经济用途。

稳定型战略又称为防御型战略、维持型战略，即企业在战略方向上没有重大改变，在业务领域、市场地位和产销规模等方面基本保持现有状况，以安全经营为宗旨的战略。采取稳定型战略的企业往往追求既定的或与过去相似的经营目标，企业战略规划期内所追求的绩效按大体的比例递增，企业在产品上的创新也较少。

收缩型战略也称为撤退型战略，是企业从目前的战略经营领域和基础水平收缩和撤退的战略。收缩型战略有以下特征：（1）对企业现有的产品和市场领域实行收缩、调整和撤退战略；（2）对企业资源的运用采取较为严格的控制，尽量削减各项费用支出；（3）收缩型战略具有明显的短期性；（4）收缩型战略的目标侧重于改善企业的现金流量。

（三）企业战略的一般特点

从上述对战略以及企业战略基本概念的表述中不难看出，企业战略具有以下六个基本特点：

1. 目标性

企业战略必须体现企业发展总体目标的要求。企业发展目标是企业使命和宗旨的具体化。企业使命是指为了达到生存、发展和赢利等经济目的，对经营活动内容和业务范围即企业长期的战略意向，以及价值观、行为准则和经营理念所做

出的正确定位。企业使命包括企业生存发展的目的、企业宗旨、管理哲学和经营理念等具体内容。企业目标是一个体系，既有长期目标，又有中短期目标；既包括总体的全局性战略目标，又包括局部的阶段性战役、战术目标。

企业目标是以下六种基本要素综合平衡的结果：（1）获利程度。获得满意的较高水平的利润，是实行战略管理的企业主要目标之一；（2）产出能力。企业的生产规模及产出能力标志着企业的贡献程度；（3）竞争地位。提高企业的竞争地位是企业战略的目标之一，企业产品的销售额和市场占有率是衡量企业绩效的主要指标，不占领市场的制高点，企业的经济目的就无法实现；（4）技术水平。企业的技术水平标志着企业参与竞争的能力，决定着产品的市场地位，关系到企业的战略选择，企业常常将技术领先作为重要的战略目标；（5）员工发展。在21世纪，员工的发展同企业的发展具有同等重要的意义，而且员工必须先于企业发展，才能形成企业的核心竞争力；（6）社会责任。现代企业要想取得长远发展，必须考虑包括股东、员工、消费者、供应商、社区等各类利益相关者在内的利益，必须承担除了经济责任、法律责任之外的社会责任，如提供质量安全可靠的产品、保护环境、支持公益事业等。

2.全局性

无论是从战争战略学的角度看，还是从企业战略学的角度看，战略问题都是指具有全局性的问题。研究企业生存发展的带有全局性的指导规律，应当是企业战略管理学的任务。

3.计划性

计划是由计划信息采集与分析、计划目标的定位、计划资源的供需平衡、计划决策、计划实施与检查、信息反馈等具体环节构成，企业战略的形成过程也就是一项战略管理计划形成的过程。企业战略管理的计划过程，包括战略分析（了解企业组织所处的环境和相对竞争地位）、战略选择（战略制定、战略方案评价与选择）、战略方案的实施（采取措施实现战略目标）等内容。

4.长远性

企业战略是由总目标和若干分目标组成的。这些目标不是权宜之计，而是具有前瞻性的长远大计，即需要从企业发展的大局出发，“不畏浮云遮望眼”，登高望远，经过充分的预测、考量、剖析和综合平衡而最终确定的。企业发展战略是在未来相当长的一段时期内需要通过企业领导和全体员工的共同努力奋斗才能实现的。

5.纲领性

企业战略是企业为了生存、发展和赢利，实现企业的使命和宗旨，达到一定时期的发展目标而提出的一个纲领性的文件。这个文件指明了企业发展的总体方向，规划了企业未来发展的总体框架，对经营活动领域、业务扩张范围、技术攻关重点、企业获利水平、市场营销策略等一系列关键性问题做了基本定位，但它不可能面面俱到，只能“写意”划出粗线条。战略规划“具体细化”的任务是由企业中短期计划如年度计划来体现和完成的。企业年度计划是实施战略规划的具体操作计划，是实现战略规划目标的保障计划。

6.应变性、竞争性和风险性

企业战略不仅具有目标性、全局性、计划性、长远性和纲领性，还具有应变性、竞争性和风险性，前一类特点是相对稳定的，而后一类特点是动态的、随机可变的。由于企业外部社会经济环境和条件的复杂性和多变性，以及内部资源的多样性，将使企业遭遇始料不及的各种挑战、压力和威胁，这些随机出现的困难和问题，既是一种挑战，又是企业发展的一种机遇。这就需要高度重视对企业战略“例外的特殊问题”的管理，提高企业战略管理的应变性、竞争性，以及抵御风险的能力。

二、企业人力资源战略的概念和分类

（一）人力资源战略的基本概念

人力资源是其他物力、财力等资源的对称，是企业在一定的时间、空间条件下，劳动力数量和质量的总和。作为企业战略的下属概念，人力资源战略可以定义为是企业在对其所处的外部环境、内部组织条件以及各种相关要素进行系统、全面分析的基础上，从企业的全局利益和发展目标出发，就人力资源的开发（利用、提高和发展）所做出的总体策划。

人力资源战略作为企业战略的重要组成部分，除了具有上述企业战略的一般属性和特征之外，还具有两个鲜明的特点：一是它的精神性，相对于其他资源来说，人力资源是软件，属于哲学的精神范畴，而企业生产经营资料和条件、物力、财力等则属于哲学的物质范畴，按照正确的哲学观点，物质决定精神，精神又对物质产生巨大的反作用。人力资源战略作为企业战略的一部分，它虽然受到一定时期内企业外部环境和条件、企业的经营范围、生产规模、财务实力等因素的制约和影响，但它始终是一种重要的核心性战略，对企业的物质资源具有巨大的推动力；二是它的可变性、可调性。与企业其他的职能战略相比，如研发战略、生产战略、营销战略等战略计划运作的周期长，见效慢，而人力资源战略却具有更大的弹性和灵活性，运作的周期短，见效快，潜力大，效益高。

（二）人力资源战略的分类

人力资源战略按照不同的方式可以做出如下划分：

1.从时限上划分

从时限上划分，可以将人力资源战略分为长期战略和中短期战略。长期战略即5年以上的人力资源的总体战略，中短期战略即在近期的3～5年以内所采取的战略决策。

2.从内容上划分

①由于人力资源战略属于企业战略体系中第三个层级即职能性战略，因此，在特指人力资源战略的具体内容时，通常使用了“策略”这一术语。以下同。

从内容上划分，可以将人力资源战略分为人力资源开发策略、组织变革创新策略、专才培养选拔策略、员工招聘策略、绩效管理策略、薪酬福利与保险策略、员工激励与发展策略以及劳动关系管理策略等。

3.从性质上划分

从性质上划分，可以将人力资源战略划分为吸引策略、参与策略和投资策略三种类型。（1）吸引策略主要是通过丰厚的薪酬吸引人才，培养人才，从而形成一支高素质的员工队伍。常用的薪酬策略如员工利润分享计划、奖励政策、绩效奖酬、附加福利等；（2）参与策略谋取员工积极参与组织决策的权力和机会，使员工在工作中有主动权，能充分调动员工的积极性和工作热情。采取这种策略的企业往往注重团队建设和管理，注重授权和员工的自我管理；（3）投资策略主要是视员工为企业的投资对象，通过聘用数量较多的员工，形成备用人才库，储备多种专业技能人才，注重员工的培训和开发，注意培育良好的劳动关系，以提高企业的灵活性。

4.从变革方式上划分

美国学者史戴斯和顿菲根据企业变革的程度以及管理方式上的不同，将企业人力资源战略划分为家长式、发展式、任务式和转形式策略。

家长式策略采取以指令式管理为主的管理方式，进行集中控制人事的管理，建立硬性的内部任免制度；人力资源管理的基础是奖惩和协议；强调程序、先例和一致性；强调操作和监督。

发展式策略采取以咨询式管理为主，指令式管理为辅的管理方式，注重发展个人和团队，制订大规模的发展和培训计划，尽量从企业内部进行招聘，注重运用内在激励多于外在激励；优先考虑企业的总体策略发展，强调企业的整体文化，重视绩效管理。

任务式策略以指令式管理为主，咨询式管理为辅，策略的制定采取自上而下的指令方式，强调人力资源规划、工作再设计和常规检查，注重企业业绩和绩效管理，注重对员工的技能培训，有正规程序处理劳动关系和问题，强调策略事业单位的组织文化，在员工招聘上采取内部招聘和外部招聘并重的方法。

转型策略是当企业面临重大组织变革时采取的策略，由于重大变革会触及相当部分员工的利益而很难得到员工的普遍支持，企业只能采取指令式管理和高压式管理并重的方式保证变革的成功。因此，采取该策略往往会调整员工结构，进行必要的裁员；从外部招聘管理骨干；对管理人员进行团队训练，建立新的理念和文化；打破传统习惯，摒弃旧的组织文化，建立适应环境变化和组织发展需要的新的人力资源系统和机制。

三、企业制定人力资源战略的重要意义

在当代，企业发展战略以及人力资源战略为什么受到企业家的普遍关注，成为企业发展的热点和焦点问题，其原因有三：首先，世界经济的全球化以及变幻莫测的外部环境给企业带来了巨大的压力和挑战，使企业不得不以全新的视角来审视和思考未来。可以说，每一个成熟的企业都需要对以下几个基本问题做出正确的回答：企业未来将如何发展？企业如何迎接竞争对手的挑战？企业在日益激烈的市场竞争中怎样才能克敌制胜？其次，企业在今后的发展中如何把握事关全局的关键性工作，即需要明确地指出战略的重点是什么。毛泽东同志在《中国革命战争的战略问题》中指出，如果全局和各阶段的关照有了重要的缺点或错误，那个战争是一定要失败的。说“一着不慎，满盘皆输”，乃是说的带全局性的，即对全局有决定意义的一着，而不是那种带局部性的即对全局无决定意义的一着。战争如此，企业的发展也是如此，企业的决策者必须懂得全局的规律性东西，学会指导和把握住全局，才能更有效地指导各个阶段的局部性工作，使局部的阶段性工作服从于全局、服务于全局；最后，现代企业除了受到外部环境的压力，还面临自身的各种资源如何有效开发与利用的问题。特别当涉及企业发展的重大战略问题时，企业不可能超越现有物质资料的占有情况，也不可能超越现有的财务实力和人力资源的现状，盲目地做出某种超现实的设想。总之，企业需要根据内外部的环境和条件，从现实和可能出发，通过对各种资源的综合平衡，明确自身的努力方向和奋斗目标，才能把握企业发展的全局，在激烈的市场竞争中保持优势，克敌制胜。

在企业总体战略确定的情况下，制定人力资源战略具有以下重要意义：

（一）有利于使企业明确人力资源管理的重点

使企业明确在未来相当长的一段时期内人力资源管理的重点，即哪一项工作是真正值得投入，需要加以关注的。

（二）有利于界定人力资源的生存环境和活动空间

企业的管理问题可以分成内外两个部分，对内管理的目的是如何在现有的组

织构架下，获得生产和工作活动的高效率化；对外管理的目的是如何在所处的环境下选择和拓展自己的生存发展空间，与外界机构、组织以及资源提供者保持均衡的互利互惠关系。企业竞争战略的着眼点立足于后者，而人力资源战略不仅要重视前者，更多的是考量后者。事实证明：很多企业的成功，并不完全是靠高水准的内部管理，有些企业是在关键时刻把握住了商机，有些企业则是掌握了关键性的资源，如核心技术、顶尖的专门人才等，有些企业则是设置了各种“防火墙”，采取积极的防御措施，保持了人力、物力和财力等竞争的优势。由于企业人力资源战略的着眼点是如何使企业保持人才竞争的优势，因此，它的制定有利于界定人力资源的生存环境和活动空间。

（三）有利于发挥企业人力资源管理的职能以及相关政策的合理定位

企业人力资源管理的职能包括：吸引、录用、保持、发展、评价和调整六个方面。这些职能之间相互制约、相互影响和相互作用，在企业价值链的运行中发挥着积极的主导作用。但是这种主导作用的正常发挥，有赖于正确的策略和劳动人事政策的指引。企业必须根据人力资源战略的要求，对一定时期内的工作重点，以及与之配套的劳动人事政策做出明确的规定，才能使人力资源的职能部门明确工作的目标，把握住正确的工作方向。

（四）有利于保持企业人力资源长期的竞争优势

企业人力资源战略核心是从全局发展的要求出发，着眼于企业人力资源的未来，增强和保持人力资源竞争的优势。企业人力资源战略虽然是着眼于将来，对企业资源的长期开发利用有着重要的指导意义，但是它并没有忽视对企业当前的工作目标和行动方向的指引，特别是对那些带有全局性的关键事项的调控。列宁指出，战略家必须“朝着大的目标走去，又必须从小的目标开始”。一项成功的人力资源战略不仅要具有前瞻性，对企业人力资源管理发展的总方针和总方向做出明确的规定，还必须从企业现有资源状况出发，对各个阶段性工作做出正确的指引。

（五）有利于增强领导者的战略意识

人力资源战略的确定是企业领导者的天职，这是因为：第一，企业人力资源战略决策所需要的各种信息，来自企业各个部门，只有企业领导者才有可能接触并掌握这些资料和数据；第二，由于居于高位的领导者与外界保持着密切联系，只有他们才最了解谁是自己的主要竞争对手，谁又是潜在的、未来的竞争对手，或者是有力的支持者、合作者；第三，战略的实施需要调动包括人力资源在内的企业所有资源，唯有企业的领导者有权全面地调节、配置和指派这些资源；第四，战略决策具有很大风险性，为了规避风险提高其效度和信度，唯有企业领导者可能具有这样的能力和远见，而一般员工“不在其位，不谋其政”，不可能具有这样的胆识和远见。通过战略的制定与贯彻，将进一步促进企业领导者战略意识的提高。

（六）有利于全体员工树立正确的奋斗目标，鼓舞员工的士气，增强员工的信心，努力进行工作

人力资源战略的确定和贯彻落实，将使员工树立起正确的信念和奋斗目标，从根本上拓宽了员工生存和发展的空间，为有效地调动员工生产积极性、主动性和创新性提供了前提条件。

第二节　企业战略与人力资源战略的关系

一、企业战略与人力资源战略的基本关系

（一）企业总体战略决定企业人力资源策略

企业战略是从企业全局出发，综合考虑企业外部环境和内部资源和能力状况而做出的未来一定时期内的规划，而人力资源策略是企业职能战略中的重要部分。戴尔（Dell）曾提出组织战略是人力资源策略的主要决定因素，并列举事实来证明其观点。拉贝尔（taber）在调查11家加拿大企业的高层管理人员时发现，大部分被调查者认为组织战略是人力资源策略的决定因素，组织追求的战略目标不同，人力资源策略的形成就会有很大的差异。舒勒（Schuler）也提出较高层次的组织战略是人力资源策略的决定因素，认为不同的组织战略决定不同的人力资源策略，企业战略通过对组织结构和工作程序的作用对人力资源策略产生影响；企业战略与人力资源策略之间存在着密切联系，后者与前者是一体的。

人力资源策略定位于企业的职能战略层次上，企业战略决定企业的人力资源策略，人力资源策略必须适应企业战略的要求。如前所述，在英文中“strayegg”具有双重含义，既是指战略，也可指策略。在上述的分析中，泛指企业战略管理中人力资源问题时，使用了“人力资源策略”的术语。实际上，作为企业的职能战略，人力资源策略更应体现具体的、操作性强的人力资源管理活动或计划，因此，使用“人力资源策略”的术语，更能体现和反映其概念的内涵。

（二）企业人力资源策略影响企业战略的实施

伦格尼可·霍尔（Lengnick Hall）认为，组织战略与人力资源策略之间相互依赖，二者之间有双向作用，人力资源策略不仅受到组织战略的影响，其对全面

的企业战略的形成和执行有着独特的贡献。人力资源策略的产生是为了适应组织的成长期望和组织对成长期望的准备，如果组织有较高的期望，而企业的人力资源策略还不成熟，组织会采取以下行动：

1.对人力资源进行投资以提高执行能力。

2.根据所缺乏的准备条件调整组织目标。

3.利用现在的人力资源配置优势改变战略目标。

人力资源策略不仅影响企业战略的实施与调整，而且也支撑着企业战略的实施与调整。这是因为企业战略的实现离不开企业人力资源作用的充分发挥，企业要获取战略上成功的各种要素，如研发能力、营销能力、生产能力、财务管理能力等，最终都要落实到人力资源作用的发挥。人力资源战略管理强调通过人力资源的规划、政策及管理实践达到获得竞争优势的人力资源配置的目的，强调通过人力资源管理活动实现组织战略的灵活性，强调人力资源管理活动的目的是实现组织目标。因此，人力资源策略是组织战略的有力支撑，是组织战略不可或缺的有机组成部分。

二、在不同的总体战略下人力资源策略的选择

对于企业人力资源职能部门来说，从总体发展战略出发，根据企业参与市场竞争的经营战略目标的要求，适时地做出人力资源策略决策，是自己义不容辞的责任。但是，一些企业在制定人力资源策略时，往往忽视了它与企业其他战略之间的系统性、协调性和配套性。从人力资源管理的地位和作用来看，它确实是企业管理的中心、核心和重心，但对不同时期、不同条件、不同规模的企业来说，企业人力资源策略的覆盖范围、具体内容和作用程度也不尽相同。在研究人力资源战略管理的问题时，一定要实事求是，既不能低估其重要的地位和作用，也不能无限地加以夸大。虽然人力资源策略是企业总体发展的重要支撑点，是企业发展战略的重要组成部分，但它毕竟是企业战略的下位概念。

按照企业的总体战略态势分类，企业战略可以分为发展型战略、稳定型战略和紧缩型战略。这三种战略是基于不同的战略环境和企业内部实力的情况下的战略选择，相应的企业人力资源策略也应采取不同的方式。

（一）基于发展型战略的人力资源策略选择

发展型战略强调未来一定时期内企业和现有的战略水平相比有较大的进步。从企业经营范围来看，采取发展型战略的企业可以是单一产品或服务的提供商，也可以是多元化成长的企业或者一体化纵向发展的企业。因此，可选择以下三种与之对应的人力资源策略：

1.单一产品发展战略

采取该发展战略的企业往往具有职能型组织结构和规范的运作机制，具有高度集权的控制和严密的层级指挥系统，各部门和人员有严格的分工，这类企业往往采取家长式人力资源策略，以指令式管理为主，在员工甄选、招聘和绩效考评上，较多地从职能作用上评判，并且较多依靠各级主管的主观判断；在薪酬方面，采用自上而下的家长式分配方式；在员工培训和发展方面，以单一的职能技术为主，较少考虑整个系统。

2.纵向一体化发展战略

采取该发展战略的企业在组织结构上仍较多实行规范性职能型结构的运作机制，控制和指挥同样较集中，但这类企业更注重各部门实际效率和效益，一般会采用任务式人力资源策略，强调人力资源规划、工作再设计和常规检查，注重企业业绩和绩效管理，强调战略事业单位的组织文化；人员的招聘、甄选和绩效考核较多依靠客观标准，立足于事实和具体数据，奖酬的依据主要是工作业绩和效率，员工的发展仍以专业化人才培养为主，少数通才主要通过工作轮换进行培养和发展。

3.多元化发展战略

采用该发展战略的企业既可以是跨越不同的行业或产业，也可以是在同一行业中发展但产品或服务有较大的差别，如利用甘蔗生产蔗糖并利用残渣造纸同属化工行业，但是蔗糖和纸两类产品的经济用途截然不同，因此生产这两类产品的企业属于多元化发展。采取多元化战略的企业由于涉及多种经济用途不同产品的生产或服务的提供，通常采用事业部制组织结构，各事业部有相当的独立性。这类企业的发展变化比较频繁，通常会采取发展式人力资源策略，注重发展个人和团队，重视绩效管理，在人员的招聘、甄选上，较多采用系统化标准，在绩效考核方面，较多依靠客观标准，主要依据员工对组织的贡献，主客观标准并用，往往通过跨职能、跨部门甚至是跨事业部的系统化开发。

（二）基于稳定型战略的人力资源策略选择

采取稳定型战略的企业主要有三种情况：

1.企业所处的外部环境比较稳定，企业比较成功；

2.企业外部环境较好，但是企业内部实力较差；

3.企业经过一段时间的快速扩张或紧缩之后，采取稳定型战略有利于企业休养生息，等待机会。

不论是哪一种情况，采取稳定型战略的企业都希望在未来一定时期内不会有大的扩张或收缩，因此组织不会有大的调整，人力资源也会相对稳定，人力资源策略的目标就是谋求人力资源活动的稳定运行，不会出现大量的裁员或聘用人员活动，由于比较稳定，企业成长的机会有限，给予员工的发展和锻炼机会也会较少，容易导致部分核心员工的离职。当公司采取稳定型战略时，人力资源策略的重点应是保留住核心员工，维持人员稳定。

（三）基于紧缩型战略的人力资源策略选择

由于紧缩型战略是从目前的战略经营领域收缩或撤退，因此采取该战略的企业，要对组织的目标、组织结构、经营管理程序等一系列问题进行重新思考和选择，人力资源策略也要做相应调整，降薪和裁员是通行的做法。但是面临变革，这两种做法都会影响到员工的士气和信心，因此人力资源策略的重点是规划和实施好员工的解雇工作以及对剩余员工的管理工作。员工的解雇主要包括解雇人员的计划、解雇的方式以及再安置的问题，对于剩余员工的管理，主要是增强员工安全感和提高工作士气的问题。

三、不同竞争策略下人力资源策略的选择

在日益激烈的市场竞争中，企业获得竞争优势，赢得市场，基本的竞争策略有三种，即成本领先策略、差异化策略和集中化策略。而集中化策略归根结底也要考虑是靠特色取胜还是靠成本取胜，因此，现实中这三种竞争策略可以归为两类，即成本领先策略和差异化策略。这两类竞争策略的侧重点各有不同，对企业的要求也完全不同，企业只能根据现有情况，突出重点，选择最有利的竞争策略。

在企业确定采取某种竞争策略之后，企业人力资源管理将如何与之配合，充分发挥积极的推动作用，便成为一个极为重要的课题。如前所述，美国康奈尔大学在一项专题研究中，提出了人力资源管理与之对应的三种策略，即吸引策略、投资策略和参与策略。

（一）吸引策略

在企业采取成本领先策略时，宜采取科学管理模式（如泰勒制）。其特点是：中央集权，高度分工，严格控制，依靠工资、奖金维持员工的积极性。

采用吸引策略的企业，其竞争策略是以廉价取胜。因此，企业的组织结构采用中央集权的模式，生产稳定、规模较大，分工细、协作紧密，它要求员工具有一定的稳定性和可靠性，掌握简单的操作技术，高效率地进行生产，并对员工进行严格的监督和控制。

在采用成本领先竞争方式的情况下，企业要尽量减少一切与业务无关的开支，对人工成本实行严格的控制，因此员工的配置要以“人少高效”为目标，企业无论是在招收、录用，还是在人员培训方面投入的资金很少，企业与员工的关系纯

粹是一种简单直接的利益交换关系。

（二）投资策略

在企业采取差异化策略时，为了实现差别化地提供创新性产品策略，宜采用投资策略模式。美国IBM公司就属于典型的采用人力资源投资策略的企业。其特点是：重视人才储备和人力资本投资，企业与员工建立长期工作关系，重视发挥管理人员和技术人员的作用。

采取投资策略的企业，企业内在的环境与采取吸引策略为主的企业大不相同，主要区别是：第一，其竞争策略通常是以创新性产品取胜；第二，其生产技术复杂，对人员的要求很高。为了适应市场的变化和生产技术进步，企业始终处在一个不断成长、发展和创新的环境和过程中。

为了有效地配合企业创新策略的实施，采取人力资源投资策略的企业，常常聘用多于实际工作需要的员工，注重专门人才的储备和培养，高度重视对员工的教育培养和训练，不断提高员工个体素质和企业的整体素质，并通过较高的薪酬、福利和保险，与员工建立长期稳固的关系。企业将人员作为投资的主要对象，以求获得技术与产品创新的竞争优势。

（三）参与策略

在企业采取差异化策略时，为了实现差别化地提供高品质产品策略，宜采取参与策略。其特点是：企业决策权下放，员工参与管理，使员工具有归属感，注重发挥绝大多数员工的积极性、创造性和主动性。

采取参与策略的企业，立足于产出高品质的产品，企业将决策权下放到基层，使每个员工都有参与决策的机会。例如，日本企业中的小组自管制使员工享有较大自主权，小组员工的聘任由小组决定，管理人员只为小组提供必要的信息和技术上的支持，培训的重点放在员工的沟通、协调以及解决问题的能力方面，薪酬与奖励制度也是以小组为单位贯彻实施，这样就从根本上保障了全面质量控制（TQC）制度得到有效的贯彻实施。

总之，企业无论采取哪一种人力资源管理策略，其主旨都是一样的，即通过系统有效的人力资源管理，统一员工的观念和行为，协调员工与企业的关系，充分调动全员的积极性、主动性和创造性，一方面使员工适应企业内在的环境和要求，另一方面使人力资源成为实现企业竞争策略强有力的内在动力。

企业竞争策略与人力资源管理策略的决策能否得到完全贯彻，有赖于企业职能性的人力资源管理的计划性、系统性和有效性。企业人力资源管理系统科学的设计和有效推行，将直接影响到员工的信念、精神状态和行为，而员工的信念、精神状态和行为又是决定竞争策略成败的关键。

企业人力资源管理系统是通过两个基本途径来影响企业精神、员工信念和行为的，一是物质性的管理活动的作用和影响，二是企业各种有益信息的传递和灌输。企业所有的人力资源管理活动，如人员的甄选、调配、晋升、考评、培训、薪酬福利等，除了具有各自专门的作用之外，还有一个更重要的功能，就是直接向员工表明：哪些信念和行为是企业赞赏、支持和鼓励的，哪些信念和行为是企业坚决抵制、排斥和反对的；什么东西最重要，什么东西不重要。同时，通过人力资源的信息系统持续不断地向员工传递和灌输各种有用的信息，潜移默化地对员工进行教育，使他们能够尽快地融入企业。例如在员工入职培训时，应将企业的经营理念、发展战略以及规章制度，向新员工做出详细的诠释，使他们对企业文化有较为深入、全面的认识；在进行绩效评估时，对优秀员工进行表彰，树立典型和模范，又使员工对什么是正确的工作行为有了更具体的感受。

当企业根据内外环境和条件的变化，从企业文化的要求出发，制定了企业竞争策略和人力资源管理策略之后，企业人力资源的职能部门就要按照系统的设计组织日常的管理活动。由于企业竞争策略和企业文化背景不同，人力资源管理的具体方式方法也就大不相同。例如，采用人力资源吸引策略的企业，其人员的补充主要有赖于外部劳动力市场，工作岗位的要求严格具体，员工晋升的路线阶梯狭窄，职位不易转换。在这种企业中，员工绩效评估具有三个特点：注重短线目标，以最终成果为评估标准，以个人考核为主体。在员工培训上，投入很少，强调“急用先学，立竿见影”，只要求员工掌握简单的应用技巧；在薪酬上以对外公平为原则，不但薪酬水平低，员工的归属感、雇用保障也很低。相比之下，采用人力资源投资策略或参与策略的企业，其具体管理模式和方法存在较大的差异。

四、企业战略与人力资源策略四种不同的关系形式

在企业实践中，人力资源策略的制定有三种情况：（1）人力资源策略完全根据企业总体战略的需要而制定，人力资源管理者不参与总体战略的制定；（2）人力资源规划和企业总体规划之间有双向的沟通，人力资源管理者一方面促成总体战略的制定，另一方面也回应总体战略的需要；（3）人力资源管理者积极参与企业总体战略的制定，既可以是正式的，也可以是非正式的。因此，在企业战略的执行过程中，人力资源策略与总体战略之间存在四种不同形式的关系，即行政关系、单向关系、双向关系和一体化关系。

（一）行政关系

人力资源管理过程与企业战略管理的全过程相分离，人力资源部门仅仅从事与企业的核心业务没有太大联系的日常性行政管理工作，不参与企业战略的形成

及实施，人力资源管理停留在人事管理的水平，这种情况也会使得企业战略难以有效地实施。

（二）单向关系

企业战略制定后再通知人力资源部门，人力资源部门虽然不参与战略的制定和形成，但参与战略实施，人力资源部门的职能就是根据企业战略制定和实施人力资源策略方案。在这种关系中，组织虽然承认人力资源部门在企业战略执行中的重要作用，但人力资源职能被排除在战略形成过程之外，也会导致企业战略往往不能成功实施。

（三）双向关系

在双向关系中，人力资源部门不仅参与企业战略的制定，也参与企业战略的实施，在形成企业战略的过程中提出建议，将人力资源问题一并考虑，进而实施企业战略，企业战略和人力资源策略彼此相互依赖，较好地保证战略制定，并能成功实施。

（四）一体化关系

在一体化关系中，人力资源管理活动完全融入企业战略的制定和实施之中，企业战略和人力资源策略始终处于一种动态的、全方位的、持续的联系状态，人力资源的高层管理者往往是企业高层管理团队的成员，参加企业所有重要的经营决策，结果是能够保证企业战略所需要的人力资源的储备及投入，保证企业在竞争中处于有利地位及企业战略的成功实现。

第三节　企业人力资源战略的影响因素

随着生产经营活动的不断拓展，企业人力资源与企业的其他资源一样，总是受到外部环境和内部条件的制约和影响。因此，在制订企业人力资源战略方案时，只有充分地把握企业内外部各种影响因素及其作用的程度，才能切实保证战略方案的科学性、合理性和可行性。

企业人力资源战略的制定必须建立在对客观环境和形势冷静分析、正确评价的基础上，而对同行业或同类产业结构的分析研究是最重要的前提。迈克尔·波特在他的《竞争战略》一书中，通过对产业竞争的系统分析，提出有五个重要因素决定着产业竞争状态：（1）新进入本行业者的威胁；（2）产业内部现有企业的竞争；（3）替代性的产品或服务的威胁；（4）购买者谈判条件和实力；（5）供应商的谈判条件和实力。一旦企业对这些产业竞争因素做出全面分析和正确把握之后，便可以根据实际情况提出适合自己环境和条件的竞争策略。

一、企业外部环境和条件

（一）劳动力市场的完善程度

劳动力市场的运行过程也就是求职者与用人单位以及社会中介、政府之间相互影响和作用的过程。具有市场主体资格的劳动者和用人单位始终是劳动力市场运作的主角，企业在一定时期内对具有一定数量和素质的劳动力的补充，形成了劳动力市场的需求方，而素质不同、要求各异、个性多样的劳动者，无论是短期聘任还是长期使用，他们始终是劳动力市场的供给方。

企业外部劳动力市场的劳动供给与以下因素有关：（1）劳动力参与率，由于经济的发展，我国劳动力参与率在逐年提高，劳动力参与率受到社会文明程度、教育普及率、劳动时间的长短等因素的制约和影响；（2）人口的平均寿命；（3）工作时间长度；（4）人员的素质和技能水平提高的程度；（5）国家经济发展水平，以及增长率、投资率与消费率的影响。

二、三产业比重的变化等

企业作为劳动力市场的需求主体，它要根据企业总体战略发展的目标，从生产经营、财务实力、装备水平、技术研发等方面的要求出发，确定一定时期内劳动力补充的种类和数量。当企业所在地区的劳动力市场不太健全完善的情况下，即企业处在不完全竞争的劳动力市场的状态下，一方面劳动者信息不灵，对劳动力市场缺乏全面的了解，另一方面劳动力供给相对大于需求，很多求职者不愿冒失业的风险，这就使企业在劳动力需求上具有一定的独占性，可以按照自己预定的劳动价格招收劳动力。正是这种劳动交易的相对独占性，使企业往往按照例行的规则和一般通行的办法，处理、调整劳动力市场的供求关系。目前我国大多数企业在人员招聘方面所依据的规则或标准，基本上是本行业或本企业经过较长时间的尝试认为比较可行的方法，采用这些例行的规则，可以减少劳动力供需双方的风险和不确定性。

实际上，在社会保障制度、劳动法律体系、员工技能培训与开发机制，以及劳动就业服务机构等基础工作都比较健全完善的条件下，企业作为劳动力需求方，将处于劳动力市场的完全竞争之中，除了它的行为受到法律法规的约束外，它还要遵守市场公平竞争、公平交易的原则，它的独占性将遇到巨大的挑战。在这种情况下，每个企业虽然对求职者具有不同的偏好，但它不可能以市场的平均价位录用所有符合资格条件的求职者。企业必须根据不同时期劳动力市场的供求关系，以及各类劳动者薪酬福利保险方面等条件的变化情况，及时地提出正确的人事政策和招聘策略。

一般而言，企业劳动力的补充存在着两种来源：一是外部的劳动力市场；二是企业内在的劳动力市场。企业大部分级别比较低的岗位，其人员是由外部市场招聘录用的，而企业中级以上的岗位空缺，大部分是通过内在市场来补充，即由企业现有人员升任的。企业在采用内部升补制时，其薪酬水平并不完全受市场价位的制约和影响，它要考虑诸如任职年限、技能水平、贡献大小，以及同类同级岗位的薪酬水平等很多因素才能最终确定。

（二）政府劳动法律法规的健全程度

目前，我国劳动法律的司法、立法、执法和守法体系基本形成，各类企业中的劳动者只要诚实劳动、遵纪守法，他们正当、合法的权益将会受到有效的保护。作为企业来说，根据其发展战略的要求，制定和采取何种竞争策略，实施哪一种人力资源政策和策略，都必须符合国家和地方政府主管部门发布的各种法律、法规和规范性文件，企业不但应当成为市场竞争的胜者，也应当成为社会守法的主体。

（三）工会组织的作用

在我国，中华全国总工会以及下属的各级地方工会是唯一合法的代表企业员工权益的社团组织和法人。随着社会主义市场经济体制的逐步健全和完善，工会组织在企业中的地位和作用越来越突出和重要。

工会的基本职责是维护职工的合法权益，工会通过平等协商和集体合同制度，协调职工与用人单位的劳动关系，维护职工的劳动权益。工会依照法律的规定通过职工代表大会或者其他形式，组织职工参与本单位的民主决策、民主管理和民主监督。此外，工会还是企业文化的积极宣传教育和推动者，它要动员和组织职工积极参加经济建设，努力完成生产任务和工作任务，不断提高思想道德、技术业务和科学文化素质，协助用人单位建设有理想、有道德、有文化、有纪律的职工队伍。

为了切实保障职工的合法权益，工会将在劳动合同的签订、劳动关系的建立和调整、工资谈判与集体协商、劳动争议的处理、职工工资福利和保险、劳动保护、职业安全和卫生、职业病防治、工作时间和工作轮班、女职工合法权益和保护等涉及职工切身利益方面发挥重要的作用。同时，《工会法》还针对不同类型企业的工会组织，在参与企业生产经营和管理方面的地位和作用做了明确的界定。

二、企业内在环境和条件

企业人力资源战略作为企业总体发展战略的一部分，它的确定不仅受到竞争策略的制约和影响，而且还需要在充分考量外部环境和条件的基础上，分析研究企业内在的要素，把握这些要素的相关性以及交互作用和影响的程度，从而增强人力资源策略确定与选择的针对性、配套性和可行性。

（一）企业文化

企业文化是指在企业中长期形成的共同思想、作风、价值观念和行为准则，它表现为一种具有企业个性的信念和行为方式。美国的昆恩（Quinn）教授按照企业的内向性和外向性、灵活性和稳定性，将企业文化区分为家族式文化、发展式文化、市场式文化和官僚式文化四种类型。

企业文化以企业精神（企业在长期实践中形成的全员认同的理想、价值观和信念）为内核，最外层是企业物质文化层（厂容厂貌、技术装备和工作地配置水平、产品造型、外观、质量等），也称企业硬文化；中间层是企业制度文化层（企业领导体制、人际关系、各项生产经营管理制度），它是企业物质文化与精神文化的中介，企业精神通过中介转化为物质文化；最内层是企业精神文化层（行为规范、价值观念、群体意识、员工素质），也称企业软文化。企业文化具有整体性、稳定性、开放性、可塑性和独特性。独特性又包括时代性、地域性、民族性和行业性。企业文化有创新型、努力型、敬业型、过程型和风险型等多种典型，具体有企业的信息文化、广告文化、娱乐文化、技术文化、教育文化、精神文化、生产文化、沟通文化等多种表现。企业文化具有凝聚的功能、规范的功能、激励的功能、渗透的功能和革新的功能，是现代企业生存与成功之本。

总之，企业文化实质上是企业内部的物质、精神和制度诸要素的动态平衡和最佳结合，它的精髓是提高员工的道德、文化与职业素养，重视员工的社会价值，尊重员工的独立人格。

（二）生产技术

企业的生产技术水平与企业人力资源管理制度存在着非常密切的联系。不同的技术装备对员工的素质和技能有不同的要求，它直接对企业员工的招收、选拔和培训等提出了具体标准和要求。

（三）财务实力

企业的财务状况直接关系到人力资源策略的定位，直接影响到企业的招聘能力、劳动关系、绩效考评、薪酬福利与保险、员工技能培训与开发等人力资源运作模式的选择以及具体管理制度的制定。当遇到经济不景气或者因市场激烈竞争造成产品滞销，企业资金不足，财务遇到严重困难，以致需要采取应急措施时，企业的劳动关系将面临较大的挑战和压力，是保持良好的合作关系，同舟共济以求共存，还是遣散员工，各奔前程，自谋生路。在巨大的财务压力下，有些企业不得不“忍痛割爱”，采取大幅度裁员的办法；也有的企业及时调整对策，寻求新的途径如适度减薪或暂时冻薪、停薪等，以共渡难关。虽然企业财务实力对企业人力资源策略具有很大的制约力和影响力，但在进行决策时还是有一定空间和回旋余地。

第四节　企业人力资源战略的总体设计

从某种意义上说，企业领导者既是企业战略的设计者，也是战略实施的指挥者。一个企业的领导者必须积极主动地参与企业战略管理的全过程，担当起战略指挥的重任，才能成为一个成功的业绩卓越的领导者。

企业战略管理的主要内容是：（1）设计企业发展远景；（2）明确企业的主要任务；（3）分析企业外部环境和条件；（4）掌握企业内部资源的现状；（5）设定企业战略总目标和分目标；（6）为完成每一项目标制定行动方案；（7）贯彻实施行动方案；（8）对实施过程进行监控，保证行动方案的落实。因此，一个成功的企业战略指挥者应当担当起以下主要的职责：对企业发展远景和任务的描述进行审查；对企业外部环境和内部的资源状况有清晰、准确、全面、深入的认知；对总目标做出科学合理的分解，提出分步实施的计划；对战略实施的全过程进行监控。

从企业人力资源战略管理的全过程来看，它是人力资源战略的设计与形成、战略的贯彻实施、战略的评价与控制三个主要环节的统一。

一、企业人力资源战略设计的要求

企业人力资源战略的设计，应当充分体现“信念、远景、任务、目标、策略”等基本要素的统一性和综合性。

信念是企业文化的内涵，属于精神范畴，它要对企业为什么存在，企业的价值观做出简洁明确的概括。如摩托罗拉公司将自己企业的信念概括为：始终如一以礼待人，恪守公正诚信不渝。再如，TCL公司提出了员工应当秉持“敬业、诚信、团队、创新”的信念，以实现企业“为顾客创造价值，为社会创造效益，为员工创造机会”的经营宗旨。

任务是企业所肩负的责任和义务，以及对社会上客户的承诺。如施乐复印机公司提出：我们要帮助您提高办公效率。再如台积电公司（台湾积体电路制造股份有限公司）提出：我们要兼顾员工福利与股东权益，尽力回馈社会。

目标是对企业发展的长期、中期和短期目标的定位。策略是实现战略的具体措施和办法。

二、企业人力资源内外环境的分析

如前所述，企业人力资源受到多种因素的制约和影响，在制定企业人力资源战略时，需要从企业战略的基本概念体系（信念、远景、任务、目标、策略）出发，对企业人力资源环境进行总体的分析研究。

（一）人力资源外部环境分析

企业人力资源外部环境分析的目的是，全面了解和掌握外部环境的状况及其变化的总趋势，并揭示企业在未来发展中可能遇到的机会（发展的机遇）和威胁（面临的风险）。分析的内容包括：（1）社会环境分析，主要是对社会经济、政治、科技、文化、教育等方面发展状况和总趋势的分析。（2）劳动力市场的环境分析，包括对劳动力市场四大支持系统的分析（就业与失业保险体系、劳动力的培训开发体系、中介服务体系和相关法律法规体系）；对劳动力市场功能的分析，如劳动力市场覆盖率、劳动力流动率以及劳动力流动的结构分析，各类专门人才供给分析，劳动力市场价位变动情况的分析；通过劳动力市场进入本企业的各类劳动力供给来源的分析（地域特点、员工素质状况、劳动力流动率和稳定性等）；劳动力市场的这些变数将会对企业产生何种有利与不利的影响。（3）劳动法律法规和政策的环境分析，各种法律法规对企业产生了何种影响，利弊得失如何。（4）产业结构调整与变化对企业人力资源供给与需求的影响分析，它对本企业将产生何种影响，企业的优势和劣势是什么。（5）同行业各类劳动力供给与需求的分析，本企业与同业在人力资源市场的竞争中具有何种优势和劣势。（6）竞争对手的分析，掌握竞争对手的相关情况，竞争对手采用何种策略吸引和留住人才，其企业文化状况与人力资源策略的分析，人力资源管理具体模式的分析等。

（二）人力资源内部能力分析

企业人力资源内部能力分析是从企业人力资源的现状出发，通过全面深入的分析，了解并掌握企业在未来发展中的优势和劣势，为人力资源战略的确定提供依据。通过对人力资源内部能力的客观全面分析，将有利于企业针对人力资源现存的问题，有效地克服各种妨碍企业战略目标实现的缺点或缺陷，并就如何继续保持和增强企业人力资源的竞争优势做出正确的决策。

企业人力资源内部能力分析的内容包括：（1）企业人力资源的现状分析，各类专门人才（技术人才、管理人才和其他人才）的需求情况分析，人员素质结构的分析，员工岗位适合度与绩效情况的分析等；（2）企业组织结构的分析，通过组织分析和诊断，发现组织上的优势以及存在的主要问题，提出组织变革和创新的设想；（3）人力资源管理的规章制度以及相关的劳动政策的分析，企业在劳动组织、分工与协作、工作小组、工时与轮班制度、安全生产与劳动卫生、薪酬福利与保险，以及劳动关系和劳动争议处理等方面存在的优势和劣势；(4) 企业文化的分析，从文化的内涵，如企业精神的培育、员工信念的树立、企业价值观的认同，乃至企业形象的设计，通过认真的检讨，找出企业文化的优势与缺陷、不足，并提出意见和建议。

在对人力资源内外部环境条件和能力分析的基础上，还需要进一步对企业人力资源在未来发展中可能获得的机遇以及可能遇到的威胁和挑战，做出冷静客观的分析。机遇包括：经济高速发展，政府政策更加宽松，劳动力市场机制日臻完善，竞争对手决策失误，突破同业的防御进入新的领域，企业全员素质迅速提高，集团凝聚力明显增强等；威胁包括：经济低迷，发展速度明显放慢，不利的政府政策，劳动力市场供求矛盾突出，劳动力成本上涨，竞争对手迅速成长，潜在竞争者进入市场，进攻不利、防御失败等。

第三章　现代企业绩效管理与考评心理

第一节　绩效考评概述

绩效考评（Perfcrmence Evaluation）是指组织从经营目标出发，根据事实和职务工作要求，采用科学系统的原理和方法，检查和评定组织员工在一个既定的时期内，对职位所规定的职责的履行程度和对组织的实际贡献。它关注的重点是日常工作中的员工在职务上的工作行为和工作效果、完成工作任务与目标的效能，着眼于对员工一定时间内既往的工作绩效加以评定。绩效考评是管理者与员工之间的一项管理沟通活动，考评的结果可以直接影响到薪酬调整、奖金发放及职务升降等诸多员工的切身利益。

一、绩效考评的内涵

对绩效的内涵，人事心理学进行了大量的探讨，目前主要有两种观点。一种观点是基于结果的绩效定义，巴拉丁（Bemardin）和贝蒂（Beatty）把绩效定义为：绩效是指在特定范围，在特定工作职能、活动或行为上产生出的结果记录。另一种观点是以行为为基础的绩效定义，然菲（Murphy）把绩效定义为“与个人所在组织或小组的目标相关的行为”。

从内涵而言，绩效考评包括人员素质评价和业绩评定两个方面，见图5-1。素质评价涉及考评对象的性格、知识、技术、能力、适应性等方面的情况，而业绩评定一般包括工作态度评定和工作完成情况的评定。工作态度的评定是对员工工作时的态度所做的评定，它与工作完成情况的评定相互关联，但二者的评定结果也可能不一致。工作完成情况评定是绩效考评的核心内容，它一般要从工作的最终结果（工作的质与量）和工作的执行过程两个方面进行分析。

从外延上说，绩效考评就是有目的、有组织地对日常工作中的人进行观察、记录、分析和评价。这有三层含义，一是从组织经营目标出发进行评价，使评价有助于组织目标的实现；二是作为人力资源管理系统的组成部分；三是对组织成员在日常工作中所显示出来的工作能力、工作态度和工作成绩进行以事实为依据的评价。

二、绩效考评的主要内容

员工绩效考评一般来说是从工作成绩、工作能力、工作态度三个方面进行的，按对每个方面不同的偏向可以有三类划分：其一是品质基础型，偏重考核的是个人的道德品质修养和个性特征，如忠诚、可靠、主动、服从上级、有创造性、有协作精神等。但这一类型的考评不易具体掌握，不明确，主观性强，且往往与工作行为和工作效果没有直接的关系。其二是行为基础型，重点在于评价员工是如何完成工作的，即是怎么干的，关心的是行为本身和过程。这类考评不但对行为过程分了等级，而且每个等级都设计了标准的行为尺度供对照参评，有利于全面准确地评价员工人才，因此特别适用于不宜量化考核的项目。其三是效果基础型，着眼于干出了什么，而不是干了什么，关心的是结果。这种评价操作性好，客观具体，易量化。

在对员工的绩效考评中常把三者结合起来运用，从德、能、勤、绩四个方面进行评价。

所谓德，主要是员工的工作态度和职业道德。现代组织里，员工不再处于跟着机器转的从属地位，不再是机器支配人。整个组织经营管理都以人为中心，这一点尤其集中地体现在组织人才的作用上。组织技术骨干和经营骨干的一个点子，往往能产生极大的效益，而这种点子仅用监督的办法，是难以从人头脑中开发出来的。为此，不仅需要组织有适当的激励办法，而且需要员工具有较强的敬业精神和责任心。从德的方面考评员工，主要也就是考评这种精神和责任心。

所谓能，主要是员工的专业技能，也包括一般能力。组织考评不同岗位上的员工，有不同的能力要求。一般来说，理解能力、操作能力、交往能力、创新能力、组织能力等，是员工技能考评比较普遍的内容。对于一般员工，比较侧重前两种；对于技术骨干，各种能力是员工发挥作用的基础，与他对组织的贡献直接相关。

所谓勤，主要是指员工的工作态度，例如事业心、出勤率等。组织的工作是在分工协作中进行的，一个员工的工作与其他员工有直接关系，例如流水线上的操作工。即使是比较独立的岗位，例如推销员，也不是只看他能否完成推销任务就行，还要看他是如何工作的，是否尽到了自己的责任。尽职尽责但完不成任务，和能完成任务但不努力，都不是好的状态，说明管理中有问题。合理的情况应该是员工愿意也能够较好地完成任务。勤是联系德、能、绩之间的纽带。

所谓绩，即员工的工作成绩，包括岗位上取得的成绩和岗位之外取得的成绩。岗位成绩与岗位职责有关，是员工成绩的主体在组织管理中，岗位职责体现为一系列任务标准和操作标准，这种标准是要求每一个员工能达到的，达标成绩是员工的起码成绩。在此之上，根据工作任务和工作规范的执行情况，表现出不同的业绩水平。除了本职工作之外，作为组织的一员，员工还可能为组织做出其他方面的成绩，例如合理化建议。这些成绩也体现着员工对组织的贡献，考评时不能忽视。

三、绩效考评的特点

（一）多因性

绩效的多因性是指绩效的好坏不是由单一的因素决定，而要受许多主客观因素的影响。现代科学技术与心理学的研究表明，员工的绩效主要受以下四个因素的影响：能力、激励、机会、环境。环境和机会是影响员工绩效的外因，组织要尽可能为员工创造一个良好的条件，并在制定政策时尽可能做到公平。能力和激励是内因，但也与组织的政策有密切的关系，应采用科学的方法提高员工的技能水平和调动他们的积极性，以争取最大的绩效。因此，对员工的绩效进行考评，要综合考虑多种因素，制定科学客观的各项考核指标。

（二）多维性

多维性是指一个员工的工作绩效要从多方面考察，不能只看一个方面。对员工的绩效进行考察，要沿多种维度进行，才能做出全面的恰如其分的评价。

（三）动态性

动态性是从时间上来说的，员工的绩效会由于员工的能力、激励状态以及环境因素的变化而处于动态的变化之中，随着时间的推移原来差的可以变好，相反，原来好的也可能变成差。因此，对员工的绩效要用发展的眼光来考察，从激发员工的积极性着眼进行绩效评估工作。

四、绩效考评的目的

具体来讲，企业进行绩效考评的目的主要有：

（一）检查与改进员工现有工作绩效

通过绩效考评能够使本人继续发扬成绩，克服缺点，改进今后工作，促进员工今后的职业发展。

（二）依绩效考评结果决定公正合理的待遇和奖惩

绩效考评是价值分配体系的基础，具有激励作用。组织应把绩效考评作为提高员工素质、调动员工积极性的重要措施。

（三）将绩效考评作为人事变动的决策依据

考评结果可以作为对员工的使用、职务的升降、调动或辞退的重要依据。

（四）确定人员培训与开发的需要

组织可以通过绩效考评结果确定人员培训与开发的需要状况。

（五）检查和改进组织的人力资源管理工作

组织通过对每个工作岗位上的员工工作绩效进行定期的考评，可以检查组织人力资源管理活动如人员招聘、培训等方面的问题，从中吸取经验教训，以便今后改进。

绩效考评是人力资源管理中难度很大的一部分。目前的考评工具不少，各有千秋，但完全适宜绩效考评的并不多。实践中，必须运用综合模式和方法，既定性又定量，既上级考、下级考，又自我考，量表与描述结合，更增加了考评的难度。

五、绩效考评的功能

（一）控制功能

对组织来说，通过绩效考评.为人力资源管理提供了一个客观而公平的标准，并依据这个评估的结果决定晋升、奖惩、调配等。这样就会使组织形成事事按标准办事的风气，使各项管理工作能够按计划进行。对员工个人来说，也是一种控制手段，可以使员工牢记工作职责，养成按照规章制度工作的自觉性。

（二）激励功能

考评能产生一定的心理效应，起到激励、督促和导向的作用。通过考评，无论对成绩突出者还是落后者，都会起到鞭策他们尽心尽责、完成组织所交给的任务的作用。

（三）开发功能

绩效考评是按已定的绩效标准进行的，考评结果显示的不足之处就是员工的培训需要。管理者可以据此制定有针对性的培训计划，提高员工的素质。同时，通过考评，对员工各方面的情况有详尽的了解，根据员工的长处和特点决定培养方向和使用办法，能充分发挥员工的长处，促进个人的发展。

（四）沟通功能

考评结束以后，管理者把考评的结果反馈给被考评的员工，听取他们的申诉和看法，这就提供了领导与员工之间的沟通机会，有利于增进相互之间的了解，解决管理中存在的一些问题。

第二节　绩效管理系统的设计

绩效管理是一个大系统中运行的小系统，绩效管理系统与组织的其他事件联系得越好，人们就越能理解它对实现目标的重要性。作为管理者，必须要能够考虑到绩效管理系统的方方面面，忽视其中任何一个方面，它都可能会不起作用。绩效管理系统设计的主要控制点有绩效计划、绩效沟通、数据收集与观察、绩效考评、绩效的诊断与反馈、绩效的应用六个环节。但也有学者将绩效沟通和数据收集与观察作为一个环节——绩效监控过程来划分。

一、绩效计划

（一）绩效计划及其原则

绩效计划是管理者和员工开始绩效管理的起点。它是管理者和员工在组织目标的基础上，共同研究确定下一年应该完成什么工作和什么样的绩效才算成功，并达成共识的绩效管理过程。

（二）绩效计划的要素

绩效计划是微观层次的计划，与一般工作计划不同的是，它侧重于个人计划与组织计划的协调。完成计划目标就是实现个人职业生涯计划与组织计划的过程。

绩效计划包括三个要素：传达组织目标和规划；制定和完善部门及员工的个人计划；选择实施方案。

1.传达组织目标和规划

绩效管理的精髓是以人为本，建立共同的愿景。绩效计划作为组织计划体系的一部分，是组织目标与规划的层次分解，然后注入员工个人意识和能动性的结果。制定适当的绩效计划有前提：首先，制定组织目标和规划。管理者在制定目标与规划时，要给员工充分参与的机会，尽量听取下属的意见或建议，为以后计划的顺利实施奠定基础。其次，及时传达组织的目标和规划。通过各种途径将组织的目标和规划告知全体员工，可以通过简报、板报、广播、正式文件、内部计算机网络等形式来传达；也可以通过管理人员与其下属的直接沟通来实现信息共享。

2.制定和完善部门及员工的个人计划

在绩效计划过程中，根据组织的目标和规划，管理者需要和员工一起讨论，以搞清楚在计划期内.员工应该做什么工作，做到什么地步，为什么要做这项工作，何时应做完以及其他的具体内容，如员工权力大小和决策级别等。通常绩效计划都是做一年期的，但在年中可以修订。

3.选择实施方案

确定了目标和计划，解决了“到哪儿去”的问题。至于“怎么去”就需要依靠制定和选择方案了。制定、选择方案需要员工和上级主管协商确定，员工参与可以用其之长，克己之短；上级主管的指导可以使员工行动方案与组织规划相协调。同时，制定和选择方案，要遵循三个规范：首先，以目标为导向；其次.要有灵活性，即要有备选方案，根据情况变化应用应变措施；再次，要有可操作性，即制定的方案应在计划期限内可以完成，且为现实的主、客观条件所允许。

（三）绩效计划的目标

绩效计划过程结束时，往往需要达成一些基本的目标或结果：

1.员工的任务和目标与组织的目标相联系，员工要知道其工作职责同总目标之间的关系。

2.工作目标和工作职责已修改完毕，能反映工作环境的变化，并尽可能具体。

3.管理者和员工就员工的主要工作任务、成功的标准、工作任务的重要性次序、被授权程度（员工完成每项工作任务所享有的权利）等问题都达成共识。

4.管理者和员工都能说出管理者能提供什么帮助、达到目标过程中的障碍及其克服方法。

5.形成一个讨论和协商结果的汇总文档，该文档上应有经理和员工双方的签字。

二、绩效沟通

（一）绩效沟通及其目的

绩效沟通是指管理者和员工一起讨论有关工作进展情况，潜在障碍问题、解决问题的可能措施以及管理者如何才能帮助员工等信息的过程。绩效沟通对于企业改进绩效管理具有重要的意义：制定绩效目标要沟通；帮助员工实现目标要沟通；年终评估要沟通；分析原因寻求改善和进步要沟通。总之，绩效管理的过程就是员工和管理者持续不断沟通的过程，离开了沟通，企业的绩效管理将流于形式。许多绩效问题都是因为没有开展良好的绩效沟通，或者没有将绩效考评结语反馈给员工造成的。

（二）绩效沟通的原则

一般来说，沟通应符合以下几个原则：

1.真诚

一切的沟通都是以真诚为前提的，都是为预防问题和解决问题而做的。只有真诚的沟通才能使管理者从员工那里获得尽可能多的信息，进而帮助员工解决问题，不断提高管理者的沟通技能和沟通效率。

2.及时

绩效管理具有前瞻性的作用，在问题出现时或之前就通过沟通将之消灭于无形或及时解决掉，所以及时性是沟通的又一个重要原则。

3.具体

沟通应该具有针对性，具体事情具体对待，不能泛泛而谈。泛泛的沟通既无效果，亦无效率。所以管理者必须珍惜沟通的机会，关注于具体问题的探讨和解决。

4.定期

管理者和员工要约好沟通的时间和时间间隔，保持沟通的连续性。

5.建设性

沟通的结果应该是具有建设性的，能为员工未来绩效的改善和提高提供建设性的建议，帮助员工提高绩效水平。

（三）绩效沟通的设计

绩效沟通设计主要涉及确定沟通的主题与内容、确定沟通的方式、为沟通做准备、熟悉沟通的技巧以及选择沟通的环境等。

确定绩效沟通的主题与内容主要是明确与员工讨论些什么，哪些应该重点讨论，哪些应该涉及，哪些可以忽略等。在实际操作中，如何切入讨论的主题，展开讨论的内容，如何引导双方的话题逐步转入正题，是需要引起绩效讨论的管理者认真思考和演练的。

确定沟通的方式是指以什么方式进行绩效沟通。正式的沟通方法都是事先计划和安排的，主要有三种：定期的书面报告；定期的员工和管理者会谈；定期召开的有管理者参加的小组会或团队会。书面报告不需要面对面的会谈，因此当员工和管理者不在同一地点时很适用；它同时提供了记录，因此不需要增加额外的文字工作；但它很容易演变成浪费时间、毫无意义的、官僚的、无人问津的纸面摆设；而且它只涉及信息在两个人之间的共享。面对面会谈能在管理者和员工之间形成一种亲切感，这一点常有激励作用；但它耗费时间，组织不好的情况下更是如此。小组会或团队会可以使有关工作问题的沟通集体共享；但它也是非常耗费时间的，而且麻烦。其他非正式的方法，如非正式会议、闲聊、间歇时的交谈，或者是“走动式管理”也都有许多优点。

为绩效沟通做准备的内容有：沟通涉及的背景资料；沟通评估结果所需要的依据或材料；判断员工接受评估结果的可能性；员工了解评估结果后的反应模式及解决方案等。诚然，进一步熟悉沟通的技巧是沟通准备工作的重要内容，熟悉沟通的技巧包括了解和学习绩效沟通的代表性情境、沟通语言、身体语言及常见解决方案等。

沟通环境的设计对于绩效沟通的效果是非常重要的。通常情况下，绩效讨论应尽量不要选择在直线领导办公室内，或人多嘈杂的地方，或在隔音效果不好的房间中展开，而应尽量选择在中性的场所中进行，如谈判间或会议室等。当评估者居高临下地坐在办公桌后颐指气使地对待办公桌前的员工，可以想象他们绩效讨论的效果会是什么样子。因为不平等的讨论环境会使员工感到潜在压抑而制约了他们参与绩效讨论的积极性。最好的绩效讨论环境是直线主管与员工同处于桌子的一边，并使用同一份绩效考评表格或报告书，以强化合作的伙伴气氛。总之，在进行绩效沟通时，不要忽视公平环境和平等对话氛围的设计，它们是保证绩效沟通富有成效的手段之一，如安排或供应茶水、咖啡或巧克力等，有利于缓解绩效沟通初期双方的紧张气氛。

三、数据收集与观察

数据收集是一种有组织地系统收集有关绩效方面信息的方法。收集信息和观察员工绩效的目的是为了解决问题。进行数据收集与观察，可以收集解决问题所需要的充足、准确的信息；可以提供一份连续的以事实为依据的有关员工绩效正反两方面的记录，以便决策时使用；可以记录有关绩效的详情和沟通情况，以便在进行纪律处分和处理前和法律诉讼或纠纷时使用。

四、绩效考评

在绩效管理过程中，绩效考评是一个连续的过程。它是绩效管理系统中的主体部分，这需要在前面几个环节基础上制定出一个健全合理的考评方案并实施绩效考评。它是通过岗位管理人员或岗位关联人员与该岗位员工之间的有效沟通，依据考核标准和实际工作的完成资料，在分析、判断的基础上形成考核成绩的一种过程。考评方案主要包括：考评的内容、考评的方法、考评的程序、考评的组织者、考评者与员工以及考评结果的统计处理等。其中，选择合适的考评方法、设计出可行的考评表格是最关键也是最困难的。

五、绩效的诊断与反馈

绩效的诊断就是在绩效考评结果的基础上去分析和评估绩效问题产生的原因。这包括对绩效问题内容的评估和绩效考评本身的评估。只有通过绩效诊断，才能找到绩效问题产生的原因，以及绩效考评过程中的问题，才能有针对性地解决问题，促进员工改善绩效。

绩效的反馈就是向员工本人反馈对其工作绩效的考评结果，让员工了解自己工作情况的过程。在绩效管理系统中，反馈的意义并不仅限于此。客观、合理的考评结果可以真实地说明员工达到组织所期望的标准的程度；同样，员工绩效的考评结果可以使上级了解该员工的优缺点和个人特点等。另一方面，在反馈的同时，管理者应该根据绩效诊断获得的信息和结论与员工进行面谈，并对员工进行适当、明确的指导，可以使员工的个人发展与组织目标的实现结合起来，从而达到提高绩效的目的。

第三节　绩效考评的方法

绩效考评的方法多种多样，但每一种方法往往只能达到某一种特定的目的，且各有其优缺点。在具体实施时应根据实际需要和主客观条件选择使用，一般要结合运用几种考评方法。从性质上来讲，考评方法主要分为两大类：一是主观绩效考评法，是考核者依据一定的标准或设计好的维度对被考核者进行比较、排序或主观评价，从而得出被考核者工作相对优劣程度的绩效考评方法，主要有简单排序法、交错排序法、配对比较法、强制正态分布法等。二是客观绩效考评法，是考核者根据客观标准对被考核者的工作进行评价的方法，主要有关键事件法、等级评定法、行为锚定评价法、目标管理（关键绩效指标法）、量表法等。从本质上说，无论哪种考评方法都是以不同的方式、从不同角度去对照标准，检查目标实现的程度，并寻求实现新目标的最佳途径。

一、有关绩效考评的一些技术性考虑

（一）信度

信度（Reliabmty）指考评的一致性（不因考评方法与考评者的改变而导致不同的结果）和稳定性（不同的时间内重复评测的结果应相同）。

（二）效度

效度（Validity）是指绩效考评所获得的信息与待考评的真正工作绩效之间的

相关程度。绩效考评系统应能考评出员工的真正绩效，不同的岗位，采取不同的标准来考评绩效，要分类进行考评。

（三）时间和经费

不同的绩效考评需要的时间与经费不一样，发一份评估表，也许几个小时就可以完成，而行为锚定评价法也许需要三至六个月的努力。

二、主观绩效考评法

主观绩效考评法是根据员工的工作行为对员工进行主观评价的一种方法。其一般特征是在对员工进行相互比较的基础上对员工进行排序，提供一个被考评者绩效的相对优劣的评价结果。主观考评的主要方法包括：

（一）行为观察评价法

行为观察评价法是从关键事件法中发展而来的方法。它与行为锚定等级评价法不同。首先，它不剔除不能代表有效绩效和无效绩效的大量非关键行为，而是用事件中的许多行为来具体地界定并构成有效绩效（或无效绩效）的所有必要行为。其次，它并不是要评价哪一种行为最好地反映了员工的绩效，而是要求评价者或管理者对员工在评价期内表现出来的每一种行为的频率进行评价。最后，将所得的评价结果进行平均之后得出总体的绩效评价等级，行为观察评价法的优点在于：它能够将高绩效者与低绩效者区分开来，能够维持客观性，便于提供信息反馈，便于确定员工的培训需要。但不足之处就是过于烦琐，因为它所需要的信息可能会超出大多数管理者所能够加工或记录的信息量。

（二）简单排序法

简单排序法就是考评者将所有被考评的员工从绩效最高者到绩效最低者排出一个顺序来。

（三）交错排序法

交错排序法就是评价者首先在被考评的员工中找出最优者，然后再找出对比最鲜明的最劣者；下一步接着找出次优者、次劣者；如此循环，由易渐难，绩效中等者较为接近，必须仔细辨别，直到全部排完为止。

（四）成对比较法

成对比较法要求考评者将每一位员工与工作群体中的其他每位员工逐一比较，按照成对比较中被评价为较优的总次数来确定等级名次。当全部的配对比较都完成后，评价者再统计每一位员工获得较好评价的次数，即得到员工的绩效评价分数。

（五）强制正态分布法

强制正态分布法实际上也是将员工进行相互比较的一种员工排序方法，只不过它是对员工按照组别进行排序，而不是将员工个人进行排序。这一方法的理论依据是数理统计中的正态分布概念，认为员工的业绩水平遵循正态分布。

三、客观绩效考评法

（一）关键事件法

对部门的效益产生积极的或消极的重大影响的事件被称为关键事件。在运用关键事件法时，主管人员为每个员工准备一个记录册，随时将每一位下属员工在工作过程中所表现出来的非同寻常的好行为或非同寻常的不良行为记录下来。在考评时，主管人员运用这些记录资料对员工进行绩效考评。

（二）行为对照表法

行为对照表法是常用的绩效考评方法之一。在应用这种评价方法时，人力资源管理部门要给评价者提供一份描述员工规范的工作行为的表格为评价者将员工的工作行为与表中的描述进行对照，找出准确描述了员工行为的陈述。这一方法的优点是得到的评价结果比较真实可靠，其不足之处则是设计和制作员工规范工作行为表需要花费大量的时间和费用。

（三）等级评定法

等级评定法是历史最悠久的绩效考评方法之一。在应用这种评价方法时，首先确定绩效考评的标准，然后对于每个评价项目列出几种行为程度供评价者选择。这种方法所需成本比较低，容易使用。

（四）行为锚定等级评价法

行为锚定法是一种基于关键事件法的量化评定方法。它结合了关键事件法与等级评定法两者的优点，建立了一个行为性的评定量表，对每一个等级运用关键事件进行行为描述，最后运用行为锚定量表对被评者进行对照评定。

（五）360度考核法

360度考核法也称全方位反馈评价法或多源反馈评价法，就是考核者向与被考核者有密切关系的人员，包括上级、同事、自己、下属、客户等征求评价意见并量化打分.最后综合确定绩效水平的考核方法。这种方法能通过广泛全面的信息来源给被考核者一个较准确的评价，不仅是对其能力，还包括工作态度，努力程度，人际关系等多方面。

近年来，越来越多的中国企业已经开始尝试360度考核法。要成功地开展360

度评估和反馈工作，必须要做好以下三个阶段的工作。

1.准备阶段

在实施360度评估前的准备工作相当重要，它影响着评估过程的顺利进行和评估结果的有效性。准备阶段的主要目的是使所有相关人员，包括所有评估者与受评者，以及所有可能接触或利用评估结果的人员，正确理解实施360度评估的目的和作用，进而建立起对该评估方法的信任。因此，应该在评估前与相关人员进行细致的沟通，通常可以采取召开由上级领导以及受评人参加的动员大会的形式进行。在动员大会上，由高层介绍实施评估活动对实施组织战略目标的作用，由评估专家和顾问介绍评估活动的流程，重点强调评估活动对于被考评者能力发展与职业生涯计划的作用、活动中所采取的保密措施等，以消除对评估活动的疑虑，使员工都以积极的心态来对待评估。

2.360度评估阶段

首先要组建360度评估队伍。必须注意评估者应征得受评者的同意，这样才能保证受评者对最终结果的认同和接受。

其次要对评估者进行360度评估技术的培训。几乎所有的360度评估工具都依赖于评估者的评估尺度。评估者即使是无意歪曲评估结果，也有可能在评估的过程中犯各种类型的偏差，比如宽大或严格误差、晕轮误差等等。因此，在执行360度考核法时需要对评估者进行培训，使他们熟悉并能正确使用该技术。

此外，理想情况下，最好能根据组织的情况建立自己的能力模型，并在此基础上设计360度反馈问卷。

再次是正式实施360度评估，分别由上级、同级、下级、相关客户和本人按各个维度标准，进行评估。评估过程中，除了上级对下级的评估无法实现保密之外，其他几类评估最好是采取匿名的方式，必须严格维护填表人的匿名权以及评估结果报告的保密性。大量研究表明，在匿名评估的方式下，人们往往愿意提供更为真实的信息。

最后是统计并报告结果。在提供360度评估报告时要注意保护评估者的匿名权。有关部门针对反馈的问题制定相应措施，保证报告结果的客观性，并提供通用的解决方案和发展计划指南。

3.反馈和辅导阶段

在360度评估的整个过程中，根据360度评估结果向受评者提供反馈和辅导是一个非常重要的环节。通过来自各方的反馈（包括上级、同事、下级、自己以及客户等），可以让受评者更加全面地了解自己的长处和短处，更清楚地认识到组织和上级对自己的期望及目前存在的差距。在第一次实施360考核时，最好请专家或顾问开展一对一的反馈辅导谈话，以指导受评者如何去阅读、解释以及充分利用360评估和反馈报告。另外，请外部专家或顾问还容易形成一种“安全”（即不用担心是否会受惩罚等）的氛围，有利于与受评者深入交流。

第四节　考核与评估中的误差分析

自从创设绩效考核与评价工具以来，有关绩效管理的理论和系统、知识等便充斥在企业人力资源经理们的案头。考核与评价工具制造者相信：设计出不同的评价方案和激励措施，就能提高效率，改善工作状态。世界上很多大型公司的成功案例证明了这一工具的有效性。但并非所有的管理专家都赞成这个管理工具，全面质量管理（Total Quality Management，TQM）创始人就明确指出：“它（考核评价工具）造成了极坏的影响：只滋养短期绩效、消灭长远规划、增长恐惧、破坏团队精神、鼓励对立和斗争。它会造成员工彼此言语恶毒、相互倾轧、受伤、消沉、灰心、自觉不如人、挫败，甚至沮丧到接到考评后数星期都无法专心工作，也无法了解自己为什么较差。”我们如何理解反差如此之大的权威结论？在我们看来“借刀杀人，刀何罪之有一方面，我们不能因噎废食，”因为考核评价中出现问题就彻底否定考核评价；另一方面我们一定要防患于未然，明确考核与评估设计的误区，从而使得考核评价向科学方向发展。

一、考核与评估设计中的误区

（一）量化的考核与评估科学

很多时候，由于考核与评估体系在设计上的问题导致工具从第一开始就引导着工具使用者剑走偏锋，进而无法体现考核与评估促进企业发展的目的。最为典型的就是过度强调量化。目前，量化是很多考核评价工具设计的。一个重要目标。我们承认，量化的数据更容易操作，更容易得出确定的结论，但是真正规范的、可行的量化，一定是建立在清晰的业务流程、健全的统计体系和一定的信息化基础之上，如果没有流畅的业务流程和关键控制点、比较健全的统计体系、规范的财务管理和一定的信息化支持，很多量化的指标根本没有办法适时、可靠地提取。这也是中国很多企业为什么上了企业资源计划系统（Enterprise Resource Planning，ERP）之后，仍然无法解决对关键绩效管理控制的重要原因。考核评价的设计者一定要时刻询问自己：这个考核评价量化指标确实有助于公司的利益吗？是长期利益还是短期利益？例如，如果把顾客投诉率作为评价雇员工作业绩的重要指标，销售人员会不会对客户做出虚假承诺，甚至透支公司的资源？

（二）评估对象需要公平吗

先看一个实例：某公司实施考核评估，评估方法如下：评价等级划分为“很好、良好、一般、较差、差”五级，实施半年后因为没有强制要求个体差异，部门经理总是将所有员工归入良好一级，员工平分部门奖金；为了体现多劳多得的公平原则，公司强制要求“很好”和“差”“良好”与“较差”的人数指标一样，这意味着一个部门拥有1个“良好”指标的同时，必须安排一个人带上“较差”的帽子。现有一个10个人的部门，每个员工的表现都处在公司期望的状态，应当如何分配考核指标？最后的解决办法是两两配对5组10顶帽子每个月轮流戴，而内部则大家又私自平分每月奖金。

抽象讨论时，个体需要公平，但人有如此复杂的社会性，一个行为往往受到不同动机的激发，人性是最难管理的，因此，企业如果不能精简制度，最后只能束缚员工能力的发挥，从而让很多新的管理理念进入企业管理体系时，只是一些好看不实用的东西。就像上面所说的考核评价，表面看起来很科学，但是实际上却常常面临人性化的尴尬，具体实施者并不想推广这些制度，于是执行者渎职，员工消极怠工。一般而言，实施考核评价的动机具有鲜明的指向性，通过考核激励符合组织需要的人员，调动他们的积极性和创造性，惩罚那些行为不符合组织需要的人员，督促他们按照组织需要采取行动，但只有将考核变成管理者和员工的需要时，考核才变得有意义。

（三）有最好的考核评估方法吗

很多组织考核评估的结果和员工升迁、加薪直接挂钩，这导致考核评价成为员工争取利益、管理者减员增效的必争之地。很多时候管理者都会被员工质问绩效评估方法的有效性。的确，很多实践结果表明：考核评估结果往往和员工实际业绩之间存在相当大的差距。尽管如此，我们还是不能否认考核评估的必要性，问题在于如何采用员工评估系统才能使得它最有效？有最好的评估系统和方法吗？这个问题的答案只能是没有最好，只有最适合。人性是复杂的，一个个体在不同情境下会做出不同行为表现，同样的行为在不同情境下是不同的心理特点的表现。也就是说，心理是潜在的，我们只能通过个体行为推测心理，这种间接测量导致测量误差，因此，即使是测量一种胜任力特征，也不是一个角度、一个方法就能准确测量的，何况一个工作对应的胜任力特质多样，这些心理特质在不同时间、不同事件、不同条件下得以不同程度的体现，要想测量准确，就要充分使用各种测量方法，寻找最佳测量角度。例如，言语沟通能力可以使用面谈，而提供材料和场所，让评估对象充分利用材料完成一个制作更能有效考核和评价动手能力。

总之，人力资源管理者必须了解考核评估方法，而更重要的是应该学习这些方法的适用条件。如果你能了解创设这些方法的目的，你就更容易使用这些方法，甚至根据实际情况驾轻就熟地做灵活的调整。

二、考核与评估过程的误差

所谓工作业绩评估过程中的误差，是指评估人对被评估人工作业绩的评估与被评估人的实际工作业绩之间存在的差距。造成评估误差的原因很多，例如，评估项目之间所给分数值不当、评估的目的和意义不明确、评估程序不严格等，这里仅就影响考核评估过程的心理效应进行阐述。

（一）晕轮效应

晕轮效应又称光环效应、成见效应、光晕现象，是指在人际相互作用过程中形成的一种夸大的社会印象，这种强烈知觉的品质或特点，就像月亮形式的光环向周围弥漫、扩散，从而掩盖其他品质或特点，所以被形象地称之为光环效应。也可以称为“以点概面效应”，是主观推断的泛化、定势的结果。这种现象意味着评估者对下属某一业绩要素的评价较高，常会导致对这些人的其他业绩要素评价也较高。尤其是当评价对象是那些对主管人员表现特别友好或特别不友好的员工时，这种问题更容易发生。

（二）特定倾向效应

特定倾向效应包括居中趋势、偏松趋势和偏紧倾向。在确定评价等级时，许多监督人员很容易造成一种居中趋势（Central tendency），如果评价等级分为7级，那么他们很可能避开较高或较低的等级，而把大多数评估对象评定为第3、第4和第5三个等级。也有主管人员倾向于对所有下属员工工作业绩都做较高（或较低）的评价。这种过手集中的评价结果会使工作业绩评价受到更多偶然因素的影响，从而无法对于晋升、工资和激励等方面的决定起到积极作用。

可以考虑使用等级评价法避免这种居中趋势。所谓的等级评价是指把可以进行高低评价的所有员工排列在一条纵向或者横向的线段上，这样就避免了全部评估对象都拥堵在同一个位置。

（三）评估者效应

评估者效应又称评分者效应。很多心理测验并不强调评分者效应，这是因为心理测验通常会提供高度标准化的实施和评分程序，在这个前提下评分环节造成的误差可以忽略不计。但是，在一般的管理实践中，考核评估的很多误差来自评分者的判断，因此我们必须认识评分者效应。先从一项研究结果谈起，这项研究是有关管理人员对护士工作质量的评估，研究表明：评估对象的年龄在30～39岁时，主管人员对护士业绩评价与其自我评价基本相同；年龄在21～29岁时，主管人员对这些护士的评价比她对自己的评价要高；年龄在40～61岁时，主管人员对这些护士的评价比她们的自我评价要低。这个工作业绩评估中存在的稳定趋势似乎告诉我们“评估对象的年龄影响主管人员对她们工作业绩的评估”。另外一项研究还表明：高业绩的男性员工所得到的评价明显高于高业绩的女性员工所得到的评价。总之，由于评估者头脑中原有的固着观念（例如，有关年龄和性别的偏见）会影响他们对不同评估对象的考核评价结果，甚至导致评价结果大大偏离他们的实际工作业绩。

三、考核与评价结果的误差

绩效评估要解决的问题只有两个：“评估什么”和“如何进行评估”。第一个问题与工作分析、胜任力模型和设计行为指标有关；第二个问题在评估设计和评估过程两个方面进行了初步讲解。但仅仅做完评估还不够，还不能达到让评估对象改进绩效的目的。将管理者的期望传递给被管理者必须通过绩效反馈面谈进行沟通。这里我们想要说的是，即使绩效评估设计合理，结果可信，评估者和评估对象能心平气和地接受评估结果吗？

社会心理学中有一个著名的归因偏差理念，被称作基本归因偏差。它是指人们在解释他人行为时往往会忽视情境的巨大影响，也就是说，即使一个人的行为方式很明显地受到情境或环境的影响，人们还是会将他人的行为归因于个人因素。与此相对，自利性归因是指人们往往将自己的成功归于自己自身的能力和努力，而将自己的失败归于坏运气或问题难度等外部情境因素。两种偏差的相互作用会出现一个并不有趣的现象，在评估结果不理想的时候，老板会将问题归咎于评估对象的低能或者消极的工作态度，即对评估对象做出个人归因；而评估对象恰恰相反，他们会抱怨他们的消极评估结果是情境造成的，总之，评估者和评估对象之间存在典型的归因偏差。事实上，组织管理者和评估对象之间对问题的判断角度存在必然的差异，这种差异往往导致对相同评估结果的不同解读，也许评估者和评估对象之间的矛盾是组织矛盾的典型案例。在这对矛盾中，我们最关心的是如何解读评估对象面对消极评估结果的自我保护。

第一，评估者要清醒地认识到防御心理是一种很正常的心理，在这个基础上接受它，至少不要攻击一个人的防御心理，也不要试图用“向某人讲解他自己的方式和评估对象面谈（如“你知道自己使用这种借口的真正原因是你不能忍受任何责难”），应当将谈话集中于员工的行为本身（如销售额正在下降），而不是将话题集中在人身上（如你的销售工作十分不利）”。还有，可以选择推迟行动的策略，对那些要求上进、责任心重的员工，有时最好的行动就是不采取行动。人们面对突然威胁时常常本能地选择将自己隐藏到“面具”后面，然而，只要有充足的时间，他们最终会采取理智的行动，并从自己的局限性中脱颖而出，战胜不足。总之，为了创造更有建设性的关系，必须通过增加人际互动、开放式沟通等方式减少归因偏差，从而努力减少各方面的不同知觉和分歧观点。

第五节　绩效的诊断、反馈与应用

经过认真实施考评之后，作为一个完整的绩效管理系统来说，绩效考评还未真正完成：还需要对考评结果进行细致分析并将考评结果反馈给被考评者，这样才能保证绩效考评的系统性和完整性。

一、绩效的诊断

（一）绩效问题的诊断

当员工没有达到目标（或标准）或者评级不高时，就需要主管人员根据考评结果进行绩效诊断，从而确定其成功或不成功的原因。绩效诊断可以而且应该在绩效管理的各个阶段加以使用。绩效考评结果的诊断既是解决问题的过程（逻辑过程），也是人与人交流的过程（团队合作的过程）。

（二）绩效考评的诊断

对绩效考评的诊断是为了利用绩效考评来形成企业内部的学习与改进模式，同时也包含对现有绩效考评制度中的不足与改进方向的评估。

企业在绩效考评管理中建立学习与改进模式的控制点主要从两个方面来设计：一是绩效考评制度的实体内容，如指标上有什么可以改进的，如何更加有效地建立和培育企业价值观等；二是绩效考评制度的程序，如操作流程有什么可以进一步简化的，如何做到更有效率等，或者如何提高绩效管理系统的操作效率，如何更大限度地使用企业管理信息系统等技术手段来支持绩效管理等。

二、绩效的反馈

只作考评而不将结果反馈给被考评者，考评便失去它重要的激励、奖惩与培训的功能。绩效考评反馈包含三个基本要素：内容、自我和他人，内容要素集中在反馈的准确性，相关信息，特定行为，积极的和消极的行为两方面，共享的观念等；自我就是问自己，“反馈有帮助吗”，“我能够怎样更有效地传递反馈”等；他人就是交流，关键问题在于信息接收者的接受能力，反馈价值等。

从这三个角度出发，采取适当的沟通策略和措施可以提高反馈的有效性

（一）反馈内容的呈现形式

反馈内容的呈现基本上有三种形式：评语式、表格式和图示式。每种方法都有自己的优点和不足，我们可以根据具体的需要：选择恰当的呈现形式。

1.评语式

由考核者依据考核结果及其他有关材料用语言文字对被考评者作出结论性评定。这种以定量为基础的定性描述，具有形象化特征，有助于对被考评者总体印象的形成。

在进行评语式的表达时，应注意以下几方面：评语应针对同一考评标准来表述；评语应体现出被考评员工的个性特征；评语应注重被考评员工考评期内工作情况的变化；员工个人评价应与整体评价相结合；评语中应包括预测评估。

评语式表述方式的优点是能把考评对象的独特性差异性、过程发展性等情况全面而扼要地报告介绍，既可以全面而论又可以侧重描述某一方面.灵活机动。其缺点是容易出现各位被考评人的评语雷同化现象。

2.表格式

表格式即以统计表的形式表示员工的考评结果。统计表的形式可以多样化，既可以制成反映局部考评成绩的单项表，也可以制成反映总体考评成绩的复合表表格描述法的优点是：言简意赅，可比性强，直观醒目匚但它不能从总体上全面反映每个员工的具体情况。

3.图形

以几何图形来表示被考评者的考核结果具体又可以分为柱状图、圆形图、分布次数图和曲线图等几种，其中又以柱状图和曲线图用得最为广泛图示式的优点是简单明了、直观性强，但同样存在信息损失量大，只能了解总体情况的缺点。

（二）反馈操作的原则

反馈主要是将考评发现的问题告知被考评者，以求得对方今后在此方面的改进，此外，反馈的内容又与随后的惩罚措施有联系，所以颇为敏感，但却又是不可缺少的，因此掌握好反馈中谈话的技巧或艺术十分重要。反馈的内容不可避免地会带有一种批判性，所以反馈往往容易引起面谈对象某种程度的心理抵制。

1.对事不对人

焦点置于以客观数据为基础的绩效结果上，不要过于责怪和追究，当事者个人的责任与过错，尽量不带威胁性。针对个人的批评较易引起反感、强辩与抵制，从而无法达到考评的真正目的，所以要强调客观结果。例如一位计划科科长在讲评手下一位组长绩效缺陷时说：“你们组的计划工作这回可很不理想啊，你瞧瞧这些数据，你们这次是全科任务完成得最糟的一个组，是不是?”就比当头一句“你这人真是很差劲!”效果好得多。考评者要表明他所关心的是哪方面的绩效，再说明下级的实际情况与要求目标间的差距，要上下一起来寻找差距。

2.谈具体，避一般

不要作泛泛的、抽象的一般性评价。要援引数据，列举实例来支持结论。例如，上面那位计划科科长对他手下的组长，若只说“你对计划工作根本不重视，太不认真”，就不如说“你上次要求追加预算，增拨设备，还要增加加班工时，当时事态紧急，我是批了，但你们事先为什么没仔细考虑，预料到这种可能情况?这说明你们的计划做得很马虎。“要用事例说明你想看到的改进结果，引导下级看到差距之所在。

3.不仅找出缺陷，更要诊断出原因

这点常被人忽略，常是发现问题后马上追问:“该咋办?”这就绕过了对病因的挖掘，而制定措施成了无的放矢，不能对症下药。找原因本身可以变成问题式的过程，借此可以找出所应采取的措施。要引导和鼓励被评者自己分析造成问题的原因，即使浅薄牵强，也切不可反驳和嘲笑，而要启发他继续找原因，直到找准为止。

4.保持双向沟通

共同解决问题必须是个双向的过程，不能上级单方面说了算，不能让上级主宰一切，教训下级。这样只会造就傀儡，不能造就人才;只会激起抵制心理而不是克服缺点的热情。

5.落实行动计划

绩效面谈只有获得改进的实效才算成功。所以找出了病因，就得上下共同商量出针对性的改进计划;计划不能只列出干巴巴的几条，而要多制定一些备选方案;不过最后重点只能放在一两项最重要的行动计划上，而且由谁干、干什么、何时干都得逐一落实。计划要写成书面的，还要强调改正缺点的好处，使计划带有激励性。

（三）几种典型反馈情况的处理

针对不同的人采取不同的反馈策略，有助于避免或消除对方的抵制心理。下面是对一些典型员工的反馈处理情况:

1.优秀的下级

这种情况最顺利，但考评者要注意两点:一是要鼓励下级的上进心，帮助他制定个人发展计划;二是不要急于承诺晋升或奖励等事宜。

2.无显著进步的下级

考评者应开诚布公，和他讨论是不是现职不太适合他，是否需要更换岗位。

要让他意识到自己的不足。

3.绩效低下的下级

导致绩效低下的原因可能有多种，例如工作态度不良、积极性不足、缺乏训练、工作条件恶劣等。必须具体分析，找出真正的原因并采取相应措施。切忌不问青红皂白，就将问题的原因归结于下级。

4.年龄大、工龄长的下级

对待这种下级一定要特别慎重。他们看到比自己年纪轻且资历浅的人后来居上，自尊心会受到伤害，或对他们未来的出路或退休感到焦虑。要给予他们充分的尊重，肯定他们过去的贡献，耐心且关切地为他们出谋划策。

5.过于雄心勃勃的下级

有雄心是好的，但不可过分。雄心过手膨胀的下级常常急于希望被提升和奖励，但他们此时还没进展到这种程度。对他们切忌乱泼冷水，要耐心开导，说明政策是论功行赏，用事实说明他们离晋升还有一定差距，跟他们共同讨论未来进展的可能性与计划。不过不要让他们产生错觉，以为达到某一目标就一定马上能获奖或晋升；要说明努力进步，待机会到来，自会水到渠成的道理。

6.沉默内向的下级

这种人不爱开口，对他们只有耐心启发，通过提出非训导性的问题或征询意见的方式，促使其作出反应。

7.容易发火的下级

对这种人首先要耐心地听他讲完，尽量不马上与他争辩和反驳。从他发泄出的话语中辨别出其气愤的原因，然后与其共同分析，冷静地、建设性地找出解决问题的办法。

三、绩效考评结果的应用

绩效考评并不是为了履行某种组织程序，绩效考评是服务于各种人事决策的。因此，考评结果应该积极地用于各种人事决策或组织效能的提高中。具体而言，考评结果可应用于如下一些方面。

（一）在员工绩效改善方面的应用

服务于员工绩效的改善是考评的根本目的。一般而言，利用考评结果来改善员工绩效至少包括如下三个步骤：

1.明确差距

要改善员工绩效，首先要明确员工绩效的差距，要让员工明白自己在哪些方面存在差距，这些差距究竟有多大。差距可通过员工工作目标与实际工作绩效相比较来寻找，也可以通过员工与员工之间的相互比较得到，或者是将员工的工作绩效与同行的平均水平相比较。

2.归因分析

归因分析是研究差距产生的原因。绩效差距产生的原因可能是多方面的，但归纳起来不外乎两大类：内因与外因。内因主要是指员工的能力与努力程度，而外因则是指工作环境、组织政策等。归因分析具体可通过以下几个方面来进行：①能力；②工作的兴趣；③明确的目标；④个人的期望；⑤工作的反馈；⑥奖励；⑦惩罚；⑧个人晋升与发展的机遇；⑨完成工作必要的权力。

3.改善措施

通常管理者对低能力、低绩效者采取的措施往往是辞退、再培训或惩罚，而对于由外部环境或条件引起的低绩效情况，则应努力改善工作环境与条件，或改变组织政策。

（二）在绩效薪酬方面的应用

考评结果的应用是多方面的，多数企业绩效管理的目的是为了决定绩效薪酬的分配，侧重于绩效管理的激励功能。实际上，考评结果几乎可以应用在人力资源管理的任何一个领域。与激励机制相联系的绩效薪酬制度从理论上看起来很实际，也非常合理，但操作起来却感到难以发挥效用。但是，如果绩效考评结果不与薪酬管理挂钩，那么绩效考评的效果就会降低一半。考评成绩与薪酬的关系是非常紧密的，几乎所有企业的绩效薪酬都可以按照绩效成绩来进行计算和分配。

（三）在人才选拔、职位调整方面的应用

绩效考评一方面需要借助评估者与员工的沟通和反馈来实现管理效率，另一方面需要以薪酬管理的奖惩制度来维持其威慑力。奖惩制度可以通过薪酬的多少来实现，但也需要配合相应的职位升迁和处分降级来管理。因此，企业应当将绩效考评当作选拔人才的管理手段来实施。按照绩效成绩进行调整，包括晋升、降职和末位淘汰等。

第四章　人力资源规划

第一节　人力资源规划的概念

一、人力资源规划的概念

（一）人力资源规划的含义

人力资源规划又称人力资源计划，是企业计划的重要组成部分，它在整个人力资源管理活动中占有重要地位，是各项具体人力资源管理活动的起点和依据，直接影响着企业整体人力资源管理的效率。

人力资源规划是指为实现发展战略，完成生产经营目标，企业根据内、外部环境和条件的变化，运用科学的方法对企业人力资源的供给和需求进行预测，并制定出相应的政策和措施，使企业人力资源供给和需求达到平衡，以实现人力资源合理配置的过程。

（二）人力资源规划的分类

人力资源规划有狭义与广义之分。狭义的人力资源规划是指企业从战略规划和发展目标出发，根据内、外部环境的变化，预测企业未来发展对人力资源的需求，以及为满足这种需求所进行的人力资源管理的活动过程。简单地说，狭义的人力资源规划是指进行人力资源供需预测并使之平衡的过程，实质上它是企业各类人员需求的补充规划。广义的人力资源规划是企业所有人力资源计划的总称。

（三）人力资源规划的作用

企业的生存和发展离不开企业规划。企业规划的目的是使企业的各种资源（人、财、物）彼此协调并实现内部供求平衡。人（或人力资源）作为企业内最革命、最活跃的因素，不言而喻是企业在规划中首要考虑的因素。

在人力资源管理活动中，人力资源规划不仅具有先导性和战略性，而且在实施企业总体发展战略规划和目标的过程中，还能不断调整人力资源管理的政策和措施，指导人力资源管理活动。因此，人力资源规划又被称为人力资源管理活动的纽带。企业工作岗位分析、劳动定员定额等人力资源管理活动的基础工作是人力资源规划的重要前提，而人力资源规划又对企业人员的招聘、选拔、考评、调动、薪酬、福利和保险等工作环节以及人力资源的教育和培训、企业内部人员余缺的调整等各种人力资源管理活动的目标、步骤与方法，做出了具体而详尽的安排。这些都充分显示了人力资源规划在企业人力资源管理活动中的重要地位和作用。

企业人力资源规划的具体作用有：

1.满足企业在发展中对人力资源的需求

在市场竞争激烈的环境中，企业只有不断地开发新产品，引进新技术，才能确保在竞争中立于不败之地。而不同的企业、不同的生产技术条件，对人力资源的数量、质量、结构等方面的要求是不一样的。新产品、新技术的开发和运用造成企业机器设备与人员配置比例的变化，这就需要企业对所有的人力资源进行不断的调整。

一般来说，企业所需的员工可分为两大类，一类是低技能员工，另一类是高技能的技术人员和管理人员。对于低技能的员工，市场上供过于求，企业可以比较容易地通过劳动力市场获得此类人员，而且员工通过短期的培训就可以上岗。但是，对于高技能的技术人员和管理人员，他们在企业生产经营中起着关键性的作用，而且对于此类人员的短缺，企业是无法在短时间内弥补的（即使是通过培训手段），这样就阻碍了企业的发展。人力资源规划可以减少企业发展过程中人事安排的困难，使企业在实施生产经营战略前，对未来人员应有的合理配置有大体的了解，有利于战略目标的实现；而不进行人力资源规划的企业，其用人策略缺乏前瞻性，对随时可能出现的风险缺乏承受能力，从而制约和影响着企业的发展。

2.使人力资源管理有序化

在企业的人力资源管理活动中，像确定各种岗位的人员需求量、人员的配置等工作，不通过人力资源规划是很难达到的。人力资源规划是企业具体的人力资源管理工作的依据，它为企业组织的招聘、录用、晋升、培训、人员调整以及人工成本的控制等人力资源管理活动提供准确的信息和依据，使企业人力资源管理工作更加有序、科学、准确、客观。

3.协调人力资源管理的各项计划

人力资源规划作为企业的战略性决策，是企业制定各种人事决策的依据和基础。企业通过人力资源规划可以将人员配备计划、人员补充计划、人员晋升计划、员工培训开发计划、薪酬激励计划（包括福利计划）、员工职业生涯规划等有机地联系在一起。

4.提高人力资源的利用效率

人力资源规划还可以控制企业的人员结构，从而避免由于企业发展过程中的人力资源浪费而造成的人工成本过高，也可以保证企业利用结构合理的、稳定的员工队伍去实现企业的生产经营目标。

5.使组织目标和个人发展目标相一致

现在，以人为本的管理思想在企业管理中的地位越来越重要。人本管理理论要求企业在管理中，既要注重生产经营效益，又要兼顾员工个人的利益、员工的发展。在人力资源规划的前提下，员工对自己在企业中的努力方向和发展方向是明确的，从而在工作中表现出较强的积极性和创造性。这样有利于组织目标的实现，也有利于企业对组织目标与个人目标的兼顾。

二、人力资源规划的内容

这里阐述的人力资源规划内容是指人力资源规划的各项业务计划，是人力资源具体业务的部署与实施。从这一角度看，人力资源规划包括：人员配备计划、人员补充计划、人员晋升计划、人员培训与技能开发计划、薪酬激励计划（包括福利计划）、员工职业生涯规划等。这些业务计划是人力资源规划的展开和具体化，每项业务计划都由目标、任务、政策、步骤及预算等部分构成，并且这些业务计划的结果能够保证人力资源规划目标的实现。

（一）人员配备计划

人员配备计划是企业按照内、外部环境的变化，采取不同的人员管理措施（比如使员工在企业内部合理流动、对岗位进行再设计等），以实现企业内部人员的最佳配置。例如，当企业要求某岗位上的员工同时具备其他岗位的经验或知识时，就可以让此岗位上的员工定期地、有计划地流动，以提高其知识技能，使之成为复合型人才。再比如，当人员过剩时，企业可以通过岗位再设计对企业中不同岗位的工作量进行调整，解决工作负荷不均的问题。

（二）人员补充计划

人员补充计划是企业根据组织运行的实际情况，对企业在中长期内可能产生的空缺职位加以弥补的计划，旨在促进人力资源数量、质量和结构的完整与改善。一般来讲，人员补充计划是和人员晋升计划相联系的，因为晋升计划会造成组织内的职位空缺，并且这种职位空缺会逐级向下移动，最后导致企业对较低层次的人员需求加大。所以，在企业进行招聘录用活动时，必须预测未来的一段时间内（比如1～2年）员工的使用情况。只有这样，才能制定出合理的人员补充计划，保证企业在每一发展阶段都有适合的员工担任各种岗位工作。

（三）人员晋升计划

人员晋升计划是企业根据企业目标、人员需要和内部人员分布状况而制定的员工职务提升方案。对企业来说，要尽量使人与事达到最佳匹配，即尽量把有能力的员工配置到能够发挥其最大作用的岗位上去。这对于调动员工的积极性和提高人力资源利用率是非常重要的。职务的晋升，意味着责任与权限的增大，按照赫兹伯格的双因素理论，责任与权限都属于工作的激励因素，它们的增加对员工的激励作用巨大。因此，人员晋升计划的最直接的作用就是激励员工。

晋升计划的内容一般由晋升条件、晋升比率、晋升时间等指标组成。企业的晋升计划是分类制定的，每一个晋升计划都可以用这些指标清楚地表示。企业在制定员工晋升计划时应该全面地衡量上述指标，慎重考虑，以免使员工感到不公平，进而对员工之间已有的平等竞争环境和企业的经营效率造成不良影响。

（四）人员培训开发计划

人员培训开发计划就是企业通过对员工有计划的培训，引导员工的技能发展与企业的发展目标相适应的策略方案。人力资源是一种再生性资源，企业可以通过有计划、有步骤的分门别类的培训来开发人力资源的潜力，培养出企业发展所需要的合格人才。企业人员培训的任务就是设计对现有员工的培训方案、生理与心理保健方案。人员培训计划的具体内容包括受训人员的数量、培训的目标、培训的方式方法、培训内容、培训费用的预算等。

（五）薪酬激励计划（包括福利计划）

薪酬激励计划一方面是为了保证企业人工成本与企业经营状况之间恰当的比例关系，另一方面是为了充分发挥薪酬的激励功能。企业通过薪酬激励计划，可以在预测企业发展的基础上，对未来的薪酬总额进行预测，并设计、制定、实施未来一段时期的激励措施，如激励方式的选择等，以充分调动员工的工作积极性。

（六）员工职业生涯规划

员工职业生涯规划既是员工个人的发展规划，又是企业人力资源规划的有机组成部分。企业通过员工职业生涯规划，能够把员工个人的职业发展与组织需要结合起来，从而有效地留住人才，稳定企业的员工队伍。特别是对那些具有相当发展潜力的员工，企业可以通过个人职业生涯规划的制定，激发他们的主观能动性，使其在企业中发挥出更大的作用。

第二节　人力资源规划的制定

一、人力资源规划的制定原则

在制定人力资源规划时，为了保证规划的正确性、科学性和有效性，应该遵循以下原则：

（一）确保人力资源需求的原则

人力资源的供给保障问题是人力资源规划中应解决的核心问题，因此，企业人力资源规划要通过一系列科学的预测和分析（包括对人员的流入分析、流出预测、人力资源供给状况分析、人员流动的损益分析等），满足企业对人力资源的需要。只有满足这一条件，企业才可以进行更深层次的人力资源管理与开发。

（二）与内、外部环境相适应的原则

企业在发展过程中，总会受到某些不确定因素的干扰（比如企业所处环境的不可预测的变化等），给企业的发展带来风险。因此，企业的人力资源规划要考虑到这一点。规划毕竟是面向未来的，必须要有前瞻性。企业要对可能出现的环境变化做出预测、分析，并有所准备。这也是对人力资源规划的基本要求之一。

（三）与战略目标相适应的原则

在制定人力资源规划时，必须与企业战略目标相适应。因为人力资源规划是企业整个发展规划中的重要组成部分，其首要前提就是服从企业整体发展战略的需要，只有这样，才能保证企业目标与企业资源的协调发展。

（四）保持适度流动性的原则

员工队伍的合理流动对企业保持稳定、健康发展有着不言而喻的作用。员工流动性过高或过低，都会对企业的发展造成如下不利影响：流动性过低，不利于发挥员工的积极性和创造性；流动性过高，造成人力资本的损耗，造成企业生产经营成本增加。保持适度的人员流动，可以使企业的人力资源得到有效的应用。

二、人力资源规划的制定程序

（一）人力资源规划的制定程序

人力资源规划作为人力资源管理的一项基础性活动，其核心部分包括：人力资源需求预测、人力资源供给预测及供需综合平衡三项工作。人力资源规划的步骤是：

1.调查、收集和整理涉及企业战略决策和经营环境的各种信息。影响企业战略决策的信息有：产品结构、消费者结构、产品市场占有率、生产和销售状况、技术装备先进程度等企业自身的因素；企业外部的经营环境，社会、政治、经济、法律环境等，这些外部因素是企业制定规划的“硬约束”，企业任何人力资源规划的政策和措施均不得与之相抵触。比如《劳动法》规定：禁止用人单位招用未满16周岁的未成年人。企业拟定未来人员招聘规划时，应遵守这一规则，否则将被追究责任，规划也无效。

2.根据企业或部门实际情况确定人力资源规划期限，了解企业现有人力资源状况，为预测工作准备精确而翔实的资料。如根据企业目标，确定补充现有岗位空缺所需人员的数量、资格、条件以及时间等。

3.在分析人力资源需求和供给的影响因素的基础上，采用定性和定量相结合，以定量为主的各种科学预测方法对企业未来人力资源供求进行预测。这是一项技术性较强的工作，其准确程度直接决定了规划的效果和成败，也是整个人力资源规划中最困难、最重要的环节工作。

4.制定人力资源供求协调平衡的总计划和各项业务计划，并分别提出各种具体的调整供大于求或供不应求的政策措施。人力资源供求达到协调平衡是人力资源规划活动的落脚点和归宿，人力资源供需预测则是为这一活动服务的。

5.人力资源规划并非是一成不变的，它是一个动态的开放系统。对其过程及结果必须进行监督、评估，并重视信息的反馈，不断调整规划，使其更切合实际，更好地促进企业目标的实现。

（二）企业人员计划的制定

企业人员计划即狭义的人力资源规划，是指进行人力资源供需预测，并使人力资源需求达到平衡的过程。实质上它是企业各类人员需求的补充规划。

编制企业人员计划的主要任务就是要确定计划期内的员工数量。一般来说，计划期内的各部门原有员工人数虽然有变化，但是其主要部分仍然留在原岗位上，所以计划的关键就是正确确定计划期内员工的补充需要量。其平衡式如下：

计划期内人员补充需求量=计划期内人员总需求量-报告期期末员工总人数+计划期内自然减员总人数

企业各部门对员工的补充需求量主要包括两部分：一是由于企业各部门实际发展的需要而必须增加的人员；二是原有的员工中，因退休、退职、离休、辞职等原因发生自然减员而需要补充的那一部分人员。

核算计划期内企业各部门人员的需求量，应根据各部门的特点，按照各类人员的工作性质，分别采用不同的方法。比如企业的生产性部门是根据生产任务总量和劳动生产率、计划劳动定额以及有关定员标准来确定人员的需求量；而企业的各职能部门的行政、服务人员的计划，应根据组织机构的设置、职责范围、业务分工、工作总量和工作定额标准来制定。

计划期内的人员需求量核算出来以后，要与原有的人员总数进行比较，其不足部分加上自然减员人数，即为计划期内的人员补充需要量。

第三节　人力资源规划的方法

人力资源规划的制定是以企业所处的环境为基础的。同样，当企业所处的环境变化时，就要求人力资源规划反映出这种环境的变化，以适应企业发展的要求。所以环境分析对于人力资源规划来说是非常重要的。

一、环境分析

（一）影响人力资源规划的外部环境因素

1.经济环境

经济环境方面的各种变化，在宏观上改变着企业员工队伍的数量和质量以及结构。经济环境的影响主要体现在以下几个方面：

（1）经济形势

宏观经济形势对企业的影响巨大：当经济处于萧条期时，人力资源的获得成本和人工成本较低，但是企业受经济形势的影响，对人力资源的需求减少；当经济处于繁荣期时，劳动力成本较高，但是企业处于扩张时期，对人力资源的需求量会增加。企业在进行人力资源规划时，必须考虑所处经济社会的宏观经济形势，在整体趋势上保证人力资源规划战略的正确性。

（2）劳动力市场的供求关系

劳动力市场上各种人才供求关系对于企业获得各种人才的成本、难易程度都有较大的影响。

2.人口环境

归根到底，人力资源规划的对象还是人，所以，人口环境尤其是企业所在地区的人口环境对企业获取人力资源有着重要的影响。人口环境因素主要包括：社会或本地区的人口规模、劳动力队伍的质量和素质结构等特征。

在制定人力资源规划时，还要考虑劳动力年龄因素对人力资源规划的影响。因为不同年龄段的员工有着不同的追求，在收入、生理需要、价值观念、生活方式、社会活动等方面存在着一定的差异性。比如，年轻求职者的出发点是学习，他们希望找一家能有更多培训机会的公司工作；中年人在找工作时，重在考虑要找的工作是否有发挥自己知识技能的空间，而不会在乎所在企业的性质，甚至他们可以从大公司跳到小公司工作；年龄稍大的人在找工作时，更注重企业性质、企业形象、企业理念，注重自己合作的伙伴、自己工作的环境等因素，所以，有时即使有的企业出高价这些人也不动心，因为对他们来说，外界对他们事业的认同更重要。企业人力资源规划可以通过对年龄因素的分析确定获得人力资源的适当方式和方法。

3.科技环境

科学技术对企业人力资源规划的影响是全方位的。例如，计算机网络技术的飞速发展，使得网络招聘等成为现实。同时，新技术的引进与新机器设备的应用，使得企业对低技能的员工的需要量减少，对高技能的员工的需求量增加。这将使企业对人力资源的需要和供给处于结构性的变化状态（或处于动态的不平衡状态），企业在人力资源规划上要高度重视这一点。

4.政治与法律因素

影响人力资源活动的政治环境因素包括：政治体制、经济管理体制、政企关系等。对一般的中小企业来说，这些因素对人力资源规划，甚至对人力资源管理工作的影响很小，因为在短期内政治体制、管理体制等是很稳定的，可以认为是不变的；但是对于大企业尤其是跨国公司，在制定人力资源规划时，就必须考虑到这一点，对它们来说，考虑政治体制因素是企业所有规划工作的基础。

影响人力资源活动的法律因素有：政府有关的劳动就业制度、工时制度、最低工资标准、职业卫生、劳动保护、安全生产等规定，以及户籍制度、住房制度、社会保障制度等，因为这些制度、政策、规定会影响人力资源管理工作的全过程，当然也会影响企业的人力资源规划。

5.社会文化因素

社会文化反映着社会民众的基本信念、价值观，对人力资源管理也有着一定的影响，不过，这种影响并不是直接的，而是间接的。比如，不同的文化对待劳动关系的观点就有所不同。我国东部沿海地区，受西方文化的影响较大一些，人们在选择工作、与企业确定劳动关系时，可能很痛快地与企业签订契约关系；而我国西部广大地区，人们可能比较喜欢传统的、较为稳定的终身雇用制度。企业在制定人力资源规划时，要考虑当地的社会与文化环境因素。尤其是跨国公司，在国际化与本土化相结合的经营战略下，人力资源规划以及人力资源管理其他的各个环节更要充分地考虑各个国家和不同地区之间的社会与文化的差异性。

（二）影响人力资源规划的内部环境因素

1.企业的行业特征

企业所处的行业特征在很大程度上决定着企业管理的模式，也会影响人力资源管理工作。企业的行业属性不同，企业的产品组合结构、生产的自动化程度、产品的销售方式等内容也不同，则企业对所需要的人力资源数量和质量的要求也不同。比如，对于传统的生产性企业而言，生产技术和手段都比较规范和程序化，人员招聘来源大都以掌握熟练技术的工人为主；而对于现代的高科技企业来说，则需要技术创新型的高技术开发人员。

2.企业的发展战略

企业在确定发展战略目标时，就要制定相应的措施来保证企业发展目标的实现。比如，企业生产规模扩大、产品结构调整或升级、采用新生产工艺等，会造成企业人力资源结构的调整。因此在制定企业人力资源规划时要着重考虑企业的发展战略，以保证人力资源符合企业战略目标的要求。

3.企业文化

企业文化对企业的发展有着重要的影响，这已经成为不争的事实。好的、适合的企业文化，使得企业的凝聚力加强，员工的进取精神加强，企业员工队伍就会比较稳定，企业面临的人力资源方面的不确定性因素就会少一些，有利于人力资源规划的制定。

4.企业自身的人力资源及人力资源管理系统

企业拥有的人力资源的数量、质量和结构等特征，人力资源战略、培训制度、薪酬激励制度、员工职业生涯规划等都对人力资源规划有着重要的影响。

（三）人力资源规划的环境分析方法

环境分析方法不仅在企业的人力资源规划中使用，企业的其他许多决策过程也经常用到。常见的分析方法有：

1.SWOT分析法

SWOT分析法着重分析企业的优势（strength）、劣势（weakness）、机会（opportunity）和威胁（threats）。因此，SWOT分析实际上是将对企业内、外部条件各方面内容进行综合概括，进而分析企业组织的优劣势、面临的机会和威胁的一种方法。其中，优劣势分析主要着眼于企业自身的实力及其与竞争对手的比较，而机会和威胁分析应将注意力放在外部环境的变化及对企业的可能影响上。但是，外部环境的同一变化给具有不同资源和能力的企业带来的机会与威胁却可能完全不同，因此，必须将两者紧密联系起来。

2.竞争五要素分析法

竞争五要素分析法是美国人迈克尔·波特在出版的《竞争战略：分析行业和竞争对手的方法》一书中提出的一种分析模型。在这个模型中，企业要分析的五个要素是：对新加入竞争者的分析、对竞争策略的分析、对自己产品替代品的分析、对顾客群的分析、对供应商的分析。波特认为，只要企业对以上五个方面做出了科学、客观、准确的分析，企业所做出的策略与规划将会使企业在竞争中处于不败之地。

二、人力资源需求分析

（一）需要考虑的因素

对人力资源需求的预测要受许多因素的影响，包括技术变化、消费者偏好变化和购买行为、经济形势、企业的市场占有率、政府的产业政策等。

人力资源需求预测的解释变量一般包括以下几个方面：（1）企业的业务量或产量，由此推算出人力资源需要量；（2）预期的流动率，指由于辞职或解聘等原因引起的职位空缺规模；（3）提高产品或劳动力的质量或进入新行业的决策对人力需求的影响；（4）生产技术水平或管理方式的变化对人力需求的影响；（5）企业所能拥有的财务资源对人力需求的约束。

（二）需求预测的步骤

人力资源需求预测分为现实人力资源预测、未来人力资源需求预测、未来人力资源流失预测分析三部分。人力资源需求预测的步骤可分为：

1.根据工作岗位分析的结果确定职务编制和人员配置；

2.进行人力资源盘点，统计出人员的缺编、超编以及是否符合职务资格要求；

3.将上述统计结果与部门管理者进行讨论，修正并得出的统计结果，即现实的人力资源需求量；

4.对预测期内退休的人员、未来可能离职的人员（可以根据历史数据得到）进行统计，得出的统计结果，即为未来的人员流失状况；

5.根据企业发展战略规划，以及工作量的增长情况，确定各部门还需要增加的工作岗位与人员数量，得出的统计结果，即为未来的人力资源需求量；

6.将现实人力资源需求量、未来的人员流失状况和未来的人力资源需求量进行汇总计算，得出企业整体的人力资源需求预测。

在现实的操作中，企业应对短期、中期、长期的人力资源需求进行分别的预测与分析。

（三）需求预测的方法

1.集体预测方法

集体预测方法也称德尔菲（Delphi）预测技术。德尔菲法是在兰德公司的“思想库”中发展起来的，是一种总结不同的专家对影响组织发展某一问题的一致意见的程序化方法。这里的专家可以是基层的管理人员，也可以是高层经理；他们可以来自组织内部，也可以来自组织外部。总之，这里的专家指的不是学者意义上的，而是对所研究的问题有深入了解的、有发言权的人员。这种方法的目标是通过综合专家们各自的意见来预测某一领域的发展状况，适合于对人力需求的长期趋势预测。

德尔菲预测技术的操作方法是：

（1）在企业中广泛地选择各个方面的专家，每位专家都拥有关于人力资源预测的知识或专长。这些专家可以是管理人员，也可以是普通员工。

（2）主持预测的人力资源部门要向专家们说明预测对组织的重要性，以取得他们对这种预测方法的理解和支持，同时通过对企业战略定位的审视，确定关键的预测方向、解释变量和难题，并列举出预测小组必须回答的一系列有关人力资源预测的具体问题。

（3）使用匿名填写问卷等方法来设计一个可使各位专家在预测过程中畅所欲言地表达自己观点的预测系统。使用匿名问卷的方法可以避免专家们面对面集体讨论的缺点，因为在专家组的成员之间可能存在着身份或地位的差别，较低层次的人容易受到较高层次的专家的影响而丧失见解的独立性。同时也存在一些专家不愿意与他人冲突而放弃或隐藏自己正确观点的情况。

（4）人力资源部门需要在第一轮预测后，将专家们各自提出的意见进行归纳，并将这一综合结果反馈给他们。

（5）再重复上述过程，让专家们有机会修改自己的预测并说明原因，直到专家们的意见趋于一致。

在预测过程中，人力资源部门应该为专家们提供充分的信息，包括已经收集的历史资料和有关的统计分析结果，目的是使专家们能够做出比较准确的预测。另外，所提出的问题应该尽可能简单，以保证所有专家能够从相同的角度理解员工分类和其他相关的概念。在必要时，人力资源部门应该不询问人力需求的总体绝对数量，而应该关注人员变动的百分比或某些专业人员的预计变动数量。对于专家的预测结果也不能要求太精确，但是要求专家们说明对所做预测的肯定程度。

2.回归分析方法

回归分析方法指的是根据数学中的回归原理对人力资源需求进行预测。最简单的回归是趋势分析，即只根据整个企业或企业中的各个部门在过去员工数量的变动趋势来对未来的人力资源需求做出预测。这实际上是只以时间因素作为解释变量，比较简单，它没有考虑其他重要因素的影响。

比较复杂的回归方法是计量模型分析法，它的基本思想是确定与组织中劳动力的数量和构成关系最大的一种因素，一般是产量或服务的业务量；然后研究在过去组织中的员工人数随着这种因素变化而变化的规律，得到业务规模的变化趋势和劳动生产率的变化趋势；再根据这种趋势对未来的人力需求进行预测；最后，预测的需求数量减去供给的预测数量的差额就是组织对人力资源净需求的预测量。如果这一差额是正值，就说明组织面临人力的短缺；如果这一差额是负值，就说明组织面临人力资源的过剩。

现在，企业在进行人力资源需求预测时常用的回归方法包括一元回归法和多元回归法。一元回归分析方法的过程是：首先选择一个有效地预测人力资源需求的因素，如用销售量或产品增加值作为预测指标；然后探测这个因素与各种相关人员需求量之间的关系（可以通过历史数据得到），比如可以用这一因素与员工人数对比得出某种劳动生产率；根据过去几年（比如5年）的生产率，计算出人力资源需求之间的关系，据此推算出组织下一年度人力资源需求量。

一元回归分析只是用一个变量因素如销售额来预测员工需求，而多因素预测是同时利用多个变量因素。企业人力资源需求受多种因素的影响，如企业的销售额、市场的占有率等，用多元回归预测员工的需求，结果比简单回归需求更精确。

现在，许多计算机软件可以替代人工的方法来进行上述的计算与预测工作，比如SPSS软件、SAS软件等。

第四节　人力资源规划的实施与评价

人力资源供求达到平衡（包括数量和质量）是人力资源规划的目的。企业人力资源供求关系有3种情况：（1）人力资源供求平衡；（2）人力资源供大于求，结果是导致组织内部人浮于事，内耗严重，生产或工作效率低下；（3）人力资源供小于求，企业设备闲置，固定资产利用率低。人力资源规划就是要根据企业人力资源供求预测结果，制定相应的政策措施，使企业未来人力资源供求实现平衡。

一、人力资源的平衡方法

企业人力资源供求完全平衡这种情况极少见，甚至不可能，即使供求总量上达到平衡，也会在层次、结构上发生不平衡，高职务者需由低职务者培训晋升，对新上岗人员须进行岗前培训等。企业应依据具体情况制定供求平衡规划。

一）企业人力资源供不应求

当预测企业的人力资源在未来可能发生短缺时，要根据具体情况选择不同的方案以避免短缺现象的发生。具体方法有：

1.将符合条件而又处于相对富余状态的人员调往空缺职位；

2.如果高技术人员出现短缺，应拟定培训和晋升计划，在企业内部无法满足要求时，应拟定外部招聘计划；

3.如果短缺现象不严重，且本企业的员工又愿意延长工作时间，则可以根据《劳动法》等有关法规制定延长工时、适当增加报酬的计划，但这只是一种短期应急措施；

4.提高企业的资本技术有机构成，提高工人的劳动生产率，形成机器替代人力资源的格局；

5.制定聘用非全日制临时工计划，如返聘已退休者，或聘用小时工等；

6.制定聘用全日制临时工计划。

总之，以上这些措施虽是解决组织人力资源短缺的有效途径，但最为有效的方法是通过科学的激励机制、有计划的培训来提高员工的职业技能，通过改进工艺设计等方式来调动员工积极性，以提高劳动生产率，从而使企业减少对人力资源的需求。

（二）企业人力资源供大于求

企业人力资源过剩是我国企业现在面临的主要问题，也是我国现有企业人力资源规划的难点问题。解决企业人力资源过剩的常用方法有：

1.及时辞退某些劳动态度差、技术水平低、劳动纪律观念差的员工；

2.合并或撤销某些臃肿的机构；

3.对一些接近退休年龄的员工，给予一些优惠的生活待遇，实行企业内部退养办法，待他们到达退休年龄时再办理退休手续，享受养老保险待遇；

4.提高员工整体素质，如制定全员轮训计划，使员工始终有一部分在接受培训，为企业扩大再生产准备人力资本；

5.加强培训工作，使企业员工掌握多种技能，增强他们的竞争力，并鼓励部分员工自谋职业，同时可拨出部分资金，开办第三产业；

6.减少员工的工作时间，随之冻薪或降低工资水平，这是西方企业在经济萧条时经常采用的一种解决企业临时性人力资源过剩的有效方式；

7.采用由多个员工分担以前只需一个或少数几个人就可完成的工作和任务，企业按工作任务完成量来计发工资的办法。这与上一种方法在实质上是一样的，都是减少员工工作时间，降低工资水平。

在制定平衡人力资源供求的政策措施过程中，不可能是单一的供大于求、供小于求，往往可能出现的是，某些部门人力资源供过于求，而另几个部门可能供不应求；也许是高层次人员供不应求，而低层次人员供给却远远超过需求量。所以，应具体情况具体分析，制定出相应的人力资源部门或业务规划，使各部门人力资源在数量、质量、结构、层次等方面达到协调平衡。

二、人力资源规划的编写

一般来说，企业在编写人力资源规划时，需要经过以下几个步骤：

（一）编写人员配置计划

企业的人员配置计划要根据企业的发展战略，结合企业的工作岗位分析所制作的工作岗位说明书和企业人力资源盘点的情况来编制。人员配置计划的主要内容应包括企业每个岗位的人员数量、人员的职务变动情况、职务空缺数量以及相应的填补办法等。

（二）编制人员需求计划

预测人员需求是整个人力资源规划中最困难、最重要的部分，因为它要求编制人员以理性的、高度参与的方式、方法来预测并设计方案，以解决未来经营、管理以及技术上的不确定性问题。人员需求预测计划的形成必须参考人员配置计划。人员需求计划中应阐明企业所需的岗位（职位）名称、所需人员数量，以及所需人员的素质等内容，最好形成一个含有工作类别、员工数量、招聘成本、技能要求以及为完成组织目标所需的管理人员数量和层次的计划清单。

（三）编制人员供给计划

人员供给计划是人员需求计划的对策性计划。它是在人力资源需求预测和供给预测的基础上，平衡企业人员的需求和供给、选择人员供给方式（如外部招聘、内部晋升等）的完整的人员计划。它主要包括人员招聘计划、人员晋升计划和人员内部调动计划等。

（四）编制人员培训计划

在选择人员供给方式的基础上，为了员工适应工作岗位的需要，制定相应的培训计划，对员工进行培训是相当必要的。培训包括两种类型：一是为了实现提升而进行的培训，比如管理人员的职前培训等；二是为了弥补现有生产技术的不足而进行的培训，如招聘进来的员工接受的岗位技能培训等。从这一角度来说，人员培训计划是作为人员供给计划的附属计划而存在的。培训计划中包括培训政策、培训需要、培训内容、培训形式、培训考核等内容。

（五）编制人力资源费用计划

人力资源活动需要相应的费用。人力资源规划的一个重要任务就是控制人力资源成本，提高投入产出比，为此，必须对人力资源费用进行预算管理。在实际工作中，应列入预算范围的人工费用很多，常见的有招聘费用、调配费用、奖励费用，以及其他非员工直接待遇但与人力资源开发利用有关的费用。

（六）编制人力资源政策调整计划

编制人力资源政策调整计划的目的是确保人力资源管理工作主动地适应企业发展的需要，其任务是明确计划期内人力资源政策的方向、范围、步骤以及方式等。人力资源调整计划应明确计划期内的人力资源政策的调整原因、调整步骤和调整范围等。其中包括招聘政策、绩效考评政策、薪酬福利政策、激励政策、职业生涯规划政策等。

（七）进行风险分析并制定对策

企业在人力资源管理中都可能遇到风险，比如招聘计划实施的不顺利、新策略引起员工的不满等，这些都可能影响企业生产经营活动的正常运行。风险分析与策略的制定就是通过风险识别、估计、监控等一系列的活动来防范风险的发生。

三、人力资源信息系统

在编制出人力资源规划以后，就进入人力资源规划的运用和实施阶段，需要对人力资源规划在实施过程中进行有效的控制，其中重要的一种控制手段就是建立完善的人力资源信息系统。

人力资源信息系统是组织建立并实施的与人力资源有关的信息管理系统，主要包括对这些信息的收集、汇总、分类、分析、归纳、运用等。在过去，企业人力资源信息系统的建立、实施、修正等工作都是由人工完成的，给人事管理者带来了极大不便。随着科学技术的飞速发展，计算机在各种信息系统管理工作中的应用，使得各种组织的人力资源信息管理系统的现状发生了革命性变化。现在，即使是小的单位组织，传统的人工档案管理和索引卡片系统已经逐渐地被完善的计算机系统所代替。

计算机系统在信息的管理方面有着不言而喻的优越性，比如，就人力资源信息系统而言，计算机不仅能够扩大信息的收集范围，可以将大量的原来分散在各部门的人力资源信息归纳整理成一个有效的整体信息，而且还能使信息的收集、储存、归纳、分析和传递等工作变得更为简便、准确、安全；并且计算机将所有记录（包括员工的职务偏好、工作经验、绩效评价等）放在员工的档案中，有利于管理层对员工的情况有更为全面的把握。

（一）人力资源信息系统的建立

企业在建立人力资源信息系统时可以按照以下的步骤与程序进行：

1.信息系统的规划与设计

具体的工作内容包括：设计和处理人事资料方案；确定最终的数据库内容和编码结构；决定人力资源信息系统技术档案的结构和内容；确定员工工资福利表格的格式和内容；建立各种规章制度等。

2.信息系统的实施

具体的工作包括：考察现行的信息系统的使用情况，找出问题或潜在问题所在；检查计算机的硬件结构配置、所用语言和影响系统运行的软件适合条件；设计系统的输入—输出条件、系统运行的有关必要参数；设计各种人事事务处理程序等。

3.对信息系统运行的评价与修正

包括：估算人事管理的改进成本；确定关键部门的人员对信息数据的特殊要求；确定人们对补充特殊信息的要求；对与人力资源信息系统有关的组织问题提出建议等。

（二）人力资源信息系统的内容

企业人力资源信息管理系统可分为招聘、配置、培训、薪酬、维系和健康等6个分系统。招聘系统一般记录组织人员的需求状况，包括组织的人员招聘信息、招聘岗位的职务说明书和职务规范等；配置系统主要记录现有员工队伍的配置状况；培训系统主要记录员工接受培训的各种资料、档案，并根据组织发展需要分析未来员工的培训方向；薪酬系统记录员工的工资、福利、奖金的各种计划等；维系系统记录员工的健康以及工作和操作的安全问题。不同的企业可以根据自身的情况来选择、设计不同的人力资源信息系统。

（三）人力资源信息系统的作用

1.建立人事档案

人事档案既可以用来估计现有员工的知识、技能、经验、职业抱负等，又可以帮助对未来的人力资源需要进行预测。

2.通过人事档案对一些概念加以说明

如企业对晋升人选的确定、对特殊岗位的工作分配、工作调动、培训的条件与名额限制等，这些工作的完成都是以人力资源系统的完善为基础的。

3.可以为管理层的决策提供依据

比如用于日常管理的工作性报告（如岗位空缺情况、新员工招聘情况、辞职情况、退休情况等）就可以作为决策的依据，使管理决策更加科学化和符合实际。

四、人力资源规划的评价与修正

对人力资源规划进行评价的目的是要了解人力资源规划对企业经营的影响，

它对人力资源规划做出恰当的反馈，也可以测算人力资源规划给企业带来的效益。在评估人力资源规划时，企业要注意，规划应当反映组织内部目标或外部目标的变化，必须明确由什么部门或人员承担了相应责任；为保证有效地完成计划，规划应有适当的弹性，给予执行人员一定的独立决策权；最后，应当考虑人力资源规划与其他经营计划的相关性。

此外，人力资源部门应当追踪计划的执行情况，并反馈计划的运作结果，及时修正计划。

第五章　员工培训与开发

通过员工培训与开发可以使企业员工明确自己的任务、工作职责和目标，提高知识和技能，具备与组织目标相适应的素质和业务能力，在最大限度地实现其自身价值的同时为组织创造更大的效益。因此，员工培训是人力资源开发和管理中的重要环节，是一种重要的人力资本投资形式。

第一节　员工培训概述

任何组织的管理，只要涉及人员的聘用、选拔、晋升、培养、工作安排等项工作，都离不开员工培训。员工培训可以增加人力资本存量、强化人力资本积累，是实现组织目标的主要推动力之一。

一、员工培训的含义和特点

员工培训是指组织为开展业务及培育人才的需要，采用各种方式对员工进行有目的、有计划的培养和训练的管理活动，其目标是使员工不断更新知识，开拓技能，改进员工的动机、态度和行为，使其适应新的要求，更好地胜任本职工作或担负更高级别的职务，从而促进组织效率的提高和组织目标的实现。

员工培训的目标可以从以下两个层面来考察：从组织方面看，员工培训就是要把由于员工的知识、能力不足及员工态度不积极而产生的机会成本的浪费控制在最小限度；从员工个人方面看，培训可以提高员工自身的知识水平和工作能力，使员工达到自我实现的目标。

二、员工培训的类型

员工培训的类型从不同角度有着不同形式的划分。同时，在这种不同形式的类型划分中，也可以认识员工培训的内容、对象、途径和层次等基本内容。

（一）按培训的内容划分

从培训的内容来看，可以归纳为三类：

1.知识的培训

通过培训使员工具备完成本职工作所需要的基本知识，了解组织的基本情况，如组织的发展战略、目标、经营状况、规章制度等。

2.技能的培训

目标是使员工掌握从事本职工作的必备技能，如操作技能、处理人际关系技能、谈判技能等，并以此培养、开发员工的潜能。

3.态度的培训

通过这方面的培训建立组织与员工之间的相互信任关系，培养员工对组织的忠诚度及积极的工作态度，增强组织观念和团队意识。

（二）按培训的形式划分

1.导向培训（又称新员工培训）

导向培训是指对刚被招聘进企业、对内外情况生疏的新员工所进行的使其对新的工作环境、条件、人际关系、应尽职责、规章制度、组织期望有所了解，尽快融合到组织之中的一系列培训活动。新员工导向培训首先应让新员工感受到组织重视他们的到来；其次，要让他们对组织和他们即将从事的工作有较为详细的了解；再次，要让新员工对组织的发展前途与自己的成功机会产生深刻的认识。新员工导向培训的深层意义在于培养员工对组织的归属感，包括对组织从思想上、感情上及心理上产生认同、依附感并投入其中，这是培训员工对组织责任感的基础。

2.在职在岗培训

在职在岗培训是指在工作中直接对员工进行培训，通过聘请有经验的工人、管理人员或专职教师指导员工边学习边工作的培训方式。在职在岗培训是一种历史悠久、采用最普遍的培训方式，也是一种比较经济的方式。在职在岗培训不仅使员工获得完成工作所需要的技能，还可以传授给员工其他的技能，比如如何解决问题、如何与其他员工沟通、学会倾听、学习处理人际关系等。

3.在职脱产培训

在职脱产培训是指有选择地让部分员工在一段时间内离开原工作岗位，进行专门的业务学习与提高的培训方式。形式有：举办技术训练班、开办员工业余学校、选送员工到正规院校或国外进修等。脱产培训花费较高。随着企业人力资本投资比例的增加，组织对员工工作效率的日益重视，在职脱产培训在一些实力雄厚的大型企业和组织严密的机关、事业单位中将会得到普遍采用。

（三）按培训的层次和职能划分

1.各层次培训

各层次培训也称纵向培训，是指对经营及管理的各层次（上、中、下层）和各项职能部门员工所进行的培训。

组织中的中下层管理人员在组织整体利益与下属员工利益之间，很容易发生角色冲突和矛盾。在他们担任管理职务后，必须通过培训尽快掌握必要的管理技能和工作方法。

专业技术人员和一般员工的培训。专业技术人员培训指对财务人员、工程技术人员等的培训，这类培训对象有自己的业务范围，掌握着本专业的知识技能。在现代组织中，团队工作方式日益普遍，如果各类专业人员局限于自己的专业领域，彼此之间缺乏沟通与协调，必将妨碍团队的工作。培训的目的首先是让他们了解别人的工作，使他们能从组织整体出发开展工作。其次，不断更新专业知识，及时了解各自领域内的最新动态和最新知识。一般员工的培训主要依据工作说明书和工作规范的要求，明确权责界限，掌握必要的工作技能，培养与组织相适应的工作态度与行为习惯，使之有效地完成本职工作。

2.各职能培训

各职能培训也称横向培训，指对经营及管理的各职能部门（业务、生产、人事、财务、研究开发等）人员所进行的培训，目的是使员工明确各职能部门的职业分工、操作规程、权责范围。

三、员工培训的工作流程

员工培训的工作流程就是企业实施的培训活动的有序排列。培训项目的全过程按时间顺序应包含：培训需求分析、制定培训计划、实施培训计划、评估培训效果、培训总结和资料归档五个部分。

第二节 培训需求分析技术与运用

一、培训需求分析的含义和作用

培训需求分析，就是判断是否需要培训及确定培训内容的一种活动或过程。

确定培训需求是指了解对员工进行培训的必要性及其程度，确定哪些员工需要培训以及需要参加何种培训的过程。这里的需要是组织的需要与员工本人需要的结合。员工培训必须有助于组织目标的实现，如提高生产和服务效率、降低运营成本、改进产品和服务质量、建立和谐的劳资关系等。培训决策过程有赖于培训专家的参与，需要对组织的培训需求进行系统、准确的分析。需求分析对企业的培训工作至关重要，它是真正有效地实施培训的前提条件，是使培训工作实现准确、及时和有效的重要保证。

需求分析具有很强的指导性，它既是确定培训目标、设计培训计划的前提，也是进行培训评估的基础。培训需求分析作为现代培训活动的首要环节具有重大作用。具体表现为：

1.确认差距

培训需求分析的基本目标就是确认差距，即确认任职者的应有状况同现实状况之间的差距。差距确认一般包括三个环节：一是必须对所需要的知识、技能、能力进行分析，即理想的知识、技能、能力的标准或模型是什么；二是必须对实践中所缺少的知识、技能、能力进行分析；三是必须对理想的或所需要的知识、技能、能力与现有的知识、技能、能力之间的差距进行比较分析。这三个环节应独立有序地进行，以保证分析的有效性。

2.前瞻性分析

需求分析一个重要的必不可少的内容就是前瞻性分析。由于市场环境的需要，企业的发展过程是一个动态的、不断变化的过程，所以培训计划具有前瞻性尤为重要，当组织发生变革时（不管这种变革涉及技术、程序、人员，还是涉及产品或服务的提供问题），培训计划均要满足这种变化。因此，那些负责培训和开发的人们应该在制定合适的培训计划以前迅速地把握这种变革。

3.保证人力资源开发系统的有效性

人力资源开发的过程就是人力资源培训的过程，没有培训，人力资源开发就无从谈起。所以在设计培训计划时，要考虑到人力资源开发的需要，为人才储备做好基础性工作。

4.提供多种解决问题的方法，是进行培训需求分析的重要内容之一

解决需求差距的方法很多，有些可能是与培训无关的选择，如人员变动、工资增长、新员工吸收，或者是几个方法的综合等。例如，某公司人力资源部门预测，在高速公路建设方面急需一批交通工程专家。于是有以下几种选择：一种选择便是对已经工作在组织中的工程人员进行再培训；另一种选择可能是雇用需支付高薪的工程专家；或者是组织雇用一些低薪的、缺乏资格的个体，然后对他们进行大规模的培训等。针对不同的情况可选择不同的培训方法，最好的方法是把几种可供选择的方法综合起来，制定包含多样性的培训策略。

5.分析培训的价值及成本

当进行培训需求分析并找到了解决问题的方法后，培训管理人员就能把成本因素引入到培训需求分析中去。需要回答的问题是："不进行培训的损失与进行培训的成本之差是多少"。如果不进行培训的损失小于培训的成本，则说明当前还不需要或不具备条件进行培训。由于很多项目不能用数字量化，因而做这项工作是较困难的，但不可只看眼前，要有长远考虑。

6.获取内部与外部的多方支持

无论是组织内部还是外部，通过需求分析收集制定培训计划、选择培训方式的大量信息，这无疑给将要制定的培训计划的实施提供了支持条件。如中层管理部门和受影响的工作人员通常支持建立在坚实需求分析基础之上的培训规划，因为他们参与了培训需求的分析过程。

二、培训需求分析层次和模型

为了获得充分的资料和支持信息，需求分析一般从三个层次上进行，即：组织层次、工作层次和员工个体层次。

（一）培训需求的层次分析

1.组织层次分析

组织层次分析主要是确定组织范围内的培训需求，以保证培训计划符合组织的整体目标与战略要求。通过对组织的外部环境和内部气氛进行分析，发现组织目标与培训需求之间的联系。因此，组织层面的培训需求反映的是某一个组织的员工在整体上是否需要培训。

2.工作岗位层次分析

工作岗位层次分析主要是确定各个工作岗位的员工达到理想的工作业绩所必须掌握的技能和能力。对工作体系运行状况的分析，目的是从职位工作角度确定培训需求，工作分析、绩效评价、质量控制报告和顾客反映等都为这种培训需求提供了重要的信息。这个层次的培训需求决定了培训的内容。

工作状况层面分析的内容有：（1）职位工作职责，包括各项工作任务及其难易程度等。（2）职位任职资格，即履行工作职责应具备什么样的素质条件，需要掌握哪些相关知识和技能。

3.员工个人层次分析

员工个人层次分析主要是从任职者的角度来考察培训需求，分析员工个体状况与应有状况之间的差距，在此基础上确定谁需要接受培训以及培训什么。即将员工目前的实际工作绩效与组织的员工绩效标准进行比较，或者将员工现有的知识和技能水平与组织对员工知识和技能的要求进行比较，在此基础上还应进一步找出绩效差距产生的原因，比如，是知识缺乏、技能有待提高，还是工作态度问题。员工个人层次分析的信息来源，包括员工业绩考核记录、员工技能测试成绩以及员工个人填写的培训需求问卷等资料。

培训需求分析要求多方面人员的共同参与。一是要求员工参与分析。让员工评估自己的培训需要，主要目的是充分引导他们的培训积极性，因为如果员工对培训不理解，则会对培训产生不满甚至抵触情绪，从而影响培训的实施效果；但一定要注意自我分析的缺陷性，即员工可能会过度考虑自己的利益而忽略了组织的利益。二是要求部门主管人员参与分析，确定谁需要培训以及谁应该得到培训机会。主管人员要制定本部门的培训计划表，以保证本部门工作绩效的提高。三是要求培训部门、主管人员和工作人员相互配合、多方协调，以取得一致性意见。做需求分析时，培训部门最好有针对每一位员工的详细的培训目录，记录每一位员工的培训经历，并提出未来培训的可能性；特别是当委托培训项目广泛、员工的发展同工资和晋升联系在一起、组织强调员工的增长和发展的重要性这几种情况出现时，培训目录就显示出巨大的价值。

（二）收集培训需求信息

培训需求分析必须依据充分的组织现状信息，包括以下几个方面：

1.组织当前开展的生产经营活动，采用的生产技术和手段，以及维持当前生产经营活动所需要的员工数量和类别、素质。

2.组织内部当前的人力资源状况，如详细的年龄结构、知识结构、技术水平，在各岗位上工作的年限、劳动报酬构成及水平，员工出勤率、离职率和保有率，员工对当前工作的满意程度等。

3.组织结构和组织行为信息，如组织内部机构设置、管理和监督层次、决策机制、劳动组织方式、劳资关系、企业文化等。

4.组织外部环境的有关信息，如产品市场状况、劳动力市场状况、生产和管理技术的研究与开发潮流、劳动关系和工会组织、法律法规等。

（三）培训需求分析模型

在获得并分析了各种信息之后，培训决策者就可以对组织所处的环境、组织所从事的活动、组织的运行机制，以及组织所拥有的人力资源等方面有一个大概认识。在此基础上，可以进一步就以上四个方面收集未来状况的信息并展开分析，探求组织工作绩效和员工知识、技能及态度上的理想状况。通过处理、对比当前现状和理想状况，找出两者之间的差距，分析哪些差距是可以借助内部劳动力市场操作，尤其是培训和开发现有员工的潜力来缩小的。

三、培训需求分析的技术和方法

（一）绩效分析模型与方法

培训需求的绩效分析模型可以更详细说明培训需求分析过程。绩效评价作为需求分析与缺失检查的一种类型，主要是考察员工目前的实际绩效与理想的目标绩效之间是否存在偏差，然后决定是否可以通过培训来矫正偏差。如果员工缺乏完成工作任务所应具备的知识和技能，或者是因为态度出问题，在达到一定严重程度并影响员工绩效的情况下，就应该安排相应的培训。在此基础上确定谁需要和应该接受培训及培训的内容。绩效分析为培训决策的制定提供了机会和依据。

在员工绩效分析过程中要注意不能片面地将培训当成解决员工绩效问题的唯一手段，应将员工绩效与组织的评价系统、报酬系统、惩罚系统及其他问题进行联动分析。培训的目的主要是通过提高员工的知识和技能来改进工作绩效。通过培训来提高员工的知识和技能是有效的，但要改变员工的工作态度，除安排脱产学习、业余学习之外，尚需通过薪酬管理、工作设计及其他激励办法来实现。

（二）任务与能力分析方法

运用任务与能力分析方法确定培训需求和培训对象，主要步骤如下：

1.根据任务分析获取相关信息

对于每个特定工作的具体培训需求来说，任务水平分析可以提供三方面的信息：

（1）每个工作所包含的任务（即工作描述中的基本信息）；

（2）完成这些任务需要的技能（来自工作说明书与工作资格表）；

（3）衡量完成该工作的最低绩效标准。

这三方面的信息可分别从目前的员工、人事档案、管理人员处收集后综合得到。

2.对工作任务进行分解和分析

以工作说明书、工作规范或工作任务分析记录表作为确定员工达到要求所必须掌握的知识、技能和态度的依据，通过岗位资料分析，将其与员工平时工作中的表现进行对比，以判定员工要完成工作任务的差距所在。

工作任务分析记录表可以分解为以下指标：主要任务和子任务、各项工作的执行频率、绩效标准、执行工作任务的环境条件、所需的技能和知识，以及学习技能的途径和场所等。

对各种任务进行分析在选择培训对象和制定培训计划时非常有用。一般来说，可以利用一些标准独立地对每项工作进行有关上述问题的分析，然后设计出一套培训权衡表。无疑，培训的重点应放在那些发生频繁的、重要的或相对而言较难掌握的任务上。培训者在选择培训工具、培训时间或其他事项时，也会考虑其他综合性因素。

3.根据工作任务分析结果确定培训需求和培训对象

工作任务分析的重点在于如何提供改善和提高的机会。培训者根据员工的素质差距，为他们提供必要的指导、培训，使他们获得必需的技术和能力。

用这种方法分析培训需求可以大致分为三类：

（1）重复性需求。例如对每个新员工的就职培训。一般来说，新员工都对企业文化、规章制度、从事某项工作的特殊方法等缺乏了解。因此，应通过岗前引导计划来满足所有新员工的这种重复性需求。

（2）短期性需求。如培训员工学会如何使用企业新购置的设备。

（3）长期性需求。为每一个工作岗位设计一个培训计划，以帮助员工通过更系统化的方法来提高基本技能，为职业评价与开发打下基础。

（三）组织分析方法

运用组织分析方法确认培训需求，主要步骤如下：

1.确认培训标准

培训对企业来说是一件重要而又必须付出代价的大事。因此，要判断一个组织应如何选择培训对象、如何实施培训计划，必须以“真正的需要”作为标准，而不能出于其他考虑。根据组织需要分析培训需求，准确找出组织存在的问题，即现有状况与应有状况之间的差距，并确定培训是否是解决这类问题的最有效的方法。

2.确认培训可以解决的问题

组织发展需要分析不是集中在个体、工作、部门现在有效运作所需要的知识、技能和能力上，而是集中在它们未来有效运作所需要的知识、技能和能力上。比如，未来需要多少或什么类型的员工？企业是否现在正经历或将要经历能够影响组织优先权或其从事活动方式的巨大变化？是否需要从整体上检查一下组织的氛围和结构？对这些问题的不同回答，往往影响到现在正进行的各种培训活动。切忌夸大培训的作用，以免浪费资源和损害培训的声誉。

3.确认培训资源

分析培训需要哪些资源（包括人、财、物），企业能否满足这些要求，以此决定培训实施的可行性及培训方式。对这些问题的不同回答，往往影响到现在正进行的各种培训活动。

第三节　培训计划制定与实施

一、制定培训实施计划

（一）了解学习的规律以及员工学习的特殊性

制定培训计划之前，首先要了解学习的规律及员工学习的特点。由于培训的成败经常与学习的规律相关联，因此，应了解不同培训方式或技巧的使用效果。现代培训要求注意以下几个方面：（1）应设定学习目标，如课程的路线图，明确学习要点；（2）尽可能提供有意义的学习材料，如一些丰富多彩的实例；（3）多安排行为示范，通过正确行为的模仿和错误行为的纠正使员工明确如何去行动；（4）重视员工的个体差异；（5）积极提供机会让员工参与实践；（6）注意将培训内容的整体学习与部分学习相结合；（7）注意在时间上将系统学习和分段学习相结合；（8）通过积极的反馈与检查，激发员工的学习动力；（9）通过及时鼓励使员工产生成就感，实现学习的强化。

员工培训应该建立他们的自尊，而不是破坏他们的自尊。要让员工有机会提问，并回答他们的问题。让他们在小组中与大家分享自己的知识专长和经验。在培训中，要让员工自己形成看法，自己找到答案，而不是告诉他们该干什么、什么时候干。最后，为了满足员工对实用性知识的要求，培训中提供的信息和技能要能很快应用到工作中。培训者要选择员工可能面对的实际问题和情景案例，这样员工就能把观念化的信息与实践建议结合起来，并把观念运用到工作中。

（二）培训计划的内容

培训计划一般应包括以下几个方面的内容：

1.确定培训目标

培训目标是根据培训需求分析结果，指出员工培训的必要性及期望达到的效果。好的培训计划可以为培训工作提供明确的方向，为确定培训对象、内容、时间、教师、方法等具体操作内容提供依据，并可以在培训之后，对照此目标进行效果评估。从某一培训活动的总体目标到每堂课的具体目标，培训目标可分为若干层次。目标的设置也要注意与企业的宗旨兼容，切实可行。

2.安排培训课程及进度表

这一过程其实是培训目标的具体化和操作化，即根据培训对象、培训目标及要求，确定培训项目的形式、学制、课程设置方案及教学方法，拟定培训大纲、培训内容、培训时间、培训方式，选择教科书与参考教材、任课教师、辅助培训器材与设施等，为受训人员提供具体的日程安排和详细的时间安排。培训计划应将总体计划及各分项目标计划实施的过程、时间跨度、阶段划分用简明扼要的文字或图表表示出来。

3.设计培训方式

在培训中，可视需要及许可选择一系列培训方法，如讲授法、开会研讨法、案例研究法、行为示范法、工作轮换法、角色扮演法、管理游戏法、现场培训法等，可采取以其中一两种方法为重点，多种方法变换组合的方式，使培训效果达到最理想状态。培训方法的设计也要注意受训者的知识层次和岗位类型，如案例研究对管理者和科技人员比较适合，但对操作人员来说，现场培训和授课方法的效果可能会更好。

4.培训经费预算

一般来说，派员工参加组织外部的培训，费用按培训单位的收费标准支付。组织内部培训的经费预算则应包括多种项目，常见的是组织内部自行培训、聘请培训师组织培训和聘请培训公司组织培训等几种形式，其开支预算是不一样的，主要包括培训师的薪酬及内部员工的工资、场地费、设备材料的损耗费、教材及资料费等。培训计划应对所需经费做出详细预算。

5.制定培训控制措施

为保证培训工作的有序进行，应采取一定措施及时跟踪培训效果，约束员工行为，保障培训秩序，监督培训工作的开展。常见的控制手段有签到登记、例会汇报、流动检查等。这也是培训计划中所需安排的一项重要内容。

（三）培训的具体实施

1.确定培训师

组织要培养一位合格的培训师成本很高，而培训师的好坏直接影响到培训的效果。优秀的培训师既要有广博的理论知识，又要有丰富的实践经验；既要有扎实的培训技能，又要有高尚的人格。因此，培训师的知识经验、培训技能以及人格特征是判别培训师水平高低的三个维度。

2.确定教材和教学大纲

一般由培训师确定教材，教材来源于四方面：公开出售的教材、与本组织工作内容相关的教材、培训公司开发的教材和培训师编写的教材。一套好的教材应围绕培训目标，简明扼要、图文并茂、引人入胜。教学大纲是根据培训计划具体规定课程的性质、任务和基本要求，规定知识与技能的范围、深度、结构、教学进度，提出教学和考试（考核）的方法。教学大纲要贯彻理论联系实际的原则，对实践性教学环节做出具体规定。

3.确定培训地点

培训者和受培训者对培训环境的评判是从以下因素来考虑的：视觉效果、听觉效果、温度控制、教室大小和形状、座位安排、交通条件和生活条件等。

4.准备培训设备

根据培训设计，事先准备好培训所需设备器材，例如：电视机、投影仪、屏幕、放像机、摄像机、幻灯机、黑板、白板、纸、笔等。尤其是一些特殊培训，需要一些特殊设备。培训设备的添置和安排一般要受组织财务预算的制约，但至少要满足培训项目的最低要求。

5.选择培训时间

培训时间的合理分配要依据训练内容的难易程度和培训所需总时间而定。一般来说，内容相对简单、短期的培训可以使用集中学习，使之一气呵成；而内容复杂、难度高、时间较长的学习，则宜采用分散学习的方法，以节约开支，提高效率。

（四）培训控制

培训控制是指在培训过程中不断根据培训目标、标准和受训者的特点，矫正培训方法、进程的种种努力。培训控制的主体是培训工作的负责人及其他管理人员，组织中的高层领导也可以监督检查的方式介入其中，受训者也可根据切身感受提出建议。

二、培训课程的设置

培训课程是一个直接用于为企业服务的课程系统，具有服务性、经营性、实践性、针对性、经验性、功利性及时效性等特性。培训课程的特性源于培训活动的本质属性，即培训属于一种教育活动，同时又是企业的一种生产行为。

（一）设置培训课程的基本原则

1.符合企业和学习者的需求

培训课程首先要满足企业和学习者的需求，这是培训课程设置的基本依据。培训课程设置不同于学校课程设置，它要把学习者作为占主导地位的或唯一的依据，也就是以学习者的需要、兴趣、能力以及过去的经验作为课程要素决策的基础。

2.符合成人学习者的认知规律

这是培训课程设计的主要原则。由于成人学习方式的特点，例如成人学习目的性非常明确，他们参加培训的原因就是为了提高自己某一方面的技能或补充新知识，以满足工作需要。因此，培训课程要有一个明确目标，而且在培训课程教学内容的编排、教学模式与方法的选择、老师的配备、教材的准备等方面，要有利于培训学员的合作学习方式。

3.体现企业人力资源开发的基本目标

企业培训的基本目标是有效地进行人力资源开发，即：除了体现提高员工素质的培训功能以外，还要成为提升组织竞争力，促进企业发展的重要手段。培训课程正是实现这些功能的具体体现。

（二）设置培训课程的基本要素

在进行课程设计时，根据课程总体的宗旨要求，通过对这些要素的不同选择和不同的处理方式，就可以设计出各种不同的课程。常用的课程要素有：

1.课程目标

课程目标提供了学习的方向和学习过程中各阶段要达到的标准，是根据环境的需求而定的。最常用的有如“记住”“了解”“熟悉”“掌握”等认知指标，以及“分析”“应用”“评价”等较高级的认知行为目标。在情感领域中的目标，如价值、信念和态度等。

2.课程内容

以实现课程目标为出发点去选择并组合，范围和顺序尤其重要。顺序是指内容在垂直方向上的组织。范围指对课程内容在水平方向上的安排。课程内容可以是职业领域内的概念、判断、思想、过程或技能。

3.教材

切合学习者的情况，提供足够信息，并且以精心选择或组织的有机方式将学习的内容呈现给学习者。

4.课程模式

主要是指培训活动的安排和教学方法的选择。这些安排和选择要与课程明确的或暗含的目标和方向直接相关。好的执行模式能够有效体现课程内容，并采用配套的组织与教学方法。

5.课程策略

课程策略也就是教学策略，常常作为学习活动的一个内在部分，与学习活动有同样的目的。注重教学程序的选择，教学资源的利用。

6.课程评价

对课程目标与实施效果进行评价，用来确定学习者在多大范围和程度上掌握了学习内容，在多大程度上达到了课程的行为目标。学科课程的评价重点放在定量的测定上，衡量可以观察到的行为。

7.组织

课程的教学组织形式，应体现因材施教的个性化教学。

8.时间

体现短、平、快，课程设计者要巧妙地配置有限的课程时间并充分利用。

9.空间

主要是指教室，也可超越教室的空间概念，如各种培训现场。

10.学员

主要是考察学员的学习背景与学习能力。

11.执行者

主要是指理解课程设计思想的主持人与教师。

（三）培训课程设置的具体操作过程

1.前期准备工作

在开始课程设计之前，培训工作领导人或培训项目负责人首先要进行相关的准备工作。这些准备工作将对以后的课程设计产生重要影响，准备工作做得越充分，课程设计也就会越容易。具体包括：（1）决定由谁进行课程设计工作；（2）为课程设计初步收集尽可能多的信息；（3）课程设计小组成员职责分工；（4）制定课程设计工作计划。

2.设定课程目标

课程目标是指在培训课程结束时，希望学员通过课程学习能达到的知识、能力或态度水平。目标描述是培训的结果，而不是培训的过程，所以重点应放在学员该掌握什么上，而不是愿意教什么上。明确的目标可以增强学员的学习动力，也可为考核提供标准。培训要达到什么样的目标在课程设定工作之前就被提出来，在需求调查的基础之上分清主次，主要目标和次要目标要区别对待；然后对这些目标进行可行性分析，根据企业培训资源状况，对那些不可行的目标做适当调整。最后，还要对目标进行层次分析，也就是哪些目标要先完成，其余的目标在此基础之上才有可能实现。

3.信息和资料的收集

目标确定以后，就要开始收集与课程内容相关的信息和资料。可以从企业内部各种资料中查找自己所需信息，征求培训对象、培训相关问题的专家等方面的意见，借鉴已开发出来的类似课程，从企业外部可能渠道挖掘可利用资源，资料收集的来源越广泛越好。

4.课程模块设计

培训课程设计涉及很多方面，可以将其分成不同的模块，分别进行设计。具体的课程设计包括课程内容设计、课程教材设计、教学模式设计、教学活动设计、课程实施设计以及课程评估设计等方面。

5.课程演习与试验

培训课程设计完成以后，有时需要对培训活动按照设计进行一次排练，以确保做好充分的准备。这是对前一阶段工作的一次全面检阅，不仅包括内容、活动和教学方法，还应包括培训的后勤保障。预演中可以让同事、有关问题专家或培训对象代表作为听众。在演习结束后，对整个安排提出意见。

6.信息反馈与课程修订

在课程预演结束以后，甚至在培训项目开展以后，要根据培训对象、有关专家以及同事的意见对课程进行修订。课程需要做出调整的内容视存在的问题而定，有些可能只需要对一小部分课程内容做出调整，有些甚至可能要对整个培训课程进行重新设计。但无论如何，存在的问题一定要及时解决。

三、培训教材的开发

培训教材是大家比较熟悉的一个概念，能否为培训对象提供一套与课程内容相匹配的教材，是影响培训效果的一个重要方面。下面从培训手段、教学印刷材料以及视听材料三个方面来介绍培训课程设计中的教材设计。

（一）设计合适的培训手段

组织在课程开发时，要问自己的一个重要问题是："进行这项培训时，需要哪些培训手段来实现培训目标?"回答这个问题需要组织从课程内容、课程实施、培训对象的兴趣与动力以及培训手段的可行性几个方面考虑。

1.课程内容和培训方法

不同的课程内容需要利用不同的培训方法进行培训，如知识传授多以课堂讲授或讨论等方法为主；技能学习以示范模拟、角色扮演等方法较为有效；态度培训则以情景模拟、测量工具和个人及小组成长等方法为主。不同的培训方法需要不同的教学材料，要在确定培训方法的基础之上，选择相关的培训材料。

2.培训对象的差异性

在选择培训手段时，还要考虑到培训对象的差异性。一般员工、基层主管、中高层管理者由于工作性质有所区别，培训的内容不同，在接受问题、学习方式等方面也会有所不同。这样，就要从培训对象需求的调查出发，设计出适合的培训手段。

3.培训对象的兴趣与动力

要使课堂教学取得比较好的效果，必须使用有效的培训手段来提高学员的兴趣和动力。教学媒体的先进性与多样性，是现代培训课程设计的一个很重要的特色。唯有把学习者的听觉、视觉、触觉等器官功能都调动起来，才能得到最好的学习效果。

4.评估手段的可行性

在选择培训手段时，需要评估这种手段是否具有可行性。可行性评估主要从培训手段的经济成本收益角度进行，尽量开发企业已有的培训材料或自己可制作的材料，如果要从外面购买培训材料，则要仔细考虑其价值的大小。

（二）设计和使用印刷材料

在培训所使用的各种介质中，印刷材料是最常用、最可靠（不存在设备出故障的问题）、最易携带、最便宜的教学材料。培训中使用的印刷材料有：

1.工作任务表

工作任务表主要有以下几种功能：

（1）强调所讲的重要内容。例如，可以发给学员有关重点的大纲，这样他们在课堂上不用花过多时间记笔记。

（2）提高学习效果。例如，可以发给学员复习思考题，让学员更好地表达他们的观点，更好地进行小组活动、案例研究、角色扮演；也可以发给学员有关活动的介绍，让他们先做好准备。

（3）有助于收集对活动的反馈。可以发给学员问卷调查表，促使他们对活动更仔细地进行观察，在活动之后可以收集到反馈意见。

2.工作岗位指南

工作岗位指南是对最常用、最关键的任务的描述，它将包含许多步骤的复杂任务简化，并不像技术手册内容那么繁杂，用起来很方便。工作岗位指南在培训中的主要作用有：

（1）迫使有关主题专家必须对理想的操作下定义，可以使培训目标进一步得到明确。

（2）有助于学员记忆培训过程中的操作规程，也便于在以后工作中随时查阅。

（3）有时可以代替培训或减少培训时间，节约成本。

3.学员手册

学员手册是培训中的指导和参考。在课程开发时，要决定哪些印刷材料可以进入学员手册，哪些最好不要提前发给他们，如测试题、调查问卷等。

4.培训者指南

如果只是教师用可以很简单，如果要发给学员或其他人使用，就应该多一些注解。当培训者着手一个新的培训项目时，或者这个培训项目在很长时间以后又要进行或要修改时，编制培训者指南就很有必要。

5.测验试卷

在培训开始时，利用测验试卷帮助培训者了解学员的知识和经验水平，对培训内容做最后的调整。通过测验还可以让学员知道培训的作用，可以引起大家对培训的重视，使他们更积极地参与培训。培训结束时，也可以进行试卷测验，分数的差别可使教师和学员准确地知道他们的掌握程度。

（三）设计视听材料

在学校教育中，教师传授知识的主要手段就是“一支粉笔，一张嘴”；但在企业培训课程中，培训方法和培训工具要丰富得多。从以前的录像、幻灯片等多媒体设备到现在利用网络进行培训，这些新型培训方法与培训工具大大提高了培训效率。视听材料趣味性较强，能够吸引学员的注意力，增强培训效果。学员一般认为，准备视听材料的教师比没有准备视听材料的教师更专业、备课更认真、课程更清晰、更有吸引力。培训中常用的视听材料有大的活页纸、投影、幻灯片、商业录像和电影等。企业在选择时，要注意视听材料的适用性。

四、选择培训机构

（一）选择培训机构应考虑的因素

选择培训机构，受设计者对资源依据的选择或对重点选择的影响，或者是说决定于设计者对可选资源的价值取向。有三种基本的资源依据已被人们用来

作为进行培训机构选择决策的选择基础。这三种资源依据是：（1）培训内容；（2）接受课程培训的学员；（3）企业自身特点。选择哪一种资源依据作为培训机构决策的主要的或唯一的基础，基本上取决于培训要面对谁、要达到什么目的、要起什么作用。

（二）培训机构的甄选与评价

如果企业打算从咨询公司或供应商那里获得培训项目而不是自行开发，那么选择一个能够提供高质量产品的供应商十分重要。培训供应商包括咨询人员、咨询公司或研究所。企业可通过征询建议书来选拔能够提供培训服务的咨询机构和供应商。

五、培训教师的选配

（一）培训课程对教师的能力要求

一般课程设计要素中并不包括教师，因为教师只是课程的执行者，可以不在设计中考虑教师的因素。而在培训课程设计中，教师可以根据课程的目标和需求

提出标准并进行选择。

“能者为师”是一个基本原则，但是，这里的“能者”并不是指课程内容的专家学者，而主要说的是有能力驾驭课程、引导学员达到课程目标的人。当然，如果二者的能力都具备，是最理想的。正是由于这种选人标准，培训课程的执行者往往打破了传统的一个教师上一门课的概念，而经常是由课程主持人来组织，挑选在课程内容的各个侧面拥有不同优势者组成课程组，执行“上课”的职能。而且，课程执行者（培训教师）的可选人群范围，可以远远超出职业教员的领域，而课程设计中执行者的主要任务是作为课程实施的主导。

培训教师能力的高低以及培训教师的能力结构对培训效果有着至关重要的影响。所有的培训课程执行要素设计能否得到很好的实现，取决于培训教师是否熟悉培训内容、是否具备良好的交流技巧等方面。培训教师要在个人素质和资历两方面都达到一定的水准，能够将深厚的专业理论功底和丰富的实践经验结合起来，同时还要具备良好的交流能力和沟通技巧。因此，培训管理者一定要对培训教师的选择与开发引起足够重视，努力处理好这个环节。

（二）确定培训教师的来源

选择培训教师常常被企业培训管理者忽视，为保证实现预期的培训效果，企业培训主管应亲自参与培训教师的选择过程。

一般来说，培训教师主要有两大来源：企业外部聘请和企业内部开发。培训管理者应根据实际情况，确定适当的内部和外部教师的比例，尽量做到内外搭配、相互学习。

第四节　培训成果转化与效果评估

一、培训成果转化的要素与模型

要想成功地完成培训项目，受训者必须要有效且持续地将所学技能运用于工作当中，这被称作培训转化。培训转化受若干因素的影响：受训者特点、培训项目设计和工作环境。

二、培训效果评估的含义和作用

（一）培训效果与培训评估的含义

培训效果是指企业和受训者从培训当中获得的收益。对受训者而言，他们的培训效果是通过培训学习到各种新技能和行为方式；对于企业而言，培训效果则是因为进行培训而获得的销售额的上升或者顾客满意度的增加等。

培训评估是指收集培训成果以衡量培训是否有效的过程。企业培训评估的价值与作用在于，培训评估是培训工作的最后阶段，培训评估技术通过建立培训效果评估指标及评估体系，对培训是否达到预期目标、培训计划是否具有成效等进行检查与评价，然后把评估结果反馈给相关部门作为下一步培训计划与培训需求分析的依据之一。

（二）培训评估使用的成果或标准

培训的成果或标准即培训者和企业用来评价培训项目的尺度。无论是培训实践人员还是理论研究人员都认为需要更全面的培训标准模型，也就是说，还存在许多其他的对评估培训项目有用的培训成果。这些成果包括态度、动机及投资回报率。这样，就将培训成果分成了五大类：认知成果、技能成果、情感成果、绩效成果及投资回报率。

（三）培训评估的作用和内容

培训评估实质上是对有关培训信息进行处理和应用的过程。要真正提高对培训评估的重视，首先要了解培训评估的重要作用；同时，由于培训管理者和培训实施者提供的培训产品的好坏并非只决定于培训活动的最终环节，而决定于培训过程每一步做得好坏，因此，培训评估意义的体现来自对培训过程的全程评估。全程评估可以分为三个阶段，即培训前的评估、培训中的评估和培训后的评估。此外，还有一种起承前启后作用的评估——年度绩效考核评估。

三、培训效果评估的步骤与流程

评估是一个由几个核心成分组成的系统。大多数成功的评估方案是在进行需求分析、提出影响该培训项目问题的过程中就有所计划的。在实施培训项目之前、之中和之后都要考虑评估问题。

在实施培训项目的过程中，练习和活动都是为达到既定结果而设计的。在培训项目完成之后，还要对更多的数据进行收集、分析和汇总。评估活动贯穿于培训项目全过程的每一步。作为一种以结果为基础的评估方法，培训评估实施需要完成如下步骤：

1.进行需求分析，暂定评估目标

在培训项目开发之前，必须将评估目标确定下来。多数情况下，评估的实施有助于对项目的前景做出决定。实际上，进行评估还有别的原因，这些原因将影响数据类型、数据收集方法的选择。需求分析应提供有助于设立评估目标的信息，确切地讲，就是提供培训项目必须要达到的目标。这些目标是暂定的，一旦确定这些数据是现成的或可以收集的，那么，这些目标就可以最终得到完善。

2.如果可能，要建立基本的数据库

在进行评估之前，必须将项目执行前后的数据收集齐备。数据的形式多种多样，并且基本上反映产生培训需求的条件。收集的数据最好是一个时段内的数据，以便进行实际分析比较。数据收集的方法回答了为什么要实施评估这样一个基本的问题。基本数据反映的信息非常重要，它能反映出工作业绩的缺陷所在。经过需求分析之后，建立基本数据库能使培训人员的注意力集中在培训项目应该带来的变化上。有了基本数据，操作程序及为解决问题、消除缺陷而设计改进方案也会相对容易一些。

3.选择评估方法

确定培训项目的目标之前就选择评估方法也许看上去不合逻辑，但是评估方法的选择会影响培训项目目标的制定。如果没有收集到衡量目标实现的进展信息，确立培训项目目标就毫无意义。因此，如果首先选定收集数据的方法，目标就可量身定做。在最后确定培训项目的目标之前，选择评估方法能使设想的工作流程有所不同。选择评估方法的过程回答了如何对学习环境、学员和培训内容实施评估这一问题，因为方法的选择必须适合数据的类型。评估方法的类型包括课程前后的测试、学员的反馈意见、对学员进行的培训后跟踪、采取的行动计划以及绩效的完成情况等。

第五节 培训方法的选择

在具体实施培训活动时要划定培训的领域。在这些领域中有效地开展教育培训活动时，要选择恰当的技巧和方法。

对企业培训的领域进行整理和分类，并把它们与培训课程相对照，研究选择适当的培训方法和技巧，以达到培训目标所设定的领域。

一、培训方法的适用性分析

培训方法是指为了有效地实现培训目标而确定的手段和技法。它必须与教育培训需求、培训课程、培训目标相适应，同时，它的选择必须考虑培训对象从培训方法与培训内容、培训目标与培训方法的关系出发，对企业培训的方法可做如下分类：

1.与事实和概念的培训相适应的培训方法。如讲义法、项目指导法、演示法、参观等。

2.与解决问题能力的培训相适应的培训方法。如案例分析法、文件筐法、课题研究法、商务游戏法等。

3.与创造性培训相适应的培训方法。如头脑风暴法、形象训练法、等价变换的思考方法等。

4.与技能培训相适应的培训方法。如实习或练习、工作传授法、个人指导法、模拟训练等。

5.与态度、价值观以及陶冶人格情操教育相适应的培训方法。如面谈法、集体讨论法、集体决策法、职务角色扮演法、悟性训练、管理方格理论培训等。

二、培训方法的优选

要选最优的，也就是要选最合适的。每一种培训方法都有它的长处与短处，有一定的适用领域，再好的方法也不是万能的。因此，优选培训方法，要考虑以下几方面的要求。

1.保证培训方法针对具体的工作任务

由于每项工作的要求是不同的，培训要求也相应不同。有些工作可能要求培训实际知识，有些工作可能要求培训解决问题的方法。因而，对于学员来说，进行此项工作而必须进行的培训与彼项工作要求的培训是不同的。要想为某项工作指定合适的培训方法，就需要有一种机制来分析特殊的培训要求。在培训设计中，这种机制就是任务分析。通过任务分析明确工作对培训提出的要求。

任务分析由一系列相互联系的问题组成：（1）此项工作需要哪些技能？（2）这些技能在何种条件下运用？（3）它们是否有某些特征利于或不利于学习？（4）学员的特征是有利于学习还是不利于学习？总之，选择培训方法时必须考虑到这些问题。

任务分析有两种具体的方法。一种方法是列出工作人员在工作中的实际表现，进而对它们进行合类，并分析它们的技术构成。另一种方法是列出工作人员在工作中的心理活动，然后进行分类和分析其技术构成。两种方法中，设计者既可靠主观分析，又可靠客观定量分析。究竟采用哪种方式，要由费用、时间等因素来决定。

2.保证方法与培训目的、课程目标相适应。

3.保证选用的培训方法与受训者群体特征相适应。

分析受训者群体特征可使用以下参数：

（1）学员构成。在目标参数条件既定的条件下，学员构成这一条件通过学员的职务特征、技术心理成熟度与学员个性特征三方面影响培训方式的选择。

（2）工作可离度。当学员工作可离度低时，进行集中培训会影响其业务的开展；当学员工作可离度高时，企业可以根据其他条件对培训方式进行选择。

（3）工作压力。当企业员工的工作压力很大，内外部竞争激烈时，即使企业不组织集中正式培训，员工也会为了提高自己的竞争力而去自学，此时适合采用控制力较弱的学习方式。当企业中员工的工作压力较小时，由于其控制力弱，员工的学习惰性往往会导致培训的失败，因而此时适合正式的培训。如目前企业在制度中对员工的职业资格、素质标准做出硬性规定，通过对员工施加制度压力的方式来促进企业学习风气的形成。

4.培训的方式、方法，要与企业的培训文化相适应。

5.取决于培训的资源与可能性（设备、花销、场地、时间等）。

三、培训方式及培训技术

培训方式的选择要和培训内容紧密相关，不同的培训方式适用于不同的培训内容。在实际工作中，要依据公司培训的需要和可能、培训内容以及培训对象等方面，合理地选择采用不同的培训方式。不同的培训方式有不同的特点，其自身也各有优劣。根据培训的目的和内容，介绍以下一些培训方式。

（一）适宜知识类培训的直接传授培训方式

直接传授培训方式是指培训者直接通过一定途径向培训对象发送培训中的信息。这种方式的主要特征就是信息交流的单向性和培训对象的被动性。具体形式主要有：

1.讲授法

讲授法即教师按照准备好的讲稿系统地向受训者传授知识。它是最基本的培训方式，适用于各类学员对学科知识、前沿理论的系统了解。主要有灌输式讲授、启发式讲授、画龙点睛式讲授三种方式。

优点：传授内容多，知识比较系统、全面，有利于大面积培养人才；对培训环境要求不高；有利于教师的发挥；学员可利用教室环境相互沟通；也能够向教师请教疑难问题；学员平均培训费用较低。

局限性：传授内容多，学员难以消化、吸收；单向传授不利于教学双方互动；不能满足学员的个性需求；讲课教师是讲授法成败的关键因素，教师水平直接影响培训效果，容易导致理论与实践相脱节；传授方式较为枯燥单一，不适合成人学习。

2.专题讲座法

形式上和课堂教学法基本相同，但在内容上有所差异。课堂教学一般是系统知识的传授，每节课涉及一个专题，接连多次授课；专题讲座是针对某一个专题知识，一般只安排一次培训。

适用范围：管理人员或技术人员，可以帮助其了解专业技术发展方向或当前热点问题等方面的知识。

优点：培训不占用大量的时间，形式比较灵活；可随时满足学员某一方面的培训需求；讲授内容集中于某一专题，培训对象易于加深理解。

缺陷：讲座中传授的知识相对集中，内容可能不具备较好的系统性。

3.研讨法

研讨法即在教师引导下，学员围绕某一个或几个主题进行交流，相互启发的培训方法。

适用特点：适宜各类学员围绕特定的任务或过程独立思考、判断评价问题的能力及表达能力的培训。主要有集体讨论、分组讨论、对立式讨论三种研讨形式。

优点：强调学员的积极参与，有利于培养学员的综合能力；多向式信息交流，加深对知识的理解，提高运用的能力；形式多样，适应性强，可针对不同的培训目的。

难点：对研讨题目、内容的准备要求较高，而且对指导教师的要求较高。

选题应注意：题目具有代表性、启发性，难度适当，而且应将研讨题目事先提供给学员，以便做好研讨准备。

（二）以掌握技能为目的的实践性培训法

实践性培训法是通过让学员在实际工作岗位或真实的工作环境中，亲身操作、体验，掌握工作所需知识、技能的培训方法，在员工培训中应用最为普遍。这种方法将培训内容和实际工作直接结合，具有很强的实用性，是员工培训的有效手段，适用于从事具体岗位所应具备的能力、技能和管理实务类培训。

1.实践法的主要优点

（1）经济。受训者边干边学，一般无须特别准备教室等培训设施。

（2）实用、有效。受训者通过实干来学习，使培训的内容与受训者将要从事的工作紧密结合，而且受训者在干的过程中，能迅速得到关于他们工作行为的反馈和评价。

2.实践法常用的几种方式

（1）工作指导法

或称教练法、实习法，这种方法是由一位有经验的工人或直接主管人员在工作岗位上对受训者进行培训。负责指导的教练教给受训者如何做，提出如何做好的建议，并对受训者进行激励。

这种方法的优点是应用广泛，可用于基层生产工人，如让受训者通过观察教练工作和实际操作，掌握机械操作的技能，或用于各级管理人员培训，让受训者与现任管理人员一起工作，后者负责对受训者进行指导，一旦现任管理人员因退休、提升、调动等原因离开岗位时，已经训练有素的受训者便可立即顶替，如用设立助理职务来培养和开发企业未来的高层管理人员。

这种方法并不一定要有详细、完整的教学计划，但应注意培训的要点：一是关键工作环节的要求；二是做好工作的原则和技巧；三是必须避免、防止的问题和错误。

（2）工作轮换

这种方法是让受训者在预定时期内变换工作岗位，使其获得不同岗位的工作经验。例如，让受训者有计划地到各个部门学习，如生产、销售、财务等部门，在每个部门工作几个月。实际参与所在部门的工作，或仅仅作为观察者，以便了解所在部门的业务，扩大受训者对整个企业各环节工作的了解。

优点：能丰富受训者的工作经验，增加对企业工作的了解；使受训者明确自己的长处和弱点，找到自己适合的位置；改善部门间的合作，使管理者能更好地理解相互间的问题。

不足之处：此法鼓励“通才化”，适用于一般直线管理人员的培训，不适用于职能管理人员的培训。

为提高这种方法的培训效果，应注意的实施要点有：

第一，工作轮换计划需根据每个受训者的具体情况制定，应将企业的需求与受训者的兴趣、能力倾向和职业爱好相结合。受训者在某一部门工作的时间长短，应视其学习进度而定。

第二，配备有经验的指导者。受训者在每一岗位工作时，应由富有经验的指导者进行指导，最好经过专门训练，负责为受训者安排任务，并对其工作进行总结、评价。

（3）特别任务法

企业通过为某些员工分派特别任务对其进行培训，此法常用于管理培训。

1）初级董事会或委员会，是为有发展前途的中层管理人员提供分析全公司范围内问题和经验的培训方法。一般初级董事会由10-12名受训者组成，受训者来自各个部门，他们针对高层次的管理问题，如组织结构、经营管理人员的报酬以及部门间的冲突等提出建议，将这些建议提交给正式的董事会，通过这种方法为管理人员提供分析高层次问题的机会以及决策的经验。

2）行动学习，是让受训者将全部时间用于分析、解决其他部门而非本部门问题的一种课题研究法。受训者4～5人组成一个小组，定期开会，就研究进展和结果进行讨论。这种方法为受训者提供了解决实际问题的真实经验，可提高他们分析、解决问题以及制定计划的能力。

（4）个别指导法。这种指导制度和我国以前的“师傅带徒弟”或学徒工制度类似。目前我国仍有很多企业在实行这种帮带式培训方式，其主要特点在于通过资历较深的员工的指导，使新员工能够迅速掌握岗位技能。

优点：新员工在师傅的指导下开始工作，可以避免盲目摸索；有利于新员工尽快融入团队；可以消除刚从高校毕业的学生进入工作时的紧张感；有利于企业良好工作作风的传递；新员工可从指导者处获取丰富的经验。

缺点：为防止新员工对自己构成威胁，指导者可能会有意保留自己的经验、技术，从而使指导流于形式；指导者本身水平对新员工的学习效果有极大影响；指导者不良的工作习惯会影响新员工；不利于新员工的工作创新。

（三）适宜综合性能力提高和开发的参与式培训法

参与式培训法是调动培训对象积极性，在培训者与培训对象双方互动中学习的方法。这类方法的主要特征是：每个培训对象积极参与培训活动，从亲身参与中获得知识、技能和正确的行为方式，开拓思维，转变观念。主要方法有：

1.自学

自学适用于知识、技能、观念、思维、心态等多方面的学习。自学既适用于岗前培训，又适用于在岗培训，而且新员工和老员工都可以通过自学掌握必备的知识和技能。

优点：费用低，不影响工作，学习者自主性强，可体现学习的个别差异，培养员工的自学能力。

缺点：学习的内容受到限制，学习效果可能存在很大差异，学习中遇到疑问和难题往往得不到解答，容易使自学者感到单调乏味。

自学的组织方式：从培训的角度看，自学并不是放任自流，它是实现培训计划的一种方式。因此，有必要对自学进行有效的组织。形式有：指定与培训项目、培训要求相匹配的学习材料让员工学习，网上学习，电视教育。

2.案例研究法

案例研究法是一种信息双向性交流的培训方式，它将知识传授和能力提高两者融合到一起，是一种非常有特色的培训方法。案例研究法可分为案例分析法和事件处理法两种。

（1）案例分析法，又称个案分析法

它是围绕一定的培训目的，把实际中真实的场景加以典型化处理，形成供学员思考分析和决断的案例，通过独立研究和相互讨论的方式，提高学员分析及解决问题能力的一种培训方法。

案例分析法用于教学时应具有三个基本特点：内容真实，案例中应包含一定的管理问题，案例必须有明确的目的。案例分析可分为两种类型：

第一种是描述评价型。描述解决某种问题的全过程，包括实际后果，不论成功或失败。这样，留给学员的分析任务只是对案例中的做法进行事后分析，以及提出“亡羊补牢”性的建议。

第二种是分析决策型。只介绍某一待解决的问题，由学员去分析并提出对策。本方法更能有效地培养学员分析决策、解决问题的能力。

（2）事件处理法

让学员自行收集亲身经历的案例，将这些案例作为个案，利用案例研究法进行分析讨论，并用讨论结果来警诫日常工作中可能出现的问题。学员间通过彼此亲历事件的相互交流和讨论，可使企业内部信息得到充分利用和共享，同时有利于形成一个和谐的工作环境。

3.头脑风暴法

头脑风暴法，也有人将其称为研讨会法、讨论培训法或管理加值训练法等。头脑风暴法的特点是培训对象在培训活动中相互启迪思想、激发创造性思维，它能最大限度地发挥每个参加者的创造能力，提供解决问题的更多更佳的方案。

操作要点：只规定一个主题，即明确要解决的问题，保证讨论内容不宽泛。把参加者组织在一起，无拘无束地提出解决问题的建议或方案，组织者和参加者都不能评议他人的建议和方案。事后再收集参加者的意见，交给全体参加者。然后排除重复的、明显不合理的方案，重新表达内容含糊的方案。组织全体参加者对各个可行方案逐一评价，选出最优方案。头脑风暴法的关键是要排除思维障碍，消除心理压力，让参加者轻松自由、各抒己见。

优点：培训过程中为企业解决了实际问题，大大提高了培训的收益；可以帮助学员解决工作中遇到的实际困难；培训中学员参与性强；小组讨论有利于加深学员对问题理解的程度；集中集体的智慧，达到相互启发的目的。

缺点：对培训顾问要求高，如果不善于引导讨论，可能会使讨论漫无边际；培训顾问主要扮演引导的角色，讲授的机会较少；研究的主题能否得到解决也受培训对象水平的限制；主题的挑选难度大，不是所有的主题都适合用来讨论。

4.模拟训练法

模拟训练法是以工作中的实际情况为基础，将实际工作中可利用的资源、约束条件和工作过程模型化，学员在假定的工作情境中参与活动，学习从事特定工作的行为和技能，提高处理问题的能力。

优点：学员在培训中工作技能将获得提高；通过培训有利于增强员工的竞争意识；可以带动培训中的学习气氛。

缺点：模拟情景准备时间长，而且要求质量高；对组织者要求高，要求其熟悉培训中的各项技能。

这种方法与角色扮演法类似，但并不完全相同。模拟训练法更侧重于对操作技能和反应敏捷的培训，它把学员置于模拟的现实工作环境中，让学员反复操作装置，解决实际工作中可能出现的各种问题，为进入实际工作岗位打下基础。这种方法比较适用于对操作技能要求较高的员工的培训。

5.敏感性训练法

敏感性训练法又称T小组法，简称ST（sensitivity training）法。敏感性训练法要求学员在小组中就个人情感、态度及行为进行坦率、公正的讨论，相互交流对各自行为的看法，并说明其引起的情绪反应。目的是要提高学员对自己的行为和他人的行为的洞察力，了解自己在他人心目中的形象，感受与周围人群的相互关系和相互作用，学习与他人沟通的方式，发展在各种情况下的应变能力，在群体活动中采取建设性行为。

适用特点：适用于组织发展训练，晋升前的人际关系训练，中青年管理人员的人格塑造训练，新进员工的集体组织训练，外派工作人员的异国文化训练等。如要提高学员的人际关系敏感性，促进团体的合作，常采用集体住宿训练、小组讨论、个别交流等活动方式。具体训练日程由指导者安排，内容可包括问题讨论、案例研究等。讨论中，每个学员充分展现自己的态度和行为，并从小组成员那里获得对自己行为的真实反馈，承受以他人的方式给自己提出意见，同时了解自己的行为如何影响他人，从而改善自己的态度和行为。

6.管理者训练

管理者训练（manager training plan）简称MTP法，是产业界最为普及的管理人员培训方法。这种方法旨在使学员系统地学习，深刻理解管理的基本原理和知识，从而提高他们的管理能力。

适用特点：适用于培训中低层管理人员掌握管理的基本原理和知识，提高管理的能力。

这种方法一般采用专家授课、学员间研讨的培训方式。企业可以脱产方式进行大型的集中训练。

操作要点：指导教师是管理者训练法的关键，一般采用外聘专家或由企业内部曾接受过此法训练的高级管理人员担任。

（四）适宜行为调整和心理训练的培训方法

1.角色扮演法

角色扮演法是在一个模拟的真实工作情境中，让学员身处模拟的日常工作环境之中，并按照他在实际工作中应有的权责来担当与实际工作类似的角色，模拟处理工作事务，从而提高处理各种问题的能力。

这种方法的精髓在于“以动作和行为作为练习的内容开发设想”。也就是说，它不针对某问题相互对话，而针对某问题实际行动，以提高个人及集体解决问题的能力。

适用特点：适宜对各类员工开展以有效开发角色的行为能力为目标的训练。使员工的行为符合各特定职业、岗位的行为规范要求，提高其行为能力。培训内容根据具体的培训对象确定，如客户关系处理、销售技术、业务会谈等行为能力的学习和提高。

优点：学员参与性强，学员与教师之间的互动交流充分，可以提高学员参加培训的积极性；特定的模拟环境和主题有利于增强培训效果；通过观察其他学员的扮演行为，可以学习各种交流技能；通过模拟后的指导，可以及时认识到自身存在的问题并改正；在提高学员业务能力的同时，也加强了其反应能力和心理素质。

缺点：场景的人为性降低了培训的实际效果；模拟环境并不代表现实工作环境的多变性；扮演中的问题分析限于个人，不具有普遍性。

2.行为模仿法

行为模仿是通过向学员展示特定行为的范本，由学员在模拟的环境中进行角色扮演，并由指导者对其行为提供反馈的训练方法。

适用特点：适宜对中层管理人员、基层管理人员、一般员工的培训。根据培训的具体对象确定培训内容，如基层主管指导新雇员，纠正下属的不良工作习惯等。从而使学员的行为符合其职业、岗位的行为要求，提高学员的行为能力；使学员能更好地处理工作环境中的人际关系。

在操作上包括以下要点：建立示范模型、角色扮演与体验、社会行为强化、培训成果的转化与应用。

3.拓展训练

拓展训练起源于第二次世界大战中的海员学校，旨在训练海员的意志和生存能力，后被应用于管理训练和心理训练等方面，用于提高人的自信心，培养把握机遇、抵御风险的心理素质，保持积极进取的态度，培养团队精神等。它以外化形体能训练为主，学员被置于各种艰难的情境中，在面对挑战、克服困难和解决问题的过程中，使人的心理素质得到改善。

（五）科技时代的培训方式

随着现代社会信息技术的发展，大量的信息技术被引进培训领域。在这种情况下，新兴的培训方式不断涌现，如网上培训、虚拟培训等培训方式在很多公司受到欢迎。

1.网上培训

网上培训是将现代网络技术应用于人力资源开发领域而创造出来的培训方法，它以无可比拟的优越性受到越来越多的企业的青睐。

网上培训又称为基于网络的培训，是指通过企业的因特网、因特网或因特网对学员进行培训。

在网上培训，培训教师将培训课程储存在培训网站上，分布在世界各地的学员利用网络浏览器进入该网站接受培训。根据培训进程的不同，网上培训有同步培训与非同步培训两种类型。

网上培训和现实培训相比较，有以下优越性：

（1）无须将学员从各地召集到一起，大大节省了培训费用；

（2）在网上培训方式下，网络上的内容易修改，且修改培训内容时，无须重新准备教材或其他教学工具，费用低；

（3）网上培训可充分利用网络上大量的声音、图片和影音文件等资源，增强课堂教学的趣味性，从而提高学员的学习效率；

（4）网上培训的进程安排比较灵活，学员可以充分利用空闲时间进行，而不用中断工作。

网上培训的缺点是：

（1）网上培训要求企业建立良好的网络培训系统，这需要大量的培训资金，中小企业由于受资金限制，往往无法花费资金购买相关培训设备和技术；

（2）某些培训内容不适用于网上培训方式，如关于人际交流的技能培训就不适用于网上培训方式。

2.虚拟培训

虚拟培训是指利用虚拟现实技术生成实时的、具有三维信息的人工虚拟环境，培训学员通过运用某些设备接受和响应该环境的各种感官刺激而进入其中，并可根据需要通过多种交互设备来驾驭环境以及用于操作的物体，从而达到提高培训对象各种技能或学习知识的目的。

虚拟培训的优点在于它的仿真性、超时空性、自主性、安全性。在培训中，学员能够自主地选择或组合虚拟培训场地或设施，而且学员可以在重复中不断增强自己的训练效果；更重要的是这种虚拟环境使他们脱离了现实环境培训中的风险，并能从这种培训中获得感性知识和实际经验。

除了上面的培训方法之外，下面几种方法是通过参加者的自身努力、自我约束能够完成的，公司只起鼓励、支持、引导的作用。如参加函授、业余进修，开展读书活动，参观访问等，这些方法并不能作为培训的主流方法，只在某些时候才会用到。

第六章　现代企业营销策划

第一节　营销策划的内涵与类型

营销策划主要研究企业在一定的外部环境和一定资源条件下，为实现特定营销目标的基本策略、手段、方法和规律。本教材是在"市场营销学""市场调查与预测""消费行为学"和"整合营销传播"等课程知识基础上，沿实务方向的营销知识整合，向应用水平和操作实务水平方面的营销专业能力延伸。

一、策划与营销策划的内涵

（一）策划

策划又称企划、出谋划策。策划活动，在本质上是人类特有的一种有限理性行为，是一种创造性的智力活动，它是指人们对未来将要进行的活动进行当前决策或者说是预先作出计划、安排，对要达到什么目标、如何达到目标、具体实施步骤等一系列问题，进行具体的设计、计划和筹划。

策划的特点可以简单概括为以下几点：首先，策划具有适应性。策划不可能在真空下进行，任何策划都离不开既定的环境，即策划必须适应企业所面临的内外部环境。其次，策划具有动态竞争性。企业所处的环境是在动态变化中，原来建立的竞争优势在新的环境中有可能持续不下去，故企业在策划时需要适时检测自己的竞争优势，要力争动态竞争优势的建立。再次，策划具有资源性。策划需要整合一切可以整合的资源，策划的目的就是为实现特定目标而发挥出资源的最大效益。最后，策划具有创新性。策划需要按照一定的基本程序，创造性地进行策略设计，也就是策划需要创新。

（二）营销策划

按照企业的不同职能，可以把策划分成投资策划、研发策划、生产策划和营销策划等。本教材主要研究的是营销策划。所谓营销策划，是指市场营销策划的主体，根据企业的整体战略，在企业内部条件和外部环境分析的基础上，设定预期的营销目标并精心构思、设计和组合营销因素，从而高效率地将产品或服务推向目标市场的操作程序。营销策划是现代企业管理的重要内容，是企业竞争力提升的必然途径。在认识策划的特点和营销策划定义的基础上，可以归纳出营销策划的以下特点：

（1）前瞻性。营销策划是对未来营销活动所做的当前决策，因而具有前瞻性。

（2）战略依托性。一个营销策划不能脱离企业的整体战略而独立存在；否则，这个营销策划无论自身多么优秀，那也是无效果可言的，因为他与公司的整体战略方向发生了冲突，结果只能费力不讨好。

（3）科学性。营销策划是一门思维的科学，要求定位准确、审时度势、把握主观与客观，辩证地、客观地、发散地、动态地把握各种资源。要进行营销策划，必须对企业自身条件和外部环境进行分析，以便有的放矢。没有环境分析做营销策划的基础，所作出的营销策划就变成了无源之水、空中楼阁，毫无根据，是极不科学的。

（4）目的性。在营销策划中，一定要设定企业的营销目的，即企业希望达到的预期目标，如在销售量、市场份额、利润等方面的预期目标，而且对这些目标应该进行可以量化的表述。一个营销策划若没有相应的营销目标就无法检测营销策划的质量，同时也失去了其存在的意义。

（5）程序性。理论和实践都证明了营销策划的进行应该遵循一定的程序，程序是以营销策划质量的保障，而脱离程序不但提高了营销策划本身的难度，而且会使营销策划的质量大大降低。同时，应该看到营销策划的程序性并不是阻碍创造性思维的发挥，而是使创造性思维得到更合理的发挥。

（6）创新性。创新性是营销策划的灵魂所在，一个营销策划切忌模仿他人，没有创意；否则，就会失去策划的生命力。只有那些拥有创意的营销策划才能在如今激烈的市场竞争中脱颖而出，取得最终的成功。

二、营销策划的类型

营销策划由于覆盖的领域广阔、内容丰富，因此可以从不同的角度对其进行划分。

（一）按营销策划作用时间的长短划分

按营销策划作用时间的长短，可将其分为过程策划、阶段策划和随机策划。过程策划是指贯穿于企业营销的全过程的长期策划；阶段策划则是指出于企业营销的不同阶段的短期策划；随机策划是指在企业营销某一时点的随时策划，属于更短期的策划。

（二）按营销策划的主体划分

按营销策划的主体，可将其分为企业内营销策划和第三方营销策划。企业内营销策划是指由企业内的市场部和企划部人员作出的营销策划；第三方营销策划是指由独立的营销策划公司、管理咨询公司等中介机构作出的营销策划。

（三）按营销策划的客体划分

按营销策划的客体，可将其分为市场调研策划、营销战略策划、新产品开发策划、价格策划、渠道策划、促销策划、企业形象策划、广告策划和网络营销策划等。

（四）按照营销策划的目标划分

按营销策划的目标，可将其划分为营销战略策划和营销战术策划。营销战略策划注重企业的营销活动与企业总体战略之间的联系，内容涉及企业战略发展方向、战略发展目标和战略重点等，并以此设计企业的营销战略，如营销战略目标的策划、营销战略重点的策划和STP的策划等；营销战术策划则注重企业营销活动的可操作性，是为实现企业的营销战略所进行的战术、措施、项目和程序的策划，如产品策划、价格策划、分销策划和促销策划等。营销战略策划与营销战术策划关系密切，前者为后者指明方向，而后者则为前者的完成提供支撑和保障。

上面对营销策划按照不同的划分标准进行了分类，但需要明白的是，这几种划分彼此并不是孤立的，如过程策划可以视为营销战略策划，阶段策划可看作营销战术策划，而价格策划、品牌策划等本身也是营销战术策划，所以这四种分类之间是相互联系，密切相关的。

需要指出的是，本书在后面将以营销计划（营销战略计划）书的编制流程进行组织内容，不同于很多营销策划教材按照营销策划的客体进行论述，主要是基于以下考虑：首先，若按照营销策划的客体进行展开，与目前主流的市场营销学教材的内容相近，很多营销策划教材目录无外乎是在营销学教材章节目录上加上“策划”两字，但是内容极其相近，根本不是真正的营销策划教材。其次，营销策划的客体太多，很多是偏营销战术策划，若大量篇幅放在营销战术策划，肯定与学生之前所学课程的交叉太多，同时没有抓住营销战略策划这一营销策划的关键环节，加上战略策划书里也含有战术策划，故本书主要以营销战略策划书（营销计划书）的编制为教学重点。再次，营销策划书的编制本身就是一个大项目，营销计划书的编制有明确的工作过程，按照营销计划书编制过程中的任务组织教学内容，可以很好地开展项目教学方法，它符合本门课程的教学任务和目标，也符合营销本科专业学生能力培养的要求和国家精品课程评审的要求和国内外高等教育教学改革精神。

第二节　营销策划的原理与流程

一、营销策划的原理

营销策划的原理就是指通过科学总结而形成的对营销策划活动具有理性指导作用的规律性知识。营销策划的原理具有客观性、稳定性和系统性。营销策划所依据的原理主要有下列几个方面。

（一）人本原理

人本原理是指营销策划以人力资源为本，通过探究消费者的需求和发挥策划人的创造性来推动企业发展的理论。这里的人主要是指消费者，也包括企业外部的消费者。在拟订营销策划方案时，一方面要调动和激发企业内部相关人员的积极性和创造性，以企业员工的智慧来充实和丰富营销策划方案；另一方面也要体现“以消费者为中心”的理念，把企业行为与销售对象紧密地连接在一起，使营销方案有利于目标顾客的接受。因此，营销策划不能脱离企业内部人员和企业外部目标顾客而孤立地设计；否则，就会导致策划活动劳而无功。另外，人本原理特别崇尚“天人合一”的理念，即营销策划要把企业发展、社会发展和自然生态发展统一起来，形成绿色营销策划的最高境界，以实现可持续发展。

（二）差异原理

差异原理是指在不同时期、对不同主体、不同环境而作出不同选择的理论体系。这追溯到哲学上就是唯物主义辩证法，唯物主义辩证法要求认识事物必须从实际出发，一切以条件、时间和空间为转移。营销策划不是空洞的玄学，在策划过程中必须审时度势，用动态的观念从客观存在的市场环境、策划对象、消费者等具体情况出发，因事制宜地进行营销方案的设计和制定。这就是说，营销策划没有固定的模式，营销策划工作不能刻舟求剑、生搬硬套。不同的策划主体和客体以及不同的时间和环境都决定了营销策划文案的差异性。那种无视客观环境变化而盲目照抄照搬别人现成的“模式”的营销策划行为本身就违背营销策划的内涵，是不科学的乱干行为。当然对于那些没有经验的初学者来说，一段模拟学习的过程是必要的，也是不可避免的，但真正的实战则不能停留在模仿的水平上，而必须要有创意。在激烈的市场竞争中，只有有创意的营销策划方案，才能出奇制胜。

（三）整合原理

整合原理是指营销策划人员要把所策划的对象视为一个系统，用集合性、动态性、层次性和相关性的观点处理策划对象各个要素之间的关系，以正确的营销理念将各个要素整合统筹起来，从而形成完整的策划方案并达到优化的策划效果。整合原理要求营销策划要围绕策划的主题把策划所涉及的各方面以及构成文案的各部分统一起来，形成一个有机整体。同时，整合原理还强调策划对象的优化组合，包括主附组合、同类组合、异类组合和信息组合等。营销策划在整合原理的指导下，就会产生产品功能组合、营销方式组合、企业资源组合、企业各种职能组合等策划思路。

（四）效益原理

效益原理是指营销策划活动中，以成本控制为中心，追求企业与策划行为本身双重的经济效益和社会效益为目的的理论体系。企业在进行各种活动中都要与其盈利性相一致，这种盈利既可能是短期的，也可以是短期的。同样，企业在进行营销策划时也要注重投资回报率，不要为策划而策划，要抓住最根本的东西，即营销策划活动能为企业带来的利润是多少。所以，营销策划效益是策划主体和对象谋求的终极目标，企业之所以要进行营销策划，就在于谋求企业的经济效益和社会效益（好的社会效益能为企业带来长期的企业利润）。营销策划如果不能为企业带来利润，那么就丧失了它的存在意义，也就不会有公司愿意做营销策划。

二、营销策划的流程

营销策划作为一门实践性很强的科学性与艺术性相结合的企业市场活动行为，其本身既有严谨的内在逻辑联系性，又有可操作性的市场营销程序。因此，在进行营销策划时，应该按照一定的流程逐步进行，以提高营销策划的质量和科学性。

营销策划的流程由方框中所写的六个环节组成，而且是一个非闭合的通路。下面将对每一个环节进行讲述。

（一）环境分析

环境分析是指企业营销策划者通过对企业的外部环境和内部条件进行调查和分析，进而确定外部市场机会和威胁以及企业自身的优势和劣势，从而明确企业目前所处位置的一种方法。任何营销策划都必须首先从环境分析入手，这一步骤对整个营销策划的质量是至关重要的，若不进行环境分析，那么所做的营销策划就没有根据，成了无源之水、空中楼阁了。

（二）营销目标设定

在完成了环境分析之后，下一步就是在环境分析的基础上，确定营销目标，而这也是营销策划整个流程的关键环节。目标就是想完成什么，目标的设定应该遵循SMART原则，即具体（specific）、可衡量（measurable）、可操作（available）、现实性（realistic）和时限性（timed）。因此，营销目标在设定时也要遵循上述的SMART原则。

营销目标就是营销策划要实现的期望值，如1年内企业某一产品的市场份额达到10%。应该明确的是，营销目标只与产品和市场有关，通行的原理是仅仅通过把某些东西卖给某些人，从而达到公司的财务目标，而广告、定价、服务水平等只是取得成功的方式，所以定价目标、促销目标、广告目标以及其他类似目标不应与营销目标相混淆。营销目标应包括下列一项或多项内容：为已存在市场而生产的已存在产品；为已存在市场而生产的新产品；为新市场而生产的已存在产品；为新市场而生产的新产品。

（三）营销战略策划

营销策划目标告诉人们要到达的目的地，而营销战略策划则勾画了人们如何达到这一目的地的整体框架。营销战略策划在整个策划流程中居于十分重要的地位，因为营销目标的实现完全取决于营销战略策划这一环节，可以说是整个策划流程的核心所在。营销战略策划主要包括市场细分、市场目标化、目标市场定位等，也就是营销中常提到的STP活动。

1.市场细分

所谓市场细分，就是按照购买者所需要的产品或营销组合，将一个市场分为若干不同的购买者群体，并描述他们的轮廓的营销行为。被细分出来的市场是由在一个市场上有可识别的相同的欲望、购买能力、地理位置、购买态度和购买习惯的大量人群构成的，应该说市场细分是介于大众化营销和个体营销之间的中间层群体。属于一个细分市场的消费者群体是假设他们有相同的需要和欲望，虽然并不存在两个购买者是完全一样的。在细分的市场上，企业能创造出针对目标受众的产品或服务和价格、分销渠道和传播渠道，并且面临较少的竞争对手，这也是市场细分的优点和促使企业进行市场细分的驱动力量。然而，并非所有的市场细分都是有效的，要使市场细分有效，它必须具备五个特点：①可衡量性，即用来划分细分市场大小和购买力的特性程度应该是能够测定的。②足量性，即细分市场的规模大到足够获利的程度。③可接近性，即能够有效地到达细分市场并为之服务。④差别性，即细分市场在观念上能被区分，并且对不同的营销组合因素和方案有不同的反映。⑤行动可能性，即为吸引和服务细分市场而系统地提出有效计划的可行程度。

2.市场目标化

所谓市场目标化，就是指当公司进行了市场细分后，在权衡了外部各细分市场的吸引力和企业自身的能力和资源的基础上，公司决定要进入哪些细分市场的营销决策行为。在评估各种细分市场时，公司必须要考虑两个因素：细分市场的吸引力和公司的目标与资源。只有那些与公司目标相一致并且公司有能力和资源进入的具有吸引力的细分市场才能最终成为公司市场目标化的对象，即目标市场。公司在对不同的细分市场评估后，可考虑五种目标市场模式，即密集单一市场、有选择的专门化市场、产品专门化市场、专门化市场和完全覆盖市场。另外，在市场目标化过程中，还必须考虑到其他一些因素，如目标市场的道德选择、细分相互关系与超级细分、逐个细分市场进入的计划以及内部细分合作等问题。这些因素往往对市场目标化起着十分重要的影响，如公众关注容易被侵入群体或有弱点的群体的不公平的营销手段或促销潜在的有害产品等，这就使得营销者在选择目标市场上必须考虑社会责任问题。

3.目标市场定位

所谓目标市场定位，就是确定企业或其产品和服务相对于竞争对手在目标市场上处于一个什么样的位置。营销策划中必须对竞争对手现阶段所处的市场地位有所了解，然后结合企业自身的具体条件选择适合于企业发展的市场位置。目标市场定位的策略主要有两种：其一是市场空间定位策略。它包括市场空位争夺者，即企业争取成为新兴市场的第一进入者；市场深度开发者，即通过营销策划，纵深开发，从而挤入已被占领的目标市场；抢占市场者，即凭借雄厚实力，打败竞争对手，从而使自己成为目标市场新的占领者。其二是市场竞争定位策略。它主要有市场领导者、市场挑战者、市场追随者和市场补遗者等定位选择。

（四）营销战术策划

营销战术策划是指企业根据营销战略策划而制定的一系列更为具体的营销手段，具体内容包括产品策划、价格策划、分销策划、促销策划、品牌策划等。营销战术策划是营销战略策划由宏观层面向微观层面的延伸，它在营销战略策划的总体指导框架之内，对各种各样的营销手段进行综合考虑和整体优化，以求达到理想的效果。在营销战术策划中需要强调以下两点：

（1）营销战术策划中可利用的可控因素有多种，且对于不同的企业其被侧重的程度是不同的。企业不能将可利用的营销策划的可控因素教条化，认为仅仅局限于在营销学科中常常被提及的4P，即产品、价格、分销和促销，或者认为只有这四个P才是最重要的。其实，企业在营销策划中可利用的可控因素远不止这四个，而且营销学中的4P理论是基于日常消费品提出的，对于其他的产品其有效性不一定像日常消费品那样可靠，因此企业应根据所处行业的具体环境以及自身的条件，有选择地选择和侧重供营销策划用的可控因素，不能把自己设置在一个框框中，束缚住自己的手脚。

（2）企业的营销战术策划可以是全面的，如一个企业整体的营销策划；也可以是单项的，如一个企业的品牌策划。不管是全面策划还是单项策划，其策划的思路是基本相同的，需要考虑的战术要素也是相似的。

（五）形成营销策划书

营销策划书是整个营销策划内容的书面载体，它一方面是营销策划活动的主要成果，另一方面也是企业进行营销活动的书面行动计划。营销策划书凝聚着整个策划活动的智慧，其写作水平的高低直接影响着营销策划方案的有效表达，从而影响市场营销决策。营销策划书的写作要遵循一定的基本格式，本书在后面的章节将对此进行详细的论述，这里主要讲一下营销策划书的作用。

（六）营销策划实施

一个营销策划通过营销策划书表现出来以后，接下来的工作就是将营销策划书中所写的营销策划方案在实践中加以实施。营销策划实施是指营销策划方案实施过程中的组织、指挥、控制和协调活动，是把营销策划方案转化为具体行动的过程。再理想的营销策划方案，如果不通过企业各相关部门的有力实施，其结果只能是纸上谈兵，对企业来说毫无意义。所以，企业必须根据营销策划方案的要求，分配企业的各种资源，处理好企业内外的各种关系，加强领导，提高执行力，把营销策划方案的内容落到实处。

（七）评估与修正

营销策划一旦进入实施阶段，伴随而来的就是营销策划的评估和修正。所谓营销策划的评估，就是将营销策划方案的预期目标与现实中得到的实际目标加以比较，通过比较对营销策划实施的效果进行评价；营销策划的修正则是当发现营销策划的实际实施效果不理想时，对造成不利影响的因素加以修正，以便营销策划能够达到策划者所希望获得的目标。营销策划的评估与修正主要包括项目考核、阶段考核、最终考核和反馈改进等内容。

第三节　营销计划书的写作框架

一、营销计划书的框架和纲要说明

（一）市场分析

制订营销计划书的第一步是对决定有效营销策略所需重要信息的回顾和总结。

1.企业目标和任务

企业的目标和任务是用来识别企业属性或企业存在的原因的。通过明确目标和任务，营销计划人员可以尽可能地做出努力来使企业运作得更好。

2.市场现状与策略

总结企业所运营的整个市场状况和目前所运用的营销策略。企业需要确定让企业运作得更好的相关营销活动有哪些。

3.主要竞争对手

作为营销计划一个很重要的部分，需要对相同产品或服务类似的客户群的竞争对手做一个细致的分析，有针对性地评估其优势和劣势，以帮助企业在竞争中取胜。

4.外部环境分析

企业的外部环境因素对企业业绩的影响很大。这些因素包括：经济、竞争、与企业相关的法律法规、技术、成本、社会的期望和需求等。

5.内部环境分析

企业自身的优势和劣势是由对企业现在与过去业绩的总结决定的。这一总结包括：分析产品和生产方法、具体营销活动、人事安排、财务业绩等。

（二）营销策略

营销策略包括所服务的目标市场和针对每一目标市场所涉及的营销组合的详细描述。

1.目标和效果

营销策略需要包括对企业计划所要达到的目标的详细描述或者对营销工作所要产生的预期效果的描述。

2.市场描述

营销策略清楚地指出所需要服务的目标市场的每一个细节、定位和市场中的具体人员的沟通。一个营销计划中可能会指出多个目标市场，但是对每一个目标市场都设计一个专门的营销组合。

3.市场定位

市场定位是对营销组合质量的一个详细描述，它可以根据竞争和吸引潜在客户的不同而不同。

4.营销组合

它包括对每一个营销组合要素的完整描述。产品或服务的特性，如何定价、分销、促销，以及对每个参与营销组合实施工作的人明白企业计划在做什么的详细描述。

（三）行动计划

营销计划的最后一个部分是指出完成营销策略所需要的具体活动有哪些，并评估最终的营销策略。

1.活动/安排/预算

营销策略是需要一系列的营销活动来实现的。活动内容包括明确活动开展的时间和如何开展活动。需要指派特定人去参与具体营销活动。这些人可能来自企业内部，也可能来自企业外部。需要制作一个详细的营销活动预算。

2.评估流程

评估流程是对营销活动是否按时完成，以及营销活动开展的方式是否正确等问题的具体描述。评估流程也可以由是否完成了营销目标，以及目标市场是否满意来决定。

二、关于营销计划重点内容的确定

许多企业针对不同的客户，提供了各种各样的产品；企业根据不同的产品类别或者针对每一个产品的不同客户群开发的营销计划有较大差别。因此，在开始撰写营销计划前，学生必须确定营销计划的重点。

多年来，营销计划被认为是在产品或服务出现之后才制订的，其目的是寻找客户的需求并说服其购买，但这会错过很多好的市场机会；没有市场需求，就不会有某个产品或服务，因此，理想的情况是，营销计划应该开始于挖掘消费者未得到满足的需求，然后规划一个产品以及基于那些未被满足的需求如何进行营销。实际上，很多企业已经将客户和客户需求研究与新产品开发、现有产品改进结合起来，并最终进行销售。

因此，在开始撰写营销计划之前，首先要完成“分析消费者未得到满足的需求，并规划基于那些未被满足的需求如何进行营销”工作，学生应该用几句话来总结其所要服务的客户，以及计划为他们提供什么产品/服务。该工作是通过营销重点工作表完成的，该表重点描述了学生所要营销的产品或服务以及其主要满足的客户，通过营销重点工作表，可以得出具体问题的答案，帮助学生理清目前关于营销计划项目的思路，并提供了撰写营销计划的内容重点和方向。完成了营销重点工作表之后，学生就可以考虑制订一份成功的营销计划所需要的重要信息类别，来进一步改善自己的营销计划。

为了完成营销重点工作，学生不需要研究市场、产品/服务，收集大量的信息，也不要太过于关注某个点，而要关注自己所感兴趣的客户、产品/服务。当完成了营销重点计划表之后，学生可以适当地与其他人讨论学生的观点，看看他们的想法是否与自己的一致。

当完成营销重点工作表后，学生应该对确定营销计划的写作重点有了一个清晰的认识，再参考营销计划工作表或营销计划的写作大纲，便可以容易地确定哪些内容应该是重点分析和写作的部分。

第四节　营销策划中常见的误区和影响因素

一、营销策划的认识误区

进入20世纪90年代后，中国市场的竞争变得十分激烈，许多企业逐渐认识到了营销策划的作用，于是纷纷做起了营销策划。然而，由于大多数企业缺乏营销策划的知识，因此就借助于外脑，即外部的策划公司和策划人员。但是，由于过去一些策划公司和策划人员为了自己的短期利益，不负责任地设计了一些质量低下的方案，使不少企业耽误了营销机会，结果不但没有为企业带来利润，反而造成了许多损失，以至于一些身受其害的企业至今对营销策划不敢问津。造成这样的局面主要是因为人们对营销策划存在一定的误区，当前营销策划中存在的误区主要表现在以下几个方面。

（一）营销策划是“包治百病”的良方

一些企业的管理人员认为，营销策划是解决企业在经营和管理中所遇到的难题的万能钥匙，这本身就是对营销策划的一种误解，也无形中夸大了营销策划的作用。其实，营销策划只是企业众多职能之一，它不可能包办企业的所有问题。而且营销策划要取得成功光靠营销策划过程自身是不够的，有许多因素影响着营销策划的成功率，这些因素包括公司的规模、国际化程度、管理风格、公司高层的支持力度等。因此，企业的管理人员要正确看待营销策划，要认识到营销策划的局限性。一个企业要在激烈的竞争中生存发展，首要任务是苦练内功，企业自身的综合素质才是决定企业成败的关键因素，要不断地加强企业的市场应变能力，提高企业的核心竞争能力。只有企业自身的综合素质得到提高，企业才能更好地运用营销策划和驾驭营销策划。

（二）营销策划是误人子弟的东西

一些企业认为营销策划对企业是毫无用处的，并且还会给企业带来损失。这种观点显然是另一个极端的误区。造成这种想法的原因是多方面的，如在现实中，一些在营销策划方面比较粗心的公司经营得很好，而那些在营销策划方面做得很好的公司经营得却很差；一些企业曾经利用外部策划机构和人员做过策划，但是结果很差；社会上一些策划公司和策划人员缺乏职业道德，只考虑自身利益，坑害了客户等。造成上述现象的原因是多方面的，如前面讲的营销策划受许多因素的制约以及各个企业所处的行业环境等。但这些均不能证明营销策划的一无是处。营销策划建立在多门市场理论和管理理论的基础之上，并随着市场实践的探索而不断完善、发展，是一种有严密的逻辑和操作程序的边缘应用型综合技巧，它本身是科学性和艺术性的紧密结合，其效果并不因为某些失败或过错的案例而被否定。随着世界经济一体化趋势和市场竞争激烈程度的加剧，企业的经营活动与管理活动中更加需要营销策划，以便为企业的竞争和发展指明方向，为决策者提供有价值的参考。

（三）营销策划方案可以模仿着做

在如今激烈的市场竞争中，企业要获取竞争优势就必须进行一系列的创新，在营销策划方面更是如此。创新性是营销策划的灵魂所在，只有有了创新的营销策划，才能为企业带来胜利。那些模仿他人营销策划而作出的营销策划本身是对营销策划核心的误解，是不能取得成功的。因此，企业在做营销策划时要彻底摆脱“营销策划方案可以模仿着做”的误区，一定要从创新的基点出发来进行营销策划方案的构思和设计，只有这样才能真正体现出营销策划方案的价值，为企业带来竞争优势。

（四）有专业知识就能做好营销策划

一些人认为拥有专业知识就能做好营销策划，这也是营销策划认识上的一个误区。应该指出的是，一个好的营销策划方案的诞生是离不开经济理论、市场营销、策划理论等方面的专业知识的，但是成功的营销策划除了专业知识外，还需要策划人员更加广博的知识和丰富的行业营销管理经验，这本身是由营销策划实践性很强的特性所决定的。这就说明了有专业知识是优秀营销策划方案的必要条件，而不是充分条件，同样的道理也适用于那些只有丰富实践经验而缺乏专业知识的人。

（五）营销策划越复杂越好

做好营销策划需要丰富的理论知识和实践经验，但这并不等于说营销策划越复杂越好。营销策划的目的在于高效率、高效果地完成营销任务，而不在于追求复杂，如果简单地认为简洁的营销策划意味着质量不高，复杂的营销策划则代表高质量，那么就犯了形而上学、舍本逐末的错误。此外，营销策划要根据企业高层决策者的特点来进行，一些企业高层管理者是不喜欢复杂的策划书的，他们更青睐于简单有力的形式，这时候复杂的策划书往往会引起他们的反感，遭到否决。所以，营销策划书要考虑其服务对象的特点，选择其表达方式的复杂程度。

（六）营销策划方案一定要不折不扣地执行

这种误区体现在营销策划方案的实施和控制过程中。营销策划方案的制订，是在调查和分析了过去和当时的状况之后，对未来的不确定性所做预测的基础上形成的。这种预测虽然有一定的依据，但无法保证未来就是按照方案中所预测的那样进行。正如有人所说的那样，在现在社会中唯一不变的就是变化，市场往往是瞬息万变的，这就会导致一些策划者没有考虑到问题的出现以及实际的情况与原来设想的有偏差，这时候就需要企业在执行营销策划方案时具有一定的灵活性，针对情况的变化对策划方案做一定的调整，必要时甚至可以放弃原方案，只有这样才能使营销策划方案达到理想的效果。

以上六点均是营销策划认识上的误区，当然，人们对营销策划的认识误区不限于这六点，还存在着其他一些误区，如将营销策划等同于出点子，认为会出“鬼点子”就能做好营销策划；营销策划是未来营销的决策等。由于篇幅所限，这里就不逐一做介绍了。

二、营销策划的影响因素

营销策划的流程单纯从概念上来讲是很简单的，而且普遍适用于各种公司。但是，一旦考虑到大量的影响因素后，就会使得营销策划变得极为复杂，操作起来十分困难，这也是大多数企业不能成功地完成营销策划的原因所在，也是造成上述误区的一个重要原因。由美国、英国和澳大利亚等国的大学所进行的六项审析表明，营销策划正确的公司的最高估计比例为25%，由此可见这些影响因素对营销策划影响之大。

营销策划的影响因素很多，这里主要介绍如下几个影响因素：高层管理者的支持力度、经济环境的波动情况、竞争的激烈程度和企业自身实力。

（一）高层管理者的支持力度

一个营销策划书即使完成得十分出色，它若得不到公司高层管理者尤其是执行总裁的支持，那么它所发挥的作用将微乎其微，特别是在以部门管理分工为基础的公司里，情况更是如此。因为在这些公司里，营销主管没有完成利润指标的责任，同时也没有直线管理的权力。在这种情况下，负责经营的高级管理者是相当容易制造“政治”困难的，在最为严重的情况下，他们会对新的营销策划方案视而不见。这就造成了营销策划方案的名存实亡，得不到有力的贯彻，最终只能黯然收场。造成企业的高层管理者对营销策划支持力度不够的原因大致可分为三个方面：其一，一些高层管理者缺乏营销导向的理念，他们可能对基本的营销原理一知半解甚至一无所知，这往往导致了他们对营销策划的偏见，认为营销策划者只会纸上谈兵，对实际的利润毫无贡献，增加的只是公司的成本而已；其二，营销策划者与高层管理者缺乏沟通，这使得高层管理者搞不清楚营销策划的来源始末，面对着营销策划书中令人摸不着头脑的报表、流程图以及类似资料，他们往往感到愤怒，然后便是拒绝；其三，当前经营和奖励系统往往会加剧高层管理者对面向未来营销策划的抵制，面向现在的奖励系统和薪酬体系往往使高层管理者只关心现在，而对未来的看起来缥缈的收益一点兴趣也没有。因此，营销策划方案的设计应考虑到使它能够运转的高层管理者，包括高层管理者的管理风格、知识架构、态度等方面；否则，一旦营销策划缺少高层管理者的支持，它的作用将大打折扣。

（二）经济环境的波动情况

经济环境的波动情况对营销策划有着重要的影响，尤其是企业行业环境的波动更是如此。一般来说，经济环境的波动幅度越大，其对营销策划的削弱作用越强，因为在这种情况下，许多问题的出现是营销策划者在营销策划过程中所无法预见的，也就没有考虑到，这就需要在执行营销策划的过程中对这样的问题进行相应的处理，适当调整原来的方案。有时候，当实际经济情况与事前预测的完全相左时，就意味着以原来预测为基础的营销策划方案的失效，需要完全抛弃它。经济环境的波动也会使原来的营销策划目标难以达到或远远超出，整个行业的经济萧条会使企业遭受不可避免的损失，即使其营销策划是实施得当的；相反，当整个行业景气时，营销策划的目标往往会超出其预期。

（三）竞争的激烈程度

企业所面临竞争的激烈程度也对营销策划有影响，一般来讲，企业的竞争环境越宽松，其对营销策划的需要程度就越低，对营销策划的质量要求也不高；相反，企业面临的竞争对手十分强大，竞争十分激烈，那么企业对营销策划的依赖程度就很大，对营销策划方案的创新性更加看重，而此时营销策划也更需要被有力地贯彻下去。在激烈的市场竞争中，营销策划取得成功的概率更加依赖于营销策划自身的质量和营销策划的实施状况，这也对企业营销管理者提出了更高的要求。同时，也应看到营销策划的价值，就是体现在能在激烈的市场竞争中使企业出奇制胜，赢得竞争优势。

（四）企业自身实力

企业自身实力也是影响营销策划的一个因素，可以说，企业自身实力影响着营销策划的全过程。实力雄厚的企业一般是指那些在人才、资金和设备等方面都具有相当储备的企业，对营销策划的理解往往比那些实力差的企业更加到位，营销策划的执行也更加有力。实力派的企业对营销策划的质量要求更高，同时它们也愿意为高质量的营销策划方案花上一大笔钱。自身实力强的企业往往雇佣外部知名的营销策划机构为其服务，而这些知名机构的营销策划方案的质量一般来说都是比较高的，其要价也就相应比较高。由于较高的要价，一般实力的企业就无法聘用这样的策划机构为其服务，这在一定程度上影响了营销策划方案的质量。当然，这里并不是在提议实力一般的企业去找那些要价高昂的知名策划机构做营销策划，企业在做任何事情时都要考虑其自身的成本和投资回报率，不能盲目迷信知名策划机构，要知道企业的发展还是要靠自身的力量。所以，企业要根据自身的具体情况来选择由谁来做营销策划，并且要有力地贯彻好营销策划方案。

影响营销策划的因素还有很多，如企业的国际化程度、市场份额、科技变革、企业文化等，这里就不做进一步阐述了。应该指出的是，了解影响营销策划的因素更有利于全面深入地理解营销策划，同时也使有利于在做营销策划时考虑得更加周详，从而提高营销策划的质量。

第七章 现代企业网络市场营销

第一节 互联网对营销的影响

一、对企业营销策略设计的影响

企业营销策略设计是企业市场营销管理思想的综合体现，是制定正确市场营销决策的基础。美国市场营销专家麦卡锡（E.J.Macarthy）提出了著名的4P营销策略组合理论，即产品（Product）、价格（Price）、渠道（Place）和宣传（Promotion）。“4P”营销策略一经提出，便得到了广泛的传播，成为指导企业，尤其是生产加工类工业企业实现营销目标的有效手段。在此基础上，美国市场营销学家菲利浦・科特勒（Philip koller）提出了大市场营销策略.即在原4P组合的基础上增加两个P，即政治权力（political Power）和公共关系（Public Relations），简称“6P”策略。之后，基于营销中心向消费者偏转的角度，美国营销专家劳特朗（Lauterborn）进一步提出了“4C”营销策略，即消费者（Consumer）、成本（Cost）-、便利（Convenience）和沟通（Communication）。在互联网时代，企业进行营销策略设计时需要考虑的要素发生了新的变化。

第一，在产品开发和设计上，必须全面考虑目标顾客的个性化特征，“制造过程延迟”要求明显增加。从“4P”到“4C”的策略转化，企业对消费者的重视程度逐渐增加。但是，在互联网营销背景下，消费者通过信息搜寻、功能比对、使用体验等，可以很容易地对同类产品进行一系列比较，消费者的个性化需求也可以便捷、高效地反馈给产品设计者，可以说消费者需求的满足程度决定了企业经营走向。只有按照消费者的心理需求和个性需要设计的产品，才能得到消费者的深入支持。因此，在移动互联网时代，企业必须全面考虑目标顾客的个性化特征，并做出迅速的产品设计改进，将顾客的个性化需求融入产品设计、制造、展示等各个方面，尽最大可能将制造过程延迟到销售终端，才能赢得市场青睐、占领市场。

第二，在价格制定方面，基于企业自身生产角度的成本加成法、目标利润法等传统定价方法不再适用，“声望定价”“撇脂定价”“表现价值溢价”等将逐渐成为主流定价方法。

第三，在营销渠道设计上，企业倾向选择短渠道。互联网时代，厂商与最终消费者之间的信息沟通障碍得以解除，企业到消费者之间已经不需要繁杂的多个流通中间主体的参与，营销渠道扁平化趋势明显。

第四，企业的促销形式，尤其是人员推销和广告发生了巨大变化。从传统的促销方式来看，企业需要大量的推销人员，成本高、不易管理、流失率高等问题一直难以解决。而互联网时代，企业对推销员的需求数量明显降低，而对销售全程提供服务的销售技术人员的需求随之提升。与传统广告形式相比，互联网广告去掉了传统广告单向推送、时空隔离的缺点，可实现实时互通、信息双向传递，广告形式也日益多元化，按钮广告、定向广告、浮动标识、视频广告、声音广告、游戏嵌入广告等为消费者获取产品信息提供了极大的便利条件。传统的面对面、口耳相传的模式已经彻底改变，消费者通过即时信息工具（如微信、移动QQ）、在线论坛、虚拟社区等形式进行网络口碑传播。由于互联网信息传播的速度极快、范围极广，“鼠碑”（Word of Mouse）的传播威力远远大于传统的口耳相传方式，改变了传统的促销手段和促销形式。

二、对企业营销过程的影响

第一，缩短了流通信息传递和反馈时间，企业对营销中出现的问题可以及时解决、及时纠偏。在传统的三级渠道组织模式下，消费者对产品质量改进建议、退换货等信息，从三级渠道（消费者一零售商一批发商一生产商）层层回溯反映到生产厂商，再从生产厂商将解决方案反馈到消费者，平均耗费达到142小时。而互联网时代，由于其强大的瞬时信息沟通能力，消费者的建议、意见等信息可以及时反馈到生产厂商，不但解决了信息流转环节多导致的信息失真问题，而且大大缩短了信息反馈时间，企业可以及时解决任何渠道环节出现的问题，及时调整营销进程。

第二，改变了企业（产品）生命周期状态。传统营销理论认为，典型的产品生命周期可划分为四个阶段：导入期、成长期、成熟期和衰退期。其中导入期比较漫长，市场增长速度较低，产品被市场认可需要较长时间的积累；成长期市场增速较快，企业逐渐产生利润；成熟期企业利润达到最大，因此企业尽可能延长成熟期；衰退期是产品逐渐退出市场阶段，企业可采取集中、维持、榨取、放弃等策略。在互联网背景下，产品生命周期的形态被明显改变了。产品的导入期和成长期都被压缩为斜率较大的短斜线，这两个阶段间反映营销差异的指标不再明显；成熟期的持续时间较以往有所缩短，企业延展成熟期的难度越来越大；进入衰退期，产品退出市场的速度明显加快，大多企业会选择放弃策略，一般不会设法企图延展产品的市场存续期。移动互联网把传统的产品生命周期压缩为3个典型阶段，市场进入期（Enter）、市场平稳期（Smooth）和市场退出期（Exit），即移动互联网时代产品生命ESE周期模式。

三、对营销结果的影响

第一，移动互联网加速了企业的优胜劣汰，“顺势而为”的企业（迅速接受并使用移动互联网的企业、基于互联网技术开始经营的“移动互联网土著”企业）得以快速发展。互联网迫使采用传统营销方法的企业必须不断提升市场反应能力、提高营销效率。

第二，改变了销售从业人员的知识结构。传统的“推销劳工”不再是典型的企业销售人员代表，具有营销知识、移动互联网技术知识和传播知识的综合性营销人才需求大幅增加，他们将成为移动互联网时代企业销售人员的代表。

第三，消费者权利增加，企业对消费者的控制越来越难。“去中心化”是互联网的基本属性之一，消费者可以在网络平台上依法自由发表对产品的意见、建议和产品使用感受，其他消费者可以根据既有信息进行评价、选择。因此，传统单纯依靠厂商信息作为购买决策基础的情况发生了颠覆性改变，消费者可以依据产品的“已然”使用者的评价作为购买依据，传统上作为弱势一方的消费者权利明显增加，企业必须提高顾客满意度，通过提供优质服务和良好的消费者体验来赢得市场。

第四，营销渠道越来越扁平化，零级渠道成为现实并被企业越来越广泛地采用，传统的流通中间商的生存空间越来越小。生产厂商需要通过一定的流通渠道将产品送到消费者手中，传统营销流通模式下，由于配送能力、仓储能力、信息传播与反馈能力等的限制，多采用多级渠道分销模式。而移动互联网时代，厂商与最终消费者之间的信息沟通障碍得以解除，加之电子支付的支持、第三方物流和快递业的发展，使得企业的配送能力和结算能力大大加强，企业到消费者之间已经不需要繁杂的多个流通中间主体的参与，营销渠道扁平化趋势明显。

四、企业应对方法

第一，企业要积极引导消费者参与营销过程。企业引导消费者参与，尤其是采纳消费者对产品设计、性能改进的积极建议，对赢得更多消费者的信任大有裨益。但实际上，并非每个消费者在使用产品或接受服务后都有意愿提出各种建议。因此，企业需要提高消费者的“黏度”，对积极参与产品评论、提出产品改进建议的消费者提供优惠券、新品试用、打折卡等针对性回馈活动，或者集中组织举办消费者意见、建议反馈联谊会等，并给予一定激励，增强其参与的意愿。

第二，提高事件营销的能力。移动互联网时代，企业必须具备迅速的市场反应能力，必须提高事件营销能力。新闻事件、社会热点等具有受众面广、突发性强的特点，在短时间内能迅速传播，企业借助这些事件开展营销活动，可以节约大量的宣传成本，是移动互联网时代企业重要的市场推广手段。以移动互联网为主要媒介而相互关联起来的消费者，可以跨越地域的阻隔而联系起来，因此，企业抓住社会事件提供的契机，可以快速扩展市场覆盖范围。

第三，培养综合性营销人才。移动互联网时代对营销人才的知识结构提出了新的需求，称职的营销人才将是兼具营销知识、移动互联网知识和传播知识的综合性人才，而目前经过系统、专业培训的该类大学毕业生还不多，企业要通过人才储备、专业培训、轮岗锻炼等手段，积蓄现代营销人才。

第二节　新媒体营销

随着新媒体时代的到来，新媒体逐渐渗入人们的生活。在新的价值理念的变化以及社会信息重整的背景下，新媒体营销应运而生。这不仅在商业领域带来新的商机，而且将社会群体服务引领到了社会的最前沿。作为新媒体最重要的两个领域——互联网和移动增值，不仅在新媒体市场占有着重要的席位，而且在市场格局中占领先地位，一时发展成为目前盈利的主流。

新媒体产业快速发展，广阔的市场与日渐凸显的影响力，吸引资本大规模流入，营销价值加强，国际化竞争加剧，整体产业向纵深挺进。早在北京奥运会，新媒体已作为奥运会独立传播机构与传统媒体一起被列入奥运会的传播体系。互联网等新媒体平台被正式纳入赛事转播渠道，充分表明新媒体作为一种新传播渠道的社会价值和商业价值。如今，新媒体营销已成为人们生活中的重要一环，发展成为时代发展的主流，最终带领社会进入信息化时代。

一、新媒体及新媒体营销

1.新媒体的界定

新媒体（New Media）概念是由美国哥伦比亚广播电视网（CBS）技术研究所所长戈尔德马克（P.Goldmark）率先提出的。关于新媒体的界定，有如下几种观点：

一是以清华大学熊澄宇教授为代表，他认为，“首先，新媒体是一个相对的概念，新对于旧而言；其次，新媒体是一个时间概念，在一定的时间段内代表这个时间段的新媒体形态；第三，新媒体是一个发展概念，它永远不会终结在某个固定的媒体形态上”，即新媒体要不断更“新”。

二是美国的《连线》杂志把新媒体定义为：由所有人面向所有人进行的传播，即新媒体要面向更“广”的人群。

三是当代新媒体是大众传播向分众传播转变的一个标志，新媒体已经不仅仅是传统的大众传播工具，更是分众传播能够实现的最好方式，即信息传播须更“快”。

结合以上观点，新媒体是利用各种信息化技术，通过不同的渠道以及各种服务终端，更新、更广、更快地向用户提供信息和娱乐服务的传播形态和媒体形态。

2.新媒体营销的界定

顾名思义，新媒体营销是在新媒体发展的基础上，通过新媒体这种渠道开展的营销活动。传统的营销（广告以及公关）追求的是所谓的“覆盖量”（或者叫到达率，Reach），在报纸杂志上的体现就是发行量，在电视广播上的体现就是收视（听）率。与传统的营销相比，新媒体的营销模式，突破了传统的营销模式，不仅仅能够精确地获取访问量，甚至能够收集整理出访问的来源，访问的时间，受众的年龄、地域以及生活、消费习惯等。这样比传统营销更精准、更有效、更节省时间。而且事实表明，采用新媒体营销将会使企业能够由单极向多极发展，选择性更多；企业更有效地收集客户资料，针对目标客户营销；降低成本，提高效率；更快更好地进行企业品牌宣传。总的来说，新媒体营销是基于特定产品的概念诉求与问题分析，对消费者进行针对性心理引导的一种营销模式，从本质上来说，它是企业软性渗透的商业策略在新媒体形式上的实现，通常借助媒体表达与舆论传播使消费者认同某种概念、观点和分析思路，从而达到企业品牌宣传、产品销售的目的。

二、新媒体营销的优势

1.传统营销面临危机

传统营销是一种交易营销，强调将尽可能多的产品和服务提供给尽可能多的顾客，但是随着信息浪潮的涌进，社会群体的需求体现多样化、层次化和时尚化的特点，尤其是新媒体的出现，带领世人进入了另外一个全新的营销领域——新媒体营销，而传统营销也因此面临着现实危机。

2.西方营销经验不足

在逐步走向信息化时代的进程中，世界是一体的。而新媒体营销是信息化时代的产物，因此，世界的新媒体营销必然是要学习的内容。美国西北大学教授唐·舒尔茨曾表示，面对这场新媒体革命，现有的市场营销体系并没做好准备。各国新媒体营销都在“汹涌澎湃的数字海洋中飘荡”，实际上对中国公司来说很少有一些外国的经验可循。由此可见，西方营销经验呈现欠缺的态势，也没有学习的经验。

3.新媒体营销之现状

新媒体营销作为一种新兴、快捷、经济的营销方式，在当前引起了中国企业的普遍关注，并呈现不断发展和壮大的趋势，因此，要分析新媒体营销的特点，有必要对其现状进行了解。

三、新媒体营销的特点

（一）成本低廉

1.经济成本低廉

经济成本低廉即可减少资金投入，一是固定成本低廉，新媒体营销创建网络平台，减少固定资金的投入；二是流动成本低廉，在新媒体营销过程中，可以借助先进多媒体技术手段，以文字、图片、视频等表现形式对产品、服务进行描述，为新媒体营销提供逼真的表现效果，从而使潜在消费者更形象、更直接地接受企业的营销信息。

2.技术成本低廉

新媒体营销是科学技术发展到一定程度的产物，其技术含量当然会很高，但与高端技术相比，新媒体营销的技术成本不算很高。以微博为例，微博营销对技术性支持的要求相对较弱，具体表现为企业微博的注册、认证、信息发布和回复等功能使用已经接近傻瓜化的程度。

3.时间成本低廉

营销信息的传播无须经过相关行政部门的审批，简化了传播的程序；再者，网络信息传递的互动性使得营销信息能够获得“一传十，十传百”的效果，因此这种便捷式的传播方式，使得新媒体营销时间成本自然降低。

（二）应用广泛

随着新技术和新思维的层出不穷，新媒体营销的传播渠道越来越多，新的应用领域也日新月异、络绎不绝。

1.博客

博客营销是公司、企业或者个人利用博客，发布并更新公司、企业或个人的相关概况及信息，并且密切关注并及时回复平台上客户对企业或个人的相关疑问以及咨询，以达到宣传目的的营销手段。

2.网络视频

网络媒体中，信息传播模式变为了双向性、互动式，以受众为中心，受众可以随意选择自己需要的节目。随着网络媒体的不断崛起，网络视频开拓了很多领域，主要有视频分享类、网络直播类、网络传媒类和企业视频应用类等。

3.网络社区

网络社区是网站所提供的虚拟频道，让网民进行互动、情感维系及资讯分享，BBS、SNS、聊天室等是其最主要的表现形式。网络社区的成功运营，可以带来更多的流量，增加更多的广告收入，而注册会员更能借此拥有独立的资讯存放与讨论空间。

4.手机

互动营销以快速的、互动的即时沟通模式取代了单向的、压迫式的广告传播，而且拥有真实的、精确的、强大的数据库分析挖掘功能，实现了真正意义上的分众沟通。

四、总结

营销是一种创新，创新有两个维度：一个是发现新的元素，另一个是对现有元素进行创新性整合。新媒体营销的核心在于降低成本、扩大覆盖、提高影响、促发行动。随着新技术的产生，定会不断有新产品、新终端、新模式出现，而未来的新媒体营销，应是“终端、产品（服务、体验）与模式”之间多样态、多维度的创新性结合。而现代企业营销中，媒体的任务不再只是企业产品信息的简单发布，而是要实现与顾客或者相关利益者的对话和交流。在营销传播现实中，客户和相关利益者得到的很多关于企业的信息并不是来自传统意义上的大众媒体，新媒体在传播中所占的份额比重将越来越大。在新媒体不断发展并对人们的生活产生越来越重要影响的时代背景下，营销企业只有充分意识并把握这些新特点，才能适应新的传播时代，更好地利用新媒体，对广告进行精准有效的投放.从而使广告发挥更大的传播效果。

第三节　软文营销

软营销理论是针对“强势营销”提出的新理论，它强调企业进行市场营销活动的同时必须尊重消费者的感受和体验，以“拉”的方式，让消费者舒服地主动接受企业所传播的信息，强调的是相互尊重和沟通，借助网络这个双向平台，软文营销广泛运用于各大综合新闻类网站，并取得了理想的营销效果，是目前企业广泛应用的一种软营销策略作为网络营销模式中的一支新秀，目前理论界对于软文营销的研究几乎没有，软文营销市场中存在着许多不容忽视的问题，因此，对软文营销进行研究，对广告主企业、软文营销公司、消费者都具有指导意义。

一、软文营销的内涵

软文，顾名思义，是相对于硬性广告而言的，是由企业的市场策划人员或广告公司的文案人员来负责撰写的"文字广告"。与硬广告相比，软文之所以称为软文，精妙之处就在于一个"软"字，好似绵里藏针，收而不露，克敌于无形。等到你发现这是一篇软文的时候，你已经冷不丁掉入了被精心设计过的"软文广告"陷阱。它追求的是一种春风化雨、润物无声的传播效果。软文的定义有两种，一种是狭义的，另一种是广义的。

狭义的定义：指企业花钱在报纸或杂志等宣传载体上刊登的纯文字性的广告。这种定义是早期的一种定义，也就是所谓的付费文字广告。

广义的定义：指企业通过策划在报纸、杂志或网络等宣传载体上刊登的可以提升企业品牌形象和知名度，或可以促进企业销售的一些宣传性、阐释性文章，包括特定的新闻报道、深度文章、付费短文广告、案例分析等。

软文是基于特定产品的概念诉求与问题分析，对消费者进行针对性心理引导的一种文字模式，从本质上来说，它是企业软性渗透的商业策略在广告形式上的实现，通常借助文字表达与舆论传播使消费者认同某种概念、观点和分析思路，从而达到企业品牌宣传、产品销售的目的。软文营销则是个人和群体通过撰写软文，实现动机，达成交换或交易目的的营销方式。

二、软文营销的特点

1.隐蔽性

软文不同于网络广告，没有明显的广告目的，而是将要宣传的信息嵌入文字，从侧面进行描述，属于渗透性传播。其本质是商业广告，但以新闻资讯、评论、管理思想、企业文化等文字形式出现，让受众在潜移默化中受到感染。

2.内容丰富，形式多样，受众面广

软文由于文字资料的丰富性，传递的信息极其完整，并且不拘泥于文体，表现形式多样，从论坛发帖到博客文章、网络新闻；从娱乐专栏到人物专访；从电影到游戏……几乎遍布网络的每个角落，因此，大部分的网络用户都是其潜在消费者。

3.吸引力强，可接受度高

软文的宗旨是制造信任，它弱化或者规避了广告行为本来的强制性和灌输性，一般由专业的软文写作人员在分析目标消费群的消费心理、生活情趣的基础上，投其所好，用极具吸引力的标题来吸引网络用户，然后用具有亲和力或者诙谐、幽默的文字以讲故事等方式打动消费者，而且文章内容以用户感受为中心，处处为消费者着想，使读者易于接受，尤其是新闻类软文，从第三者的角度报道，消费者从关注新闻的角度去阅读，信任度高。

4.低成本，高效益

传统的硬广告受到版面限制，传播信息有限，投入风险大，成本较高。相比之下，软文营销具有高性价比的优势，信息量大，而且不受时间限制，可以在网站上永久存在。国外一份权威调查显示：企业在获得同等收益的情况下，对软营销的投入是传统营销工具投入的1/10，而信息到达速度却是传统营销工具的5～8倍。此外，软文有非常好的搜索引擎效果，通过软文营销公司的网络整合营销服务，可以进行二次传播。

三、当前环境下如何做好软文营销

（一）如何写好一篇好的软文

翻开报纸，软文比比皆是，但水平良莠不齐。的确，软文谁都会写，但要写出一篇好的软文来，却是难上加难。毕竟消费者才是最终的裁判，站在消费者的角度看问题可能会更加贴近生活，更加真实可信，更加有效果。这里，笔者针对软文写作的两大块——题目、内容，进行探讨。

1.题目

好的文章首先取决于题目的好与坏，题目是否新颖、有无创新、具不具备穿透力，对能否引起读者的兴趣，达到心灵的共鸣非常重要。

2.内容

软文按内容大体可分为新闻性、科普性两类，而新闻性软文又可分为以故事情节为主线的病例篇和以产品诉求为主的功效篇。应根据自己所处的市场时期，策划创意不同的软文形式，以起到事半功倍的效果。在软文越来越多的今天，如何有效吸引消费者的眼球变得尤其重要。

（二）企业应走适合自己的软文营销之路

1.注重软文营销道德，提高软文营销的专业化水平

企业管理人员要正确认识软文营销的内涵和外延，软文营销的目的不是单纯地宣传，获得利益，企业进行软文营销必须注重营销道德的建设，自觉地杜绝网络中的虚假软文行为，为消费者负责。企业应该培养专业的软文营销人员并指导

作者的写作动向，提高他们的道德素养和认识，或者聘请专业的软文营销顾问为企业制定长期的软文营销策划，而不是为了短期目的而盲目做宣传。

2.建立和完善软文的检测和评估体系

软文营销的监测和评估是衡量软文营销效果的必要手段，同时也是制定收费标准的重要依据。单纯的软文点击量和转载率等指标并不能准确衡量软文的营销效果。因此，企业应该建立自己的软文评估系统，明细软文营销对本企业做出的贡献。

3.软文营销与其他和传统营销方式的整合

软文营销的自身特点决定了它的优势。一方面，利用软文的强吸引力和感染力吸引消费者的注意力并获得认同感。另一方面，通过传统媒体的权威和受众精准进行相关信息的宣传，进一步提高品牌知名度，提高营销效果。

（三）政府政策的支持

1.加强政府的监管力度，制定软文营销规范制度

政府机关应加强对网络软文营销的立法与监督，规范企业的软文营销行为；制定权威、健全、公正的监督管理制度，保护各个参与方的合法权益，确保软文营销中各方有章可循，有法可依；并制定全面保护消费者的软文规章，如信息来源公开，信息发布程序规范，市场分析数据有权威认定等。

2.制定相应的惩治措施

在目前软文市场混乱的特殊时期，应加大惩治力度，使虚假软文发布的风险成本加大，暴露后的损失增大，从而让媒体为了自身生存安全而自觉守规守法，迫使新闻从业者对自己的职业行为担负起极大的甚至完全的责任。

作为一种有利的营销模式，软文营销在我国发展迅速，我国软文营销市场的不完善给企业带来的机遇和冲击是显而易见的。目前我国对软文营销理论研究还比较薄弱，多元化、多角度的软文营销研究能够为企业提供参考，具有重大的理论意义和现实意义。

第四节　App营销

传统的产品营销和品牌营销在移动互联网的冲击下正显得无力，营销界迎来了第三代体验营销、移动营销时代。不知从何时开始，手机、平板电脑这些移动终端成了人们离不开的伴侣，每天心甘情愿地将无聊且碎片化的时间花在它们身上，与一个个应用程序亲密接触。这也给企业传达了一个重要信号：App营销的蓝海已被开启，这里是营销阵地。

一、App营销概述

（一）App营销的定义

App即应用程序，是英文单词Application的缩写。所谓App营销，就是应用程序营销，指的是通过智能手机、平板电脑等移动终端上的应用程序开展的营销活动。作为移动互联网时代的新兴营销模式，App营销凭借精准互动和个性化的特点正在被企业推崇。不仅如此，随着移动互联网的兴起，越来越多的互联网企业、电商平台将App作为销售的主战场之一。数据表明，App给手机电商带来的流量远远超过了传统互联网（PC端）的流量，通过App进行盈利是各大电商平台的发展方向。事实表明，各大电商平台向移动App的倾斜也是十分明显的，原因不仅仅是每天增加的流量，更重要的是手机移动终端的便捷，为企业积累了更多的用户，更有一些用户体验不错的App使用户的忠诚度、活跃度都得到了很大程度的提升，从而为企业的创收和未来的发展起到了关键性的作用。

（二）App与传统营销方式的不同

1.传播内容不同

传统手机媒体传播的产品信息只是一些字面上的反映，用户不能全面理解一个产品，应用程序中包含了一些图片和视频，还可以全方位地感受产品，如一个汽车的应用，你不仅能够看到汽车的图片和视频，还能通过游戏感受该款汽车的性能。

2.信息传播方式

传统手机媒体主要是以短信的形式作为主要的传播方式，这种传播方式是让消费者被动地接收产品信息，而App营销是企业将产品信息植于应用制作，供用户下载，通过应用达到信息传播的目的。

3.用户行为差异

传统手机媒体是被动地接受信息，容易让受众产生逆反心理，往往得到的是反方面的效果，而App营销是用户自己下载，容易接收产品信息，更加容易达到传播效果。

（三）App营销的特征

1.高度精准

传统的营销模式一般都是进行广撒网的模式，通过漫天撒网来实现营销。但是App营销却能够实现前所未有的精确性，它能够很好地确定目标人群，确定目标人群的各种属性特征，比如说目标人群的兴趣、终端以及行为等。App营销能够很好地根据目标人群的属性特征进行针对性的信息推送，这样能够很好地达到营销的效果，有着传统的营销方式所不具有的优点。比如说现在的一些App软件，在人们需要选择就餐地点的时候能够很快地搜索并且推荐距离最近的各类餐厅的信息，这样人们就能够很容易地选择到自己想要去的餐厅。

2.极具个性

传统的营销方式总是缺乏个性化，总是批量化地进行营销。但是现在的App营销却展现出了十分出色的个性化系统。对于新时代的人们来说，他们总是拥有自己的个性，希望自己能够拥有属于自己的独一无二的东西，对于App软件也是这样。人们希望拥有一款独一无二的软件。由于App营销的形式和种类极其丰富，营销者完全可以根据目标群体的不同特征选择适合他们的App软件的呈现形式以及软件的内容。能够真正做到根据目标客户的需求来进行营销方式的制定。

3.全面互动

所谓全面互动，是指现在的手机、电脑以及平板等移动终端能够通过移动网络这一个平台实现全面的互动。App营销正是借助了现在移动终端能够随身携带的这一特点，通过对新兴信息技术的应用，实现了人与人之间的各种互动。每个人都可以通过类似论坛的平台将自己对App软件的应用心得或者说别的事情与其他人进行分享，同时还可以方便亲朋好友以及用户之间的交流。

二、App营销的发展现状

随着现在网络技术的不断发展以及电子科技的发展，便携式移动终端逐渐发展成形，手机、平板电脑等移动终端已经成了人们日常生活中不可或缺的一部分。随着手机以及平板电脑等移动终端的普及，App软件的下载量呈现出爆炸式的增长，各种各样的App充斥着人们生活的方方面面。根据有关数据统计显示，现在全球有超过75万的移动应用程序，平均每一个智能手机上都拥有着超过20款的应用程序，同时每一个用户每天使用移动终端上的应用程序的时间为1～3小时。从这些数据中我们能够看出，App营销将是未来营销的主流。

（一）App软件类型及用户群特征

1.App软件类型调查分析

App软件类型包括如下几种，社交应用（如微信、QQ）、地图导航（如百度地图、掌上公交）、网购支付（如微信支付、支付宝）、通话通信、查询工具（如墨迹天气、我查查）、拍摄美化、影音播放、图书阅读、浏览器、新闻资讯、游戏娱乐、系统工具等。由于不同的App具有不同的功能，其应用情况也不尽相同。为此，笔者对App软件的应用情况及用户群特征进行了调查与研究，得到如下数据与结论：社交类应用的使用率最高，用户的规模也相应是最大的，可高达

91.2%且呈增长趋势。微信、QQ等应用的排名最高，也能充分印证网民对社交应用的使用率与使用时间都是最高的。

2.用户群特征调查与分析

纵观我国的网购市场，近年来主要呈现出全球化、普及化、移动化的发展趋势，网购客户群体的年龄跨度不断增大，逐步向全民扩散。CNNIC数据显示，2014年最主流网购用户（20-29岁网购人群）规模同比增长23.7%，10-20岁网购人群用户规模同比增长10.4%，50岁及以上网购人群用户规模同比增长33.2%。30～50岁的人群是伴随互联网发展以及为互联网发展贡献力量的人群，他们仍是网络用户的主力军。其中20-29岁的用户占据比重最大，而50岁及以上的网民用户的增长使得App营销的发展更为乐观。

随着互联网的发展以及智能手机的普及，手机应用程序更新速度不断加快，这已经成为人们生活中不可缺少的一部分，人们越来越依赖网络，越来越离不开网络，这也导致了当今“低头族”的出现。调查显示，53.1%的被调查者认为自身依赖互联网，其中12.5%的表示非常依赖，其余被调查者表示比较依赖。可见人们对互联网的依赖性越来越高，这也为App营销的顺利开展奠定了基础与条件，在这样的背景下更能促进App营销的顺利开展。

调查显示，学历越高的网民用户对互联网的依赖程度越高。小学及以下学历的网民有44.9%表示依赖互联网，大学本科及以上的网民有高达63.9%表示依赖互联网。由此可见，网民对互联网依赖的程度与学历呈正相关，这说明互联网已经成为大多数人们生活和娱乐的“基础元素”。随着互联网的不断推广普及，其重要性在农村网民中也逐渐凸显出来，有47.9%的农村网民表示其较为依赖互联网。当然农村互联网网民对网络的依赖程度还是低于城镇网民的，这就要求企业在进行App营销的过程中要注重农村与城镇用户的行为差异，进行不同策略的营销。

（二）用户对App营销的态度

1.用户对App营销的认识程度

在关于消费者对App营销的认识了解程度调查结果中显示，有79.12%的网民对App营销有所了解，其中5.49%的网民非常了解，21.98%的网民比较了解，51.65%的网民一般了解。但是还有20.88%的网民用户对App营销并不了解。由调查结果可见，人们对App营销的认可度已经比较高了，但是企业仍有潜力通过更有效的推广与传播挖掘更多潜在用户。

2.用户对App营销的接受程度

关于消费者是否会主动搜寻感兴趣的企业或者是品牌的App应用的调查结果显示，有15.38%的网民会经常主动搜索，一般和偶尔主动搜索的用户分别占据

39.57%和36.26%，而还会有8.79%的用户从不会主动搜索。可见消费者对App营销的接受程度还是比较高的，对App应用的主动性也是较为乐观的。

（三）企业App营销的情况

对于企业而言，App可以是产品手册，可以是电子体验，可以是社交分享，可以是公关活动，可以是在线购买，甚至可以是网络促销游戏等。几乎可以把整个传统营销的所有流程重新在手机上演绎一遍所以App营销是可以为企业有效创作财富的新兴营销方式。根据IDC（Internet Date Center）数据显示，App下载量已经上升到了1 827亿次。在大量的App应用中，企业App作为新式营销手段已迅速展示在用户眼前，越来越多的企业正在以各种营销形式开展手机App营销。各个企业都在纷纷探索App营销这一新兴的营销方式，希望从中获取利益'在移动互联网的发展过程中，移动广告还是其行业营收的主要模式。然而据报道这一模式出现了怪象，其一是市场数据规模增长迅速，其二是企业对此反应迟钝。美国科技市场研究公司Forrester最近调查发现，在企业和品牌的全部广告预算中，移动端的App广告支出仅占5%，那些已经开展了移动端App营销的企业也尚未增加这一部分的预算。研究表明，对移动端App投资的大多数是软件开发商而并非企业，而且据Forrester提供的数据显示，57%的企业及品牌表示，它们所做的关于App的营销与广告主要目的是提高企业知名度和知晓率而并非成交率，企业希望通过用户的点击率和对网站的访问变化来判断广告是否成功。

三、App营销的基本模式

1.广告植入模式

广告植入模式是最基本、最常见的营销模式之一。企业将广告信息植入热门的、与产品受众相关联的移动应用中，当用户点击广告栏时便自动链接到企业的网站，这样在用户操作的同时，就能方便地了解广告主信息或参与活动，从而在潜移默化中达到营销的目的。这种模式成本较低、操作简单，只要将广告信息有针对性地投放到与产品受众高度关联以及下载量较大、用户较多的应用程序上就能达到良好的传播效果。沃尔沃上市之际便是利用这种高度契合的广告植入吸引了大量的用户，大家纷纷注册体验，逐步提高了新车的知名度。

2.用户参与模式

用户参与模式的营销近年来受到了广告主的普遍青睐。该模式将广告主的营销目标与消费者需求相结合，通过开发有创意的应用程序，吸引用户主动参与体验互动，从而达到有效的营销目的。在调查研究目标消费群体的相关需求属性的基础上，企业结合产品或品牌的特点开发符合自身定位的应用程序，并将其投放到各大应用商店供用户免费下载。通过下载安装并使用这些应用程序，用户能够在有趣的体验中了解品牌的相关信息和最新动态，逐步加深对企业和品牌的好感度。

3.网站移植模式

网站移植模式多为购物类、社交类网站的手机客户端。它以移动智能终端为载体，将成熟的传统网站模式移植到移动终端平台，开发符合移动平台界面的应用程序。用户通过此类App可以随时随地浏览网站获取商品信息、进行快捷支付、开展社交活动。这种模式相对于传统网站的最大优势在于快速便捷、服务实时。它能有效地覆盖碎片化时间里人们购物、社交的需求，是品牌扩大影响、进行自营销的得力补充渠道。通过这一纽带品牌得以网罗移动互联网上的活跃用户，将营销活动进行跨媒体整合。该模式的广告主以电商品牌居多，如淘宝网络客户端、凡客诚品等。

参考文献

[1] 汝涛责任编辑；王岩.人力资源管理应用·技能·案例·实训第2版［M］.上海：上海财经大学出版社.2019.

[2] 徐晓晗，高振，李建桥主编.企业管理［M］.青岛：中国海洋大学出版社.2019.

[3] 陈康主编.现代企业管理［M］.广州：广东高等教育出版社.2019.

[4] 刘宁杰，杨海光主编.企业管理［M］.沈阳：东北财经大学出版社.2019.

[5] 人力资源社会保障部教材办公室.现代企业管理基础知识第4版［M］.北京：中国劳动社会保障出版社.2019.

[6] 宁凌，唐楚生.现代企业管理第2版［M］.北京：机械工业出版社.2019.

[7] 李利斌.现代企业管理实务第2版［M］.北京：电子工业出版社.2019.

[8] 金阳，陈威，谢金领.世纪商务英语听说教程专业篇2教师用书第6版［M］.大连：大连理工大学出版社.2019.

[9] 孙菊剑著.服装零售终端运营与管理［M］.上海：东华大学出版社.2019.

[10] 赛贝尔资讯编著.Excel函数与公式速查手册［M］.北京：清华大学出版社.2019.

[11] 郭凯，杨玫，马骏编著.创业理论与模拟实训教程［M］.北京：电子工业出版社.2019.

[12] 赛贝尔资讯编著.Word/Excel/PPT 2013高效办公从入门到精通［M］.北京：清华大学出版社.2019.

[13] 王皓.大客户销售路线图［M］.北京：新华出版社.2019.

[14] 金阳陈威谢金领共12人.世纪商务英语听说教程［M］.大连：大连理工大学出版社.2019.

[15] 刘军，曾宪聚主编.国际视野与本土实战［M］.北京：经济日报出版

社.2019.

[16] 人力资源社会保障部教材办公室组织编写.饮食业基础知识［M］.北京：中国劳动社会保障出版社.2019.

[17] 孙铁玉，乔平平."十二五"职业教育国家规划教材企业经营管理第3版［M］.北京：电子工业出版社.2019.

[18]（中国）陈婧.高职高专汽车运用与维修专业系列教材汽车维修企业管理［M］.重庆：重庆大学出版社.2019.

[19] 孙菊剑著.服装零售终端运营与管理3版［M］.上海：东华大学出版社.2019.

[20] 马霞责任编辑；（中国）曾令建.职场技能提升系列Excel效率手册用函数更快更好搞定数据分析［M］.北京：人民邮电出版社.2019.

[21]（中国）人力资源和社会保障部人事考试中心，张坤.工商管理专业知识与实务（中级）［M］.北京：中国人事出版社.2019.

[22] 房地产管理实用流程制度表格文本［M］.北京：化学工业出版社.2019.

[23] 毕继东，陶虎.创业设计与仿真实验［M］.北京：高等教育出版社.2019.

[24]（中国）魏卫.全国普通高等院校旅游管理专业类"十三五"规划教材·教育部旅游管理专业本科综合改革试点项目配套规划教材酒店管理概论［M］.武汉：华中科技大学出版社.2019.

[25]（中国）汝玲，邓银银.管理学基础理论、实务、案例、实训［M］.沈阳：东北财经大学出版社.2019.

名人如北极星，指引我们走

名人小时候

MINGREN XIAO SHIHOU

外国卷

孩提时代 率先立志

读《名人小时候》

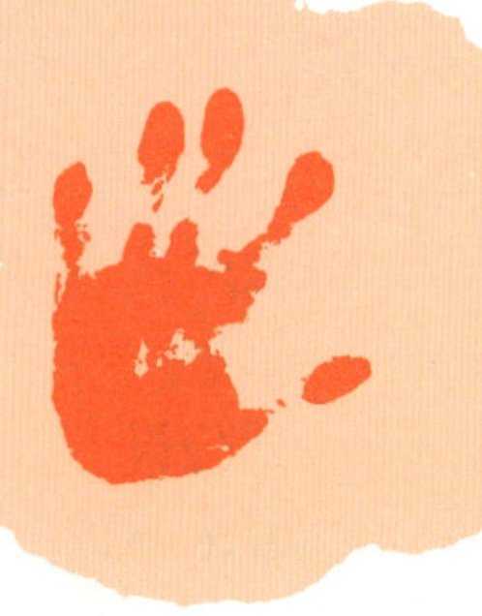

卢　勤／编著

（知心姐姐 教育专家）

读名人成长故事，让童心焕发活力，实现自我成长。

内蒙古人民出版社

图书在版编目（CIP）数据

名人小时候 . 外国卷 / 卢勤编著 . -- 呼和浩特：内蒙古人民出版社，2023.7
（快乐读书汇丛书）
ISBN 978-7-204-17687-8

Ⅰ . ①名… Ⅱ . ①卢… Ⅲ . ①名人—列传—世界—青少年读物 Ⅳ . ① K811-49

中国国家版本馆 CIP 数据核字 (2023) 第 131087 号

名人小时候 · 外国卷

编　　著　卢　勤
责任编辑　王　静　海　日
封面设计　宋双成
出版发行　内蒙古人民出版社
地　　址　呼和浩特市新城区中山东路 8 号波士名人国际 B 座五层
网　　址　http://www.impph.cn
印　　刷　三河市双升印务有限公司
开　　本　787mm × 1092mm　1/16
印　　张　16
字　　数　260 千
版　　次　2023 年 7 月第 1 版
印　　次　2023 年 9 月第 1 次印刷
印　　数　1—10000 册
书　　号　ISBN 978-7-204-17687-8
定　　价　29.80 元

如发现印装质量问题，请与我社联系。
联系电话：（0471）3946120

前　言

“读名人传记，最能激发人志气，且于应事接物之智慧增长不少，古人所以贵读史者以此。”在谈及自己的教子经时，梁启超先生语重心长地说。

世代书香，梁启超教子读名人传记的故事，为世人所称道。后来，在梁启超的精心教育下，他的儿女梁思成、梁思达、梁思永、梁思礼、梁思忠、梁思顺、梁思懿、梁思庄都成为祖国的栋梁之材。其中，有中国近代建筑之父梁思成、著名的经济学家梁思达、现代考古学家梁思永、中国科学院院士与导弹控制专家梁思礼等。

“榜样，是看得见的哲理。”在现代工业的起源地英国，人们将这句谚语奉为座右铭。

我们要看中外名人传记，读透它，借鉴它，也许就能决定孩子未来 20 年的差距。

只因为成功有密码，成长有规律，揭开成长奥秘，让孩子拥有不一样的人生！

阅读名人成长故事，也会让孩子们知道，名人也曾是普通人。这样说来，如果教育得法，绝大多数的孩子，都会成为非凡的人才。

“越牛的人越爱读书、会读书！”

这是在阅读《名人小时候》的过程中，给人印象最为深刻的一句话。

对普通家庭来说，家庭教育决定孩子的未来。

对个人来说，读书改变命运。

“我一生中进学校的时间，加在一起总共不到一年。”成为美国总统的林肯后来回忆说。

7 岁时，只上了四个月小学的林肯就辍学了。不过，他依然渴望读书，这时妈妈南希把她从娘家带来的几本书送给了林肯。没过多久，林肯已把这些书反复看了几十遍。

少年时的林肯，当过俄亥俄河上的摆渡工、种植园的工人、店员和木工。在那段岁月里，林肯仍旧心怀梦想。他已养成了一个习惯，无论是在田野里干农活，还是在

其他地方，他的怀里总是揣着一本书，一有时间就拿出来阅读。

有时候，林肯为借阅一本书，往往要在荒野地徒步几公里，这对于一个不到 10 岁的孩子来说，算是长途跋涉了。艰苦的环境，并没有让林肯放弃自己读书的梦想，他忘我地阅读着继母从娘家带来的《圣经》《伊索寓言》《鲁滨孙漂流记》《天路历程》《水手辛巴德》等书籍。

从平民到总统，林肯经历了常人不及的坎坷和曲折。然而，林肯酷爱读书，他凭借自己的智慧、勇敢和非凡的领导能力，让他从一个鞋匠的儿子，最终成长为一位伟大的领袖。

有人曾做过研究，在这个世界上，人与人之间巨大差距是怎样形成的呢？除遗传基因与智力之外，最可怕的事实是：

“比你有学问的人，还比你爱读书。”

“比你有事业的人，还比你爱学习。”

“比你视野开阔的人，当你打游戏、吃零食的时候，他们还在利用闲散时光阅读各种书籍。”

每一个人都有故事，也都有不同的人生轨迹，但凡在天空中划过一道星光的人，他们往往有一个共同的特点：从书籍当中去寻得人生的大智慧。

渴望多读书，便能有光明的未来。常言道：“鸟欲高飞先振翅，人求上进先读书。”

不说那些文人、学者需要读书，就如当今那些成功的商人和企业家，他们也极爱读书，无不手不释卷。

“看书学东西要比听课快得多。”

“突破人生局限的最好办法是读书。”

这些名句都出自商界名人之口。在全世界，无论是商业领袖还是科技牛人，他们都痴迷于阅读。虽然身价超过百亿美元，但他们依旧热爱读书。

“读书破万卷”，人生易成功。

真可谓，越牛的人越爱读书、会读书！

“梦想的星光，有一天会变为太阳。”

阅读了这些名人成长故事之后，这是又一句深深刻在我脑海里的话语。

在西方，富兰克林被誉为资本主义精神最完美的代表。那么，他又是如何成为资本主义精神最完美代表的呢?

爸爸是一名普通的漆匠，后来从英国移民到北美洲。生有 17 个孩子，富兰克林是这个家里的第十五个孩子。

12 岁那年，富兰克林就到哥哥经营的小印刷所当学徒。富兰克林没有抱怨，在印刷所很快就掌握了排字、校对、印刷、装订等技术。富兰克林以乐观的态度，利用业务关系还和几名书店里的小学徒交上了朋友，这样就可以从这几位朋友的手中借到他们从书店里偷偷拿出来的书。一夜未眠，富兰克林看完书，第二天清晨按时还给了书店。

心怀梦想，疯狂读书，也成为那段时间富兰克林生活的写照。

富兰克林对书籍的渴望已经难以克制，他便省吃俭用，把伙食费中省出来的钱拿来买书。他的阅读范围越来越广泛，从自然科学、技术方面的通俗读物到著名科学家的论文，再到哲学书籍以及名作家的作品等，无所不涉猎。

心怀梦想之光，最终让富兰克林的人生大放异彩，他后来成为美国开国元勋，参与起草了《独立宣言》和美国宪法，积极主张废除奴隶制度。

米老鼠之父华特·迪士尼也是如此，他曾贫穷到暂居在别人车库中，只能与一只落单的老鼠为伴。最终因梦想的星光，而让这名少年立下大志，也让他成为不屈不挠的追梦者，在逆境中获得成功。

要想成为名人，坚定的信念不可缺少。

这是因为，梦想的星光，有一天会变为太阳。

“台上一分钟，台下十年功。”

每一个成功的故事，都会惊心动魄，令人回味。在阅读《名人小时候》时，这句话不时在耳边回响。

当年，科比刚进 NBA 联盟时，因一些投篮动作和技术上的缺陷而去请教正当如日中天的乔丹。

科比为了表达对这位前辈的尊重，按照约定时间提前半小时来到训练场，结果他发现有着“篮球之神”称号的乔丹，竟然早已到达训练场了。原来，乔丹每次训练都会提前一个小时到训练场，这样才好将身体充分舒展开来更好地投入到正式的训练中去。正是那些严格要求自己的岁月，才让乔丹在思想和技术上日臻成熟，最终成为一代篮球超级巨星。

2020年1月26日，科比不幸遇难，年仅41岁，令亿万篮球迷为之落泪。回顾科比走过的那一条伟大之路，探索他成功的秘密，答案就在下面。

有一次，记者问：“你为什么能够如此成功？”

科比反问道：“你知道洛杉矶每天早晨四点钟是什么样子吗？”

记者摇摇头，科比继续说：“满天星星，寥落的灯光，行人很少。每天洛杉矶早上四点仍然在黑暗中，我就起床行走在黑暗的洛杉矶街道上。一天过去了，洛杉矶的黑暗没有丝毫改变；两天过去了，十多年过去了，仍然没有改变，但我却变成了肌肉强健，有体能、有力量，有着很高投篮命中率的运动员。”

这就是科比，每天早晨四点钟起来训练，单场比赛81分的个人纪录，就是最有力的证明。

关于学习和人生，坚持就是最好的捷径。

最后，名人小时候的故事，告诉我们什么呢？

答案是，任何人都不可能一夜成名。

普通人要成为有益于社会、大家喜欢的名人，又需要付出什么样的努力？

答案是，“台上一分钟，台下十年功”。只有美好的梦想、坚定的信念、不懈的追求、良好的心态，才是你人生出彩的保证。

今天，就让我们近距离走近名人小时候的故事吧，揭开名人成长的奥秘，让童心焕发活力，与名人一起成长。

跟随星光的指引，你将遇见黎明。

目录 CONTENTS

第一章　他们从小就立志

目录

CONTENTS

目录 CONTENTS

目录 CONTENTS

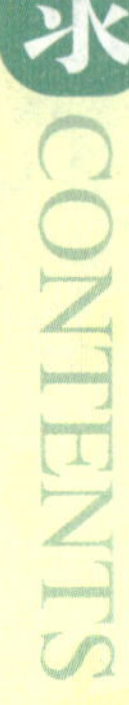

第四章　他们少时志向高远

CONTENTS

目录 CONTENTS

CONTENTS

目录 CONTENTS

目录 CONTENTS

目录 CONTENTS

目录 CONTENTS

第一章

他们从小就立志

阅读名人小时候的故事，借鉴是一种智慧。

从榜样的身上汲取前进的动力。要想优秀，必先立志，越早越好。

“立志、工作、成功，是人类活动的三大要素。”在战胜狂犬病、鸡霍乱、炭疽病等方面都取得重要成果后，微生物学之父路易斯·巴斯德说，“立志是事业的大门，工作是登堂入室的旅程。这条旅程的尽头有个成功在等待着，来庆贺你努力的结果。”“只要有坚强的意志，努力的工作，必定有成功的那一天。”

孩提时代，立志率先，比其他人赠送给你千金还要贵重。

林肯：穷人家的孩子自学成才也能当总统

——这个鞋匠和猎人的孩子，废除了美国黑人奴隶制

亚伯拉罕·林肯（1809—1865），美国政治家、战略家、美国第16任总统。林肯是首位共和党籍总统，在任期间主导废除了美国黑人奴隶制，极大地推动了美国的发展。

林肯出生于贫苦的家庭，小时候，帮助家里割草、种庄稼，休息时埋头读书。38岁时，当选为国会众议员。

1860年11月6日，林肯当选美国总统。美国南北战争爆发后，林肯签署了《宅地法》、颁布了《解放黑人奴隶宣言》，为北方获得南北战争的胜利奠定了基础。1864年11月8日，林肯再次当选为美国总统。1865年4月14日，林肯被约翰·布斯暗杀，次日上午与世长辞，年仅56岁。

2006年，亚伯拉罕·林肯被美国的权威期刊《大西洋月刊》评为影响美国的100位人物第1名。2008年，英国《泰晤士报》对43位美国总统分别以不同的标准进行“最伟大总统”排名，亚伯拉罕·林肯列为第一。

影响力：★★★★★

知名度：★★★★★

美誉度：★★★★★

从平民到总统，林肯经历了常人不及的坎坷和曲折。

然而，林肯凭借自己的智慧、勇敢和非凡的领导能力，让他从一个鞋匠的儿子，最终成长为一位伟大的领袖。

这就是林肯，他活着的时候，属于美国，他死以后，属于千秋万代。

现在就来走进林肯的故事吧，我们在漫长的成长之路上，看看能从这位伟人身上学到还有哪些欠缺的东西。

父亲是个文盲

1809 年 2 月 12 日的美国，这天天空中飘着鹅毛大雪，天气异常寒冷，林肯出生在肯塔基州哈丁县某丛林中的一间猎人小屋里。

这是一个家境很贫寒的人家。爸爸托马斯是位农夫兼鞋匠，同时也打猎补贴家用。托马斯是英国移民的后裔，由于从小家里贫穷，他没有读过书。当托马斯看见夫人生了个儿子时，令他高兴坏了，就将这个新生婴儿放在一张铺着玉米皮的破旧床上。

哈丁县的那片丛林，这里可说是肯塔基州最荒凉的地方。原来，离林肯诞生地猎人小屋最近的人家，也在几公里之外。

在这片丛林中，小林肯一天天长大。直到 7 岁那年，为生活所迫，托马斯带领全家人离开了哈丁县的那片丛林，迁到印第安纳州的西南部，以开荒种地为生。

定居下来之后，小林肯帮助家里人搬柴、提水、干农活等，他什么都干，全然成为家里的好帮手。

母亲决定将他送去读书

看着林肯一天天长大，妈妈南希很心疼儿子，也在为林肯的未来担忧。

“读书对于像我们这样家庭的孩子来说，是不大要紧的事情。另外，你需要他在家帮忙，他很快就是个好帮手了。”托马斯说。

“不管怎样，林肯必须上学！”南希说。

事实上，南希是一个善良甚至有些羞涩的女人，在林肯6岁那年决定送他去读书，这也是她一生当中做过最大胆的事情。

南希七拼八凑还是没有多少钱，最后，她只好送林肯去一间条件非常简陋的学校上学。当时学校条件极为艰苦,超出许多人的想象。原来这所学校的老师,因为无法忍受清贫的生活而纷纷离开。

一年之后，这所学校最后一名老师也悄然离开，以至于连一个发表声明宣布它倒闭的老师也没有了。

学校就这样被迫关闭了，它大概是史上际遇最惨的学校之一。当然，林肯也因此失去了上学的地方。

“我一生中进学校的时间，加在一起总共不到一年。”后来，成为美国总统的林肯回忆说。

林肯的读书生涯，也随着那所学校的关闭而宣告结束。

不过，林肯依然渴望读书，这时妈妈南希把她从娘家带来的几本书送给了林肯，没过多久，林肯已把这几本书反复看了几十遍。

借书阅读的日子

林肯9岁的时候，妈妈南希不幸去世。

一年后，农夫托马斯与一位贤惠的女人萨莉结婚。继母萨莉慈祥勤劳，她对待前妻的子女如同自己的孩子。林肯也很喜欢继母萨莉，一家人生活得清贫而和睦。

有一年生日，萨莉将一本《英语缀字课本》送给了林肯，林肯乐坏了，这正是他渴望已久的一本书籍。

生活不易，为了维持一家人的生计，少年时的林肯当过俄亥俄河上的摆渡工、种植园的工人、店员和木工。

那段岁月，林肯仍旧心怀梦想，他已养成了一个习惯，无论是在田野里干农活,还是在其他地方,他的怀里总是揣着一本书,一有时间他都要拿出来阅读。

有时候，林肯为借阅一本书，往往要在荒野地走几公里，这对于一个不到10岁的孩子来说，算是长途跋涉了。艰苦的环境，并没有让林肯放弃自己读书的梦想，他忘我地阅读着继母从娘家带来的《圣经》《伊索寓言》《鲁滨孙漂流记》《天路历程》《水手辛巴特》等书籍。

这些书让人爱不释手，由于是借阅的，林肯只好将他最喜爱的句子和章节都摘抄下来。这个习惯，对他未来之路产生了深刻的影响。

将《华盛顿传》拿到炉火边烘干

有一天，林肯到邻村的鲍利斯医生家里去做帮工以补贴家用。打扫房间时，林肯发现书桌上放着一本崭新的《华盛顿传》。

林肯立马两眼放光，再也按捺不住了，他壮着胆子向鲍利斯医生开口借阅此书。

本来，这本书是鲍利斯医生刚刚托人购买回来的，并不想借给他人。

然而，林肯已经开口了，善良的鲍利斯医生还是无法拒绝一个孩子的求知愿望，于是他问道："孩子，你能读懂伟人的传记吗？"

林肯诚恳地说："先生，我读得懂，华盛顿是我心目中的伟大偶像。"

鲍利斯医生只好提醒说："这本书刚刚买回来，你一定要保管好它！千万不要弄脏，尽快读完还给我。"

当林肯干完活回到家时，已是夜晚了，他坐在火炉边，阅读起《华盛顿传》来，一直看到深夜。继母萨莉过来催促几次让他睡觉，然而，林肯完全被书里的情节吸引得无法放下书。直到凌晨，林肯才趴在火炉边睡着了。

沉睡中的林肯，忽然被雷声惊醒了，破旧的房顶四处漏雨，当搞清楚这些情况时，林肯看到自己心爱的《华盛顿传》，早已被雨水给淋湿了。这让林肯既愧疚又难过，只得将《华盛顿传》拿到炉火边烘烤。书籍终于烘干了，他带着愧疚的心情将没看完的书送还给鲍利斯医生，并请求他的原谅。

鲍利斯医生看到只隔了一天时间的新书，已被雨水淋得皱巴巴的，他心痛

地说："孩子，你不是向我保证不弄脏它吗？"

林肯不敢看鲍利斯医生的眼睛，只是低下头说："对不起，我没想到昨天夜晚突然下起雨来。先生，请让我为您干活吧，用工钱来赔偿这本书好吗？"

就这样，林肯为鲍利斯医生干了三天活。鲍利斯被林肯诚挚的行动感动了，将那本《华盛顿传》送给了林肯，以奖励这个爱读书的孩子。

后来，林肯用了几年时间就差不多把方圆几十里所能借到的书都看了个遍。

这个农夫、鞋匠和猎人的儿子只上了一年学，他靠着自学和良好的品质成为国会议员，直到成为美国总统。

美国南北战争爆发后，林肯签署了《宅地法》、颁布了《解放黑人奴隶宣言》，为北方获得南北战争的胜利奠定了基础。

林肯为人类朝着自由的方向前进奉献了毕生的精力，直到他倒在了自己的工作岗位上。

一场伟大的演讲

这里还有一个故事。1862 年 7 月，在南北战争中，北军统帅米德率领军队在葛底斯堡和敌人打了一仗，打败了敌人，取得葛底斯堡大捷。

在葛底斯堡之战中，武装起来的黑人以及他们作战时的英勇顽强表明黑人并不比白人逊色，从而坚定了林肯对于这个国家并非白人所独有的信念。

因此，当他接到邀请，要他在葛底斯堡新公墓落成仪式上讲几句话时，便欣然同意了。

1863 年 11 月 19 日，在葛底斯堡阵亡将士公墓落成仪式上发表演说，这次演说是公认的英语演讲的最高典范。

下面，是林肯在葛底斯堡国家公墓落成典礼上的演说：

87 年之前，我们的先辈们在这块大陆之上缔造了一个新国家，它在自由之中孕育成长，奉行着人人生来平等的原则。

当前，我们正从事一场伟大的内战，以考验这个国家，或者任何一个孕育于自由和奉行上述原则的国家是否能够长久存在下去。我们今天是在这场战争中的一个伟大战场上集会。烈士们为使这个国家能够生存下去而献出了自己的生命。我们来到这里，在此集会，是要把这个战场的一部分奉献给他们作为英灵安息之所。我们这样做是完全应该而且非常恰当的。

但从更大的意义上来说，我们又不可能奉献这块土地，我们不能使它神圣化。曾在这儿战斗过的勇士们，不管是牺牲了的还是在世的，已把这块土地神圣化了，这远不是我们微薄的力量所能增减的。

全世界将很少注意到，也不会长久记住我们今天在这里所说的话，但全世界将永远忘不了勇士们在这里所完成的功业。

倒不如说，是我们这些还活着的人应在这里把自己献身于勇士们已经如此崇高地向前推进但尚未完成的事业。对于我们，在这里倒是应该把自己奉献于仍然留在我们面前的伟大任务——从这些光荣的烈士身上吸取更多的献身精神，来完成他们那已完全彻底为之献身的事业；以便使我们在这里下定最大的决心，不让这些烈士白白牺牲；以便使国家在上帝的福佑下得到自由的新生，并使这一民有、民治、民享的政府永世长存！

林肯的一生，在学校就读的时间，加在一起总共不到一年。然而，这位平民总统在逆境中的那些时光，仍旧想尽办法一有空闲就阅读，他从未放弃学习和思考个人命运，以及人类未来之路。

最终，林肯写出了《在葛底斯堡国家公墓落成典礼上的演说》这一旷世之作，这篇演说被牛津大学铸成金文存放在校园里。

从不放纵自己

众所周知，小时候因家境贫寒，林肯没读几天书就休学了。

但是，林肯从不放纵自己，他的继母带来了几本书，有《圣经》《伊索寓言》《鲁滨孙漂流记》《天路历程》《水手辛巴特》，这些书让他着迷，他随时将书带在身上，一有空闲时间就聚精会神地读起来。此外，凡能借阅到的书籍，林肯都兴致勃勃地阅读，把其中美妙的句子和章节摘抄下来。

就是这个没在学校读几天书的平民总统，却写出了旷世之作——《在葛底斯堡国家公墓落成典礼上的演说》。

这篇演讲用词简洁、凝练、准确，思想正确，感情真切深沉。如今，这篇演讲词作为美国中学生必读的课文，而牛津大学甚至把它铸成金文存放在校园里。

安徒生：从丑小鸭变身为童话大师

——曾睡在一张由棺材板拼成的床上，但他仍不忘梦想

汉斯·克里斯汀·安徒生（1805—1875），19 世纪丹麦童话作家，被誉为“现代童话之父”。代表作有《海的女儿》《拇指姑娘》《卖火柴的小女孩》《丑小鸭》《皇帝的新装》等。

安徒生出生于丹麦欧登塞城一个贫穷的鞋匠家庭，童年生活贫苦。父亲是鞋匠，母亲是佣人。早年在慈善学校读过书，当过学徒工。受父亲和民间口头文学影响，他从小就热爱文学。

11 岁时父亲病逝，母亲改嫁。14 岁时，为追求艺术，安徒生只身来到首都哥本哈根。17 岁发表诗剧《阿尔芙索尔》，展露才华。

1835 年出版长篇小说《即兴诗人》，为他赢得国际声誉，这是他成人文学的代表作。他的作品《安徒生童话》已经被译为 150 多种语言，在全球各地发行和出版。

1875 年 8 月 4 日上午 11 时，安徒生因肝癌逝世于朋友的乡间别墅，享年 70 岁。

榜样档案

影响力：★★★★★

知名度：★★★★★

美誉度：★★★★★

每一个传奇背后，都隐藏着一个精彩的故事。

安徒生的爸爸是个鞋匠，很早就去世了，全家靠妈妈给人洗衣服维持生活。

在如此艰难困苦的岁月里，这个不幸的孩子却树立了远大的理想。

14 岁时，安徒生就告别了故乡和亲人，独自来到丹麦首都哥本哈根闯荡。

爸爸成了安徒生的玩伴

对于全世界的孩子们来说，1805 年 4 月 2 日是个了不起的日子。原来是伟大的童话作家安徒生诞生在丹麦富恩岛上一个名叫欧登塞小镇的一座破旧阁楼上。

富恩岛生活着不少贵族和地主，而安徒生的爸爸却只是一个背着皮鞋箱，在街上为人擦鞋和修鞋的穷鞋匠，妈妈是一个洗衣工。他家穷得十分“彻底”，当初他的父母结婚时，甚至连一张床也买不起，只好将别人遗弃的一幅放棺材的木架子和几块棺材板拿来，再用一些钉子钉上后，作为他们新婚的床铺。

安徒生出生后，他家的情况并没有任何改观，一家人的生活十分清苦。由于安徒生穿得又旧又破，贵族和地主们根本不让他们的孩子跟安徒生一起玩。偶尔在一起玩，又瘦又小的安徒生也成了富人家孩子欺侮的对象。

这样一来，安徒生只好一个人孤零零地在家里待着。

爸爸知道这一情况后，既气愤又难过，他抚摸着安徒生的头说：“孩子，别人不跟你玩，以后爸爸来陪你玩吧！”

从此以后，爸爸总是背着他的旧皮鞋箱，匆匆向那个破旧阁楼上的家赶去，为的是陪孩子多玩一会儿。

一堆玩具改变一生

然而，安徒生的爸爸为生活所迫，每天起早贪黑，他背着那个旧皮鞋箱到处找活干，根本抽不出时间陪孩子玩。这让爸爸感到内疚。

后来，爸爸想到一个好办法，因为他是一个心灵手巧的手艺人，所以就用修鞋剩下来的破碎皮子给安徒生做了一只小老鼠。安徒生看到活灵活现的小老

鼠，惊喜地叫了起来。几天后，爸爸又给安徒生做了一只小灰狗。此外，他还为儿子做了一些十分精巧的木偶玩具。看到这些模样非常可爱的玩具，安徒生再也不感到孤独了，还和它们成为亲密的小伙伴。

那时的生活虽苦，爸爸却依然幽默有趣，他常常会把修鞋时听来的故事讲给安徒生听。那个时候，安徒生最爱听爸爸讲《一千零一夜》里的故事。另外，丹麦喜剧作家荷尔堡的剧本，常让安徒生听得咯咯直笑，爸爸讲的莎士比亚的《哈姆雷特》《威尼斯商人》等戏剧，也是安徒生最爱听的故事。

有时候，爸爸也会带着小安徒生一起出行。这样一来，安徒生就有机会到街头观察埋头工作的手艺人、弯腰曲背的老乞丐，还有坐着马车横冲直撞的贵族等人的生活。这些生活经历，为他后来创作《卖火柴的小女孩》《丑小鸭》等著名的童话故事积累了素材。

安徒生的想象力越来越丰富，他请求爸爸给小木偶们做些衣服，爸爸就用破布、破皮子为小木偶做出一件件衣服来。木偶们穿上花花绿绿的衣服，变成了英俊的王子、美丽的公主、富有的贵族、街头流浪的穷苦孩子和令人生畏的幽灵。

安徒生已经记住了爸爸为他讲的许多故事，他就根据这些故事，排成了一幕一幕的木偶戏，奥登塞小镇的孩子们经常跑过来观看。爸爸充当了安徒生的艺术顾问，妈妈看着儿子的木偶戏则是一脸的笑容。

少年梦想是成为一名歌唱家

到了上学的年龄，爸爸将安徒生送进一所慈善学校读书。聪明的安徒生，一直是班里的优等生。

后来，拿破仑向东欧扩张，丹麦也卷入了这场可恶的战争。丹麦的经济迅速萧条，安徒生爸爸的修鞋生意也受到沉重打击，因忧愁和营养不良而得了一场大病，不久便去世了。这一年，安徒生只有 11 岁。

两年后，孤苦无依的妈妈改嫁给了一个远房亲戚，继父也是一名鞋匠。

少年时代的安徒生有一副美妙的歌喉，虽然没有受过正规教育，但演木偶戏给了安徒生很好的锻炼，他曾给有钱人家演唱，在奥登塞小有名气，被誉为“奥登塞的夜莺”。

14 岁的安徒生怀着对未来的向往，怀揣 10 块银元，只身来到首都哥本哈根闯荡，试图找到一条出路。最初，他在合唱团、剧院里跑龙套，稍后凭借诗歌与戏剧的才华初露锋芒。安徒生想到皇家剧院做一名歌唱家、舞蹈家或者是演员。

安徒生一度与皇家剧院建立了联系，离自己的理想近了一大步。

但是到了冬天，安徒生因为买不起衣服和鞋子，时常被冻感冒，频繁的咳嗽让他的嗓音变嘶哑了，他当歌唱演员的梦想就此破灭。

获得帮助，命运出现转机

1822 年，年仅 17 岁的安徒生，用半年的时间完成了悲剧《阿芙索尔》，在这之后，他又写了诗剧《维森堡大盗》。

《阿芙索尔》被一家文学刊物发表后，受到著名文艺评论家拉贝克教授的好评。为此，皇家剧院院长约纳斯·科林先生给了安徒生一笔奖学金，送他到斯莱厄尔瑟文法学校学习。

学习期间，安徒生住在校长迈斯利先生家里。迈斯利是一个好人，但他并不是一个教育天才的好老师，他不喜欢这个极度敏感的学生，他想尽办法试图让安徒生的性格更加坚强，却没有关注过安徒生的内心。

当时，安徒生比其他学生年长五六岁，他的个头高很多，大鼻子也很惹眼，但由于内心过于敏感，每当别人看他时，安徒生都感到非常不自在。

后来，皇家剧院院长约纳斯·科林先生认为，迈斯利校长无法教育好安徒生，于是把安徒生从学校接走，亲自担任起对安徒生的教育工作，为他单开小灶，最终帮助安徒生获得了哥本哈根大学的入学资格。在校期间，安徒生用不少时间进行创作，其中散文游记《行走之旅》和诗作《垂死的孩子》，先后发表在

著名文学期刊上。

童年的生活，还有爸爸为他所做的木偶玩具，都给安徒生的一生留下了不可磨灭的印象。

此后的岁月，安徒生开始为了孩子工作，每逢圣诞节，安徒生都会出版一本童话集作为礼物送给孩子们。

安徒生的童话，如今深受世界人民的喜爱，他已成为世界上最为著名的童话大师。

今天，安徒生曾经居住的茅草屋，早已成为世人参观瞻仰的著名景点。

人生，原本没有那么复杂

返璞归真，这是一个亲切的词汇。“璞”和“真”在一起时，我们就能够接近自然的智慧，童话就是这种智慧最好的表现。

人生，原本没有那么复杂。

一个穷鞋匠的孩子，11 岁时就失去了爸爸。然而，让这个孩子走向成功的引路人是他早逝的爸爸。爸爸虽穷，但他常在劳动之余抽时间陪儿子玩，为儿子做木偶玩具，为木偶玩具做衣服，以便于安徒生可以表演一场场木偶戏。这对于一个穷爸爸来说，他给安徒生童年的教育，显得很了不起。

一个生性敏感的孩子，穷爸爸通过陪孩子玩、为孩子做玩具等，让儿子的天性和才智得到释放和锻炼，从中获得很多欢乐。

看来，幸福远没有我们想象的那么复杂，在“返璞归真”中就能找到答案。

门捷列夫：终生努力，便成天才

——谁都会做梦，可门捷列夫的确太牛了！

门捷列夫（1834—1907），俄国科学家，发现并归纳元素周期律，依照原子量，制作出世界上第一张元素周期表，并据以预见了一些尚未发现的元素。

门捷列夫从小热爱劳动，喜爱大自然，学习勤奋。

他的名著《化学原理》被国际化学界公认为标准著作，前后重版八次，影响了一代又一代的化学家。1907年2月2日，这位享有世界盛誉的俄国化学家因心肌梗塞与世长辞。

联合国大会宣布2019年为国际化学元素周期表年，旨在纪念俄罗斯化学家门捷列夫在150年前发表元素周期表这一科学发展史上的重大成就。

影响力：★★★★★

知名度：★★★★★

美誉度：★★★★★

1907年2月，俄国首都彼得堡寒风凛冽，气温达到了零下20摄氏度左右。

街上出现了一支十分奇怪的送葬队伍，到处点着蒙着黑纱的灯笼，几万人的送葬队伍在街上缓慢地移动着。这支送葬队伍中既没有花圈，也没有遗像，而是由十几个学生扛着一块大木牌，上面画着好多方格，方格里写着“C”“O”“Fe”“Zn”“P”“S”等元素符号。

原来，这是为俄国著名的化学家门捷列夫举行的葬礼。木牌上画着的就是化学元素周期表，它似乎在向世人讲述着这位化学家一生对科学最主要的贡献。

记忆力超常的孩子

在俄国荒凉的西伯利亚平原上，有一个名叫托波尔斯克的小镇，1834 年 2 月 8 日，门捷列夫出生在那里。爸爸伊凡·巴夫罗维奇是这个偏僻小镇的中学校长。妈妈玛丽亚·德米特里民夫娜，是西伯利亚最早从事造纸和玻璃工业的老资本家的女儿。门捷列夫是他们的第 14 个孩子。

托波尔斯克小镇的夏天，总是匆匆而过。一年中的大部分季节，都被一眼望不到边的白雪覆盖。这个小镇更像是一头冬眠的北极熊，在寒风凛冽的日子里，街上不见人影，甚至连狗也不肯出来溜达。

在门捷列夫 4 个月大的时候，不幸便发生了，爸爸双目突然失明，只好辞掉中学校长一职外出就医。一家人的日子过得紧巴起来，全靠爸爸微不足道的退休金维持生活。不过，门捷列夫聪明活泼、记忆超常，这让爸爸感到些许欣慰。

有一次，还没有上学的门捷列夫听哥哥背诵课文，他听过一遍后就独自出去玩了，结果爸爸检查作业时，哥哥背诵一段后，就再也记不起来了，在一旁的门捷列夫就替哥哥朗声背诵了剩下的文章。

爸爸十分兴奋，摸着门捷列夫的头称赞地说：“儿子，你真棒！”

自此之后，爸爸十分注重对门捷列夫的启蒙教育。

孩子眼中的奇妙世界

日子一天天过去，经过几年的治疗，爸爸伊凡的视力恢复了一些，他能模糊地看到一些东西。也在那时，他和门捷列夫成了无话不谈的朋友。

有一天，爸爸指着窗外，亲切地对门捷列夫说：“儿子，你喜欢冬天吗？”

像小镇上的人们一样，门捷列夫并不喜欢这里的冬天，他说：“不，爸爸，我喜欢夏天。冬天除了雪什么都没有，而夏天除了雪什么都有呢。”

“不过，有一种方法让你在冬天也能感受到夏天。”爸爸向窗外眺望，若有

所悟地说，“没有阳光的夜晚，你的心灵也可以看到远方。现在，你的心灵同样可以看到生机盎然的夏天。孩子，你想象一下，眼前出现了茂密的丛林，不同形状的枝条和树叶，形状各异的野草，不同颜色的花朵，红的、黄的、紫的、蓝的等等。”

小门捷列夫的心思，仿佛被爸爸神奇的讲述带进了某个夏天。

“爸爸，您曾对我说过，音乐虽然只有7个音符，却能谱写出无数美妙的乐曲；只有10个阿拉伯数字，却能组成任何人们想象出来的最大数。你看在生活中，比如火炉、棉衣、面包、奶酪等等，它们都是由多少种简单的物质组成的呢？”突然，小门捷列夫醒过神来，他急切地问道。

曾作为小镇中学校长的爸爸还是能够回答儿子的问题。

“古希腊有个大哲学家叫泰勒，他打了个比喻说，就像尼罗河三角洲是从水中慢慢生成的一样，万事万物都是从水中诞生的，因此可以说，水是万物之源。”爸爸稍作深思后说。

“不对啊！爸爸，火炉要是由水组成的，它怎么能经得起火烤呢？”门捷列夫突然想起妈妈做饭所用到的工具，惊叫道。

“也是啊！古希腊哲学家赫拉克利特认为，火是万物的本原。”爸爸停顿了一下，突然他想起来了一个人。

“也不对啊，爸爸。万物要都是由火组成的，这冬天的冰雪如何能够存在呢？”门捷列夫皱了皱小眉头反问道。

“噢，对了！”这个时候，爸爸又想起了亚里士多德的四元素说。于是他底气十足地说：“古希腊著名学者亚里士多德认为水、火、土、气是构成世界万物的基本元素，此外，每种元素又由冷、热、燥、湿四种基本物性两两组合而成，例如土是冷与燥的组合，水是冷与湿的组合，火是热与燥的组合，气是热与湿的组合。于是，气遇土，湿与冷结合形成水。水加热，湿与热结合形成气。”

听到这一番话，门捷列夫还不能理解，也对此感到十分困惑。

“16世纪，还有个叫帕拉塞斯的人认为，万物是由盐、硫、汞三种元素以

不同的比例构成的，被称为三元素说。后来，英国人罗伯特·波义耳认为，组成万物的元素不是水、火、土、气之类的东西，而是用一般的化学方法不能再分解的物质。他还发现，把砂石和灰碱这两种物质熔融在一起，生成的是……"说到这里，爸爸故意停下来，望着门捷列夫。

"生成的是玻璃，妈妈玻璃厂里生产的那种玻璃。"这时，门捷列夫大声喊道。

从此，世界是由什么组成的就在门捷列夫的脑海中生根了，同时一个大大的梦想，也在他心中悄然扎根。

妈妈勇挑生活重担

玛丽亚是17个孩子的妈妈，丈夫伊凡微薄的退休金，的确难以维持一家人的生计。

这时，妈妈决定将全家搬到附近的一个村子里，在那里有哥哥濒临倒闭的小型玻璃工厂，玛丽亚决定接管经营，好让一大家人有口饭吃。

7岁时，门捷列夫就同哥哥一起考上了初中。

但当地农村规定儿童9岁才能入学，经玛丽亚与校方多次协商，校方最终同意让门捷列夫和哥哥一起来上学。不过校方规定，门捷列夫每门功课成绩必须达到80分，否则就得留级。然而，聪明活泼的门捷列夫从没有让妈妈失望过，他的成绩一直都很优秀。

生活难免会充满坎坷。在门捷列夫13岁时爸爸去世，祸不单行，14岁时妈妈的玻璃工厂也遭遇火灾而破产，门捷列夫只好跟随妈妈再次搬家。为了在绝境中生存，玛丽亚将出嫁年龄的女儿们嫁出去，让两个儿子外出谋生。

1849年春，15岁的门捷列夫中学毕业。为了让儿子上大学，妈妈这时做了个大胆的决定，她变卖了全部家产，带着小女儿和门捷列夫乘坐一辆四轮马车，在冰天雪地里长途跋涉两千多公里来到了莫斯科。经过一番周折，门捷列夫以优异的成绩被彼得堡师范学院物理系录取，并得到了政府特殊津贴。

勤奋好学的门捷列夫，只过了一年，就成为优等生。23岁时，被评为副教授。

美梦成真，青史留名

提起门捷列夫对元素周期律的发现，这里还有一个很有趣的故事。

早在 1865 年，英国化学家约翰·纽兰兹把当时已知的元素按原子量大小的顺序进行排列。经过一段时间的研究，他发现从任意一个元素算起，每到第八个元素就和第一个元素的性质相近。于是，他把元素的这种规律称为八音律。

但是当时对于各种元素的测量数据还是不足，因此这个排列只是一个初步的形式，并没有能够解开周期定律之谜。

于是，门捷列夫开始搜集每一个已知元素的性质和有关数据。他认为，如果能够以更准确的数据对已知元素来进行重新排列、测算的话，或许能够揭示出它们之间更为科学的排列规律。

然而，数月以来，门捷列夫夜以继日地工作都未能取得进展。

1869 年 2 月 17 日的清晨，门捷列夫疲惫地横躺在书房的沙发上，因为缺少睡眠，使他在不知不觉中睡着了。

在梦里，一张排列十分规律的元素周期表浮现在他的眼前。真是喜从天降，门捷列夫一下子清醒过来，就是这个梦，让他发现了伟大的元素周期表。

随后，门捷列夫制作了一些标有元素符号的卡片，他按照梦中的印象，反复调整卡片的次序，最终元素周期表排列成功了。

一位化学史上的天才，就这样发现了举世瞩目的元素周期律。

终生努力，便成天才

“什么是天才？终生努力，便成天才！”身为化学天才，在总结自己成长经历时，门捷列夫语重心长地说道。

歌德说：“天才就是勤奋。”

叔本华说：“天才就是忘我。”

的确，身为天才化学家门捷列夫，他的一生可以说是努力付出的一生。少年时，门捷列夫勤奋好学，成年后，他又忘我工作，最终发现了举世瞩目的元素周期律，正如《真心英雄》这首歌里所唱的：“不经历风雨怎能见彩虹。”

宝剑锋从磨砺出，梅花香自苦寒来。自古以来学有建树的人，都离不开一个“苦”字。

发明大王爱迪生曾说“天才是百分之一的灵感加上百分之九十九的汗水。”

这些，都是天才成长的必经之路。

法布尔：爸爸送的神秘生日礼物帮助他成长

——心无旁骛，一生只做一件事

让·亨利·卡西米尔·法布尔（1823—1915），法国著名的昆虫学家、动物行为学家、作家，被世人称为“昆虫界的荷马”、“昆虫界的维吉尔”。

他终生对植物、生物，特别是昆虫的生活，进行了深入细致的考察和研究，并将大量亲身观察所得写成著名的10卷本的《昆虫记》。如今，它成为全世界孩子们最喜爱阅读的作品之一。

影响力：★★★★★

知名度：★★★★★

美誉度：★★★★★

1823年12月22日，法布尔出生于法国南方阿委龙省鲁那格山区的一个古老村落——圣莱昂。

祖父母家住在离圣莱昂村不远的马拉瓦尔村，小时候，法布尔就是在那里度过的。

马拉瓦尔村给法布尔的童年留下了不可磨灭的记忆，那里有可爱的蝴蝶、淘气的蝈蝈，还有各种各样的昆虫，它们深深地吸引了法布尔。

法布尔，这个来自法国农村的孩子，在成长过程中到底经历了什么呢？

守在花丛旁的小昆虫迷

原来，马拉瓦尔村环境优美，村前有一条清澈的河流，周围的山上草木青翠，鸟语花香。

小法布尔算得上该村最优秀的居民，他是个十分活泼的孩子，兴趣广泛，时常跑到山间田野，小鸟、蚂蚁、蜘蛛、蜻蜓、蚱蜢都成了他的观察对象。

有一次，小法布尔去野外游玩，忽然从花丛中传来“轧织——轧织”的叫声。法布尔一下子被这种叫声吸引住了，到底是谁发出来的呢？它长什么样子呢？一个又一个疑问出现在法布尔的小脑袋瓜子里，他想要解开这个谜团。

一连三天，吃完饭后法布尔就静候在花丛旁，希望再听到那个神秘之物的叫声，并且看到它的身影。花丛中的“小歌唱家”终于耐不住寂寞，大胆地走出了那个护卫它的花丛。原来它是一只纺织娘（注：属于昆虫纲，直翅目，螽斯科。体绿色或褐色。头短而圆润，触角线状细长）。小法布尔精心地记下它的形状、外貌、动作及生活习性。这让法布尔从小就养成了善于观察的习惯。

有一年秋天，睡在祖母身边的法布尔，突然听见房屋旁边的荒草地里传来一阵“唧——唧”的虫鸣声。法布尔心想，这是一种什么虫子发出来的声音呢？是蟋蟀？法布尔侧耳再听，又觉得不是，因为它的鸣叫声比蟋蟀的声音大了一些，感觉还有些不同。那会是谁发出来的呢？

于是，法布尔就问祖母：“祖母，这是什么声音呀？”

祖母开始打瞌睡了，迷迷糊糊地答道：“睡吧，孩子，也许……是狼呢！”

看着祖母睡着了，法布尔就起来穿好鞋，推开门向那片草地走去。法布尔睁大眼睛，什么也没看见，他又用手去触摸草丛，想让那只发出“唧唧”叫声的昆虫跳出来。没想到他的手都被野草划破了，那只昆虫也没跳出来。

神秘的生日礼物——“动物挂图”

6岁时，爸爸安东尼奥把小法布尔接回撒·雷旺村。不过，法布尔在马拉

瓦尔村度过的那段岁月，却一直铭刻在他的心中。

看到小法布尔对动物特别是昆虫的兴趣越来越浓，过生日时，爸爸安东尼奥就给他买了一幅“动物挂图”和一本寓言集。法布尔喜出望外，他从来没有收到这么好的生日礼物，从此爱不释手，寓言集里精致的昆虫插图，让他对昆虫更加着迷了。

也是在这一年，法布尔到了上学年龄，爸爸安东尼奥就将法布尔送到圣莱昂村上小学。这是一所私塾学校，利卡尔先生是全校唯一的老师。学校只有一间教室，虽然简陋，但小法布尔在这儿过得非常愉快。

不仅如此，利卡尔先生还是一位动物爱好者，他在教室旁边的空房里饲养了鸽子、黄莺、鸡和蜜蜂，还有一只可爱的小刺猬。上课之余，法布尔便去照看这些可爱的小邻居。

走进田野间的大世界

有一次，法布尔在田野间游玩，他发现了一个黑喉鸲的巢，便取下了巢中青蓝色的鸟蛋，后来经过神父劝说，小法布尔才没有犯更大的错误，把鸟蛋放回原处。

爸爸安东尼奥发现儿子越来越喜欢昆虫和小动物，就常带小法布尔去田间原野散步，还从城里买回一个放大镜作为礼物送给儿子法布尔。

芒种是全家最忙的时节，要将田地里成熟的庄稼收割回来。不过，这时也是更容易发现昆虫行迹的时候。安东尼奥去田间收割作物时，便把小法布尔也带上了。法布尔在田间发现了许多有趣的事情，蚂蚱在枯草间跳来跳去，蜻蜓在农作物上飞来飞去，还有不知名的声音从草丛中发出。

有一次，法布尔在田间看见了一只死去的蚂蚱。不一会儿，有一只蚂蚁发现了它，这只蚂蚁在蚂蚱尸体周围巡视一番后离开了。没过多久，它带来了几十个伙伴，它们使出全身的力气，却没有搬动那只显得有些肥胖的大蚂蚱。这时蚂蚁们用触角相互交流，开了一个“会议”，一只蚂蚁独自离开了队伍，几

分钟后，它带来了上百只蚂蚁。

一群蚂蚁搬运着一只死去的大蚂蚱，热闹非凡。

法布尔被这一场景深深地迷住了，他趴在路边，掏出爸爸送给他的放大镜，一动不动地观察着蚂蚁搬运蚂蚱的“盛大”场景。从清晨到黄昏，人们发现小法布尔还在那里。

大伙对小法布尔的行为十分不解，还以为这个小男孩着了魔呢。

少年立志，想成为一名昆虫学家

法布尔9岁时，全家搬到罗德斯镇，爸爸在该镇以经营咖啡店为生，法布尔进入王立学院读书。

在学校期间，法布尔学习了拉丁语和希腊语，喜欢读古罗马诗人维尔基里斯的诗。此外，王立学院组织的郊游活动最让法布尔记忆犹新。

在郊游活动中，小法布尔看到朱顶雀在刺柏上筑巢孵蛋，白杨树上躲着的小金花虫、蜗牛……仿佛又让他回到了童年时和祖父母生活的那个乡村。

15岁时，法布尔以公费生第一名的成绩考进亚威农师范学校，在学校住宿。由于上课内容太枯燥，他常用自习时间出去观察胡蜂的螫针、植物的果实或写诗。在雷·撒格尔的山丘上，第一次看到神圣粪金龟努力推粪的情景，内心感动不已。第二年，法布尔因成绩退步受到了老师的批评。于是，法布尔发愤图强，在两年内修完三年的学分，剩下的一年自由学习博物学，拉丁语和希腊语。

从师范学校毕业后，法布尔成为卡尔班托拉小学的老师。

19岁那年，法布尔带学生上野外测量实习课时，一名学生跑过来告诉他发现了一种蜂子，由学生处得知是涂壁花蜂。也由于这种蜂而开始阅读布兰歇、雷欧米尔等人著的《节肢动物志》，从此倾心“昆虫学”。

于是，法布尔立志做一个为虫子写历史的人。

法布尔专心研究昆虫，经常跋山涉水，到山区或者人迹罕至的地方去研究昆虫的生活状态。经过数十年的笔耕，法布尔终于完成了举世瞩目的十卷本《昆

虫记》，成了一代伟大的昆虫学家和科普作家。

兴趣为你架起通向成功的桥梁

法国文学界曾以“昆虫世界的维吉尔”为称号，推荐法布尔为诺贝尔文学奖候选人。然而，还没等到诺贝尔委员会委员们做出最后决议，法布尔便辞世了，享年 92 岁。

法布尔能够取得如此大的成就，与他童年时爸爸的家教有关。当爸爸发现法布尔迷上了观察昆虫和小动物时，他就常带小法布尔去田野里散步，还从城里买回来一个放大镜送给他，以示对儿子的兴趣表示支持。一部妙趣横生的《昆虫记》，是法布尔的童年、少年时代对观察昆虫、植物和小动物兴趣的集中体现。

在成长的道路上，提升自己兴趣的广度和深度，再有意志力的加持，就会为你架起一座走向成功与幸福的桥梁。

海门斯："破坏大王"也能获得诺贝尔奖

——会魔法的爸爸，让儿子从小立志当科学家

柯奈尔·海门斯（1892—1968），比利时生理学家、医学家，他的主要贡献在于对呼吸、血液等方面的研究。

中学毕业后考入根特大学药理系，1920年获根特大学的医学博士学位。与他父亲一起研究主动脉弓区和颈动脉窦区的外周感受器在血压和呼吸调节中的作用。1933年出版《颈动脉窦》。1935年发表了《呼吸中枢》专论。

柯奈尔·海门斯因发现了颈动脉窦和主动脉弓调节呼吸的作用，于1938年获诺贝尔生理学及医学奖。

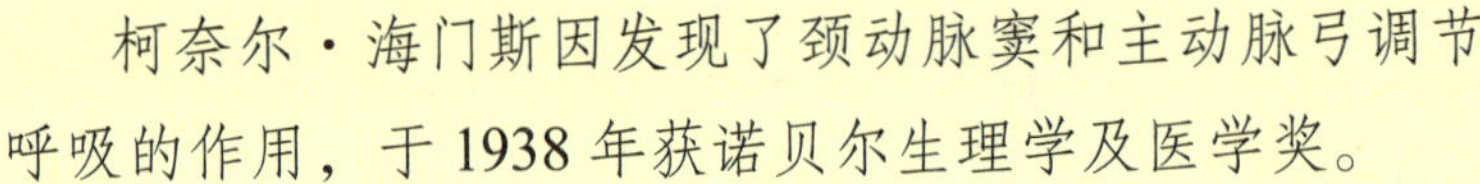

影响力：★★★★★

知名度：★★★★★

美誉度：★★★★★

小时候，海门斯是远近闻名的"破坏大王"，谁也不曾想到若干年后，他却将诺贝尔奖收入囊中！

那么，柯奈尔·海门斯在少时年华究竟是一个怎样的男孩呢？

儿子是个"破坏大王"

柯奈尔·海门斯出生于比利时著名民族文化名城——根特城。

根特，源于干达语"汇合"之意，由于利斯河和斯凯尔河在此交汇而得名。

这里有闻名欧洲的根特大学。保存完好的古城有近400座老建筑。爸爸吉恩·海门斯是根特大学的著名教授，也是根特大学药物动力学与治疗学研究的创始人，他对小海门斯影响深远。

海门斯小时候是个远近闻名的“破坏大王”，父母给他买的玩具，不到3天时间就被他拆得七零八落了。从客厅到卧室到处都是海门斯拆卸的各种零件，活像个零件小卖铺。

最开始时，玩具一旦被拆开就彻底报废了。小海门斯没有能力把它们装上，父母也因为工作太忙而抽不出时间修理。

父母不是每天都能给他买玩具，当把所有玩具都弄坏没的玩的时候令海门斯非常苦恼。但没过多久，小海门斯就开始研究他的玩具了，每拆一个零部件，他都会认真观察并记录，拆完之后再按照记录的次序一一装回去，结果让海门斯喜出望外，大部分的玩具都被他修理好了。

这时，小海门斯的玩性更大了。海门斯对玩具的兴趣已经不大，他狂热地迷上了拆装器具，这样一来，家中许多物品都未能幸免。不过情况和以前完全不同的是，小海门斯拆装物品大部分重装都十分顺利。小海门斯的动手能力也在实践中大有长进。

对这个有“破坏大王”之称的儿子，爸爸吉恩非但不生气，而是乐意接受。只要一有空闲，吉恩就会带着小海门斯一起散步、做游戏。这时，吉恩总会在和儿子的聊天中把一些简单易懂的科学道理讲给儿子听。

小海门斯每次都能从爸爸的讲解中获得乐趣，并解开了心中的许多谜团。在海门斯的眼中，爸爸就像一个会魔法的人，什么问题都能帮他解决。

小男孩立志当科学家

因家住在海边，吉恩一家人常去海里游泳和划船。

随着海门斯一天天长大，他变得更喜欢向爸爸问问题了。这时，吉恩总会以通俗易懂的语言向儿子解答。小海门斯越来越崇拜身为教授的爸爸，为爸爸

的学问所折服，海门斯心中暗暗立志，长大后也要当一名像爸爸一样的科学家。

有一天，小海门斯和吉恩走在黄昏的林荫道上。

这时，小海门斯突然问道："爸爸，为什么鱼能在水里生活，而我们人却不能呢？"

吉恩答道："人和鱼的呼吸器官不一样，呼吸方法也不同。人在水中无法呼吸到氧气，而鱼可以用鳃呼吸，水从鱼口流入，从鳃盖后的开口流出，水中的氧气通过鳃片上的血管进入鱼的血液中，血液中的二氧化碳也通过鳃片上的血管排入水里。虽然人可以潜水，但在下水之前必须深呼吸。这里面学问很多，你要不断学习才会懂得。"

小海门斯思考了一会儿说："前天，我和伙伴去游泳，潜入水下后我的心脏跳得十分厉害，胸口也感到憋闷，这难道是因为血液中的氧气在减少，二氧化碳在增多的缘故吗？"

吉恩点头称是，微笑着对小海门斯说："科学是一个充满乐趣的神秘世界，等待人类去开拓，会有常人难以体验到的美妙呢。

爸爸吉恩的话，让小海门斯浮想联翩，他决定去体验这种美妙。

一只大公鸡意外死去

从此，小海门斯就迷上潜水了。呼吸之谜一直困扰着他。

小海门斯总在捉摸，人在潜水前要大吸一口气，但动物则不会这样做，那它们又该怎么办呢？海门斯翻阅很多书籍，查了不少资料，始终没能得到满意的答案。

每逢夏天，小海门斯就约伙伴们到海中潜水玩。由于他年龄最小，所以总是落在后面。可他心中不服气，索性一个人在游泳池中练习潜水。

有一天，小海门斯趁父母外出，他抓起家中的一只大公鸡当成自己的伙伴，用绳子绑住鸡腿，溜进了游泳池。只见他手抱着鸡，连做几次深呼吸，之后在浅水区蹲下：1 秒、2 秒、3 秒……86 秒，实在憋不住了，冒出水面。看着大

公鸡在振动翅膀，他不服气地一次接一次地比赛，没想到最后鸡断了气。

这样的做法很不科学，最终小海门斯也没明白大公鸡是如何在潜水中保护自己身体的。海门斯很难过，也深感歉意。他认识到自己的错误，如果他知识丰富，准备充分，论证严谨的话，也许大公鸡就不会成为牺牲品。

海门斯主动向父母认了错，从这以后，他学习更认真，做事也更加注重科学性了。

最终，柯奈尔·海门斯这个曾经的“破坏大王”，成长为一位著名的科学家。

“破坏”不是罪

另一位诺贝尔物理学奖获得者玻尔，他小时候也像海门斯一样是一个“破坏大王”。

小时候，玻尔也非常喜欢拆卸家里的东西。有一次，玻尔把家里一辆有点问题的自行车给拆了，当他想把自行车装上的时候，却再也装不回去了。

在玻尔一筹莫展时，爸爸则在一旁鼓励他说：“玻尔，你很棒！我相信你能装回去的。”正是爸爸这一句鼓励的话，让玻尔有了新的动力，他静下心来，仔细回想了拆卸的过程，最终把自行车重新装了回去，并且修好了原有的小毛病。

有“破坏大王”之称也不是什么坏事，当你找到“破坏欲望”背后那颗“好奇心”的时候，也许就学会了动手解决问题，进而促进求知欲。这时它就成了优点。这些就是海门斯、玻尔等人获得巨大成功的秘密。

第二章

他们小时候充满好奇心

儿童心理学认为：好奇心，是每一个儿童在成长的过程中，遇到新奇的事物或处在新的外界条件下所产生的注意、操作、提问的心理倾向。

好奇心强烈的孩子,在后来的人生里更易成为创新性的人才。

这样看来，好奇心是促使我们去探索的内在动机，好奇心是促进我们快乐学习的神秘配方，好奇心也是我们求取知识的无限动力。

那么，就请保持这份好奇心吧，它是上天送给你最好的成长礼物。

乔布斯：苹果教父的另类童年

——原来是养父，让他成为一名完美主义者

史蒂夫·乔布斯(1955—2011)，美国发明家、企业家、美国苹果公司联合创办人、前行政总裁。他陪伴了苹果公司数十年的起落与复兴，先后领导和推出了麦金塔计算机、iMac、iPod、iPhone 等风靡全球亿万人的电子产品，深刻地改变了现代通讯、娱乐乃至生活的方式。乔布斯是改变世界的天才，他把电脑和电子产品变得简约化、平民化，让曾经昂贵稀罕的电子产品变为现代人生活的一部分。

1976 年，乔布斯与斯蒂夫·沃兹尼亚克成立苹果公司。

1997 年，成为《时代周刊》的封面人物；同年被评为最成功的管理者，是声名显赫的“计算机狂人”。

2007 年，史蒂夫·乔布斯被《财富》杂志评为了年度最有影响力的商人。

2009 年，被财富杂志评选为这十年美国最佳行政总裁，同年当选《时代周刊》年度风云人物之一。

榜样档案

影响力：★★★★★

知名度：★★★★★

美誉度：★★★★★

“活着就是为了改变世界，难道还有其他原因吗？”

在美国，苹果教父乔布斯已成为创造力、想象力和持续创新的终极标志。

这就不得不说，乔布斯的一切成就，都与他追求完美的理念息息相关。

乔布斯追求完美的理念来自他的父亲——保罗·乔布斯。

弃婴的完整家庭

第二次世界大战结束后，胸肌发达的引擎机械师保罗·乔布斯从海岸警卫队退伍，然后回到旧金山定居。

在旧金山，保罗·乔布斯开始与一个名叫克拉拉·哈戈皮安的女孩约会，并很快结婚。像许多经历过战争的人一样，他们渴望安定下来，生儿育女，过上平静的生活。他们没有多少钱，所以搬到威斯康星州与保罗的父母一起居住了几年然后又去了印第安纳州，在那里，他找到了一份工作——在国际收割机公司做机械师。业余时间他靠买下旧车，修好后再出售，从中赚取差价，这为保罗带来了不菲的收入。最后，他辞去了工作，成为一名全职的二手车商人。

但这对夫妻的生活中却始终缺少一样东西，他们婚后 9 年，仍没有孩子。当他们再次回到旧金山时，命运改变了。正逢此时，旧金山一家餐馆打工的男子与酒吧女管理员生下一名男婴，他们纠结了一阵子，最终决定将男婴遗弃，幸好被保罗和克拉拉夫妇领养。

这名男婴，就是后来大名鼎鼎的史蒂夫·乔布斯。

在乔布斯两岁时，养父母又领养了一个女儿，起名叫帕蒂。这时的乔布斯，不仅有了爸爸妈妈，还有了一个妹妹。这个曾被遗弃的男婴很幸运，现在他生活在一个完整的家庭里。

不搞恶作剧，生活像少了什么

小时候，乔布斯特别调皮好动，一刻也不闲着。一早起来，不搞恶作剧，就像生活少了什么似的。

有一次，乔布斯同几个小伙伴一起跑到医院，在那里看到一瓶杀虫剂，乔

布斯拿起杀虫剂左看右看，就对杀虫剂的味道来了兴趣，只见他拧开瓶盖用舌头舔了舔，很快那种像烧纸的味道在小乔布斯的嘴里散开来了，令他无法忍受，就扔掉瓶子朝水龙头奔去。这下，让他受了点苦头。

还有一次，乔布斯拾到了妹妹帕蒂的发夹，他并没有还给帕蒂，而是把这个发夹塞到了电源插座之内，使它发出难闻的橡胶气味，以此来满足他的好奇心。当然这举动非常危险，会危及生命。

乔布斯还时常在邻居家的摄像机前面做鬼脸，骑在三轮车上朝街坊四邻大喊大叫。这样的性格让乔布斯在小伙伴中显得格格不入。有一次，乔布斯与一位同学参加过同一支游泳队，这也是乔布斯参加的为数不多的体育运动队。“如果比赛失败了，乔布斯会一个人跑到一边哭泣。乔布斯和别的同学也很难相处，乔布斯就是这样一个家伙”这位同学说。

除了孤单而敏感的性格，乔布斯还争强好胜，这就是淘气又个性独特的小乔布斯。

从父亲买房中获得的启示

乔布斯 5 岁那年，跟随养父母搬到旧金山湾区的山景城，那里的生活开销相对低廉些。随后，父母购买了一栋房子。

乔布斯对这栋房子有着良好的印象，在他们周围的房子一样，都是由房地产开发商约瑟夫·埃奇勒建造的。埃奇勒的公司在加州的各个地区兴建了超过 11 000 幢房屋。受到弗兰克·劳埃德·赖特“适合美国普通百姓的简单现代之家”这一设想的启发，埃奇勒建造了廉价房屋，这些房子的特点是：落地的玻璃墙、开放式的平面设计、无遮蔽的梁柱构造、水泥地面以及大量的滑动玻璃门。

乔布斯说：“埃奇勒做得很好，他造的房子整洁漂亮，价格低廉，质量上乘。他们把干净的设计和简洁的品位带给了低收入人群。房子本身有很棒的小特色，比如地板下安装了热辐射供暖设施。我们的小时候，铺上地毯，躺在上面，温暖舒适”。

让乔布斯终生难忘的，还是爸爸追求完美的工作态度和个性，这在他们居住的房子上也有体现。这所位于山景城房子的院落，那些栅栏的柜子和木板都是当年保罗亲手制作的，保罗把柜子和栅栏背面制作的像正面一样完美，尽管背面人们看不到它们。这是保罗给儿子上的最为重要的一堂人生课。

后来，乔布斯回忆说："父亲喜欢追求完美，即使别人看不到的地方他也会很关心。"

对电子元件充满好奇心

保罗·乔布斯想把自己对机械和汽车的热爱传递给儿子。有一天，保罗把小乔布斯带到车库，用手在桌子上划出一块地方，对儿子说："从现在开始，这就是你的工作台了。"

乔布斯特别喜欢跟爸爸待在一起，即使他对修汽车没什么兴趣，乔布斯还记得爸爸对手工技艺的专注，还有他认真工作时的神情。"我认为爸爸的设计感很好，"他说，"因为他什么都会做。要是家里缺个柜子，他就会做一个。给家里搭栅栏的时候，他给我一把锤子，这样我就能跟他一起干活儿了。"

爸爸继续着翻新、出售二手车的事业，并在车库里贴满了他喜爱的汽车的图片。他会向儿子介绍车辆设计的细节——线条、排气孔、铬合金以及座椅的装饰。通过汽车，爸爸让乔布斯第一次接触到了电子设备，他很快迷恋上了那些电子设备，经常观看爸爸修理汽车电子设备时的一举一动。

居住在乔布斯家周围的一些工程师，每逢周末，会到他家车库做些维修工作，他们对这个孤单、好学而又勤劳的男孩十分欣赏。有一次，一位工程师从实验室带回来一个碳晶麦克风给乔布斯玩。乔布斯对这个麦克风非常着迷，于是问了许多细致的问题。工程师对这个打破砂锅问到底的男孩印象颇好，把麦克风送给了乔布斯。

乔布斯得到麦克风后如获至宝。不过，乔布斯的快乐远不止这些，他还有两箱废弃不用的电子元器件，每次放学后就把这些元器件拆开来看个究竟。他

walden

喜欢摆弄各种电子元器件，用光电线路和反射镜搞恶作剧，同朋友设计盗打长途电话的电子装置。在电脑公司工作的时候又不安分地梦想当个企业家。因为这种“多动”的性格，乔布斯不断地去尝试新鲜事物，并且每次都抱有极大的热情。

不断惹麻烦的恶作剧大王

在乔布斯上小学之前，妈妈就已经教他阅读了。但这反而造成了一些麻烦。在学校的最初几年他感到很无聊，所以就不断惹麻烦，来给他的生活增加乐趣。

小乔布斯那时的心思，是要把他的天赋全用在搞恶作剧上，惹麻烦成了家常便饭，他甚至拉一个伙伴一起制作小海报，上面竟赫然写着“带宠物上学日”。同学们看到这张海报后，在那里交头接耳。

第二天，蒙塔·洛马小学的教室、操场上，到处都是孩子们带来的宠物猫和宠物狗。这真是太疯狂了，学校里到处都是狗追咬猫的场面。老师们都快被这件事情气疯了。

比这过火的事情还在后面。乔布斯使出他的手段，骗其他孩子告诉他们的自行车锁密码。然后，乔布斯跑到自行车寄存处，将所有知道密码的锁都调换位置。结果，直到那天傍晚，也没有一个人骑走他们的自行车。

到乔布斯三年级的时候，恶作剧开始有了一点危险的成分。有一次，他在瑟曼夫人的椅子下面点燃了炸药，她吓得都抽搐了。

不过，拯救乔布斯的人很快出现了，那就是伊莫金·希尔老师。

伊莫金·希尔老师成为了乔布斯生命中的圣人之一，如果不是她，乔布斯很有可能去坐牢。在乔布斯读四年级时，伊莫金·希尔正好代乔布斯的课，她很快发现这个恶作剧大王有很高的天赋。伊莫金·希尔采取的办法就是鼓励乔布斯，并且将鼓励落到实处。后来，乔布斯回忆说：“有一天放学之后，她给我一本练习簿，上面全是数学题，她说要我带回家将这些题目解出来。我心想：

‘你不是疯了吗？’这时，她拿出一只超大的棒棒糖，在我看来地球也不过这么大吧。她说：“你把题目做完之后，如果大多数题都做对了，我就把这个给你，再送你5美元。我用了不到两天就做完交给她了。”

几个月之后，乔布斯不想再要奖励了。因为这时的乔布斯已感到内心得到充分的尊重了，他要回报这种尊重。于是，乔布斯开始做好孩子，每天用心学习。回忆当年，乔布斯说：“我只想学习和让她高兴。”

后来，乔布斯创办了自己的公司。经历过一场又一场的风雨之后，乔布斯成了苹果教父，也成了举世瞩目的人生奇迹。

如何追求完美

在乔布斯的一生中，他从父亲保罗身上继承了把柜子和栅栏的背面制作好也十分重要的理念，并不断发扬它。

乔布斯曾向Mac的系统工程师拉里·凯尼恩抱怨说开机启动时间太长。“如果能救人一命的话，你愿意想办法让启动时间缩短10秒钟吗？”乔布斯问道。凯尼恩连忙点头说：“大概可以的。”紧接着，乔布斯走到一块白板前开始演示：“如果有500万人使用Mac，而每天开机时间要多用10秒，那加起来每年就要浪费3亿分钟，而3亿分钟相当于至少100个人的终身寿命。”

这番话让凯尼恩十分震惊，几周之后，他成功将电脑的启动时间缩短了28秒。这就是极致的完美主义。

亚里士多德：好奇心陪伴着他的成长

——天才的成功，也需要勤学好问

亚里士多德（公元前384—前322），古希腊人，世界古代史上伟大的哲学家、科学家和教育家之一。他总结了泰勒斯以来古希腊哲学发展的结果，首次将哲学和其它科学区别开来，开创了逻辑学、伦理学、政治学和生物学等学科的独立研究。他的学术思想对西方文化、科学的发展产生了巨大的影响。

亚里士多德，他是柏拉图的学生，也是亚历山大大帝的老师。

公元前335年，他在雅典办了一所叫吕克昂的学校，被称为逍遥学派。

作为一位百科全书式的科学家，他几乎对每个学科都做出了贡献。他的写作涉及伦理学、形而上学、心理学、经济学、神学、政治学、修辞学、自然科学、教育学、诗歌、风俗，以及雅典法律。亚里士多德的著作构建了西方哲学的第一个广泛系统，包含道德、美学、逻辑和科学、政治和玄学。

影响力：★★★★★

知名度：★★★★★

美誉度：★★★★★

“聪明人总是与另外的聪明人意见相符；傻瓜常常既不赞同聪明人，也不赞同笨蛋。与此相似，直线总能与直线相吻合；而曲线既不彼此吻合，更不会同直线相一致。”

这句直入人心的话语，出自亚里士多德之口。

马克思曾称亚里士多德是古希腊哲学家中最博学的人物，他的一生，著作多达170部。如何才能取得如此骄人的成绩呢？这还要从他儿时的生活志向说起。

他母亲临终前嘱咐说："你父亲虽然留下一些遗产，但不能靠这些，你应该自己学会养活自己，像你父亲那样靠自己的知识和本领，赢得世人的尊敬。"

打破砂锅问到底

亚里士多德出生于一个贵族家庭。他的爸爸是马其顿国的一个宫廷御医，也是当时很著名的一位内科医生，因为他医术高明深得国王的信任。同时，他还是一位天文爱好者，对地理知识也很精通，在工作之余，爸爸便将这些知识传授给亚里士多德。妈妈出身贵族，是一位才女，尤其喜爱文学和艺术，她还是一位诗歌爱好者，对戏剧也有研究。在亚里士多德很小的时候，妈妈便将这些知识传授给了他。

童年时期的亚里士多德就非常好学，3岁就能认识很多字，5岁时便记住了很多东西。

亚里士多德天资聪颖，让爸爸看到了希望，他期待儿子成才后能给家族带来荣耀，因此对儿子的教育十分重视。

7岁时，爸爸妈妈就为亚里士多德请来第一位家庭教师，教授儿子文法、修辞学、写作和音乐。

一段时间过去后，这位老师吃惊地发现所讲的许多知识，亚里士多德都已知道了。不过棘手的事情还在后面，这个7岁的孩子，常常提出稀奇古怪的问题，并且一定要打破砂锅问到底，让老师十分难回答。

"先生，鱼在水里游泳，它们呼吸空气吗？"有一次，亚里士多德问老师。

"鱼在水里不呼吸空气"老师低头沉思了片刻说。

"那鱼不呼吸空气，不就会憋死了吗？"亚里士多德又问。

"它们呼吸空气吧"老师只好回答说。

"但是，我一直在观察水，没有发现里面有空气呀？"亚里士多德追问道。

“啊，这个……”老师不知如何应对。

“鱼要是呼吸空气，它离了水到地面上，又怎么会很快就死掉了呢？”亚里士多德并不准备就此放过。

老师无言以对，呆在讲台上。

又过去了半年时间，这位老师已经快被亚里士多德打破砂锅问到底的劲头折磨疯了。这让老师很害怕再给亚里士多德上课，最后，这位老师只好向亚里士多德的爸爸提出辞职。

为了儿子的前程，爸爸考虑再三，随后为亚里士多德聘请了政治学、物理学和数学方面的老师。两年时间很快过去了，这位老师发现他再也没有什么知识，可以教给眼前这个10岁左右的男孩，老师便向亚里士多德的爸爸提出了辞职申请。

在这之后，爸爸又为亚里士多德聘请哲学、天文学和的历史学方面的老师。

这一次，亚里士多德被眼前这位老师教授的哲学和天文学知识深深吸引住了。3年之后，亚里士多德已对哲学和天文学有了不少了解，甚至让那位当地名师也无法再传授给他新的知识，也辞职走人了。

外出求学，崭露头角

亚里士多德少时的时光，便是在不断更换老师的经历中度过。

不过，他从每一位老师身上都获得了新的知识，亚里士多德的视野也渐渐开阔了。

后来，亚里士多德对父亲的医学也产生了兴趣。然而，亚里士多德学习医学并不是继承父业给其他人治病，他是为探讨当时的一门新科学“生物学”，他通过医学初步建立起了生物学体系。同时，这位少年还对自然兴趣深厚。

小时候的亚里士多德兴趣十分广泛，但最钟情的学问还是哲学和数学。

公元前367年，亚里士多德年满17岁，也正是在这一年，他决定去雅典求学，为实现梦想而来到当时全欧洲最高学府阿卡德米学园，拜大哲学家柏拉图为师。

当亚里士多德到达雅典时，柏拉图却不在阿卡德米学园，这位大师去了西

西里岛考察。令人大感意外的是，当柏拉图从西西里岛考察回来后，亚里士多德却与他发生了冲突。

贵族出身的亚里士多德，举止文雅，态度平和，但他是一个喜欢光鲜衣服，穿着时尚的少年。虽然，柏拉图也是贵族出身，但他一向穿着朴素，认为一个探讨哲学的人不应该如此注重自己的打扮。当从西西里岛访问回来后，发现阿卡德米学园竟然招来一个“花花公子”，这让他感到十分恼火。

随后，柏拉图让人把亚里士多德叫来对他说：“对于一个以追求真理为毕生追求的希腊青年来说，不应该把注意力放在打扮自己上。一个热爱哲学的人，应该把热情放在关注自己的心灵上。”

“先生，我从小已经养成了这样的生活习惯。过于朴素的衣服，会让我心情变得低落。我仍然希望保持自己原有的生活习惯，那样我会有一个好心情。”面对他心目中偶像的责问，亚里士多德也坦诚地说出了自己的感受。

“好吧，先这样。”看着眼前这名才华横溢的少年，柏拉图沉思了片刻说。

如此一来，亚里士多德依旧衣着时尚亮丽。

没过多久，亚里士多德便以自己的才华和曾经刻苦学习所获得的知识在阿卡德米学园这个欧洲最高学府初露锋芒，能够同老师柏拉图在一起探讨深奥无比的哲学问题。

有的时候，亚里士多德甚至与老师发生激烈的争论。这样的事情发生过很多次，因而引起了学园中其他同学的不满。

“你这样做，是在尊重自己的老师吗？”有学友站出来指责亚里士多德说。

亚里士多德感到委屈，因为他是在和老师探讨真理。

“吾爱吾师，吾更爱真理。”面对这样的责问，亚里士多德回答道。

这句名言流传至今。

成为一代伟大的学者

柏拉图对于亚里士多德的表现，看在眼里，记在心里，柏拉图并没有因为亚里士多德多次顶撞过他就迁怒于这位天才少年。

事实上，柏拉图十分欣赏亚里士多德。在柏拉图的教导下，亚里士多德一步步走进了深奥无比的哲学王国。

不过，亚里士多德并没有完全走老师所走过的路，他比他的恩师柏拉图更注重实践。为建一个自己的图书室，亚里士多德花大量时间收集各种图书资料。在学园期间，亚里士多德就在思想上跟老师有了分歧。

当柏拉图到了晚年，他们师生间的分歧更大了，经常发生争吵。

他曾经隐喻的说过，智慧不会随柏拉图一起死亡。

足见当时辩论的激烈程度。柏拉图依然是大家的风范，他曾对着众弟子十分欣慰地说："我的学园可分作两部分，一般学生构成它的躯体，亚里士多德则代表了它的头脑。"

不仅如此，柏拉图还在公共场所，指着亚里士多德说："他是学园之灵魂。"

这就是亚里士多德和柏拉图，一个感动了无数代人的故事。

亚里士多德跟随柏拉图学习长达20年，直到柏拉图逝世。

后来，亚里士多德仿效他的老师柏拉图所办学园在雅典创办了哲学学校吕克昂。亚里士多德非常重视教学方法，他反对刻板的教学方式。于是他经常带着学生在学园的林荫大道上一边散步、一边讲授哲学。

最终，亚里士多德成为古代世界最博学的人，一生研究涉及逻辑学、哲学等几十个学科，著作达170多部。

打破砂锅问到底也是一种能力

孩提时代，打破砂锅问到底是一种能力的表现。

在每个人的成长过程当中，只有提出问题才能更好地解决问题。

事实上，有打破砂锅问到底的精神，才能引发人们去解决问题。历史上的那些发明，往往是有人提出了问题，才为那些发明创造打开了思路，贡献了活力，并为解决问题打开了一扇窗。

可以说，提出问题与打破砂锅问到底的精神是发明创造的接生婆。

对于学习而言，打破砂锅问到底是一种科学的学习态度，是主动学习的表现。也是小朋友们开启心智，发挥想象力的重要方法。因此，一定要保持。

伽利略：在琴声中成长的大科学家

——爸爸与儿子的困惑—天才的出路在哪里？

伽利略（1564—1642），意大利天文学家、物理学家和工程师、欧洲近代自然科学的创始人。

伽利略研究了速度和加速度、重力和自由落体、相对论、惯性、弹丸运动原理，并从事应用科学和技术的研究，描述了摆的性质和“静水平衡”，发明了温度计和各种军事罗盘，并使用用于天体科学观测的望远镜。他对观测天文学的贡献包括使用望远镜对金星相位的确认，发现木星的四颗最大卫星，土星环的观测和黑子的分析。

伽利略为牛顿理论体系的建立奠定了基础，他还被誉为“现代观测天文学之父”“现代物理学之父”“科学之父”以及“现代科学之父”。著有《星际使者》《关于托勒玫和以及哥白尼两大世界体系的对话》等。

影响力：★★★★★

知名度：★★★★★

美誉度：★★★★★

伽利略的爸爸文森西奥·伽利莱是当时一位著名的音乐家和数学家，著有《古代音乐和现代音乐对话》一书，他的学术研究对伽利略产生过很大的影响。

伽利略小时候时常陶醉在爸爸的音乐声中。

孩提时代，伽利略喜爱绘画和机械制作，制作过风车和船只模型等，这给他带来了很多欢乐时光。

在爸爸琴声中成长的伽利略

1564 年 2 月 15 日，在意大利北部城市比萨，文森西奥·伽利莱先生一家气氛紧张。妻子茱丽娅·安曼娜蒂即将临盆，正痛苦地呻吟着。

夜幕降临时，随着“哇”的一声啼哭，一名男婴降生了，文森西奥喜出望外，他兴奋地说道：“就叫他伽利略吧！”

“伽利略？对啊，这也是你的叔祖父，那个著名医生的名字？这个孩子将来会振兴我们的家族”茱丽娅露出了幸福的神情说道。

此时，人们还不知道这个叫伽利略的男婴在未来的日子里影响了近代科学史。文森西奥·伽利莱是一个才子，精通数学和音乐，对希腊文和拉丁文也颇有造诣。因此，伽利略从小受到了良好的家庭教育。

爸爸文森西奥对伽利略有着潜移默化的影响。文森西奥一直致力于音乐改革，成为当时音乐改革派中的重要领导者之一，为此，他还写了一本书，名为《古代音乐和现代音乐对话》。

文森西奥对音乐的痴迷也深深影响了儿子。每当他弹琴时，优美的琴声总会吸引小伽利略的注意力，他静静地在一旁倾听。在伽利略的央求下，爸爸开始教他弹琴，学到了不少音乐知识。

由于爸爸是一位数学家，这也影响了伽利略。当其他孩子做游戏时，伽利略往往趴在桌子上演算数学。看到儿子如此聪明好学，对数学符号很感兴趣，文森西奥十分欣慰，于是就教儿子学习数学。

童年时，伽利略心灵手巧，还有不少爱好，喜爱绘画和机械制作，做风车和船只模型，伽利略也在这样的游戏时光中获得了不少欢乐。

家族日渐败落，爸爸与儿子陷入困惑

伽利略的家族虽然也是贵族，但到了文森西奥这一代时家族已经日渐败落了。

文森西奥虽是个才子，出版过几本牧歌和器乐作品，然而美妙的音乐却不

能给一家人带来生活来源。对于他的数学才华，同样也不能养活一家人。

在伽利略的童年，爸爸文森西奥为了维持一家人的生活，不能将自己的精力再放在音乐和数学上，而是在佛罗伦萨开了一间卖毛织品的小商铺。那段日子文森西奥十分郁闷，但经商能够养活一家人。

看到伽利略日渐喜爱数学和音乐，文森西奥回想起自己的经历就会感到某种不安，他希望儿子将来去从事收入丰厚的职业，而不是成为饥寒交迫的数学家或音乐家。思量再三，12 岁时，爸爸将伽利略送进了佛罗伦萨附近的瓦洛姆布洛萨修道院。在这所学校里，伽利略可以专心学习哲学和宗教，曾经有段时间，小伽利略很想将来当一个献身教会的传教士。

当文森西奥得知儿子想成为一名传教士时，就把伽利略接回了家，劝说他去学医。伽利略的叔祖父曾是一名有名的医生，爸爸也希望伽利略未来能成为一名医生，因为这是一个收入丰厚的职业。

学了医学专业，却钟情于数学

伽利略并不喜欢医学，但还是按父亲的愿望，在 17 岁那年，他以优异的成绩考上了比萨大学医学专业。

比萨大学是一所拥有古老传统的、与时俱进的大学。正当伽利略苦恼时，他很快发现这所学校的图书馆藏书丰富，他就振作了起来。对医学兴趣不大的伽利略，并没有用多少时间上专业课，而是将大部分时间都用在泡图书馆上，在那里钻研物理学、数学和哲学。

伽利略成了图书馆的常客，他发现古希腊智慧无比精妙，在阿基米德那里，伽利略寻找到了一盏明灯，阿基米德把数学方法与实验方法结合在一起，这种做法给予了伽利略巨大的启示。

后来，伽利略在比萨大学里遇到了数学家玛窦·利奇，在课外他听利奇教授讲解欧几里得几何学和阿基米德静力学，正是这些应用数学和力学，把伽利略带进了一个神奇的数学和物理学世界里。

爸爸在伽利略童年的时候给予了他对于数学和音乐的热情，如今利奇教授却给予了他数学精神之美，让伽利略长久地翱翔在数学王国里，不分昼夜，不

知疲倦。

伽利略也从爸爸那里继承了他的怀疑精神，伽利略经常以怀疑的眼光去看待那些自古以来被人们奉为经典的学说。

在比萨大学的学习也并不顺利，由于家庭经济困难，伽利略一度退学，回到爸爸的商铺当了一名店员。但经过刻苦自学，四年之后，年仅 25 岁的伽利略，这位曾在母校未毕业的年轻人竟然被比萨大学聘为了数学教授。

有一次下冰雹，伽利略看见大小不同的冰雹都是在同时间一起落在地上，根据常识判断，它们是从同一高度一起下坠的，但是按照亚里士多德的学说，较大的冰雹应该先落到地面上，接着小冰雹才掉落下来。这件事情引起了伽利略的沉思，他认为重的物体下落速度并不比轻的物体快。

1590 年，伽利略在比萨斜塔上公开做了举世闻名的自由落体实验，推翻了亚里士多德“物体下落速度和质量成比例”的学说，纠正了这个持续了 1 900 多年之久的错误结论。

这一年，伽利略年仅 26 岁。

“真理不在蒙满灰尘的权威著作中，而是在宇宙、自然界这部伟大的无字书中”伽利略深有感触地说道。

“兴趣”是一把克服重重困难的利剑

伽利略从小受到了良好的家庭教育。爸爸这些音乐天赋、数学能力的基因都遗传给了伽利略，兴趣广泛的伽利略还喜爱绘画和制作模型。

然而，成长并不是一帆风顺的事情。

一个积极进取的人，也会在成长过程中遇到这样或那样的困难。不能进行自己感兴趣的学业给伽利略带来了困惑，而家训告诉他，所感兴趣的专业又很难谋生，这也是父亲文森西奥一生的困惑。父子二人，左右为难。

因家庭经济困难，天才少年伽利略被迫退学。最终，仍是兴趣给予伽利略前进的动力让他克服了各种困难。25 岁时，他被聘为大学数学教授。26 岁时，伽利略在比萨斜塔上完成了举世闻名的“两个铁球同时落地”的实验。

看来，在我们的人生当中，“兴趣”是一把克服重重困难的利剑。

牛顿：好奇心让“差等生”成为科学巨人

——制作课很重要，点石成金让笨人变聪明

艾萨克·牛顿（1643—1727），人类历史上出现过的最有影响的科学家，同时也是物理学家、数学家和哲学家，百科全书式的“全才”，著有《自然哲学的数学原理》《光学》，被誉为“近代物理学之父”。

1687年7月5日，牛顿的不朽著作《自然哲学的数学原理》里用数学方法阐明了宇宙中最基本的法则——万有引力定律和三大运动定律。

牛顿发现了太阳光的颜色构成，还制作了世界上第一架反射望远镜。

牛顿还和莱布尼茨各自独立发明了微积分。他总共留下了50多万字的炼金术手稿和100多万字的神学手稿。

在经济学上，牛顿提出金本位制度。

榜样档案

影响力：★★★★★

知名度：★★★★★

美誉度：★★★★★

伟大科学家与差等生会有什么联系呢，这真是一个意味深长的故事。

被人们称为人类历史上最伟大的科学家，被誉为“近代物理学之父”的牛顿，小时候曾是一名差等生。

这究竟是怎么回事呢？那就来阅读一下牛顿小时候的故事吧。

不幸的童年生活

1642 年的圣诞节前夜，在英格兰林肯郡沃尔斯索浦的一个农民家庭里，牛顿诞生了。在牛顿出生前不久，他的爸爸就去世了。牛顿是一个早产儿，出生时只有 3 磅重。接生婆和他的亲人都担心他能否活下来。谁也没有料到这个看起来微不足道的小生命会成为一位震古烁今的科学巨人，并且活到了 85 岁的高龄。

牛顿 3 岁时，妈妈迫于生存压力改嫁史密斯牧师。据说，史密斯牧师是一个面慈心狠的人，他时常虐待牛顿。后来几个弟妹的相继出世，史密斯牧师再也容不下这个早产儿了，把牛顿留在外祖母身边抚养。

这段不幸的生活经历，让小牛顿养成了孤僻的性格，常常一个人待在某个地方，在那里默默发呆。

11 岁时，史密斯牧师去世，牛顿才回到了妈妈身边。

老师眼中的“差等生”

大约从 5 岁开始，牛顿被送到公立学校读书。

不过从牛顿后来的表现来看，少年时的牛顿并不是神童，他资质平常，成绩一般，各门功课都差得一塌糊涂。这个身形瘦小的差等生，很快成了同学们欺负的对象。老师也不喜欢牛顿，换一句话说，他被老师给遗忘了，没对牛顿的学习给过任何建议。

好在牛顿充满好奇心，喜欢看一些介绍各种简单机械模型制作方法的读物，并从中受到启发，自己动手制作奇奇怪怪的小玩意，例如木钟、餐桌、折叠式提灯等。

有一天，药剂师的房子附近正建造风车，小牛顿把风车的机械原理摸透后，自己也制造了一架小风车，然而推动风车转动的不是风，而是动物。他将老鼠

绑在一架有轮子的踏车上，在轮子的前面放上一粒玉米，正好是老鼠可望不可及的位置。老鼠想吃玉米，就不断地跑动，于是轮子不停地转动。

牛顿还制造了一个小水钟，每天清晨，小水钟会自动滴水到他的脸上，催他起床。

那段时光，好奇心伴随着这个男孩成长，让他从中获得快乐。

舅舅让他重返校园

有一次牛顿精心模仿磨房里的风车制作了一个模型，他得意地拿到班上炫耀。这是他难得开心的时刻，但班上一位成绩很好的学生反问牛顿："你做的风车很牛吧，那你说说看，这辆风车是如何转动起来的？"

老实的牛顿立时目瞪口呆。顿时，在场的同学们一哄而上，在嬉笑中将风车扔在地上踩个稀烂。

这令牛顿伤心不已，事后他跑到小河边痛哭了一场，瞧着缓缓流淌的河水，他逐渐平静下来，这才认识到，只有好奇心而没有把基本知识学会，遭到别人嘲笑是迟早的事，从此决心发奋读书。

自此之后，牛顿的各门功课都是全优，所有老师和同学们都对他刮目相看。

后来迫于生活，妈妈让牛顿停学在家务农，赡养家庭。但牛顿一有空闲便埋头读书。每次，妈妈叫他同佣人一道去市场，以便熟悉做交易的技巧时，他便请求佣人一个人上街，自己则躲在树丛后看书。

有一次，牛顿的舅舅起了疑心，就跟踪牛顿上市镇去，结果舅舅发现牛顿正躺在草地上正在全神贯注地钻研一道数学题。牛顿好学的精神感动了舅舅，于是舅舅劝服了妈妈同意让牛顿复学。

牛顿又重新回到了学校，对这个难得的机会，他一分钟也不敢浪费，如饥似渴地汲取着书本上的营养。

得到名师指点迷津

19 岁的牛顿由中学校长推荐,以“减费生”的身份考入剑桥大学三一学院。在剑桥，牛顿开始了一生当中最具有价值的科学活动。

由于在剑桥就读的学生大部分是贵族子女，这些人对牛顿这个不起眼的乡下人丝毫不感兴趣。牛顿由此显得不那么合群，偌大的校园总是看到他独自散步、独自思考和学习的身影。

一个偶然的机会，牛顿接触到笛卡尔的《哲学原理》，也因此认识了对笛卡尔学说有着共同兴趣的伊萨克·巴罗教授，他是当年欧洲一流的学者，也是一位奇才，18 岁便在剑桥大学三一学院获得博士学位。巴罗教授在同牛顿的交流中，被他敏锐的观察力和深刻的理解力折服，认为牛顿是一个不可多得的人才。在巴罗教授的悉心指导下，牛顿开始学习伽利略的《运动和重力学说》、开普勒的《星球运动定律》、还有笛卡尔在代数和几何方面的创作，牛顿对每一个方面都很有兴趣。

除此之外，牛顿还自学了欧几里得、沃利斯、巴罗等许多数学家的著作。其中，对牛顿影响最大的要数笛卡尔的《几何学》和沃利斯的《无穷算术》。

刻苦学习期间，严重的鼠疫席卷了英国，牛顿返回家乡躲避这场鼠疫，家乡安静的环境使牛顿的思想自由翱翔，在那段时光里他取得了三大成就：微积分、万有引力、光学分析的思想。这时的他年仅 23 岁。

这里,还有两个小故事。一次,他边读书,边煮鸡蛋,等他揭开锅想吃鸡蛋时,却发现锅里是一只怀表。还有一次，他请朋友吃饭，当饭菜准备好时，牛顿突然想到一个问题，便独自进了内室，朋友等了他好久还是不见他出来，于是朋友就自己动手把那份鸡全吃了，骨头留在盘子上，不辞而别。等牛顿想起，走出内室后，发现盘子里的鸡骨头，以为自己已经吃过了，便转身又进了内室继续研究他的问题。

正是牛顿能够随时静下心来，忘却周围世事，全身心投入到科学研究中去，

才让他有了一个又一个科学史上的重要发现。

这个早产儿，后来又被养父遗弃的苦孩子，因他执着于梦想，辛勤耕耘，最终成为一位科学巨人。

沉思默想的力量

1666年夏天，那只历史上最著名的苹果从牛顿家的果园里掉了下来，“是地球的吸引力吗？为什么苹果落下来，而月亮却一直绕着地球转呢？……”这些问题让牛顿陷入沉思。终于，他发现了对人类具有划时代意义的万有引力。

喜爱沉思默想的人，也是充满好奇心的人。可以说善于沉思默想是牛顿的人生取得成功的最重要的因素之一，当然其他科学家也不会例外。

此外，牛顿说：“聪明人之所以不会成功，是由于他们缺乏坚韧的毅力。”

这句话也揭开了牛顿的成功秘诀。牛顿之所以被誉为“近代物理学之父”，正是因为他有坚韧的毅力。

阿基米德：他找到了自己人生的支点

——让梦想的星光，成为你人生的支点

阿基米德（公元前287—公元前212年），古希腊哲学家、数学家、物理学家。出生于西西里岛的叙拉古。阿基米德是深入研究数学与力学的伟大学者，享有“力学之父”的美称。阿基米德流传于世的数学著作有10余种，多为希腊文手稿。

他被数学界公认为古往今来全世界最伟大的五位数学家之一。（其他四位是几何学创始人欧几里得、微积分创始人莱布尼兹、牛顿和近代数学巨匠高斯。）

又被物理学界和科技史学界公认为古往今来全世界最伟大的三位科学家之一，（其他两位是牛顿和爱因斯坦。）

据记载他住在亚历山大里亚时期发明了阿基米德式螺旋抽水机，今天在埃及仍旧使用着。

影响力：★★★★★

知名度：★★★★★

美誉度：★★★★★

“给我一个支点，我就可以撬动地球。”

听到这句话的时候，是不是全身都起鸡皮疙瘩了呢？没错，这句气势非凡的话，出自古希腊大数学家、物理学家阿基米德之口。它是一句掷地有声的名言，同时也很科学，因为它充分说明了杠杆的作用。

现在，就让我们领略这个成长的故事，走进阿基米德的时代吧。

聪明好学，充满好奇心的孩子

约公元前287年，阿基米德诞生于西西里岛的叙拉古。

他的家庭可以说是一个书香世家，爸爸菲迪阿斯很有才学，是一位天文学家兼数学家。据说，菲迪阿斯研究了一辈子地球、太阳和月亮的关系，他还发明了简单的仪器，计算过太阳和月球的距离。正是因为这个缘故，菲迪阿斯希望儿子也成为一个有智慧的人，让阿基米德将来成就一番事业，流芳千古。

从小受爸爸影响，阿基米德对数学很着迷。不仅如此，阿基米德还非常喜欢听大人们讲故事，那时听得最多的是《伊索寓言》，还有气势恢宏、精妙绝伦的《荷马史诗》，总让阿基米德沉醉其中。随着阿基米德一天天长大，他的想象力也越来越丰富。

通过学习，阿基米德的知识面逐渐扩大。这时候，阿基米德喜欢听别人辩论一些复杂的问题。听得多了，阿基米德有时也会同他人辩论某个问题。这样的经历，让他体验到了许多同年龄伙伴们没有体验过的那种欢乐。

后来，阿基米德成了叙拉古城学校里的优秀生，他熟读经书，对世间万物都充满好奇心，对什么都想知道个究竟。他还喜欢上了制作课，亲手制作了不少玩具。

时光飞逝，阿基米德从一个无忧无虑的孩子成长为一个聪慧的少年。

为了梦想，11岁远渡重洋求学

在阿基米德出生的时候，当时古希腊的辉煌文化已经开始由盛转衰，经济、文化中心也逐渐转移到埃及的亚历山大城，那里学者云集，举凡文学、数学、天文学和医学的研究都很发达。

这个时期，几何学大师欧几里得也住在亚历山大城，在那里研究学问、传道授业解惑。

因此，亚历山大城是当时的学术中心。

少时的阿基米德心怀远大梦想，十分向往去那里留学。菲迪阿斯也很开明，但埃及的亚历山大城远在千里之外，经过一番思想斗争后，他决定满足儿子的心愿，送儿子去亚历山大城求学。

11 岁那年，阿基米德乘船横渡地中海，去了闻名于世界的学术中心亚历山大里亚学习，开启了他伟大的人生之旅。

当阿基米德到达亚历山大城时，遗憾的是欧几里得已经过世，他未能拜会到这位几何学大师。幸运的是，阿基米德遇到了欧几里得的学生——著名的数学家、天文学家柯农，并成为他的学生，这也是阿基米德人生的重要转折点。

阿基米德向柯农学习数学、天文学、哲学和物理学等知识。可以说，阿基米德在亚历山大学习和研究期间度过了他一生中最愉快的一段时光。

他和同伴们在海滩上演算数学题

数学课，是阿基米德的最爱。那个时候，他经常和同学们一起画几何图形，推导公式，反复进行演算。

他们常常遇到难题，而画图和演算需要大量的纸张，在当时的古希腊并没有发明造纸术，人们是用昂贵的羊皮和莎草当纸张记录文字。因此，用纸张来演算数学题是一件不可能的事情。

这样一来，阿基米德常常为找不到写字的地方而犯愁。平时人们会用树枝在地面上进行画图和演算，可一旦遇到干旱的季节，树枝很难在坚硬的地面上留下清晰的字迹和线条。用木炭可以解决这个问题，不过进行一番演算后，地面就会弄得很脏。

有一天，阿基米德去海边散步，清新的海风让他的心情顿时舒畅起来。阿基米德在海滩上走着，忽然，他低下头看见了一个贝壳，他顺手捡起了贝壳，一丝灵感冲进了他的心间，阿基米德便在海滩上演算起来，直到夜幕降临才回去。

“我找到了一个永远也用不完的纸张。”阿基米德回到学校后对同学说。

“那是什么呢？”同学们急切地问。

“那就是海滩，只需要一个贝壳，它就能让你画出你心中想象的任何图形”阿基米德说。

第二天清晨，阿基米德带着好友来到海滩，他们拾起贝壳在那片海滩上画起图形，做起了演算。从那以后，一群少年经常来海滩演算数学公式和习题。

天空、大海、沙滩、灵感、数学交织在一起，给予人美妙的感觉。阿基米德后来发现的许多几何学原理、物理学定理和公式就是从海滩上的演算起步的。

一个关于杠杆定律的故事

在埃及建造金字塔的时候，奴隶们就利用杠杆把沉重的巨石往上撬，用汲水吊杆从井里取水等。但是，杠杆为什么能做到这一点呢？在阿基米德发现杠杆原理之前，是没有人能够解释的。

后来，阿基米德经过反复地观察、实验和计算，终于确立了杠杆的平衡定律就是“力臂和力（重量）成反比例。”

“给我一个支点，我就能撬动地球！”阿基米德曾经说过这样的豪言壮语。

“你说的话听上去真奇怪，我想没有人相信它是真的！”叙拉古国王听说后并不相信他所说的话，就叫来阿基米德对他说。

在一旁的阿基米德忙向国王解释了杠杆的特性。

“到哪里去找一个支点，把地球撬起来呢？”国王说。

“这样的支点是没有的”阿基米德回答说。

“那么，要叫人相信力学的神力就不可能了？”国王说。

“不，你误会了，陛下，我能够给你举出别的例子”阿基米德说。

“你在说大话吧！你且替我推动一样重的东西——一艘大船，看你讲的话是不是事实”国王仍旧不相信地说。

当时叙拉古国王正遇到一个难题，就是他替埃及王造了一艘很大的船。船

造好后，动员了叙拉古全城的人，也没法把它推下水。

“好吧，我替你来设法推这一艘船吧。”阿基米德说。

于是，阿基米德就利用杠杆和滑轮原理，设计、制造了一套巧妙的机械。把一切都准备好后，阿基米德请国王前来观看大船下水。他将一根粗绳的末端交给国王，让国王轻轻拉动一下。谁知，那艘大船慢慢移动起来，顺利地滑到了水里。国王和大臣们见证了这一奇迹后，都惊奇不已！

于是，国王信服了阿基米德，并向全国发出布告：“从此以后，无论阿基米德讲什么，大家都要相信他。”

用知识解决现实生活问题

大家都听说过“学以致用”这句话，它讲了学习的目的，讲了如何使学到的死知识变成活知识。所以，用学到的知识解决现实生活问题很重要。

阿基米德在亚历山大城求学期间，他经常到尼罗河畔散步，在久旱不雨的季节，他看到农民吃力地一桶一桶地把水从尼罗河中提上来浇灌干裂的田地，一天下来后让他们不疲惫不堪。如何能让农民不那么辛苦呢？阿基米德一直在思考这个问题。后来经过多次试验，阿基米德便制造了一种螺旋提水器，通过螺杆的旋转把水从河里取上来，省了农民很多工时，免去很多辛苦。

螺旋提水器一直沿用至今，让无数人的生活从中受益。

第三章

他们小时候充满幻想

爱幻想，爱未来，才能在成长的道路上引出你的洪荒之力。

曾经幻想过又为此而努力，那时的你一定充满青春活力。信息时代，青春年少，拥有幻想，你也就拥有了构筑未来的能力。

事实上，你的幻想能量有多强大，你的想象力就有多丰富，它们将成就你光彩的未来。

身处当下时代热潮中，幻想和想象力这两项能力既有相似之处也有相异之处，它们都是让你成为创造性人才必不可缺的能力。

让我们走近名人小时候，去看看他们丰富的想象力吧！

马尔克斯：《百年孤独》只为寻找童年记忆

——拉丁美洲魔幻现实主义文学的代表人物

加西亚·马尔克斯（1927—2014），哥伦比亚著名作家、记者和社会活动家，拉丁美洲魔幻现实主义文学的代表人物，20世纪最有影响力的作家之一，1982年诺贝尔文学奖得主。

作为一个天才小说家，他赢得了广泛赞誉。马尔克斯将现实主义与幻想结合起来，创造了一部风云变幻的哥伦比亚和整个南美大陆的神话般的历史。代表作有《百年孤独》（1967年）《霍乱时期的爱情》（1985年）。

影响力：★★★★★

知名度：★★★★★

美誉度：★★★★★

位于哥伦比亚北部阿拉卡塔卡小镇里的童年宅院，那里虽然偏远，但对作家加西亚·马尔克斯来说，却让他很着魔。

“这座宅院每一个角落都死过人，都有难以忘怀的往事。每天下午6点钟后，人就不能在宅院里随意走动了。那真是一个恐怖而又神奇的世界。常常可以听到莫名其妙的喃喃私语”多年以后，马尔克斯回忆说。

可见童年的经历对这位作家有多大的影响。1967年出版的马尔克斯的代表作《百年孤独》，它是一部只为寻找童年记忆的作品，已经被译成四十多种语言，全球销量超过5000万册。

阿拉卡塔卡小镇上的男孩

有人说，马尔克斯用他的文学作品重新定义了拉美文学，定义了文学本身。

在全世界读者眼中，马尔克斯是一位令人惊叹的艺术家、人类历史上最无争议的诺贝尔文学奖获得者、攀登了魔幻现实主义巅峰、创造了纯文学畅销的奇迹，同时，他还是一位顶尖的幽默风趣的写作者……

对广大读者来说，了解这位作家的故事，探求他的成长，只有追索到他的童年。

“前往阿拉卡塔卡的那一趟旅程，真正令我领悟到，童年的一切都具有文学价值”成年后，马尔克斯再次回到他出生的阿拉卡塔卡小镇，这次旅行让他彻底顿悟，原来他的童年生活、家族往事都是他天马行空魔幻现实主义的起源和写作题材。

8 岁之前，马尔克斯生活在阿拉卡塔卡小镇上，被外祖父母带大。在当地他家宅院十分气派，但又显得有点儿阴森，只因这个院落里的大多数房间都空着。那段时光对这个男孩来说很幸运。他的外祖父是一名退伍军人，曾当过上校，为人善良，但性格倔强，思想激进，在哥伦比亚内战时期他曾以骁勇善战而小有名气。幼年的马尔克斯和外祖父走在阿拉卡塔卡小镇的街道上或者穿过香蕉园去圣玛尔塔雪山下的溪流里洗澡的时候，听外祖父讲述关于战争的奇闻逸事。

当外祖父独自忙事情的时候，小马尔克斯也不会闲着，他会向小伙伴们讲外祖父的故事，讲他在战斗中如何英勇杀敌。

与外祖父有所不同，外祖母博古通今，她相信在他们生活的小镇上有各种各样的阴魂。身为一名传统的哥伦比亚老太太，她向外孙讲过不计其数的当地神话和灵异故事，这些故事既有趣又有点吓人。

小孩子躺着的时候，如果门前有出殡的队伍经过，要赶快叫小孩坐起来，以免小孩跟着门口的死人一起去了。要特别注意，不能让黑色的蝴蝶飞进家里，那样的话家里将会死人。如果飞来了金龟子，表示会有客人来。不要让盐撒在

地上，那样会带来厄运。如果听到某种从来没有听过的怪声，那就是巫婆进到家里了。如果闻到某种硫磺味，就是附近有妖怪……

凡此种种，记录下外祖母的话就是一本故事书。

在巴兰基亚的阅读时光

在外祖母的影响下，7 岁时，马尔克斯翻看了几页《一千零一夜》，从此便爱不释手。8 岁时，外祖父因病去世，这位上校的传奇故事从此戛然而止，这对小男孩打击巨大。马尔克斯后来回忆的时候说，自此，他的生活再也没有遇到什么有趣的事情了。

父亲是马尔克斯见过读书最多和最杂的人，他也很有趣。每当日子过得计无所出时，父亲就独自躲到书房埋头读书。1936 年，为了一家人的生计，从小自学成才考取行医执照的父亲决定去大城市开一家药店。这样一来，年仅 11 岁的马尔克斯就跟随父母来到巴兰基亚市，开始了新的生活。在巴兰基亚马尔克斯变得不愿同人交往，在那里没有伙伴再像过去那样听他讲外祖父的故事，他平日里只愿躲在宿舍读书。

在这段时间，马尔克斯广泛阅读了大量课外书籍。正是书籍中的光明，驱除了他心中的压抑和阴暗，他如饥似渴地阅读了作家威廉·福克纳的作品，还有海明威的小说《老人与海》、卡夫卡的《变形记》。《变形记》小说开头写道："一天早上，格里高尔·萨姆沙从不安的睡梦中醒来，发现自己躺在床上变成了只巨大的大甲虫。"这个悟性极高的孩子忽然明白原来小说可以这样写。

从那以后，马尔克斯认定自己也能成为一名作家。马尔克斯视福克纳为导师，曾坦言他深受福克纳的影响。也是从那时起，马尔克斯痛下决心，要在文学上开创一片属于自己的天地。

也是这段疯狂阅读的时光，让马尔克斯不再害怕孤独，而是喜爱孤独，从而能在孤独中汲取文学的养分。

自从接触到《老人与海》，他就喜欢上了海明威，以至于多年以后，马尔

克斯走在巴黎街道上偶遇海明威，当时他虽然害羞，但隔街对海明威喊了一声“大师”！

带着梦想外出求学

外祖父去世后，马尔克斯家的生活日渐陷入窘迫。身为家中 12 个孩子中的长子，年仅 13 岁的马尔克斯迁居首都波哥大。父亲不放心儿子，就为他写了多封举荐信去参加教育部主办的全国考试，好让儿子争取到一份奖学金。中学期间，马尔克斯学习成绩很优异，他阅读了大量文学书籍，对这次考试他充满信心。

然而，令这位少年始料未及的是，两座城市环境有天壤之别。临行前那天，马尔克斯怀揣 200 比索，身穿一件带坎肩的黑外套，头戴宽檐帽子，手拉一个装满衣服和文学书籍的大箱子，独自坐上了离家的小艇。最初，沿着莫哈纳河航行到马甘格镇，然后又航行了一个星期，马尔克斯抵达了波多萨尔加市。马尔克斯在这段旅途中遇到几个中途上船的年轻人，其中也有同他一样出门寻求奖学金的，还有的是过完假期返校的学生。

几个年轻人，在这只小艇上一路欣赏沿途大自然美妙风景。当清晨来临，夕阳西下，热带雨林在渐渐清楚又慢慢沉入的阴影下，他们一边看着时不时出现的鳄鱼、草鹭、鹦鹉、貘、巨松鼠、长尾猴等动物，一边倾听着船上的音乐声。那一刻，马尔克斯疲惫的心灵获得了极大的满足，在这之前只有文学作品，曾给予过他这样的感受。

终于抵达波多萨尔加市，马尔克斯就只好改乘火车前往波哥大。1947 年，马尔克斯考入波哥大学学习法律，在这个追梦者看来，法学的本质是最接近文学的。

从此以后，这个年轻人蓄起了长发，留起了短髭，每到周末他都会和朋友们在公寓里闲聊，探讨诗歌，谈论文学。在波哥大学读书之余，马尔克斯也开始了自己的小说创作之路。

后因时局动荡，马尔克斯中途辍学，随后进入《观察家报》任记者，并逐渐走上文学创作道路。

1965 年开始创作《百年孤独》，1967 年小说出版后被誉为杰作，短时间内被翻译成多种文字并饮誉全球，奠定了他在文坛上的地位。

活着只是为了讲述

“要么写作，要么去死。”

早在青年时代，马尔克斯就像战士一样立下了这样的誓言。对于马尔克斯来说，他的人生，活着只是为了讲述。

1952 年 3 月初，25 岁的作家马尔克斯同母亲一道去老家变卖外祖父母的宅院。这次故乡之行激发了他继续旅行的欲望，他要寻根，要回到外祖父母的出生地去。因为早在他出生前 19 年，也就是 1908 年 10 月 19 日，他外祖父与一个朋友的决斗，即改变了这个家族的生活轨迹，从而也预先决定了他本人的人生命运和文学命运。

萦绕于马尔克斯脑际很多年后，他终于写出了《百年孤独》一书。是的，对于一位作家来说，活着只是为了讲述。

爱迪生：好奇心让“低能儿”成为发明大王

——被学校开除的淘气包，却是妈妈眼中的天才

爱迪生(1847—1931)，出生于美国俄亥俄州米兰镇，逝世于美国新泽西州西奥兰治。世界著名的发明家、物理学家、企业家，被誉为“世界发明大王”。

拥有众多知名重要的发明专利超过2000项，为人类的文明和进步作出了巨大贡献。

爱迪生是人类历史上第一个利用大量生产原则和电气工程研究的实验室来进行从事发明专利而对世界产生深远影响的人。他发明的留声机、电影摄影机和电灯对世界有极大影响。在美国，爱迪生名下拥有1093项专利，而他在英国、法国、德国等地的专利数累计超过1500项。

爱迪生同时也是一位伟大的企业家，1879年爱迪生创办了“爱迪生电力照明公司”。

影响力：★★★★★

知名度：★★★★★

美誉度：★★★★★

一个大雪纷飞的夜晚，爱迪生的妈妈南希突然生病，爸爸急忙请来医生。医生说：“她得了急性阑尾炎，需要开刀做手术。”

那时候只有油灯没有电灯，油灯的光线很暗，一不小心就会开错刀。爱迪生突然想起一个好办法，他把家里所有的油灯全都端了出来，再把一面镜子放

在油灯的后面，让医生顺利做完了手术。

“孩子，你是用你的智慧和聪明救了你的妈妈！”医生感叹地说。

“妈妈，我要制造一个晚上的太阳。”爱迪生拉着妈妈的手说。

“低能儿”爱迪生只上了3个月的学就被劝退，但在他的人生词典里，却有四个非常关键的字：爱动脑筋。

调皮孩子被野蜂狠狠“教训”

爱迪生出生于美国俄亥俄州米兰镇的一个农民家庭，家境较为贫困。妈妈南希是苏格兰人的后裔，曾当过小学教师。

爱迪生从小就对世界充满好奇，见到谁都不厌其烦地问为什么，并且他的问题并不好回答。

有一次，爱迪生问爸爸塞缪尔：“你看，为什么刮风时树枝会动啊？”

塞缪尔回答：“孩子，我不知道。”

爱迪生接着说：“爸爸，你为什么不知道啊？”

有一年春天，爱迪生听到一个小朋友说，村庄不远处的一条河里有蝌蚪，这个消息令他无比兴奋，他手舞足蹈地跑过去看，却一不小心掉进了河里，幸好被路人救了上来。

没过多久，爱迪生在村庄旁边的树林里玩，一只野蜂在那里飞来飞去，好奇的爱迪生就追着寻找那只野蜂，很快就发现树枝上有一个大野蜂窝。

虽然只有4岁，但爱迪生还是听说过野蜂的厉害。然而，一个探究蜂窝里有何奥秘的想法还是占了上风。便找来一根树枝把野蜂窝捅了下来，只听“嗡”的一声，结果片刻之间，野蜂向爱迪生涌来。

这一下子，爱迪生被野蜂“教训”惨了，被蜇得一个星期都睁不开眼睛。

小男孩想当“鸡妈妈”

爱迪生5岁时发生了一件怪事，有几天时间吃过晚饭之后，塞缪尔和南希就不见他的踪影，夫妻俩都觉得蹊跷，孩子去哪儿了呢？带着这个问题，他们最后在仓

库里找到了爱迪生，只见他正蹲在鸡窝上，聚精会神地学着鸡妈妈在孵小鸡。

塞缪尔大吼道：“小东西，趴在那儿干什么，你就不怕脏吗？”

爱迪生用手指了一下屁股下面的鸡蛋，示意爸爸小声点：“爸爸，你没看到我正在孵小鸡吗？”

塞缪尔伸手去拉儿子：“赶紧起来吧，你又不是母鸡，孵小鸡干什么呢？”

爱迪生一看势头不好，大喊道：“爸爸，我就要像母鸡一样孵小鸡嘛！”

一向理解儿子的南希开口了，她一边拉住生气要打爱迪生的丈夫，一边温和地劝解说：“好孩子，你这样是孵不出小鸡的。你知道吗？母鸡孵小鸡是从白天到夜晚，一刻也不离开，还要孵 20 多天才行！”

听到妈妈这么说，爱迪生觉得有道理，才从鸡窝上起身，可他蹲在一旁好久以至于都动不了身子了，原来是他的双腿早就麻木不听使唤了。

老师把爱迪生赶出教室

塞缪尔算不上一个好商人，他经营的屋瓦生意血本无归后，一家人只好搬到密歇根州格拉蒂奥特堡定居。不幸的事情接二连三，爱迪生又在这时染上猩红热病，一个多月后才见好转。

8 岁时，父母决定送爱迪生上学。有意思的是，塞缪尔在格拉蒂奥特堡找了个遍，发现这里只有一所学校，并且全校只有一个班级，恩格尔先生是该校唯一的老师，他既是校长又是多门课程的代课老师。

在这个偏远的地方，塞缪尔又身无分文，无法将爱迪生送到城市贵族子弟学校上学，无奈之下他只好让爱迪生去这所学校上学。

不幸的是，身为教师，恩格尔先生十分平庸，他所上的课程都非常呆板，学生不喜欢听他讲课，他想到的唯一办法就是体罚学生。

对于聪明又好动的爱迪生，根本无法忍受这样枯燥无味的课堂，他不是在课堂上做小动作,就是逃课。这让恩格尔先生很头痛。更让恩格尔先生难以对付的是，爱迪生还时常问一些异想天开的问题，让他瞠目结舌，无法回答。

2+2=

有一次上数学课时，恩格尔先生刚在黑板写上“2+2=4”，回过头来，他看见爱迪生已将手高高举起来，大声问道：“恩格尔先生，2+2 为什么等于 4 呢？”

恩格尔张大了嘴巴，什么也没有回答出来。

爱迪生接着又问：“2+2 为什么不可以等于 5，6，或者是 7 呢？”

终于，恩格尔先生恼羞成怒，大声斥责道：“你这个糊涂虫、捣蛋鬼、低能儿……”

结果爱迪生被赶出了教室。在这所学校里只待了短短 3 个月时间，爱迪生的学生生涯就早早结束了。

从“低能儿”华丽转身成天才

妈妈南希曾经做过乡村的小学教师，她是一位尊重孩子天性的教师。为了儿子的前程，南希决定自己在家里教他读书，而话又说回来，当爱迪生的老师并不是一件轻松的事情。这个小天才，他的脑子里整天都有稀奇古怪的念头，许多想法甚至很离奇。

有一天，爱迪生在仓库里“研究”起火苗来，结果把仓库点燃了，仓库里面存放的麦子全都化为灰烬。那可是一家人的口粮，这时的南希却表现得很伟大，她并没有责骂儿子。

等她情绪平复后，南希把爱迪生叫了过来说：“孩子，你知道吗？在这里‘研究’火苗很危险，你看仓库都是用木头搭建起来的，存放的麦秆和麦子也很容易燃烧，还是去空旷的地方做这种危险的‘实验’吧！”

爱迪生诚恳地点了点头，他被妈妈平和的态度感动了。

在这之后，南希发现爱迪生显示出了过人的发明天赋。在妈妈的引导下，爱迪生对读书产生了浓厚的兴趣，随后爱迪生博览群书，养成一目十行的习惯。有一段日子，他在图书馆读书的时候，按照书架上的顺序一排一排地读。对于这段经历，爱迪生说：“书籍是天才留给人类的遗产，世代相传，更是给予那些尚未出世的人的礼物。”

9岁时，出于对知识的渴望，爱迪生读了帕克的《自然与实验哲学》等难度较大的书。要知道，由于深奥这类书籍可不是太好懂的。

10岁时，爱迪生对化学产生强烈的兴趣，他在自家的地窖里做起了实验。看着儿子做化学实验随时都可能出现危险，南希便时常提醒他注意安全，要把那些有危险的化学药品贴上标签，不用时全都锁在一个大箱子里。

做化学实验需要一笔不少的开支，爱迪生为了建立一所实验室做实验，只好外出打工。他当过报童，在十几岁时，办了一份周刊——《先驱报》。

在好奇心的启发下、在妈妈的引导下，爱迪生一步步地走向伟大的人生。

1931年10月18日凌晨3点24分，爱迪生在美国新泽西西奥兰治的家中逝世，享年84岁。

爱迪生被美国的权威期刊《大西洋月刊》评为影响美国的100位人物第9名。

不仅如此，美国《生活》杂志，曾评选出千年来全球最有贡献的一百位人物，发明电灯的美国发明家爱迪生名列榜首。

把火车厢改成实验室的人

后来，爱迪生在火车上卖报。经过不断地努力，在得到列车长允许以后，他在行李车厢的一个角落里，布置了一个简单的小实验室。一天夜里，爱迪生正在高速行驶的火车上做化学实验。突然，火车急转弯，一只装有磷的玻璃瓶从桌子上滚落下来引起了火灾，把这节车厢差不多全部烧毁了。气急败坏的列车长，伸手打了爱迪生几记耳光，最后把他千辛万苦才建立起来的实验设备全都扔下火车，并将爱迪生也赶下了火车。

没有好奇心，没有对事业和生活的热爱，爱迪生即使是难得一见的天才也难以在这条充满艰辛的人生之路上做出惊天动地的伟大成就。

后来，爱迪生总结自己的一生时说：“天才是百分之一的灵感加上百分之九十九的汗水。”

华特·迪士尼：一个神奇决定让他成为米老鼠之父

——少年立大志，在逆境中获得成功

华特·迪士尼（1901—1966），出生于美国伊利诺伊州芝加哥，美国著名动画大师、企业家、导演、制片人、编剧、配音演员、卡通设计者、举世闻名的华特迪士尼公司创始人。

华特·迪士尼曾经塑造了动画长河中的璀璨明珠——米老鼠和唐老鸭，是这两位超级大明星组成的超级组合演绎了风靡全球的喜剧性动画片，创造了收视率世界之首的奇迹。因此，人们亲切地称他为米老鼠之父。

华特·迪士尼获得了56个奥斯卡奖提名和7个艾美奖，是世界上获得奥斯卡奖最多的人。

后来，他又根据这些可爱的银幕形象设计和创建了迪斯尼乐园，被称为世界第九大奇迹。

影响力：★★★★★

知名度：★★★★★

美誉度：★★★★★

“一切都从一只老鼠开始。”

事实上，华特·迪士尼是一个性格内向的人，脾气还有些古怪。对这个传奇人物，人们不禁想揭开他成功的秘密。

原来，这一切都源于15岁那年迪士尼立下一生的志愿。

在仙鹤农场的童年生活

伊利亚斯是西班牙移民，据说，他是一个勤劳、固执而又很严厉的人，伊利亚斯一生都想成为富人，但总是运气不佳。每当日子过得不顺心，他都会搬一次家。

5 岁那年，迪士尼随父母第四次搬迁。这一次，他们在密苏里州的马瑟琳镇买下了一处 45 英亩的仙鹤农场。

在全家 5 个孩子中，迪士尼排行第四，他最小的哥哥罗伊已经 13 岁。在仙鹤农场，迪斯尼的三个哥哥都被爸爸伊利亚斯“盯上”了，让他们到农场当工人，和其他雇工一样，每天早出晚归，下地干活。然而造物弄人，伊利亚斯的时运不好，先是猪得病死了，随后农作物又连续两年歉收。当初，伊利亚斯许诺给三个儿子的工资，因农场经营惨淡而无法兑现，让本不算好的父子关系更加紧张，老大和老二一气之下离家出走。

不过，仙鹤农场却给了迪士尼快乐的童年，在那里鸡、鸭、猪、狗等小动物，都成了小迪士尼的伙伴。那时，迪士尼时不时会拿起笔在纸上给它们画像。当然他的乐趣远不止这些，他还用焦油在自家的白墙上画满东倒西歪的小房子。

有一天，妈妈看见那些画得有模有样的鸡、鸭、猪、狗一下子乐坏了，于是就买了一本儿童画册送给了迪士尼。迪士尼得到妈妈的奖励，如获至宝，每日临摹。妹妹生病时，迪士尼就拿着妈妈送给他的那本儿童画册陪伴妹妹。当他快速翻阅画册时，那些连续的画面仿佛有一种动感。这种动感，到晚年时，迪士尼依旧记忆深刻，那是他最早对动画的感知。

迪士尼的画越画越好了，在仙鹤农场周围小有名气。

一天，有一个叫海伍德的医生听说迪士尼有绘画天赋，就来看他画的画，结果被打动，这位医生花 5 角钱买走了迪士尼一幅画。这件事情让迪士尼兴奋得好几天都睡不好觉，从此他更加喜欢画画了。

在逆境中成长的小男孩

在仙鹤农场的快乐生活，却没有一直持续下去。

没过两年，伊利亚斯认定了“树挪死人挪活”这个理，既然运气不佳就再次搬家吧。于是他卖掉了仙鹤农场，迪士尼又和家人一起搬到堪萨斯城居住。在那里，伊利亚斯很快找到了发财的路子，为报社搞发行。

这样一来，小迪士尼和三哥罗伊顺理成章就当了报童。那段日子，小迪士尼一边去本顿学校上学，一边送报。每天早晨 4 点钟他和罗伊就要起床，挨家挨户将报纸送到客户手中。下午放学后，还要送一次晚报。

对孩子们来说，这是一份很辛苦的差事。少年罗伊开始叛逆，他忍受不了爸爸的苛刻要求，在某个黄昏离家出走了。就这样，伊利亚斯变成了孤家寡人，脾气也越变越坏，他常常酗酒、骂人。

在堪萨斯城期间，迪士尼对绘画和描写冒险生涯的小说十分着迷。另外，他还崇拜作家马克·吐温，并一口气读完了他的全部著作。

这段艰难岁月里，除了文学和艺术，令人欣慰的还有妈妈温柔的怀抱，她给予了小迪士尼很多关爱，她支持儿子的爱好。这是迪斯尼一生中最温暖的回忆。

15岁少年，立志成为知名画家

小迪士尼是一个天生的梦想家，他的小脑袋里每一天都充满奇思妙想。

那时因技高一筹，小男孩完全可以按自己的想象完成美术老师布置的绘画作业。迪士尼把一盆花的花朵画成了人的脸，叶子画成了人的手。可讽刺的是，那位不懂艺术的老师看后十分生气，认为迪斯尼是个捣蛋鬼，这个后来成为“米老鼠之父”的天才竟被他痛痛快快地毒打了一顿。

坚强的迪士尼，并没有把老师的毒打放在眼里，因为妈妈欣赏他。他有的

是自信，海伍德医生还曾买过他的一幅画呢。另外，在本顿学校外边，有一家理发店老板也喜欢迪士尼的画，他要求迪士尼每星期为店里画一幅画，报酬是为迪士尼免费理发。

有一天，迪士尼喜欢上了杂耍和演戏，他模仿林肯总统，在学校里的各个班演讲著名的《葛底斯堡演讲》，还和同学们一起扮演过卓别林。

1852年，初春的一天，年满15岁的迪士尼，送完报纸后想去冷饮店和朋友放松一下，不幸的是在半路上脚被一枚铁钉扎伤，他被迫在床上躺了两个星期。这段时间，迪士尼思考了自己的未来，他学习成绩不好，因此无法把医生和律师当作职业，家中也没钱供养他上大学。成为一名杂耍演员，他又缺少信心。于是，迪士尼想到了绘画，最终，他立志当一名画家。

从此之后，迪士尼把全部课余时间都用在绘画上，他白天上学，晚上便到芝加哥画院学画，在老师的指导下，迪士尼绘画技能有了长足的进步。

落泊小画家，成为米老鼠之父

因为报社搞发行的生意进展并不顺利，这让爱搬家的伊利亚斯，决定将全家迁移到芝加哥。

21岁那年，迪士尼怀揣仅有的40美元，提着装有衬衫、内衣和绘画材料的皮箱离开了芝加哥，又回到他生活七年的堪萨斯城，独自闯荡人生。

这一次，迪士尼历尽艰辛、处处碰壁，到了一无所有的地步，最后因为没钱交房租，只好借用朋友家废弃的车库当作画室。在这间废弃车库里，陪伴他的只剩下一只“吱吱”叫的老鼠。

一天夜里，当迪士尼无法入眠，抬起头时，看见幽暗的灯光下有一双小眼睛在闪动。苦难的生活让迪士尼顿生悲悯之心，他没有捕杀这只小精灵。此后的日子里，他与这只小老鼠朝夕相处，在黑暗中小老鼠用亮晶晶的眼睛看着迪士尼，迪士尼也同样和善地看着这只小老鼠。

在那段特殊的日子里，一位艺术家和一只小老鼠之间，仿佛建立了一种默

契和友谊。

最终，迪士尼离开堪萨斯城，到好莱坞去制作一部卡通片。可是，迪士尼依然没有等来好运，他设计的卡通形象一一被否决了。失败的阴云，再次笼罩着他的人生。他已经穷到无饭可吃的地步，令他无法入眠，迪士尼在黑暗中一直在思考，他开始怀疑自己是否有天赋。突然，一双亮晶晶的小眼睛浮现在他的眼前，迪士尼惊叫了起来："天啊，亲爱的小老鼠！"

一道美妙的灵感，在艺术家迪士尼的脑海里闪现：小老鼠，就画那只可爱的小老鼠吧！

全世界儿童所喜爱的卡通形象——米老鼠就这样诞生了。

这天之后，迪士尼走上人生的快车道，凭借着自己才华和勤奋一步步筑起了迪士尼大厦，最终成为伟大的艺术家。

成就一生的决定

迪士尼生于一个贫困家庭，爸爸伊利亚斯脾气很坏，在他童年时就当了报童。这是发生在米老鼠之父—迪士尼身上的一个故事：15 岁那年春天，迪士尼因一枚钉子伤了脚，在床上躺了两个星期，他全面分析了自己的长处和短处，在权衡利弊之后，他痛下决心当一名画家。

上苍给他的并不多，只给了他一只小老鼠。然而，迪士尼用艺术家的悲悯之心"抓"住了这只小老鼠眼里亮晶晶的光，从此走上了成为米老鼠之父的道路。

如果你也 15 岁，就去拥抱你的梦想吧。

海明威：美国硬汉的成长之路

——人可以被毁灭，但不能被打败

欧内斯特·米勒尔·海明威（1899—1961），出生于美国伊利诺伊州芝加哥市郊区奥克帕克，美国作家、记者，被认为是20世纪最著名的小说家之一。

海明威的一生之中曾荣获不少奖项。他在第一次世界大战期间被授予银制勇敢勋章；1953年，他以《老人与海》一书获得普利策奖；1954年，《老人与海》为海明威夺得诺贝尔文学奖。

2001年，海明威的《太阳照样升起》与《永别了，武器》两部作品被美国现代图书馆列入“20世纪中的100部最佳英文小说”中。

海明威一向以文坛硬汉著称，他是美利坚民族的精神丰碑。海明威的作品标志着他独特创作风格的形成，在美国文学史乃至世界文学史上都占有重要地位。

影响力：★★★★★

知名度：★★★★★

美誉度：★★★★★

美国作家海明威是一个极具进取精神的硬汉子，他曾雄心勃勃地表示要超过莎士比亚，“干掉”屠格涅夫，把莫泊桑、斯汤达打倒在地上说胡话。

下定决心后，就得奋力拼搏。可是，1949年，这个硬汉受到刺激，他的朋友福克纳获诺贝尔文学奖，海明威不服气，于是匆匆写了一部小说扬言超过人家，结果大败。倔强的海明威只好爬起来再写，终于写出了一千多页长的长篇，

他改啊改啊，竟然改了两百多次，最后就只剩下几十页的一个中短篇！

这就是，举世瞩目的《老人与海》横空出世的过程。

“人是不能被打败的，你可以把他消灭，但不能打败他！”硬汉成功后说。

童年时光在湖边农舍中度过

海明威的童年时光大多在芝加哥市郊区瓦隆湖边的农舍中度过，那个时候他喜欢看图画书和动物漫画，听各类型的故事。

妈妈是音乐老师，有着良好的艺术修养，她希望儿子在音乐上有所发展。爸爸是医学博士，他精力充沛，兴趣广泛，热爱自然，常做户外运动。这样一来，海明威更喜欢跟爸爸在一起打猎、钓鱼、在森林和湖泊边露营等。此外，这个男孩也喜欢模仿不同人物的动作和说话腔调，对缝纫等家事亦很感兴趣。

清晨，近处的瓦隆湖波光粼粼，不远处茂密丛林中不时传来鸟鸣声，四周自然风光迷人，兄弟姐妹五人围绕在瓦隆湖边农舍捉迷藏，嬉戏玩耍，傍晚时分，落日美得让人心醉。这段童年时光，让海明威一生回味。

有一天，爸爸送给海明威一本《自然界的鸟类》大型合订本书籍，海明威喜爱极了，一遍又一遍地翻看这本书，他尤其喜欢书里的动物插图。有时和爸爸玩闹时，海明威一边哼唱歌曲《三只瞎老鼠》和《我参观动物展览会》，然后开动自己的想象力给大家起外号。那时，海明威给自己起的名号叫奈尼，给祖父起的外号是阿爸熊，给祖母起的外号叫作阿妈熊，给当时的保姆起的外号叫莉莉熊。

12岁那年开始写小说

12 岁时，海明威写了人生的第一部短篇小说《航海》。在这篇小说里，这个少年试图根据舅舅讲的航海经历，来写一个有趣的故事。这一年，海明威在文法学校读六年级。

写下这篇小说后不久，小海明威迎来 12 岁生日，那一天，爷爷送给他一

支单管猎枪作为生日礼物，这可是一支真正用来打猎的猎枪。当时，小海明威兴奋地跳了起来。有了这支猎枪，小海明威觉得他已经被当成大人，受到了足够的尊重。因为有了这只猎枪，他从此可以像一个英雄那样去打猎。

在当时，瓦隆湖边农场附近的森林里，还居住着一些印第安人，有了猎枪，再见到印第安人时，这名少年顿时觉得他已经是一个成人了。海明威后来拿起笔时，便将这些印第安人也写进了自己的小说中。

进入中学读书之后的海明威充满热情又很有竞争精神，他学习成绩优异，同时也是体育运动健将。那个时候，海明威还忙于参加学校辩论团，编辑校报《吊架》，同时，他还向文学《书板》投稿。

18 岁那年，海明威高中毕业。然而，海明威并不打算读大学，而是去了在美国有重要影响的《堪城星报》当了一名记者，也从此开始了他的写作生涯。

第六节写作课

后来，海明威成为一名作家和战地记者。

二战时，美国海军炮艇停泊在英国威尔士一个军港内，莱德勒少尉是炮艇指挥官之一。一个星期天，少尉在一个“不看样品”的拍卖会上，用 30 美元拍得一个密封的大木箱。他打开大木箱，里面装有两箱威士忌。

“噢！”围观的人群发出一阵惊叫声，二战期间酒是难得一见的奢侈品，他们羡慕少尉的好运，纷纷表示愿出 30 美元买一瓶。莱德勒少尉却婉言谢绝了，因为不久之后他将调离此地，少尉想留着这些威士忌开一个告别酒会。

在第二次世界大战期间，海明威再次以记者身份随军行动，并参加了解放巴黎的战斗。许多人都知道，海明威酷爱饮酒，当时他恰好也在威尔士。海明威听闻消息，找到莱德勒少尉，希望他能卖给自己 6 瓶酒，面对眼前的作家，莱德勒少尉仍以同样的理由拒绝了。

这时，海明威从口袋里掏出大把钞票说：“卖我 6 瓶吧，您要多少钱都行！”

莱德勒少尉沉默了片刻，随后他说：“好吧，我用 6 瓶酒换您 6 堂课，您教我如何成为一名作家，怎样？”

这个交易成了。海明威十分认真地为莱德勒少尉上了5堂课，准备上最后一堂课时，他临时有事要离开威尔士。莱德勒少尉陪他去机场的路上，海明威说：“我绝不会食言，现在就给您上第6堂课。”

“那好吧，请讲！”

海明威说：“在描写别人前，首先你要成为一个有修养的好人……第一，要有同情心；第二，以柔克刚，千万别讥笑不幸的人。”

这让莱德勒少尉疑惑不解，他问道：“做一个好人同写小说有什么相干呢？”

这时，海明威一字一顿地说：“这对你的整个生活都非常重要。”

就在登机前，海明威突然转过身来对莱德勒少尉说：“朋友，为你的告别酒会发请柬前，请你务必把自己酒的抽样品尝一下！”

莱德勒少尉回到炮艇之后，便急忙打开威士忌，发现里面装的并不是酒，全部是茶。莱德勒少尉不禁深深为海明威的宽厚深深感动。

做那个最勇敢的自己

海明威一向以文坛硬汉著称，他是美利坚民族的精神丰碑。海明威的作品标志着他独特创作风格的形成，在美国文学史乃至世界文学史上都占有重要地位。

海明威每天早晨6点半，就开始全神贯注地写作，一直写到中午12点半，有时会到下午两点半。与众不同的是，每一次，海明威都是站着写作，从不肯坐椅子。他每天都会用五至七支铅笔，原因是用铅笔写作便于修改。每年，他还要读莎士比亚的剧作以及其他名著；除此之外，他还会投入精力研究奥地利作曲家莫扎特、西班牙油画家戈雅、法国现代派画家谢赞勒的作品。他十分注重学习音乐作品基调的和谐和旋律的配合。

所以，海明威的小说情景交融浓淡适宜，语言简洁清新、独具一格。海明威说：“我向画家学到的东西跟向文学家学到的东西一样多。”

在海明威的一生中，他都在做那个最勇敢的自己。

第四章

他们少时志向高远

人生须立志，立志当高远。

古人云，燕雀安知鸿鹄之志。眼光与志向，将决定一个人未来的高度，这也是燕雀和鸿鹄的区别。“身无半亩，心忧天下；读破万卷，神交古人”左宗棠说。

“丈夫志四海，万里犹比邻”曹植说。看往昔，那些成就一番伟业的历史人物，在少时往往有鸿鹄之志。正是志向高远，他们在生活和学习中才有无限动力去克服万难，为梦想奋斗不息。

这样说来，在少时树立远大志向，方可成就不凡人生。

苏格拉底：打赤脚的小男孩成就梦想

——在雅典街头，找到人生最好的课堂

苏格拉底（公元前469—前399），古希腊著名的思想家、哲学家、教育家、公民陪审员。他和他的学生柏拉图，以及柏拉图的学生亚里士多德被并称为“古希腊三贤”，被后人广泛地认为是西方哲学的奠基者。

苏格拉底被称为西方的孔子，这是因为他们都开创了一个新的时代，这个时代并不是靠军事或政治的力量所成就的，而是透过理性，对人的生命作透彻的了解，从而引导出一种新的生活态度。

苏格拉底一生没留下任何著作。此外，苏格拉底是一个神秘人物，他的行为和学说，主要是通过他的学生柏拉图和克塞诺芬尼著作中的记载流传下来。

影响力：★★★★★

知名度：★★★★★

美誉度：★★★★★

“我愿意把我所有的科技去换取同苏格拉底相处一个下午的时光，因为他把哲学从高高在上的学科变得与人休戚相关。”

你知道说这句话的人是谁吗？他就是才高八斗的苹果创始人乔布斯。

在人类的历史长河之中，出现了像达·芬奇、哥白尼、牛顿、达尔文、爱因斯坦等伟大人物，而苏格拉底对世界的影响，却一直排在了他们前面。就连

桀骜不驯的乔布斯，也对苏格拉底佩服得五体投地。

那么，苏格拉底究竟经历了怎样的人生？还是让我们来阅读他的成长故事，走进他的心路历程吧。

打赤脚的小男孩

公元前469年的一个清晨，阳光灿烂，苏格拉底出生在希腊雅典附近阿洛佩凯村的一个普通的市民家庭。

谁也不会想到，就是这个生着扁平鼻子、肥厚嘴唇、凸眼睛的男孩，后来他的思想却成就了古希腊的哲学和政治，直接引导了2000多年来欧洲人的生活和思维方式。

事实上，苏格拉底家境贫寒。爸爸索弗罗尼斯科是雅典的一名普通的铜匠，空闲时也从事雕刻；妈妈法伊纳列特平时操持家务，此外，她还是一名接生婆。

见到儿子相貌丑陋，索弗罗尼斯科认定小苏格拉底将来不会有多大出息，就想到了让他子承父业，让儿子跟自己学习打铜和雕刻，将来也可以用这份手艺来维持一家人的生活。

转眼之间，苏格拉底已长到好几岁了，他时常去爸爸的铜匠铺子帮忙。由于家境贫寒，童年时代的苏格拉底根本没有新衣服穿。

每一次看到苏格拉底长个的时候，也就是法伊纳列特发愁的日子，因为身为妈妈，她根本没有钱给儿子买新衣服，也不能让儿子一丝不挂吧？怎么办？法伊纳列特就只好东拼西凑，将一些破旧衣服和旧布布料改改补补，缝成一件衣服让儿子挡寒。

不管春夏秋冬，苏格拉底都只有一套衣服可穿，看到儿子穿的衣服已经脏得要长虱子了，妈妈也想不出其他好办法，只好趁夜晚小苏格拉底入睡时，将他的衣服脱下来洗干净，然后再拿到炉火旁烘干。

也许，你的童年没有多少玩具可玩，可是苏格拉底的童年不仅没有玩具，甚至从童年起就没有鞋子可穿。所以，这让小苏格拉底养成了赤脚走路的

习惯。

在苏格拉底成年之后，他的家庭条件有所改善，不过他仍然不穿鞋子，赤脚走在路上。这个习惯，早在苏格拉底的童年就已养成了。

40岁时，苏格拉底已经出名，每当他赤脚走在雅典街头，堪称是当时希腊的一大“风景”。因为，那是一个以哲学为时尚的时代。

寒风中，给客户送铜器

有一年冬天，雅典突降一场大雪，许多街道都被大雪封住了，路上没有行人。

铜匠索弗罗尼斯科的铺子里，有一件铜器已经打制好了，爸爸前天曾吩咐过苏格拉底今天给客户送过去。苏格拉底刚打开大门，一阵寒风袭来，他吹得直咳嗽。苏格拉底的咳嗽声被里屋做针线活的妈妈听见了，她知道儿子要出门，不禁为儿子担心起来。

“儿子，外面风大，你打着赤脚又没有鞋子可穿，就等雪融化了，再给客户送铜器吧。”法伊纳列特冲着儿子喊道。

“妈妈，我要按时给客户送去。”苏格拉底答道。

“儿子，你看外面天气太冷了，客户也不会在大雪天用到它的。”妈妈开导说。

苏格拉底只好听从了妈妈的话，放下铜器，走回房间。

在房间里呆坐了一会儿，苏格拉底总觉得少了点什么，忽然眼前一亮，想起了一件令人兴奋的事情，今天雅典阿戈拉街头不是有一场辩论会吗？雅典阿戈拉街头上的演讲者，大多是小苏格拉底的偶像，他梦想有一天自己也能成为像他们那样的人。

于是，苏格拉底就再也按捺不住激动的情绪，他拿起那件铜器，偷偷摸摸地出了家门。

在雅典街头听免费的演讲

古希腊有一个伟大的传统，当时许多著名哲学家、学者和诗人常去雅典街头搞演讲，或者与其他著名人士在街头辩论。这群人，也被当时的雅典市民亲切地称为智者。

阿戈拉街头就位于优雅的雅典卫城脚下，那里已经成为雅典人的公共课堂，智者常在那里出没，议论时事、发表演讲、传播学说。

打赤脚的小男孩行走在冰天雪地里，虽然摔了几跤，苏格拉底还是准时将铜器送到了客户手中。令客户万万没想到，在这样的大雪天里，铜匠索弗罗尼斯科竟让儿子及时送来铜器，当客户看见小苏格拉底打着赤脚，不免心生怜悯，便送给小苏格拉底一些零食以示感谢。

然而，苏格拉底并没有接受客户送给他的零食，他知道这位富有的客户家中藏书很多，就请求说："谢谢您送给我的零食，您能不能将零食换成书，借给我一本书看就好，3 天后我会准时还给您的。"

这位客户很大度，他答应了小苏格拉底的请求。就这样，小苏格拉底为爸爸送铜器的同时，也能时常向客户借书看，每当从客户那里借到一本书，苏格拉底总是迫不及待地在路上一边走一边看，经常是早晨借到一本书，到傍晚时还徘徊在路上看那本书呢。

这天，小苏格拉底把书揣在怀里，然后直奔阿戈拉街头。很快，小苏格拉底就被那里的气氛深深吸引了。因为阿戈拉街头的演讲仍像往常一样热烈，并没有因为这场大雪有所冷淡，有所延迟。

在这个大雪压门的冬天，小苏格拉底又度过了愉快的一天。

苏格拉底与最大的麦穗

经历一番刻苦学习，苏格拉底成为了一个很有才学的人。

30 岁之后，苏格拉底成为了一名不收取任何报酬也没有固定校址的社会道德教师。很多贵族和穷人家的子弟，常常聚集在他周围，跟他学习，向他请教。

有一天，苏格拉底带着一群学生来到一片麦地边。苏格拉底对众学生说："你们去麦地里摘一株你认为最大的麦穗，只能摘一株麦穗，只许进不许退，我在麦地的尽头等你们。"

所有人应声走进麦地，到处都是麦穗，看得大家眼花缭乱。有的人，没过多久就急切地摘下自以为最大的麦穗，可气的是，他很快又发现了更大的。有的人，看看这一株又看看另一株，他们总认为前面还有比它们更大的麦穗，最后却是两手空空。

最后，只有少数几个学生，通过认真比较，最终摘了一支比较理想的麦穗。

走到麦地尽头的学生，见到了苏格拉底，他们当中很少有人露出满意的神情，有的学生甚至向老师提议："可不可以重来一次，我一定会摘下一支最大的麦穗。"

这时，苏格拉底说："孩子们，人生不该只盯着'最大的麦穗'。什么都追求最大化，很可能会让你变得过于功利，从而容易迷失方向。"

死囚犯学唱新歌

这是一个关于苏格拉底的故事。故事发生的时间极为特殊，因为它与生死有关。

晚年时，苏格拉底为了捍卫雅典青年人的理想，还有希腊的未来，他得罪了当时当政的权贵，并因此而坐牢。

有一次，苏格拉底听见了隔壁牢房里有个新来的犯人在唱一首他以前从未听过的一首新歌，急忙请求唱歌的狱友教他唱那首歌。全监牢里的人都知道苏格拉底是死囚，并且行刑日期迫近。

"苏格拉底，您不知道自己马上就要被处决了吗？"听了苏格拉底的请求，唱歌的囚犯非常吃惊地说。

“我当然知道。”苏格拉底坦然回答。

“那您为何还要学唱新歌呢？”狱友不解地问。

“这样在我死的时候就多会了一首歌。”苏格拉底回答说。

苏格拉底能够取得如此伟大的一生，我们可以这个故事中看出苏格拉底的沉着、镇静和好学。

沉着、镇静和好学，这也是一个人的三种美好的品质。

这就是古希腊时代的苏格拉底，一个与众不同的伟人。40 岁时，苏格拉底在一个没有报纸、传媒、互联网时代，竟然成了全希腊最著名的人物。苏格拉底的学生当中，有柏拉图和色诺芬等人。

他开创了一个极其伟大的时代，如今，他已流芳百世。

爱智慧，无畏生死

据记载，身为雅典的公民，苏格拉底因为得罪当政的权贵，最后被雅典法庭以侮辱雅典神和腐蚀雅典青年思想之罪名判处死刑。

那些喜爱苏格拉底的市民，那些曾得到过他教诲的民众，还是想尽办法让他获得逃离雅典的机会。然而，苏格拉底拒绝了他们的好意，仍选择饮下毒堇汁而死。因为苏格拉底认为逃亡只会进一步破坏雅典法律的权威，同时，他也担心自己逃亡之后，雅典将再没有好的导师可以教育民众了。

这就是与众不同又带着几分神秘的苏格拉底。现在，还是让我们来听听他的告诫吧：

“好习惯是一个人在社交场中所能穿着的最佳服饰。”

“在你发怒的时候，要紧闭你的嘴，免得增加你的怒气。”

“当许多人在一条路上徘徊不前时，他们不得不让开一条大路，让那珍惜时间的人赶到他们的前面去。”

柏拉图：出色的学习能力成就他的梦想

——树立远大理想，成就千秋盛名

柏拉图（公元前427—前347），是古希腊伟大的哲学家，也是整个西方文化最伟大的哲学家和思想家之一。

柏拉图和老师苏格拉底，学生亚里士多德，并称为希腊三贤。

另外，他创造或发展的概念包括：柏拉图思想、柏拉图主义、柏拉图式爱情、柏拉图表等。柏拉图的主要作品为对话录，其中绝大部分都有苏格拉底出场。但学术界普遍认为，其中的苏格拉底形象并不完全是历史上真实存在的苏格拉底。

除了荷马之外，柏拉图还受到许多在他之前的作家和思想家的影响，包括毕达哥拉斯提出的“和谐”概念，以及阿那克萨戈拉将心灵或理性作为判断任何事情正确性的根据；巴门尼德提出的连结所有事物的理论也可能影响了柏拉图对于灵魂的概念。

其著作《理想国》，对西方文化发展产生深远的影响。

影响力：★★★★★

知名度：★★★★★

美誉度：★★★★★

你们知道吗？出身雅典贵族的柏拉图，爸爸阿里斯通竟然为小柏拉图请来

了三位启蒙老师，让他接受教育。

小时候，柏拉图天资出众，出色的学习能力和其他才华，被古希腊人称赞为阿波罗（太阳神）之子。

另外，柏拉图还有很高超的演讲才华，古希腊人认为，这是因为柏拉图出生时曾有蜜蜂停留在他的嘴唇上，才让柏拉图有了这样的才华。

梦想做一名像荷马一样受人尊敬的诗人

公元前427年，柏拉图出生在雅典一个贵族家庭。柏拉图出生时，额头很宽，“柏拉图”在古希腊语中有“宽额头”的意思。

妈妈克里提俄涅出身于名门望族，据说，她是古雅典的立法者和执政官梭伦的第5代后裔。不仅如此，她的舅舅和表弟在当时也是无人不知，无人不晓，因为舅舅和表弟曾经是雅典的执政者。爸爸阿里斯通对宽额头儿子的教育十分用心。为了儿子的前程，请来了三位启蒙老师。其中的一位老师教柏拉图修辞、文法和写作，一位老师教他音乐、画画和建筑，另外一位老师则是教柏拉图体育。

这样的家庭环境非常利于柏拉图的成长。很快，柏拉图就对各种知识和艺术产生了广泛的兴趣。天资很高的柏拉图，从学习中获得了不少乐趣，他尤其喜欢文法和写作课。

荷马史诗让柏拉图如痴如醉，这也是老师所讲课程当中，他最爱听的课。有关诗歌方面的书籍，也会让柏拉图爱不释手。几年下来，柏拉图对文学有了不少了解，他开始写诗，梦想做一名像荷马一样受人尊敬的诗人。

妈妈克里提俄涅所弹奏的抱琴，声音十分好听。没过多久，克里提俄涅发现，每当她弹奏抱琴时，柏拉图都会在一旁十分认真地谛听，这让柏拉图爱上了音乐并从中获得了很多乐趣。后来，小柏拉图又喜欢上了绘画。

每一次当艺术课上完之后，柏拉图总会出现在运动场上。这位少年擅长长跑、跳远等多项运动项目，后来，柏拉图在体育比赛中获得过多个冠军。

在这样成长环境里，柏拉图身怀远大理想，成了一名全面发展的学生。

拜苏格拉底为师

“柏拉图，大哲学家苏格拉底又开始招收学生了。”有一天，柏拉图正在体育场上练习长跑，一个伙伴突然跑过来对他高声说。

柏拉图听后十分兴奋，转身离开体育场，向苏格拉底讲学的地方奔去。柏拉图到达时，发现自己晚了一步，他的前面已有一百多名雅典少年在那里排了一个“一”字长龙。

当年，在古希腊时代最流行最时尚的东西，便是哲学。

苏格拉底招生有自己的原则：不进行任何形式的考试，谁都可以当他的学生。唯一的要求，就是这些学生要对哲学感兴趣。这样一来，雅典的青少年争先恐后来拜苏格拉底为师。没过几天，就有上千名雅典青少年成了苏格拉底的学生。

苏格拉底站在广场上，放眼望去，只见人山人海。不过，苏格拉底不愧为一代名师，他很快拿出了教育这一千多名学生的教学方案。

“从今天起，我就在这个广场上给你们授课。课程很简单，大家看着我做的示范，把左手举起来，放下，再把右手举起来，再放下。如此往复，你们只需要不断重复着这个动作，就可以了。”只见他面带微笑，对着青少年们朗声说道。

苏格拉底所安排的课程远没有这些青少年想象得难，大家面带微笑，不禁高兴起来。

时间一天天过去，这些来自贵族和市民阶层的学生，他们很快便失去了激情，那个不断重复的举手动作，简直让他们烦躁得无法忍受，一些人就此离去了。留下来的学生以为过不了多久，苏格拉底就会换课程了吧。然而，他们再次失望了。

苏格拉底并没有给青少年传授哲学，而是让他们一天到晚重复一个动作，有些人开始怀疑苏格拉底的脑子大概是出了毛病吧，这个著名的智者是否只是

徒有虚名而已。

两个月后，上千名雅典青少年差不多全跑光了。

三个月过去了，只有柏拉图仍在那里做那个举手的动作。

“我可以教授你哲学课了，你具有学习哲学的素质。”一天傍晚，苏格拉底对柏拉图说。

这样，柏拉图成为苏格拉底的关门弟子。

一个苹果的故事

在苏格拉底的悉心教导下，柏拉图进步神速。哲学的王国，也让柏拉图放飞心灵，让他自由翱翔。

几年之后，柏拉图终于明白了当年老师招生时让那些学生重复枯燥动作的深意。柏拉图深知，一个具有天赋的人还需要有毅力，这样去做一件事情才会取得好的成绩。如今，柏拉图已经能和恩师苏格拉底在一起探讨哲学问题。

有一天，苏格拉底上课时拿来一个苹果，同学们不知老师是何意，一脸狐疑地看着他。

“我想问问大家，讲台上这个苹果，你们闻到它散发出什么气味？”苏格拉底说。

“老师，我闻到一股清幽的香气。”有的同学一想苹果顿时想到了他熟悉的味道，于是抢先回答说。

“不对，我闻到的是一股淡淡的甜香味。”有的同学则回答。

“也不对，这只苹果看上去已经成熟了，有一种轻微的酒香味。”还有的同学回答。

“对于这个苹果的气味，你有什么看法？”见到柏拉图一直沉默不语，这时，苏格拉底走到身旁问他。

“老师，我没有闻到这只苹果有任何的味道。”柏拉图沉思了片刻后说。

同学们都很吃惊，耳语起来。他们认为一向受到老师重视的柏拉图，这下

因为他的迟钝，将会受到老师的批评了。

“你们并没有看出来吧，这是我请工艺师用蜡做的一个假苹果，再请画家精心涂上色彩。从外观上看，它和真实的苹果没有什么区别，因此它骗过所有人的眼睛就不足为怪了。唯有柏拉图，没有被这个假象所欺骗。”不料，苏格拉底却这样说道。

就用这个生动的事例，苏格拉底为学生上了一堂有趣的课。

“现象和本质之间，往往相距甚远；人云亦云，是学习哲学的大忌。静观世事，打开自己的内心，才能步入哲学的殿堂。”苏格拉底接着说。

走在理想的路上

转眼间八年的时光过去了。此时，苏格拉底和柏拉图这对师生，早已成为无所不谈的亲密朋友。

然而，美好的时光并没有一直持续下去。

公元前 399 年，大哲学家苏格拉底因“不敬国家所奉的神，并且宣传其他的新神，败坏青年”的罪名被判死罪。进入监狱之后，他的朋友买通了狱卒，劝他借机逃走。但苏格拉底决心与权贵抗争，拒不逃走。后来在狱中服毒而死，终年 70 岁。

恩师遇难，让柏拉图痛心疾首。在这之后，柏拉图决定离开雅典去追求自己伟大的理想，建立一个更理想的国家。然而，柏拉图走访了许多国家都未能实现他的理想。

公元前 388 年，柏拉图迎来了一个难得的机会，有人把他推荐给叙拉古国王狄奥尼索斯一世。

“您是一位哲学家，我想知道先生会用什么方式治理一个国家？”听说柏拉图是一位大哲学家，狄奥尼索斯一世十分好奇地问。

“是善，像阳光一样滋润一切。”柏拉图说。

“在您理想国度里，谁是最高的统治者？”狄奥尼索斯一世又问。

“哲学王，就是我们所说的最高境界的哲学家。”柏拉图说。

国王狄奥尼索斯一世听后，怒不可遏，他要杀死柏拉图。推荐者觉得非常不妥，在他的苦苦劝说下，狄奥尼索斯一世才算作罢，就把柏拉图当作奴隶卖到北非。

后来，柏拉图被另一位哲学家阿尼克里赎身，送回了雅典。这一年，柏拉图 40 岁。

柏拉图回到雅典后，在城郊运动场附近创办了古希腊第一所高等学府和研究中心，也是欧洲最早的高等教育机构——阿卡德米学园（又名“希腊学园”）。

从此之后，柏拉图在阿卡德米学园讲授哲学、数学、天文学、声学和植物学等自然科学知识。但哲学是学园最核心的课程。

柏拉图在阿卡德米学园，一待就是 40 年，他过着从事学术研究、著述和教学活动。这也是柏拉图一生当中度过最平静也最为美好的一段时光。

一个苹果也会改变一个人的一生

一个苹果，本没有什么神秘可言。

它甚至是一个蜡做的苹果，就更难有特别之处。就是这只苹果在苏格拉底的教学中，在柏拉图的学习成长中，却为我们留下如此意味深长的故事，在人类历史长河中流传了二千四百多年。

在后来的历史岁月中，也是一个苹果的故事。故事的主角是牛顿，他发现了那个从树上掉下来的苹果，那一刻让牛顿想到了一个深刻的问题，后来发现了万有引力。

它们都那样有趣。看来懂得现象和本质的关系，对于每个人的人生是多么重要。

达尔文：热爱大自然的少年走向伟大人生

——爸爸告诫儿子“只有认真调查研究，才有发言权”

查尔斯·罗伯特·达尔文（1809—1882），英国伟大的科学家、博物学家、进化论的奠基人。

曾经乘坐贝格尔号舰作了历时 5 年的环球航行，对动植物和地质结构等进行了大量的观察和采集。

1859 年出版《物种起源》，提出了生物进化论学说，从而摧毁了各种唯心的神造论以及物种不变论。除了生物学外，他的理论对人类学、心理学、哲学的发展都有不容忽视的影响。恩格斯将“进化论”列为 19 世纪自然科学的三大发现之一（其他两个是细胞学说、能量守恒转化定律），对人类有杰出的贡献。

随后又完成了《动物和植物在家养下的变异》《人类的由来及性选择》和《人类和动物的表情》等书。

影响力：★★★★★

知名度：★★★★★

美誉度：★★★★★

达尔文从小就热爱大自然，喜欢采集矿物和动植物标本。进入爱丁堡大学医学院后，达尔文依然经常到野外采集动植物标本。

他对神秘的大自然，充满了浓厚的兴趣。

家人对达尔文的影响

达尔文出生在英国施鲁斯伯里小镇一个名医家庭。爸爸罗伯特·达尔文是一个小有名气的医生。妈妈苏珊娜则是一个热爱生活的女人，她喜欢栽种花卉和果树。

孩提时代，妈妈教会达尔文识别许多不同的花草树木。这段经历对达尔文的一生都产生了影响。

8岁时，罗伯特将儿子送进了镇上的小学上学。聪明伶俐的达尔文，很快就对学校的生活感到失望，因为在课堂上老师只是在讲一些难懂的经文，很少有一些有意思的科目。这时的达尔文，心思并不在学习功课上，他对课外活动更感兴趣，经常到野外捕捉昆虫、采集动植物的标本，从中获得许多乐趣。

达尔文对大自然的热爱，让他开始关注昆虫、动植物方面的科学知识。

达尔文的祖父不仅是一位医术出众医生，他兴趣广泛，才华出众，还是一位博物学家、诗人和哲学家。在掌握自然知识方面，小达尔文得到了祖父的帮助。

达尔文的舅舅开办了一家陶瓷工厂，他也是一个很有学问的人，收藏了很多书籍。有一天，达尔文在舅舅的书房看到了一本精装书，上面写着“博物学”三个烫金字，里面还有非常精致的插图，他一下子被深深吸引住了。

于是，达尔文兴奋地跑到舅舅跟前说：“舅舅，这本书太好玩了，我借回家看看。”

舅舅说：“达尔文，你平时观察昆虫和动植物时，是否有做详细记录的习惯呢？”

这时，达尔文从书包里拿出一本笔记，递给舅舅后说道：“平时观察标本时我都做过记录，您看看我在旁边都用铅笔画上了插图。”

原来，达尔文对古希腊的亚里士多德、文艺复兴的达·芬奇等伟大的博物学家十分崇拜，他很早就立志也要当一名伟大的博物学家。

舅舅看了一会儿后，欣慰地说：“这种习惯非常好，一定要保持，不过还

应该做得更规范些。你所记录的某一种花，某一种青蛙，甚至是一种不常见很的花草，你都要让读者经过你的描述，立马就能将它们辨别出来，这样才算功夫过关。”

只有认真调查研究，才有发言权

“只有认真调查研究，才有发言权。”

达尔文少时的一次经历，让他对这句话终生难忘。有一次，一位同学请达尔文吃点心，他们吃完后没有付款，那位同学就拉着达尔文大摇大摆地走了。

达尔文吃惊地问：“你为什么不付款就走了呢？”

同学回答说：“这家店，只要你出门时，把帽子按特定的方向挪动一下，你的这餐点心店主便给你免费了。”

这位同学为了让达尔文深信不疑，他又去另一家商店，拿走一件商品，然后把帽子向特定的方向转动一下，也扬长而去了。这下，天真的达尔文完全相信了他的同学，达尔文认为，只要把头上的帽子向特定方向转动一下，就具有特异功能。

于是，达尔文走进了一家糕点店，拿过点心后，像他同学那样把帽子转动一下，就拉开店门朝外面走。这时身后传来了店主大声的呵斥声，达尔文被吓得目瞪口呆，放下糕点转身逃掉。看到刚才滑稽的一幕，达尔文的同学捧腹大笑。原来，他的同学与店主是熟人，店主便允许他在那儿赊账。

这件事情发生后的一段时间，达尔文十分内疚，便将它告诉了爸爸。罗伯特提醒儿子说：“轻信任何事情，只能让你犯错，你只有认真调查研究，才有发言权。不然的话，只能是欺人又误己。就把这件事情当作经验教训吧。”

这件发生在童年的事情，震撼了达尔文的心灵。

14岁时，骑马到边境考察旅行

达尔文有着广泛的兴趣，他不仅喜欢几何学，对文学作品也有兴趣。与此同时，达尔文还练习骑马、射击，培养了自己长途跋涉的坚强意志品质。

10 岁时，爸爸为了培养达尔文的生活自理能力，让他尝试过了 3 个星期的独立生活。这对于达尔文的童年是一次十分有纪念意义的事情。

14 岁那年，达尔文越来越喜欢采集动植物和矿物标本，对神奇的大自然充满好奇之心。他决心独自一人骑马到边境考察旅行，爸爸罗伯特欣然同意了。

这些野外活动给了达尔文很好的锻炼，培养了他观察自然现象的能力。在旷野，达尔文发现了各种各样有趣的昆虫，他对它们的喜爱到达了痴迷的程度。此时的达尔文将自己的很多时间都花在了这上面，这时的他学习成绩并不是太好。

1828年，发现“达尔文”甲虫

1828 年，19 岁的达尔文独自带着干粮去了伦敦郊外的一片茂密的树林里，再次享受他的旷野生活。

达尔文在树木繁多的林地上寻找着，两眼放着光芒。突然，达尔文发现在一棵大树即将脱落的树皮下有东西在里面蠕动，于是，达尔文小心翼翼地剥开了树皮,发现有两只长相奇特的甲虫。达尔文便伸出双手,将它们统统抓在手里。就在这时，树皮里又跳出一只甲虫，达尔文有些措手不及，他不想“失去”这只甲虫，情急之下他将一只手里的甲虫塞到嘴里，然后伸手抓住了第三只甲虫。

这下达尔文犯下了一个错误，他只顾得意地欣赏手中的甲虫，早把嘴里含住的甲虫给忘得一干二净。含在嘴里的甲虫再也忍无可忍了，“嗤”的一声释放出一股辛辣的毒汁。顿时，达尔文的舌头被蜇得又麻又痛。他这才想起口中的甲虫，便把它们吐到了手上。

处于兴奋中的达尔文，根本顾不上疼痛，兴奋地奔回剑桥大学，向他的同学宣布了他的发现。

后来，人们为了纪念达尔文首次发现的这种甲虫，就把它命名为“达尔文”。

达尔文从剑桥大学毕业后，放弃了待遇丰厚的牧师职业，从事他热衷的自然科学研究。1831 年 12 月，英国政府组织了“贝格尔号”军舰的环球考察，达尔文在亨斯洛教授的推荐下，以“博物学家”的身份自费搭船，开始了历时 5 年的漫长而又艰苦的环球科学考察活动。

后经 20 多年研究，达尔文完成并出版了科学巨著《物种起源》，让他成为一代伟大的科学家。

兴趣是最好的老师

大自然是一所学校，达尔文从这所伟大的学校毕业，让他完成了一部科学巨著《物种起源》，也让达尔文成为一位大科学家。

兴趣，是我们最好的人生导师之一。在大自然这所学校，达尔文为他的兴趣找到了最好的出路。是兴趣，让 14 岁的达尔文骑马到边境考察旅行；也是兴趣，让 22 岁的达尔文自费搭上英国政府组织的“贝格尔号”军舰开始环球考察，历经 5 年的漫长而又艰苦的环球科学考察活动，取得第一手资料，让他完成科学巨著《物种起源》。是这些，让达尔文成为伟大的科学家和进化论的奠基人。

兴趣，也是我们通向成功的一座桥梁。

富兰克林：以非总统的身份出现在 100 美元上

——他从苍天那里取得了雷电，从暴君那里取得了民权

本杰明·富兰克林（1706—1790），美国开国元勋之一，被认为是资本主义精神最完美的代表。他是美国第一位学者，第一位哲学家，第一位科学家，还是第一位文学家。

富兰克林借用了数学上正负的概念，第一个科学地用正电、负电概念表示电荷性质。并提出了电荷不能创生、也不能消灭的思想，后人在此基础上发现了电荷守恒定律。他最先提出了避雷针的设想，并发明了避雷针，避免了雷击灾难，破除了迷信。

富兰克林参加起草了《独立宣言》和美国宪法，积极主张废除奴隶制度。

富兰克林最先组织了消防厅，创立了近代的邮信制度，创立了议员的近代选举法。

此外，富兰克林还发现了感冒的原因，发现了墨西哥湾的海流。

影响力：★★★★★

知名度：★★★★★

美誉度：★★★★★

富兰克林曾深有感慨地说："诚实和勤勉，应该成为你永久的伴侣。懒惰

像生锈一样，比操劳更能消耗身体；经常用的钥匙总是亮闪闪的。”

这也是他一生最真实的写照。法国经济学家杜尔哥曾这样评价富兰克林：“他从苍天那里取得了雷电，从暴君那里取得了民权。”

富兰克林被认为是资本主义精神最完美的代表。那么，富兰克林的一生中，他又是如何成为资本主义精神最完美的代表呢？

漆匠的第十五个孩子

1706 年 1 月 17 日，本杰明·富兰克林出生在北美洲波士顿的牛乳街。爸爸是一名普通的漆匠，是从英国移民到北美洲的，在波士顿办起了一个制造蜡烛和肥皂的手工小作坊，以此来维持一家人的生活。这名漆匠有 17 个孩子，富兰克林是第十五个孩子。

以制造蜡烛维持一家人生活的漆匠，曾经在英国受过一些教育，清贫的生活并没有让他忘记对孩子的教育。在工作之余，漆匠经常教孩子们认字。

富兰克林从小聪明好学，他经常缠着爸爸，让爸爸再教他多认几个英语单词。

这是富兰克林一家最大的秘密。漆匠的阁楼上存放着几个神秘的大箱子，在孩子们很小的时候，除了漆匠本人之外，他绝对不允许孩子们进入小阁楼。原来，箱子里放着漆匠从英国移民到北美洲时，从故乡带来的珍贵的图书，漆匠怕孩子小不懂事，把这些珍贵的书弄坏了。

有一天，5 岁的富兰克林趁爸爸离开家，一个人神不知鬼不觉地爬到阁楼上，他使出全身力气把箱子打开，一看里面全是书籍，富兰克林一下子乐坏了，于是他拾起书看了起来，一上午的时光就这样不知不觉地过去了。

有一天早晨，富兰克林又到小阁楼上去偷书看，直到傍晚他也没有离开阁楼下去吃饭。一家人以为他丢了，急得四处寻找，也没发现富兰克林的影子。

最后在小阁楼上找到富兰克林，漆匠一看第十五个孩子如此爱读书，于是决定送富兰克林去上学。

勤学好问，时不我待

8岁时，漆匠想尽办法，终于凑足了钱，送富兰克林去上学。

在学校，富兰克林是最受老师欢迎的学生，他勤学好问，学习成绩优异。然而漆匠家中的孩子太多，他想尽办法也只能让孩子们吃饱饭，再也拿不出多余的钱交富兰克林的学费。10岁时，爸爸只好忍痛割爱，让聪明好学的富兰克林辍学，回到家中帮自己做蜡烛。

这样一来，富兰克林的一生只在学校读了两年书。

12岁那年，富兰克林去哥哥詹姆斯经营的小印刷所当学徒。富兰克林没有抱怨，他在印刷厂很快掌握了排字、校对、印刷、装订等技术。他以乐观的态度，利用业务关系还和几名书店里的小学徒交上了朋友。这对富兰克林的未来之路产生了重要影响，因为他可以从这几位朋友的手中借到他们从书店里偷偷拿出来的书，又是一夜未眠，富兰克林看完书，第二天清晨按时还给了书店。

疯狂读书，成为这段时间富兰克林生活的写照。

富兰克林对书籍的渴望已经难以克制，他便省吃俭用，把伙食费中扣出来的钱拿来买书。他的阅读范围也越来越广泛，从自然科学、技术方面的通俗读物，到著名科学家的论文，再到哲学书籍以及名作家的作品。

有一位叫亚当斯的书商，他经常来詹姆斯的印厂印书。于是他发现富兰克林与众不同，这名少年只要手中无活，便拿着一本书站在那儿聚精会神读起来。亚当斯被这个酷爱读书的少年所打动，便带着富兰克林来到自家的书房，让富兰克林尽情挑选他喜爱的书。

从此以后，富兰克林一下班便跑到亚当斯家里借书，然后回到家中一边啃着面包，一边看书，直到深夜。

专心致志，学习的一生

17 岁那年，富兰克林独自一人离开家乡去费城寻找机会，很快富兰克林在费城找到了工作，并成为当地有名的印刷工人。

1726 年秋，富兰克林年满 20 岁，这时他的印刷技术已很精湛，于是决定开办一家印刷所。随后，印刷所发行了《宾夕尼亚报》，并出版了《可怜的李查历书》一书，后来被译成了 12 种文字，销行于欧美各国。21 岁时，富兰克林同费城的几名青年创办了“共读社”，每到星期五晚上，一些人便到这里来讨论有关哲学、政治和自然科学等问题。

通过多年的刻苦学习，30 岁时，富兰克林已经成为一个学识渊博的学者和启蒙思想家，他在北美的声誉也日益提高。在富兰克林的领导下，“共读社”坚持了长达 40 年的时间，后来发展为美国哲学会，成为美国科学思想的中心。

通过多年的积累，富兰克林终于可以离开从事了 30 多年的印刷工作，专心从事他一心向往的科研工作。富兰克林不仅在静电学方面做出了贡献，发明了避雷针。在数学方面，他创造了八次和十六次幻方。此外，他对光学、气象学、地质学、声学及海洋航行等方面都有研究，并取得了不少成就。

通过一生的学习和工作，富兰克林最终成了资本主义精神最完美的代表。

学会低头

本杰明·富兰克林有一句名言:“人,要昂首天下,但也要时时记得低头!”

原来，富兰克林年轻时曾去一位长辈家拜访。那时的富兰克林年轻气盛，昂首挺胸，迈着大步，一进门，他的头就狠狠地撞在门框上，疼得他一边用手揉搓，一边看着比正常标准稍低矮的门。

出来迎接他的长辈，看到他这副样子，就和蔼地笑着说：“很痛吧？可这是你今天来拜访我的最大收获。一个人要想平安无事地活在世上，就必须时时刻刻记住‘低头’。请记住，这也是我要教你的事情。”

的确，富兰克林把这次拜访看成了他最大的收获。富兰克林不仅记住了这句话，而且把“记得低头”也当成了他人生的座右铭。

莫扎特：脚踏实地的音乐神童

——超级神童，仍在刻苦学习

莫扎特(1756—1791)，出生于奥地利萨尔茨堡，古典主义时期奥地利作曲家，维也纳古典乐派代表人物之一。

莫扎特自幼便展现出无与伦比的音乐天赋：3岁开始弹琴，6岁开始作曲，8岁写下了第一部交响乐，11岁便完成了他的第一部歌剧，14岁指挥乐队演出了该歌剧。

1762年，莫扎特及姐姐在父亲的带领下，开始去欧洲各国献演，并获得成功。1764年，创作首部交响曲《降E大调第一交响曲》。1772年，16岁的莫扎特被任命为萨尔茨堡宫廷乐师，结束了长期的旅行演奏生活。

莫扎特在短短的35年生活历程里完成了600余部（首）不同体裁与形式的音乐作品，包括歌剧、交响曲、协奏曲、奏鸣曲、四重奏和其他重奏、重唱作品，大量的器乐小品、独奏曲等，几乎涵盖了当时所有的音乐体裁。他的音乐体现了古典主义时期的风格，完善了多种音乐体裁形式，并与海顿一起，确立了维也纳古典乐派。

影响力：★★★★★

知名度：★★★★★

美誉度：★★★★★

小时候，莫扎特学起琴来，一点儿也不费劲。一首小步舞曲，不到30分钟，

莫扎特就能学会。

后来，他取得了巨大成功。

“人们认为，我的艺术创作是轻而易举得来的。这是错误的。没有人像我那样在作曲上花费了如此大量的时间和心血。没有一位大师的作品我没有再三地研究过。”这名音乐天才告诫世人说。

爸爸发现他是一个小天才

莫扎特出生于奥地利萨尔茨堡的一个音乐家庭。爸爸列奥波尔德是一位受人们尊敬的小提琴家、作曲家和音乐指挥，著有《小提琴之艺术》一书。

姐姐娜妮，也很有音乐天分。在娜妮 5 岁时，爸爸便开始教她学习音乐，在爸爸的教育下，娜妮进步神速。一天晚上，爸爸正在教 7 岁的姐姐弹钢琴，莫扎特突然放下手中的玩具，在一旁坐下来认真地听姐姐弹钢琴。晚饭后，忽然从琴房里传来琴声，爸爸听出来是下午教给娜妮的那首曲子。他来到琴房后大吃一惊，原来是莫扎特在弹琴，虽然他只有 3 岁，弹琴的动作还不太规范，但所弹的音符却准确无误。

这不禁让爸爸大吃一惊。从那以后，爸爸开始教莫扎特弹琴，经过一段时间的学习，莫扎特和姐姐的琴技不分上下。此外，莫扎特还学会了拉小提琴和演奏管风琴。

4 岁时，莫扎特就开始上正规的音乐课程。在爸爸的教导下，莫扎特进步神速，他可以在 30 分钟以内学会一整首小步舞曲和三重奏。

6岁的孩子会作曲

莫扎特学习专注，感情细腻，听觉灵敏，一个全音的八分之一的音程他也能准确无误地辨别出来。

有一次，爸爸邀请宫廷乐手约翰·沙赫勒到家中做客，看到 4 岁的莫扎特

正趴在五线谱纸上写着什么。看到儿子专注的神情，爸爸微笑着说："莫扎特，你在干什么呢？"

莫扎特十分认真地回答："我在作曲呢！"

看到小莫扎特的举动，两个大人不禁相视而笑。这时，爸爸起身拿取那张写着歪歪斜斜音符的纸张认真看起来，细心的爸爸很快从这个幼童的作品中发现了"金子"，他突然眼噙泪花，兴奋地对约翰·沙赫勒喊道："亲爱的朋友，你快过来看！我的儿子写出了多么流畅的旋律啊！"

原来，莫扎特创作了一首简单的钢琴曲，乐感十足。朋友约翰·沙赫勒看过之后，也惊叹不已。

那个夜晚，爸爸一夜未眠，他决定竭尽全力精心栽培莫扎特。

从此之后，爸爸对莫扎特的学习与训练极为严格，除了复杂的音乐理论与演奏技能外，还有拉丁文、英文、法文、意大利文以及文学和历史课程等等，每天都排得满满的。

天才仍旧勤奋好学

小莫扎特在爸爸精心教育下，6 岁时已能准确无误辨明任何乐器上奏出的单音、双音、和弦的音名以及杯子、铃铛等器皿碰撞时发出的音高，莫扎特不费吹灰之力便能准确说出，竟然超出不少专业乐师的水准。

很快，莫扎特的音乐天赋被当地人传为佳话，小神童并不为此而骄傲自满，他常一个人待在琴房里，一练就是数小时。

那段时间，莫扎特的游戏甚至也与音乐有关。虽然年幼，莫扎特已经有了一份大大的梦想，他要成为音乐大师。

爸爸的朋友，宫廷乐手约翰·沙赫勒这样描述说："一旦莫扎特投身音乐，他就不理会其他活动了。甚至连游戏和恶作剧也得和音乐有关，他才玩得开心。比方，我们玩一种把玩具由一个房间搬运到另一个房间的游戏，谁空着手就要唱歌或用小提琴拉一首进行曲。"

每次吃晚饭的时候便是莫扎特向家人展示他音乐才华的好机会，每当家里有客人来的时候，莫扎特的表现往往会更精彩，这时爸爸和客人都会朝他竖起大拇指说：“孩子，你真棒！”

震惊整个欧洲的旅行演出

6岁那年，爸爸决定带着莫扎特和10岁的姐姐娜妮周游世界，让两个孩子开阔一下眼界。

在爸爸的带领下，他们先后到过慕尼黑、维也纳、普雷斯堡做了一次尝试性的巡回演出。在巡回演出上，人们看到一个稚气未脱、头戴假发、身穿银色礼服、腰插短剑的小男孩，当他的手指触摸到琴键上时，人们随即被他的音乐天才所折服。即使把琴用布盖上或把这个小男孩的眼睛蒙上，这个小精灵还是能流畅地弹奏出大师们的乐曲。他为一位女歌唱家伴奏后，当这位女歌唱家再唱此首歌时，小男孩就不用再看乐谱很自然地配出和声来，从前到后竟然一点也没错。

在这之后，那位女歌唱家将此歌唱了七八遍，小男孩的每一次伴奏都有新的变化，都会有美妙的旋律从他的指间流出，让听众无不感到惊奇。

从1763年6月至1772年3月，他们先后到德国、法国、英国、荷兰、意大利等国进行了为期10年的旅行演出，获得了广泛的成功。上流社会也被莫扎特的音乐才华所打动。英国女皇把小莫扎特抱在膝头，俄国沙皇请他共进晚餐，罗马沙皇则奖给他代表最高荣耀的金奖章。

16岁时，莫扎特结束了长达10年之久的欧洲旅行演出生活，返回自己的家乡萨尔茨堡。后来，莫扎特定居维也纳，经历了一番人生风雨之后，35岁的莫扎特，因病离世。

于是，《牛津音乐大词典》这样评价这位天才：

莫扎特的才智宏大通博，以至于到了令人不可思议的地步。若以三言两语把他的成就加以归纳，难免流于庸俗。他把童年时代在欧洲宫廷中学到的点滴

音乐化为金玉宝藏。他对乐曲的形式感和对称感似乎是与生俱有的，而且他将此天赋与他那半来自学习、半来自直觉的万无一失的技艺紧密结合在一起。他在歌剧中不仅表现出迄今仍无人可及的戏剧感，而且还透过与当时几位最伟大声乐家的接触而扩展了歌唱艺术的天地。由于具有极强的敏锐度与能以超然物外的态度洞察人生，他所塑造的舞台人物可与莎士比亚笔下的同类人物媲美。他的音乐是超国界的，融合意大利、法国、奥地利和德国素材于一炉。

莫扎特虽然去世了，但他短暂的一生，却创作了典雅秀丽、旋律质朴的 17 部歌剧，49 支交响乐和繁多的各种名曲。

莫扎特创作的音乐作品，数量之多，技巧之精湛，它们都如珍珠一般玲珑剔透，像阳光一般热情温暖，洋溢着青春的生命力。

天才孩子需要什么?

童年和少年时期，莫扎特除了受到爸爸严格教导外，他没有受过正式教育。莫扎特是一位音乐天才，他热爱生活、充满诗意、富于感情；他天真、单纯；他易受感动，爱掉眼泪，时常兴高采烈；他童心不泯，充满好奇，似乎永远也长不大。

没有人比天才更了解自己的人生。作为一位旷世天才，莫扎特说：“人们认为我的艺术创作是轻而易举得来的。这是错误的。没有人像我那样在作曲上花费了如此大量的时间和心血。没有一位大师的作品我没有再三地研究过。”

端正的人生态度、良好的学习习惯是每一个人前进的阶梯。天才，也需要意志力。

第五章

他们小时候受过良好的家风家训

哲学家叔本华指出，孩子继承的是母亲的智力，父亲的意志力。

人们常说，父爱如山。这座山，对孩子们来说，就意味着是他们幸福一生的靠山。身为父亲，如何陪伴孩子成长呢？孩子眼中的“称职爸爸”，往往有许多共同点：需要爸爸善于对孩子表达爱心，愿意与孩子共度时光，能够用儿童的眼光看世界，能够给孩子相对宽松的自由，有力量地设立“限制”。

母爱如水，一生都细水长流。

如果成长得法，绝大多数的人都会成为非凡的人才。

乔治·华盛顿：诚实的孩子成为美国国父

——犯下了错误，为何却得到奖励？

乔治·华盛顿（1732—1799），美国政治家，首任总统。1775 年至 1783 年在美国独立战争中任大陆军的总司令，1789 年成为美国第一任总统，在接连两次选举中都获得了全体选举团无异议支持，一直担任总统直到 1797 年。由于他扮演了美国独立战争和建国中最重要的角色，华盛顿通常被称为“美国国父”，学者们则将他和亚伯拉罕·林肯并列为美国历史上最伟大的总统。

影响力：★★★★★

知名度：★★★★★

美誉度：★★★★★

在美国建国初期，对于许多人梦寐以求的最高权力，乔治·华盛顿坚决拒绝第三次蝉联总统。乔治·华盛顿悄然引退后，回到了他的老家，再次经营起了自己热爱的弗农山庄的土地。

儿时的乔治·华盛顿，曾在那座庄园受过最好的家庭教育，在那里留下过许多美好的记忆。

砍倒弗农山庄一棵珍贵的樱桃树

在美国弗吉尼亚州威克弗尔德庄园的老屋，1732年2月22日上午10点钟左右，一个男婴降生了。奥古斯丁便给这个儿子起名为乔治。这名男婴，后来成为美国第一届总统的乔治·华盛顿。

小时候，华盛顿在位于拉帕汉诺河边的弗农山庄，度过了一段美好无忧的时光。

6岁那年，爸爸奥古斯丁从外地带回来一把十分好看的小斧头，就把它当作生日礼物送给了小华盛顿。

弗农山庄后面有一片树林，林地中栽种有十几棵樱桃树。华盛顿拿着那把小斧头，显得异常兴奋，不知不觉逛到了那里。瞧着闪闪发光的斧头，华盛顿心想，它到底有多锋利呢？他来到一棵樱桃树前，就学着工人那样朝这棵小樱桃树砍去，只听见“咔嚓”一声，小樱桃树应声倒下。

这时走来几个工人，其中一个人对华盛顿说：“乔治，这樱桃树是我陪你爸爸从很远的地方购买回来的，十分珍贵，这下可糟糕啦，你把他砍倒了，你爸爸看见后肯定会很生气。”

当天晚上，爸爸回来后就发现他珍贵的樱桃树被人砍断了一棵，顿时大发雷霆，扬言要狠狠教训一顿肇事者。所有工人都你看看我，我看看你，谁也不敢吱声，这时华盛顿走到爸爸面前，小声说道：“爸爸，那棵樱桃树是我用小斧头砍倒的。”

爸爸的怒气顿时烟消云散，他叹了口气说：“砍倒了樱桃树，该怎么办呢？”

华盛顿鼓足勇气说：“这是我的错，我接受惩罚。”

爸爸抚摸了一下小华盛顿的头，欣喜地说道：“孩子，你的诚实，胜过一千棵樱桃树的价值。”

用“黄蜂”之计智擒小偷

有一年春天，农民普斯特先生家被人偷走了一些衣服和粮食。一位长者即时召集周围的居民开会，讨论如何破案。大家你一言我一语，谁也没有想出好方案来。

这时，小华盛顿来到长者面前，放低声音说：“从所提供的情况看，小偷大概是本地人。”长者问华盛顿有没有破案的妙方。于是，华盛顿又对长者耳语了一番，长者听后连连点头。

这天晚上，在长者的提议下，拉帕汉诺河边的居民都聚集到一个麦场上。这时长者对大家说：“在开会之前，先请小华盛顿给大家讲一个故事。”明月当空，夜风徐徐，人们围坐在麦场上听风华少年华盛顿讲故事。华盛顿声情并茂地讲道：“黄蜂是上帝的使者，它有一双明亮的眼睛，能看透世人的真伪和善恶。黄蜂受到上帝的指使，乘着朦胧的月光来到人间……”

忽然，华盛顿停顿了片刻，在所有人都聚精会神之时，他惊声喊道：“啊，他就是小偷！普斯特先生家的东西，原来是他偷的。黄蜂正在他帽子上面盘旋，就要落到他的帽子上了，落下来了！”

人群骚动起来，大家纷纷扭过头来去看身边的人。那个做贼心虚的人，心乱如麻，终于按捺不住了，下意识地伸手在帽子上挥动几下，想把“黄蜂”赶走。小偷这种不合时宜的举动，把他一下子完全“暴露”在人们面前，人们纷纷指着这个人说道：“他就是贼！”

惊慌失措的小偷，仍争辩说他是无辜的。有几个性情冲动的人便去了他家，很快搜到了他所偷的普斯特先生的衣服，在铁证面前，小偷只好低下头来。

智擒小偷的事情传开后，有一天，邻居的马被人偷走，就来请华盛顿同他一起去找马。他们在一个农场看到了丢失的马匹。但小偷拒不归还，十分狡猾地说：“这马是我家的，已经养了3年了。”

华盛顿灵机一动，便用双手遮住了马的眼睛问道：“如果这马是您的，那

么你一定会知道马的哪只眼睛瞎了吧？”

偷马人犹豫了片刻说：“是右眼。”于是，华盛顿放下了一只手，马的右眼非常明亮，并没有瞎。偷马人装着十分生气的样子，大声嚷道：“我是被你气糊涂了，才说错了，我本是想说马的左眼瞎了。”这时，华盛顿放下另外一只手，耸了耸肩。原来，马的左眼像右眼一样明亮，也没有瞎。

偷马人张了张嘴唇，可什么话也没有说出来。丢失的马匹，自然也就物归原主了。

只受过初等教育，却成为一代伟人

华盛顿在位于拉帕汉诺河边的弗农山庄，度过了大部分的童年时光。

少年时代的华盛顿，只在一所老式的学堂接受过初等教育，学习了一些简单的科目。此后，他再也没有受过系统的教育，更未曾进入高等学校深造，但是他凭借着自己顽强的毅力和好学的精神，通过自学不断丰富自己的人生。

在这个过程中，华盛顿养成了正直、诚实，办事极为公道的性格。这些与爸爸对他的影响有关，也与自己的努力有关。从孩童时代起，他便渴望成为一名正直高尚的人。

19 岁时，乔治·华盛顿成为英属弗吉尼亚地区的一个少校副官。此时，华盛顿是一个身体健壮、外貌庄严、沉默寡言、充满魅力的年轻人。

1752 年底到 1753 年春，英法两国在俄亥俄河发生激烈冲突。为此，弗吉尼亚总督写了一封措辞严厉的信，要求法国军队放弃这片土地。不过，由谁去递交这封最后通牒的信呢？这就需要一个机智、勇敢，能够穿越一片人迹罕至的危险地带的使者才能够完成使命。

最后，21 岁的华盛顿赢得了总督的信任，成为这次送信的使者。华盛顿历经千难万苦，将最后通牒的信件递交到法国人手中，完成了使命并顺利返回。这次经历，让华盛顿谨慎、精明、果敢和坚定的性格得到充分体现，也让人们对他杰出的才能有所了解。

只受过初等教育的他究竟有着怎样的品性呢？华盛顿说："由于剑是维护我们自由的最后手段，一旦这些自由得到确立，就应该首先将它放在一旁。"华盛顿还说："先例是危险的东西，因此，政府之缰绳得由一只坚定的手执掌，而对宪法的每一次违背都必须遭到谴责，如果宪法存在什么缺陷，那就加以修正，但不能加以践踏！"

后来，乔治·华盛顿成为美国独立战争时殖民地军的总司令，他领导制定了美国宪法，当选为美国第一任总统，被誉为"美国之父"。

华盛顿，这个有着一颗伟大心灵的人物，他的事业属于全人类，他将千古流芳。

他的名字叫"华盛顿"

华盛顿，是一个人的名字。

这个人，领导制定了美国宪法。也是这个人，他曾是美国独立战争时期的大陆军总司令。独立战争胜利后，他履行了自己的承诺，交出了军权，回到了乡村继续经营起自己的弗农山庄。1789 年，华盛顿当选为美国第一任总统。1796 年 9 月 17 日，他发表《告别辞》，表示不再出任总统。次年，他回到了弗农山庄，这位白发长者，再次过上了乡间生活。

这个人，在弗农山庄生活共达 45 年。也是在这座庄园里，他养成了诚实、正直、办事极为公道的性格。

这些成长经历和他所展现出来的品质，奠定了美国政治与文化的高起点。

科比：“黑曼巴”的传奇人生

——台上一分钟，台下十年功

科比·布莱恩特（1978—2020），出生于美国宾夕法尼亚州费城，前美国职业篮球运动员，绰号“黑曼巴”“小飞侠”。科比整个NBA生涯都效力于洛杉矶湖人队。职业生涯随湖人队5夺NBA总冠军；荣膺1次常规赛MVP，2次总决赛MVP，4次全明星赛MVP；共18次入选NBA全明星阵容，15次入选NBA最佳阵容，12次入选NBA最佳防守阵容。科比是NBA最好的得分手之一，曾经单场得81分。

当地时间2020年1月26日，科比在加州卡拉巴萨斯因直升机事故遇难，年仅41岁，令亿万篮球迷为之落泪。2020年4月5日，科比正式入选奈·史密斯篮球名人纪念堂。

影响力：★★★★★

知名度：★★★★★

美誉度：★★★★★

那一年，科比正当青春年少，给自己起了一个绰号“黑曼巴”，科比希望他的篮球技术能拥有黑曼巴蛇的能力，那就是以99%的准确度用最大的速度，快速连续地攻击对方。

在NBA，科比是一位特立独行的巨星，很少理会别人的评价，他只活在自己的世界里。追根溯源，这样的性格也许与科比童年的经历有关。

原来，爸爸乔·布莱恩特曾经也是一名NBA球星，科比天马行空一般的

球风，就极像二三十年前的爸爸。

NBA里的篮二代

有一次，记者拦着正要起身回湖人主场的科比，因以前打过交道，科比出于礼貌还是停了下来。这名记者问道：“科比，你的童年最美好的记忆是什么呢？”

气氛顿时愉悦起来，科比笑着说：“就是我得到第一个篮球的那一天，我告诉爸爸我长大了也要打 NBA。那一天，爸爸告诉我一定要努力成为最优秀的球员，只有最优秀的球员才能屹立 NBA 联盟之巅。”

1978 年 8 月 23 日，科比出生于费城，当时爸爸乔·布莱恩特也正效力于 76 人，因为球队中有多名超级巨星，大多数的时间里，爸爸只能坐在替补席上。正是有了这段在 NBA 打球的经历，他才告诫科比要努力成为最优秀的球员，他未能做到的，但希望儿子能够做到。

一个身穿快船球衣的 3 岁男孩正坐在洛杉矶的家里一边在电视里观看一场 NBA 比赛，一边玩弄着手里的小篮球。突然，小男孩放下手中的球，他张大嘴巴目不转睛地盯着电视，在那场比赛里，爸爸一个空切，然后接到队友的传球，翻身后仰跳投，篮球从指尖滑出在空中划下一道无比美妙的弧线，最后应声空心入网，爸爸又得分了，小男孩跳起来跟着电视解说一起欢呼，他已将小手拍得通红。

这时，妈妈帕姆走了过来，握着儿子拍得通红的小手说：“科比，爸爸又得分了是不是？”

小男孩很骄傲地说：“是的，妈妈，我长大了也要打 NBA！”

听到儿子稚气未脱的声音，帕姆笑出了泪花，她连忙说“好的，好的，好的”，并一把将儿子紧紧抱在怀里。

远赴意大利的岁月

乔·布莱恩特在NBA征战了8年，先后效力76人、快船以及后来的火箭。不过他在NBA的职业生涯并不如意，在多支球队中既没成为核心也没成为主力。

1984年，爸爸结束了与火箭队的合约，带着科比姐弟三人和妻子不远万里，来到意大利一个叫作里蒂的城市，参加了当地一家篮球俱乐部。意大利的篮球迷会在篮球俱乐部悬挂俱乐部的队旗，穿俱乐部的队服，他们会向客队的队员们抛硬币，站在一起蹦蹦跳跳，在比赛中会高声歌唱。科比回忆说：“他们总是为爸爸唱歌。”然后用意大利语哼唱起当年球迷们的歌：“你认识这个球员吗？他超过魔术师，赛过贾巴尔。他就是乔·布莱恩特！”

每当听到球迷对爸爸的赞美，小科比就感到无比自豪。

6岁时，科比在里蒂一所小学上学，由于刚开始学习说意大利语，所以让他感到有些吃力。另外，意大利人热衷于足球，篮球在那里是一种可有可无的运动，每当科比津津乐道地谈论篮球时，其他同学都不屑一顾。这让科比显得有些落寞。

放学后，常常只有科比一个人在球场上练习篮球，其他同学都去踢足球了，这让科比很难清静地投篮。有时，他们只有两个人踢足球的话，科比还可以壮着胆子把他们赶走，如果他们来了十多个人的时候，科比就只好让步，要么回家，要么给他们当守门员。

每到周末放学后，爸爸就会带着科比一起去参加训练。有意思的是，当爸爸有比赛，一到比赛半场休息时，小科比常常到场上展示他投篮的本事，直到下半场比赛开始，观众们又欢呼着送这个小男孩下场。

在意大利自家庭院里，科比也经常和爸爸斗牛。最开始，他总是打不过爸爸，但到了12岁以后，爸爸对付起儿子就有些吃力了。那个场景时常会很有趣。那时候，爸爸经常玩些花招。所以，他就会把妈妈叫过来，然后妈妈就会不时朝丈夫说：“乔，放低你的肘子。”

看见情况不对劲时，妈妈就会朝丈夫大喊道：“乔，你戳到儿子的脸了。”

只有妈妈在场时，父子俩的比赛就会公平很多。

回到美国，锋芒初露

1991 年，科比随家人从欧洲搬回美国费城，那时他已是一名 13 岁的追风少年。他说着一口流利的意大利语，却对美国文化了解不多，但篮球在美国有着超级魔力，科比很快就加入到劳维默里昂中学的校篮球队中，并成为一颗冉冉升起的新星。

“我只看科比打了 5 分钟的球，便坚信这小子将来一定会进入 NBA。”回忆当年第一次看见科比打球的情景时，劳维默里昂中学教练唐纳先生说。

无论训练还是比赛，那时的科比只有一种性格：不服输。

有一次训练中科比的鼻梁骨被撞断了，他疼得用左手捂住了鼻子，却没有立即下场治疗，而是用他的右手投中了一个三分球。

在每一次训练中，科比都有一股狠劲，那是一段无比欢快的时光，他代表所在中学梯队在中学联盟里征战了三年，得了 2883 分，竟然打破了有“上古怪兽”之称的张伯伦所得到的 2539 分纪录。在 1995—1996 赛季，科比带领校队打出了神乎其神的 27 连胜，将所有高中球队都打败了一遍，最终，他以场均 30.8 分的成绩，被《今日美国》评为全美最佳高中生球员，并入选麦当劳美国代表队，还获得了耐·史密斯奖和阿迪达斯全美夏季高中联赛的 MVP。这颗冉冉升起的未来巨星，已经引起了全美的关注。

进入 NBA 第二年，1998 年 2 月，在纽约麦迪逊花园广场，纽约全明星赛比赛现场响起了一个声音：“科比·布莱恩特！来自湖人队！”

这一年，科比以 19 岁零 5 个月的年龄成为 NBA 史上最年轻的全明星球员，从而打破了 1980 年魔术师约翰逊的纪录，他打全明星赛时是 20 岁零 5 个月。在科比的第一次全明星赛上，他拿到 18 分，其中还有两个非常漂亮的空中接力，他是西部得分最高的球员，最后他还是输给了一个叫乔丹的人，乔丹在那

场比赛得到 23 分，当他举起 MVP 奖杯时全场起立为他欢呼。因为乔丹是 NBA 历史上最伟大的球员。

“什么时候我能像他一样呢？”这时，科比对他的队友埃迪·琼斯悄悄地说。

最终，科比也成了乔丹之后，能够统治 NBA 多年的伟大球员。

每天凌晨四点钟起来训练

回顾科比所走过的那一条伟大之路，探求他成功的秘密，答案就在下面。

有一次，记者问：“你为什么能够如此成功呢？”

科比反问道：“你知道洛杉矶每天早晨四点钟是什么样子吗？”

记者摇摇头，科比继续说：“满天星星，寥落的灯光，行人很少。每天洛杉矶早上四点仍然在黑暗中，我就起床行走在黑暗的洛杉矶街道上。一天过去了，洛杉矶的黑暗没有丝毫改变；两天过去了，十多年过去了，仍然没有改变，但我却变成了肌肉强健，有体能、有力量，有着很高投篮命中率的运动员。”

这就是科比成为 NBA 最好的得分手之一，对于突破、投篮、罚球、三分球、防守，他都能驾轻就熟，几乎没有进攻盲区，单场比赛 81 分的个人纪录就是最有力的证明。

帕瓦罗蒂：找到那把属于自己的椅子

——出生时的第一声啼哭，令医生惊诧不已

鲁契亚诺·帕瓦罗蒂（1935—2007），又译巴佛洛堤，生于意大利摩德纳，意大利男高音歌唱家，世界著名三大男高音之一，被冠以“高音C之王”。他的代表作有《今夜无人入睡》《我的太阳》《弄臣》《图兰朵》《奥赛罗》《冰凉的小手》《多么快乐的一天》等，因带给人以强烈的心灵震撼而广为流传。

1981年，在旧金山演唱了威尔第歌剧《阿依达》后，照片登上了《时代》周刊。1998年，获得联合国“和平使者”称号。2005年初，举行告别舞台的世界巡演。

影响力：★★★★★

知名度：★★★★★

美誉度：★★★★★

童年时，帕瓦罗蒂有一段时间爱好运动，他曾在家乡摩德纳市的足球队中担任过主力，小有名气。成年后，帕瓦罗蒂在保险公司做过销售员，还当过教师。

因爸爸对于歌剧的热爱，最终影响了有歌唱天赋的帕瓦罗蒂的人生轨迹。他第一次在摩德纳唱诗班登台演唱就是和爸爸在一起。

干过多个职业之后，他又是如何成为“高音C之王”的呢？

哦，多么美妙的高音！

世界著名男高音帕瓦罗蒂出生时，他特别响亮的哭声，令医生惊诧不已，就对他的妈妈说："夫人，听您孩子的哭声，他将来一定是了不起的男高音歌唱家！"

听到医生的夸赞，让妈妈阿黛勒热泪盈眶，认为儿子将前途无量，妈妈虽是一名雪茄烟厂女工，但她同帕瓦罗蒂的爸爸费尔南多一样都酷爱音乐。

说起费尔南多，他是一个面包师，同时也是当地颇有名气的业余男高音。费尔南多没选择当一名职业歌唱家，他选择面包师成为自己的职业，是因为他一上台单独演唱时，常常因为高度紧张而忘记歌词，这对以演唱为事业的人来说很致命。

小时候，帕瓦罗蒂经常同爸爸一起听卡鲁索、吉利、比约林、斯基帕、科莱里、莫纳科、佩尔蒂莱等歌唱大师的唱片，一边仔细聆听，一边用心揣摩。每天，费尔南多引吭高歌时，帕瓦罗蒂都睁着好奇的眼睛看着爸爸，一边跟着爸爸也像模像样地学唱起来。

有一天，当小帕瓦罗蒂第一次把声音飙高试图发出高音时，他将自己的爸爸吓到了，让爸爸惊讶极了，一把将帕瓦罗蒂举了起来说："啊，多么美妙的高音！"

同爸爸一样，拥有一副好嗓音，但不同的是，帕瓦罗蒂却从不怯场。一次，有许多人参加的晚宴上，帕瓦罗蒂竟然直接爬上了餐桌，他大声向客人们宣布："我爸爸是男高音，我长大了也要当男高音！"

然后，他张开双手，放声唱起了一首热烈高亢的咏叹调。那一年，帕瓦罗蒂才 4 岁。

5 岁时，帕瓦罗蒂拥有了一把自己的吉他玩具，他学着用这把吉他伴奏演唱一些民歌。帕瓦罗蒂喜欢在午饭后唱歌，那时这个小男孩并不知他的嗓音很高，以至午睡的邻居经常打开窗向他抗议道："够了！别唱了，帕瓦罗蒂！"

帕瓦罗蒂只好将房门关上，继续在他的小房间一展歌喉。然而，像他那样的高音是关不住的，很快全公寓的人都被吵醒了，他们纷纷来到帕瓦罗蒂的门

口，敲着窗户说：“停下来吧，小帕瓦罗蒂！”

现在，这个音乐小天才，在当地的名气已经超过他的父亲。

两把椅子的启示

那个年代，摩德纳市就像一个音乐之都，街区邻里人人都爱吼两嗓子。虽然爸爸总是对儿子的嗓音赞不绝口，然而刚开始时，小帕瓦罗蒂并没觉得他有多特别。

随着年龄增长，帕瓦罗蒂依然喜欢放声高唱，除此之外，他还有很多爱好，去绿茵场上踢足球一直是他喜爱的运动，有一段时间，这名少年还梦想成为飞机驾驶员，因为他的一个邻居就在飞机配件厂工作。

那个时候，帕瓦罗蒂还有一个梦想，希望能成为一名教师。于是，他报考了一所师范学校，在校学习期间，帕瓦罗蒂成为一位名叫阿利戈·波拉的专业歌手的学生。

临近毕业的那年，帕瓦罗蒂向他父亲请教：“我应该怎么选择呢？是当教师，还是成为一名歌唱家？”

费尔南多回答说：“儿子，如果你想同时坐两把椅子，你只会从两把椅子中间掉到地上。你应该选定一把椅子。”

帕瓦罗蒂听取了父亲的建议，决定做一名教师。然而，当帕瓦罗蒂拿起教鞭在一所小学当起老师的时候，因为缺乏经验而没有权威，学生经常在他的课堂上捣乱。他回忆说：“我无法在学生面前显示出自己必要的权威。”

这令帕瓦罗蒂很痛苦。最终，帕瓦罗蒂离开了学校，他又选择了另一把椅子——唱歌。

如饥似渴地将声音变得更完美

17 岁时，帕瓦罗蒂由父亲介绍到了“罗西尼”合唱团，从此他开始随合唱

团在各地举行音乐会。这期间，他经常在免费音乐会上演唱，希望能引起某个经纪人的注意。不幸的是，近 7 年的时间过去了，他仍是一个无名小辈。眼看着周围许多朋友们都找到了适合自己的位置，也都结了婚，而他还没有养家糊口的能力，这令帕瓦罗蒂苦恼至极。

屋漏偏逢连夜雨，船迟又遇打头风。偏偏在这个时候，帕瓦罗蒂的声带上又长了个小结。在费拉拉市举行的一场音乐会上，他甚至失声，而被满场的倒彩声轰下台。

失败曾让他产生了放弃的念头。

后来，帕瓦罗蒂冷静了下来，他想起父亲的话，决定咬牙坚持下去。几个月之后，帕瓦罗蒂在一场歌剧比赛中崭露头角，被选中于 1961 年 4 月 29 日在雷焦埃米利亚市剧院扮演鲁道夫演唱著名歌剧《波希米亚人》，这是帕瓦罗蒂首次演唱歌剧，也从此正式开始唱歌生涯。此场演出，帕瓦罗蒂赢得了观众雷鸣般的掌声。第二年，帕瓦罗蒂应邀去澳大利亚演出，并得到录制唱片的机会。1967 年，他被著名指挥大师卡拉扬挑选为威尔第《安魂曲》的男高音独唱者。

1972 年，帕瓦罗蒂在纽约大都会歌剧院与萨瑟兰合作演出《军中女郎》，在演绎一段被称为男高音禁区的唱段《多么快乐的一天》时，帕瓦罗蒂连续唱出 9 个带有胸腔共鸣的高音 C,震惊四座,从此被冠以“高音 C 之王”。在这之后，帕瓦罗蒂一直站在世界男高音的顶峰，数十年来无人能比。

帕瓦罗蒂被许多人誉为他那一代最伟大的男高音。这是因为他的嗓音丰满、充沛，带有透明感的明亮且具有穿透性。其中高声区统一，音色宽厚高昂，带有强烈的自然美感。

除此之外，帕瓦罗蒂还具有十分漂亮的音色，在两个八度以上的整个音域里，所有音均能迸射出明亮、晶莹的光辉。被一般男高音视为畏途的“高音 C”也能唱得清畅、圆润而富于穿透力，因而被誉为“高音之王”。

从此以后，帕瓦罗蒂的声名与日俱增，最终被誉为是世界三大男高音歌唱家之一，别号“高音 C 之王”。被誉为“当代歌王”。

选择适合你的舞台

只有坚定信念，保持专注，做最清醒的自己，才能够最终做出正确的选择。犹豫不定，左顾右盼，只会浪费青春的大好时光。

当年，当一位记者采访帕瓦罗蒂，问他说：“您的成功的秘诀是什么？”

帕瓦罗蒂回答：“我的成功在于我在不断的选择中选对了自己施展才华的方向，我觉得一个人如何去体现他的才华，就在于他要选对人生奋斗的方向。”

选择适合自己的舞台，只要这一步选对了，再付出努力和辛勤汗水，最终会让你的人生大放异彩。

托尔斯泰：早年的家训让他受益终生

——爸爸的人格魅力，成为儿子的指路明灯

列夫·尼古拉耶维奇·托尔斯泰（1828—1910），19 世纪中期俄国批判现实主义作家、政治思想家、哲学家。他一生从事文学创作的时间长达 60 多年。代表作有长篇小说《战争与和平》《安娜·卡列尼娜》《复活》以及自传体小说三部曲《童年》《少年》《青年》。其他作品还有《一个地主的早晨》等。

托尔斯泰以一生的辛勤创作，登上了当时欧洲批判现实主义文学的高峰。

榜样档案

影响力：★★★★★

知名度：★★★★★

美誉度：★★★★★

托尔斯泰出生在一个名门望族家庭，其谱系可以追溯到 16 世纪，远祖从沙皇彼得一世那里获封爵位。

这位俄国文学传奇，晚年曾力求过简朴平民生活的大师，列夫·托尔斯泰到底有着怎样的成长经历呢？

贵族少爷和仆人家的孩子一起玩耍

1828 年 9 月 9 日午夜，莫斯科南部的图拉城 14 公里处，一个拥有 42 间豪华厅堂的大庄园里，一名男婴诞生了，父母非常欣喜，给这名男婴起名叫列夫·托

尔斯泰。

妈妈玛丽亚经常抱着托尔斯泰，带着女仆在庄园的花园中散步，看着盛开的花和飞舞的蝴蝶，咿呀学语的托尔斯泰十分高兴。一岁半时，不幸的事情发生了，妈妈患了一场重病，医治无效而去世。妈妈离世前，最放心不下的就是儿子托尔斯泰。

托尔斯泰的爸爸尼古拉·伊里奇伯爵自然承担起了抚养和教育儿子的全部责任。爸爸虽然是一个贵族,但他十分朴实、真诚。看着渐渐懂事的小托尔斯泰，爸爸教育他在和家里的仆人，还有仆人们的孩子相处时，要平等相待。爸爸的教子方法，让托尔斯泰从小理解了什么是平等、自由，为他后来形成这些思想做好了准备。

托尔斯泰和仆人家的孩子们一起玩耍，并和他们成了好伙伴。仆人看到小托尔斯泰如此亲切，就经常给他讲乡村里以及民间流传的故事，这些影响了他的整个写作生涯。

老车夫给托尔斯泰的启示

有一天，小托尔斯泰的心情格外轻松，看到家仆老车夫普金斯夫乘坐一辆马车到乡下拉过冬的木柴，托尔斯泰便请求车夫普金斯夫将自己也带上。二人便乘车去乡下，路途中托尔斯泰探出头，看见几个农民正在河面上“热火朝天”地用锄挖破厚冰，然后下网在冰冷的河水中捞鱼。

托尔斯泰看着河面厚厚的冰块，他戴着手套的手都有些冻僵了，他有些不解地问道：“他们难道不怕冷吗？”

老车夫普金斯夫回答说：“孩子，贵族和那些有钱人家的餐桌上需要这些味道鲜美的鱼儿，这些农民为了全家人的生存，只好冒着严寒下河捞鱼了。”

一个多小时之后，托尔斯泰在老车夫的带领下来到了一个村庄。托尔斯泰大感意外，在他眼前晃来晃去的全是衣衫褴褛的农民，他不知道这是怎么回事，就问道：“他们为什么不穿上漂亮的衣服呢，干嘛把自己的漂亮衣服藏起来呢？”

看着眼前这个天真的孩子，老车夫普金斯夫解释说："他们太穷了，甚至都吃不饱饭，哪里有钱穿漂亮的衣服啊！你是贵族人家的孩子，他们是穷人，所以生活怎么会一样呢！"

托尔斯泰若有所思，还是没弄懂，又问道："那您说，他们为什么要当穷人啊？"

普金斯夫只好回答说："这不是他们的意愿，这是上帝的安排。"

托尔斯泰想了想说："上帝住在哪儿呢？我去请求上帝，把这些人变成富人。"

普金斯夫不禁大笑起来说道："孩子啊，有谁知道上帝住在哪儿呢？"

寻找上帝的孩子

这次下乡拉木柴时的所见所闻，让托尔斯泰久久不能忘怀。

见到哥哥尼古拉后，托尔斯泰向哥哥讲述了这次经历，期待哥哥能和他一起去寻找上帝，请求上帝把那些穷人也变成富人。

哥哥听完托尔斯泰的经历，也向弟弟讲了一个故事："小的时候我听妈妈说，从前有一个很穷的青年，他勤劳、勇敢、心地善良，他想让天下的穷人都变得富有起来，于是，有一天他带着行李去寻找上帝。"

托尔斯泰听得入迷，哥哥接着绘声绘色地讲述着："后来，这名青年在一片旷野上，幸遇了上帝，上帝被这名青年的善心所感动，就告诉了他一个让穷人摆脱贫困的秘诀。青年得到这个秘诀后立刻返乡，于是他穿行在一片森林中，所带的干粮很快吃完了，几天后，又累又饥饿的他再也走不动了。当他刚一停下来，就吐了一大口鲜血，青年知道自己马上就要死了，于是拾起树叶，用手蘸着吐出来的鲜血，把上帝告诉他的信条写在上面。接着，他把这些树叶藏在旁边的一个石洞里。"

听完这个故事，小托尔斯泰十分兴奋："哥哥，等我们长大了，就去那片树林找到那个石洞，把那个青年写在树叶的秘诀告诉给所有的穷人。"

在不幸中成长为一代伟大作家

9岁时，一场车祸夺去了爸爸尼古拉的生命。托尔斯泰兄弟姐妹四人被托付给姑母照管。姑母是一个心地善良的女人，她经常带着托尔斯泰一起去救济穷困的农民。救济穷人的日子，成为托尔斯泰最快乐的时光。

后来，托尔斯泰养成了读书的习惯，他常常独自拿着书到庄园旁边的一片树林中去读。在阳光下，面对大自然的美景，鸟儿的鸣唱，他读着普希金、歌德和狄更斯等著名作家的作品。也正是在这个时候，托尔斯泰开始梦想成为一名作家。

17岁那年，托尔斯泰考上喀山大学，但因对该校刻板的教学感到失望，后来他回到自己的庄园并自行安排学业。托尔斯泰因没有找到人生的方向，在那段时间过得并不愉快。渐渐地，托尔斯泰对这种平庸的生活感到厌倦，他想起了在高加索当兵的哥哥，于是启程投奔哥哥，也成了一名军人。

从军期间，托尔斯泰用闲暇时光开始写作，第一部作品《童年》完成后，发表在《现代人》杂志上，一举成名，跃入著名作家行列。

后来，托尔斯泰完成长篇巨著《战争与和平》《安娜·卡列尼娜》和《复活》。这些巨著，使托尔斯泰成为享有世界声誉的伟大的批判现实主义作家。

心灵的作用

托尔斯泰的远祖曾得到沙皇彼得一世的封爵，身为名门望族的后代，托尔斯泰之所以能够成为一代文学大家，这和爸爸尼古拉·伊里奇的家庭教育是分不开的。

在托尔斯泰的童年，爸爸就让他明白“人与人之间的尊重与平等”的重要性。后来，在托尔斯泰9岁那年，爸爸因车祸去世，但他留给托尔斯泰做人的道理却陪伴了儿子一生。

正是爸爸的家训，让托尔斯泰学会注重内心的感受。从此，他开始关注社会底层民众的生活，他有了一颗博爱之心。这些既帮助了他人，也成就了托尔斯泰的一生。

美，有的看重长相，有的看重衣着打扮，其实真正的美在于心灵。如今，托尔斯泰的名望，比所有曾经统治过那片辽阔国土的沙皇们还要大了。

第六章

他们小时候深受父母影响

常言道，父爱如山。母爱犹如涓涓细流，常年萦绕在孩子心头，那是一种温馨的情怀。所以，母爱似水。

对孩子来说，情商来自妈妈。一个孩子情商的高低，与妈妈直接相关。妈妈的一个眼神、一个举动、一句话，或许会影响孩子的一生。妈妈所讲的一个故事、所做的一件事也能给孩子留下终生难忘的烙印。对孩子来说，他们从爸爸那儿获得的是意志品质。

父母是孩子的第一任启蒙者，也是孩子最好的老师与伙伴。

卓别林：5 岁时替妈妈上台表演

——童年，妈妈的温暖怀抱，让他成长为喜剧大师

查理·卓别林（1889—1977），出生于英国伦敦的沃尔沃斯区的东街，闻名世界的喜剧大师、导演、编剧、电影史上最伟大的演员。童年时家境贫苦，曾进过孤儿院、卖过花、当过小工，历尽社会弱势群体生活的艰辛。

卓别林一生主演过八十多部影片，代表作品有《安乐狗》《狗的生涯》《寻子遇仙记》《淘金记》《城市之光》《摩登时代》《大独裁者》等，总是寄同情于穷人，而嘲弄那些富人。

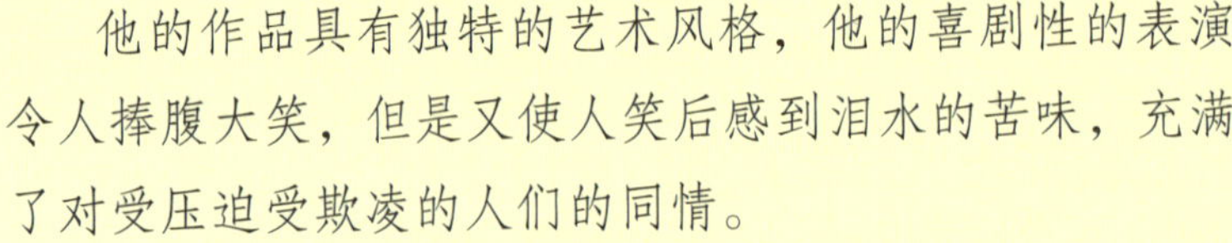

他的作品具有独特的艺术风格，他的喜剧性的表演令人捧腹大笑，但是又使人笑后感到泪水的苦味，充满了对受压迫受欺凌的人们的同情。

影响力：★★★★★

知名度：★★★★★

美誉度：★★★★★

一次，妈妈的嗓子突然哑了，声音低得像在说悄悄话，台下听众开始嘲笑她。

小卓别林只好临时替妈妈上台唱歌，谁也没有料想到，这个 5 岁男孩的歌唱表演，顿时迷住了台下的听众，并赢得了观众疯狂的喝彩。

一个传奇，就在这个不经意间开启了新征程。

好奇儿童的幸福时光

卓别林诞生在英国伦敦的沃尔斯区东街一个富有家庭。爸爸和妈妈都是游艺场的歌唱演员，谁也不会想到，这个名叫卓别林的男孩，后来却成为电影史上最杰出的喜剧大师。

妈妈是一个有情调的女人，虽然很忙，但她总是想办法照顾好两个儿子。每天晚上，她去剧院之前，总会对卓别林同母异父的哥哥雪尼说：“你会照顾好弟弟，是吧？”雪尼两眼闪光，满口答应下来。随后，兄弟俩便睡在妈妈整理好的一张舒适的大床上，她嘱托女仆几句话，又吻了下两个儿子的脸蛋就匆忙上班去了。

第二天早晨醒来，卓别林和雪尼都会蹑手蹑脚地下床，到一个小餐桌前领取他们的奖品：两块形状好看的蛋糕或者一小袋糖果。这是妈妈从剧院回来时带的，是卓别林和雪尼第二天的早餐。吃上这样美味可口东西，妈妈对他们俩还有一个要求，就是早晨不要吵闹，因为她刚刚睡下不久。

兄弟俩表现好时，还会有意外的惊喜，那就是妈妈会把他们打扮得帅气十足：雪尼穿上贵族学校的校服，十分神气，卓别林则会穿上一件蓝色天鹅绒上衣，配上一副蓝色手套。周日一家人出去旅行，一路上雪尼心花怒放，卓别林则挤着天真的眼睛，伸出娇嫩的舌头做鬼脸，可算出尽了风头。

日子一天天过去，愉快而温馨，转眼间卓别林 3 岁半了，变得愈来愈聪明调皮。机灵鬼哥哥雪尼自然成了卓别林模仿的对象，雪尼会变戏法，他向弟弟炫耀，把一块硬币吞下去，随后神奇地从脖子后边取出。小卓别林羡慕不已，信誓旦旦嚷着他也能做到，说着就把硬币吞了下去，幸好妈妈及时赶到，让医生把卡在他喉咙的硬币取了出来，才避免一场意外。

妈妈把卓别林带进剧院

不过，这样幸福的日子并没有持续太久。

后来，父母离婚，卓别林和哥哥雪尼只好跟着妈妈搬到一条破旧的陋巷里居住。这里是贫民区，全是食不果腹的社会最底层居民。此时，卓别林和雪尼不仅没有形状好看的蛋糕吃，也没有风味甜美的糖果吃。妈妈努力工作，在剧院继续她的唱歌表演，每个月会有 5 英镑的收入，但这些钱却要支付房租，还有一家三口的所有开销。

家里缺少了爸爸的身影，卓别林和雪尼也失去了往日的欢乐。很快，妈妈意识到这一点，她开始抽更多时间陪伴两个儿子。卓别林最喜欢听妈妈给他讲宗教故事，讲耶稣如何给穷人治病以及耶稣如何被捕的故事等，有时他被妈妈所讲的故事感动得流泪。

家中无钱请女仆，妈妈只好把卓别林带到她演出的剧院。在卓别林眼里，妈妈是那样的漂亮，年近 30 的妈妈，娇小玲珑，皮肤白皙，淡棕色的长发一直披到腰间，青紫色的眼睛里充满和善。卓别林和雪尼都崇拜妈妈。

每一次，卓别林都目不转睛地盯着看妈妈的演出，他学着妈妈举手投足间的神态，学着妈妈所唱的歌。现在，卓别林比任何人都喜欢剧院，这里从不缺欢乐和笑声，年幼的卓别林沉浸在其中，最让他不能忘记的是演出结束后在回家的路上，他总能睡意朦胧地躺在妈妈软软的怀中。

卓别林至死仍然记得，妈妈最后一次带他去水族游乐园看杂技的情景。他看到一个女人在熊熊烈火中伸出脑袋向观众微笑，妈妈把卓别林举到一个装满木屑的大桶口边，卓别林好奇地伸手从大桶的木屑里面摸出了一包东西，让卓别林大感意外，包里面竟然是一支用糖做成的口哨，还有一只玩具红宝石胸针。卓别林惊叫起来，他流口水了，这种糖果已经很久没有见到过了。

一次救场演出开启表演之路

“记得就在那一片混乱中，主持人搀着我走出去，向观众解释了几句，就把我一个人留在舞台上了。于是，面对着光彩夺目的脚灯和烟雾迷蒙中的人脸，我唱起歌来，乐队试着合了一下我的调门，就开始替我伴奏。那是一首家喻户晓的歌，叫《杰克·琼斯》。”卓别林回忆他5岁时第一次上台表演的经历时说。

如今，是妈妈一个人挑起家庭生活的重担。她是一个坚强的女人，热爱自己的工作，省吃俭用的她，要用每个月5英镑的薪水养活自己还有雪尼和卓别林。然而，厄运正在悄然降临。

有一天，妈妈带着病去演出，正在台上唱歌的妈妈嗓子忽然哑了，声音低得像在说悄悄话。她感觉嗓子疼痛不适已有多天了，以为再坚持一下就会好的，但事与愿违。台下那些听众多为士兵，他们开始嘲笑她，有的也憋着嗓子唱歌，更有甚者学猫儿怪叫。

妈妈难过地离开舞台，主管见状安慰她说：“以前曾看过卓别林的表演，会哼唱好几十首曲子呢，感觉不错，如今可以让他顶替你上台去唱歌。”

就这样，卓别林在主持人的带领下来到一片混乱声中的舞台上，面对着耀眼的灯光和喧哗的听众，卓别林一点也不惊慌，他唱了一首大家熟悉的《杰克·琼斯》的歌，台下的听众顿时被这个5岁男孩的歌唱和表演迷住。观众们疯狂叫好，还纷纷从口袋里掏出钱币投向舞台。

小卓别林的演出生涯，就这样开始了。

1903年，卓别林迎来命运的转机

6岁时，爸爸去世，妈妈精神病发作，卓别林只好与哥哥雪尼流浪街头，以卖艺和乞讨为生。那段日子，卓别林曾当过报童，也曾去富人家当过小仆人，还一度被好心的警察叔叔送进孤儿院生活。

后来，卓别林和哥哥雪尼在游艺场和巡回剧团里演唱和跳舞，并帮他们干各种杂活。

1903 年，卓别林迎来了命运的转机，他在短剧《福尔摩斯》中得到扮演童仆毕利的角色。《福尔摩斯》在英国各地巡回演出后，各地报刊纷纷发表评论都赞赏地提到童仆毕利的形象。这部短剧，让人们认识到了卓别林的戏剧天赋。

1913 年，卓别林随卡尔诺哑剧团去美国巡回演出，被一位电影公司的制片人兼导演塞纳特先生看中，签订了为期 1 年、周薪 150 美元的合同。1914 年，卓别林拍摄了人生的第一部电影《谋生》。

从 1915 年起，卓别林开始自编自导自演，甚至还担任制片和剪辑。没过多久，卓别林加入了埃斯安尼公司，并于 1917 年出品了《移民》和《安乐街》。

1925 年，卓别林主演了《淘金记》，1928 年，卓别林主演了《马戏团》，这两部作品也为他赢得了学院奖。

从此，卓别林开始了他漫长而辉煌的电影生涯，成为一代喜剧大师。

时间是伟大的作者

卓别林曾经说过：“时间是伟大的作者，她能写出未来的结局。”

这是一场有意思的对话。爱因斯坦非常推崇卓别林的电影。一次，他在给卓别林的一封信中写道：“你的电影《摩登时代》，世界上的每一个人都能看懂。你一定会成为一个伟人。”

卓别林在回信中写道：“我更加钦佩你。你的相对论世界上没有人能弄懂，但是你已经成为一个伟人。”

打开电视，你能够时常在 CCTV 中看到卓别林的经典电影，如今这些无声电影，依然在世界各地受到人们的喜爱。这位喜剧大师，终于在时间这个伟大的作者面前经受住考验，为他的人生留下一个完美的结局。

在时间中能够留存下来的，是我们对生活的热爱，对生命的珍爱，和对自然的敬畏。

柴可夫斯基：从小沉浸在妈妈的音乐声中

——神奇的音乐盒，这是人生最好的礼物

彼得·伊里奇·柴可夫斯基（1840—1893），又译为柴科夫斯基，1840年5月7日，出生于伏特金斯克市，十九世纪伟大的俄罗斯作曲家、音乐教育家，被誉为伟大的“俄罗斯音乐大师”和“旋律大师”。

1867年，《第一交响曲》在莫斯科首次演出。

1870年，幻想序曲《罗密欧与朱丽叶》在莫斯科初次演出。

1877年，芭蕾舞剧《天鹅湖》首演。

1879年，歌剧《叶甫盖尼·奥涅金》首演。

1888年，《第五交响曲》在圣彼得堡首演。

1890年，创作歌剧《黑桃皇后》。

代表作品有歌剧《叶甫盖尼·奥涅金》《黑桃皇后》，舞剧《天鹅湖》《睡美人》《第一钢琴协奏曲》《小提琴协奏曲》《罗科主题变奏曲》，幻想序曲《罗密欧与朱丽叶》等。

榜样档案

影响力：★★★★★

知名度：★★★★★

美誉度：★★★★★

小时候，柴可夫斯基一直沉浸在乐曲和歌声中，渐渐地他对音乐入了迷。有一天晚上，家里开了一个小型音乐会。妈妈演唱了一首《夜莺》。听着

这宛转悠扬的歌声，小柴可夫斯基仿佛迎着晨风，来到一片美丽的原野上，草叶上的露珠正闪烁钻石一般的光泽。茂密的丛林中，时而传来夜莺悦耳动听的鸣叫。这时，柴可夫斯基站起身来，独自走到自己的房间。

过了一会儿，家庭教师走进房间，她看见小男孩激动不安地坐在床上，热泪盈眶。

“你哭什么？”她问道。

“哦，这音乐，它老缠着我！它待在这儿——在我的脑瓜里！它使我安静不下来！”柴可夫斯基指着自己额头说。

同爸爸到林中倾听鸟儿的叫声

柴可夫斯基出生于乌拉尔的伏特金斯克城，一个富裕而又充满音乐气氛的家庭中。爸爸是一名工程师，同时是伏特金斯克冶金工厂的厂长，妈妈很有气质，她热爱音乐，善弹琴，还有一幅美妙的歌喉。

小时候，柴可夫斯基聪明活泼，很受家人喜爱。爸爸喜欢到原野和森林中散步，这时他总会带着儿子柴可夫斯基一同前去。在那里，柴可夫斯基听到各种各样的鸟儿发出的叫声，此时的柴可夫斯基，已经深受妈妈的影响，对声音极度敏感。

在散步中，柴可夫斯基时常侧耳倾听，然后说：“爸爸，这只鸟儿很忧伤呢，此前的那只则很欢快呢。”

爸爸问道：“你怎么会知道呢？”

柴可夫斯基答道：“您听它们的叫声啊，鸟儿的喜怒哀乐全在里面。”

爸爸吃了一惊，他发现儿子对声音极为敏感，有音乐方面的天赋。

生日礼物，神奇的音乐盒

5 岁那年夏天的一天早晨，柴可夫斯基刚刚睁开眼睛，发现爸爸站在他的

床前，手中拿着一个很精致的方盒子。爸爸笑着将这个精致的方盒子送到小柴可夫斯基的手中。

柴可夫斯基惊喜地说："爸爸，这是什么？"

爸爸回答道："孩子，这是你的生日礼物。"

柴可夫斯基一听，高兴地叫了起来，原来今天是他的生日。当他迫不及待想知道方盒子是什么时，反而感到迷惑不解，它到底是什么呢？

爸爸读出了儿子的心思，便拿起方盒子将上面一个发条上满后松开，随即盒内响起了美妙的音乐。柴可夫斯基跳了起来，从惊讶中反过神来，伴着优美的音乐，手舞足蹈起来。一首曲子刚停，又一曲又响起，令小柴可夫斯基如痴如醉。原来，它是一个音乐盒。

音乐停下来后许久，柴可夫斯基才缓过神，就问爸爸："这音乐，是小仙女们弹奏的吧？"

"噢，是吗？很好听吧，你知道是谁的曲子吗？"

柴可夫斯基得意地回答："是莫扎特先生的曲子，太好听啦，我听妈妈弹奏过呢。"

这是柴可夫斯基一生中得到的最好的礼物，从此以后，莫扎特也成为他最崇敬的人物，成了他的偶像。

启蒙老师拉娜妮娅

8 岁那年夏天，柴可夫斯基全家搬迁到了大都市彼得堡，这里是全国的文化中心。此时的柴可夫斯基，对音乐更加痴迷，父母决定为儿子请一位教音乐的家庭教师。

这时，柴可夫斯基有一个请求，让父母给他一个挑选家庭教师的机会，懂音乐的妈妈请朋友们介绍了不少音乐老师来面试，柴可夫斯基看过一位又一位音乐老师，最后，这个 8 岁小男孩看中了拉娜妮娅当他的钢琴教师。

当时，拉娜妮娅 32 岁，她充满热情，不仅钢琴弹得好，还会从学习兴趣

上引导柴可夫斯基，从不让他死背一些刻板的知识，常让柴可夫斯基思考一些问题，在品味音乐中获得快乐。

这样一来，柴可夫斯基在音乐的海洋中如鱼得水，十分愉快地投入钢琴练习，进步神速。

拉娜妮娅还是一个很会讲故事的人，她经常绘声绘色地给小男孩讲一些音乐家的故事。柴可夫斯基经常被那些音乐家的成长经历感动，就即兴给老师表演了一首曲子。这些启发了柴可夫斯基的创作才华。

在拉娜妮娅的教育下，柴可夫斯基的音乐有了不小的提高。没过多久，柴可夫斯基帮助妈妈创作了一首歌《妈妈在彼得堡》。幼年时代的柴可夫斯基，已经显示出非凡的音乐才华。

后来,柴可夫斯基成为一位伟大的音乐家。他的作品《罗密欧与朱丽叶》《天鹅湖》传遍全世界，成为人类艺术中的瑰宝。

音乐给予我们的东西

“音乐应当使人类的精神爆发出火花。”贝多芬说。

“音乐是上天给人类最伟大的礼物，只有音乐能够说明安静和静穆。”柴可夫斯基说。

“我的科学成就很多是从音乐启发而来的。”爱因斯坦说。

当一首首优美的曲子，从柴可夫斯基的笔下诞生后，他的作品被称为“俄罗斯之魂”。

音乐给予人的东西，往往比人们想象的还要多。生活往往让人变得细碎，细碎的生活会带来争吵；而音乐则会让人变得细腻，细腻的生活会形成内心的生活。

在音乐中，不论是对生活悲剧的深刻感受，还是对光明美好前途的热切追求，都能给予我们明媚的力量。生活中不能没有音乐，懂音乐，爱生活。

约翰·摩根：成为华尔街“拿破仑”的成长之路

——在父母的影响下，小摩根“敢作敢为”

约翰·摩根（1837—1913），美国银行家、艺术收藏家。摩根是美国最后的金融巨头，被称为华尔街的“拿破仑”，他曾两度使美国经济起死回生。

摩根曾控制着几十种行业，并通过摩根体制控制了当年美国大批工矿企业，把全美企业资本的四分之一集中到了他的麾下。

摩根利用其庞大资本对外国放债，经济上依赖他的不仅有墨西哥、阿根廷这样的国家，甚至连英、法这样的老牌资本主义国家在关键时刻也向他求援，摩根的力量总是超过人们的想象力。

榜样档案

影响力：★★★★★

知名度：★★★★★

美誉度：★★★★★

摩根家族创造的“摩根化的经营管理体制”至今仍影响着美国华尔街的一切。这一经营思想与战略，贯穿于资本主义由幼年迈向壮年的全过程。

被世人誉为“世界债主”的约翰·摩根，毫无疑问是华尔街的金融奇才，在其创业的人生道路上充满了冒险和投机钻营。

那么，约翰·摩根本人又有着怎样传奇人生呢？

12岁的孩子懂得“生意经”

美国康涅狄格州小城的朱尼厄斯·摩根，是一位极为成功的富商，对这位商人来说，1837 年 4 月 17 日，是个无比喜悦的日子，家族中唯一的男孩——儿子约翰·摩根出生了。

小时候，摩根的脸上得过皮疹，让他觉得很难看，在别人面前，这个男孩总显得忸怩不安。不仅如此，小摩根还得过头疼、猩红热等病。有一段时间，因各种疾病，小摩根每月有几天都在卧床养病，这让他备受折磨，也令他烦躁。这段经历，让摩根爱发脾气，情绪说变就变，让他形成了多重性格。

朱尼厄斯是一个性格沉稳的人，与爸爸不同，摩根却有些桀骜不驯。为此，爸爸对摩根放心不下，他时常提醒摩根注意交友：“你在学校所交的朋友，应该是规规矩矩的人，这样对你以后的人生会有益处。”

不知摩根听进去没有，在摩根成年后，爸爸还是经常这样提醒他。受到爸爸潜移默化的影响，很小的时候，摩根已经成为一个懂经济的人，此外，他还继承了爸爸的冒险和投机精神。

那时候，小摩根每周从爸爸那儿领取 25 美分的零花钱。这区区 25 美分的零花钱，摩根却把它管理得井井有条，他在一个记账本上，记下买糖果花了多少钱，买橘子又花了多少钱。总之，每一美分，摩根都让它花在明处。

12 岁时，摩根开始做生意，他把自己拥有的哥伦布登陆的影片，在众人面前大肆炫耀了一番，然后售票给看他的这部影片的人。

对家族男孩责任感的培养

朱尼厄斯把家族的希望都寄托在儿子摩根的身上。

为此，这位你父亲让摩根进入一所寄宿学校接受绅士教育，让他学会讲一口流利的外语，并让摩根进行全球贸易业务锻炼。

17 岁时，摩根进入德国格丁根大学学习，在大学学生俱乐部里，摩根感受

到了朋友间的真诚友谊。也是在这所大学，摩根对艺术产生兴趣，让他后来成为一位艺术品收藏家。

最让朱尼厄斯发愁的是儿子的坏脾气。他决定对摩根进行一番管教，想尽办法给摩根灌输强烈的责任感。

在摩根 21 岁时，有一天，朱尼厄斯生病了，他把摩根叫到身边，语重心长地说："如果有一天我不行了，你将是家里唯一可以想办法、拿主意的人。我想让你牢记你必须准备担起这些责任——要时刻挂在心上，无论什么时候责任落到你肩上，你都要准备好承担并履行这些责任。"

对于摩根来说，这的确是爸爸给予他的，让其终生受益的一份家训。

不同凡响的商业之路

从少年时代起，摩根就开始游历于北美与欧洲各地，让他眼界大开。大学毕业后，生活的磨炼，让摩根身上有了一种特殊的素质。使他在邓肯商行干得相当出色，不过他过人的胆识和冒险精神，却经常让商行总裁邓肯感到胆战心惊。

有一次，摩根乘船去美国新奥尔良商业旅行，一个陌生人敲开了他的舱门，面有焦急之色地说："听说您是商品批发商，对吗？"

"您有什么事情？"摩根说。

"先生，我是往来于美国和巴西之间的咖啡货船船长，受委托从巴西运回一船咖啡，谁知道天有不测风云，美国的买主破产了。现在只有自寻活路，为了将咖啡尽早出手，我愿意半价出售。"陌生人回答。

"咖啡质量如何？"摩根问道。

"质量很好，都是上品。"说着，那人便拿出咖啡的样品。

"先生，你的咖啡我全买下了。"看了一眼样品，摩根说。

"先生，您太年轻了，谁能保证船上的咖啡质量都和那个人手中的样品一样好呢？您还是谨慎些为好。"船长走后，随行的同伴提醒道。

“我知道不会上当，我们应该践约，以免这批咖啡落入他人之手。”富有冒险精神的摩根，此时却显得十分自信。

当总裁邓肯得知这一消息后，不禁吓出了一身冷汗。

“你小子，拿邓肯商行开玩笑吗？立马去把这个交易退掉，否则损失由你自己赔偿！”见到摩根时，邓肯总裁怒吼道。

面对粗暴而又不敢担当风险的老板邓肯，摩根痛下决心，准备一赌。他写信给爸爸，请求爸爸助他一臂之力。这次，望子成龙的朱尼厄斯支持了儿子，他帮助摩根还了邓肯商行的咖啡款，又支持了儿子接下来的商业活动。在那位卖他咖啡的船长的介绍下，摩根又买下许多船巴西咖啡。最终，摩根赢得了胜利。在摩根买下这批咖啡后不久，巴西咖啡因受寒减产，在北美洲咖啡价格一下上涨了两三倍，摩根大赚了一笔。

这次经商成功之后，朱尼厄斯为儿子摩根在华尔街纽约证券交易所的对面开办了摩根商行。朱尼厄斯相信自己儿子的经商能力，认为摩根一定会青出于蓝而胜于蓝。

从此，日渐成熟的摩根，走上了传奇的商业神话之路。摩根最终成为美国最后的金融巨头，被称为华尔街的“拿破仑”，他曾两度使美国经济起死回生。

承担责任，让你成功

朱尼厄斯身材高大、沉稳冷静、态度和蔼，不爱炫耀而又充满自信。这位富商非常注重家训，对摩根影响深远，他让儿子明白了承担责任的重要性。

成年后，即使摩根在商业上已小有成就，摩根依然在爸爸那儿听到的不是“你要如何赚钱”，而是“你要是一个规规矩矩的人，会给你带来好的影响”。

几十年来，老朱尼厄斯对儿子不断重复着这句话，他提醒儿子要诚信，要做一个承担责任的人。摩根已经成长为一个生意人后，要和许多商业伙伴合作做生意，老朱尼厄斯则教导摩根要勇于承担责任，不论是对家庭，还是对他商业上的合作者，这都是一种非常重要的品质。

最终，摩根在商业上的诚信，让他获得了巨大的成功。勇于承担责任，这也成为摩根家族最为重要的一条家训。

盖洛德·尼尔森：“地球日之父”的传奇人生

——深受父母的影响，成为环保人士

盖洛德·尼尔森（1916—2005），美国著名环保人士。1969年，身为美国民主党参议员的尼尔森提议，在全国各大学校园内举办环保问题演会讲。当时，在哈佛大学法学院读书的丹尼斯·海斯热烈响应，在他的协助下这份提议很快于1970年4月22日变成了一个全国性游行、集会和演讲的环境活动。从此，环保理念开始融入人们的生活中，因此，尼尔森也被誉为“地球日之父”。

人们习惯把盖洛德·尼尔森和丹尼斯·海斯在1970年发起的这次地球日活动视为美国现代环保运动的开端。

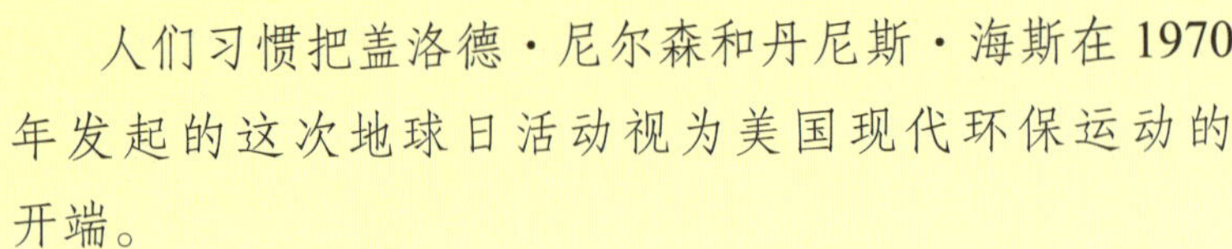

影响力：★★★★★

知名度：★★★★★

美誉度：★★★★★

“生命的每种形式都是独特的，不管它对人类的价值如何，都应受到尊重。为了使生命的所有形式得到这种尊重，人类的行为必须受到道德准则的支配。”

上述这段美妙的文字，郑重地记载在《世界自然宪章》中。

在一次采访中，尼尔森说：“一直以来，我常被一个问题所困扰，以至寝食难安，那就是生态环境恶化从来没有成为美国政坛讨论的焦点。”

1970 年，“环保人士”只是列在字典里的单词，却很少被人们所重视。

“总统自由勋章是嘉奖美国公民的最高荣誉。25 年前，我们因第一个‘世界地球日’的诞生走到了一起，这些全归功于一个人——盖洛德·尼尔森。作为‘世界地球日’之父，他的言行让我们铭记：珍惜现有自然资源，就如同珍惜我们的梦想。我希望，盖洛德·尼尔森的光辉模范作用能够成为我们的指路明灯。”1995 年 9 月 29 日，时任美国总统的克林顿向盖洛德·尼尔森颁发了总统自由勋章，并做出上述评价。

父母都关注公益事业

盖洛德·尼尔森出生在美国威斯康星州西北部的明湖地区，是这个家庭里的第三个孩子。

爸爸是明湖县的县长，同时也是一名医生，妈妈性格开朗、热情，经常参加一些社区公益活动。尼尔森在这样一个家长都喜欢参与社会事务的家庭中健康成长。在八九岁大的时候就经常被爸爸带去参加政党讨论，观看政治家们的辩论和演讲。这些，为尼尔森后来从政埋下伏笔。

身为一县的父母官，尼尔森的爸爸不仅喜欢政治，他还喜爱大自然。在尼尔森还小的时候，爸爸经常带着他到野外玩耍，欣赏旷野中的风景。在明湖县的旷野，小尼尔森几乎每天都跑到室外“探险”，对大自然的好奇心陪伴着尼尔森度过了快乐的童年。

同大自然亲密接触过程中，大自然之美，深入了尼尔森的心灵。后来，尼尔森也把环境保护当作一生的追求。

随父母走上公益之路

在尼尔森上小学的时候，有一次，当乡村医生的爸爸，把保存药品的广告纸折叠平整当作笔记本，然后在背面写字。类似这样的事情还有很多，爸爸是一个热爱公益事业的男人，他的言行对尼尔森一生影响巨大。

爸爸的行为给尼尔森留下了深刻的印象，这也让尼尔森学会了节省。

“作为一个在威斯康星州西北部长大的小男孩，我的童年经历了许多在现在看来十分‘特殊’的冒险。我可以深入到一个巨大的松树林里，在秋天大步走过满是落叶和松针的小径，倾听落叶在我脚下发出嘎吱嘎吱的响声；我还可以到小溪或藏在林子深处的湖里找水喝，享受那种清凉的感觉。”尼尔森讲述自己少时的经历时说。

14 岁时，尼尔森在学校带头组织了一次植树活动，此次活动锻炼了尼尔森的组织能力，同时，这也是他伟大一生中环保思想的最初萌芽。

尼尔森在圣荷西州州立大学毕业后得到了学士学位，又获得了威斯康星州大学的法学学位，这为他后来从事环境立法有着巨大的帮助。

踏上环保之路的伟大人生

1948 年，尼尔森以民主党党员的身份，被选为威斯康星州的州议员。1958 年，他当选威斯康星州州长，并连任两届。

成为州长后，尼尔森没有忘记当初提出的竞选口号“肥沃的土地，清洁的空气，安全的饮用水”。他致力于保护荒地。

1961 年，尼尔森开始了一项长达 10 年、耗资 5000 万美元的计划，这个计划是让州政府通过对每包香烟收取 1 美分的税收来筹集资金，用于购买私

人土地，将这些荒地用作野生动物的栖息地和人们野外活动场地。这项计划的实施，保护了成千上万亩公园用地和湿地。如果没有尼尔森，这些土地可能早被过度开发，也不再是野生动物的乐园了。

1965 年，尼尔森提出了美国历史上第一个要求禁止使用 DDT 的议案。DDT 是一种高毒性的杀虫剂，可以通过食物链传递，对人类健康造成伤害。此外，尼尔森还促进了一项保护闻名于世的步行山道——阿巴拉契亚山道的法案的通过。

世界地球日的由来

尼尔森最大的成就，是他创建了“世界地球日”。

1969 年，尼尔森在西雅图进行水污染巡回演讲。这时，反越战游行已蔓延到全美的大学校园内。这时候尼尔森灵光一闪，为什么不组织一次针对环境问题的大规模游行呢？尼尔森说：“当时这个想法对我很突然，为什么不组织一次针对环境问题的全国性运动呢。”

于是，“地球日”的创意诞生了。

这年夏天，尼尔森联合参议院同事成立了一个组织，制定了纪念全国性地球日活动计划。尼尔森开始在全美各大校园内举办环境保护问题的讲演会，当时 25 岁的哈佛大学法学院学生丹尼斯·海斯，得知这一消息后十分振奋，为此他专门乘机飞到华盛顿拜见盖洛德·尼尔森，并畅谈自己的设想。盖洛德·尼尔森见到这个年轻人后，感到十分欣慰，得到盖洛德·尼尔森的肯定后，丹尼斯决定办理停学手续，以便于全身心去组织这项活动。

在尼尔森的领导以及海斯的大力协助下，他们于 1970 年 4 月 22 日在校园发起世界上的第一个地球日。

据统计，这一天全美有 2000 多万人，1 万所中小学、2000 所高等院校和

2000个社区以及各大团体参加了“地球日”活动。1970年，海斯进入哈佛大学法学和政治学院攻读博士学位，于4月22日在校园发起世界上的第一个地球日，人们举行大规模游行、集会和演讲，呼吁世人创造一个清洁、简单、和平的生活环境。鉴于公众对环境保护的关心，美国国会在“地球日”这一天休会，近40名参众议员分别在当地集会上讲话。25万人聚集在美国首都华盛顿特区，10万人向纽约市第五大街进军，支持这次活动。

正是在这样的背景下，首次“地球日”取得了极大的成功。

地球妈妈的权利，从此得到承认

1970年的首次“地球日”活动声势浩大，是人类有史以来第一次规模宏大的群众性环境保护运动。创立地球日，是地球环境保护运动的一个里程碑事件。

此后，美国相继出台了《清洁空气法》《清洁水法》和《濒危物种保护法》等法规；地球日还促成了美国国家环保署的成立，并在一定程度上促成了1972年联合国第一次人类环境会议在斯德哥尔摩的召开，有力地推动了世界环境保护事业的发展。

1973年联合国环境规划署的成立，国际性环境组织——绿色和平组织的创建，以及保护环境的政府机构和组织在世界范围内的不断增加，“地球日”都起了重要的作用。

“地球日”逐渐发展成为全球性的活动。到2000年，世界“地球日”已经扩大到有167个国家的5亿人参加的活动。

2009年4月22日，第63届联合国大会一致通过决议，决定将今后每年的4月22日定为“世界地球日”。地球妈妈的权利从此得到了承认。盖洛德·尼尔森也被人们誉为“地球日之父”。

请珍爱我们的地球

“我们现在所拥有的世界，不是祖先留给我们的，而是后辈借给我们的。”这是克什米尔当地的一句谚语。

正处于童年、少年时代的我们，是八九点钟的太阳，世界的希望所在。善待生灵共有的地球，是每一位觉醒的地球人的共识，也应当是我们的行动。请珍爱我们的地球。

今天，当你走在中国的大城市，你可能还能见到叫什么村、什么河、什么塘等地名。但当你到达这些地点时，发现原来这些村、河和塘早已不存在，留下的只有空空的地名。这似乎在提醒我们，那里曾是城市的郊外，曾是喧嚣之外一方宁静的角落。

水源被污染，冰川在消融，臭氧层空洞在扩大，原始森林被砍伐，土地在荒漠化，白色污染触目惊心等等。不知道我们栖息的地球，还能够承受多少“重量”？

第七章

她们小时候曾是“丑小鸭”

歌德在名著《浮士德》中这样评价女性："永恒的女性，引领我们上升。"

一直以来，女孩都是完美我们的世界最可靠的力量。正如著名作家冰心所说："世界上若没有女人，这世界至少要失去十分之五的'真'、十分之六的'善'、十分之七的'美'。"

不过，她们在成为白天鹅之前，绝大多数是丑小鸭。

将女孩的美、真、善和爱，呈现在世人面前，成为拥有良好情商的女人，从而成长为离幸福最近的那群人。

撒切尔夫人："铁娘子"是怎样炼成的？

——无论做什么事情，都要力争一流

玛格丽特·希尔达·撒切尔（1925—2013），英国右翼政治家，第49任英国首相，1979年至1990年在任，她是英国第一位女首相，也是自19世纪初利物浦伯爵以来连任时间最长的英国首相。

撒切尔的政治哲学与政策主张被通称为"撒切尔主义"，在任首相期间，对英国的经济、社会与文化面貌作出了既深且广的改变。

在任首相期间，被前苏联媒体戏称为"铁娘子"，这个绰号甚至已成为了她的主要标志。

撒切尔夫人曾四次访问中国，并于1984年在北京代表联合王国和时任国务院总理的赵紫阳签署了《中华人民共和国政府和大不列颠及北爱尔兰联合王国政府关于香港问题的联合声明》。为香港回归中国奠定了坚实的政治基础。

榜样档案

影响力：★★★★★

知名度：★★★★★

美誉度：★★★★★

有一个叫玛格丽特的小女孩，自小就受到严格的家教。爸爸经常向她灌输这样的观点：无论做什么事情都要力争一流，永远做在别人前头。即使是坐公

共汽车你也要永远坐在第一排。

上学、工作后，她都是这样做的，总是抱着一往无前的精神和必胜的信念，尽自己最大努力克服一切困难，以此来实现“永远坐在第一排”的人生信念。

一切事情都要有自己的主见

20世纪20年代，在英格兰东部林肯郡的格兰瑟姆小镇上，出生了一个名叫玛格丽特的女婴，爸爸罗伯茨是一家食品杂货店的店主。格兰瑟姆小镇也是牛顿的家乡。

玛格丽特5岁生日那天，一向自有主张的食品杂货店主罗伯茨先生将女儿叫到跟前说：“宝贝，你要记住，凡事都要有自己的主见，用自己的大脑来判断是非，千万不要没有主见啊！这是我送给你的人生箴言，也是爸爸送给你最好的生日礼物！”

这段言近旨远的话语，对这个年仅5岁的女孩来说，她听得似懂非懂。

自那天开始，食品杂货店店主罗伯茨先生希望女儿将来能成为一个坚强独立的女孩，拥有“严谨、准确、注重细节、对正确与错误严格区分”的独立人格。

当然，罗伯茨先生也是这样要求自己的。后来，这个杂货店店主经不懈努力实现了他的梦想，而成为格兰瑟姆市的市长。

不允许说“我做不到”

玛格丽特上学之后惊讶地发现，同学们的生活远比她过得自由和精彩，在学习之外，他们有多彩的天地。他们可以与他们的朋友一起去街上游玩，做游戏、骑自行车，甚至更让人羡慕的是，在星期天，有一些同学会去美丽的山林间野餐。这一切都在玛格丽特眼里显得那样诱人。她非常羡慕，总幻想着能同他们一起玩耍。

有一天，玛格丽特回到家里，她终于鼓足了勇气对一向严肃的罗伯茨说：“爸

爸，我也想跟同学们一起出去游玩。"

很快，爸爸的脸色沉下来："孩子，你必须有自己的主见！不能因为其他同学在做某一件事情，你也就跟着去做。你要有自己的决定，不能随波逐流。"

玛格丽特失望地低下头。这时，爸爸的语气变得缓和了："孩子，并不是爸爸想限制你的自由，而是你要有自己的判断力，要有自己的想法。现在正是你学习知识的大好时光，如果你想和普通人一样，沉迷于玩乐，那会有什么样的结果呢？一定会一事无成。我相信你有自己的判断力，你自己做决定吧。"

虽然有有些委屈，但小玛格丽特再也无法反驳这个完美但令她忧伤的训导。不过，父亲的一席话却深深地印在了她的脑海里，她想："是啊，为什么我要学别人？我刚刚从书店买回来的书还没看完呢！"

从此以后，玛格丽特开始严格要求自己。这时，她也有了对美好未来的期待。她记住了父亲的话："无论做什么，你都要做好，你的字典里永远都不能有'我做不到''这件事太困难了'等诸如此类情况的字眼。"

做最好的自己，初露锋芒

带着梦想上路。玛格丽特的人生，在十多年之后，终于展开了梦想的翅膀，她顺利考上牛津大学萨默维尔女子学院。

大学期间，玛格丽特对时间很珍惜，她从来不会积压下一大堆作业。玛格丽特不光在学习上出类拔萃，她还兴趣广泛，擅长打曲棍球和游泳，音乐和演讲也是她的强项。虽然，她在保守党俱乐部上花费了大量的时间和精力，但从不会影响功课。

毕业时，校长不无自豪地对她说："你是我们学校有史以来最出色的学生。"

一晃四十年过去了，当年这位被校长评为"最出色"的学生，已成为世界政坛上大名鼎鼎的人物。她开创了英国政坛的奇迹——连续四年当选保守党领袖。

1979 年，玛格丽特·撒切尔率领保守党在竞选中获胜入主了举世瞩目的唐

宁街10号，成为英国第一位女首相。撒切尔夫人在英国历史上创下了3连任的纪录，她担任首相执政十一年间，在重大国际、国内问题上，思路清晰，观点鲜明，立场强硬，做事果断，给世界政坛留下深刻的印象，成为在世界政治舞台上叱咤风云、独霸一方的政治家。人们都尊称她为："铁娘子"。

她就是玛格丽特·撒切尔夫人，这个举世闻名的女人，英国人对她爱恨交加，不过在世界各国，大部分人都对撒切尔夫人非常尊重，尤其是在很多国家的女性心中，撒切尔夫人是20世纪最杰出的女性之一。

因为，撒切尔夫人证明了一个事实：女人不但可以做到男人做的事，而且可以完成男人无法做到的事。

铁娘子也有温情的一面

在1979年5月，撒切尔夫人作为首位英国女首相搬进举世瞩目的唐宁街10号时说："我的一切成就都归功于我的父亲罗伯茨先生对我的教育、培养。"这位英国第一位女首相在此激动人心的时刻，仍未忘记父亲对自己的培养之恩。

这里还有一件事，在政坛上人们称她为"铁娘子"，而在家庭生活中，撒切尔夫人却是一位温柔的妻子，她能为丈夫做一桌全是他喜欢口味的菜肴。

良好的心态，并不是每一个人与生俱来的。"做到最好"开始时玛格丽特·撒切尔并不乐意接受，只是后来，她养成了积极向上的人生态度，才将"做到最好的自己"当作人生的信条。

实现人生梦想的道路上，有多少成功的把握，那就要看我们有多大的决心去克服人生中的那些惰性。

伊丽莎白·泰勒：丑小鸭的天鹅梦

——到底是什么，让她成为好莱坞最漂亮的女人？

伊丽莎白·泰勒（1932—2011），1932年2月27日，出生于英国伦敦，7岁时随父母移居美国好莱坞，1942年，年仅十岁初登银幕。12岁时，泰勒凭借电影《玉女神驹》蜚声世界。泰勒被看作是美国电影史上最具有好莱坞色彩的人物，纵横好莱坞60年，惯有“好莱坞传奇影星”“好莱坞常青树”“好莱坞不败花”“世界头号美人”之美誉，尤其以一双漂亮的蓝紫色眼睛闻名于世。她是史上第一个片酬百万美元的演员，两获奥斯卡金像奖，一获奥斯卡人道主义奖。

影响力：★★★★★

知名度：★★★★★

美誉度：★★★★★

她貌美如花。她可以清纯，也可以高雅，亦可以妖艳。

她的魅力、演技，使她夺得3次奥斯卡奖。60年来，她的艺术和美貌、金钱和爱情成为媒体关注的焦点。许多人声名鹊起，又归于孤寂。对她来说，却并非如此。

也许你已经猜到了，她就是伊丽莎白·泰勒。

正如好莱坞的一句传言所说：“在同时期的女演员中，如果说玛丽莲·梦露是性感女神，格蕾丝·凯利是冰女王，奥黛丽·赫本是永远优雅的女人，那么伊丽莎白·泰勒就是美的化身。”

爸爸的画廊与好莱坞相邻

伊丽莎白·泰勒出生于英国伦敦，7岁那年她随父母移居美国。爸爸弗朗西斯·泰勒是一位艺术商人，在贝弗里山上盖起了他的画廊。贝弗里山位于洛杉矶附近，同影城好莱坞相邻，而吸引了众多名流在此居住。在此地盖画廊，也是妈妈萨拉·泰勒的主意。萨拉·泰勒曾是一名话剧演员，因萨拉对舞台艺术的热爱，也对女儿泰勒产生了很大的影响。

在萨拉的少女时代，她曾渴望与好莱坞签订一份合同，从而成为一名演员，但这个梦想一直没有实现。看着女儿一天天长大，萨拉发现女儿身上有着当演员的天资，她希望女儿将来能去好莱坞发展，完成她未实现的梦想。

培养女儿当演员，可不是一件容易的事情，在美国，弗朗西斯一家只能算普通家庭，拿不出足够的钱送小泰勒上私立学校。不过，萨拉有自己的打算，她让泰勒和电影厂老板们的女儿一起上舞蹈课。这样小泰勒在舞蹈课中，培养了艺术气质。另外，萨拉正好借这个机会认识一位同学的父母，通过他们与电影厂的关系，让小泰勒获得了去米高梅影片公司试镜头的机会。

弗朗西斯除了赚钱养家之外，他心里也在考虑女儿的前程。他在画廊里认识了一位老顾客，便向这位老顾客多次介绍泰勒的情况。最终如愿以偿，在这位老顾客的帮助下，小泰勒得到去环球影片公司试镜头的机会。

丑小鸭的天鹅梦

小泰勒也相信自己能够当演员。这一年，她8岁。

“无论是过去还是将来，上帝都是仁慈的，他的爱总会满足每一个人的需要”每一次，泰勒上完舞蹈课后，要是那堂课受到了老师的表扬，萨拉就会利用这个机会，对女儿说这句话。这让小泰勒相信，如果上帝要让她当演员，她就一定会成为一名演员。

萨拉的心思，不仅是花在塑造泰勒的信心上。每一次，女儿在去影片公司试镜头时，她都会把小泰勒精心打扮一番。在美国，他们的家庭说不上富裕，买不起昂贵的真丝长筒袜，聪明的妈妈就在泰勒的腿上涂一层防晒霜，并用眉笔画上一道黑色棱线以假乱真。

一次，小泰勒去米高梅影片公司试镜之前，萨拉还让小泰勒拿着一本基督教的祷告书祈祷，祈望让她梦想成真。结果，小泰勒赢得了米高梅和环球这两家影片公司的青睐，都非常愿意接受这个小女孩。

同米高梅影片公司签约后，女儿的形象成为萨拉最关心的事情。每天晚上，萨拉都把小泰勒浓密的黑发用几根布条扎起来，好让第二天起床后泰勒依然保持着那头美丽的卷发。这期间，萨拉经常带着小泰勒去学习唱歌、舞蹈、化妆等等。凡与演艺有关的科目，萨拉都让女儿多去学习。早晨，小泰勒学如何不用眼睛看就能踏准地板上的目标，以及如何在中心光环下表演。

可以说，小泰勒做好了准备。

环球公司对泰勒印象深刻，给了 10 岁的泰勒一纸合约。12 岁时，小泰勒主演了《玉女神驹》引起轰动，从而成为好莱坞的童星。那一年，泰勒从一个名不见经传的丑小鸭，一举变为家喻户晓的白天鹅。

成为最漂亮的女人

是谁，成就了伊丽莎白·泰勒辉煌的人生?

不知不觉中，那个可爱的小女孩泰勒已经长大。她孩童时代的腼腆也正在慢慢地逝去，她开始注意到自己的体形、美貌和与众不同的聪明。

对女儿学成人打扮的做法萨拉并不反对。相反，萨拉只会促成这件事情。萨拉希望女儿尽早步入成熟女人的行列。13 岁时，泰勒去华盛顿和杜鲁门夫人在白宫发起的募捐运动时，萨拉就给女儿泰勒穿了一件黑色丝绒裙、白色皮外套，以及一双无缝尼龙长袜。这种打扮，让 13 岁的少女泰勒看上去很成熟，更像是一个轻佻的女人。

成为一个独具魅力的女人，要付出很多努力。少女时期的泰勒在《辛西娅》中有了第一次的接吻之后，为了提高自己的演技，她每天晚上都会抱一只枕头练习亲吻。不仅如此，泰勒还时常在镜子前一坐就是好几个小时，反复练习她的神情，不时站起来摆各种姿势和表情。泰勒用这样的练习来增加自己的魅力。有一次，她穿一件紧身绒衣拍照时，她突然对摄影师说："你现在需要什么样的表情——是不是一种表示我在等待别人求爱的眼神？"

这一问，竟让摄影师大吃一惊。

有一次，杂志的摄影记者，邀请泰勒在一家餐厅拍泳装照。在同母亲商量后，她穿了一件薄薄的白色游泳衣，摆出各种姿势让摄影记者拍了上千张照片。摄影记者告诉泰勒："你的角度不错，我认为你是我拍过照的最漂亮的女人。"当《麦田里的守望者》作者、著名作家塞林格第一次见到泰勒时，也为泰勒的美貌所倾倒，赞叹地："你是我见到的最漂亮的女人。"

萨拉听到作家称赞自己的女儿是"世界上最漂亮的女人"时，非常欣喜。这是一个难得的机会，萨拉立马把这个消息转告给好莱坞专栏作家海达·霍珀。接着就水到渠成了，很快，泰勒就被宣布为"世界上最漂亮的女人"。

辉煌的演艺生涯

主演《玉女神驹》后，泰勒正式开启了自己的电影生涯，此后片约不断。

1960 年，20 世纪福克斯公司投拍《埃及艳后》，邀请泰勒担任女主角。这时的泰勒已成为当时世界上最有影响力的演员之一，她向对方提出了 100 万美元的片酬的要求，这是当时女演员所要求的最高片酬。制片人沃特·万吉尔胆量过人，他竟然同意了泰勒的要求。

而这部影片也让泰勒成为史上第一个片酬百万美元的女演员。

《埃及艳后》开拍后，发生的一些事情甚至能够拍成一部很好的电影。拍摄期间，泰勒数次请病假，造成了影片一再延误。影片拍摄时间一再推迟，迫使演员阵容不断变更。更要命的是，甚至是导演也要换人了，由原来的著名导

演路本·曼莫廉更换为《彗星美人》的导演约瑟夫·曼基维茨。

这样一来，影片拍摄地也从伦敦搬到了罗马。然而这并不是故事的结束，糟糕的天气和劳工纠纷又浪费了大把的拍摄时间。

这些原因造成了最初计划500万美元的投资一下子提升到了4400万美元，相当于2010年的3亿美元。如果按比例来算的话，《埃及艳后》的投资金额甚至都超过了《阿凡达》。

伊丽莎白·泰勒是唯一拥有紫色瞳眸的女人，9岁出道，从童星到贵妇，伊丽莎白·泰勒演艺生涯长达半个世纪，她一直是最受欢迎的女明星之一。

设定一个目标，拥有一份梦想

我们从这个故事中了解到，伊丽莎白·泰勒出生在一个普通家庭，妈妈为她设定了一个目标，为了这个目标泰勒磨练技能，耐心等待、主动出击，最终，实现了一个大大的梦想。

泰勒取得辉煌的成功，在她的生活中的确存在着几个极为重要的人物，妈妈萨拉无疑是第一位的。甚至可以说，如果没有萨拉，泰勒也不过会是一个普通人。

西方有一句谚语，机会总是留给有准备的人的。

有一段时间，每天早晨小泰勒都会练习不用眼睛看就能踏准地板上的目标，以及如何在中心光环下表演。为了提高自己的演技，每天晚上，泰勒都会抱一只枕头练习亲吻。不仅如此，泰勒还时常在镜子前一坐就是好几个小时，反复练习她的神情，不时站起来摆各种姿势和表情。为了这次机会，泰勒付出了很多。

海伦·凯勒：盲聋女孩的成功人生

——如果你决意前进，就没有什么能阻止你

榜样档案

海伦·凯勒(1880—1968)，19世纪美国盲聋女作家、教育家、慈善家、社会活动家。

海伦·凯勒以自强不息的顽强毅力，在安妮·莎莉文老师的帮助下，掌握了英、法、德等五国语言。海伦·凯勒还完成了一系列著作，并致力于为残疾人造福，建立慈善机构，被美国《时代周刊》评为美国十大英雄偶像，荣获“总统自由勋章”等奖项。

著有《假如给我三天光明》《我的生活》《我的老师》等14部著作。有的著作被译成50余种文字，风靡五大洲。她的故事也被拍成了电影。

1959年，联合国发起“海伦·凯勒”世界运动，号召全世界人民向她学习。

影响力：★★★★★

知名度：★★★★★

美誉度：★★★★★

海伦·凯勒在只有19个月大小的时候就患上了猩红热，重病夺去了这个活泼小女孩的听力和视力。由于失去了听觉，不能矫正发音的错误，海伦·凯勒说话也含糊不清。

但是海伦·凯勒并没有向命运屈服。她为了能清楚地发音，用一根小绳系

在一个金属棒上，叼在口中，把绳子的另一端拿在手上，练习手口一心，写一个字，念一声。最终，海伦学会了正常发音、书写文学作品，并完成了14部著作。

“黑暗将使人更加珍惜光明，寂静将使人更加喜爱声音。”海伦说。

观察力很强的婴儿

“19世纪出了两个了不起的人物，一个是拿破仑，一个是海伦·凯勒。”著名作家马克·吐温曾感叹道。

现在，就让我们来走进海伦·凯勒的成长故事吧。1880年6月27日，海伦·凯勒出生在美国亚拉巴马州塔斯喀姆比亚小镇。6个月大时，海伦就会叫“爸爸”“妈妈”，还会说“你好”，逗得全家人乐不可支。

刚满周岁那年，一天傍晚，妈妈趁太阳西下以前，放了一盆热水为海伦·凯勒擦洗身子。可是当妈妈把在浴盆里的小海伦抱起来放在膝盖上，正拿一条大毛巾替她包裹身子的时候，海伦·凯勒的目光，突然被地板上摇晃不定的树影给吸引了过去。她好奇地看着，看得很入神，而且还忍不住伸长小手扑了过去，好像非得揪住它不可。

当时，妈妈虽然已经注意到女儿的眼神，但是在妈妈看来树影不过是平常的自然现象，所以，妈妈万万没有想到海伦·凯勒会使这么大的劲往前一倾，结果不小心一溜手，竟让海伦·凯勒滑倒在地，哇哇大哭个不停。

事隔不久，妈妈一个人静静回想这件事情发生的经过。她发现海伦·凯勒的观察力似乎特别灵敏，通常一周岁大的婴儿，应该是懵懵懂懂的，她似乎对身边的事情多了一份兴趣，表现出更多的好奇。

而为人父母的，能幸运地生下一个天赋优异的小孩，感到十分骄傲。每逢亲友来家里做客，谈起女儿海伦时，妈妈总是满怀喜悦地谈论女儿的一些趣事。

不幸成为聋哑孩子

但是，这份喜悦并没有持续太久。

19 个月大的时候，海伦·凯勒却突然患上了猩红热，这场大病不但夺走了父母心中的希望，更使海伦·凯勒变成一个看不见、也听不见的小女孩。

那时海伦面对的是一个没有光线，没有声音的世界。通常教育一个五官健全的孩子，已经不是一件轻而易举的事了，更何况小海伦有瞎又聋！起初，爸爸妈妈采用实验的方法，可是一次又一次地以失败告终。在那段黑暗的日子，这对夫妻一直不得要领，他们除了被动地猜想海伦用肢体语言比划的大体意思，有时也教导海伦凭借肢体动作，表达她的喜怒哀乐。

就这样一点点的积累经验，四、五年以后，但凡其他孩子们用眼睛、耳朵能感受到的海伦·凯勒都能以触摸的方式领略。只是父母不是残障教育专家。所以海伦学到的肢体语言，只有父母才能看得懂，其他人只能去猜测了。

恩师莎莉文的到来

向来关心女儿的父母，他们想到自己终有年老体弱的一天，到时候要是海伦仍无法与外界顺畅沟通，那海伦该如何面对接下来的生活呢？

7 岁那年，他们从外地请来一位受过专门训练的安妮·莎莉文老师。当时莎莉文老师只有 20 岁。莎莉文曾一度是盲人，她能够明白一个盲人所面临的困难和痛苦。第一次见到海伦时，海伦看上去很文静，很快莎莉文发现，这个又盲又聋又哑的女孩，她会时常发脾气。

面对这样一个桀骜不驯的孩子，莎莉文在思考从何处入手教育海伦呢？最初，莎莉文老师想到的是让海伦认知各种事物及其对应的英文单词。和海伦见面那天，莎莉文给了海伦一个玩具娃娃，她让海伦一只手触摸娃娃，并且在海伦的另一只手上慢慢地写下了“doll”（娃娃）。海伦感觉到莎莉文写字的手，

顿时觉得很惊奇，然后，她照莎莉文的样子在莎莉文老师手上写下“doll”这个单词。

不过，聪明的海伦时常发怒。7 年来，她第一次受到约束，没学一会儿海伦就没有了耐心，抓起玩具娃娃扔到地上，摔门而出。最初，海伦一直同他人对抗，这几乎毁掉了莎莉文老师的所有努力。

尝试一百次后迎来奇迹

莎莉文放慢了脚步，她试图赢得海伦的好感。在征得海伦父母的同意后，莎莉文带着小海伦在离家几十米远的一所小房子住了下来。

海伦来到新家被那里新鲜的气息吸引了，但这种新鲜感很快过去了，她开始大喊大叫，又踢又打，每个白天差不多都是这样度过的。入夜后海伦仍在那里哭闹，直到很晚才入睡。

第二天早晨，海伦就有很大的变化，她平和了下来。两周之后，奇迹出现了，海伦竟然变成了一个乖孩子。

从那时起，海伦开始跟莎莉文老师学习生活中的知识，只要海伦用手触摸到的东西，莎莉文老师都及时将它们的名字写在海伦的手上。不过仍有一个难关没有克服，那就是小海伦并不懂它们是什么意思，它们代表什么？

在一个月后，奇迹再次出现。有一天，莎莉文老师与小海伦在外面散步。她们走到一口水井边，莎莉文让水流从海伦的一只小手上一遍又一遍地流过，并在海伦的另一只手上一遍又一遍地写着 water（水）。通过老师的一步步引导，海伦感受到了水，突然间，小海伦恍然大悟，知道了字母 water 就是指她手上正流过的奇妙的东西。海伦乐坏了，水唤醒了她沉睡的意识，令她欢乐无比。

这一天，海伦学会了“父亲”（father）、“母亲”（mother）、“妹妹”（sister）和“老师”（teacher）等 30 个词。这比之前 5 个星期学的知识还要多，几个月下来，海伦竟学会了 400 多个词。

这是海伦生命中一段极其快乐的时光，她对知识充满渴望，学习带给她的

快乐远比食物、玩具要多得多。也是在这段时间，海伦学会了用盲文，并开始给盲校的小朋友们写信。

谁也不曾想到，这个曾经生活和与人交往都成问题的盲童，在她 20 岁时，实现自己的大学梦想，考入了哈佛大学拉德克利夫女子学院。海伦·凯勒还创作了 14 部作品，有的著作被译成了 50 多种文字，代表作《假如给我三天光明》，她以一个身残志坚的柔弱女子的视角，告诫身体健全的人们应珍惜生命，珍惜造物主赐予的一切。

“因为在我生活的漫长黑夜里，我读过的书以及别人读给我听的书，已经变成一座伟大光明的灯塔，向我揭示出人类生活和人类精神的最深泉源。”海伦意味深长地说。

假如给我三天光明

下面的文字记载了海伦·凯勒为迎来光明所走过的路：

每天用 3 个小时自学。用 2 个小时默记所学的知识。再用 1 个小时的时间将自己用 3 个小时所学的知识默写下来。剩下的时间她运用所学的知识练习写作。在学习与记忆的过程中，她只有一个信念：她一定能够把自己所学习的知识记下来，使自己成为一个有用的人。

她每天坚持学习 10 个小时以上，经过长时间的刻苦学习，使她掌握了大量的知识，能背诵大量的诗词和名著的精彩片段。到后来，一本 20 万字的书，她用 9 个小时就能读完，并能记忆下来，说出每个章节的大意，还能把书中精彩的句、段、章节和自己对文章的独到见解在 2 小时之内写出来。海伦的记忆力已经大大超过了普通人的正常水平。

这一切，只为了赢得光明。这就是盲姑娘海伦成功的秘密之一。

邓肯：离异家庭的孩子成为现代舞之母

——生活所迫，10 岁女孩已具备谋生能力

伊莎多拉·邓肯（1877—1927），生于美国，当代最伟大的舞蹈家，现代舞的创始人，毕生从事舞蹈改革和创新，她的实践和理论对当时和后来的舞蹈艺术发展都有很大影响，被誉为现代舞之母。

伊莎多拉·邓肯勇于摒弃古典芭蕾，创立自成一格的全新舞蹈门类；她是一个特立独行、要求绝对自由的精灵。邓肯所承载的文化矛盾与内心的情感纠葛，非同一般，人们很难理解她是如何将苦难转变为幸福的驱动力，使苦难变成创作的源泉，从而展现了令人震撼而富有传奇色彩的人生。

她的一生是一个传奇，更是一部艰辛而多姿多彩的奋斗史。

1968 年参与编剧电影《绝代美人》，1985 年参演电影《影舞者》。

影响力：★★★★★

知名度：★★★★★

美誉度：★★★★★

邓肯出生在一个贫寒家庭。

妈妈是一位音乐教师，同许多妈妈不一样，她给予了 4 个孩子十分宽松的成长环境。小时候，邓肯经常像鸟儿一样，随着妈妈弹奏的钢琴曲即兴起舞。

一口气连续搬了15次家

“我说吧，这孩子与众不同。”妈妈惊叹道。

原来，邓肯一生下来，就喜欢手舞足蹈。当邓肯还在襁褓之中，爸爸和妈妈便离了婚。邓肯和哥哥姐姐四兄妹与妈妈生活在一起。邓肯的爸爸是个诗人，妈妈是音乐教师。还在妈妈肚子里时，邓肯就受到了良好的音乐胎教，妈妈能感觉到随着音乐女儿便开始跳舞了。

后来，小邓肯就成了全家的笑料，只要家人把她放在桌子上，年幼的邓肯在妈妈音乐的伴奏下就能翩翩起舞。这段日子一家人苦中作乐。4 个孩子都由妈妈抚养，靠妈妈一人支撑，家里变得特别贫穷，别说家里雇人，有时就连房租也缴不起，一家人经常被房东赶走。

有一次，他们家甚至一口气连续搬了 15 次家。这种记忆，令邓肯一生记忆犹新，她曾在一篇作文里写道：“我 5 岁时，我们家住在 23 号大街的一所小房子里。由于付不起房租，我们就不能再在那里住了，于是就搬到了 17 号大街。不久，由于付不起钱，那里的房东也不允许我们住了，我们又搬到了 22 号大街。在那里我们也过不安生，于是就又搬到了 10 号大街。”

当邓肯读这篇作文时，老师再也听不下去这没完没了的搬家，认为是邓肯在捣蛋，故意捉弄老师，让家长过来领人。善良的妈妈来后告诉老师：“我发誓，这些都是实实在在的真话，我们就是这样流浪的。”

靠教授音乐谋生的妈妈，对 4 个儿女的成长并未多加限制，让他们在宽松的环境中自由长大。妈妈虽然遭遇不幸但很爱孩子，她经常给邓肯兄妹们弹奏贝多芬、肖邦、莫扎特的曲子，也大声为孩子们朗诵莎士比亚、雪莱或彭斯的作品。这时候，邓肯最高兴，她可以随着音乐舞蹈。

一支舞蹈换回一块中国刺绣

邓肯出生在旧金山。走在旧金山的唐人街上，随处可见的是油盐、稻米、丝绸、棉布等小商品店。

有一阵子，小邓肯穿着一双烂布鞋，还有一件显得有些长的白色长袍，发夹斜簪在长而乱的金发上，走在唐人街上。她约莫 7 岁大小，人们见到这个金发碧眼的小女孩就被她所吸引，会放下手中的活看看这个漂亮的小女孩。

有一次，邓肯迷上了街北的一家丝绸店。店主是一位和蔼可亲的中年妇女，她注意到这个小女孩，一连数天来到这里，目不转睛地盯着橱窗里的几块中国刺绣，就忍不住问道："小姑娘，你想买吗？"

邓肯说："非常想，但我买不起，所以天天来看。"

店主无奈地一笑，又招呼别的顾客去了。日落西山，客人全走光了，店主关门时她发现那个小女孩竟然还趴在橱窗上看着那些刺绣。店主顿生怜爱之心，对小女孩说："看得出你真是很喜欢它们，你看你喜欢哪一幅，就送给你吧。"邓肯当然没有要，她知道自己没有钱，她只想看看。

看着这个可爱的精灵，店主又问她几岁了？

邓肯自豪地说，她下个月就满 7 岁。抓住这个"机会"，这个来自东方的善良店主说："多乖的孩子，你挑选吧，阿姨送你一幅作为生日礼物，好吗？"

邓肯的脸上笑开了花，她最喜欢有几条金鱼在嬉戏的那幅刺绣，指了指说："不，我不能白拿您的！我会跳舞，我给您跳一支舞当作回报吧。"

邓肯就在柜台前摆起了舞姿，正在定神间，她的一只手伸向前方，另一只手别在身后，脑袋倚着手臂。突然一个俯冲，她的整个身体像一条小鱼儿，在水里跃起；接着又像鸟儿，在天空上自由飞翔……

当邓肯从她的舞蹈中醒过神来时，这家唐人街的店铺，已经被观众围得水泄不通。小邓肯有些害羞，就找个缝隙钻了出去，消失在人们惊奇不已的视线里。

10岁小女孩成功办舞蹈学校

有一次，妈妈发现，6岁的小女儿正在召集七八个1～8岁的街坊的孩子，教他们挥动手臂。妈妈走过去问她在做什么？小邓肯认真地说，她在办自己的舞蹈学校，教小朋友们跳舞呢。

妈妈十分高兴，坐在钢琴前为邓肯和她的学生们伴奏。学校就这样办了下来并且大受欢迎，后来邻近的孩子们都进入了邓肯的学校，他们的父母还付给邓肯一点学费。

10岁时，的邓肯正式成为了一个舞蹈老师，于是对妈妈说，她已经会挣钱了。在贫困生活的历练中，邓肯也变得越来越有勇气。但她所挣的那点钱还不够家里的零用，五口之家的生活重担仍压在妈妈身上。

当家里一点吃的也没有时，邓肯就自告奋勇到店铺去耍点小花招，让店铺老板赊给她家一些面包片。邓肯乐于去做这一切，每次她都能拿着一家人的食物，跳着舞回家。

这些经历，也让邓肯学到一种本领，让她后来能够从容应对那些凶狠的经理人。

从小锻炼出的生存能力

有一次，妈妈已经织好了帽子和手套，商店却失言不肯收购。妈妈伤心地坐在门槛上哭泣,一家人的食物又没有了着落。这时,邓肯走过去安慰妈妈："没事的，妈妈，包在我身上，我一定会将它们卖出去的。"

说着，邓肯从妈妈手里接过篮子，她从篮子里拿出妈妈织的帽子和手套戴在头上和手上，然后挨家挨户去叫卖。聪明的小邓肯把自己家的困难编成一首歌，人们都被这个美丽女孩打动，围观的行人纷纷愿意出几倍的价钱买下她手中的帽子和手套。

小邓肯将钱交到妈妈手中时，妈妈惊喜不已，女儿不仅把她纺织的物品全部买完，还带回多于商店收购两三倍的钱时，她欣慰地一把将小邓肯紧紧抱在怀里。

生活在这种家境中，10 岁时邓肯决定辍学，准备全力办好她的舞蹈学校。那时的她个头比同龄孩子要高，邓肯把头发梳拢，盘在头顶上，自称 16 岁。

这时，由外婆抚养大的姐姐伊丽莎白也过来了，同她一起教这些班里孩子学舞蹈。12 岁时，邓肯还和哥哥、姐姐组织了一个小剧团，他们非常成功地在圣克拉拉、圣罗莎、圣巴巴拉等海滨地区巡回演出。

为了梦想外出闯荡

自从辍学之后，邓肯比以往更热爱学习，一旦有闲余时间，她立马前往奥克兰的公共图书馆看书。邓肯怀着热情读了狄更斯、莎士比亚、萨克雷的全部著作，还读了其他作家的许多小说。常常在烛光下，一读就是一个通宵。邓肯喜爱诗歌，会背诵惠特曼的许多诗。这时的邓肯还养成了记日记的习惯。

在阅读中，邓肯的眼界越来越开阔，她为了寻找更大的舞台，决心离开旧金山，到外地闯荡。妈妈虽感到困惑不解，但还是决定陪伴女儿一同出去共度难关。

母女二人随身只带了一只小提箱和外婆的一些老式首饰，外加 25 美元来到芝加哥。邓肯满怀期待，希望立刻被聘用，然而事情进展非常不顺利。邓肯拜访了一位又一位经理，给他们表演舞蹈，邓肯听到的回答："好倒是很好，只是不适合舞台演出。"

几个星期后，她们的钱花光了。后来，典当首饰的钱也花光了。之后，母女二人付不出房租，行李全被扣留。身无分文的她们，只得踯躅街头。邓肯东奔西走，卖掉了她身上最后一件值钱的东西，将一件上等真丝花边卖了 10 美元。

邓肯用这最后的 10 美元，租了一间房子，剩下的钱买了一箱子西红柿。接着一个星期，母女俩就靠吃这些西红柿度日。这时，母亲生病了，连坐都坐

不起来。邓肯想尽一切办法去找工作。绝望中，有一天，邓肯去找共济会屋顶花园的经理，这位经理决定录用她，但让邓肯来跳舞时得穿一件带花边的短裙。

可到哪里去找一件带花边的短裙呢？最后，邓肯又饿又累，差点晕倒，她在大街上徘徊时看到一家百货公司分店，她进去求见经理。幸运的是，这位年轻又和气的经理，答应赊给她做裙子的白色和红色布料，还有荷叶花边。邓肯抱回了一堆布料，病重的母亲坚持从床上坐起来为女儿赶制服装，一个晚上才完成。

在这次可怕的求职经历中，这位坚强的母亲一次也没有向女儿提出过要回家，但可以想象她内心的煎熬。母爱陪伴着邓肯成长，在她走过一段极为艰苦的成长岁月之后，最终，邓肯成为名震全球的现代舞之母，全球最杰出的女性之一。

如今，邓肯的人生已经成为传奇。

请不要轻言放弃

多年以后，邓肯终于回到芝加哥的家中，看到在人生最为痛苦的时期曾徘徊过的大街时，就感觉到饥饿和恶心。即使在当年那样难以想象的艰难处境中，为了心中那份珍贵的梦想，邓肯和母亲也从未轻言放弃。

也是为了这份梦想，邓肯早早为自己的人生做准备，6 岁时，她办过一所舞蹈“学校”。

在辍学之后，邓肯比以往更加热爱学习，利用空闲时光阅读了大量经典名著，背诵了大量诗歌，为了舞蹈梦想，她用深邃的文化来武装自己的灵魂，提升自己的舞蹈灵感。这就是从不轻言放弃的邓肯的故事。

南丁格尔：孩提时代的爱心成就伟大人生

——同妈妈一起做慈善，国际护士节为纪念她而设立

弗洛伦斯 • 南丁格尔（1820—1910），1820 年，南丁格尔出生于意大利佛罗伦萨市。在德国学习护理后，曾往伦敦的医院工作。1853 年，她成为伦敦慈善医院的护士长。

她毕业致力于护理事业，被公认为是现代护理事业的鼻祖。

南丁格尔是世界上第一个真正的女护士，开创了护理事业。由于南丁格尔的努力，让昔日地位低微的护士，于社会地位与形象都大为提高，成为崇高的象征。“南丁格尔”也成为护士精神的代名词。“5.12”国际护士节设立在南丁格尔的生日这一天，就是为了纪念这位近代护理事业的创始人。

影响力：★★★★★

知名度：★★★★★

美誉度：★★★★★

现代护理事业的先驱南丁格尔说：“人生欲求安全，当有五要。一是清洁空气，二是澄清饮水，三是流通沟渠，四是扫洒屋宇，五是日光充足。”

自童年开始，南丁格尔即对护理工作深感兴趣。当妈妈带南丁格尔到乡间度假时，她时常跑去看护生病的村民。

受到良好的家庭教育

南丁格尔生于一个富有的家庭。爸爸威廉毕业于英国剑桥大学，是一位博学、有修养的人，对自然科学、数学和哲学都有深入的研究，是一名统计师。妈妈芬妮，出身于英国望族，不但家道富裕，而且有世代行善的家庭传统，名重乡里。

南丁格尔小时候文静聪明，父母亲十分喜爱她，从小就受到了良好的家庭教育。10岁时，南丁格尔就能用法语写日记，坚持了两年多的时间，日记上的字也写得十分整齐。南丁格尔亲切地把她的日记起名为“夜莺的传记”。

在南丁格尔童年的印象中，一些社会名流经常到她家做客，这些人当中包括政要、作家、艺术家以及地方绅士。这段时间，南丁格尔过得非常安逸。但是，这些并未让她的心灵感到满足，面对这种养尊处优的生活时，她却时常有一种莫名的孤独感。

做慈善活动是妈妈芬妮生活的一部分。每次参加慈善活动，她都会带着女儿南丁格尔一同前往，这些经历让南丁格尔的生活有了充实感。同妈妈救助穷人让南丁格尔觉得无比愉快。在做慈善的日子里，一向腼腆的南丁格尔也变得开朗爱说话了，不再是那个害羞的小姑娘。

在这些经历中，南丁格尔获得了心灵上的安慰。

9岁时救了一只牧羊犬

从小就喜爱动物的南丁格尔，养了许多小马、小狗、小猫和小鸟，愉快地承担了给它们喂食、梳理毛发和洗澡的工作。

有一次，南丁格尔跟随一位牧师到郊外散步，他们意外发现一名牧羊少年拿来绳子将受了伤的牧羊犬绑了起来准备杀掉它。南丁格尔无法理解，一只温顺可爱的牧羊犬，怎么要杀掉它呢？泪水禁不住地流了下来，她一路小跑，上前去制止。牧羊少年看着眼前只有9岁大小的焦急万分的小女孩，于是告诉她说：

“这只牧羊犬受了重伤，伤口已经感染了，活不了多久，这样做也只是为了减轻它的痛苦。”

在一旁的牧师也劝解说：“好孩子，我们走吧，上帝会照料它的。”

南丁格尔却变得急躁起来，说：“难道您不认为上帝让我们遇到它是让我们来救助它的吗？”

在南丁格尔的一再坚持下，终于打动了牧羊少年和牧师。最后，她和牧师决定救助这只牧羊犬。牧羊犬伤得很重，全身浮肿，发着高烧。不过，幸好这只生命垂危的牧羊犬并没有伤到骨头。看着痛苦的牧羊犬，南丁格尔向人们请教治疗的方法。牧师告诉她，先用热敷试一试。南丁格尔顿时热血沸腾，她立即起身飞快地跑回了家，拿来了旧衣服和热水，为牧羊犬做了热敷。

南丁格尔每天都陪伴在牧羊犬身边，为它做热敷。奇迹出现了，牧羊犬的病情慢慢好转，那段时间，这也成为最令南丁格尔高兴的事情。在南丁格尔精心护理下，最终牧羊犬恢复了健康。

小南丁格尔已经养成了爱护动物的习惯。她经常和身边的小猫、小狗玩耍，乐于照料它们。有一次，一只小山雀死了，南丁格尔十分伤心，她用手帕把死去的小鸟包起来，把它埋在她家花园的一棵松树下面，还在旁边竖起了一块小墓碑，在墓志铭中写道：

可怜的小山雀
你为何死去
你顶上的皇冠
是那样美丽
但是现在
你却躺在那里
对我不理不睬
不闻不问

多愁善感的南丁格尔，对世间的小生命充满着爱心。

将一生献给护理事业

在爸爸威廉的引导下，12 岁时南丁格尔就掌握了不少历史、数学和哲学知识。由于父母亲喜欢旅行，17 岁那年，南丁格尔全家人到欧洲大陆旅行，这时的她俨然成了一位美丽的大家闺秀。这次旅行用了一年半的时间，游遍法国、意大利、瑞士各地，沿途饱览湖光山色、名胜古迹，名人故居，并考察各地社会人情。

这次旅行的经历，让南丁格尔的视野更加开阔了。在巴黎大学就读的日子，南丁格尔精通英、法、德、意四门语言。除古典文学外，她还精于数学、历史、自然科学和哲学，擅长音乐与绘画。

1843 年夏天，天气非常炎热，南丁格尔一家到茵幽别墅避暑时，她经常去帮助周围的穷人。这时，她根本不像一个贵族小姐，南丁格尔把很多时光都消磨在病人的茅屋中，她不怕脏不怕苦。看到那些缺衣少食的病人，南丁格尔请求妈妈多给她一些药品、食物、床单和被褥等，用于赈济这些穷人，以缓解他们的生存压力。

当南丁格尔向父母提出要做一名护士时，爸爸威廉拂袖而去，妈妈芬妮难过地哭了起来，她无论如何也理解不了女儿的想法，当时在英国人的观念中，与各式各样的病人打交道，是非常肮脏而危险的。人们对于“医院”、“护理”这样的字眼一向避而不谈，因为都是一些很可怕、很丢脸的事情。姐姐也无法理解她，甚至歇斯底里的嚷道：“你一定是“中了邪”，这不但有失贵族身份，还会把病菌带进家里，害死全家人。”

这时的南丁格尔，内心十分痛苦，她曾在日记中写道：“摆在我面前的有三条道路：一是结婚当家庭主妇；二是成为一名文学家；三是当护士。”

最终，南丁格尔以异常坚定的信念，选择当护士作为她毕生的事业。她以极高的热情投入到自己的工作中去，有时一天甚至工作 20 个小时以上，她曾使伤员的死亡率由 40%降至 2%。南丁格尔对医院建筑与医院管理提出革命性

理论，她还创立了南丁格尔护士学校，她将自己的一生都献给了人类的护理事业。

人们为了纪念南丁格尔对护理的贡献，从1912年起国际护士会决定将南丁格尔的生日“5月12日”定为国际护士节，以缅怀和纪念这位伟大的女性。

“纯粹”成就美好的人生

1854年10月21日，南丁格尔和38位护士到克里米亚野战医院工作。成为该院的护士长后，她极力向英国军方争取在战地开设医院，为士兵提供医疗护理。

南丁格尔分析过堆积如山的军事档案，指出在克里米亚战争中，英军死亡的原因是在战场外感染疾病，真正死在战场上的人反而不多。因而，她被称为“克里米亚的天使”，又称“提灯天使”。

南丁格尔成了英国人的骄傲，人们在伦敦为她树立了铜像，并把她的大半身肖像印在英国10英镑纸币的背面。这在英国文化中一个伟大的举动，让人看到它极为优雅纯正的一面。

南丁格尔的一生，是极其纯粹的一生，她将毕生的精力都献给了人类的护理事业。

这些是纯粹所产生的力量。在我们的历史长河中，最终能够永远流传下去的事业是由那些纯粹的人用他们毕生的精力去开创的美好事业。

第八章

他们小时候曾有良好兴趣

一旦有了兴趣建立起来的这座桥梁，任何一个人都可以发出耀眼的光芒，成为很棒的少年！

对事物没有一丝兴趣，而去学习它的话，往往是既浪费时间又浪费精力，难以达到良好的效果。是兴趣，让 14 岁的达尔文独自骑马去边境旅行考察；也是兴趣，让 22 岁的达尔文自费搭上英国政府组织的“贝格尔号”军舰环球考察，历经长达 5 年艰苦的环球科学考察活动，才取得第一手资料，最终让他完成科学巨著《物种起源》。

兴趣，就是我们最好的人生导师之一。

贝多芬：酒鬼爸爸与音乐天才

——虎爸，让儿子进行魔鬼训练

贝多芬(1770—1827)，出生于德国波恩，维也纳古典乐派代表人物之一，欧洲古典主义时期作曲家。

贝多芬在父亲严厉苛刻的教育下度过了童年，造就了他倔强、敏感激动的性格。22岁开始终生定居于维也纳，创作于1803年至1804年间的《第三交响曲》标志着其创作进入成熟阶段。此后20余年间，他数量众多的音乐作品通过强烈的艺术感染力和宏伟气魄，将古典主义音乐推向高峰，并预示了19世纪浪漫主义音乐的到来。1827年3月26日，贝多芬于维也纳逝世，享年57岁。

贝多芬一生创作题材广泛，重要作品包括9部交响曲、1部歌剧、32首钢琴奏鸣曲、5首钢琴协奏曲、多首管弦乐序曲及小提琴、大提琴奏鸣曲等。因其对古典音乐的重大贡献，对奏鸣曲式和交响曲套曲结构的发展和创新，而被后世尊称为“乐圣”“交响乐之王”。

影响力：★★★★★

知名度：★★★★★

美誉度：★★★★★

在虎爸严厉苛刻的教育下贝多芬度过了并不愉快的童年，造就了他倔强、敏感激动的性格。

“乐圣”贝多芬一生坎坷，也许是命中注定，在他十几岁的时候就承担了一家人的生活重担。

酒鬼爸爸望子成龙

贝多芬出身于德国波恩的一个平民家庭，祖父路德维希在20岁时迁居波恩，后来成了宫廷乐队的队长。爸爸约翰是当地宫廷唱诗班的男高音歌手，兼钢琴与唱歌教师。然而，约翰因长年嗜酒影响了全家人的生活。

原来，约翰是个志大才疏的人，不善与人交流，生活并不如意的约翰经常借酒消愁，最后把自己活活折腾成了一个酒鬼。

这样一来，到了结婚的年龄，约翰发现自己原本就不富裕的家庭处境日趋艰难，就只好娶了死了丈夫的苦命女人凯维利希为妻。凯维利希也来自平民家庭，爸爸是一名宫廷御厨，曾嫁给一名男仆为妻，所生的一个孩子也夭折了。体弱多病的凯维利希嫁给了酒鬼约翰为妻后，也只能忍受生活的折磨。

贝多芬出生后，约翰看到了希望，他期待儿子完成自己未曾实现的梦想。约翰把贝多芬看成下一个神童莫扎特，希望他能名声大噪，振兴家业。

4 岁时，约翰成了贝多芬的全职家庭教师，整天让儿子弹一架古钢琴和一把提琴。每天清晨，约翰就把儿子从被窝里请出来，把一堆的曲谱放在贝多芬面前让他弹奏，规定他每天必须练熟 5 首曲子。一个只有 4 岁的孩子，为了满足爸爸的愿望，要如此勤劳地生活着。如若没有把约翰交代的“工作”完成，酒鬼一拍桌子，然后一巴掌就拍到贝多芬的小屁股上了。

一个音乐天才，在酒鬼爸爸的期待和折磨下，一天天成长着。

七岁时登台演出

虎爸约翰给儿子施压，让儿子成为“超级神童”，小贝多芬只好与音乐“亲密接触”，每天苦练10个小时左右的钢琴和小提琴。在音乐发烧友虎爸的指导下，贝多芬一步步地掌握了演奏技巧，取得了不小的进步。

7 岁那年，贝多芬已经能站到公众场合进行钢琴演出。这让约翰十分高兴，兴奋之余，他又开始借酒消愁，原来约翰发现他已经没有能力再教给贝多芬任何东西了。思前想后，酒鬼约翰痛下决心，决定省下酒钱为小贝多芬请家庭教

师。然而，约翰手头非常紧张，没有经济实力为儿子请名师，再加上运气不佳，他为儿子请了一位又一位老师，都不适合教育天才儿子贝多芬。

酒鬼约翰失望了，他要把儿子贝多芬培养成第二个莫扎特，在很小的时候就驰名欧洲的梦想也就这样破灭了。

11 岁时，贝多芬幸遇一位伯乐，他就是德国作曲家、波恩的宫廷管风琴乐师聂费，聂费琴师发现贝多芬有着过人的音乐天赋。于是就收贝多芬为徒，在聂费的精心教导和培养下，贝多芬真正走进了神圣的音乐殿堂，体会到了音乐带给人的欢乐。

这个时期，贝多芬在音乐上取得了惊人的进步。在聂费老师的指导下，贝多芬学习了德国民族音乐大师巴赫的钢琴奏鸣曲。也在这个时候，贝多芬开始练习作曲。聂费甚至还预言了他的爱徒贝多芬会在未来的日子取得惊人的成就。

聂费曾写过一篇介绍贝多芬的报道，发表在 1783 年 3 月的《音乐杂志》。文中写道："他是 11 岁的少年，才能卓越，前途远大。他的钢琴演奏极其灵巧有力，视奏能力出类拔萃。巴赫的《平均律钢琴曲集》，他几乎全部都能得心应手地弹下来。为了鼓励他作曲，在曼海姆出版了由他谱写的第一部作品《九首钢琴变奏曲》。这位年轻的天才有资格接受提供给他去旅行的资助。倘若今后他仍然像现在这样不断取得进步，他必然会成为第二个莫扎特。"

经过两年的学习，13 岁那年，贝多芬成了一名助理宫廷风琴师和古钢琴师。这位音乐天才开始引起音乐界的关注。

受到莫扎特的赞扬

17 岁那年夏天，贝多芬终于有机会去维也纳访问。在那里，他见到了自己的偶像音乐大师莫扎特。

最初莫扎特只是认为，贝多芬能够演奏一首技巧很成熟的曲子不过是他经常练习此曲的结果，出于礼貌，莫扎特称赞了一下贝多芬。这让敏感的贝多芬觉得委屈，他请莫扎特给自己难度很高的曲子让他即兴演奏，莫扎特答应了贝多芬的请求，便给了他一个高难度的曲子，贝多芬即兴演奏了此曲。莫扎特大

感意外，对身边一群音乐人士说：“各位，请注意这名少年，他的琴声在不久的将来会轰动全世界。”

贝多芬曾打算跟莫扎特学习作曲，然而这个愿意未能实现，妈妈凯维利希此时病重，贝多芬只好赶回波恩探望母亲，没过多久，妈妈就离开了人世。

爸爸约翰已经成了一个独对酒精一往情深的人。一家人的生活重担全部落在了这个少年的肩上，贝多芬并未屈服，他承担起了照顾两个弟弟的生活的责任。无奈之下，他不得不放弃去维也纳留学的机会，贝多芬一边到剧院弹琴来维持一家人的生活，一边设法去波恩大学旁听哲学课，他醉心于诵读和研究古代神话和古典文学，尤其对莎士比亚、席勒、歌德等人的作品十分喜爱。

22 岁那年，贝多芬离开了波恩，来到维也纳定居。他拜访了自己所敬慕已久的年迈的海顿，海顿看过贝多芬的作品后大为惊叹，对身边的人说道：“太了不起了，一代天才！”

在海顿指导下，贝多芬的音乐达到了更高的境界。26 岁时，贝多芬的听力开始减弱，最后完全失聪。作为一名音乐家，这令他万分痛苦，最终贝多芬用他热爱的音乐与命运抗争，完成了一部又一部美妙而神圣的音乐，成为一代伟大的音乐家。

聋子也可以成为“乐圣”

曾有人这样评价贝多芬：“贝多芬是一切热爱生活、热爱光明、热爱和平、热爱真理的人的知心朋友”。

我想这也正是贝多芬的音乐所给我们的生活带来的勇气和力量。《命运交响曲》是源自贝多芬内心深处声音的作品。26 岁起，贝多芬的双耳开始失聪，他却最终以自己的坚强和毅力，从他的内心的世界为人们找到了那个时代最美妙的音乐。贝多芬曾对一位批评家说：“我的作品，不是为你，而是为未来的一代而创作的。”

后来，贝多芬成了欧洲音乐史上最伟大的音乐家，被人们称为“乐圣”。

了解贝多芬，了解他是一个从黑暗中提取光明的人，从苦难中铸就欢乐的人。他是一个聋子，但他最终成为一代“乐圣”。这需要我们静下心来想一想。

达·芬奇：从画蛋开始练好人生的基本功

——文艺复兴时期最完美的代表有怎样的成才之路？

达·芬奇（1452—1519），意大利文艺复兴时期最负盛名的美术家、雕塑家、建筑家、科学家和发明家。达·芬奇是意大利文艺复兴时期第一位画家，也是整个欧洲文艺复兴时期最杰出的代表人物之一。

后代的学者称达·芬奇是“文艺复兴时期最完美的代表”，是一位“旷世奇才”。达·芬奇所画的《最后的晚餐》《蒙娜丽莎》等，已成为世界上最著名的名画之一。

影响力：★★★★★

知名度：★★★★★

美誉度：★★★★★

“给孩子最大的自由，让他发展自己的兴趣。”

在达·芬奇少时的记忆里，这是爸爸皮耶罗对他的全部要求。想想看，有这么一位好爸爸，达·芬奇学生时代的生活会是多么快乐啊！

私生子的童年

1452年，达·芬奇出生在意大利佛罗伦萨芬奇镇附近的安基亚诺村。他的家庭是当时佛罗伦萨的名门望族，爸爸皮耶罗是当地著名律师。妈妈卡泰丽娜

是安基亚诺村一位普通农家的女儿。不过，达·芬奇是非婚生子，他的童年是在爷爷的大庄园里度过的。

原来，律师皮耶罗和少女卡泰丽娜有过一段浪漫却没有圆满结局的爱情故事。有一次，气度不凡的皮耶罗，在芬奇小镇一家酒店与美丽的姑娘卡泰丽娜邂逅，他们一见钟情。当两个彼此倾慕的人准备结婚时，却遇到巨大的阻碍，讲究“门当户对”的皮耶罗的父亲拼命反对儿子娶一个酒店的女服务员为妻。棒打鸳鸯散，这对有情人没成眷属。

皮耶罗依依不舍地从芬奇镇回到佛罗伦萨市。没过多久，卡泰丽娜生下了儿子达·芬奇。

5岁那年，皮耶罗将私生子达·芬奇接回家让养母阿尔别拉抚养。皮耶罗还为儿子请来了家庭教师。孩提时代的达·芬奇聪明伶俐，勤奋好学，兴趣广泛。家庭教师教过的歌只需一两遍，达·芬奇几乎都能记住并且唱得很好。此外，他很早就学会弹琵琶，他的即兴演唱，不论歌词还是曲调，都让人惊叹。

最让达·芬奇喜爱的还是绘画，他常为邻里们作画，大家都亲切地称他为“绘画神童”。

小神童的画太吓人了

6岁那年，达·芬奇被爸爸送到一所贵族子弟学校上学，在学校里学了很多知识，但他对绘画最感兴趣。

有一天，达·芬奇上课没有用心听讲，他还偷偷给老师画了一幅速写。回家后，达·芬奇把这幅速写给爸爸看，皮耶罗不仅没有生气，反而夸奖儿子的速写画得很好。

正是因为爸爸的开明让达·芬奇有了一个打算，他准备画一幅场面恐怖的画来恐吓老爸。

如何画出一幅让人看后“起鸡皮疙瘩的画”呢？小达·芬奇左思右想，他的脑海里立马浮现出希腊神话中的美杜莎。美杜莎是希腊神话中的“毒眼”女妖，

面貌甚为丑陋凶恶，谁要看了她的眼睛魂魄顿时烟消云散。后来，美杜莎被雅典女神所杀。雅典女神取出了她的眼睛，镶嵌在自己的盾牌中作为护身利器。

在一个月的时间里，达·芬奇将自己的想象力发挥到了极致，他从蜥蜴、蝙蝠、蛇、刺猬、壁虎、蚱蜢等动物和昆虫的图案中吸取了创作灵感，借助那吓人的色彩然后巧妙地组合在一起，画出一个从阴森潮湿的洞穴里窜出来的长着火球眼睛的龇牙咧嘴的女妖，她的鼻孔里中喷着毒气和火焰，面目十分恐怖。

作品完成后，达·芬奇去请爸爸来到他的房间里。这个举动差点儿要了皮耶罗的老命。皮耶罗听说儿子画了一幅好画，高兴地前来观看。皮耶罗刚一进门，心脏狂跳，大叫了一声，差点晕倒在地。他看见一个面目狰狞的吃人的妖怪，正张着血盆大口，要把父子俩吃掉。皮耶罗立马拉着儿子的手向外面逃去。

这次经历，皮耶罗更坚信儿子有绘画才能，决定为他找名师拜师学艺。

画蛋并不那么简单

最初，皮耶罗希望达·芬奇将来从事律师职业。然而，儿子达·芬奇越来越喜欢绘画，他的兴趣全在这方面，开明的皮耶罗只好听之任之，让“绘画神童”自由发展。

14岁那年，皮耶罗把达·芬奇带到画家安德烈阿·委罗基奥的画舫那里学绘画。当时，安德烈阿·委罗基奥的画舫非常出名，委罗基奥是一位多才多艺的大师，时常有意大利人文主义者在他的画舫聚会，那里也因此成为当时各种思想交流的场所。

同时，委罗基奥还是一位很有教学经验的老师，当他看到达·芬奇的画作之后就被这位少年的才情所感染，决定悉心培养他。委罗基奥对学生的要求一向很严格，他有一套成熟的教学方案，在委罗基奥那里学习的学生，往往进步都很快。

达·芬奇所上的第一课就是学画蛋。令这名少年万万没想到的是，这一课没完没了地重复着。每天画蛋不免让达·芬奇烦躁起来，他终于忍不住了，便

去找委罗基奥说："先生，我已画了不知有多少个蛋了，现在可以上其他课程了吧？"

委罗基奥微微一笑，说："达·芬奇，画蛋可不是一件简单的事情噢！你能在这个世界上找出两只完全相同的蛋吗？不是为了画蛋而画蛋，而是为了练好基本功。这需要下一番苦功夫，你要从不同的角度在画布上把蛋画出来，哪一天你能练到眼手一致，接近你内心的想法时，你就能把握住你看到的事物了。达·芬奇，现在你明白了天天画蛋的意义了吗？"

达·芬奇连连点头。自此以后，他专心致志学习。有了这次画蛋的经历，达·芬奇观察事物比以往更加细致了。3 年苦学基本功，达·芬奇进步神速，在不到 20 岁时就对绘画艺术有了很深入的理解，被大家一致看好。

达·芬奇的眼界越来越开阔，眼光独到。最终，达·芬奇达到了艺术巅峰，成了一代艺术大师。

基本功很重要

贪抄捷径的心理在现代社会尤其突出，人人都渴望成功，所以在都市中就应运而生了为数众多的速成班。

当然，这没有什么不对，但是它只能应付一时，不能应付一生，因为人生的成功和幸福不是速成的。人生的成功和幸福需要基本功，需要千锤百炼。

练好基本功，对一件事情做到千锤百炼，是为了让你的梦想做好最坚实的基础，而不能好高骛远。

成功没有什么秘诀，如果有的话，一定是做好基本功，做到千锤百炼。

冯·卡门：世界航空航天领域的杰出引领人

——钱学森的老师，航空航天时代的科学奇才

西奥多·冯·卡门（1881—1963），匈牙利犹太人。航空和航天领域最杰出的一位元老，他设计制造了世界上最早的系留式直升飞机，开创并发展了航空学和航天学上一系列重要理论。

冯·卡门精力充沛，性格开朗，既擅长辞令，又富有幽默感，他阅历极广，到过世界上很多国家，与世界上许多大科学家有密切交往。被誉为“航空航天时代的科学奇才”。

他也是中国著名科学家钱学森、郭永怀、钱伟长的老师。

影响力：★★★★★

知名度：★★★★★

美誉度：★★★★★

这里有一个很有趣的统计，不妨细看看吧。

犹太民族，出了很多很多天才，从 1901 年到 2006 年共有 110 多人获得诺贝尔奖，占总获奖人数的 17%。然而，全世界的犹太人口仅有 1600 万人。

出生在一个知识分子家庭

冯·卡门出生在匈牙利的布达佩斯，他有两个哥哥和一个妹妹。祖父曾是

当地很有名望的犹太人。爸爸莫里斯·卡门，则是布达佩斯彼得·派斯马克大学著名的教育学教授，同时还是一名哲学家。妈妈出身于书香门第，家族中曾出过一个16世纪的著名数学家。

在幼儿时代，冯·卡门像许多犹太家庭的孩子一样接受了家庭早期教育。

一天晚上，只有6岁的冯·卡门被他的大哥叫过去打趣地问道："15×15等于多少？"冯·卡门边玩边回答："225。"二哥接着问："924×826等于多少？"冯·卡门头也没抬一下就说："763 224。"这时，全家人都感到惊奇，但爸爸莫里斯·卡门教授却不大相信地说："孩子，你们是不是串通好了在演戏吧？你说18 876×18 876等于多少呢？"冯·卡门稍作思索，就说出了正确答案："356 303 376。"

一家人欢呼起来，大哥一把将6岁的冯·卡门抱了起来，兴奋地喊道："爸爸，冯·卡门是个神童，我们可以让他登台表演心数，这样既能出名又能挣很多钱。"

爸爸决心培养孩子广泛的兴趣

很快，莫里斯·卡门教授从喜悦中回过神来，他严肃地对孩子们说："绝对不行，这是多么可怕的念头！小冯·卡门是有非凡的才智，但是天才只有和严格的训练结合在一起才能开花结果。他必须接受系统的数学学习，真正的数学必须依靠冷静的头脑，靠精确的数学语言一步步地演算，必须做到万无一失，而不是靠心算，更不能去登台表演。"

对于儿子运算的超常能力，莫里斯·卡门教授感到担忧，他不希望冯·卡门变成一个畸形发展的人。考虑到孩子的长远发展，莫里斯·卡门教授并没有对小冯·卡门的数学天赋进行深度开发，他为儿子请来一名博士教冯·卡门历史、地理和文学，此外，爸爸还为小冯·卡门请了钢琴老师。在这个过程中，小冯·卡门还跟妈妈一起学会了几门外语。

培养孩子对知识的好奇心，对他们的成长来说显得十分重要。在莫里斯·卡门教授的培养下，小冯·卡门会时常向他提问"空气为什么看不见？""雨点为

什么会从天上下来？”“彩虹为什么只有在雨后才能看见？”等等。在爸爸的启发和解答下，小冯·卡门的兴趣和知识面越来越宽了，8 岁时冯·卡门就已经能画行星运行图了。

有了无线电后，爸爸为了孩子们的学习，买了一台发射器和接收器，并经常和冯·卡门一起拆开来研究它们的工作原理。也是在爸爸的引导下，冯·卡门开始思考哲学和宗教问题。

后来，冯·卡门回忆说：“父亲不让我做数学习题，而让我读地理、历史、诗歌。现在，每当我回想这事总对他感激不已。我一生崇尚人文主义的文明，这跟他让我童年时代摆脱数字游戏是分不开的。”

不要满足于待在一个国家

冯·卡门成了一个既有智商，又有情商和爱商的人。冯·卡门给那个时代的人们留下了深刻的印象：他精力充沛，性格开朗，既擅长辞令，又富有幽默感；他阅历极广，到过世界上很多国家，与世界上许多大科学家有密切交往。被誉为“航空航天时代的科学奇才”。

1908 年 1 月，是冯·卡门人生最为关键的时期，因为在德国为期两年的留学生活即将结束。这时，莫里斯·卡门来信告诫儿子：不要满足于待在一个国家，希望冯·卡门做一个世界主义者。

由于莫里斯·卡门非常欣赏法国的思想家，所以，就建议儿子冯·卡门考虑去法国看看，然后再到英国去。

1908 年 3 月，冯·卡门在游历法国巴黎时，他亲眼目睹了法国人亨利·法曼驾驶一架试验飞机进行飞行，这种奇特的飞行器，当时才诞生 5 年时间。冯·卡门就对这件事情产生了浓厚的兴趣，从这之后，他便走上了研究飞行空气动力学之路。

事实表明，爸爸的建议非常正确。冯·卡门在巴黎找到了人生目标，找到了他终生的兴趣和发展方向——空气动力学。

爸爸的远见卓识和及时帮助，才使冯·卡门没有受狭小空间的限制，走出了国门，求得了更好的发展，直至最终成为航空和航天领域最杰出的一位元老，也让他漫长的科学生涯颇具传奇色彩。

让幼时的潜能开发出来

在美国，犹太人的总数共有 590 万，仅占美国总人口的 2%。《福布斯》杂志的美国四百大富豪排行榜中，最富有的富豪有 45% 是犹太人。美国 1/3 的百万富翁是犹太人。美国大学中，20% 的教授是犹太人。获科学类诺贝尔奖的美国人中，有 31% 是犹太人；而所有获诺贝尔奖的美国人中，有 25% 是犹太人。

这些数字，足见犹太人在美国和世界范围内获得的成功。

从冯·卡门的成长故事中，不难看出，他所接受的家庭早期教育相当成功。

在中国，许多人把早期教育理解偏了，认为早教是要为社会和家庭培养出更多“神童”。事实上，这远不是早期教育的目的。早期教育，不是为了培养“神童”和“天才”，而是让孩子的潜能在幼年时代被开发出来。这一切，是建立在孩子接受全面教育基础之上的。

麦克斯韦："特殊家教"培养出来的天才少年

——与众不同的爸爸，与众不同的儿子

詹姆斯·克拉克·麦克斯韦(1831—1879)，英国著名物理学家、数学家。

麦克斯韦依据库仑、高斯、欧姆、安培、毕奥、萨伐尔、法拉第等前人的一系列发现和实验成果，建立了第一个完整的电磁理论体系，不仅科学地预言了电磁波的存在，而且揭示了光、电、磁现象的本质的统一性，完成了物理学的又一次大综合。

这一理论自然科学的成果，奠定了现代的电力工业、电子工业和无线电工业的基础。

影响力：★★★★★

知名度：★★★★★

美誉度：★★★★★

少儿时代，麦克斯韦与众不同，行为反常。

有一次，爸爸在桌上摆了一瓶花教麦克斯韦写生。没想到麦克斯韦把画好的图画交上来时，满纸都画满了几何图形，细看花朵是由大大小小的圆圈组成的，叶子则是些三角形，花瓶是个大梯形。

童年时代受到"特殊家教"

麦克斯韦的爸爸约翰是一位极聪明，思想开放，不受传统约束的律师，但

却热衷于技术和建筑设计，对麦克斯韦的一生影响巨大。

童年时代的麦克斯韦在爱丁堡附近的乡下一座庄园里度过。那时，小麦克斯韦非常喜欢动脑筋，脑海里装有十万个为什么，父母十分喜爱他，爸爸对他尤为关爱。

3 岁那年，有一次爸爸约翰带着麦克斯韦去外面散步，他被路旁停放的马车吸引住，忽然他又被马车旁边的一棵大树吸引住了，于是问道："爸爸，你看这棵树长得好高啊！"

约翰点头，微笑着说："是啊，儿子，它长得好高啊！"

麦克斯韦歪着头看着爸爸说："这棵树还会继续长高，它会长到天上去吗？"

约翰答道："它大概还会长高吧，但肯定不会长到天上去的。"

麦克斯韦追问说："爸爸，为什么呢？"

约翰回答说："天太高了。"

"哦，"麦克斯韦认真地说，"它不敢长到天上去，它在那儿会害怕的。"

麦克斯韦还会经常问爸爸，诸如"蚂蚁为什么不会说话"等问题，约翰在与儿子的对答中获得了很多乐趣，生活得十分开心。后来，麦克斯韦提出的问题，越来越超出人们的想象。

有一次，姨妈来到麦克斯韦家所在的农庄，给他带来一篮子又大又红的苹果。麦克斯韦久久注视着苹果，忽然问道："姨妈，苹果为什么是红色的呢？"

姨妈被这个问题难住了，一时不知如何回答才好。于是，姨妈就让麦克斯韦去吹肥皂泡玩。麦克斯韦吹起了肥皂泡，却不想肥皂泡在阳光下呈现出美丽的色彩来，惊喜之余，麦克斯韦又带给本以为摆脱"困境"的姨妈一个更大的难题，他看着姨妈，惊喜地问道："您说肥皂泡为什么是五光十色的呢？"爱面子的姨妈，一时不知所措，回答说："这，这个，这……"正在这时，爸爸约翰走了过来，他见到儿子对自然科学如此感兴趣，十分欣慰，就决定带着他去听爱丁堡皇家学会的科学讲座。

这时麦克斯韦的个头还没有讲台高，人们还以为他是这里打扫卫生的童工呢。

画出史上最牛的“花朵”

约翰是一名律师，但他对技术和建筑设计更感兴趣，如果条件允许，他很有可能成为一名数学家。

童年时期的麦克斯韦和爸爸关系密切，经常和爸爸一起做游戏。不过，爱研究学问的爸爸时常独自一人在书房里看书。小麦克斯韦常常情不自禁地走了进去，看着低头画图纸和解数学题的爸爸，麦克斯韦便问他这是什么，那是什么呢。约翰便向儿子讲解道，这是直线，那是曲线，这是圆形那是三角形等等。

有一天，约翰带着小麦克斯韦到郊外游玩，回来时采摘了一束金菊花，并插在家里的一个花瓶里。然后，约翰叫来儿子说：“麦克斯韦，今天到郊外游玩得高兴吗？把我们采摘的金菊花写生一下吧。”

麦克斯韦愉快地答应了。拿着插满金菊的花瓶来到自己的房间开始写生。

一个小时之后，麦克斯韦十分自信地把自己的写生画交给了爸爸。乍一看，约翰都没有反应过来，不是让儿子给金菊花写生吗？怎么在画上没有见到金菊花的影子呢？约翰再定了定神，才发现其中“大有文章”。

麦克斯韦看到爸爸专注地看着他的写生画，神情很怪异，难道是他的画不好吗？于是问道：“爸爸，我很用心地画了这幅写生画，有什么地方不对吗？”

突然，约翰的神情由怪异变为吃惊。他终于看明白了，纸上形状各异的几何图形组成了一朵朵“美丽的金菊花”。原来，金菊花的花朵是由大小不一的圆圈组成的，而叶子则是由三角形构成的，那个大花瓶也“逃脱”不了用几何图形画成的“命运”，被小麦克斯韦画成了一个大梯形。

约翰看着儿子，笑了起来，说：“你画得非常好啊，很有想象力。”

根据直觉，约翰认为儿子麦克斯韦是个数学天才。从此以后便开始教他几何学和数学。后来，一次学校里举行数学和诗歌比赛，麦克斯韦一举拿下了数学和诗歌两项冠军，老师和同学们都感到吃惊。

勤奋好学的青少年时代

麦克斯韦自幼聪颖，从小受到良好的家庭教育。

10 岁时,麦克斯韦进入爱丁堡中学学习。沉浸在数学的王国里的麦克斯韦，14 岁时就在《爱丁堡皇家学会会报》上发表了第一篇科学论文《论卵形曲线的机械画法》，显露出了他的数学才华。

麦克斯韦中学毕业以后，考进了苏格兰最高学府爱丁堡大学，专门攻读数学和物理学。麦克斯韦只有 16 岁，是全班年纪最小的学生，座位在最前排，站队总是在最后，他有一个业余爱好，喜欢玩陀螺。所以，麦克斯韦的书包里常揣着陀螺和诗集。这个前额饱满、两眼炯炯有神的学生，很快就引起了全班的注意。他不但考试名列前茅，而且经常对老师的讲课提出问题。

到大学二年级的时候，麦克斯韦的知识面已相当广。除了学习必修课外，他还开始了研究工作，他的选题范围涉及光学、电化学和分子物理学三个领域。没过多久，他在《爱丁堡皇家学会会报》上又发表了两篇论文并得到了一位物理教授的赏识，特许他可以单独在实验室做实验。

后来，麦克斯韦转入剑桥大学三一学院数学系学习。在剑桥，麦克斯韦争分夺秒地学习，打下了坚实的数学基础，也为他以后把数学分析和实验研究紧密结合创造了条件。23 岁的麦克斯韦以甲等数学第二名的成绩获史密斯奖学金，毕业留校任职两年。

20 多岁时，麦克斯韦还发表过一篇有关土星的论文，证实土星外围的那些环都是由一块块不相粘附的物质组成的，一百多年以后，当一架“航行者”号太空推测器到达土星周围时，证实了他的理论完成正确。

后来，麦克斯韦完成巨著《电学和磁学论》，成为一代著名物理学家和数学家。

让“问题男孩”成天才

麦克斯韦和爸爸约翰算是“父子朋友”，他们才会相处的那般融洽。即使儿子麦克斯韦把金菊花的花朵画成了大小不一的圆圈，叶子画成三角形，大花瓶画成了一个大梯形。这些奇怪的行为在爸爸约翰那儿也是正常的。只有这样的爸爸才会从这件事情中发现问题的本质——儿子是个数学天才。

在许多人眼里，麦克斯韦就是一个“问题男孩”，甚至认为他的智商有问题。然而，麦克斯韦却是上帝送给约翰最好的礼物，14 岁那年，麦克斯韦中学还没毕业就写了第一篇《论卵形曲线的机械画法》的科学论文，竟然发表在《爱丁堡皇家学会学报》上。

最终，麦克斯韦成为一代著名物理学家和数学家。

第九章

他们小时候曾很“笨”

教育家陶行知曾深有体会地说："你的教鞭下有瓦特，你的冷眼里有牛顿，你的讥笑中有爱迪生。"

世上没有笨孩子。如果哪一天，有一个小朋友，也不幸被老师认为是"低能儿"，也被撵出了校门，那也没关系，他应该想到爱迪生的经历；如果哪一天，有一个小朋友被某个人说"你真笨"，那也没关系，他应该想到3岁时还不会说话的"笨天才"爱因斯坦，还有后来获得诺贝尔奖的差等生格拉塞等。

甘地：表现平平的学生后来成为“圣雄”

——印度国父，少时被爸爸的一句话惊醒

甘地（1869—1948），尊称“圣雄甘地”，印度民族解放运动的领导人，是印度国民大会党领袖。他是印度的国父，也是印度最伟大的政治领袖。

通过“非暴力”的公民不合作，甘地使印度摆脱了英国的统治。甘地主张的“非暴力反抗”，影响了全世界的民族主义者和那些争取和平变革的国际运动。

榜样档案

影响力：★★★★★

知名度：★★★★★

美誉度：★★★★★

“以眼还眼，世界只会更盲目”甘地说。

“祈祷不是要求，而是灵魂上的渴望”甘地说。

“当我绝望时，我会想起：在历史上，只有真理和爱能得胜，历史上有很多暴君和凶手，在短期内或许是所向无敌的，但是终究总是会失败。好好想一想，永远都是这样。”甘地说。

这位过着苦行僧一般生活的伟人，究竟有着怎样的非凡经历呢？

说来也许你不信，从小学到中学，甘地只是一个普通的学生，看不出来他将来会有什么作为。

表现平平的学生

甘地出生于印度的港口城市波尔班达尔市，一个印度教家庭。爸爸卡拉姆昌德·甘地是当时的土邦首相。父母都是虔诚的印度教教徒,将“仁爱、不杀生、素食、苦行”作为他们的人生信仰。

小时候，甘地性格内向，腼腆而羞怯。

有一次，甘地的学校进行英文水平考试。学校监考老师让学生们听写 5 个英语单词，甘地很快写出了 4 个，但是“茶壶”这个单词，怎么也拼写不出来。正当甘地苦思冥想时，他的代课老师走到他旁边，用脚尖轻轻地碰了一下他的椅脚，示意他偷看一下旁边同学的卷子，但他继续低头默想，并不愿意去看其他同学的答案。

结果，除了甘地一个人考了 80 分外，全班其他同学都考了满分。

从小学到中学，学习成绩平平，其他方面也没有什么突出表现，谁也不会认为甘地将来会有所作为。

爸爸的话惊醒了甘地

甘地上中学的时候，当时在印度一些的青少年以打破素食主义为时尚。一位同学看到甘地很瘦弱，就告诉他说：“你看我的身体多强壮，是因为我开始吃肉的缘故，你也应该尝试一下。”

听到同学这样说，本想强身健身的甘地，不免也受到了这种革新风潮的影响，就和这位同学偷偷买了几斤煮熟的牛羊肉，大吃了一餐。

印度教禁止吃牛肉，父母都是虔诚的印度教徒，这样的事情是绝对不允许的。有一天,甘地在给神灵祈祷时,感到很不安,认为他吃肉欺骗了神灵和父母。甘地的内心很痛苦，也感到很矛盾，很想向父母坦白，在印度教中私自吃肉是一件不小的错误，因而害怕父母不肯原谅自己。

这件事情过去不久，有一天，爸爸生了一场病。甘地认为是因为他的过错让爸爸受过，更加感到愧疚和不安，于是给爸爸写了一封信。

在这封信中，甘地向爸爸忏悔。爸爸看了儿子的信后，被儿子虔诚的举动所打动，就把甘地叫到身边说："孩子，敬畏神灵是一种好品质。我和你的妈妈，已经原谅你的过失了。"

性格内向的甘地本以为爸爸会拿着棍棒狠揍自己一顿。没想到爸爸竟用这种方式原谅了他，这件事情，也让甘地的心灵被一种爱的力量深深震撼。甘地尝试打破素食主义的行为，也就此宣告结束。

这件事情让甘地记忆终生。从此，一粒种子在甘地内心深处慢慢孕育，那就是一种对生命执着的爱。

19岁到伦敦求学

19 岁那年，甘地面临着重大的人生选择，是留在国内，还是远去他乡求学？最终，甘地为了实现心中的远大理想，不惜被开除种姓身份远涉重洋，赴伦敦求学。甘地同时也得到了爸爸的支持，在英国伦敦大学学习法律。

在伦敦期间，甘地恪守着离开印度时父母亲的叮咛，不吃荤和不酗酒。有一段时间，尽管他试图英国化，为此他去上舞蹈课程，但他却不吃女房东给他的羊肉和卷心菜。甘地还参加了一个素食社团，并且当选执行委员会委员，他还成立了一个地方分会。此外，甘地开始学习印度婆罗门教和佛教的经典，还阅读了天主教和其它宗教作品。甘地在坚持印度教的信仰中，吸取了其他宗教教义中的精华。

有一天，甘地在阅读《新旧约全书》时，被书中的一句话深深吸引："不要与恶人作对，有人要打你的右脸时，你就把你的左脸也转过来让他打。有人想拿你的内衣时，你连外衣也让他拿去。"

后来，这句话也成了甘地的座右铭。

在南非一次打不还手的经历

在伦敦大学取得律师资格后，甘地回到印度当了一名律师。

因为一个偶然的机会，印度一家公司派甘地到南非工作。有一天，甘地买了一张头等座位的车票去南非纳塔尔省办理公事，当火车开到马里茨堡的时候上来一个白人，这个白人拿着一张三等座位的车票，见到甘地后就朝他喊道："苦力，给我让开！你难道没看到我上来？"

甘地沉默，岿然不动地坐在那里。白人火冒三丈，上前一步，将甘地瘦弱的身躯提了起来，同时"犒赏"了甘地一拳。甘地依然沉默，不骂不还手，这个白人的表现立马引起了车上其他白人的不满，就冲着这个白人说道："住手！你要抢他人的座位竟然动手打人，太过分了！"

这个白人竟被甘地的沉默和其他白人的言行震住，只好去找自己的座位。

1915 年，甘地回到印度。在这之后，甘地游历印度各地，了解印度国情。经过一番深思熟虑，甘地开始在印度各地演讲，宣传非暴力斗争，发展了非暴力学说。

后来，甘地被印度人民亲切地称为"圣雄"。

甘地是我们这个世界上的一个奇迹，他为我们提供了一条"非暴力"道路，和谐社会需要甘地的仁爱思想，更需要甘地这样伟大而美好的心灵。

在我们不太漫长的人生中，我们需要获得幸福，我们需要爱，我们需要"非暴力"，成为像甘地那样的人，对自己的人生和社会的未来负责的人。

甘地的精神

甘地说："我的人生就是我想要传达的信息。"

甘地伟大的一生，成就了那个时代的高度。他生活在一个动荡的时代，因有甘地这样的人存在，为那个时代的人们赢得了生命的尊严。甘地的一生为何会有这样的力量？甘地是一个有着深厚的内心生活的人，他用自己的内心力量挽救了无数人的生命。

"后世的子孙也许很难相信，历史上竟走过这样一副血肉之躯。我认为甘地的观点，是我们这个时期所有政治家中最高明的。我们应该朝着他的精神方向努力：不是通过暴力达到我们的目的，而是不同邪恶势力结盟。"伟人爱因斯坦对甘地如此评价说。

毕加索：艺术魔术师的童年生活

——当美术教师的爸爸，认定儿子是个天才

巴勃罗·毕加索（1881—1973），世界最具影响力的西班牙现代派画家，他对二十世纪的艺术史有着浓墨重彩的一笔，人们称他为“人类艺术史上罕见的天才”。

毕加索从9岁起就开始作画，无论质还是量，都是惊人的，他的作品约达六万件，仅油画一项就在万件以上。

影响力：★★★★★

知名度：★★★★★

美誉度：★★★★★

小毕加索喜欢爸爸的大画室。他常站在爸爸身后看着爸爸将五颜六色的颜料涂抹到画布上，随后神奇地出现一幅幅美丽的图画。

小毕加索也常常趁爸爸不在时，把爸爸的画笔偷过来当作自己的玩具。

爸爸成为他人生的引路人

著名的直布罗陀海峡往东北约100公里之处，有一座美丽的古老港口城市马拉加。1881年10月25日深夜11点，美术学校教师唐·何塞·路伊兹·布拉斯可的儿子毕加索诞生了。

布拉斯可是一位艺术家，他多愁善感，甚至有点儿神经质。当时，布拉斯

可担任马拉加市公立圣台尔摩美术学校的素描教师外，兼任市立博物馆馆长。布拉斯可喜欢自己的工作，在给学生上课之余，他会去市博物馆负责各种美术作品的陈列、保管、复制和修补等维护工作。

童年的毕加索聪明顽皮，一头淡红色的头发，两只大眼睛又黑又亮，极为惹人喜爱。

毕加索 3 岁那年，西班牙的一场大地震让毕加索一家的生活发生改变。大地震使整个西班牙出现一场经济危机，为了维持一家人的生活，爸爸布拉斯可决定成立画室，开始利用业余时间给人画画。而在毕加索眼里，爸爸的画室就是一个快乐的游乐场，他经常在那里玩耍，看着各种颜料沾染在墙壁和地面上，脏脏的，但在这个孩童的眼里却很神奇。

毕加索喜欢爸爸画室里的气氛。爸爸创作时他在一旁观看，毕加索看到爸爸的画笔十分有魔力，不同的色彩像是从画笔尖上吐了出来，画布上就出现了一幅美丽的图画。

这时，小毕加索总显得很安静。但是，布拉斯可一旦不创作，尤其他不在毕加索眼前时，毕加索便借机将他的画笔占为自己有。最开始时，毕加索只是把它当作玩具，后来就不是了，他学着爸爸的样子，用画笔蘸上各种颜料抹在纸上、墙上和地面上。

有的时候，小毕加索玩性大发，就把各种颜料抹在自己身上，大大方方地“画”出他的得意之作，毕加索并不认为这个做法出格，他甚至十分高兴地在那里等待着大人们来表扬他的“杰作”。

大师也曾是老师眼中的弱智儿童

在布拉斯可的影响下，小毕加索的艺术天赋越来越突出，周围的邻居都称赞他是个小天才。

然而,这个小天才却不喜欢去学校上课。原来,毕加索是个生性好动的孩子，学校有令他头疼的永远也做不完的作业，还有校规校纪、老师的约束等等。

每次上课，毕加索总会走神，要么是看着窗外飞翔的鸽子，要么低头在纸上画画。老师提问时毕加索一问三不知。最让毕加索六神无主的是上数学课，他对数字没什么概念，上数学课对他来说简直是一种折磨。

时间一长，老师认为这个孩子迷茫，智力低下，孺子不可教也。

有一天，老师将布拉斯可“请到”学校，对这位爸爸说：“你的孩子可能智力有问题，数学题一道也不会做。”

布拉斯可也无奈地耸了耸肩，在他眼里小毕加索是个天才，老师却说他是弱智儿童，对他来说真是有口难辩。随后，布拉斯可多次被“请进”学校，接受老师在他面前绘声绘色描述毕加索的痴呆。在考试中从来没有及格过的毕加索，邻居们改变了对他的看法，在私下议论说：“看呀，这孩子越来越呆头呆脑，光画画得好有什么用呢？”

小毕加索的心理压力也大了起来，他害怕去上课。但布拉斯可坚持每天送儿子上学，他理解儿子，常鼓励毕加索说：“不会解数学题，并不代表你一无是处，这不能抹杀你是个绘画天才。”

然而，事情并没有就此罢休。作为“坏学生”，毕加索经常被学校关禁闭，在禁闭室里，百无聊赖的毕加索便在随身所带的纸上绘画。作为一名校方眼中“失败”的学生，小毕加索却在绘画中找回了一些自信。但是，嘲讽并没有就此停息，反而越来越猛烈。小毕加索的心理再受打击，他变得不爱说话，也不再和小伙伴们一起玩耍。

面对儿子成长中的困境，布拉斯可决定让小毕加索转学，换一个新环境，这样毕加索就来到私立圣拉斐洛学校就读。

毕加索“学艺”

毕加索虽然数学不好，但绘画才能却是在很小的时候就已显山露水。

小毕加索还会用画画来表达他想要什么，他喜欢甜食。最初，还不太会说话的毕加索画了一个螺旋状的物体，表示他想吃西班牙小吃油炸小甜饼；再大

些，有一天他异想天开地画了一幅阿拉伯风格的图画，兴高采烈地对爸爸说：“您看，它是一块甜蛋糕，多像啊。”

在学校上课，毕加索一坐在课桌旁就心烦，但却痴迷于画画，他可以聚精会神地坐在那里画上几个小时一点也不感觉心烦。

毕加索的绘画天赋越来越引起布拉斯可的重视，在爸爸的指导下，七八岁的毕加索开始正式学绘画。虽然布拉斯可是一位平凡的画家，不过他却是一位好爸爸、好老师，他悉心指导毕加索，从不限制小毕加索的发展空间。

布拉斯可有一个发现，小毕加索喜欢玩画笔，他从来不简单地制止儿子，而是告诉毕加索这有什么用途，还让儿子把他自己的绘画工具当作玩具玩，一旦小毕加索有了想作画的冲动，便让儿子自由发挥，既不修改儿子的画也不挑它的毛病。

这样一来，小毕加索可以如鱼得水地发挥他的想象力。

8 岁时，毕加索创作了他的第一幅油画《马背上的斗牛士》。这幅画画面明快、清晰、协调，充分显示了小毕加索的绘画个性和天赋。

在爸爸的启发和教导下，小毕加索的绘画能力飞速发展，逐渐形成了自己独特的思维方式和奇幻的想象力。

美丽的和平鸽

毕加索的观察能力强，记忆力好。几十年后，他仍对爸爸当年的画记忆犹新，并能很快将它们再画出来。

布拉斯可作画时小毕加索常常在一旁观摩，因此给毕加索的童年留下了深刻的印象。布拉斯可喜欢鸟儿，尤其喜欢鸽子，他常常带着小毕加索去梅尔赛德广场。那时，梅尔赛德广场上鸽子成堆，围在小毕加索和布拉斯可身边，父子俩拿着食物喂它们。鸽子也自然成为布拉斯可重要的创作题材，他画过许多鸽子，然而其中有一幅画鸽子的巨大油画给小毕加索留下深刻印象。毕加索每次回忆起这幅画时，眼睛里总闪耀着迷人的亮光，对于他来讲那是一个奇迹，

他说："里面有成百上千只鸽子。那些鸽子都关在一个巨大的笼子里。"

事实上，毕加索说得有些夸张。他讲述的那个巨大的鸟笼和那些鸽子，使年幼的毕加索产生了一种强烈的幻觉，并永久地留存在了他的记忆里。后来，人们找到对毕加索产生重要影响的出自他爸爸布拉斯可之手的那幅作品，发现画面的鸽笼中实际上只有 9 只鸽子。

受到爸爸的影响后，毕加索从此也喜欢上了鸽子，他开始画鸽子，并留给我们那幅著名的《和平鸽》作品。

后来，毕加索成为世界最具影响力的西班牙现代派画家，人们亲切地称他为艺术魔术师，他被誉为"人类艺术史上罕见的天才"。

赏识是一种修养

毕加索在成为名家后，曾深情地说："每当我画一个男人，我就想到爸爸。"

可见爸爸对毕加索的人生有过多深刻的影响。男孩的成功，往往是因为他有一个好爸爸。家长与子女关系和谐，能够促进孩子的优点发扬光大，能够将孩子的特点发挥到极致，进而避免孩子的缺点，从而让他们成为闪耀的明星。

这一切都离不开赏识。赏识教育，并不是简单地表扬加鼓励，而是赏识孩子的行为结果，以强化孩子的行为；是赏识孩子的行为过程，以激发孩子的兴趣和动机；是创造环境，以指明孩子的发展方向；是适当提醒，以增强孩子的心理体验，纠正孩子的不良行为。

科学家们指出，任何一个人都具有成为天才的潜质，大多数人终其一生，只运用了大脑的 3% ~ 4%，其余的 97% 都蕴藏在右脑的潜意识之中。这个数据很令人吃惊，但这是事实。

赏识教育，能够打开"97% 蕴藏在右脑的潜意识之中"的那扇大门。

爱因斯坦：“笨孩子”也能成为天才

——一份神奇的礼物，开启了天才的心扉

阿尔伯特·爱因斯坦（1879—1955），举世闻名的德裔美国科学家，现代物理学的开创者和奠基人。创立了相对论与量子力学，是近代物理学的两大理论支柱，爱因斯坦被公认为是自伽利略、牛顿以来最伟大的科学家和思想家。

爱因斯坦发现的相对论，开创了物理学的新纪元，他揭示了四维时空与物质的统一关系，对于今天探索宇宙结构有重大的意义，他在自然领域拓展了人们的视野，开拓了科学革命的新时代，被称为现代物理之父。

影响力：★★★★★

知名度：★★★★★

美誉度：★★★★★

小时候，爱因斯坦性格内向，3 岁时还不会说话，父母十分担心他是个哑巴，直到 9 岁时爱因斯坦讲话还是磕磕绊绊的，说话前总要先想一想，显得十分吃力。

就是这样一个男孩，后来却创造了不朽的传奇。

走在梅塞街上的童话人物

1940 年，美国普林斯顿小镇的梅塞街道被高大的橡树掩盖着，这是一条有坡道的柏油小路，街道两旁橡树掩映着一幢幢两层小楼。这些小楼看上去平淡

无奇，却因普林斯顿大学在此，居住在这里的大多是美国社会的精英人物，而显得与众不同。

梅塞街 112 号是一幢普通的两层白色木结构的小楼，掩映在橡树丛中，这里居住着一位头发银白的矮个子老人，他来这里居住是为了便于工作，同时也逃避别人对他生活的干扰。这位一头银发的矮个老人时常拿着一把小提琴在梅塞街上漫步，或沿着橡树成荫的小道走到研究院去。

一天清晨，有个金发的小姑娘突然在梅塞街遇见这位银发老人，她觉得老人十分奇怪：一件粗大衣像毯子似的，裹在他个子不高的身体上；穿着一双拖鞋，满头白发凌乱地散落着；头稍稍低垂，一双深凹的眼睛好像在凝思。他看见小姑娘好像在凝视着自己时，便微微一笑，从小姑娘身边走过去，又继续思考着什么问题。小姑娘睁大了眼睛，觉得他是某本童话书中的人物。

小姑娘走三步停一步，回家吃饭时她便把这有趣的见闻，绘声绘色地向家人讲述了一番，爸爸听后沉默良久，说："孩子，你今天遇到的老人是这个世界上最伟大的人。"

原来，这个像某本童话书中的老人便是大物理学家爱因斯坦。爱因斯坦年老时如此引人注目，那么他的童年和少年时代，又是怎样的一个人呢？

3岁还不会说话的孩子

爱因斯坦出生于德国西南的乌耳姆城的一个犹太家庭。爸爸赫尔曼·爱因斯坦开办了一家电器工厂，小时候曾很有数学天赋。妈妈玻琳是富有粮商的女儿，受过良好教育，有音乐和文学天赋。

1 岁多时，其他孩子都会叫爸爸妈妈了，而小爱因斯坦这时却没有说话的意思。玻琳有些着急，对赫尔曼说："孩子还不会说话，不会有什么问题吧？"

赫尔曼宽慰她说："孩子说话有早有晚，这不是什么大问题。"

事实上，问题比赫尔曼说得要严重些，到 3 岁多时，小爱因斯坦还不会说话，他总是喜欢沉默不语。爸爸妈妈十分担心，怕他是个哑巴，为此多次带小爱因

斯坦去医院看医生，医生告诉这对夫妇说：“你们的孩子没什么问题，只是说话会比其他孩子要晚些。”

一次，玻琳沉醉在她所弹奏的钢琴旋律里，当她回过神来时，发现小爱因斯坦正在侧耳倾听，神情十分专注。那一刻玻琳露出了幸福的笑容，她相信儿子听懂了音乐，小爱因斯坦虽然不会说话，但他却是个聪明的孩子。从那以后，玻琳弹钢琴时总会把小爱因斯坦叫到身边。正是妈妈玻琳美妙的钢琴声开启了小爱因斯坦的心扉。

4岁时，爱因斯坦只能说出极简单的词，5岁时仍惜字如金。唯独有亮色的地方，那就是他常若有所思地睁着一双好奇的眼睛，一个人藏在某个角落里歪着脑袋玩耍。直到9岁，爱因斯坦讲话还是磕磕绊绊的，说话前总要先想一想，显得十分吃力。

不过，在妈妈玻琳的精心培养下，爱因斯坦很快就学会了拉小提琴。后来，音乐几乎成为爱因斯坦的“第二职业”，让他无比沉醉，小提琴终身陪伴着他。

爸爸的神奇礼物

在四五岁时，有一次爱因斯坦生病在床，爸爸赫尔曼怕儿子寂寞就送给他一个小罗盘。

爱因斯坦如获至宝，他发现不论如何转动罗盘，里面的指南针总指向固定的南向时，令他百思不得其解。当时，小爱因斯坦认为，一定有什么东西隐藏在这现象背后。

一连好几天，爱因斯坦都对罗盘爱不释手，虽然爱因斯坦连对“罗盘”“磁”的发音都发不准，但这不妨碍他向爸爸提出一连串疑问：“爸爸，指南针为什么总指向一个方向呢？”

赫尔曼微笑着回答说：“这是因为地球磁场的原因。”

爱因斯坦皱着小眉头，追问道：“什么是地球磁场呢？”

赫尔曼面有难色，解释道：“磁场是地球的南北两极……”

爱因斯坦又问道：“指南针为何要指向磁场？”

罗盘太神奇了，在爱因斯坦六七十岁时仍然对爸爸送给他的这个礼物记忆犹新。

7岁时，爱因斯坦上学。不过，他在上小学和中学时，学习成绩都很一般。后来爱因斯坦领到一本欧几里得几何学课本，书中论证的无可置疑的许多公理使他产生了强烈的好奇心，以至于等不及按照课程进度学习，竟然一口气就将它学完。

爱因斯坦说：“想象力比知识更重要，因为知识是有限的，而想象力概括了世界上的一切，推动着社会进步，并且是知识进步的源泉。”

科学发明和文学创作还有现在的网络科技更是离不开想象力。

爸爸所送的罗盘礼物，而这个礼物打开了一个男孩的想象力，让爱因斯坦产生了对科学的向往，也让他后来成了一代科学大师。

揭开爱因斯坦成功的秘诀

有一次，一名美国记者问爱因斯坦关于他成功的秘诀。

爱因斯坦回答说：“早在1901年，我只有22岁，那时我已经发现了成功的公式。我可以把这公式的秘密告诉你，那就是A=X+Y+Z！A就是成功，X就是努力工作，Y是懂得休息，Z是少说废话！这公式对我有用，我想对许多人也一样有用。”

从爱因斯坦回答记者的提问中，我们不难看出，这个3岁时还不会说话的科学大师所走过的人生之路。在这之中，一定有许多值得我们借鉴的东西。

可以说，这个世界上没有“笨孩子”。在成长的道路上只要懂得努力学习，也懂得休息，去遵守“少说多做”这个原则，在学习上就能够取得好成绩，成年后也将更容易取得成功。

第十章

诺贝尔奖得主平凡又不寻常的童年

诺贝尔奖，对于许多人来说很神秘。阅读名人孩提时代的故事，了解过他们成长经历后，诺贝尔奖获得者对大家来说将不再那么神秘。

因为，这些诺奖获得者大多也是普通的孩子，只有一点与众不同，这些孩子很幸运，在成长中得到了家长与老师的适时启发，从而让这些孩子超越极限，成长为出类拔萃的人才。

普通的孩子，只要教育得法，也会成为不非凡的人。

拉格洛夫：第一位获得诺贝尔文学奖的女作家

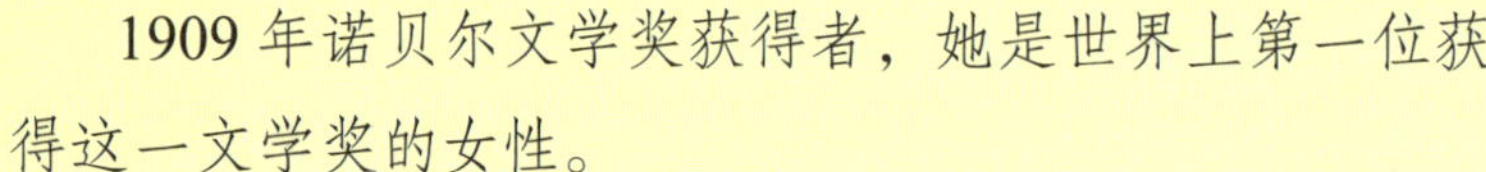

——自强不息，残疾小女孩也要勇敢追梦

塞尔玛·拉格洛夫（1858—1940），瑞典女作家，出生于瑞典中部韦姆兰省的一个军官的小庄园——莫尔巴卡庄园，并且在那里度过了童年、青年和晚年。其作品《尼尔斯骑鹅旅行记》，被誉为“20世纪的安徒生童话”。

1909年诺贝尔文学奖获得者，她是世界上第一位获得这一文学奖的女性。

影响力：★★★★★

知名度：★★★★★

美誉度：★★★★★

那时，祖母和姑妈一有空闲常常会讲些民间故事，让小女孩拉格洛夫听得如痴如醉。

爸爸是陆军中尉，同时也是一位文学爱好者，是他把这个从小有残疾的小女孩拉格洛夫引上了文学道路。

爸爸成为她文学的引路人

拉格洛夫出生在瑞典韦姆兰省的一个名叫“莫尔巴卡庄园”的小庄园。她出生时左脚有些残疾，3岁时两脚完全麻痹就没法走路了。

童年的欢乐时光眼看就要因左脚残疾而被剥夺了。这时，拉格洛夫得到了

爸爸的抚慰。爸爸是一位陆军中尉，他性格开朗，心地善良，举止优雅，不但能弹琴唱歌，而且是个文学爱好者，结婚后一直居住在莫尔巴卡庄园，从事农业耕作。自从拉格洛夫出生后，这位身为中尉的爸爸就从未离开过女儿，一直陪伴着女儿成长。

每天傍晚，爸爸从农场劳作回来全家人就围坐在一起吃晚餐，晚餐过后，爸爸开始朗读诗歌和小说。有的时候，爸爸也会向女儿讲瑞典文学的传统，讲到了 850 年在乌姆山的吕克石碑上镌刻的北欧古文字，这段碑文描述了古代英雄丘德里克的业绩；有的时候，爸爸向女儿朗诵中世纪诗人海尔曼尼主教的《比尔吉达圣歌》，拉格洛夫完全被那些优美的赞美诗吸引；还有的时候，这位中尉向女儿声情并茂地讲述《欧费米娅之歌》，这部描述骑士传奇的作品也给拉格洛夫留下了深刻的印象。这些是小拉格洛夫最欢乐的时光。

原来，身为陆军中尉的爸爸是一个文学爱好者，成为一名文学家是他曾经的梦想。酷爱文学的爸爸影响了女儿的一生，他让女儿了解了韦姆兰家乡风俗习惯等等。拉格洛夫的童年、青年和晚年都是在莫尔巴卡庄园里度过的。这座风景秀丽的庄园留下了女儿与爸爸在一起生活的快乐时光。

后来，这个小女孩走上了文学道路。在拉格洛夫的文学作品里，尤其是描写到童年和青年人物时，她常常按照爸爸的举手投足以及性情特点来塑造男主角的形象。

祖母和姑妈都是讲故事的高手

爸爸常忙于莫尔巴卡庄园里的农活，他身为陆军中尉，其实是一个农场主。

3 岁半时，拉格洛夫两脚完全麻痹不能行动，每到爸爸去田间工作时，坐在椅子上的拉格洛夫最快乐的时光便是听祖母、姑妈讲瑞典历史中的传说和故事。这些对于小拉格洛夫来说，比她的一日三餐还重要，她已经深深地被那些传说和故事吸引了。

因为家中有许多藏书，7 岁以后，拉格洛夫便开始大量阅读书籍。阅读生活，

成为此时这个小女孩生活中最重要的一部分，给她精神上带来快乐。

有一天，爸爸送给女儿一本关于美国印第安人冒险的传说的书，她津津有味地读了起来。这本书激发起了她将来要从事写作的欲望。

在祖母和姑妈的影响下，小拉格洛夫的记忆里有了越来越多的民间传说和故事。到了晚年，拉格洛夫仍然对祖母讲故事的情形记忆犹新，她回忆说："祖母讲起故事来语调感人，表情丰富，孩子们喜欢围绕在她的周围，从早到晚听她讲故事。"

自强不息，外出求学

随着拉格洛夫慢慢长大，在家庭教师的辅导下她学到了很多知识。但这些并不能让她感到满足，她想到外面的世界看看，想去首都斯德哥尔摩求学。

然而，身有残疾的拉格洛夫让家人对她去外地求学十分不放心。最终，拉格洛夫不顾父母的反对，设法筹借到一笔钱后只身一人前往斯德哥尔摩求学，她先到一个补习班学习，并于第二年考入斯德哥尔摩摩罗威尔女子师范学院。

这也成为她人生的转折点。在斯德哥尔摩罗威尔女子师范学院时，她博览群书，广泛涉猎了文学、哲学、社会学和神学作品。后来，拉格洛夫结识了女作家爱娃·弗里克赛尔，在她的鼓励下，拉格洛夫决定一面写作，一面在师范学院完成学业。

毕业后，拉格洛夫在一所女子学校任教了 10 年。教学之余，她积极参加政治集会，投身世界和平运动，夜晚则伏案写作。

"20世纪安徒生童话"问世

1902 年，拉格洛夫受瑞典国家教师联盟委托为孩子们编写一部以故事的形式来介绍地理学，生物学和民俗学等知识的教科书。1904 年夏天，拉格洛夫开始跋山涉水到瑞典全国各地考察，她去了很多地方采集第一手材料。

经过4年的努力，拉格洛夫完成了这部童话形式的教科书——《尼尔斯骑鹅旅行记》。这部作品讲述了主人公尼尔斯从一个调皮捣蛋的孩子变成一个拇指大的小人，然后再变成一个勤劳勇敢的好孩子的故事，作品中穿插了大量的瑞典传说、童话、民间故事，还讲述了瑞典的地貌风光、风土人情与历史演变等。

作品一经出版便在教师和孩子们当中大受欢迎。不仅学生们争着看，连大人也竞相购买，很快风靡全国。今天的瑞典，上自国王和首相，下至平民百姓，几乎每个人自幼都阅读过这本书。该书从第一次出版到拉格洛夫去世，销量多达350万册之多。

这部作品被誉为“20世纪安徒生童话”。鉴于拉格洛夫在创作上的杰出贡献，1909年，拉格洛夫凭借“作品中特有的高贵的理想主义、丰富的想象力、平易而优美的风格”获得了该年度的诺贝尔文学奖。

她的肖像印在20克朗钞票上

拉格洛夫对战争深恶痛绝，她一生经历了两次世界大战，她珍爱生命，为受难者分担痛苦，她以多种方式反对战争和暴力，是一位热爱和平的女性。1940年，拉格洛夫在莫尔巴卡庄园去世。去世前不久，拉格洛夫还以她的影响力，通过瑞典皇室向德国纳粹提出政权交涉，从集中营里救出了犹太女作家奈莉·萨克斯和她的妈妈。后来，奈莉·萨克斯女士于1966年获得了诺贝尔文学奖。

为了纪念拉格洛夫对瑞典文学的贡献，从1991年开始，她的肖像出现在了瑞典货币20克朗钞票上。

维兰德：知错就改的孩子后来获得诺贝尔奖

——爸爸的工厂，成为儿子的乐园

海因里希·维兰德(1877—1957)，德国有机化学家。维兰德最重要的贡献，首推他对胆汁酸化学结构的确定。

1912 年，维兰德就开始研究胆汁酸，后来他证明了胆酸、胆汁酸与胆甾醇的关系。他首先提出关于生物体内存在着氧化物作用的机理，创立了氧化过程理论，即脱水作用理论。

1927 年，获得诺贝尔化学奖。

榜样档案

影响力：★★★★★

知名度：★★★★★

美誉度：★★★★★

小时候，海因里希·维兰德最崇拜的人是自己的爸爸。

原来，爸爸是一位受人尊重的化学家，维兰德立志长大以后也要像爸爸一样成为一个有学问的人。

维兰德的偶像

维兰德出生于德国的普福尔茨海姆市，该市地处恩茨河、纳戈尔德河和维尔姆河交汇处。这是一座重要的工业城市，从 18 世纪起一直是珠宝饰物和钟表业中心，同时化学、机械、纺织等工业也很发达。

小维兰德的爸爸是一位化学家，在这座城市的一家化工厂工作。

爸爸负责这家化工厂的运营，同时负责技术指导工作。在常人眼里，维兰德的爸爸是一位非常成功的人士。他不仅是一位化学家，同时还有自己的化工厂。但在小维兰德的眼里，爸爸更是一位热爱生活且很有学问的人，是他的偶像。

维兰德经常看到爸爸回家时手中拿着从书店里买回来的新书。一有空闲便钻研起学问。

每次，小维兰德想找爸爸时到书房去便能碰到他。每次见到儿子走进书房，爸爸也不说什么，就从书架上找出几本合适小维兰德看的书递给他。小维兰德就坐在柔软的沙发上专心地看起书来。

时间一长，小维兰德也养成了看书的习惯，有看不懂的地方时他就去问爸爸。因受爸爸的影响，小维兰德也学到了很多化学知识。

工厂是个好玩的地方

每隔一段时间，维兰德便被爸爸带到他的工厂里去玩一次。

一次偶然的机会，爸爸把维兰德带到了化工厂。维兰德发现化工厂原来是一个非常好玩的地方，那里不仅有很多工人还有机械的轰鸣声，最为重要的是他从爸爸那里学到的化学知识，有一些在化工厂里运用了。每当他闻到化学试剂散发出来的味道与书本上记载相同或有所出入时都让他觉得无比新奇。

自从有了那次经历，在小维兰德的再三要求下，爸爸答应了让他每隔一段时间去化工厂“参观”一下。

一天清晨，小维兰德醒得很早。因为今天是到爸爸的化工厂“参观”的日子，听到窗外清脆的鸟鸣声，要是往常维兰德还会睡上一个小时，于是他在温暖的被窝里冲着爸爸大喊道：“爸爸，我要起床啦，别忘了去化工厂时叫我一声啊！”

爸爸微笑着回答道：“呵呵，那就赶紧起床吃饭吧。”

没用多大功夫，维兰德就吃完了饭，兴高采烈地跟着爸爸去化工厂。可是谁也没有想到，这一天却发生了一件令维兰德终生难忘的事情。这件事情关系

到一个人的命运也关系到小维兰德的心理能否健康成长。

"爸爸，那是我犯下的错误"

到达化工厂后，维兰德很快就被工厂里的各种景象所吸引。爸爸一旦停下脚步，维兰德就跑到附近，这儿看看，那儿摸摸，让他乐不可支。这时，来了一个大客户，爸爸要去和来者谈一笔大生意，就叫来了身边一个叫汤姆的员工，让他陪维兰德在化工厂到处看看。

汤姆只比维兰德大几岁，很快他们就成了朋友。维兰德和汤姆谈起了化学，令汤姆没想到的是，维兰德的化学知识竟然比自己知道的还要多。他们边走边聊天，走到一台形状奇怪的机器面前，维兰德指着这台机器问汤姆："这台机器叫什么名字？是做什么用的？"

汤姆看着机器，很不好意思地说："我也是才见到的，不知道它的用途，等会儿问你爸爸吧。"

维兰德有些失望，正好他手里握着一粒石子就下意识地扔了一下，没想到"叮当"一声过后，发出了更大的一声巨响，那台机器里顿时冒出一阵刺鼻的白烟。听到巨响，不少人赶了过来，维兰德的爸爸也停下了手中的工作赶到了这里，气白了脸说道："这是谁干的，这台机器你们知道有多贵重吗？"

爸爸转身对维兰德说道："是不是你干的？"

维兰德被刚才的景象吓坏了，不敢承认，低着头摇个不停。

爸爸又对汤姆说道："那就是汤姆干的了？"

汤姆也被吓坏了，辩解说："不是我的过错！不是的……"

气急败坏的爸爸就把汤姆开除了，汤姆流着委屈的眼泪离开了工厂。当天晚上，维兰德没有吃饭，独自一人坐在卧室里。这时他平静了下来，为什么是自己的过失，爸爸却开除了汤姆呢？这是因为他没有承认自己的错误，而让爸爸一时无法了解实情。夜深了，维兰德在床上翻来覆去睡不着，随后他走出了房间去爸爸的卧室，流着泪对爸爸说："爸爸，今天机器被弄坏的事情完全是

我的过错，与汤姆没有任何关系，他是无辜的。应该得到处罚的人是我。”

看着维兰德，爸爸温情地说：“你能承认错误是一种勇气，说明你仍是一个好孩子。不承认错误的人才是懦夫。你能这样做，让我感到很欣慰，我不会开除汤姆的，明天他会正常上班。”

这样一来，汤姆又回到了他的工作岗位。

从此以后，维兰德更加喜欢学习，并决心做一个诚实的人。1927 年，维兰德获得了该年度的诺贝尔化学奖。

人要面对内心

圣雄甘地曾说：“我的人生就是我想要传达的信息。”

从维兰德的成长经历中，我们可以看出，要成为一个有品位的人，最终是要面对自己的内心世界。人们要在纷繁的生活中抽出时间去面对自己的内心世界，要勇于承认自己所犯下的错误，并立即改正。只有这样，我们曾经犯下的错误才不会被带进坟墓。简单地说，这也是爱的一部分。

承认错误需要勇气。需要纯净的内心，不然我们真实的内心就会被隐藏起来。一个持久面对内心的人，他能够获得坚不可摧的力量。

科赫：童年时妈妈的一句话让他后来大获成功

——童年的一次经历，改变了他人生的轨迹

罗伯特·科赫（1843—1910），德国著名科学家、医学家。

罗伯特·科赫开创了对由微生物、细菌等引起的传染病的研究，取得了划时代业绩。因发现结核菌、霍乱菌而闻名于世。1905 年获诺贝尔生理学医学奖。

影响力：★★★★★

知名度：★★★★★

美誉度：★★★★★

童年时代的科赫，曾梦想能够成为一名水手，乘船到大海中去航行。后来，科赫并未能成为一名水手而成了一位著名的科学家和医学家，并获得诺贝尔生理学医学奖。

这一切的改变只源于妈妈的一句话，从此便把科赫引向医学之路。

梦想成为一名水手

科赫出生于德国克劳斯特尔城。这是一个多达 13 个孩子的家庭。爸爸是一个矿山的高级技工，妈妈是一个善良的家庭妇女。

全家人热热闹闹，其乐融融。在这个大家庭中有一件非常有趣的事情，那就是由于爸爸经常忙于工作待在家里的时间并不多，每次回家他看到自己的 13

个子女，除了最大的和最小的孩子之外，其他的孩子都相差不大，这让他有点分辨不出来哪个是哪个。吵吵闹闹中，爸爸总担心哪个孩子独自跑出去会发生什么意外，于是他便在一些固定的时间点名，以及时发现哪个孩子有“出格”的行为。

有一次，爸爸点名后，发现其中的一个儿子科赫不见了。父母立马放下手中的活，四处寻找科赫。院落四周没有，也没有去邻居家，菜园也不见科赫的踪影。

这个男孩突然去哪里了呢？忽然，妈妈想起科赫前天叨唠着船只的事情，父母二人便向村庄旁边的小湖泊跑去。果然，他们发现小科赫正目不转睛地看着水面上的船只。这时，科赫告诉父母，他长大后要当一名水手，乘船遨游在辽阔的大海上。

8岁那年发生的一件事情

然而，科赫的水手梦并没有实现，一个突发事件把小科赫引向了医学之路。

1851 年秋天的一个清晨，在克劳斯特尔城外一所教堂里，全城的人都聚集在此哀悼一位刚刚离世的牧师。

仪式结束后，妈妈牵着科赫的手走在回家的路上。年仅 8 岁的小科赫，突然打破沉默，问道：“妈妈，那位牧师得了什么病？”

“是绝症。”妈妈悲伤地说。

“难道所有医生都治不好他的病吗？”科赫不解地问。

“是所有医生都无法治好的绝症。”妈妈回答说。

“难道绝症就永远也医治不好吗？”科赫自言自语道。

面对科赫的疑问，心情沉重的妈妈无法给他满意的答案，只是对儿子说：“在我们这个小城，还没有人有那样高超的医术。也许将来会有人有勇气也有能力

攻克它吧！”

听到妈妈所说的话科赫默不作声，但他却从此牢记了这句话。后来，科赫带着这个疑问走上了医学之路，并使他终生献身于攻克绝症的医学事业。

受到名师的指导

有能力才能攻克绝症。科赫放弃了做水手的梦想，从此刻苦学习，要做一个有作为的人。19 岁那年，科赫考入了著名的哥丁根大学医学院，在那里他有幸成为德国权威的病理学家和解剖学家汉勒的学生。

跟随汉勒教授学习的日子，科赫的成绩十分优异，天资聪颖的科赫却有一个不太细心的毛病，时而在笔记中出现一些笔误。有一天，汉勒教授把科赫叫到身边，对他说道：“科赫，你把这部医学论文原稿整理一遍吧。”

科赫看了看那部论文的文稿并不潦草，就说：“汉勒先生，文稿比较清楚，还需要整理一下吗？”

汉勒教授语重心长地说：“一丝不苟的精神是每一个从医的人必须具备的。我之所以让你代抄一遍是因为纸上一笔失误无伤大雅，医理上错一点，却关系到人的生命。”听到汉勒教授的话，科赫在那里站了很久，深受震动。从此以后，科赫养成了严谨的治学作风，改掉了从前不太细心的毛病。23 岁时，他以优异的成绩取得医学博士学位。

在普法战争中，科赫看到许多伤员和平民因伤口感染而导致死亡的悲惨情景，这引起了他对感染源的关注，也让他走上了对细菌的研究工作。

科赫用一生辛勤工作。33 岁时，科赫分离并证明了炭疽热的病原菌是炭疽杆菌，这个意义重大，这是人类首次证明“特定的微生物可引发特定的疾病”。

随后，科赫分离出了结核病菌。他发现结核菌素可用来诊断结核病，并提出结核病的防治原则。

他成为妈妈期望的那个人

科赫并不仅仅只待在实验室里，他还到世界各地去做调研工作。

在印度和孟买，科赫找到了传播腺鼠疫的鼠蚤。在埃及和印度的调查研究工作中，找出了亚洲霍乱的病原是霍乱弧菌，并提出了霍乱的预防方法。在深入西非调研的日子，揭示了牛瘟的病原和病理，并发明了牛瘟的预防接种法。在非洲，找到了传播回归热的壁虱等等。1882 年，科赫在病人的痰液中发现了结核杆菌，从而为几千年来威胁人类健康的结核病的诊断、治疗揭开了崭新的一页。

“如果你是一位有学问、有成就的人，那么即使失败多次，你仍有可能获诺贝尔奖。”科赫深有体会地说。

多年以前，那时的科赫只有 8 岁，在克劳斯特尔城外古老的木质结构的教堂里，科赫和母在此哀悼一位刚刚离世的牧师。妈妈说这位牧师得到了绝症，是所有医生都无法治好的绝症。也许将来会有人有勇气和能力攻克这种绝症。正是这次经历改变了小科赫想成为水手的梦想。

多年以后，哪里有传染病流行，哪里就有科赫的身影。人们亲切地把科赫称为“绝症的克星”。经过多年的忘我工作，科赫成了他妈妈所说的那个“有勇气和有能力”攻克绝症的人。

3 月 24 日，一个值得纪念的日子。从 1996 年起，世界卫生组织将这一天定为“世界防治结核病日”。这是为了纪念德国科学家、医学家罗伯特·科赫设定的。因科赫卓越的贡献，1905 年他被授予诺贝尔生理学和医学奖。

拾起你的责任

尽得小的责任，会带来小的欢乐；尽得大的责任，会带来大的欢乐。

科赫梦想成为一名水手乘船遨游在辽阔的蓝色大海上。

然而，科赫应该未感到遗憾。童年的一次经历，改变了他的人生轨迹。成年后，科赫专心于在实验室里研究，同时他走南闯北，到世界各地考察病情。这份责任给予了他“无限”的动力。科赫从此遨游在延续生命，减少痛苦的另一片精神海洋里。在这片精神海洋里，科赫以其它方式实现了减少生命痛苦他童年的梦想，因为他得到了欢乐，不会比任何一位水手少。

你承担了责任，往往也有了完成这份责任的动力。这会让你日渐成熟，拥有更高的修养，在承受压力的过程中，也会让你分享到精神翱翔时的欢乐与快慰。历史上的伟大人物，例如华盛顿、林肯、甘地、特蕾莎修女、南丁格尔等等，他们无不是如此。

摩尔根：野营激发兴趣终获诺贝尔奖

——明智的爸爸，让儿子眼界大开

托马斯·亨特·摩尔根（1866—1945），美国著名生物学家。因为创立了染色体遗传理论，1933 年获得诺贝尔生理学及医学奖。

被人们誉为“遗传学之父”。

父亲是查尔顿·摩尔根。查尔顿十分注重对儿子的教育，希望把摩尔根培养成一个有独立生存能力，对社会有用的人。

榜样档案

影响力：★★★★★

知名度：★★★★★

美誉度：★★★★★

童年时代，摩尔根喜欢大自然，对动物和植物有着浓厚的兴趣和好奇心。

因为热爱大自然，热爱做动植物的标本，这让摩尔根在平日里变得很安静且专注。爸爸发现儿子的爱好后就给摩尔根推荐专业书籍，还带他去野营，进行实地考察。

每一个成功人生背后，都有一个感人的故事。

对博物学的兴趣

摩尔根出生于美国肯塔基州列克星敦。他的爸爸查尔顿和妈妈爱伦都出身

于南方名门望族。查尔顿曾任美国驻西西里岛墨西拿的领事。他十分注重对儿子的教育，希望把摩尔根培养成一个有独立生存能力，对社会有用的人。

童年时代，摩尔根性格活泼，聪明可爱，比其他孩子显得更有个性。在别人打闹之时，小摩尔根却有自己所专注的事情，此时，他对大自然产生了浓厚的兴趣，那些不知其名的动物和植物都能引起摩尔根强烈的兴趣。

摩尔根用了大量的时间观察动植物，还采集了很多标本。查尔顿看到聪明活泼的儿子不像其他孩子那样调皮，原来是由于儿子喜欢上了动植物，把很多时间都花在观察动植物和“研究”他采集回来的植物和昆虫标本上了。

有一天，正在自己房间里“研究”标本的小摩尔根回过头来时，发现爸爸目不转睛地看着他，手里还拿着两本书。小摩尔根这个突然回过头的举动让爸爸查尔顿醒过神来。

于是，查尔顿说道：“孩子，给你两本书。”

摩尔根高兴地问道：“爸爸，是什么书啊？”

查尔顿回答说：“是博物学方面的书籍，我看你喜欢动物植物标本，对这些产生了兴趣，所以需要有相关知识作指导。”

从此以后，小摩尔根时常从爸爸那里得到这方面的书籍，这些书籍也让他眼界大开。

和爸爸一起去野营

随着时间的推移，摩尔根了解了不少关于博物学方面的知识。在小学高年级的时候，查尔顿为了儿子的成长多次在暑假期间带摩尔根到肯塔基州的乡间、山区和西马里兰州的农村野营和参观。

一到暑假就是欢乐的时光了，摩尔根会跟随爸爸一起到乡间和山区观光游览，这样摩尔根就有机会可以沿途收集各种动植物标本。一次，小摩尔根得到了一个机会，他可以同美国地质勘察队一起去肯塔基的山区考察。爸爸同意了儿子的决定后，摩尔根就在那里同美国地质勘察队一起工作了两个夏天。

随着时间的推移，摩尔根收集的各种标本也越来越多了，以至于他的房间根本摆放不下。

有一天，查尔顿把儿子叫过去，对摩尔根说道："孩子，你已经收集到很多标本了吧，我看你的房间已经摆放不下它们了。"

"是的，爸爸"摩尔根感叹地回答。

"孩子，我已经跟你妈妈商量好了，准备把家里的另外两间房改成你的标本室，你去收拾一下吧"查尔顿说。

摩尔根高兴得手舞足蹈，从此以后他就拥有了自己的标本室。这期间，摩尔根读了很多博物学方面的书籍，收集标本的热情也更高了，他决心探索大自然的奥秘。

读书和研究生涯

14 岁时，摩尔根进入肯塔基州立农机学院预科班学习，即今天的肯塔基大学。两年以后，摩尔根转入该学院的本科班，攻读动物学。

随后，摩尔根进入约翰·霍普金斯大学学习。攻读了普通生物学、解剖学、生理学、形态学和胚胎学。24 岁时，他完成了论海洋蜘蛛的博士论文，获得哲学博士学位。

起初，摩尔根是研究胚胎学的，后来他转入到遗传学。

在遗传学研究中，摩尔根的头脑十分敏锐，他果敢地引入了一种理想的实验材料"果蝇"。果蝇作为一种遗传学研究的实验材料，可以大大地缩短实验时间和减少研究成本，因为果蝇生活周期短，繁殖力强、形体小，并且很容易在实验室存活。

没过多久，人们便把摩尔根的实验室称为"蝇室"了。之后，摩尔根创立了染色体遗传理论，为预防和治疗遗传病开辟了新的道路，也为分子生物学的产生和发展提供了条件。

摩尔根一生从事科学研究，是在胚胎学、遗传学、细胞学和进化论的广阔

领域里漫游的一生。在研究中，他追根究底、讲求实际，充满热忱。1933年，摩尔根工作得到了世界范围内的肯定，他获得了该年度诺贝尔生理学及医学奖。

少时应向大自然学习

热爱大自然，不仅仅是一个环保问题，更是关系到人与自然和谐相处的问题。

大自然是我们的母亲。在亚洲，她是比黄河、长江还要大的母亲；在非洲，她是比尼罗河、刚果河还要大的母亲；在美洲，她是比亚马孙河还要大的母亲。

热爱大自然，就是儿女对母亲的亲近。儿女一天天长大，在成长为有修养的孩子的路上，我们得向大自然母亲学习，只有这样，我们才能够懂得大自然的智慧。成为有智慧的儿女，会让我们懂得什么是幸福的人生。

童年时代，摩尔根喜欢大自然，对动物和植物有着强烈的兴趣和好奇心。正是在大自然的引导下，后来摩尔根成为著名的生物学家，成为诺贝尔生理学及医学奖获得者。

如果人类想要有长久的未来，就需要我们懂得如何向大自然学习，明白只有爱才会给予我们真正自由的人生，这些都是是大自然母亲能够给予的。

普通高等教育智能飞行器系列教材

航天科学与工程教材丛书

导弹智能设计技术

龚春林　粟　华　刘小明　编著

科学出版社

北　京

内 容 简 介

本书紧密结合人工智能技术在导弹设计领域的应用发展前沿，从理论和实践相结合的角度出发，较为系统地介绍人工智能辅助导弹设计相关环节的原理、方法和案例。全书共7章，包括绪论、机器学习算法在导弹学科分析中的应用、智能优化算法及优化过程、弹道优化与智能生成方法、智能制导律设计、基于人工智能的电视制导、模型化导弹设计框架和导弹设计方案智能推理等内容。

本书可作为高等院校飞行器相关专业本科生的教学用书，也可作为从事导弹型号研制的科研人员、管理人员及导弹使用部门工程技术人员的参考书。

图书在版编目（CIP）数据

导弹智能设计技术 / 龚春林，粟华，刘小明编著. --北京 : 科学出版社，2024. 11. --（普通高等教育智能飞行器系列教材）（航天科学与工程教材丛书）. -- ISBN 978-7-03-080448-8

Ⅰ. TJ760.2

中国国家版本馆 CIP 数据核字第 2024HC1075 号

责任编辑：宋无汗　郑小羽 / 责任校对：崔向琳

责任印制：徐晓晨 / 封面设计：迷底书装

科学出版社出版

北京东黄城根北街 16 号

邮政编码：100717

http://www.sciencep.com

北京中石油彩色印刷有限责任公司印刷

科学出版社发行　各地新华书店经销

*

2024 年 11 月第　一　版　开本：787×1092　1/16

2024 年 11 月第一次印刷　印张：14 3/4

字数：342 000

定价：95.00 元

（如有印装质量问题，我社负责调换）

序

星河瑰丽，宇宙浩瀚。从辽阔的天空到广袤的宇宙，人类对飞行、对未知的探索从未停歇。一路走来，探索的路上充满了好奇、勇气和创新。航空航天技术广泛融入了人类生活，成为了推动社会发展、提升国家竞争力的关键力量。面向“航空强国”“航天强国”的战略需求，如何培养优秀的拔尖人才十分关键。

“普通高等教育智能飞行器系列教材”的编写是一项非常具有前瞻性和战略意义的工作，旨在适应新时代航空航天领域与智能技术融合发展的趋势，发挥教材在人才培养中的关键作用，牵引带动航空航天领域的核心课程、实践项目、高水平教学团队建设，与新兴智能领域接轨，革新传统航空航天专业学科，加快培养航空航天领域新时代卓越工程科技人才。

该系列教材坚持目标导向、问题导向和效果导向，按照“国防军工精神铸魂、智能飞行器领域优势高校共融、校企协同共建、高层次人才最新科研成果进教材”的思路，构建“工程单位提需求创背景、学校筑基础拔创新、协同提升质量”的教材建设新机制，联合国内航空航天领域著名高校和科研院所成体系规划和建设。系列教材建设团队成功入选了教育部“战略性新兴领域‘十四五’高等教育教材体系建设团队”。

在教材建设过程中，持续深化国防军工特色文化内涵，建立了智能航空航天专业知识和课程思政育人同向同行的教材体系；以系列教材的校企共建模式为牵引，全面带动校企课程、实践实训基地建设，加大实验实践设计内容，将实际工程案例纳入教材，指导学生解决实际工程问题、增强动手能力，打通“从专业理论知识到工程实际应用问题解决方案、再到产品落地”的卓越工程师人才培养全流程，有力推动了航空航天教育体系的革新与升级。

希望该系列教材的出版，能够全面引领和促进我国智能飞行器领域的人才培养工作，为该领域的发展注入新的动力和活力，为我国国防科技和航空航天事业发展作出重要贡献！

侯晓

中国工程院院士　侯晓

前　言

导弹设计是一个从已知条件出发创造新产品的过程，其目的是将研制总要求转化为导弹总体方案和各分系统研制要求。总体设计在导弹研制工作中占有极为重要的地位并起决定性作用，是导弹系统的顶层设计，是创造性的设计，是定方向、定大局、定导弹系统功能和性能的设计。高质量的总体设计不仅可以使导弹的整体性能最优、成本最低、研制周期最短，而且能在一定程度上降低对分系统的技术要求。

导弹总体设计具有很强的技术综合性与学科交叉性，需要应用相关基础和应用学科知识来处理和解决问题。导弹总体设计包含诸多分析和设计环节，涉及多方面的协调与权衡，是在大规模设计空间寻求解决方案的过程。如何提高设计效率和设计质量是该领域长期关注的研究课题。

随着现代计算机技术、数字仿真技术、最优化理论和方法等的发展，产生了专家系统、多学科优化、模型化系统工程等大量现代设计手段和工具，导弹总体设计理念和方法由依赖直觉的经验性设计向更高效的自动化设计方向演变。

近年来，人工智能技术飞速发展，其运用先进的计算机技术，有效构建学习、推理、修正、感知、交互机制，使得解决问题的办法更加智慧化和高效。人工智能技术已经在各行各业获得广泛应用，取得了长足的发展和成效。以机器学习为代表的各种智能算法已延伸到飞行器和军事装备的诸多领域，包括设计、制造、使用、维护等过程。

人工智能技术与导弹总体设计需求有着天然的适应性，可以从不同层次、不同方面建立更为有效的设计手段，在导弹总体设计中具有良好的应用潜力。本书面向导弹智能设计技术前沿，结合作者在导弹总体设计领域的研究、教学经历，探讨人工智能技术应用于导弹设计过程的相关方法，旨在推动导弹设计进一步向智能化方向发展。

本书共 7 章。第 1 章主要介绍导弹总体设计的主要内容，以及多学科优化设计等先进设计理念和方法，梳理人工智能技术在导弹设计过程中的潜在应用方向；第 2 章面向高拟真度学科分析计算负担问题，阐述机器学习算法辅助导弹学科分析的原理和方法；第 3 章针对数值优化过程的全局性搜索和求解效率问题，阐述智能优化算法及基于代理模型的智能优化过程；第 4～6 章分别从弹道设计、制导律设计、目标识别等方面介绍人工智能技术和智能算法的应用；第 7 章介绍导弹设计过程中如何进行模型化改造，以实现与人工智能技术的深度融合，并讨论如何采用推理方法生成导弹设计方案。

本书立足理论和实践的有机结合，在介绍概念、理论和方法的同时，总结作者的研究成果，设计实践案例，并配以相关算法和案例的计算机程序代码，供读者练习和学习。

本书在导弹总体设计的设计方案推理、性能分析预测、设计方案寻优、设计方案评价等环节引入人工智能技术，构建规范化、自动化、智慧化的高效导弹设计过程。当然，导弹设计和人工智能技术的结合尚属前沿方向，很多问题仍在研究之中，且该领域涉及

的研究课题也非常多。作者在力求知识系统性、完整性、先进性的同时，挑选具有代表性的研究内容，尽可能在有限的篇幅内为读者展现导弹智能化设计技术的概貌。

本书由龚春林、粟华、刘小明共同编写，龚春林负责第 1～3 章，粟华负责第 4、7 章，刘小明负责第 5、6 章。博士研究生高戈、贾续毅，硕士研究生孙学渊、王伟吉、刘淇参与了文献和案例整理工作。本书编写过程中，参考了大量的国内外相关书籍和文章，在此对有关文献作者深表谢意。

由于作者水平有限，书中难免有疏漏之处，欢迎读者批评指正！

作　者

2024 年 6 月

目　　录

第1章 绪论

导弹是一种依靠自身动力装置推进、由制导控制系统调整其飞行轨迹并将其导向目标、载有毁伤战斗部的精确打击武器。

导弹总体设计是一个从已知条件出发创造新产品的过程，其目的是将研制总要求转化为导弹总体方案和各分系统研制要求。总体设计在导弹研制工作中占有极为重要的地位并起决定性作用，是导弹系统的顶层设计，是创造性的设计，是定方向、定大局、定导弹系统功能和性能的设计。高质量的总体设计不仅可以使导弹的整体性能最优、成本最低、研制周期最短，而且能在一定程度上降低对分系统的技术要求。反之，即使各系统、各设备、各组件和各零部件的设计水平很高，低劣的总体设计也会导致导弹的整体性能低，或者使用维护性能差，或者成本高昂，甚至导致研制工作的失败。

导弹总体设计具有很强的技术综合性，需要应用飞行力学、喷气推进技术、空气动力学、结构力学、控制理论、电子技术、计算机技术、热物理学、空间环境、优化理论等相关基础和应用学科知识来处理和解决问题。导弹总体设计包含诸多分析和设计环节，涉及多方面的协调与权衡，是在大规模设计空间寻求解决方案的过程。如何提高设计效率和设计质量是该领域长期关注的研究课题。

本章首先简要介绍导弹工作原理和系统组成，以及基于系统工程的导弹研制过程，概述导弹性能要求和导弹总体设计内容，使读者对导弹总体设计有整体的认识；其次介绍几种已实现一定程度智能化的先进设计理念和方法；最后分析人工智能技术及其在导弹设计过程中的应用方向。

1.1 导弹工作原理和系统组成

1.1.1 导弹工作原理

现代导弹是在火箭的基础上发展而来的，它们的工作原理基本一致。火箭是依靠火箭发动机推进的一种飞行器。在飞行过程中，发动机不断地向外喷出高速燃气流，随着推进剂的消耗，火箭的质量不断地减小。因此，火箭的运动是一个变质量物体的运动。

如图 1-1 所示，火箭的飞行速度为 v，发动机燃气流以相对火箭的速度 u_e 向后喷出，单位时间喷出的燃气质量用 $\dot{m}_F$ 表示，则火箭每瞬时的质量随时间的变化关系可表示为

$$m = m_0 - \int_0^t \dot{m}_F \mathrm{d}t \tag{1-1}$$

式中，m_0 为火箭起飞时刻的质量；m 为火箭在瞬时 t 时刻的质量。

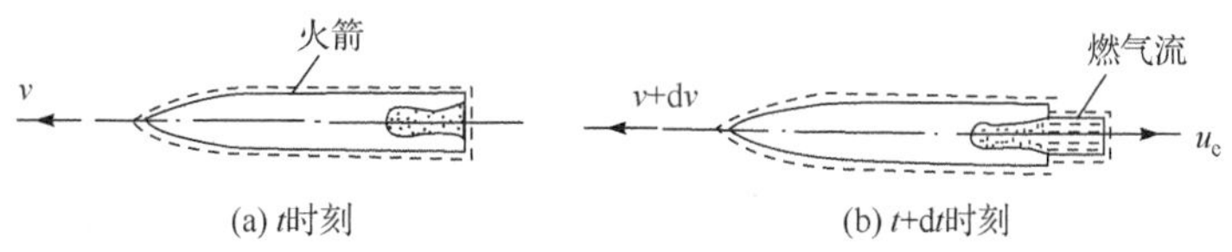

图 1-1　火箭直线运动示意图

由于火箭的质量是逐渐减小的，因此火箭的质量变化率 $\frac{\mathrm{d}m}{\mathrm{d}t}$ 是负值，$\dot{m}_F = -\frac{\mathrm{d}m}{\mathrm{d}t}$。

根据动量守恒定律，火箭系统在 dt 时段内的动量变化量等于外力的冲量。由此，可以推导出火箭飞行原理的基本方程式：

$$m\frac{\mathrm{d}v}{\mathrm{d}t} = -\frac{\mathrm{d}m}{\mathrm{d}t}u_e + \sum F_i \tag{1-2}$$

式中，$\frac{\mathrm{d}m}{\mathrm{d}t}u_e$ 表示发动机燃气流速度的动量变化率，即火箭推力；$\sum F_i$ 表示作用在火箭上的其他外力的合力。

作用在火箭上的力有火箭推力 P、地球引力 G、总气动力 R 和控制力等，如图 1-2 所示。根据牛顿万有引力定律，地球引力与距离二次方成反比，与火箭质量成正比；总气动力 R 可以分解为阻力 X、升力 Y 和侧向力 Z 三个分量(图 1-2 为 X-Y 平面上的示意图，未标注侧向力 Z)；由于火箭的控制方式不同，因此控制力的形式各不相同，图 1-2 中未标出控制力。

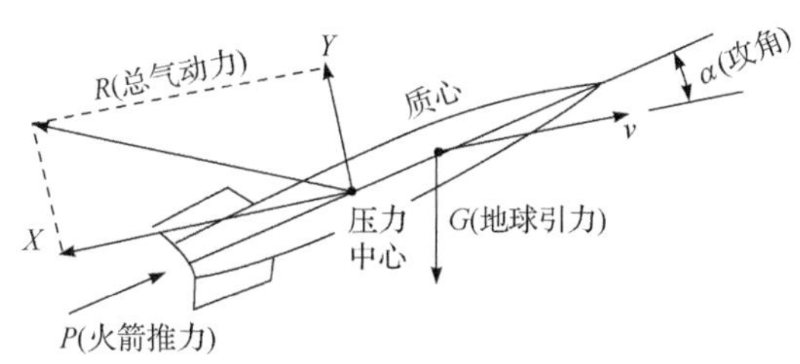

图 1-2　作用在火箭上的力

根据用途不同，火箭可以装载各种不同的有效载荷。当火箭装载战斗部系统时，就称它为火箭武器；当火箭装载某些科学仪器、卫星等各类航天器时，就称它为运载火箭；当火箭用于探测大气层有关数据时，就称它为探空火箭。火箭武器可以分为两类，一类是无控火箭，其飞行轨迹不可导引、控制；另一类是可控火箭，即导弹，其飞行轨迹由制导系统导引和控制。

导弹既可以装置火箭发动机，又可以装置空气喷气发动机(如涡轮喷气发动机、冲压喷气发动机等)。导弹的突出特点是必须装有制导系统，通过制导系统对导弹进行飞行控制，并将其导向目标。制导系统可以全部安置在导弹上，也可以一部分安置在导弹上，另

一部分则安置在制导站(位于地面、舰船或飞机)上，从制导站对导弹进行控制。

微课

1.1.2　导弹系统组成

导弹是一个典型的复杂系统，通常由推进系统、引战系统、制导控制系统、弹体系统、能源系统等五部分组成[1]。

1. 推进系统

推进系统的功能是为导弹飞行提供动力，使导弹获得所需要的飞行速度和射程。导弹推进系统主要采用的是喷气式发动机，一般由燃料(固体或液体)、燃烧室、排气装置(喷管)、点火装置等组成。吸气式发动机还带有进气装置(进气道)。流量可调节的发动机还需要燃料输送系统和流量控制系统等。

近程战术导弹的推进系统多采用固体火箭发动机。固体火箭发动机分为单推力发动机和双推力发动机。远程亚声速导弹多采用涡轮喷气发动机或涡轮风扇喷气发动机。为了使导弹满足高速度、远射程的要求，还可采用冲压发动机或综合火箭发动机和冲压发动机特点的组合式发动机。

2. 引战系统

引战系统的功能是在导弹飞行至目标附近时，探测目标并按照预定要求引爆战斗部、毁伤目标。引战系统由引信、安全和解除保险机构和战斗部三部分组成。

战术导弹一般装有近炸引信、触发引信和自炸引信三种引信，分别在导弹脱靶量满足要求、导弹直接命中目标和脱靶三种情况下产生战斗部引炸信号。近炸引信可分为光学引信(红外引信、激光引信等)、无线电引信(连续波多普勒引信、脉冲多普勒引信)和复合引信三大类。

安全和解除保险机构用于导弹在地面勤务操作中、挂飞状态下及导弹发射后飞离载机一定安全距离内，确保导弹战斗部不会被引炸，在导弹飞离载机一定时间和距离后，确保导弹能够可靠地解除保险，根据引信的引炸信号引炸战斗部。

战斗部是战术导弹的有效载荷，导弹对目标的毁伤是由战斗部来完成的，其威力直接决定了对目标的毁伤效果。

3. 制导控制系统

制导控制系统的功能是在飞行过程中各种干扰和对抗条件下，通过控制导弹的受力，调整飞行弹道，以精确命中目标或目标区域。制导控制系统一般由导引系统和飞行控制系统组成。

导引系统用于探测目标，接收并处理来自目标、火控系统和其他渠道的目标信息，跟踪目标并产生制导指令所需的导引信号送给飞行控制系统。导引系统按使用的信息种类分为红外导引系统、雷达导引系统、惯性导引系统和复合导引系统等。

飞行控制系统用来稳定弹体姿态和控制导弹质心按制导指令运动。飞行控制系统通过对弹体的俯仰运动、偏航运动和横滚运动的控制，使导弹在整个飞行过程中具有稳定

的飞行姿态和快速响应制导指令的能力，控制导弹按照一定的制导规律飞向目标。对于轴对称的战术导弹，一般采用侧滑转弯控制方式。通常有三个控制通道：通过俯仰通道和偏航通道两个相对独立的通道控制导弹空间机动，另一个是保持横滚稳定的横滚通道。对于面对称导弹，通常采用倾斜转弯控制方式。倾斜转弯控制方式主要通过俯仰通道和横滚通道的联合控制实现导弹空间机动，偏航通道保持稳定。

4. 弹体系统

弹体系统将组成导弹的各个部分有机地连接成一个整体，并使导弹形成一个良好的气动外形。弹体系统包括弹身、弹翼和舵面等。

导弹各个舱段组成一体形成弹身。弹身、弹翼是产生升力的主要结构部件。舵面的功能是按照制导控制系统的指令操纵导弹飞行。弹体系统通常具有良好的气动外形以实现阻力小、机动性高的要求，具有合理的部位安排以满足使用维护性要求，具有足够的强度和刚度以满足各种飞行状态下的承力要求。

5. 能源系统

能源系统提供导弹系统各设备工作时所需的各种能源，以及将能源传输到相关设备需要的附属组件，主要有电源、气源和液压源等。

电源有化学热电池、涡轮发电机等，主要用于给发射机、接收机、计算机、电动舵机、陀螺和加速度计、电路板、引战系统等供电。

气源有高压洁净氮气或其他介质的高压洁净气源和燃气，主要用于气动舵机、导引头气动角跟踪系统的驱动，以及红外探测器的制冷等。

液压源主要用于液压舵机、导引头角跟踪系统的驱动等。

1.2 导弹系统工程与总体设计

根据几十年的实践，对导弹这样的复杂系统进行总体设计(系统设计)时，需要运用系统科学的思维来思考问题，并采用系统工程方法来指导设计过程，以达到设计最优化，使导弹研制在实现预期目标的前提下，降低研制成本、缩短研制周期[2-7]。

1.2.1 导弹系统工程

1. 系统工程的基本概念

系统是由若干个相互联系、相互依赖、相互制约、相互作用的组成部分(元素)结合而成的具有特定整体性质或功能的集合体。系统元素或组成部分包括人员、硬件、软件、设施、政策和文档等产生系统级结果所需的事物。这些结果包括系统级品质、属性、特征、功能、行为和性能。系统作为整体所产生的价值来自各组成部分的相互联系和相互作用关系，又远远超过各组成部分的独立贡献。同时，系统本身又是其所从属的一个更大系统的组成部分。例如，某种战略导弹系统是由弹头、弹体、推进系统、控制系统、初始对

准系统、遥测系统、外弹道测量系统和安全控制系统等许多分系统组成的一个复杂系统；由多种战略导弹系统、战略预警系统、指挥系统、控制系统、通信系统、情报系统又组成更高一级的陆基战略导弹系统；再由陆基战略导弹系统、潜艇发射的战略导弹系统、战略轰炸机系统、空间战略防御系统组成国家战略防御系统，即使如此庞大复杂的国家战略防御系统也不过是国防大系统的一个组成部分。

系统工程是随着社会、科学技术的进步和现代化大工业的发展逐渐形成的。它是以实际应用为目的的一门学科，是把各个领域各种学科、技术加以综合应用的科学技术体系。运用系统的思想和定性、定量的系统方法，包括应用计算机、人工智能等技术，处理大型复杂系统问题。无论是系统的设计或建立，还是系统的经营管理，都可以统一看成一类工程实践，统称为系统工程。

由于系统工程是一门新兴的交叉学科，其研究领域在不断地扩大，因此在国内对系统工程的内涵有多方面的理解。下面列举国内外一些权威人士或著作对系统工程所作的解释，从中可以广泛地了解系统工程的定义和作用。

钱学森认为，系统工程是组织管理系统的规划、研究、设计、制造、试验和使用的科学方法，是一种对所有系统都有普遍意义的科学方法。

美国学者 H.切斯纳指出，虽然每一个系统都是由许多不同的特殊功能部分组成的，且这些特殊功能部分之间又存在相互关系，但是每一个系统都是完整的整体，都要求有一个或若干个目标。系统工程则是按照各个目标进行权衡，全面求得最优解的方法，并使各组成部分能够最大程度地互相适应。

《NASA 系统工程手册》定义系统工程是用于系统设计、实现、技术管理、运行使用和退役的专业学科方法论。系统工程是一门综合的、整体的学科，通过相互比较来评价和权衡结构设计师、电子工程师、机械工程师、电力工程师、人因工程师，以及其他学科人员的贡献，形成一致的不被单一学科观点左右的系统整体[8]。

国际系统工程协会(INCOSE)定义系统工程是实现成功系统的一种跨学科方法。系统工程注重定义用户需求，集成所有学科和专业，构造一个从概念、生产到运行的结构化过程，其目的是提供一个满足用户需求的优质产品。

日本工业标准规定，系统工程是为了更好地达到系统目标，对系统的构成要素、组织结构、信息流动和控制机制等进行分析与设计的技术。

2. 导弹系统工程的发展

对导弹和飞行器系统工程的发展首推原美国加州理工学院的喷气推进实验室(现属美国国家航空航天局(NASA))的贡献。该实验室从 20 世纪 40 年代便开始为美国军方研制火箭发动机，后来又为美国陆军研制“下士”和“中士”导弹。它在任务规划、初步设计、研制计划的组织管理、飞行器试验和鉴定、人才组织等方面积累了许多经验。它的工作对系统工程，尤其是飞行器系统工程的发展起到了很大的推动作用。

(1) 飞行器系统必须有一个统筹全局、策划、协调的总体设计部门。美国喷气推进实验室通过总结“下士”导弹的教训，认识到把已有的几种设备拼凑起来的系统往往是一种效率低、难于操作使用的系统，其购买和维修都很费钱，效益很差。因此，该实验室认

为，要研制一个大型复杂系统，必须有一个总体设计和协调部门来进行设计、协调和控制，以便完整地、有效地贯彻系统的总体目标和要求，通过分系统研制部门的大力协同来达到系统的目标。

(2) 为保证获得一个完美的、优化的系统，必须赋予负责系统总体设计的部门明确的职责和充分的权威，并充分保证总体设计部门与各分系统的工程技术部门和管理部门之间有畅通的信息渠道，以保证总体目标和约束条件在各分系统研制中得到贯彻，保证各分系统之间，以及各分系统与总体之间在进度、费用、性能指标上的协调。

(3) 在专业人员的组织结构方面，喷气推进实验室创造了一种矩阵结构形式。也就是，总体设计部可以按照其工作任务，分系统或学科分别设立若干个专业研究室，各方面的专家和技术人员按其特长分别隶属于这些研究室；另外，一个总体设计部在同一个时期内可能交叉或同时进行若干项型号任务，因此，总体设计部又必须分别成立若干个型号室，型号室的各项业务工作分别分配到各专业研究室，在专业研究室内形成对应于各型号室的任务小组，指定或自愿由专业研究室内的技术人员和专家参加。这种矩阵结构的优点是能够充分发挥技术人员和专家的特长和提高工作效率，稳定专业技术队伍，且有利于同行业专家的切磋和技术提高。

20 世纪 50 年代末 60 年代初，我国开始研制尖端导弹武器，当时的问题是怎样在最短的时间里，以最少的人力、物力和投资，有效地利用科学技术的最新成就，完成大型、复杂的国防科研任务。研制这样复杂的国防工程系统面临的基本问题：把比较笼统的初始研制要求，逐步变成由成千上万个研制任务参与者来完成的一项项具体工作，然后再把这些具体工作最后综合成一个技术上合理、经济上合算、研制周期短、能够协调工作的实际系统，而且这个系统应该与它所从属的更大系统兼容。显然，这样复杂的总体组织和总体协调任务不可能靠一两个总设计师来完成，必须有一种组织、一个集体来对这种大规模的社会劳动进行协调指挥。我国在国防尖端技术的科研和工程研制过程中，创造性地建立了总体设计部这样的技术指挥和工程协调机构，与国外同期建立的系统工程部的职能非常相似。

总体设计部由熟悉系统各方面专业知识的专家和技术人员组成，并由知识面宽、横向协调能力强的专家负责领导。总体设计部的任务是设计系统的总体，又称系统的顶层设计，包括系统的总体方案和技术途径、各分系统的技术接口、技术协调等。总体设计部首先必须把该研制系统作为它所从属的更大系统的组成部分，研制系统的全部战术技术要求都要从实现这个更大系统的技术协调和战术协调的角度予以全面考虑；与此同时，总体设计部对研制过程中系统与分系统之间、分系统与分系统之间的矛盾，都应从总体协调、整体优化的要求出发，慎重选择解决方案，然后由各分系统的研制单位具体实施。

总体设计部在我国国防科技工业领域的实践充分证明，它体现了一种组织管理大型系统的科学方法，即系统工程方法。在总体设计部的工作中充分贯彻和体现了大型系统的整体性原则、层次性原则、目的性原则、协调性原则和动态适应性原则等。总体设计部是结合中国实际的一种创造。

3. 导弹系统工程一般方法

导弹系统工程是关于组织管理导弹武器系统的规划、研究、设计、制造、试验和使用的科学方法和技术的总称，是最优设计、最佳运用和最佳管理导弹系统的工程技术。导弹系统工程方法是从需求出发，综合多种专业技术，通过分析—综合—试验的反复迭代过程，开发出一个满足使用要求、整体性能最优化的系统。

导弹系统工程实施过程一般由论证、综合、分析、评价、决策、实施等 6 大环节组成。

(1) 论证。阐明和确定任务，确认新系统的必要性，明确研制新系统的目的，指明新系统研制在资源、时间、环境、费用等方面的约束，提出对所需研制新系统的一般设想。这就是通常所说的概念阶段，在这个阶段要明确回答以下问题：

① 系统是用来干什么的？为什么需要这样的系统？

② 系统将在什么样的环境条件下工作？

③ 研制新系统有哪些约束条件？包括资源、费用和研制时间等方面的限制。

④ 研制新系统需要哪些技术保障条件？包括技术条件、设备条件、技术人才等。

(2) 综合。确定新系统的使用要求和技术要求，以及目标集；初步确定新系统为了满足这些要求和目标所必须具备的能力；确定一组可以反映新系统要求和能力的参数和评价准则。

(3) 分析。根据对所研制系统的要求和目标，进行功能分析，开发各种可能的备选方案，确定各种备选方案的组成要素及系统结构。

(4) 评价。定量地评估备选系统的性能指标、全寿命费用、效能和研制进度，并与所研制系统的要求和目标相比较。

(5) 决策。通过系统评价，由决策者根据经验、判断和个人偏好，选择(决策)最可行的或最满意的系统方案进行研制。

(6) 实施。组织实施所选定系统方案的研制工作。

1.2.2　导弹研制阶段

导弹研制过程是由导弹系统的整体性、层次性、程序性等特性决定的，除与一般系统工程项目相同之外，还要考虑导弹的特殊性。导弹主要研制阶段应包括规划、预先研究、论证、方案、初样、试样、定型(发射)等各个阶段。

1. 型号立项前的工作

研制单位在型号立项前的主要工作是进行型号预先研究，配合使用部门、主管部门制订导弹研制的中长期计划，取得研制许可。

(1) 规划阶段。一般由研制部门在国家有关部门组织下，根据用户需求或国家需要，与用户相互配合，对导弹新型号及其各种新技术开展发展战略研究，并制订 10～20 年发展规划。

(2) 预先研究阶段。该阶段为型号研制而进行先期研究和开发工作，其目的是为型号研制提供理论基础、技术基础和技术依据，并培养和造就一支适应型号研制需要的高水

平的科技队伍。

2. 型号立项后的研制阶段

(1) 论证阶段。论证阶段的主要任务是根据使用部门的要求(用户要求、战术技术指标)，进行技术、研制经费、研制周期可行性研究，找出技术途径，完成总体方案构思及设想，提出支撑性预研课题，进行必要的验证试验。此阶段以总体设计为主，各分系统配合。

(2) 方案阶段。方案阶段主要进行系统方案设计、关键技术攻关、原理性样机研制与试验。

(3) 初样阶段。初样是指可以进行地面试验的工程样机。本阶段的主要任务是进行分系统的设计、试制和试验，在有关部门配合下完成初样系统级总装、测试和试验。初样设计、生产和试验为分系统试样设计提供依据。

(4) 试样阶段。试样是指可以进行飞行试验的正式样机。本阶段的主要任务是进行分系统设计、仪器设备设计、系统级正样设计、系统鉴定性试验。通过试样的飞行试验，全面鉴定飞行器的性能指标、设计质量、生产质量。

(5) 定型阶段。若导弹研制性试验成功，则证明其总体方案可行，各分系统工作协调和性能可靠稳定，型号即可进行设计定型和生产定型。

上面大致给出了导弹一般研制阶段的划分，但是各个承担导弹研制的部门对研制阶段的划分、各个阶段的名称及各个阶段所包含的内容不尽相同。

在整个研制过程中，导弹总体设计部的工作重点就是协调解决战术技术要求与技术可实现性之间、各分系统之间可能出现的矛盾，使各个分系统能够协调一致工作，达到最佳的总体性能。总体设计可大致概括为以下内容。

(1) 进行导弹总体方案的论证，包括技术、进度、经济可行性分析。

(2) 总体方案设计，包括合理选择导弹总体参数，进行导弹总体性能设计、气动外形设计、总体布局设计和确定分系统的主要性能。

(3) 导弹武器系统方案设计，提出对火控系统、发射系统的技术要求。

(4) 进行导弹系统工作流程，信息流程和弹内、弹外接口的设计。

(5) 进行导弹系统技术指标分配，拟定各个分系统的研制任务书，并不断协调解决各分系统之间可能出现的矛盾。

(6) 同时开展导弹可靠性、维修性、电磁兼容性和环境适应性等专业工程方面相关的设计工作。

(7) 制订导弹研制过程各个阶段的总体试验计划和试验大纲，并组织实施相关试验，制订各分系统试验要求并检查试验完成情况。

(8) 导弹系统总体性能及作战效能预测评估。

1.2.3 导弹性能要求

导弹总体设计就是利用导弹技术知识和系统工程方法，把各分系统和各单元严密组织协调起来，使之成为一个有机整体，经过综合协调、折中权衡、反复迭代和试验，最终

完成导弹研制的一个创造性过程。在不同研制阶段，导弹总体设计关注的重点有所不同。本书主要面向导弹研制的前期设计，包括可行性方案论证和方案设计，目的是根据设计要求确定导弹主要的技术参量。

导弹总体设计的基本依据是使用方提出的导弹武器系统的战术技术要求，包括战术要求、技术要求和使用维护要求[2]。这些要求是由导弹系统、火控系统和技术保障系统等武器系统组成单元协同配合完成的。其中，导弹总体设计重点关注性能要求。导弹的性能包括累积性能和终点性能。累积性能主要指射程、制导精度和遭遇条件等，与动力系统、制导回路、发射方式、目标和导弹飞行性能等有关；终点性能主要指导弹破坏给定目标的威力特性，与战斗部、引信和目标易损性等有关。除此以外，导弹总体设计还要考虑可靠性、维护性和经济性等因素。

导弹的性能要求主要包括以下 7 个方面。

1. 飞行性能

飞行性能即导弹质心的运动特性，如主动段飞行时间、速度特性、加速度特性、飞行高度、射程、弹道过载特性等。导弹的飞行性能主要指射程、速度特性、飞行高度和机动性。飞行性能数据是评价导弹性能的主要依据之一。

1) 射程

射程是指在保证一定命中概率的条件下，导弹发射点至命中点或落点之间的距离。远程导弹的射程以导弹发射点至命中点的地面路程计算。

射程有最大射程和最小射程之分。最大射程取决于导弹的起飞质量、发动机性能、燃料性能、结构特性、气动特性和弹道特性等。最小射程取决于飞行中开始受控时间、初始散布、弹道过载特性和安全性等。有些导弹的最大射程和最小射程还取决于探测或制导系统的能力。

2) 速度特性

速度特性即导弹的速度随时间变化曲线和速度特征量，包括最大速度、平均速度、加速度和速度比等。

速度特性是导弹总体设计的重要依据之一。速度特性按导弹类型不同可由战术技术要求确定，也可由射程、目标特性、导引方法、突防能力等确定。确定速度特性后，导弹的飞行速度范围、飞行时间、射程、飞行高度等参数均可确定，由此推导出推进剂质量后，就能进行导弹的外形设计、质量估算，从而确定导弹起飞质量和发动机推力特性等主要设计参数。

3) 飞行高度

飞行高度是指飞行中导弹与当地水平面之间的距离。导弹飞行高度的定义随导弹类型而异。近程导弹常以发射点的水平面或过发射点的平面作为起点平面测量飞行高度(相对高度)；远程导弹大多采用距当地水平面的高度作为飞行高度(真实高度)，或以海平面为起点的绝对高度。

导弹飞行过程中高度是变化的，通常设计要求定义有效毁伤目标的高度范围，包括最大高度和最小高度，以及飞行过程中影响导弹飞行效率、突防能力和生存能力的飞行

高度。一般而言，飞行高度要求主要根据攻击目标所在位置、对方的防御空间范围、突防要求、飞行效率等综合确定。例如，从突防能力来看，导弹飞行高度越低，越不易被敌方雷达发现；从提高生存能力、不易被敌方击毁考虑，或低空飞行，或在很高的高空飞行。另外，在整个作战规划中，往往不是一型导弹，因此还要根据所研制武器系统的任务分工来确定某型导弹的飞行高度。

4) 机动性

导弹的机动性是指导弹能迅速改变飞行速度大小和方向的能力。导弹攻击活动目标，特别是空中机动目标时，必须具备良好的机动性。机动性是评价导弹飞行性能的重要指标之一。

导弹的机动性通常用轴向过载和法向过载来评定。显然，轴向过载越大，导弹所能产生的轴向加速度就越大，这表示导弹的速度值改变得越快，能更快地接近目标；法向过载越大，导弹所能产生的法向加速度就越大，在相同速度下，导弹改变飞行方向的能力就越大，即导弹越能做较弯曲的弹道飞行。因此，导弹的过载越大，其机动性(通常所说的导弹机动性，主要是指法向过载)就越好。例如，现代先进的空空导弹，其法向过载可达到 40g 以上。当然，导弹的过载受到导弹结构、仪器设备等承载能力的限制。

2. 制导精度

制导精度是表征导弹制导系统性能的一个综合指标，反映该系统制导导弹到目标周围时脱靶量的大小。由于诸多因素的影响，制导误差在整个作战空域内是一个随机变量。在实际使用过程中，制导精度是指弹着点散布中心对目标瞄准点的偏移程度，散布度则是指导弹的实际落点相对于散布中心的离散程度，也指弹着点的密集程度。

导弹制导精度的高低可以用单发导弹在无故障飞行条件下命中目标的概率大小来表示。制导精度的另一种衡量指标是，在一定的射击条件下，导弹的弹着点偏离目标瞄准点的散布状态的统计特征量——概率偏差或圆概率偏差。

概率偏差用符号 PE 表示，可分为纵向概率偏差和横向概率偏差。

圆概率偏差一般用符号 CEP 表示。以落点的散布中心为中心，若某圆范围内所包含的弹着点占全部落点的 50%，则该圆的半径就是圆概率偏差。

圆概率偏差约等于概率偏差的 1.75 倍，即概率偏差约为圆概率偏差的 57%。

3. 威力

威力是表示导弹对目标破坏、毁伤能力的一个重要指标。导弹的威力表现为导弹命中目标并在战斗部可靠爆炸之后，毁伤目标的程度和概率。或者说，导弹在目标区爆炸之后，使目标失去战斗力的程度和概率。对于反坦克导弹和反舰导弹，为了使目标被毁伤并失去战斗力，一般要求导弹的战斗部必须首先穿透目标装甲，这样才能起到毁伤作用，因此常常用穿甲厚度作为衡量其威力的指标；反飞机导弹主要依靠战斗部爆炸后形成的破片杀伤目标，破片要能杀伤目标，必须具有足够的动能，由于破片飞散过程中有速度损失，因此离爆炸中心的距离越远，杀伤动能越小。当战斗部爆炸所形成的破片飞离爆炸中心一定距离后，其动能若小于杀伤飞机所必需的动能(对于高速飞机，该动能为

150～250kg·m²/s²)，破片便不能杀伤目标。通常将破片能杀伤目标的最大作用距离称为有效杀伤半径。显然，战斗部的威力取决于有效杀伤半径，因此反飞机导弹常以战斗部爆炸后所形成破片的有效杀伤半径作为其威力的重要衡量指标。

常规弹道式导弹战斗部的威力以其装药的质量表征对目标破坏程度的大小。装药量大，则该战斗部威力就大。它对目标的毁伤主要依靠弹头破片、冲击波、侵彻爆破、聚能穿甲、燃烧及其复合效应。当弹道式导弹采用核战斗部时，其威力取决于核爆炸时所释放出的总能量相当于多少吨三硝基甲苯(TNT)炸药爆炸时的能量，因此，它以 TNT 当量(简称当量)作为核战斗部的威力指标。但是，核战斗部的当量，只能说明核战斗部与其相应的普通炸药的总能量相等，并不表示它们的杀伤破坏效应是相等的，这是因为核战斗部对目标的破坏效应，除冲击波作用外，还有热辐射、放射性沾染、贯穿辐射、电磁脉冲等。

核战斗部威力的大小主要取决于装药的种类、质量、浓缩度和利用率。此外，威力与导弹的制导精度有关。

4. 突防能力和生存能力

突防能力与生存能力两者紧密相关。不考虑生存能力的突防能力对导弹是毫无意义的；生存能力又往往体现在突防过程中，只有突防成功之后，才谈得上生存问题。

突防能力是指在突防过程中，导弹在飞越敌方防御设施群体之后仍能保持其初级功能(不坠毁)的能力。突防能力的量度指标是突防概率。

生存能力是指导弹在遭受敌方火力攻击之后，能保存自己不被摧毁并且仍具有作战效能的能力。生存能力的量度指标是生存概率。

导弹武器系统的突防能力和生存能力与其隐蔽性、机动性、光电对抗能力、火力对抗能力、易损性和多弹头技术等有关。

5. 可靠性

可靠性是相对故障而言的，是指按设计要求正确完成任务的概率。可靠性是衡量导弹系统作战性能的一个综合性指标，主要取决于导弹系统设计、生产时所采取技术措施的可靠程度及可维修性，同时还取决于操作使用人员在导弹系统的贮存、运输、转载、技术准备、发射准备、发射实施等过程中检查测试的仔细程度，操作人员的心理素质、技术水平和操作技能的熟练程度等。

导弹是由许多分系统组成的，各个分系统又由成千上万个零部件组成。因此，导弹的可靠性直接取决于分系统的可靠性，或者说取决于零部件的可靠性。

假设导弹有 5000 个各种各样的电气和机械部分，并由 4000 个连接件连接起来，故可能产生故障的来源共有 9000 个，若各个零部件都是以串联方式组成整个导弹系统，则每一个故障都可能使导弹完全失去作用或不能完成战斗任务。如果每个元件的可靠性为 R，则导弹的可靠性 $R_{\mathrm{m}}=R^{9000}$；欲使导弹的可靠性概率为 0.62，即 $R_{\mathrm{m}}=62\%$，必须使 $R=99.9947\%$；欲使 $R_{\mathrm{m}}=62\%$，若元件数减为 900 个，则 $R=99.947\%$。

可想而知，对导弹各零部件可靠性的要求是非常高的。为了保证导弹有很高的可靠

性，且又不过多增加对零部件可靠性要求的难度，通常采用可靠性设计方法来解决。

6. 使用维护性

导弹的使用维护性是指保证导弹作战使用时操作简便、准备时间短、安全可靠等。其大致内容包括运输维护性能、操作使用性能等。

1) 运输维护性能

要求导弹系统及零部件应具有优良的运输维护性能。

运输性能与导弹的尺寸、质量、结构强度及导弹元器件对运输振动冲击的敏感性等有直接关系，因此在设计时要充分考虑运输条件对导弹各部分的限制，以保证良好的运输特性。自然，导弹使用时也要充分考虑运输环境对导弹的影响。

维护性能是指导弹在贮存期间，为保证处于良好的正常工作状态而必须进行的经常性维护、检查及排除故障缺陷等性能。在导弹设计时，必须充分重视导弹各部分的可维护性和尽可能使维护简单易行，最大限度减小故障可能性，最关键的是具备良好的可达性、互换性，检测迅速简便且保证维护安全等，以保证导弹良好的操作使用性能。

2) 操作使用性能

对一种导弹，要求其操作使用性能好，主要应当使导弹的发射准备时间短。发射准备时间主要取决于发动机类型(固体导弹发动机比液体导弹发动机优越)，战斗准备时间和系统反应时间，发射方式，对发射气象条件的要求(导弹应能在任何气象条件下正常工作)等。

7. 经济性能

经济性能关系到导弹本身能否发展和实际应用，因此应讲究经济效益。经济性要求包括生产经济性要求和使用经济性要求。

导弹的生产经济性要求包括设计结构的简单、可靠和工艺性良好，导弹各部件的标准化程度，材料的国产化程度和规格化程度，以及是否符合组合化、系列化要求等。导弹的使用经济性要求包括成本低、设备简化和人员减少等。

导弹结构简单、可靠、工艺性良好，可以降低导弹生产制造成本，缩短研制周期，促进产品应用转化。导弹结构标准化，可以缩短导弹研制周期，提高零部件工作可靠性和降低生产成本。材料国产化和规格化是战时能够生产，立于不败之地的基本条件之一。

在导弹设计研制中，在保证达到战术技术性能要求的前提下，最充分地利用成熟的技术，适当地采用新技术是非常重要的，是保证产品性能的重要措施，避免盲目追求产品性能先进而大量采用尚不成熟的新技术是研制成功的关键。对导弹设计，则应更加强调利用已有的技术和产品，最充分地使用组合化、系列化技术是保证设计成功的重要方法。

1.2.4 导弹总体设计内容

在上述导弹的研制过程中，决定导弹主要特征和性能的是可行性论证和方案阶段的

设计工作，其主要目的是形成导弹总体方案。与其他工程设计问题相似，导弹设计的本质是将性能需求转化为描述组成结构和使用逻辑等基本特征的设计蓝图，这些特征统称为设计要素。导弹设计就是要确定导弹主要的设计要素，包括系统组成、工作原理和技术参数。

导弹作为一个复杂系统，其设计要素规模极为庞大、约束条件苛刻，一次性确定这些设计要素是不现实的，也是不可能的。当前有效的做法是在导弹系统工程框架和基本原则下，将其分解为不同层级的多个子设计问题，在不同阶段、不同层次和不同范围，采用一定的方法进行子问题设计要素的确定，并在更高层级进行集成和协调。通过这种“分解—设计—集成”的过程，将设计任务的总需求转化为导弹的设计要素，最终形成设计方案。

导弹总体设计主要面向导弹的性能需求，在顶层确定设计要素。以上描述的导弹总体性能受到气动、弹道、推进、结构、制导控制、毁伤等多个学科的共同影响，需要进行这些学科的迭代设计，以确定总体方案。从组成结构上，导弹分为推进、引战、制导控制、结构、能源等分系统。导弹总体设计的结果将决定各分系统的主要轮廓和指标要求。总体方案确定后，将进一步按各分系统分解为相互关联的子设计问题，即分系统设计。当然，在系统工程中，这种“自上而下”的分解逐级进行，直到设计出不可分割的、可以加工制造的零件。之后，将“自下而上”进行设计方案的验证和集成，最终形成整个导弹的设计方案。

本书关注的导弹总体设计从顶层决定了导弹的主要特征和性能，在导弹系统设计过程中起到决定性作用。按照决定总体性能的学科进行划分，总体设计可采用如图 1-3 所示的设计流程。以战术技术要求为依据，首先分析并确定导弹的性能需求；进一步根据这些需求构想导弹的概念和轮廓，形成导弹的初步方案。这一过程具有较强的创造性，在设计方法学中是从功能到结构的映射，实际设计过程会采用多种方式。例如，有的是基于已有的同类导弹给出；有的是设计师团队根据知识和经验积累，结合当前科技发展的前沿给出，可以采用专家研讨或头脑风暴形式；有的甚至是设计师根据突然出现的灵感提出的构思。这些方式所形成的方案大多与设计师团队，尤其是总设计师对导弹技术领域的认知水平、经验积累、直觉有关，也会受到研制单位的技术基础、研制能力等条件限制。近年来，结合知识库、数据库和智能算法的推理式方法成为一类更有潜力的设计模式，其可以大大扩展人的认知边界，在更大的设计空间获取更优秀的备选方案。

初步方案仅给出了导弹比较粗略的构想，所包含的导弹总体层面的设计要素还不够，需要进一步进行细化设计，主要包括外形设计、推进系统设计、部位安排与质量特性、弹道设计、制导控制设计、能源系统设计、结构设计、引战系统(包括引信、战斗部等)设计等局部的专业设计环节。这些局部的专业设计由于在总体性能层面有较大的相关性和耦合性，是一个多次迭代、逐步优化的过程，在每一轮迭代中，各专业设计按照一定流程顺次完成工作，如图 1-3 所示。实际中往往需要考虑每个型号研制的差异性，对图 1-3 所示流程进行裁剪和调整。例如，有的型号研制已经选定了成熟的发动机，其技术方案和性能已经明确，则推进系统设计这一环节可以略过。

这些专业设计环节一般包括指标分析、方案构思、参数设计、性能(指标)分析、设计

协调、原理验证等工作，以下对主要设计要求和内容进行描述。

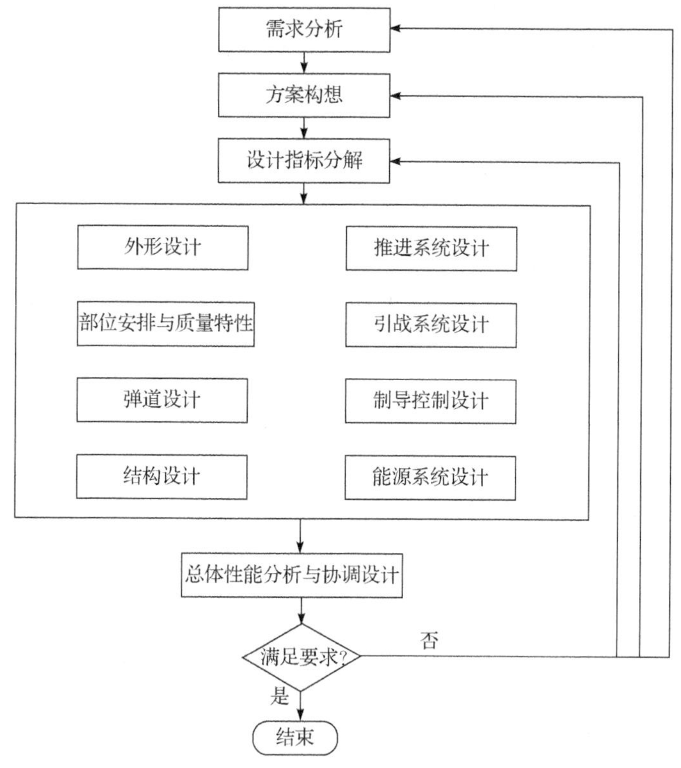

图 1-3 导弹总体设计主要流程

1. 外形设计

外形设计不仅影响导弹飞行效率，还影响飞行控制、设备布局、结构承载等多方面。需要考虑多种要求和约束综合确定外形，包括：

(1) 具有良好的气动升阻特性，满足导弹飞行性能要求；

(2) 满足导弹各分系统工作要求；

(3) 满足导弹稳定性与操纵性要求；

(4) 应使总体结构布局合理，减小弹体脉动压力及横滚力矩；

(5) 对高速导弹，外形设计要满足气动热约束；

(6) 满足导弹隐身要求(部分导弹需要考虑)；

(7) 满足发射、运输、贮存与实战使用要求。

外形设计内容包括：

(1) 弹体的几何形状，包括头部、中段、尾部等；

(2) 弹翼、尾翼、舵面、进气道等气动部件的组成、布置方式、几何参数；

(3) 弹翼/舵面在弹体上的位置、承力面面积、压力中心等特性。

在设计过程中需要开展大量计算和分析工作，以保证满足设计要求，并作为其他设计环节的输入条件，包括：

(1) 气动力/力矩分析；

(2) 气动稳定性、操纵性分析；

(3) 作用在弹体上的气动压力载荷及其分布形式分析；

(4) 作用在弹体上的气动热环境分析；

(5) 雷达散射截面分析等。

目前有各种简化工程计算方法、数值仿真方法等支持外形设计中的分析工作。其中，基于计算流体力学技术的数值仿真方法由于计算精度高、适应性强，成为重要的分析手段，但是由于设计阶段要求开展不同外形参数和大量工况下的分析，因此需要考虑计算负担的可承受性。外形设计和相关分析结果将为弹道设计、部位安排、结构设计等提供输入条件。

2. 弹道设计

弹道设计占据总体设计的核心位置，其直接面向导弹的作战任务，集成了导弹其他设计要素，在总体设计过程中起到承上启下的作用，一方面确认导弹总体性能指标的符合度，为战术技术指标的拟定和迭代提供依据；另一方面验证气动、动力、结构、制导控制等设计工作的合理性和可行性，为总体性能指标的分解和协调提供依据。

弹道设计的任务是在给定的导弹基本特性(发动机推力特性、气动特性、质量特性等)的前提下，结合导弹作战任务要求，规划和设计飞行规律。

弹道设计的要求包括：

(1) 目标攻击要求；

(2) 飞行性能和飞行效率要求；

(3) 突防和对抗性能要求；

(4) 弹体力热承载能力约束；

(5) 制导控制系统工作约束；

(6) 弹上能源系统工作约束等。

弹道设计一方面要确定在标称情况下的飞行规律，包括发射弹道、方案弹道、导引弹道等，其中发射弹道需要确定发射状态；另一方面还要考虑到各类不确定性因素对飞行过程的影响，因此往往还要考虑制导方案设计，包括方案弹道的跟踪规律设计、导引弹道的导引律设计等。

弹道设计的本质是一个最优控制问题，即在满足终端约束和过程约束的前提下，通过调整飞行过程的控制变量(飞行姿态、气动角、机动过载等)，或直接设计质心位置变化规律，实现飞行效率或任务执行能力的最大化，如射程、平均速度、攻击速度/角度等。对于有些已经成熟有效的飞行规律，可以通过人工和少量的参数优化实现飞行规律设计；对于复杂的飞行任务，则需要借助最优控制方法。

弹道设计过程中需要开展大量的飞行动力学仿真分析工作。根据总体设计迭代过程中可获取的信息完备程度不同，弹道仿真对飞行动力学的一般方程做出不同程度的简化。弹道设计和仿真结果同时也为制导控制方案设计、弹体结构设计等提供输入条件。

3. 推进系统设计

推进系统是导弹重要组成部分，其主要设计特征，如尺寸、质量和性能将会对总体性能起到重要的影响作用。导弹总体设计过程要面向总体性能要求，需要考虑与外形、部位安排、弹道等相关学科专业设计的耦合性，开展推进系统主要特征设计和性能分析。

推进系统设计的要求包括：

(1) 性能指标要求，对于火箭发动机，包括推力、比冲、总冲、工作时间、推重比、装填比、单位推力、迎面阻力等；对于涡轮吸气式发动机、冲压吸气式发动机等，还要考虑速度、高度、攻角/侧滑角工作范围，以及在不同工作条件下的推力和比冲性能。

(2) 质量和尺寸要求，质量特性包括在满载、空载等不同状态下的质量、质心、转动惯量；固体火箭发动机仅需考虑整体尺寸，液体火箭发动机和吸气式发动机还要考虑各部件的尺寸，如进气道。

(3) 配置要求，主要指推进系统在导弹上的安装约束。固体火箭发动机集成度较高、独立性好，一般仅约束其在弹上的整体安装位置；液体火箭发动机要考虑储箱和燃油输送系统的配置约束；吸气式发动机还要分别约束进气道、燃烧室(补燃室)的配置。

(4) 工作环境要求。

(5) 可靠性要求。

(6) 使用维护要求。

(7) 经济性要求。

(8) 其他要求，如进气道和尾流对隐身性能的影响要求。

在总体设计过程中，一般不需要对推进系统进行详细设计，主要关注影响导弹总体性能的设计因素。推进系统设计内容包括：

(1) 确定推进系统的类型。导弹上主要采用的推进系统包括固体火箭发动机、液体火箭发动机、涡轮发动机、冲压发动机，以及组合式发动机等。需要根据各类发动机的工作适应性和性能综合选择。

(2) 确定推进系统的组成及主要特征。对于固体火箭发动机，包括燃料类型、装药几何形状与尺寸、燃烧室几何形状与尺寸、喷管几何形状与尺寸；对于液体火箭发动机，包括燃料类型、储箱几何尺寸、增压输送系统类型和尺寸、推力室和配管的几何形状和尺寸。

(3) 初步选择推进系统主要部件的结构与材料，进一步确定整个发动机的质量特性。

(4) 设计与推进系统相关的特殊部件。例如，有的发动机采用燃气舵或推力矢量控制，则需要根据控制要求确定这些部件的主要参数。

在推进系统性能设计过程中，采用计算分析手段确定其主要性能和总体要求。其中，确定工作性能参数是推进系统设计分析的主要内容，与气动计算类似，可以采用工程计算方法或基于计算流体力学的数值仿真方法。质量和几何特性可借助计算机辅助设计(CAD)工具获得。发动机工作性能参数和质量特性将为弹道、制导控制、结构等学科设计提供输入条件。使用维护性、可靠性、经济性等在早期设计阶段由于缺少设计和研制细节，难以精确给出，可以借助通用质量特性的一般分析方法和工程经验数据获得。

4. 结构设计

结构设计决定了导弹的制造和实现形式，是其他各分系统能否有效集成，实现导弹整体功能和性能的关键。结构设计可以分为初步设计和详细设计。总体设计过程的结构设计部分主要是对导弹的承载性、功能可实现性、经济性进行整体考虑。

结构设计的要求包括：

(1) 满足在各种状态和机动条件下气动、发动机和各类力热载荷承载要求。

(2) 满足维持导弹气动外形的要求。

(3) 满足弹上设备安装和工作要求。

(4) 满足强度、刚度要求。其中，强度要求又根据受到的载荷不同，包括静强度、动强度、热强度等。

(5) 质量、质心特性满足稳定性和操纵性要求。

(6) 满足模态、振型、振动频率等结构动力学特性要求。

(7) 满足质量、质心的要求。结构设计要在满足基本要求的前提下，实现结构整体的轻量化，获得最佳的飞行效率。

(8) 工艺性和制造约束。

(9) 工作环境要求。

(10) 可靠性要求、使用维护要求、经济性要求。

导弹结构设计主要内容包括：

(1) 全弹结构布局设计，包括翼、舵等气动承载面，弹体结构舱段与分离面划分及形式，内部设备的位置及其连接形式。

(2) 气动承载面基本结构形式和材料体系选择。

(3) 各舱段的结构形式、几何尺寸设计、材料选择。其中，战斗部、发动机等部分舱段由分系统整体提供，需要明确接口形式和承载要求。

(4) 舱段之间、弹体与承载面之间的连接结构设计。

(5) 弹体与发射装置连接结构设计，包括吊挂点、支撑点等。

(6) 舵面转动机构、折叠机构、分离机构的设计。

(7) 设备舱段的开口性和可达性设计。

(8) 对于在大气层内高速飞行的导弹，还要考虑防热结构设计，包括防热结构的类型、布局、尺寸、材料等。

对有些小型导弹，其结构相对简单，总体设计过程的结构设计基本完成了主要工作；对于大型复杂结构导弹，需要进一步开展各组部件的详细设计。结构设计过程除了开展大量几何设计工作，还要进行各类分析计算，包括：

(1) 载荷计算。明确运输、发射、飞行过程的各种状态，根据弹道设计、外形设计、推进系统设计的结果，计算使用载荷与设计载荷。

(2) 强度和刚度分析。对设计的结构在各种载荷条件下进行静、动、热强度分析。

(3) 动力学特性分析，包括模态分析、频率分析、振型分析等。

(4) 运动部件的运动学和动力学特性分析。

(5) 各部件及整体的质量特性计算，包括质量、质心、转动惯量等。

早期结构设计大量运用简化的分析计算方法，目前基于计算结构力学的数值仿真工具已经较为成熟，在结构设计过程中大量采用，但是与计算流体力学工具类似，其计算代价较高，需要综合考虑计算代价的可承受性。结构设计和分析的结果将为弹道、制导控制及其他专业设计提供输入条件。

5. 制导控制设计

制导控制系统是实现导弹沿预定弹道飞行，使导弹精确高效飞向目标、完成作战任务的重要组成部分，其响应的总体设计要求主要是制导精度。制导精度又与导弹的飞行性能、所采用的制导和控制方法及算法、所选用的单机设备的性能相关。从一定程度上来说，所选用的设备性能越精良，制导精度越高，但是又会带来设备重量、尺寸、功耗增加的代价，进而影响导弹结构及质量、飞行性能及动力学特性。因此，制导控制设计与其他方面的设计是紧密耦合的，在总体设计过程中必须同时考虑。

制导控制设计要求包括：

(1) 满足攻击目标的飞行性能要求，实现设计的飞行规律。

(2) 满足总体性能规定的制导精度要求。

(3) 满足引战系统的工作条件。

(4) 满足推进系统工作条件、结构系统承载能力的约束。

(5) 具有一定的抗干扰能力。

(6) 制导控制设备的结构尺寸、质量特性、接口要求。

(7) 制导控制设备的功耗约束。

(8) 工作环境要求。

(9) 可靠性要求、使用维护要求、经济性要求。

制导控制系统可分为制导系统和控制系统两部分，又包括硬件和软件两部分。其中，制导系统通过计算飞行器当前的位置、速度和方向，生成控制指令来调整飞行路径，以确保飞行器能够准确到达目标位置；控制系统执行制导系统生成的控制指令，以调节飞行器的运动状态。

制导控制设计内容可分为以下四个方面。

(1) 制导体制确定。

(2) 制导律/导引律选择和设计。

(3) 控制回路设计。

(4) 弹上制导控制设备方案：

① 位标器(地面探测雷达、弹上导引头)。

② 稳定控制装置(惯性和导航器件、自动驾驶仪)。

③ 控制动力系统(液压、气压、电动)。

④ 操纵机构(传动装置)。

⑤ 弹上收发装置(无源、有源)。

总体设计中通过设计制导控制系统方案，一方面确定所设计弹道是否可以实现，另

一方面确定制导控制系统的主要组成和功能要求。制导控制设计过程涉及很多控制算法及其参数的设计，需要用到经典控制理论、现代控制理论的综合和分析方法，包括最优控制理论。

在制导控制设计过程中同样需要运用仿真手段研究导弹的可控飞行过程。相对于飞行弹道仿真，要进一步考虑参与制导控制过程各环节的动力学特性对飞行品质的影响，在设计过程中逐步细化和完善仿真模型，包括建立导航系统、导引系统、执行系统的模型等。除仿真模型以外，还需要采用统计方法研究在各种干扰和不确定性下的性能，如基于蒙特卡洛方法进行制导精度分析。

6. 引战系统设计

引战系统可以看作导弹的有效载荷，导弹的其他分系统都是为了保证战斗部和引信可靠准确地运送到适当位置，有效摧毁目标。引战系统的性能决定了导弹飞抵目标后对目标的毁伤效果。导弹的威力与战斗部的能力、引信和战斗部之间的配合程度密切相关。引信和战斗部的配合程度越高，战斗部可以在更加有利的位置起爆，能够大大增加战斗部的杀伤效果。同时，导弹威力又与制导精度相关。制导精度越高，导弹可以在距离目标更近的位置起作用，对于同样的毁伤要求，可以减小战斗部的重量和尺寸，进而减小导弹作为运载工具的载荷规模。因此，引战系统虽然从结构上相对独立，但必须在总体设计中综合考虑。

引战系统设计要求包括：

(1) 在给定的制导精度下，满足目标杀伤概率要求。

(2) 具有一定的抗干扰能力。

(3) 引战系统设备的结构尺寸、质量特性、接口要求。

(4) 引战系统设备的功耗要求。

(5) 工作环境适应性要求。

(6) 可靠性要求、使用维护要求、经济性要求。

引战系统设计内容主要包括：

(1) 战斗部选型和主要参数设计。

(2) 引信选型和主要参数设计。

(3) 安全爆破装置选型和主要参数设计。

(4) 引战配合规律设计。

引战系统设计需要运用战斗部威力及目标毁伤效果分析、引信启动性能分析和引战配合分析等手段，这些均与目标的可探测特性、易损性有关，同样需要进行研究。

7. 能源系统设计

能源系统主要为推进系统、制导控制系统、引战系统等提供能量，包括电源、气源、液压源等。其设计过程是，根据各种设备在导弹工作过程中运行逻辑，确定功率、总能量、接口要求，选择满足要求的能源供给系统，或确定新的能源供给系统主要技术特征。由于从能源供给系统到各设备之间还要考虑能量的传递和转换，因此需要进行电缆、管

路及附属部件的设计。

8. 总体性能分析与协调设计

导弹系统是一个非常复杂的现代高技术工程系统，虽然可以分解为相对独立的多个分系统，但是从功能和性能上各分系统间存在密切的配合关系，设计时必须作为一个整体进行考虑。总体设计可分解为多个部分，各部分之间相互影响、相互制约，设计过程中存在大量的输入输出关系，如图 1-4 所示。

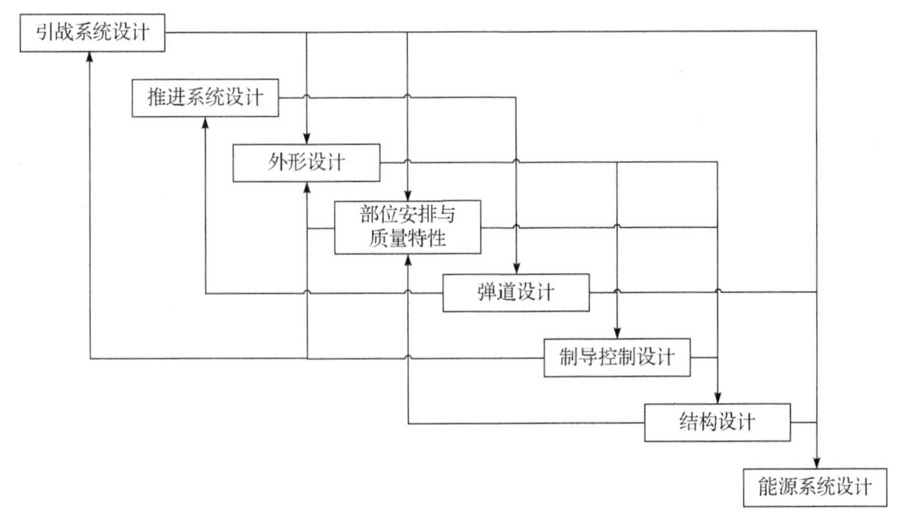

图 1-4 导弹各专业设计交互关系

在总体设计过程中，需要面向总体性能要求、充分考虑各专业设计之间的耦合关系，对各专业设计的结果进行系统的分析和整理，对设计方案的性能进行系统的分析，以确认总体要求的满足程度。同时，采用敏感性分析等方法掌握各专业设计指标和设计要素的依赖性和矛盾性，明确各专业设计之间的量化影响程度，在总体设计方案不满足要求时，为设计方案的改进提供协调依据。通过反复进行各专业设计要求和指标的调整、设计要素的协调，最终达到总体设计的整体最优性。此部分的设计工作具有很强的综合性，目前的总体设计实践中主要依赖设计团队大量地交互开展此项工作，设计效率较低，且难以对整体设计空间进行详尽的分析和综合。近年来发展的多学科优化技术、基于模型的设计技术等，综合应用计算、仿真、数据管理、优化等技术，为总体设计提供更加有效的途径。

1.3 导弹先进设计方法

早期的导弹设计主要依赖设计师的直觉和经验确定设计要素，并通过物理验证的手段进行验证和迭代。随着各学科专业的不断完善，以及计算机软、硬件技术的发展，导弹设计逐步从经验型设计向计算机和人工智能辅助设计方向发展，形成了多种提高设计质

量和设计效率的方法。其中，优化设计和多学科优化设计、基于模型的系统设计、专家系统设计等是较有代表性的三类方法，下面分别进行介绍。值得注意的是，导弹设计所需处理的问题规模极为庞大，涉及诸多学科和环节，在系统工程框架下是一项综合性、迭代性工作，需要一系列过程和方法的支持，这里介绍的方法从不同角度面向部分设计过程和内容，很难做到利用计算机实现“一键式”设计。

1.3.1 优化设计和多学科优化设计

1. 优化设计

简单来说，“设计”实际上就是不断重复“What-If”的过程：由设计者根据任务需求，结合可能的技术途径和相关限制条件，提出产品设计方案，然后分析评估其对应的性能和特性，判断与任务需求的满足程度，并就各相关利益方的反馈进行决策，进而改变或改进设计要素，直到获得各相关利益方均满意的结果，如图 1-5(a)所示[9]。

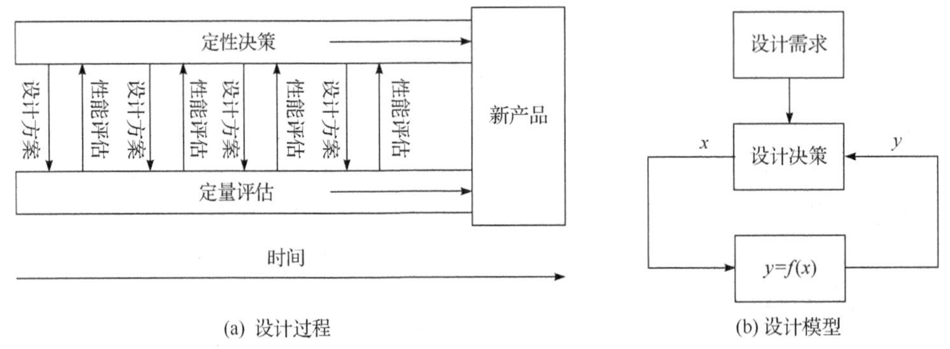

(a) 设计过程 (b) 设计模型

图 1-5 产品设计过程与设计模型

设计过程可从理论上描述为图 1-5(b)所示的模型，设计方案及其性能的关系可以描述为

$$y = f\left(x\right) \tag{1-3}$$

式中，x 代表设计方案，是各种设计要素的组合，每个设计要素是一个可以改变的变量；y 代表设计方案的性能；$f(\cdot)$代表分析评估设计方案性能所采用的手段，可以采用数学分析、数字仿真、物理测试等方法。

传统设计决策通常在调查分析的基础上，参照同类产品通过估算、经验类比或试验来确定初始设计方案，然后进行性能分析，检查各性能是否满足设计指标要求。如果某一项设计要求得不到满足，就要对方案进行修改或重新设计。这样反复进行“分析计算→性能检验→参数修改”，直到性能完全满足设计指标的要求。但是，传统依赖人的设计只能从有限个可行设计方案中，凭经验定性地选取设计者认为最好的方案。

每个设计要素有多种或无数种选择，共同组成了产品的设计空间，其中每一个点即对应一套解决方案。因此，设计过程也可以看作对设计空间进行的一系列操作，包括设计空间定义、设计空间分析、设计点确定等。由于现代产品系统越来越复杂，设计要素越来越多，设计空间的维度和各维度的跨度非常大，因此传统依靠人的直觉和经验很难完

成对设计空间的详尽探索，找到好的甚至满足要求的可行方案存在很大障碍。

导弹系统的设计面临同样的问题，且更加严峻。随着作战任务的不断演化，导弹研制需求变化越来越快、性能要求越来越高、系统组成和内外部接口越来越复杂，获得高质量设计方案越来越困难，各类导弹的研发均遇到如何提升设计质量的问题。

近年来，研究者借助计算机和信息技术，发展了一系列用于设计空间操作的策略和方法，优化设计即是其中一种。当然，设计本身就含有优化的思想。对于任何一个产品的设计，设计者都会从各个方面去考虑，以求设计结果最佳。这里指的优化设计主要是应用最优化方法和计算机技术对设计问题进行自动求解的一种现代设计方法。

设计问题的优化模型可表达为：假设该问题的设计要素为 n 个，约束条件为 m 个和 l 个，求使得一定指标最优(最小)时对应的设计变量值，则优化问题的数学表达式为

$$\begin{aligned}&\min_{x\in R^n}\quad \boldsymbol{J}(\boldsymbol{x})\\&\text{s.t.}\quad\begin{cases}\boldsymbol{g}_i(\boldsymbol{x})\leqslant 0, & i=1,2,\cdots,m\\ \boldsymbol{h}_j(\boldsymbol{x})=0, & j=1,2,\cdots,l\\ \boldsymbol{x}_{\mathrm{L}}\leqslant\boldsymbol{x}\leqslant\boldsymbol{x}_{\mathrm{U}}\end{cases}\end{aligned}\tag{1-4}$$

式中，$\boldsymbol{x}_{\mathrm{L}}$ 为设计变量下界；$\boldsymbol{x}_{\mathrm{U}}$ 为设计变量上界；$\boldsymbol{J}(\boldsymbol{x})$、$\boldsymbol{g}_i(\boldsymbol{x})$、$\boldsymbol{h}_j(\boldsymbol{x})$ 分别表示目标函数、不等式约束、等式约束，它们都是关于设计变量 $\boldsymbol{x}$ 和输出变量 $\boldsymbol{y}$ 的函数。

对以上优化问题，目前已经发展了大量的优化求解算法。纵观各类寻优方法，其工作原理大体上是相似的，基本思想都是从某个初始点(初始设计方案)出发，然后以某种途径逐渐逼近最优解，如图 1-6 所示。

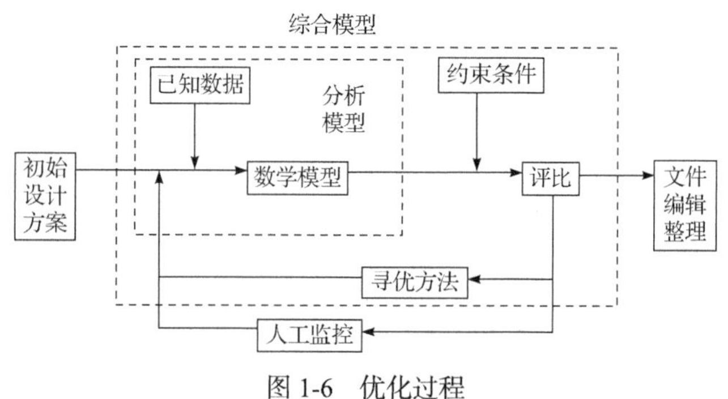

图 1-6 优化过程

当然实际工程问题中，很难严格找到一个可以完全准确地用式(1-3)和式(1-4)来表达的数学模型。这里存在一个简化、假设、模拟的过程。简化、假设、模拟的好坏将决定最终优化设计结果是否真的最优，甚至将决定最终优化设计结果是否满足设计要求。

2. 多学科优化设计

包括导弹在内的飞行器早期发展的系统相对简单，设计任务可以由少数几人或小组承担。随着基础理论的发展和应用需求的提高，现代飞行器组成日益复杂，学科分工越来越细，形成了气动、结构、推进、控制、飞行力学等专业学科，各个学科的研究手段增

多，专业化程度大为提高。此时，设计人员不再可能通晓所有学科的进展情况，并且在协调各个不同专业的设计时也遇到了困难，为此产生了专门用于协调各门学科的系统学科(或称为总体)，高级设计师开始向系统总体专家转变，整个设计团队由学科分析人员、学科设计人员及系统工程师组成。飞行器设计任务可划分为三个功能层：系统设计层、学科设计层和学科分析层，其间关系如图 1-7 所示。

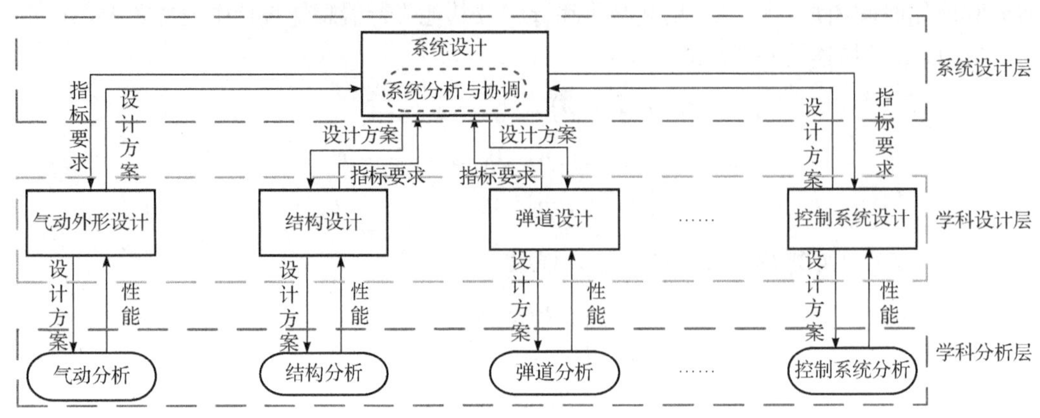

图 1-7　飞行器设计功能层关系

按照系统工程“整体最优”的观点，必须从系统设计层充分考虑学科专业间的耦合因素和关联性，以求得整体最优方案。然而，传统飞行器的设计大都基于原准机/弹，学科设计和系统协调过程依赖于专家经验，继承性和相似性使得这种具有“试/凑”和“串行”特点的设计方法能从一定程度上解决问题，得到可行方案。但新型飞行器发展跨度明显增加，传统设计方法遇到了以下难题：新型飞行器采用了许多创新性思想，很难采用经验指导设计决策；组成新型飞行器的部件和涉及学科越来越多，集成化程度越来越高，部件和学科之间严重的交叉影响共同作用于最终性能，设计者往往无法依靠经验评估这些交叉影响。由于缺乏有效的设计决策和协调手段，学科冲突难以避免，因此很难得到可行的设计方案，更不要说最优方案。

多学科优化设计(MDO)是近年来优化设计技术的重要拓展，主要研究如何在考虑学科耦合和协同作用时开展系统设计。与传统优化设计相比，MDO 强调设计对象的全局性和整体性，可以更为准确地描述设计目的，适合于涉及多个领域的设计对象。随着新型飞行器技术的不断发展，涵盖的领域越来越广、分工越来越细，多学科交叉特点日趋明显。

目前，学术界和工业界对 MDO 的理解还不完全一致，以下给出三种常见的定义[10]。

定义 1-1　MDO 是一种通过充分探索和利用系统中相互作用的协同机制来设计复杂系统和子系统的方法学。

定义 1-2　MDO 是指在复杂工程系统的设计过程中，必须对学科(或子系统)之间的相互作用进行分析，并且充分利用这些相互作用进行系统优化综合的优化设计方法。

定义 1-3　MDO 是当设计中每个因素都影响另外的所有因素时，确定应该改变哪个因素及改变程度的一种设计方法。

可以看出，以上定义虽然描述有所不同，但其内涵是相似的，一是强调综合考虑设计中多学科之间的耦合效应，二是强调系统总体性能最优化。

虽然优化设计已经在导弹和其他飞行器领域得到较好推广，逐步形成了结构优化、气动外形优化、飞行轨迹优化等广为设计者接受的技术方向，然而，优化技术无法表达和求解多学科耦合作用下的设计问题，这恰是总体设计的难点和关键所在。MDO 技术的研究和应用时间尚短，可以预见其必将在导弹及其他飞行器总体设计中发挥重要作用。

MDO 数学描述的一般形式如下：

$$\begin{aligned}&\min\quad J(\boldsymbol{x},\boldsymbol{y},\boldsymbol{p})\\&\text{s.t.}\quad\begin{cases}\boldsymbol{g}_i(\boldsymbol{x},\boldsymbol{y},\boldsymbol{p})\leqslant 0, & i=1,2,\cdots,m\\ \boldsymbol{h}_j(\boldsymbol{x},\boldsymbol{y},\boldsymbol{p})=0, & j=1,2,\cdots,l\end{cases}\end{aligned}\tag{1-5}$$

式中，$\boldsymbol{x}$ 与 $\boldsymbol{y}$ 之间必须满足如下的状态方程组：

$$R(\boldsymbol{x},\boldsymbol{y})=\begin{pmatrix}R_1(\boldsymbol{x}_0,\boldsymbol{x}_1,\boldsymbol{y}_1)\\ \vdots\\ R_N(\boldsymbol{x}_0,\boldsymbol{x}_N,\boldsymbol{y}_N)\end{pmatrix}=0\tag{1-6}$$

式(1-6)描述的多学科优化设计问题中有 N 个子学科。其中，$J(\cdot)$为目标函数；$\boldsymbol{x}$ 为 n 维系统设计变量向量；$\boldsymbol{y}$ 为 k 维系统耦合变量向量；$\boldsymbol{p}$ 为固定参数向量；$\boldsymbol{g}(\cdot)$为 m 维不等式约束；$\boldsymbol{h}(\cdot)$为 l 维等式约束；$R_1,\cdots,R_N$ 为 N 个子学科的残差形式的学科分析模型；$\boldsymbol{x}_1,\cdots,\boldsymbol{x}_N$ 为各个子学科的设计变量向量；$\boldsymbol{y}_1,\cdots,\boldsymbol{y}_N$ 为各个子学科的耦合变量向量，学科间通过这些状态变量耦合。

相对于一般的优化技术，多学科优化设计由于考虑了学科间的耦合效应，因此有更为广泛的研究内容，主要体现在以下几方面。

(1) 优化建模方面。传统优化设计大都在学科范畴内构造设计要素，多学科优化的设计变量、约束条件和目标函数涉及多个学科领域，其优化模型的建立不仅需要全面考虑这些学科设计要素，而且设计要素并不是各学科问题的简单叠加，而是要能在整个系统中准确地描述这些设计要素之间的关系。

(2) 分析建模方面。单学科问题只有一个分析模型，连接分析模块和优化模块的输入/输出即可构成传统优化设计的计算构架。多学科问题的分析模块由相互关联的学科子模块组成，由于存在耦合的信息循环，分析过程不能等同于各个学科分析模块的简单叠加，必须考虑学科间输入/输出平衡，满足学科连续性条件。

(3) 优化求解方面。传统优化方法进行设计时，将全部有关设计对象的知识和优化设计过程集中在一个进程中，循环迭代求解。多学科优化在求解过程中，需要统一解决“寻优”和“学科平衡”问题。另外，多学科优化面向产品全系统、全过程和全性能，势必导致设计变量、约束条件、目标函数规模的急剧膨胀。这一方面导致可行域的复杂性和优化搜索的困难性，另一方面计算量随优化规模呈超线性趋势增长，计算开支非常大。这些均使得传统优化技术无法求解多学科优化问题。

多学科优化不是一种纯粹的算法或方法，而是各种方法、技术、算法和相关应用的综

合。与传统优化技术相比，多学科优化设计包含更为广泛的研究内容，已形成了较为完备的 MDO 技术体系，如图 1-8 所示，可以分为建模技术、求解技术、集成技术三大类。

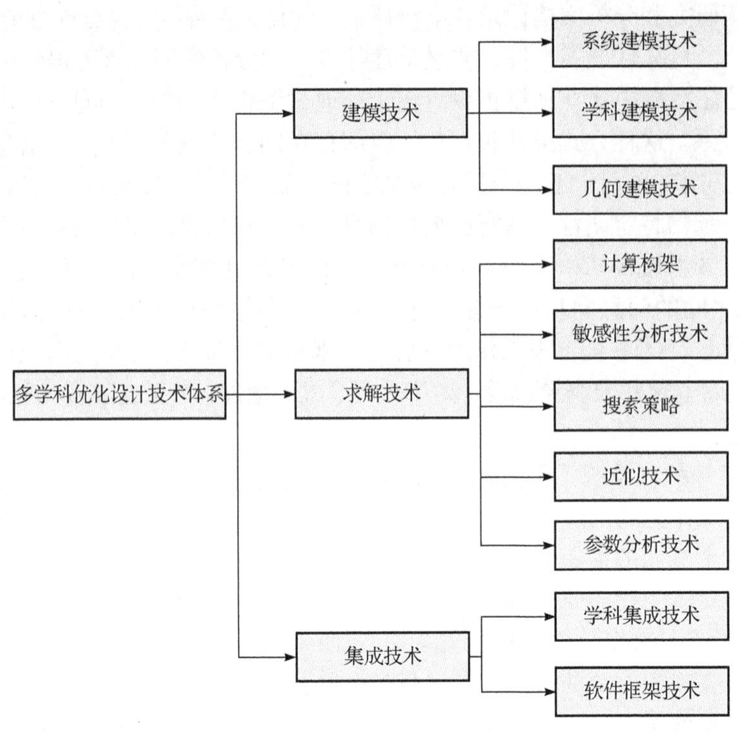

图 1-8　多学科优化设计技术体系

1.3.2　基于模型的系统设计

优化和多学科优化技术将设计问题规范描述为一定的模型，并应用计算机进行自动求解。这些技术可以在导弹系统工程的部分阶段，尤其是在方案论证和方案设计过程中，从不同层次辅助开展设计工作，提高设计效率和设计质量。近年来，研究者和工业界进一步提出将整个系统工程过程进行模型化改造，以使复杂系统的整体开发模式的管理更加高效，基于模型的系统工程(model-based systems engineering，MBSE)(或称为模型化系统工程)应运而生[11]。

传统上，系统工程实施的需求分析、功能分析、设计综合、验证测试等各种活动产出大都是一系列基于自然语言的文档，如用户需求、设计方案等。这些文档又是“文本格式”的，因此也可以说传统的系统工程是“基于文档的系统工程”(document-based systems engineering，DBSE)。DBSE 以文件形式实现客户、用户、开发人员和测试人员之间的交互。系统要求和设计信息在这些文件中表达为文本、图形、执行分析产生的表格、数据和绘图模型等。DBSE 强调文档的控制，以确保文档的有效性、完整性和一致性，并确认开发的系统符合文档描述。

在 DBSE 过程中，系统、子系统及其硬件和软件组件的规范通常在层次化的规范文档中描述。系统工程管理计划(SEMP)描述了各学科专业如何合作开发，满足规范书中要

求所需的文档。DBSE 通常采用操作概念文档定义系统如何实现任务或目标，通过功能分析分解系统功能并将其分配给系统的各组件，通过功能流程图和原理框图表达系统设计，采用工程权衡研究和分析文档记录各学科评估、优化、更替设计并分配性能要求。其中，采用支持性能、可靠性、安全性、质量特性等方面的分析模型支持工程分析。

DBSE 是在文档中建立和维护设计需求，通过解析文档中的信息，可以追溯需求和设计之间的关系。这种方式虽然很严格，但却存在固有的缺陷：①由于信息分布在多个文档中，因此需求、设计、工程分析和测试之间的完整性、一致性和关联信息很难评估；②深入理解系统的特定属性、执行必要的信息追溯、评估设计变更的影响等关键设计活动比较困难；③系统需求、系统级设计和较低级别的详细设计(如软件设计、电气设计和机械设计)之间的信息同步性较差，导致在改型系统设计中难以复用已经构建的系统需求和设计信息；④系统工程工作的进展主要基于文档状态，不能充分反映系统要求和设计的质量。以上这些限制导致设计效率低下、成本增加，甚至在集成、测试和使用中潜在的质量问题。

MBSE 是一种在系统工程实施全阶段规范应用模型支持需求、设计、分析、验证和校验等活动的工作方式。模型(model)是 MBSE 的基础，可以理解为可能在物理世界中实现的一个或多个概念的抽象表达，可以从某个或某些方面对系统的现实属性进行洞察。模型也可以是具体的物理原型。抽象表达可以采用文本(如编程语言中的语句)、数学方程、图形符号(如图形上的节点和圆弧)、几何布局(如 CAD 模型)，或者其组合来表示。物理模型通常不包含建模对象的所有细节，只包含其预期用途所需信息或感兴趣的领域，一般仅涉及特定类型系统(如飞行器)和系统的特定方面(如空气动力学特性)。

近年来计算机处理、存储能力的增强和网络技术的发展，以及工业界对系统工程实践标准的强化，大力推动了 MBSE 的发展。自提出以来，MBSE 以无歧义、便于设计综合和分析、便于数据更改和追溯的特点，成为复杂系统设计研究的热点，也是实现复杂系统综合设计的有效手段，在飞行器设计领域受到了广泛关注。

MBSE 是系统工程实践的一种宽泛的概念，根据其所采用过程(process)、方法(method)、工具(tool)的不同，形成了不同的实施途径(或称为方法论(methodology))。其中，过程是为实现特定目标而执行的任务逻辑序列。过程一般只定义了要做什么，而没有指定每个环节的执行方式，如典型的系统工程过程包括罗伊斯提出的瀑布模型、玻姆提出的螺旋模型，以及福斯伯格和穆格提出的 V 形模型。方法定义了具体的执行方式，描述了执行任务的技术原理。工具则定义了当采用特定方法时所选择的技术途径。

近年来，结合一些系统工程实践，发展了面向对象系统工程方法(OOSEM)、Harmony-SE、Vitech-MBSE、状态分析(SA)、对象过程方法(OPM)等多种 MBSE 方法论，为 MBSE 的具体实践提供了参考。

本书作者提出了一种基于 MBSE 的地空导弹总体方案设计流程，涵盖了导弹设计的需求分析、性能指标设计、方案初步设计、方案优化和方案验证等方面，将在第 7 章中进一步介绍[12]。

1.3.3 专家系统设计

以上设计方法开展的前提是将导弹的物理属性或设计过程采用数学模型进行表达，但是建模的过程需要有一定的基准设计方案。在导弹从无到有的总体设计过程中，仍然需要依赖专家的直觉和经验构想初始方案。

专家系统是一种基于专业领域知识和人类专家经验的计算机智能系统，通过模拟人类专家的决策过程来解决复杂问题，可以将专家的知识和经验系统化、自动化，从而提高导弹设计效率、减少人为错误，并在复杂决策过程中提供一致、高效的解决方案。专家系统将专家的知识和经验存储到一个数据库中，然后使用推理引擎来模拟专家的决策过程，最终输出答案或建议。通常情况下，专家系统对知识密集型任务的表现出色，这意味着只需耗费较少的成本来开发专家系统，就可以模拟人类专家解决特定实际问题[13-14]。专家系统主要包括以下 4 个功能。

(1) 知识表示和存储：将专家的知识和经验表示为规则或其他形式的语句，并将它们存储在专家系统的知识库中。

(2) 推理引擎：专家系统的推理引擎使用规则、逻辑、概率等技术来推理解决问题的方法。

(3) 用户接口：专家系统需要一个用户接口，以允许用户向系统提供问题和接收答案或建议。

(4) 学习能力：专家系统还具有学习能力，可以通过分析已知数据来自动更新和改善其知识库和推理能力。

与传统的基于数学模型的计算机程序不同，专家系统通过获取和组织领域内专家的知识，使用推理机制进行逻辑推断，从而解决决策问题。总的来说，专家系统通过模仿人类专家的知识和推理过程，实现了一定程度的人工智能，可以在一些特定领域中自动化决策和处理问题。

根据不同的实现方式和应用场景，可以将专家系统分为以下几类。

(1) 基于规则的专家系统。该专家系统通过预先定义的规则来模拟人类专家的知识和推理过程。这些规则被设计为解决特定问题或领域中的特定任务。基于规则的专家系统由知识库和推理机等组成，如图 1-9 所示。知识库是一个包含专家知识的数据库，其包括

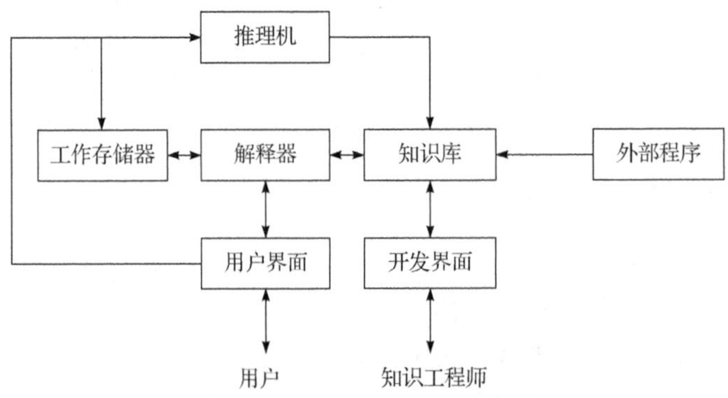

图 1-9 基于规则的专家系统的结构

问题、答案和规则。推理机是一个程序，能够根据知识库中的规则进行推理，并输出相应的答案或建议。

(2) 基于模型的专家系统。该专家系统使用数学模型来描述问题和决策过程，而不是根据预先定义的规则。数学模型是一个包含各种变量、参数和方程的数学表达式，用于描述问题和决策过程。基于模型的专家系统的结构与基于规则的专家系统类似，但其中知识库由数学模型代替。

(3) 基于案例的专家系统。该专家系统使用案例库来存储和利用领域知识。它将先前的解决方案(案例)存储在案例库中，并在需要解决新问题时使用类似的案例来进行推理。

(4) 基于知识图谱的专家系统。该专家系统使用知识图谱来表示和推理知识。它将知识转化为一组节点和关系来表示，并使用图形结构来实现知识的推理。

设计过程的本质就是推理，得益于专家系统的决策推理策略已经被广泛用于辅助飞行器设计，如结构材料的选取、总体方案评估等。

1.4 人工智能及导弹智能设计

人工智能(artificial intelligence，AI)通常被定义为一个利用计算机和相关技术来模拟、延伸和扩展人类思维的科学分支，其目标是使用算法和数据构建能够表现出人类智能的系统，试图以人类的智慧为模型，开发出能与人类智能相似的方式思考、学习、解决问题的计算机程序和技术。自 1956 年在美国达特茅斯学院夏季研讨会上由麦卡锡、明斯基等科学家提出，人工智能技术经过近 70 年的蓬勃发展(图 1-10)，在不同学科领域得到了广泛应用，已经成为推动人类进入智能时代的决定性力量[15]。

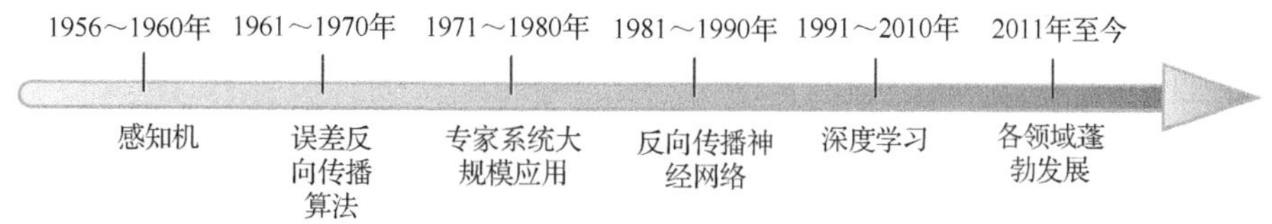

图 1-10 人工智能发展时期和代表性成就

人工智能旨在创建能模拟、扩展和辅助人类认知过程的智能实体，与产品和工程设计具有天然的适应性。1.3 节介绍的导弹设计方法均从不同程度上体现了智能化，部分取代并扩展了设计师的工作，提高了设计质量和设计效率。以下将结合本书的主题，介绍人工智能技术及智能算法的基本概念，探讨这些智能算法如何有效地融入导弹设计过程。

1.4.1 人工智能技术与智能算法

人工智能依赖于如机器学习、深度学习、神经网络、自然语言处理等技术，以及底层的计算机科学和数学理论。人工智能研究的目标和功能主要包括五个方面，即学习(learning)、推理(reasoning)、自我修正(self-correction)、感知(perception)和交互(interaction)。其中，学习要求机器能够从数据中提取模式和知识，从而获得新的洞察力或适应新环境；推理使得机器能够有逻辑地解决问题或推导出结论；自我修正让机器随着获取的更多信

息或在不断变化的环境中，调整算法以提高性能；感知使机器能够通过视觉或听觉传感器接收信息，并对这些信息做出反应；交互使机器能够理解和回应人类语言。

按照人工智能的应用领域与行为表现，人工智能可以分为弱人工智能、强人工智能和超人工智能三种[16]，其复杂程度递增。

弱人工智能(weak AI)，也称为狭义人工智能(narrow AI)，是指专门设计的用来执行一个或一组特定任务的人工智能系统，不具备自主意识、自我意识或真正的理解能力，是目前最常见的人工智能类型，并且在许多行业中都有广泛的应用。弱人工智能系统通常很擅长它们被训练做的任务，但功能和应用范围有限，不能泛化到它们未被训练做的任务。

强人工智能(strong AI)是指具有广泛认知能力的人工智能系统，可以在多个领域中执行任意智能任务，且行为无法和人类智能区分。这种 AI 的智能水平不限于专门的任务，还能够像人类一样理解、学习和运用知识来解决从未遇到过的问题。通常，强人工智能具有如下特点：能够从经验中学习而无需特定任务的编程；能够理解复杂的概念并进行逻辑推理；能够通过与人类感官类似的接口理解周边环境；能够适应新的环境和情况，并能够泛化其学习到不同领域；具备对自己行动的意识和自我认知。

超人工智能(super AI)是指在所有领域，包括创造力、问题解决和情感智能方面，其性能都远远超越任何人类智能的人工智能系统。这种智能形式不仅在计算力和知识存储方面超越人类，而且能在策略、社交技能和其他所有认知任务中表现出超人的能力。超人工智能目前还是一个理论概念，并没有在实际中实现。超人工智能被视为人工智能发展的一种极端情形，在这种情形下，AI 的决策制定能力、学习能力、推理能力和适应新环境的能力都将极大超越人类。

目前，实际应用的人工智能系统都属于弱人工智能的范畴。实现导弹设计过程的智能化也属于此类人工智能。

人工智能系统的核心是智能算法，它们结合数学模型、统计方法、计算机科学等领域的知识，模拟、实现或者扩展人类智能行为，能够进行决策、解决问题、学习、适应新环境、识别模式、处理自然语言、主动做出反应等。智能算法的主要特点：自动化决策能力，即没有或很少需要人类干预就可以做出决策；学习和适应性，即能够基于新数据和经验自我优化；模式识别能力，即能够从数据中发现规律和关联，进行分类或预测。

根据应用场景，智能算法可以大致分为如下几类：智能优化算法、智能预测算法、智能识别算法和智能控制算法，如图 1-11 所示。

智能优化算法是一类专注于寻找最优解或者近似最优解的算法。这些算法旨在通过搜索解空间中的可能解，并根据某种策略对解进行调整，从而使得目标函数达到最小值或最大值，通常适用于无法通过传统数学方法求解(如根据梯度求解)或求解困难的优化问题。较为常见的智能优化算法包括遗传算法(genetic algorithm，GA)、粒子群优化算法(particle swarm optimization，PSO)、模拟退火(simulated annealing，SA)算法和蚁群优化算法(ant colony optimization，ACO)等。

智能预测算法是一类基于历史数据和模型来进行未来事件或趋势的预测和分析的算法。这些算法对历史数据进行学习和分析，以识别模式、关联以及数据之间的规律，从

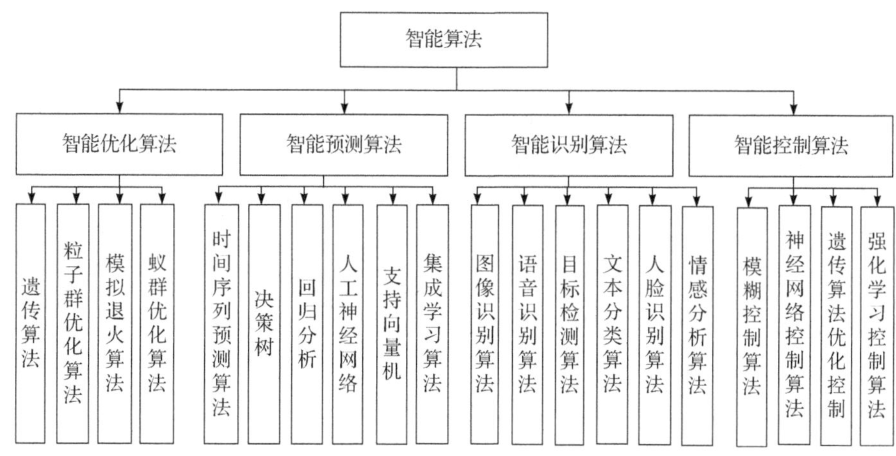

图 1-11 智能算法分类

而产生准确的预测结果。目前应用较为广泛的智能预测算法有时间序列预测算法(如自回归移动平均模型、自回归积分移动平均模型和指数平滑法等)、回归分析(如线性回归、岭回归、最小绝对收缩和选择算子回归等)、决策树(如迭代二叉树三代、分类与回归树等)、人工神经网络(如多层感知机、卷积神经网络、循环神经网络等)、支持向量机和集成学习算法(如随机森林、梯度提升树和自适应性增强等)。

智能识别算法是一类通过对输入数据进行学习和分析，自动识别不同的模式、特征或对象并对其进行分类的算法，在图像识别、语音识别、文本分类、情感分析等领域具有广泛的应用。按照应用领域的不同，智能识别算法又可以分为图像识别算法、语音识别算法、文本分类算法、目标检测算法、人脸识别算法、情感分析算法等。

智能控制算法通过对系统状态和环境进行监测和学习，实现对系统行为的智能调节和控制。这些算法通过对系统动态特性的建模和分析，结合智能决策和优化方法，实现对系统的自动化控制和优化。较为常用的智能控制算法包括模糊控制算法、神经网络控制算法、遗传算法优化控制、强化学习控制算法等。智能控制算法在自动化控制、机器人技术、智能交通系统、无人机控制等多个领域发挥着重要作用。同时，随着人工智能技术的不断发展和应用，智能控制算法将为各种系统提供更高效、自适应的控制方案，推动智能化技术在各个领域的广泛应用。

1.4.2 导弹智能设计技术

随着人工智能技术的飞速发展，以机器学习为代表的各种智能方法已延伸到飞行器和军事装备的诸多领域，包括设计、制造、使用、维护等过程。早在 20 世纪 90 年代，美国国防高级研究计划局(Defense Advanced Research Projects Agency，DARPA)等机构便开始推进人工智能技术在飞行器上的应用。近年来，以美国、欧洲各国等为代表的军事强国已经对人工智能技术在军事装备领域的应用开展了积极探索，将人工智能技术广泛用于无人作战系统和导弹武器系统等军事领域[17]。

人工智能技术和智能算法在导弹设计的诸多方面具有应用潜力，具体介绍如下。

1. 机器学习算法辅助学科分析

导弹设计过程需要开展大量的分析计算，如用于气动设计的流场分析，用于推进系统设计的发动机内流场分析，用于结构设计的力热载荷、强度和动力学特性分析等。传统设计过程大都采用简化的计算方法，计算精度难以保证，可获得的信息量有限，对设计走向的指导有限，造成设计过程存在大量反复计算，甚至产生颠覆性的结果和结论。目前设计往往会借助高精度、高拟真度分析工具，如计算流体力学、计算结构力学等，更加细观、精确地获取物理特征和设计性能，从而有效地指导设计走向。然而，由于要在导弹任务空间不同状态、不同条件下开展分析，且在设计方案调整和优化过程中需要反复计算，直接应用高拟真度分析工具将消耗巨大的计算资源。目前已发展了大量基于机器学习的快速分析算法，通过数据融合方法结合导弹设计过程中累积的大量不同来源、不同精度的气动数据，形成了数据驱动的物理场预测模型，大幅减小了学科分析计算成本，有效地实现了计算精度和计算消耗的权衡。本书第 2 章将介绍机器学习算法相关概念和方法，用于气动设计、推进系统设计、结构设计等工作。

2. 智能优化算法辅助设计寻优

导弹设计就是一个优化问题，是在不同层面反复调整设计要素、评价设计性能的过程。在设计过程中应用优化技术和多学科优化技术是提升导弹设计效率和质量的重要方向。经典的优化算法和优化过程虽然已经发展得较为成熟，但应用于导弹优化设计仍然存在诸多问题：①经典优化算法大都基于局部优化原理，获得的都是局部解，导弹设计问题的变量规模大、约束条件多，设计空间几何特征复杂，且约束函数和目标函数随设计变量的改变呈现高度非线性，存在大量的局部最优解，近年来发展的智能寻优算法可以在整体设计空间寻优，是解决问题的有效手段；②虽然优化过程借助计算机进行自动寻优，但是面临导弹设计如此庞大的问题，大规模的设计变量和约束导致需要海量的学科分析，如何有效提升优化设计效率以满足工程需求十分关键。通过特征分析、数据降维等方法可以分解和缩小设计空间，采用机器学习方面的代理模型技术可以大量降低学科分析的频次，这些方式将有助于构建更智能、有效的优化过程。本书第 3 章将介绍智能优化算法及优化过程，支持优化或多学科优化设计方法在导弹设计中的智能应用。

3. 智能算法辅助导弹控制设计

当前导弹控制飞行虽然具有较好的自动化程度，也具有一定的自主性，但大都基于相对比较固定的规则，当打击任务和环境具有较强的动态性和不确定性时，适应性仍然不足。应用人工智能技术将大幅提升导弹的感知、学习、执行能力，使其能够在复杂多变的战场环境中做出智能化的决策，从而提高导弹的自主性、环境适应性和打击效能。智能算法辅助的导弹控制设计包括但不限于：①在任务决策和弹道设计方面，结合数据融合和学习算法，根据不同传感器感知到的目标信息和环境信息，使导弹能够自主快速做出智能化的决策和打击规划，获得最佳的打击方案；②在制导方面，根据目标和导弹自身的运动状态，基于强化学习等手段自主调整制导指令，确保准确跟踪目标实现精确打

击；③对多弹协同制导问题，通过多智能体控制算法和目标分配策略，实现导弹间或导弹与其他平台之间的信息共享，以及多导弹之间的任务协调，提升导弹系统整体的作战效能；④在目标感知和识别方面，结合智能识别算法，使导弹拥有实时感知和精准识别目标与环境的能力。本书第 4～6 章将分别从弹道设计、制导律设计、目标识别等方面介绍人工智能技术和智能算法的应用。

4. 智能算法辅助设计概念推理

导弹设计涉及大量从无到有的概念构想环节，目前这一创造性工作仍然由设计师来完成。受限于人的知识储备、经验积累、新知识的敏感性和迁移能力、推理能力，以及所处的环境，难以形成规范化、完备化、模型化的创造模式，从一定程度上制约了导弹创新的源头。当前模型化系统工程已经大量推广至包括导弹领域在内的复杂系统工程，但是其中从功能到逻辑架构、从逻辑架构到物理架构仍然缺少有效的推理手段。1.3.3 小节介绍的专家系统是一种有潜力的方法，当前智能学习和推理算法已在图像、文案、视频生成等领域大量应用。本书将立足于模型化系统设计流程，结合作者的初步研究工作，在第 7 章介绍推理方法在模型化系统设计中的初步应用模式。

目前智能化技术在设计过程的应用大都处于局部环节，对智能设计的理解也不统一，尚无明确的定义。在此，本书根据人工智能技术的内涵和导弹设计内涵，结合作者在导弹总体设计领域的研究，尝试给出导弹智能设计的定义。本书提及的导弹智能设计是一种由人工智能技术辅助的设计方法。

人工智能辅助导弹设计(AI aided missile design，AI-AMD)：以提高导弹设计的创造性和效率为目标，有机地在设计概念创造、设计方案推理、性能分析预测、设计方案寻优、设计方案评价等环节运用人工智能技术和智能算法，从导弹设计的局部或全局，构建规范化、自动化、智能化的高效导弹设计过程。

导弹设计和人工智能技术概念均比较宽泛，其结合点也非常多，通过一本著作覆盖所有内容不现实，作者结合研究工作挑选部分具有代表性的内容，尽可能为读者展现未来导弹智能化设计技术的概貌。

后续章节内容安排如下：第 2 章介绍机器学习算法辅助学科分析的概念和方法，支持气动设计、推进系统设计、结构设计等大量涉及高拟真度学科分析的工作；第 3 章介绍智能优化算法及优化过程，支持优化或多学科优化设计方法在导弹局部或整体设计中的智能寻优应用；第 4～6 章分别从弹道设计、制导律设计、目标识别等方面介绍人工智能技术和智能算法的应用；第 7 章尝试运用模型化系统工程概念构建导弹设计全过程，并将各种先进设计方法应用在一套技术框架，为构建导弹智能化设计模式提供一些思路。

1.5 本章小结

本章主要包括三方面的内容，一是总结导弹总体设计内容，从工作原理和系统组成认识导弹，进一步阐明导弹研制的系统工程和阶段，进而分析导弹设计的要求和内容；二是围绕导弹总体设计的需求，介绍近年来发展的先进设计方法和理念，包括优化和多

学科优化、基于模型的设计、基于专家系统的设计等，初步了解当前设计方法的发展现状和趋势；三是简要介绍人工智能技术与智能算法的基本概念，结合导弹设计问题和内容，从四个方面分析可能的应用方向，并给出人工智能辅助导弹设计的定义。通过本章的学习，读者将在认识导弹设计基本概念的基础上，了解现有的设计方法和智能化设计基本概念，为后续章节的学习奠定基础。

习　题

1.1　阐述导弹的系统组成，并说明各个系统的功能是什么？

1.2　导弹的系统工程有哪几个环节？

1.3　导弹设计要求有哪几个方面？导弹总体设计包含哪些内容？

1.4　导弹的研制包括哪几个阶段？

1.5　导弹的飞行性能参数主要包括哪些？

1.6　优化设计和多学科优化设计的一般数学模型是什么？

1.7　相比于传统设计方法，多学科优化设计的优势是什么？

1.8　什么是基于模型的系统工程？它相对于传统的基于文档的系统工程有什么优势？

1.9　专家系统的智能化体现在什么方面？

1.10　什么是人工智能？人工智能技术可用于导弹设计的哪些方面？

参考文献

[1] 谷良贤, 龚春林. 航天飞行器设计[M]. 西安: 西北工业大学出版社, 2015.

[2] 龚春林, 谷良贤. 现代导弹总体设计原理[M]. 北京：科学出版社, 2023.

[3] 龙乐豪, 方心虎, 刘淑贞, 等. 总体设计[M]. 北京：宇航出版社, 1993.

[4] 路史光, 曹柏桢, 杨宝奎, 等. 飞航导弹总体设计[M]. 北京: 宇航出版社, 1991.

[5] 于本水, 杨存福, 张百忍, 等. 防空导弹总体设计[M]. 北京: 宇航出版社, 1995.

[6] 樊会涛, 吕长起, 林忠贤. 空空导弹系统总体设计[M]. 北京: 国防工业出版社, 2007.

[7] 张望根, 郭长栋, 郁坤宝, 等. 寻的防空导弹总体设计[M]. 北京: 宇航出版社, 1991.

[8] STEVEN R H, LINDA D V, LINDDA K B, 等. NASA 系统工程手册[M]. 朱一凡, 等译. 北京: 电子工业出版社, 2021.

[9] 龚春林. 高超声速飞行器多学科设计优化技术[D]. 西安: 西北工业大学, 2007.

[10] MARTINS J R R A, LAMBE A B. Multidisciplinary design optimization: A survey of architectures[J]. AIAA Journal, 2013, 51(9):2049-2075.

[11] ESTEFAN J A. Initiative survey of model-based systems engineering methodologies[C]. Incose MBSE Focus Group 2008, SanDiego, USA, 2008.

[12] SOBIESZCZANSKI-SOBIESKI J, MORRIS A, TOOREN M V, et al. Multidisciplinary Design Optimization Supported by Knowledge Based Engineering[M]. Hoboken: Wiley, 2015.

[13] 蔡自兴, 约翰 · 德尔金, 龚涛. 高级专家系统: 原理、设计及应用[M]. 2 版. 北京:科学出版社, 2014.

[14] 粟华, 方施喆, 田昆效, 等. 基于 MBSE 的地空导弹总体方案设计[J]. 图学学报, 2024, 45(2): 267-276.

[15] 蔡自兴, 刘丽珏, 陈白帆, 等. 人工智能及其应用[M]. 7 版. 北京: 清华大学出版社, 2024.

[16] BOSTROM N. Superintelligence: Paths, Dangers, Strategies[M]. New York: Oxford Univercity Press, 2014.

[17] 徐刚锋, 张旭荣, 张岩, 等. 人工智能技术在导弹武器装备领域的发展研究[J]. 战术导弹技术, 2019, 40(5): 12-17.

第 2 章

机器学习算法在导弹学科分析中的应用

导弹设计过程中，空气动力学、结构力学等学科分析仿真存在计算成本高、耗时长等问题，严重降低了各学科性能分析、优化效率，制约了设计空间探索的详尽程度，从而影响总体设计的质量和周期。机器学习(machine learning，ML)是研究怎样使用计算机模拟或实现人类学习活动，以获取新的知识或技能，重新组织已有知识结构并使之不断改善自身性能的科学，其理论和方法已被广泛应用于解决工程应用和科学领域的复杂问题，是人工智能中最具智能特征的前沿研究领域。在学科分析中，机器学习算法通过不断学习学科状态量(如飞行器几何参数、材料属性、计算工况等)到性能表征(如气动力、结构响应等)的映射关系，建立学科仿真分析的代理模型。机器学习算法是解决高拟真度学科仿真计算负担的有效途径，具有较好的应用前景。

本章首先介绍适用于不同建模场景的机器学习算法原理，其次介绍机器学习算法在学科分析中的一般应用过程，最后分别给出机器学习算法在空气动力学、结构力学两个学科中的应用案例。

2.1　典型机器学习算法

本节梳理机器学习算法的发展状况及分类，并介绍适用于导弹学科分析的几类常用的机器学习算法。首先，针对低维数据的建模问题，介绍浅层神经网络；其次，针对高维数据，介绍用于数据降维和特征提取的降阶模型，以及用于建模的“降阶模型-神经网络”算法和深度神经网络；再次，针对时序数据的建模问题，介绍循环神经网络；最后，针对模型建模精度、鲁棒性等性能提升的需求，介绍集成学习算法。

2.1.1　机器学习算法简介

作为人工智能中发展最为迅速的子领域，机器学习已经成为现阶段解决很多人工智能问题的主流方法。同时，在过去的二十年间，人类收集、存储、传输和处理数据的能力获得了飞速提升，在人类社会的各个领域都累积了大量数据，加上计算机技术的飞速发展，为机器学习的发展创造了有利条件[1]。机器学习通过对大量数据的分析来寻找数据中隐藏的模式，并使用这些模式来做出预测。机器学习可以分为监督学习、无监督学习、半监督学习和强化学习四大类，如图 2-1 所示。

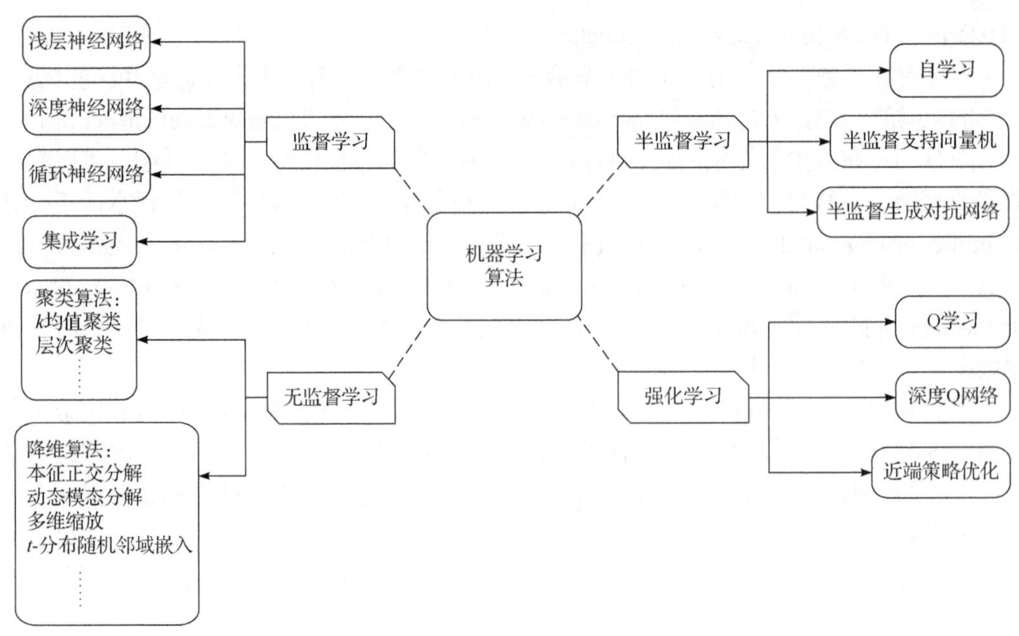

图 2-1　机器学习算法分类

监督学习(supervised learning)的目标是通过已知输入和输出的训练数据集来训练模型，以便对新的未知数据进行预测或分类。在监督学习中，训练数据集包含输入特征和对应的标签或输出，模型的任务是学习从输入到输出的映射关系。从预测值的连续和离散上看，监督学习的常见任务包括回归(regression)和分类(classification)两大类。

回归任务需要根据输入数据预测连续的输出值。例如，给定一组数据，包括房屋的各种特征(如大小、位置和卧室数量等)和相应的房屋价格，在回归任务中，需要建立这些房屋特征与价格之间的映射关系，以便在未来给定新的房屋特征时预测其价格。回归任务在许多领域中都得到了广泛应用，包括金融、医疗、经济学、天气预测等。通过回归分析，可以了解变量之间的关系，并利用模型进行未来情况的预测。

与预测连续值的回归任务不同，分类任务需要将输入数据映射到离散的类别或标签中。例如，将电子邮件归类为“垃圾邮件”和“非垃圾邮件”、将图片上的动物分类为“猫”“狗”“鸟”。分类任务主要应用在图像识别、文本分类、医学诊断、金融欺诈检测等领域。通过分类模型，可以将新的数据准确地归类到已知的类别中，帮助做出决策或进行预测。

根据算法的特点和应用范围，监督学习算法主要包含适用于低维数据建模的浅层神经网络、适用于高维数据建模的深度神经网络、适用于时序数据建模的循环神经网络(recurrent neural network，RNN)和组合多个基学习器的集成学习(ensemble learning)等。在实际的应用中，需要根据数据特点和任务种类选择适当的算法，建立相应的回归/分类模型，实现新数据的准确预测。

与监督学习存在预先定义的输出不同，无监督学习(unsupervised learning)需要从不带有标签(没有预先定义的输出变量)的未标记数据中学习数据的隐藏结构和模型，发现数据的内在规律和关联，而不是进行特定的预测。无监督学习的常见任务可以分为聚类

(clustering)和降维(dimensionality reduction)两种。

聚类旨在将数据集中的样本分成具有相似特征的簇，不需要事先知道这些簇的标签，常见的聚类算法包括 k 均值聚类(k-means clustering)和层次聚类(hierarchical clustering)等。

降维则旨在减少数据集的特征数量，保留最重要的特征信息。通过降维，可以降低数据的复杂度，减少数据噪音，并更好地可视化数据。常见的降维算法包括本征正交分解(proper orthogonal decomposition，POD)、动态模态分解(dynamic mode decomposition，DMD)、多维缩放(multiple dimensional scaling，MDS)和 t-分布随机邻域嵌入(t-distributed stochastic neighbor embedding，t-SNE)等。通过无监督学习发现数据的潜在结构，减少数据维度，可以更好地理解和处理高维数据。

半监督学习(semi-supervised learning)综合了监督学习与无监督学习，同时利用带有标签的训练数据和无标签的训练数据进行训练。在实际应用中，带有正确标签的数据通常比无标签的数据更难获取，因此采用半监督学习可以充分利用有限的带标签数据和大量的无标签数据，更好地学习数据的潜在特征和结构，并有效提高模型的泛化性。由于半监督学习自身结合了监督学习与无监督学习的特点，因此在分类、回归和聚类等有监督学习和无监督学习的常见任务上均有广泛的应用。一些较有代表性的半监督学习算法包括自学习(self-taught learning)、半监督支持向量机(semi-supervised support vector machine)和半监督生成对抗网络(semi-supervised generative adversarial network)等。

强化学习(reinforcement learning)通过试错和反馈机制，让智能体(agent)从与环境(environment)的交互中学习最优的行为策略，以获得最大的累积奖励，整个学习过程不需要标记数据。强化学习由于具有适用于复杂环境、适用于连续决策问题和灵活性强等优势，已经在飞行器控制等领域获得了广泛应用。通过强化学习，飞行器可以实现自主飞行、路径规划、集群协同控制等复杂任务，为飞行器的智能化提供了新的可能。目前应用较为广泛的强化学习算法包括 Q 学习(Q-Learning)、深度 Q 网络(DQN)和近端策略优化(PPO)等。

2.1.2 浅层神经网络

在数据预测等问题中，通过一组已知样本数据的输入和输出参数可以建立从输入到输出的模型，用于对新样本的输出进行预测。这一过程可以通过传统的代理模型实现，如克里金(Kriging)模型、多项式响应面模型等，但是传统代理模型无法直接建立多输入到多输出的模型。神经网络可以有效地实现多输入到多输出的模型建立，并且可以通过引入隐藏层、调节内部节点个数等方式提高模型的预测精度和泛化能力[1]。当训练样本相对较少或输入输出维度不高时，浅层神经网络在训练和预测中往往具有更强的稳定性。常见的浅层神经网络包括径向基函数神经网络(radial basis function neural network，RBFNN)、反向传播神经网络(back propagation neural network，BPNN)、多层感知机等。下面以 BPNN 为例，简要介绍建模原理和流程。

BPNN 是一种通过前向传播计算输出值，反向传播计算误差的全连接神经网络。由于 BPNN 具有较强的非线性映射能力、高度自学习和自适应能力，在分类、回归等问题中得到广泛应用。一个典型的 BPNN 架构包括输入层、隐藏层和输出层，如图 2-2 所示。

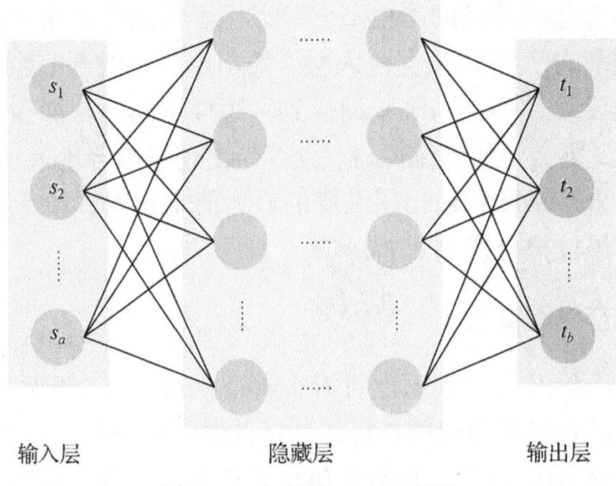

图 2-2　典型的 BPNN 架构

对于图 2-2 所示的 BPNN 架构，输入层为 a 个神经元，输出层为 b 个神经元，隐藏层的层数和每层的神经元个数通过 a、b 和问题的复杂度确定。每层神经元通过权值和激活函数连接，其中激活函数用于避免网络输出只是输入的线性组合的现象发生，从而实现对任意函数形态的逼近，常见的激活函数类型包括 sigmoid、tanh、ReLU 等，其曲线如图 2-3 所示。BPNN 的训练流程如表 2-1 所示。

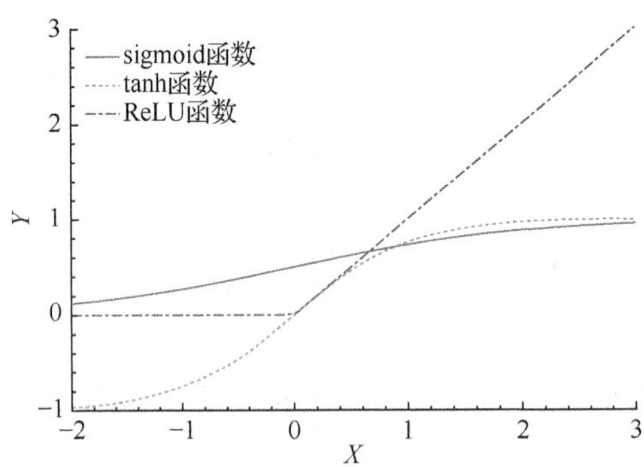

图 2-3　三种激活函数曲线

表 2-1　BPNN 的训练流程

BPNN 的训练流程
1. 选择激活函数并初始化权值；
2. 前向传播计算各层的输出值；
3. 计算输出值与真实值的误差；
4. 反向传播计算各层神经元误差；
5. 更新权值；
6. 重复第 2～5 步，直到模型满足训练要求

BPNN 的 MATLAB 代码详见二维码文件：bpnn/bpnn.m。

通过训练得到的合适的神经网络模型，可以用于预测给定输入参数的输出数据。为了提高 BPNN 模型的性能，可以根据输入层、输出层的维度调节隐藏层神经元个数。如果隐藏层神经元个数设置过小，则难以捕捉到训练样本间的特征和差异性；如果隐藏层神经元个数设置过大，则会导致训练困难，且容易出现过拟合现象。经验上，可以从隐藏层神经元个数等于输入层维度和输出层维度的最大值 h_0 出发，并在 $[h_0/2, 2h_0]$ 区间调节，直到获得适合问题的最佳拟合模型。

微课

2.1.3 数据降维与特征提取算法

许多机器学习问题涉及几千甚至上百万个特征，这不仅会导致神经网络训练非常缓慢，而且让研究者难以获得好的建模性能。幸运的是，对于某些高维系统，如图像视频、天文气象、飞行器气动/结构场等，其数据信息往往存在冗余，原始数据的维度远高于系统的真实特征维度，因此可以通过数据降维来解决建模过程中存在的维度灾难问题。

数据降维的本质是使用降阶模型寻找一组低维的子空间(模态或相干结构)，将高维、复杂的场数据表示为这些子空间在低维坐标系上的叠加，从而在低维空间中描述场数据[2]。典型的方法包括 POD、DMD、流形学习等。

POD 通过正交模态将高维系统投影到低维状态空间上，保证在给定数量模态下的最小残差。POD 被广泛用于高维流体、结构等系统的降维和构建降阶模型。其建模过程如下所述。

针对高维系统 $\boldsymbol{D} \in \mathbf{R}^{n \times r}$ (n 为数据维度，r 为样本个数)，使用 POD 进行特征提取，并实现到低维基模态空间 $A \in \mathbf{R}^{m \times r}$ $(m \ll n)$ 的映射。常见 POD 方式有传统 POD、快照 POD(Snapshot-POD)等，一般地，当 $m \ll r$ 时，使用传统 POD 可以加快速度、节省计算内存；当 $m \gg r$ 时，使用 Snapshot-POD 可以加快速度、节省计算内存[3]。使用 Snapshot-POD 对 $\boldsymbol{D}$ 进行特征提取和数据降阶的流程如表 2-2 所示。

表 2-2 使用 Snapshot-POD 对 D 进行特征提取和数据降阶的流程

Snapshot-POD 算法流程
1. 计算相关矩阵 $\boldsymbol{C}$ ： $\boldsymbol{C}=(\boldsymbol{D}-\bar{\boldsymbol{D}})^{\mathrm{T}}(\boldsymbol{D}-\bar{\boldsymbol{D}})$ ， $\boldsymbol{C} \in \mathbf{R}^{r \times r}$ ，其中 $\bar{\boldsymbol{D}}=\sum_{i=1}^{r} \boldsymbol{D}_i / r$ 。
2. 对 $\boldsymbol{C}$ 进行特征分解，得到特征值 $\boldsymbol{\lambda}=\operatorname{diag}(\lambda_1, \lambda_2, \cdots, \lambda_r)$ $(\lambda_1 \geqslant \lambda_2 \geqslant \cdots \geqslant \lambda_r)$ 和特征向量 $\boldsymbol{Q}=[\boldsymbol{q}_1, \boldsymbol{q}_2, \cdots, \boldsymbol{q}_r]$ ， $\boldsymbol{Q} \in \mathbf{R}^{r \times r}$ 。特征分解满足 $\boldsymbol{C}\boldsymbol{Q}=\boldsymbol{\lambda}\boldsymbol{Q}$ 。
3. 定义模态的总能量 $E=\sum_{i=1}^{r} \lambda_i$ ，第 i 阶模态为 ξ_i ，该模态对应的能量占比为 λ_i / E 。通过能量占比分析(如前多少阶模态的总能量占比达到 99%)进行模态截取，获得选取的主模态数目 m 。
4. 计算 POD 模态 $\boldsymbol{\Phi}=[\xi_1, \xi_2, \cdots, \xi_m]$ ， $\boldsymbol{\Phi} \in \mathbf{R}^{n \times m}$ ， $\boldsymbol{\xi}_i=(\boldsymbol{D}_i-\bar{\boldsymbol{D}}) \boldsymbol{q}_i / \sqrt{\lambda_i}$ 。
5. 计算 POD 模态系数 $\boldsymbol{a}=[\boldsymbol{a}_1, \boldsymbol{a}_2, \cdots, \boldsymbol{a}_r]$ ， $\boldsymbol{a}_i=\boldsymbol{\Phi}^{\mathrm{T}}(\boldsymbol{D}_i-\bar{\boldsymbol{D}})$ 。
6. 原始系统可近似表征为 $\boldsymbol{D} \approx \boldsymbol{\Phi} \boldsymbol{a}+\bar{\boldsymbol{D}}$

POD 的 MATLAB 代码详见二维码文件：pod/snapshot_pod.m。

代码

DMD 是一种时空耦合的模态分解方法，其特点是分解后的模态具有单一的频率和增长率，便于进行流动机理分析。此外，DMD 还可以通过模态特征值直接表征流动演化过程，从而在流动分离、流固耦合等非定常系统的降维和建模中得到广泛应用。其建模过程如下所述。

针对按时间均匀采样的高维系统 $\boldsymbol{D}\in\mathbf{R}^{n\times r}$ (n 为数据维度，r 为样本个数，两个样本之间的时间步长记为 Δt), DMD 方法基于高维系统线性化假设，提取出系统的主导特征值和主要模态，实现系统的降阶。其常见求解方法包括基于友矩阵的 DMD 和基于相似变换的 DMD。基于相似变换的 DMD 方法对 $\boldsymbol{D}$ 进行特征提取和演化建模的流程如表 2-3 所示。

表 2-3　基于相似变换的 DMD 方法对 *D* 进行特征提取和演化建模的流程

基于相似变换的 DMD 算法流程
1. 对高维系统 $\boldsymbol{D}$ 进行标准化处理：$\boldsymbol{d}=\left(\boldsymbol{D}-\bar{\boldsymbol{D}}\right)\in\mathbf{R}^{n\times r}$ ，其中 $\bar{\boldsymbol{D}}=\sum_{i=1}^{r}\boldsymbol{D}_i/r$ 。
2. 基于 DMD 的系统线性化假设，定义矩阵 $\boldsymbol{A}\in\mathbf{R}^{r\times r}$ ，满足：$\boldsymbol{d}^{i+1}=\boldsymbol{A}\boldsymbol{d}^{i}$ 。
3. 定义矩阵 $\boldsymbol{Y}=\left[\boldsymbol{d}^1,\boldsymbol{d}^2,\cdots,\boldsymbol{d}^{r-1}\right]$ 和 $\boldsymbol{Z}=\left[\boldsymbol{d}^2,\boldsymbol{d}^3,\cdots,\boldsymbol{d}^{r}\right]$，满足：$\boldsymbol{Z}=\boldsymbol{A}\boldsymbol{Y}$ 。
4. 对 $\boldsymbol{Y}$ 进行奇异值分解，并保留前 m 个主要奇异值：$\boldsymbol{Y}=\boldsymbol{U}\boldsymbol{\Sigma}\boldsymbol{V}^{\mathrm{T}}$ 。其中：$\boldsymbol{U}\in\mathbf{R}^{n\times n}$ ，$\boldsymbol{\Sigma}\in\mathbf{R}^{n\times m}$ ，$\boldsymbol{V}\in\mathbf{R}^{m\times m}$ 。
5. 计算 $\boldsymbol{A}$ 的相似矩阵 $\tilde{\boldsymbol{A}}$ ：由 $\boldsymbol{Z}=\boldsymbol{A}\boldsymbol{Y}$ 与 $\boldsymbol{Y}=\boldsymbol{U}\boldsymbol{\Sigma}\boldsymbol{V}^{\mathrm{T}}$ 得 $\boldsymbol{U}^{\mathrm{T}}\boldsymbol{A}\boldsymbol{U}=\boldsymbol{U}^{\mathrm{T}}\boldsymbol{Z}\boldsymbol{V}\boldsymbol{\Sigma}^{-1}\equiv\tilde{\boldsymbol{A}}$ 。
6. 对 $\tilde{\boldsymbol{A}}$ 进行特征分解，即 $\tilde{\boldsymbol{A}}=\boldsymbol{w}\boldsymbol{\mu}\boldsymbol{w}^{-1}$ ，得到特征向量 $\boldsymbol{w}=\left[\boldsymbol{w}^1,\boldsymbol{w}^2,\cdots,\boldsymbol{w}^m\right]$ 和特征值 $\boldsymbol{\mu}=\mathrm{diag}\left(\mu_1,\mu_2,\cdots,\mu_m\right)$ 。
7. 计算 DMD 模态 $\boldsymbol{\Phi}=\left[\boldsymbol{\Phi}_1,\boldsymbol{\Phi}_2,\cdots,\boldsymbol{\Phi}_m\right]\in\mathbf{R}^{n\times m}$ ：$\boldsymbol{\Phi}=\boldsymbol{U}\boldsymbol{w}=\boldsymbol{Z}\boldsymbol{V}\boldsymbol{\Sigma}^{-1}\boldsymbol{w}$ 。此时，$\boldsymbol{d}^i$ 满足：$\boldsymbol{d}^i=\boldsymbol{A}\boldsymbol{d}^{i-1}=\boldsymbol{U}\tilde{\boldsymbol{A}}\boldsymbol{U}^{\mathrm{T}}\boldsymbol{d}^{i-1}=\boldsymbol{U}\boldsymbol{w}\boldsymbol{\mu}\boldsymbol{w}^{-1}\boldsymbol{U}^{\mathrm{T}}\boldsymbol{d}^{i-1}=\boldsymbol{U}\boldsymbol{w}\boldsymbol{\mu}^{i-1}\boldsymbol{w}^{-1}\boldsymbol{U}^{\mathrm{T}}\boldsymbol{d}^{1}$ 。
8. 定义模态幅值 $\boldsymbol{\alpha}=\left[\alpha_1,\alpha_2,\cdots,\alpha_m\right]^{\mathrm{T}}$ ，满足 $\boldsymbol{d}^1=\boldsymbol{\alpha}^{\mathrm{T}}\boldsymbol{\Phi}$ ，因此 $\boldsymbol{\alpha}=\boldsymbol{w}^{-1}\boldsymbol{U}^{\mathrm{T}}\boldsymbol{d}^1$ 。其中：α_j 表示 $\boldsymbol{\Phi}_j$ 对 $\boldsymbol{d}^1$ 的贡献大小 ($j=1,2,\cdots,m$)。
9. 基于模态选择准则[4]，得到按能量排序后的模态 $\hat{\boldsymbol{\Phi}}=\left[\hat{\boldsymbol{\Phi}}_1,\hat{\boldsymbol{\Phi}}_2,\cdots,\hat{\boldsymbol{\Phi}}_m\right]$，对应的特征值和模态幅值分别为 $\hat{\boldsymbol{\mu}}=\mathrm{diag}\left(\hat{\mu}_1,\hat{\mu}_2,\cdots,\hat{\mu}_m\right)$ 和 $\hat{\boldsymbol{\alpha}}=\left[\hat{\alpha}_1,\hat{\alpha}_2,\cdots,\hat{\alpha}_m\right]^{\mathrm{T}}$ 。模态 $\hat{\boldsymbol{\Phi}}_j$ 的增长率 σ_j 和频率 ω_j 分别为 $\sigma_j=\mathrm{Re}\left(\log\left(\hat{\mu}_j\right)\right)/\Delta t$ 和 $\omega_j=\mathrm{Im}\left(\log\left(\hat{\mu}_j\right)\right)/\left(\Delta t\cdot 2\pi\right)$ 。
10. 结合第 7、8 步，$\boldsymbol{d}^i$ 可表示为 $\boldsymbol{d}^i=\hat{\boldsymbol{\Phi}}\hat{\boldsymbol{\mu}}^{i-1}\hat{\boldsymbol{\alpha}}$ ，原始系统可近似表征为 $\boldsymbol{D}^i\approx\hat{\boldsymbol{\Phi}}\hat{\boldsymbol{\mu}}^{i-1}\hat{\boldsymbol{\alpha}}+\bar{\boldsymbol{D}}$

DMD 的 MATLAB 代码详见二维码文件：dmd/dmd.m。

代码

本小节以典型的圆柱绕流现象为例，简要说明 POD 和 DMD 两种方法的特点[5]。算例所涉及研究对象的基本条件：圆柱直径 $D=0.1\mathrm{m}$，来流速度 $v_\infty=1.0\mathrm{m/s}$ ，来流密度 $\rho_\infty=1.0\times10^3\mathrm{kg/m^3}$ ，雷诺数 $Re=100$ ，时间步长 $\mathrm{d}\tau=0.05\mathrm{s}$ 。对图 2-4 中模态分解区间内

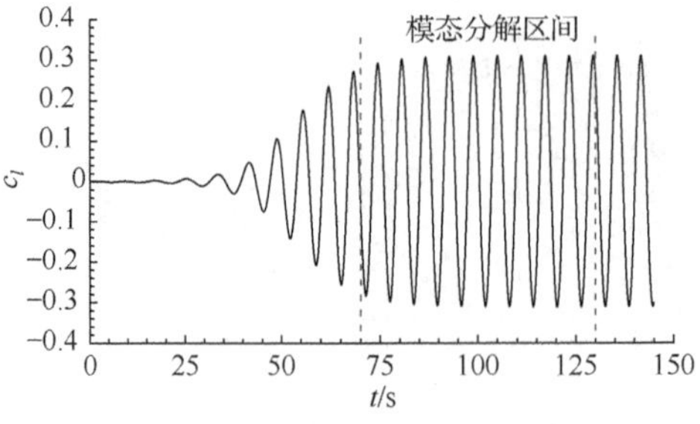

图 2-4　圆柱绕流中圆柱升力系数 c_l 随时间的响应

的 1200 个样本进行模态分解，得到圆柱绕流的前 6 阶 POD 模态，如图 2-5 所示。可以看出，随着阶数的增加，模态的能量占比逐步降低，前 6 阶模态的总能量占比达到 99.97%，表明 POD 可以有效实现对非定常系统的降维与特征提取。从模态特征上看，第 1、2 阶 POD 模态相似，第 3、4 阶 POD 模态相似。

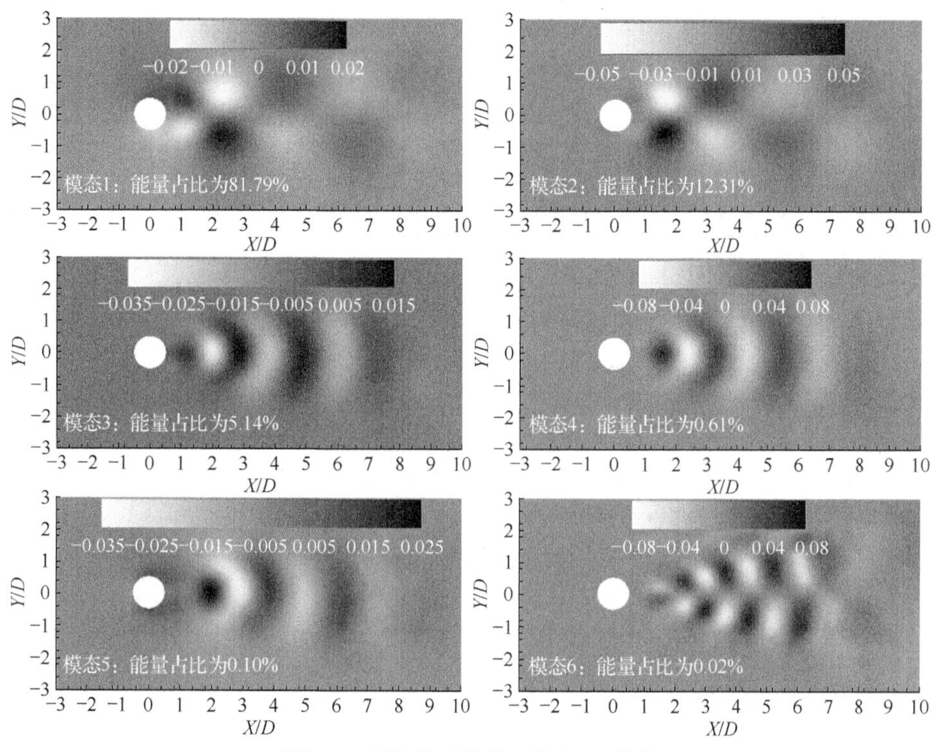

图 2-5　圆柱绕流的前 6 阶 POD 模态

使用 DMD 分解的圆柱绕流前 5 阶模态如图 2-6 所示，DMD 模态的参数和特征值分

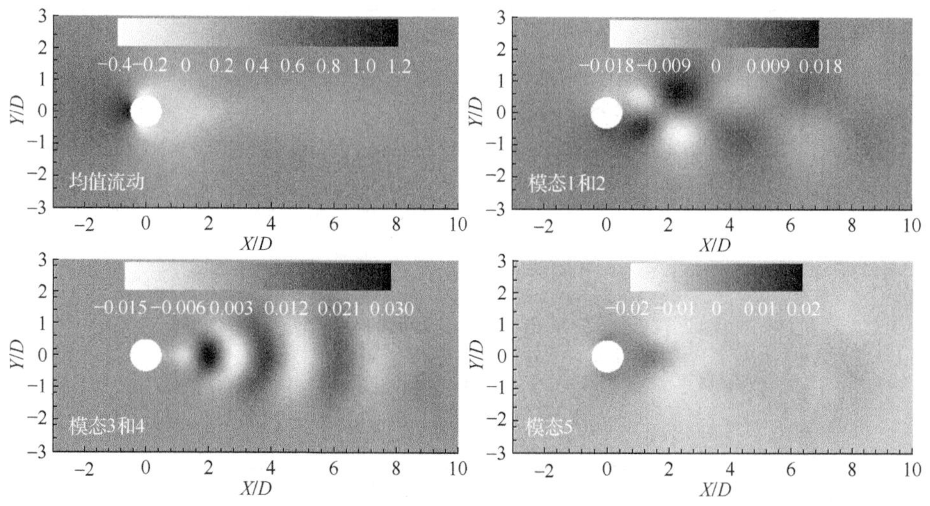

图 2-6　使用 DMD 分解的圆柱绕流前 5 阶模态

布分别如表 2-4 和图 2-7 所示。可以看出，前 5 阶 DMD 模态的总能量占比达到了 99.80%；第 1、2 阶模态为主模态，描述了涡旋的交替脱落，其频率为 0.164Hz，该数值与仿真结果计算出的流动特征频率(Strouhal 数)0.163 基本一致，说明 DMD 提取的模态具有一定的物理意义；第 3、4 阶模态一般表示流场中次要或更高阶的动态特征，在这里描述了涡的后移，其频率为 0.327Hz，大约是流动特征频率的两倍。由于该流动为临界稳定状态，各个模态的增长率均很小，主要特征值基本位于单位圆上。第 5～7 阶模态为衰减模态，增长率小于 0，特征值位于单位圆内，这是由所采样的模态分解区间中前期流动尚未稳定所致。

表 2-4　DMD 模态的参数

DMD 模态	增长率	频率/Hz	能量占比/%
1 和 2	5.217×10^{-5}	0.164	93.80
3 和 4	1.584×10^{-4}	0.327	5.65
5	−0.122	0.000	0.35
6 和 7	−0.122	0.162	0.12
8 和 9	6.171×10^{-4}	0.491	0.04

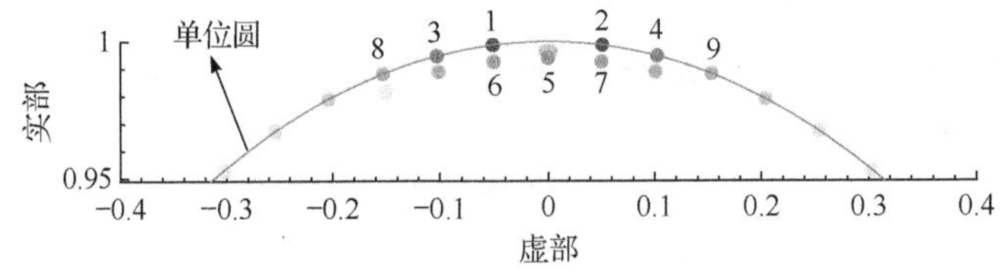

图 2-7　DMD 模态的特征值分布

综上所述，在飞行器设计中，通过对定常或非定常的学科(如气动场)系统进行降阶并分析其模态，可以深入理解系统的内在演化机理，并将其进一步用于优化设计、预测系统动力学行为等，从而在工程应用中取得更好的性能。同时，降阶模型的引入虽然可以降低高维数据的建模难度，但是会不可避免地带来原始数据信息的损失，使用者可以基于误差重构分析确定合理的降阶维度。此外，当高维系统包含非线性等复杂特征时，基于线性化假设的 POD、DMD 等传统降阶模型则会在复杂特征区域产生较大的建模误差，使用者可以考虑使用流形学习等非线性降阶方法，或者直接使用非线性建模能力更强的深度学习方法。

2.1.4　基于降阶模型和神经网络的算法

BPNN 等浅层神经网络可以实现低维数据的建模，POD、DMD 等降阶模型算法可以实现高维数据的降维，通过结合这两类算法，即可实现高维数据的高效建模，此类建模算法称为“降阶模型-神经网络”算法[6]。根据输入和输出数据的维度和可降阶性，将基于“降阶模型-神经网络”的数据回归建模算法分为以下四类。

(1) 神经网络(NN)，只使用神经网络建立低维输入到低维输出的回归模型。

(2) 神经网络-降阶模型(NN-ROM)，对输出数据建立降阶模型(reduced order model，ROM)，并利用 NN 实现低维输入到高维输出的回归模型的建立。

(3) 降阶模型-神经网络(ROM-NN)，对输入数据建立 ROM，并利用 NN 实现高维输入到低维输出的回归模型的建立。

(4) 降阶模型-神经网络-降阶模型(ROM-NN-ROM)，对输入和输出数据均建立 ROM，并利用 NN 实现高维输入到高维输出的回归模型的建立。

“降阶模型-神经网络”算法建模流程如图 2-8 所示。

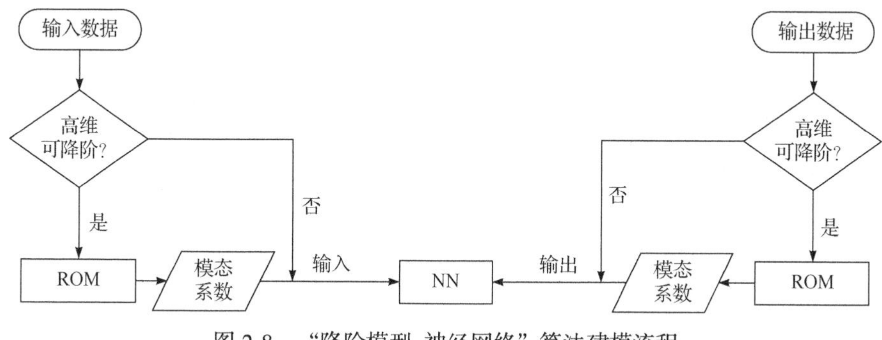

图 2-8　“降阶模型-神经网络”算法建模流程

具体建模流程总结如下：

第一步，根据输入和输出数据的维度衡量是否引入降阶模型，并根据降阶重构误差确定合理的降阶维度。

第二步，选择合适的神经网络并进行建模，神经网络可以是 RBFNN、BPNN 等，并调整网络参数，使回归模型精度最优。

第三步，给定一组新的输入数据，并使用训练好的模型对其进行预测，得到输出数据。

本书作者基于降阶模型-神经网络算法，开发了软件工具包 HLModeling，其使用界面如图 2-9 所示，感兴趣的读者可以扫描二维码获取相应代码进行使用。

代码

2.1.5 深度神经网络

深度学习(deep learning)的概念最早由 Hinton 等[7]在 2006 年提出。深度学习作为机器学习的分支，通过包含复杂结构或多重非线性变换的多个处理层对数据进行高层抽象，实现对复杂非线性系统的建模。近年来随着计算机技术的飞速发展，深度学习已经从一个新颖概念发展成广为人知的应用工具，其理论和技术都有了极大的完善，发展出了卷积神经网络(convolutional neural network，CNN)、循环神经网络(recurrent neural network，RNN)、生成对抗网络(generative adversarial network，GAN)、变分自编码器(variational autoencoder，VAE)、Transformer 等，并在数据分类和回归、时间序列预测、自然语言处理、计算机视觉、多模态学习中大放异彩。下面首先以经典的深度学习网络——CNN 为例，简要介绍其建模原理。

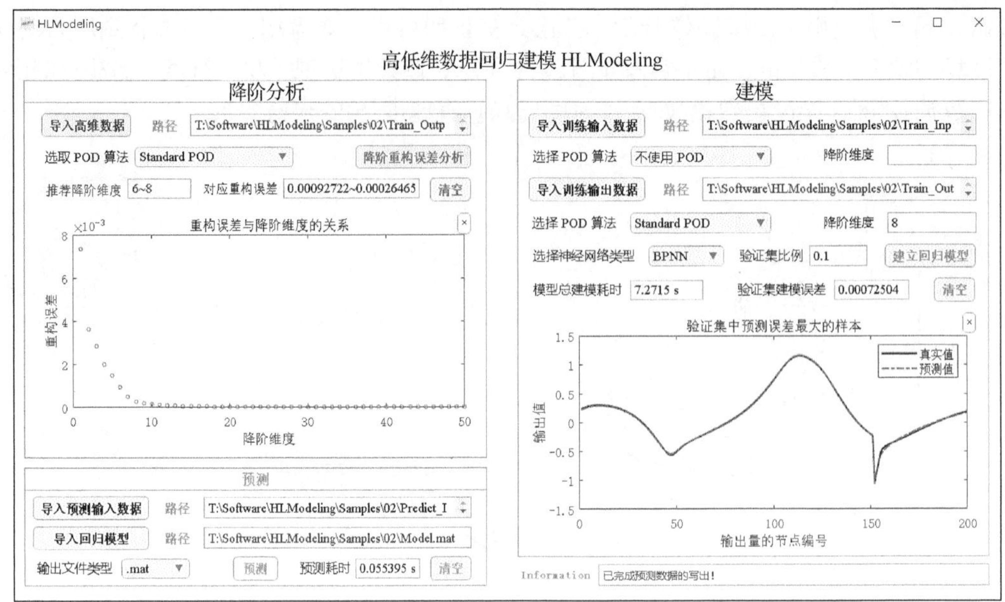

图 2-9 软件工具包 HLModeling 使用界面

CNN 的主要优点在于通过卷积提取数据的主要特征，学习数据的表现形式。图 2-10 给出了用于回归建模的 CNN 架构，该网络架构包括图像输入层、卷积层和池化层、全连接层和回归输出层。在图像输入层中通常输入原始或预处理后的张量格式数据(高度×宽度×通道数)。在卷积层中，使用批量归一化(batch normalization)来提高训练过程的收敛效率和鲁棒性，同时选择 ReLU 作为非线性激活函数，也可以使用 sigmoid、tanh 等激活函数。选取的池化策略为平均池化(average pooling)，也可以选取最大池化、全局最大池化等。然后利用全连接层对最后一次卷积池化得到的特征矩阵进行整合，并将整合后的输出值扁平化为一维向量。最终的回归输出层的数据即为所需回归建模的数据。

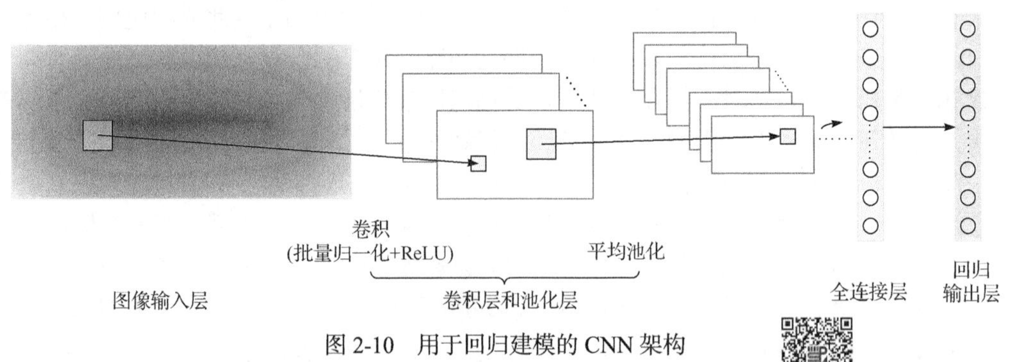

图 2-10 用于回归建模的 CNN 架构

代码

CNN 的 MATLAB 示例代码详见二维码文件：cnn/CNN.m。

由于 CNN 在高维数据提取、可训练性上的潜在优势，近年来在流体力学中受到越来越多的关注，并在此基础上发展了 U-net、ResNet 等新型网络。其中，U-net 是一种采用编码器(下采样)-解码器(上采样)结构和跳跃连接的深度卷积神经网络，该网络于 2015 年

提出，起初被应用于二维图像分割，并已经被证明可以有效应用于几何形状到压力场和速度场的映射。典型的 U-net 架构如图 2-11 所示，该架构实现了单一维度场数据(如几何形状数据)到两个维度场数据(如水平速度场和垂直速度场)的映射关系。

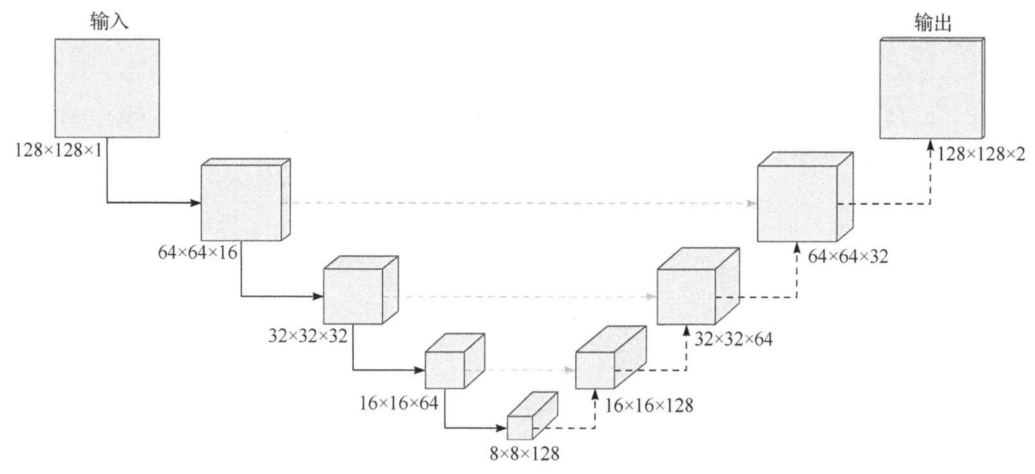

图 2-11 典型的 U-net 架构

值得注意的是，深度神经网络虽然能够有效解决高维、复杂系统的建模精度问题，但是其架构复杂、超参数庞大，因此这类网络对计算机的性能要求较高，由此会带来模型训练耗时、成本高、鲁棒性差等问题。为了解决该问题，可以考虑局部增强建模[8]：首先通过基于数据降维的方法对全局系统建模，并通过重构误差分析等策略识别精度有待增强的局部区域，再对该区域的数据使用深度神经网络建模，从而有效兼顾模型的精度、效率和鲁棒性。

2.1.6 循环神经网络

前述的 CNN、U-net 等网络，都能充分挖掘数据的内在特征，因此成功应用在很多领域中，但是这些模型的构建都基于输入数据之间相互独立的假设。然而，当处理时间序列数据或序列依赖问题时，如在自然语言处理或股票价格预测中，输出不仅依赖于当前输入，还受到之前输入的影响，普通神经网络缺乏感知时间序列数据之间依赖关系的能力。为此，循环神经网络应运而生。RNN 之所以称为“循环神经网络”，是因为该网络具有循环结构，能够使过去输出的信息作为“记忆”保留下来，并可用于当前的输出计算中，也就是说，RNN 的同一隐藏层中节点之间是有连接的。在过去的研究中，RNN 已经成功应用于自然语言处理、天气预测、疾病诊断和预测等。下面以 RNN 中典型的长短期记忆(long short-term memory，LSTM)网络为例，介绍其模型原理。

LSTM 是传统 RNN 的变体，通过学习时间步长之间的长/短期相关性来解决时间序列分类或回归问题。LSTM 可以有效地解决传统 RNN 中的梯度消失和梯度爆炸问题，具有较高的训练效率。如图 2-12 所示，典型的回归 LSTM 网络由序列输入层、LSTM 层、全连接层和回归输出层组成。

LSTM 单元结构如图 2-13 所示，共包含四类门：遗忘门、输入门、记忆门和输出门，

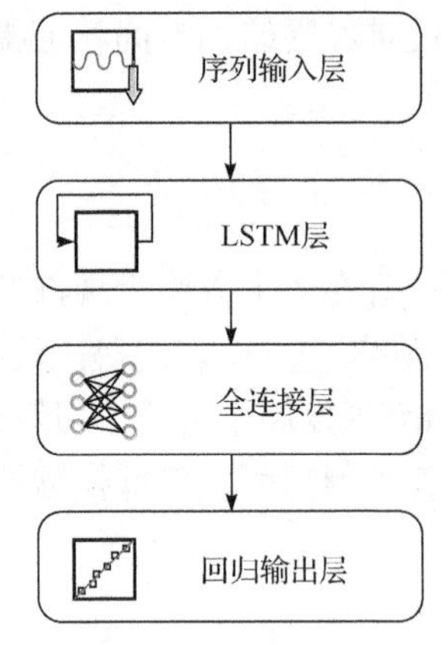

图 2-12 典型的回归 LSTM 网络

由如下方程计算得到。

遗忘门：

$$\boldsymbol{f}_t=\sigma\left(\boldsymbol{W}_f\cdot\left[\boldsymbol{h}_{t-1},\boldsymbol{u}_t\right]+\boldsymbol{b}_f\right) \tag{2-1}$$

输入门：

$$\boldsymbol{i}_t=\sigma\left(\boldsymbol{W}_i\cdot\left[\boldsymbol{h}_{t-1},\boldsymbol{u}_t\right]+\boldsymbol{b}_i\right) \tag{2-2}$$

记忆门：

$$\tilde{\boldsymbol{C}}_t=\tanh\left(\boldsymbol{W}_C\cdot\left[\boldsymbol{h}_{t-1},\boldsymbol{u}_t\right]+\boldsymbol{b}_C\right) \tag{2-3}$$

$$\boldsymbol{C}_t=\boldsymbol{f}_t\otimes\boldsymbol{C}_{t-1}+\boldsymbol{i}_t\otimes\tilde{\boldsymbol{C}}_t \tag{2-4}$$

输出门：

$$\boldsymbol{o}_t=\sigma\left(\boldsymbol{W}_o\cdot\left[\boldsymbol{h}_{t-1},\boldsymbol{u}_t\right]+\boldsymbol{b}_o\right) \tag{2-5}$$

$$\boldsymbol{h}_t=\boldsymbol{o}_t\otimes\tanh\left(\boldsymbol{C}_t\right) \tag{2-6}$$

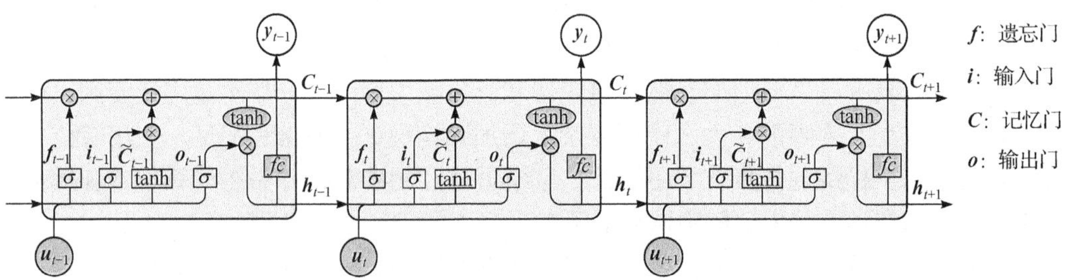

图 2-13 LSTM 单元结构

最后，$\boldsymbol{y}_t$ 由如下公式获得

$$\boldsymbol{y}_t=\boldsymbol{W}_{fc}\otimes\boldsymbol{h}_t+\boldsymbol{b}_{fc} \tag{2-7}$$

式(2-1)～式(2-7)中，$\boldsymbol{f}$、$\boldsymbol{i}$、$\boldsymbol{C}$ 和 $\boldsymbol{o}$ 分别表示遗忘门、输入门、记忆门和输出门；同时，C 也表示单元状态，$\tilde{C}$ 表示更新的单元状态；$\boldsymbol{h}$ 表示短期记忆状态；$\boldsymbol{u}$ 和 $\boldsymbol{y}$ 分别表示输入和输出；$\boldsymbol{W}_f$、$\boldsymbol{W}_i$、$\boldsymbol{W}_C$、$\boldsymbol{W}_o$ 和 $\boldsymbol{W}_{fc}$ 表示权值矩阵；$\boldsymbol{b}_f$、$\boldsymbol{b}_i$、$\boldsymbol{b}_C$、$\boldsymbol{b}_o$ 和 $\boldsymbol{b}_{fc}$ 表示偏置；$\otimes$ 表示元素级乘法运算符；$\sigma(\cdot)$ 和 $\tanh(\cdot)$ 分别表示 sigmoid 激活函数和 tanh 激活函数，其函数表达式如下：

$$\sigma(x)=1/\left(1+\mathrm{e}^{-x}\right) \tag{2-8}$$

$$\tanh(x)=\left(\mathrm{e}^{x}-\mathrm{e}^{-x}\right)/\left(\mathrm{e}^{x}+\mathrm{e}^{-x}\right) \tag{2-9}$$

代码

LSTM 的 MATLAB 示例代码详见二维码文件：lstm/lstm.m。

近年来，LSTM 等循环神经网络由于在处理时间序列数据建模问题中所表现的强大能力和灵活性，已开始在飞行器设计学科中得到广泛应用。这些应用包括非定常气动性能预测、飞行状态监测、航迹规划和动态系统建模等任务。此外，LSTM 等循环神经网络可以与 POD 等降阶模型、CNN 等深度神经网络结合，形成混合模型，该混合模型能够

充分利用循环神经网络的时间序列建模能力和降阶模型、深度神经网络的空间特征提取能力，从而实现对高维时序系统的建模。

2.1.7 集成学习算法

在机器学习的监督学习算法中，目标是学习出一个稳定的且在各个方面表现都较好的模型，然而前述的机器学习算法均是单一的弱监督模型，只在某些方面表现得比较好。为了提高模型在面对复杂或高方差数据时的性能和健壮性，研究者发展了集成学习算法。集成学习算法通过结合多个弱学习器组成一个强学习器来改善预测精度、降低模型的误差，并提高对未知数据的泛化能力。

以典型的加法集成学习模型为例，其数学模型可表述为

$$F_M\left(\boldsymbol{x};\boldsymbol{P}\right)=\sum_{i=m}^{M}\beta_m\cdot f_m\left(\boldsymbol{x};\gamma_m\right) \tag{2-10}$$

式中，$\boldsymbol{x}$ 是模型的输入参数；M 是弱学习器的个数；$f_m\left(\boldsymbol{x};\gamma_m\right)$ 是弱学习器；γ_m 是弱分类器学习到的最优参数；β_m 是弱学习器在强学习器中所占的比重；$\boldsymbol{P}$ 是所有 γ_m 和 β_m 的组合。这些弱学习器通过线性相加的形式组成强学习器 $F_M\left(\boldsymbol{x};\boldsymbol{P}\right)$。

集成学习具有提高模型准确性、鲁棒性和泛化能力等优势，从而被广泛使用，但也存在计算成本高、内存消耗大、模型复杂度增加和模型更新困难等不足。使用者应根据建模问题需求，仔细选择集成学习算法、基学习器和超参数，并关注计算成本和模型可解释性，以期在学科分析建模中取得显著效果。

目前应用比较广泛的集成学习算法包括随机森林(random forest，RF)和梯度提升决策树(gradient boosting decision tree，GBDT)等。下面以典型的随机森林算法为例，简要介绍其模型原理。

随机森林作为集成学习算法的一种，既可用于分类，又可用于回归。图 2-14 给出了

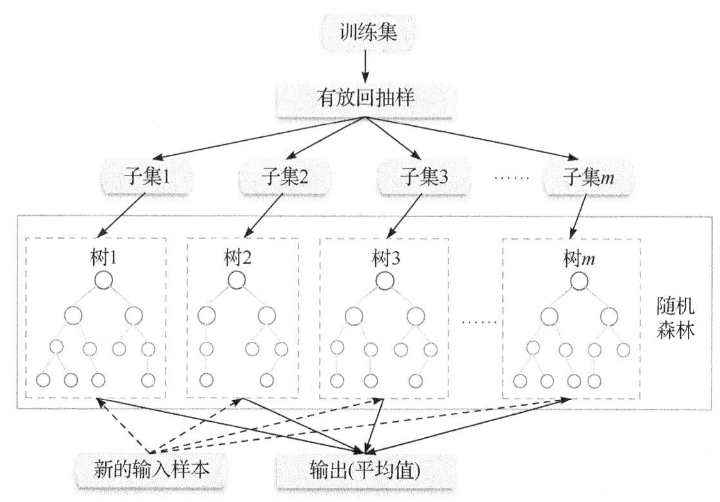

图 2-14 随机森林的模型架构

随机森林的模型架构。可以看出，随机森林首先通过有放回抽样获得多个不同的子集，这样做的目的是让随机森林中的每一棵决策树在构建的时候彼此之间存在差异，同时每棵树的节点都会选择不同的样本特征，通过这两步操作即可保证每棵树均不一样，最后把每棵树预测的结果取平均值，这样有效降低了模型过拟合的风险。此外，随机森林方法除了能够用于分类、回归等预测问题，还可以基于特征重要性实现重要特征的排序和筛选，因此在飞行器设计领域也得到了广泛应用，如飞行器表面热流的预测、传感器布局优化等[9]。

RF 的 MATLAB 代码详见二维码文件：rf/rf.m。

代码

2.2　一般应用过程

本节首先介绍在导弹设计阶段学科分析现有方法的不足，然后给出利用机器学习算法提高学科分析效率的一般流程。

2.2.1　传统的学科分析方法

导弹外形和结构设计环节涉及气动力、结构、气动热等多个方面的分析。传统导弹学科分析通常给定一组学科输入参数，这些参数包括气动外形、飞行工况、结构属性、气动载荷等，然后通过数值仿真手段(如计算流体力学、有限元分析等)获得相应的学科输出参数，如气动力、力矩、应力应变、位移、温度、热流密度等，其流程如图 2-15 所示。

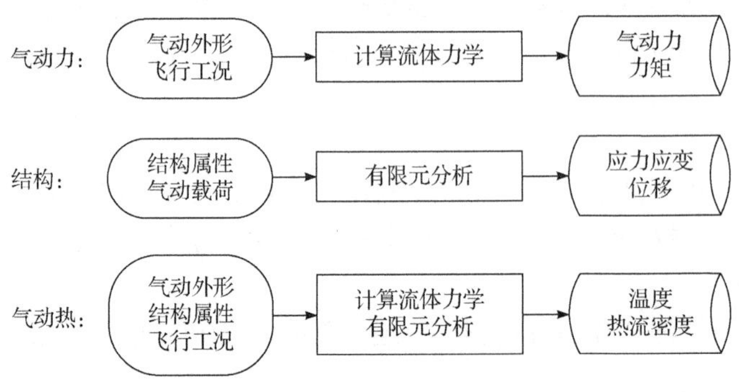

图 2-15　传统导弹学科分析流程

气动力分析主要研究飞行器在给定气动外形和飞行工况下的气动力和力矩，该分析在导弹设计中起着至关重要的作用，直接影响导弹的稳定性、机动性和射程。其实现方式包括风洞试验方法、计算流体力学(computational fluid dynamics，CFD)方法和工程估算方法。其中，CFD 方法兼顾了求解精度和成本，成为当前获取高精度气动数据的主要手段。但是，对复杂构型或者具有复杂流动现象的流场进行大量的高精度 CFD 仿真，仍存在计算成本高、耗时长的问题。

结构分析主要研究飞行器在给定结构属性和气动载荷下的应力应变和位移等结构响应，确保导弹在飞行和发射过程中能够承受各种载荷，具有足够的强度和刚度。其实现方式包括基于简化模型的经典力学方法、基于有限元分析的数值仿真方法和试验测量方

法等。其中，基于有限元分析的数值仿真方法兼顾了求解效率和精度，在导弹设计阶段得到广泛使用。有限元分析的效率虽大幅高于气动 CFD 仿真效率，然而当考虑不确定性设计或多学科优化设计时，依然会存在计算成本高、耗时长的问题。

气动热分析主要研究给定气动外形、结构属性和飞行工况等条件下飞行器在高速飞行时因气动加热产生的热负荷及其对结构和材料的影响，其研究往往需要获取飞行器表面的温度、热流密度和内部结构的温度场信息。获取方式包括工程估算方法，基于“计算流体力学+有限元分析”的数值仿真方法和基于风洞、试飞的试验方法。其中，工程估算方法虽然速度快、效率高，但是对复杂环境下复杂外形导弹的复杂区域适应性差、精度较低；风洞试验和试飞试验可以有效模拟实际飞行条件下的气动热环境，但是受限于成本和试验周期等因素，无法对全飞行走廊内全部状态开展试验。基于“计算流体力学+有限元分析”的数值仿真方法由于具有可靠安全、仿真精度较高等特点成为导弹气动热分析的主要手段，但其计算费用高昂且耗时，无法满足初步设计阶段对气动热环境的快速获取分析的需求。

综上，数值仿真方法对上述学科分析起着重要作用。在导弹设计中，数值仿真方法经常结合使用，以实现导弹多学科优化设计。然而，尽管数值仿真方法在学科分析中具有显著优势，但它们仍然存在一些不足和挑战：①计算资源消耗大，优化设计中需要调用成千上万次学科分析模型，不满足导弹快速设计需求；②历史数据挖掘不足，对于新型号导弹设计，需要重新进行完整的学科分析流程，没有有效利用过去型号设计中的学科分析数据等。

数值仿真方法在学科分析中面临诸多挑战，机器学习提供了新的解决途径[10]。结合传统数值仿真方法和机器学习算法，可以显著提高分析效率和预测精度，推动导弹设计的不断进步。具体应用包括以下方面。

1) 数据驱动建模

通过神经网络等机器学习算法发现学科历史数据的内在规律和特征，建立从学科输入参数到学科输出数据的预测模型，从而有效代替传统耗时的数值仿真方法[11]。

2) 仿真加速

利用机器学习算法加速仿真过程，如通过降阶模型(ROM)和神经网络算法加速仿真求解，提高计算效率。

3) 其他应用

(1) 优化与设计空间探索：通过机器学习算法辅助设计空间探索，快速找到满足多种约束条件的最优设计方案。

(2) 仿真数据与实验数据融合：利用机器学习模型融合仿真数据和实验数据，提高分析模型的准确性和鲁棒性。

(3) 不确定性量化：利用贝叶斯方法和深度学习进行不确定性量化，提高预测模型的可靠性。

以上应用中，数据驱动建模作为最直接的学科分析应用，代替了传统学科分析方法，可以大幅提高导弹设计效率，下面将介绍机器学习算法的基本理论及其在学科分析中的一般应用过程。

2.2.2　基于机器学习的学科分析框架

如 2.2.1 小节所述，基于机器学习的学科分析通过机器学习算法学习学科输入参数和学科输出数据之间的关系，代替传统的基于数值仿真计算的学科分析模型。基于机器学习的导弹学科分析框架如图 2-16 所示，其中，学科输入参数一般包括导弹的气动外形、结构属性、飞行工况、气动载荷等，学科的输出数据一般为气动力/力矩、结构响应、温度、热流密度等。根据输入参数和输出数据的时空特性，选择适用的机器学习模型。具体而言，按空间特性，数据可以分为低维数据和高维数据，低维数据选择拟合能力一般，但网络架构简单、建模速度快的浅层神经网络，高维数据可以通过降阶模型转化为低维数据，也可以直接选择网络架构复杂、建模速度慢，但拟合能力强的深度神经网络；按时间特性，数据可以分为定常数据和非定常数据，其中非定常数据往往选择对时序数据建模能力强的循环神经网络。

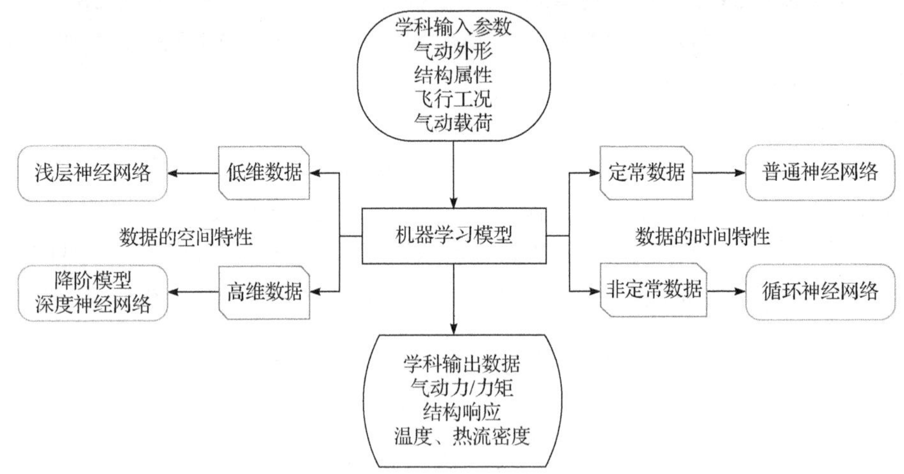

图 2-16　基于机器学习的导弹学科分析框架

基于机器学习的导弹学科分析的通用步骤如下所述。

1) 数据库构建

针对某导弹学科分析问题，确定学科的输入参数及输入参数对应的设计空间，在设计空间中完成抽样，使用传统的数值仿真方法完成样本计算，得到学科输出数据。学科输入参数和学科输出数据共同构成供机器学习算法使用的数据库。

2) 机器学习算法选择

针对输入参数和输出数据的特性，如数据维度特性、时间演化特性，选择合适的机器学习算法。

3) 模型建立

将数据库划分为训练集(比例较高，80%左右)和测试集(比例较低，20%左右)，并设置所选择的机器学习算法参数，对训练集数据完成机器学习模型的训练。

4) 模型的验证及使用

使用测试集对训练好的模型进行精度等性能的验证评估，若不满足精度等学科需求，

通过调整模型参数、更换机器学习模型等方式重新建模，直到满足学科需求。此后，给定一组新的学科输入参数，调用机器学习模型，即可快速准确地实现学科输出数据的预测。

2.3 基于机器学习算法的分析案例

本节围绕气动力、结构两个学科分析问题，介绍基于机器学习的学科分析案例。其中，针对气动力学科，介绍翼型气动集中力、翼型气动场数据、某导弹部件表面气动分布力的智能预测，以及智能预测在气动优化中的应用；针对结构学科，介绍某导弹部件结构位移响应的智能预测。

2.3.1 翼型气动集中力智能预测

本小节以 RAE2822 跨声速翼型的变工况气动力系数预测为例，简要介绍气动集中力的智能预测。其中，学科输入参数为工况(马赫数和攻角)，学科输出数据为气动力系数(升力系数、阻力系数和力矩系数)。

1) 数据库生成

工况的变化范围：攻角 $\alpha \in [2°,6°]$ 和马赫数 $Ma \in [0.73,0.85]$。使用拉丁超立方抽样(latin hypercube sampling，LHS)方法(LHS 方法是一种从多元参数分布中近似随机抽样的方法，属于分层抽样技术，常用于计算机实验或蒙特卡洛积分等)抽取 1000 组样本，并随机抽取其中 900 组作为训练集，其余 100 组作为测试集，工况抽样分布如图 2-17 所示。

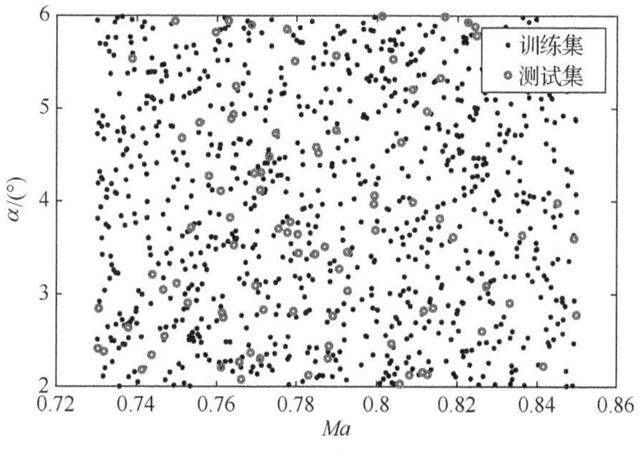

图 2-17 工况抽样分布

随后，采用基于密度基的可压缩雷诺平均纳维–斯托克斯(Reynolds-averaged Navier-Stokes，RANS)方程求解器和剪切应力输运(shear stress transport，SST)k-ω 湍流模型进行 CFD 仿真，获得升力系数、阻力系数和力矩系数。

2) 机器学习算法选择及训练

该问题的输入和输出维度均较低(分别为 2 和 3)，因此使用网络框架简单、训练较快的 BPNN 算法。网络采用两层隐藏层设计，每层隐藏层的神经元个数为 8，网络架构如图 2-18 所示。由于该网络架构较为简单，在 Intel i9-12900 的个人计算机(PC)上几十秒即

可完成模型训练。

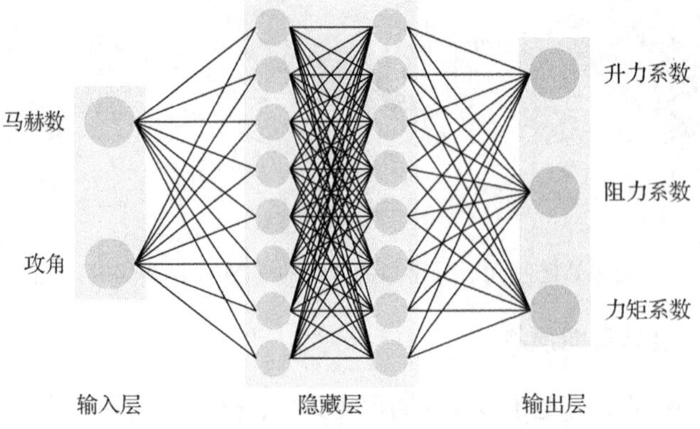

图 2-18　用于翼型气动集中力智能预测的 BPNN 架构

3) 模型验证

模型训练完成后，使用测试集进行模型的精度验证。模型预测得到的升力系数(C_l)、阻力系数(C_d)和力矩系数(C_m)与真实值的对比如图 2-19 所示，气动力系数随攻角、马赫数的变化曲面如图 2-20 所示。可以发现，三种气动力系数的预测值均和真实值吻合很好，说明浅层神经网络便可以很好地完成气动集中力的高精度预测。此外，预测 100 个样本的气动力系数总耗时不超过 1s，这为高效的气动优化设计、弹道优化设计等提供了可靠的工具基础。

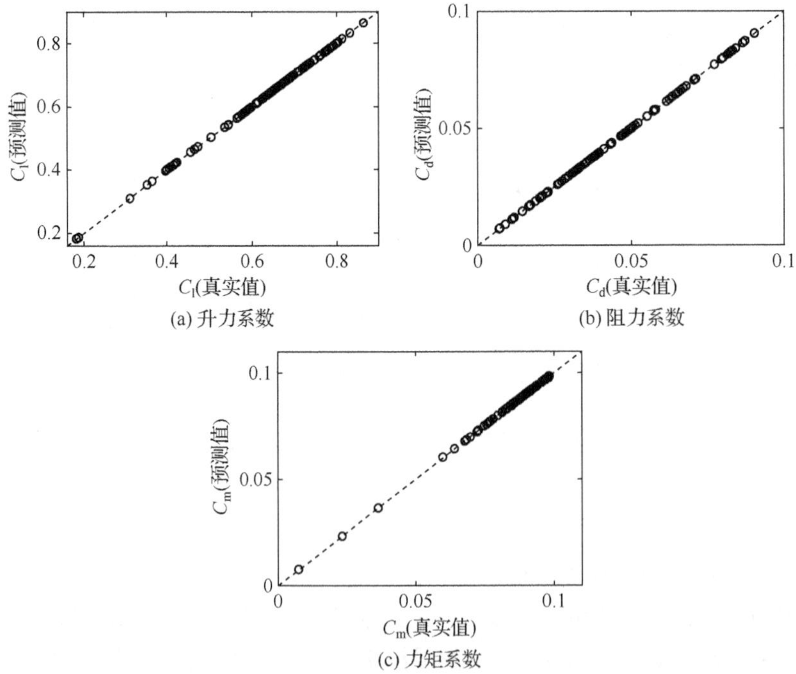

(a) 升力系数　(b) 阻力系数　(c) 力矩系数

图 2-19　升力系数、阻力系数和力矩系数与真实值的对比

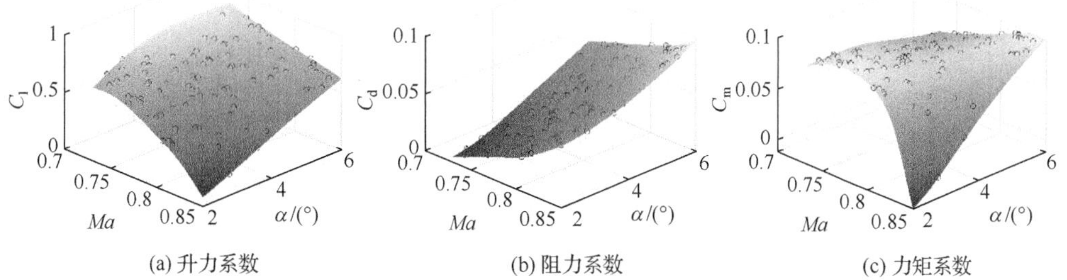

(a) 升力系数　(b) 阻力系数　(c) 力矩系数

图 2-20　气动力系数随攻角、马赫数的变化曲面(曲面：预测值；黑圈：真实值)

2.3.2 翼型气动场数据智能预测

本小节以跨声速翼型的变外形气动场预测为例，介绍气动场数据的智能预测。其中，学科输入参数为工况(马赫数和攻角)，学科输出数据为气动力系数(升力系数、阻力系数和力矩系数)。

1) 数据库生成

本案例选择跨声速翼型 RAE2822 为基准翼型，使用类别/形状函数变换(class-shape function transformation，CST)参数化方法确定基准翼型的 14 个 CST 参数(CST 参数化方法详见文献[12])。随后，采用拉丁超立方抽样方法，以这 14 个 CST 参数为基准叠加扰动生成 1200 个不同形状的翼型，其中包括 900 个训练样本和 300 个测试样本。图 2-21 给出了翼型样本库，包括基准翼型、训练样本集和三个抽取的测试样本翼型。图中，c 为翼型弦长，这里 c=1m。计算工况：$Ma=0.734$ 、$\alpha=2.79°$ 和 $Re=6.5\times10^6$ ，CFD 求解设置与 2.3.1 小节一致。通过仿真计算可以获得压强场、速度场等气动场数据，本小节以压强场为例，围绕其建模和预测展开详细介绍。

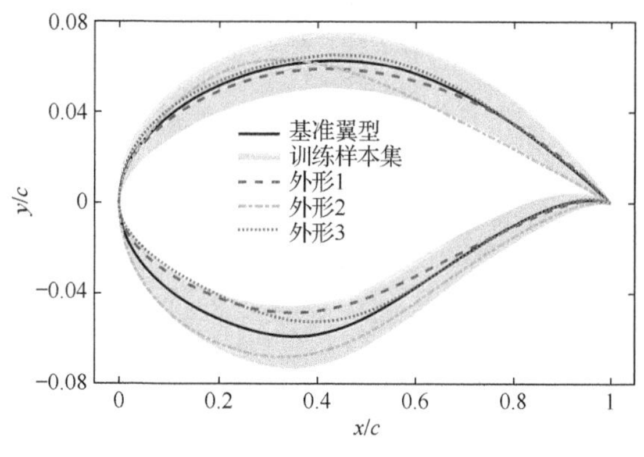

图 2-21　翼型样本库

2) 机器学习算法的选择和建模

压强场数据的维度和气动网络数目一致，这里为 73904，属于高维数据，单纯使用传统的浅层神经网络不能有效完成其建模。根据 2.2 节的理论，这里可以考虑引入降阶模型或深度神经网络，由于本案例为跨声速流动，对全局场数据建立降阶模型会导致激波区域的建模误差增大，为了兼顾建模的效率和精度，这里采用融合建模的方法：对全场数

据使用基于降阶模型的建模方法，得到全场的预测模型；对含激波等强非线性特征的局部流场数据，使用基于深度神经网络的建模方法，得到精度增强的局部场预测模型[8]。在后续介绍中，称该融合建模方法为 Enhanced DNN。图 2-22 给出了使用 Enhanced DNN 对翼型气动场数据的建模框架。

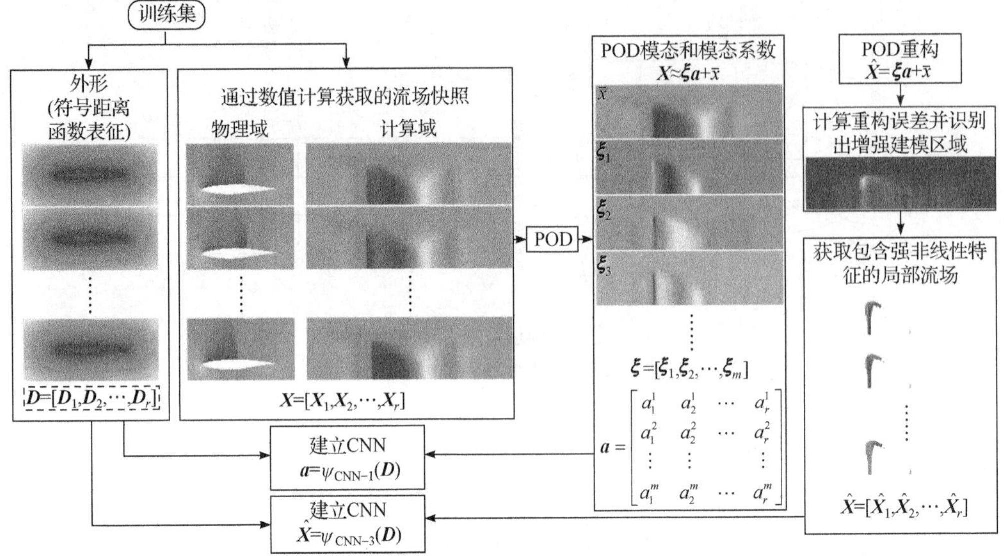

图 2-22 使用 Enhanced DNN 对翼型气动场数据的建模框架

为了便于神经网络的训练，首先对训练集的外形进行统一表征，这里采用符号距离函数(signed distance function，SDF)方法，SDF 利用笛卡儿网格中每个点到几何表面的最小符号距离来描述几何体的特征。符号距离的公式如下：

$$D(p)=\begin{cases}d(p,\partial\Omega), & p\notin\Omega \\ 0, & p\in\partial\Omega \\ -d(p,\partial\Omega), & p\in\Omega\end{cases} \tag{2-11}$$

式中，p 表示笛卡儿网格点；$D(p)$ 表示点 p 处的符号距离；Ω 表示几何体；$\partial\Omega$ 表示几何体的边界。设 s 为 $\partial\Omega$ 上的任一点，通过 $d(p,\partial\Omega)=\min\limits_{s\in\partial\Omega}|p-s|$ 即可获得 p 到 $\partial\Omega$ 的最小距离。

图 2-23 给出了 128×64 笛卡儿网格下 RAE2822 翼型的 SDF 云图。

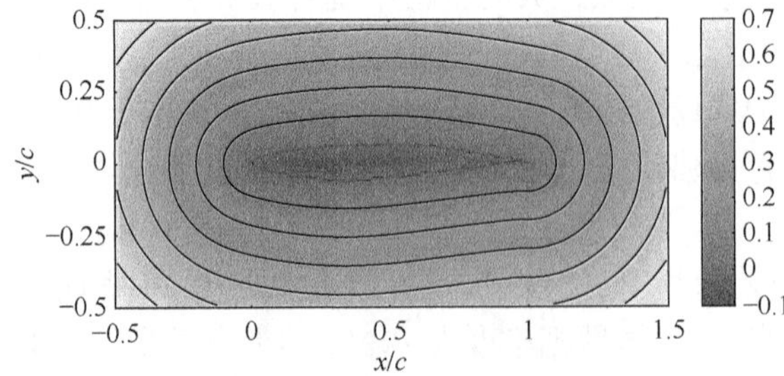

图 2-23 128×64 笛卡儿网格下 RAE2822 翼型的 SDF 云图

为确保建模的流场数据与 CFD 仿真流场数据的统一，使用坐标变换方法将流场从非均匀的物理域映射到均匀的计算域，物理域和计算域的关系如图 2-24 所示。RAE2822 翼型压强场的物理域和计算域的转换如图 2-25 所示。可以看出，计算域可以保留近壁区域的所有流场信息。

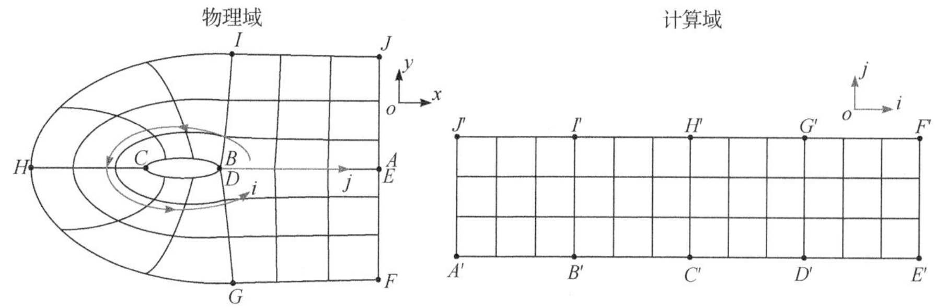

图 2-24 物理域和计算域的关系

图中 A、A′等均为网络节点编号

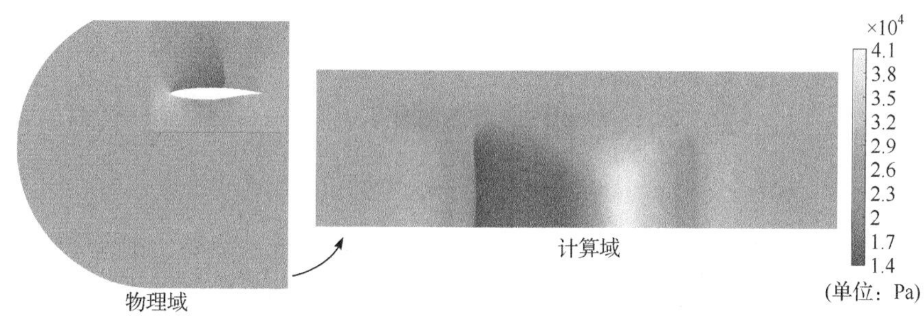

图 2-25 RAE2822 翼型压强场的物理域和计算域的转换

随后，使用 POD 对场数据进行特征提取，得到 POD 主模态和对应的模态系数。图 2-26 给出了不同阶数下的 POD 模态，可以发现：图中模态 1、5 和 10 是能量占比高、物理可解释性强的低阶模态，代表了主要的流场模态。神经网络很容易对低阶模态系数进行精确建模。因此，低阶模态的引入可以提高建模精度。随着模态阶数的进一步增加，POD 模态的能量占比逐渐变小，物理可解释性逐渐减弱(对应图中的模态 40 和 100)。高阶模态代表次要流场特征和噪声，以及 POD 线性化假设所产生的高频截断信息，其流动特征的比例(能量占比)随阶数增加而减小。因此，使用神经网络难以对高阶模态系数进行精确建模，并且当高阶模态系数过大时，会干扰对低阶模态系数的建模，导致建模误差增大。这里选取 30 阶模态参与全局场数据的建模。表 2-5 给出了不同方法中 CNN 的参数，可以看出，对于全局场数据的网络架构(CNN-POD)，由于其输出为 30 阶 POD 基模态系数，维度远低于直接建模(全局 CNN)的输出维度(73904)，因此该参数量仅约为直接建模的 0.4%。

接下来，对训练样本进行 POD 重构，计算出重构误差并根据误差大小识别出需要增强建模的区域，这里识别出的区域数据维度为 1921，约为全场数据维度的 2.6%，随后对该区域建立从几何 SDF 到局部场数据的局部增强模型(网络架构参数见表 2-5 中的局部 CNN)。

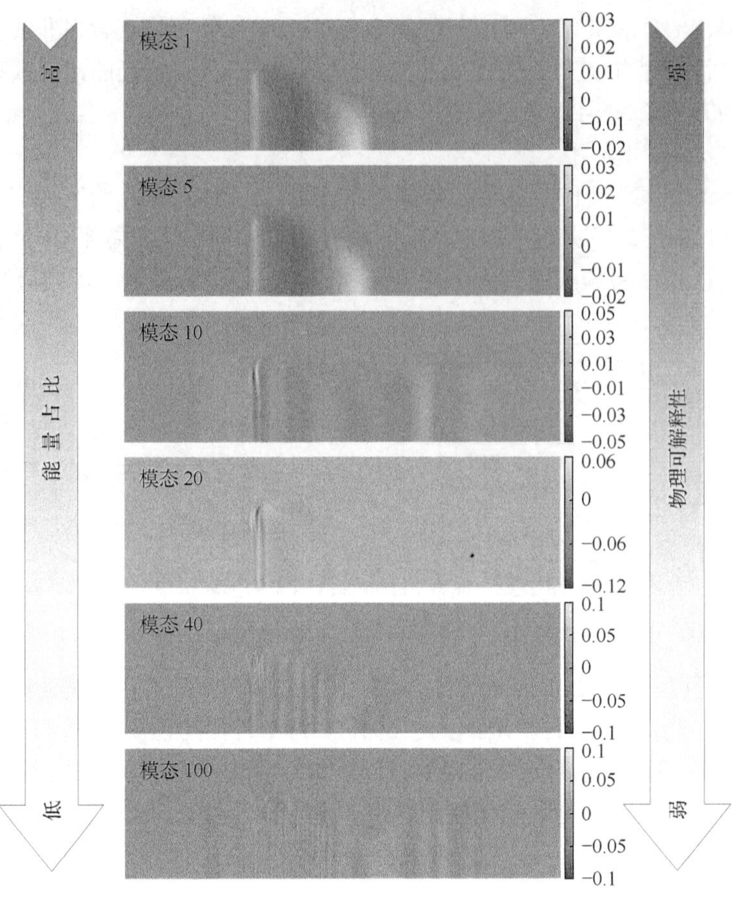

图 2-26　不同阶数下的 POD 模态

表 2-5　不同方法中 CNN 的参数

CNN	CNN-POD	全局 CNN	局部 CNN
图像输入层	64×128×1	64×128×1	64×128×1
第一层卷积核	5×5, 64	5×5, 64	5×5, 128
第一层卷积核	5×5, 64	5×5, 128	5×5, 128
第一层卷积核	5×5, 128	5×5, 256	5×5, 256
第一层卷积核	3×3, 128	3×3, 512	3×3, 256
第一层卷积核	3×3, 256	3×3, 1024	3×3, 512
第一层卷积核	3×3, 256	3×3, 2048	3×3, 512
随机丢弃层	丢弃率 ＝0.2	丢弃率 ＝0.2	丢弃率 ＝0.2
全连接层	30×512	73904×4096	1921×1024
回归输出层	30	73904	1921
参数量($M = 1.0 \times 10^6$)	1.3M	328.5M	7.3M
训练耗时/min	20	170	39

融合 CNN-POD 和局部 CNN(模型 Enhanced DNN)，便可实现含强非线性特征气动场数据的建模，该模型相比于直接建模的方法(全局 CNN)具有更高的建模效率，相比于基于降阶模型的方法(CNN-POD)具有更高的建模精度。

3) 模型的验证和使用

模型 Enhanced DNN 的预测阶段如图 2-27 所示。具体流程：给定某一新外形，首先得到其 64×128 维的 SDF 几何表征；其次分别使用 CNN-POD 和局部 CNN 预测其全局流场和局部流场；最后将预测得到的全局流场和局部流场进行融合，得到最终的流场。

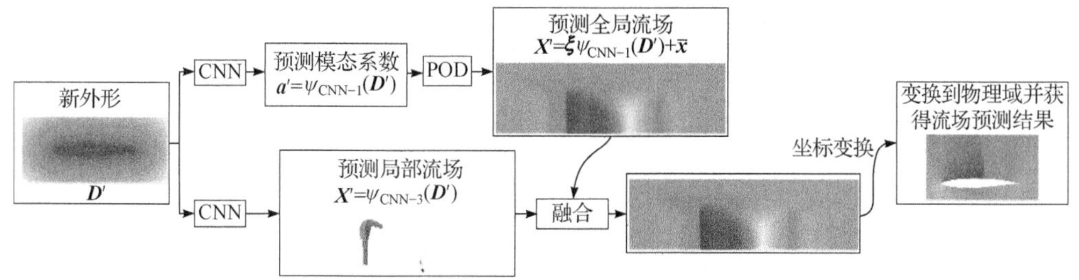

图 2-27 模型 Enhanced DNN 的预测阶段

图 2-28 和图 2-29 分别给出了三种方法对压强场数据的预测误差和翼面压力系数 C_p 的预测结果，可以看出：Enhanced DNN 相比于另外两种方法，在激波处的预测误差均得到明显降低(最大相对误差最多降低了约 59%)。每个外形的预测耗时均不超过 1s，而使用 CFD 仿真获取单个外形的流场数据需要数分钟，这说明气动场数据智能预测的高效性。

在实际的飞行器气动场数据建模问题中，应结合场数据的维度和数据特征(有无激波等强非线性流场特征)，综合考虑建模精度和建模效率，选择合理的建模方法。

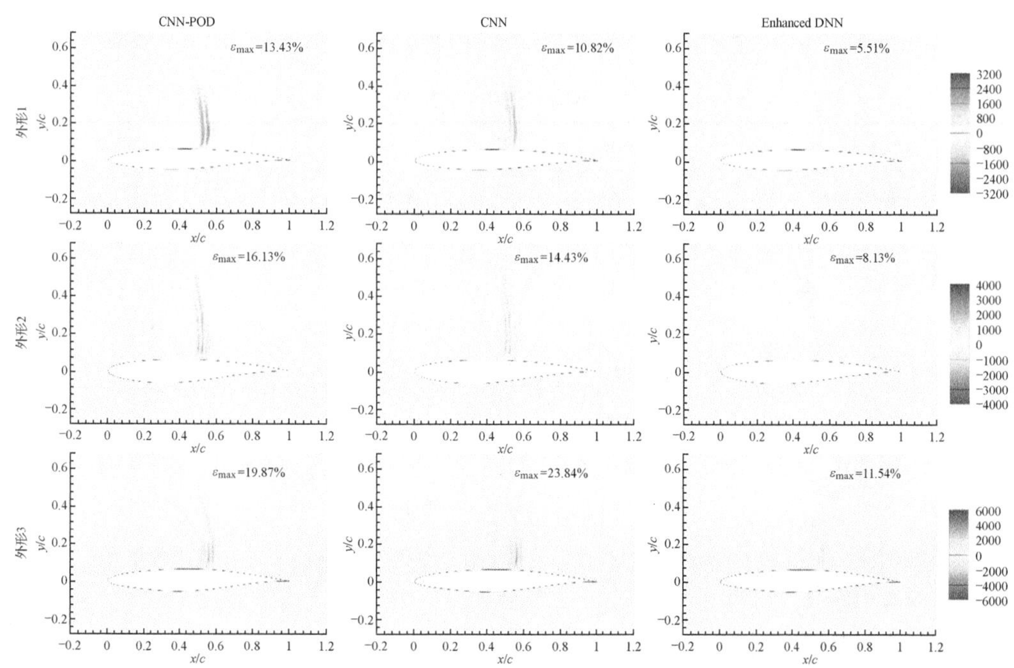

图 2-28 三种方法对压强场数据的预测误差(单位：Pa)

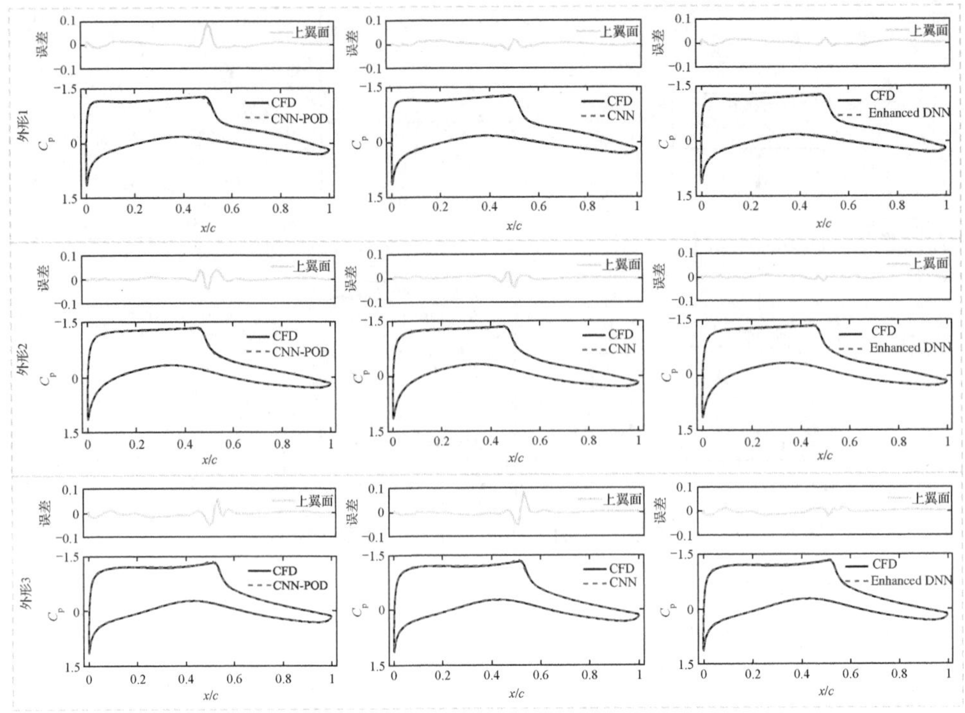

图 2-29　三种方法对翼面压力系数的预测结果

2.3.3　某导弹部件表面气动分布力智能预测

在导弹总体设计中，气动学科需要为结构等学科提供大量样本的表面分布力数据。基于机器学习算法，构建气动分布力智能预测模型，有利于提高导弹总体设计的效率。本小节以某导弹部件为例，介绍其表面气动压力系数的智能预测流程。其中，学科输入共计 6 维，包括 2 个工况参数(马赫数和攻角)和 4 个外形参数(头锥半径、头锥锥角、头锥过渡段长度、部件总长度)，学科输出为表面气动力分布系数(6985 维)。

1) 数据库生成

对工况和外形分别进行抽样，其中几何空间抽样 107 组，工况空间抽样 14 组，再排列组合形成 107×14 组样本，构成样本库，其中随机抽取 103×14 组作为训练集，4×14 组作为测试集。通过 CFD 求解获取所有样本的表面分布力系数。

2) 机器学习模型选择和建模

该建模问题的输入维度为 6，输出维度为 6985，可以考虑使用“降阶模型-神经网络”算法，即首先使用降阶模型将输出数据降阶为低维基模态系数，然后使用浅层神经网络建立从输入参数到低维基模态系数的映射关系。这里，降阶模型使用 POD，浅层神经网络使用 BPNN。构建的表面气动压力分布智能预测模型如图 2-30 所示。

该模型建立了几何参数和工况参数到表面分布力的映射关系，具体建模步骤如下所述。

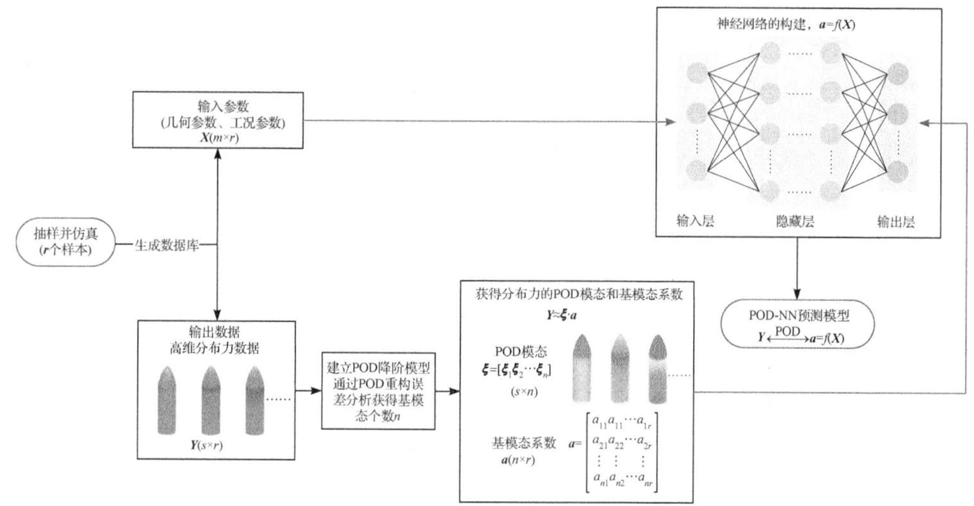

图 2-30　表面气动压力分布智能预测模型

1) 建立 POD 降阶模型

建立从高维分布力数据 $\boldsymbol{Y}$ 到低维基模态系数 $\boldsymbol{a}$ 的 POD 模型，并通过 POD 重构误差分析确定基模态个数。图 2-31 给出了 POD 重构误差随模态个数的变化。可以看出，当取 30 阶基模态，POD 重构误差降低到 0.002，随着模态数量的继续增加，POD 重构误差不再明显降低，因此基模态个数取 30。图 2-32 给出了基于 30 阶基模态建立的 POD 模型对某测试样本表面压力系数的重构结果，可以看出最大重构误差小于 0.03，重构精度较高。

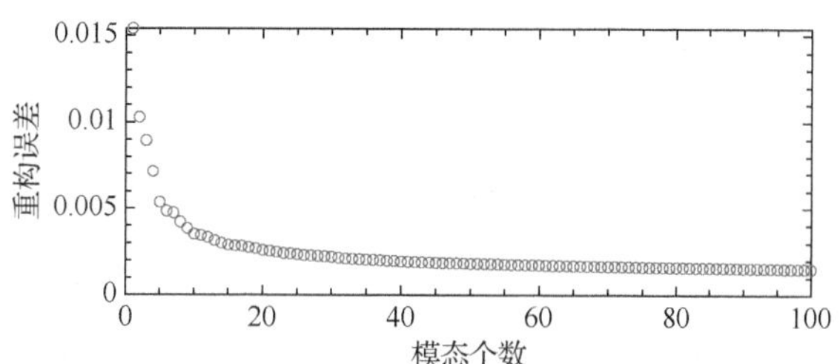

图 2-31　POD 重构误差随模态个数的变化

2) 建立 BPNN 模型

建立从几何/工况参数 $\boldsymbol{X}$ 到分布力数据的基模态系数 $\boldsymbol{a}$ 的 BPNN 模型。BPNN 的建模采用分组策略[5]，每 5 阶基模态系数为 1 组构建 1 个 BPNN 模型，这里 30 阶基模态共建立 6 个 BPNN 模型。通过调整参数，最终确定 BPNN 的架构为单隐藏层设计，隐藏层神经元个数为 12。

3) 模型的验证和使用

给定 1 组新几何/工况参数 $\boldsymbol{X}'$，首先使用所建立的 BPNN 模型预测其分布力数据的基模态系数 $\boldsymbol{a}'$，并通过 POD 重构来得到预测的分布力数据 $\boldsymbol{Y}'$。使用所建立的表面分布力预测模型对某测试样本表面压力系数的预测结果如图 2-33 所示，可以看出表面压力系

数的最大预测误差小于 0.035，预测精度较高。

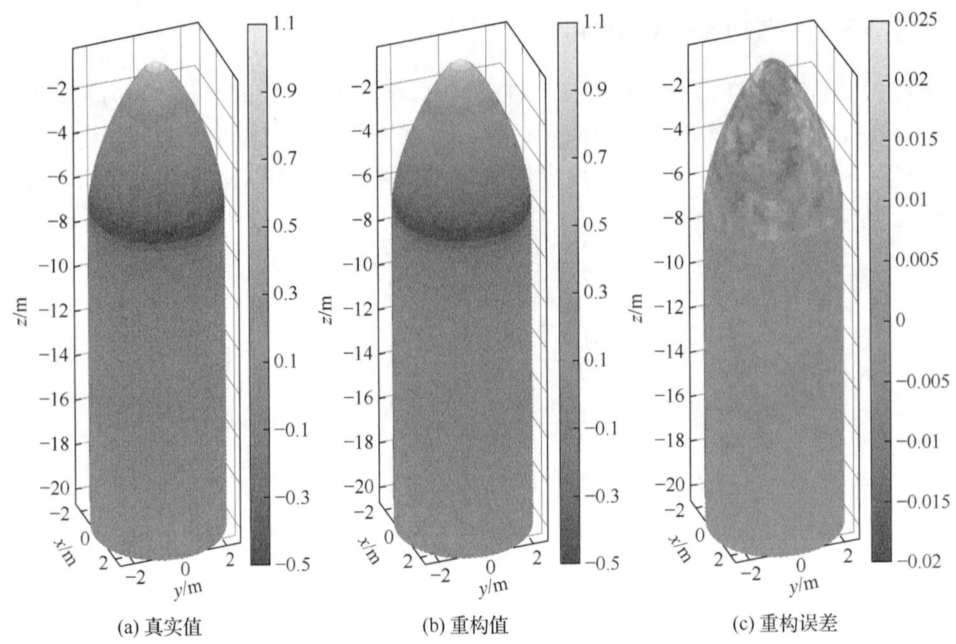

(a) 真实值　(b) 重构值　(c) 重构误差

图 2-32　某测试样本表面压力系数的重构结果

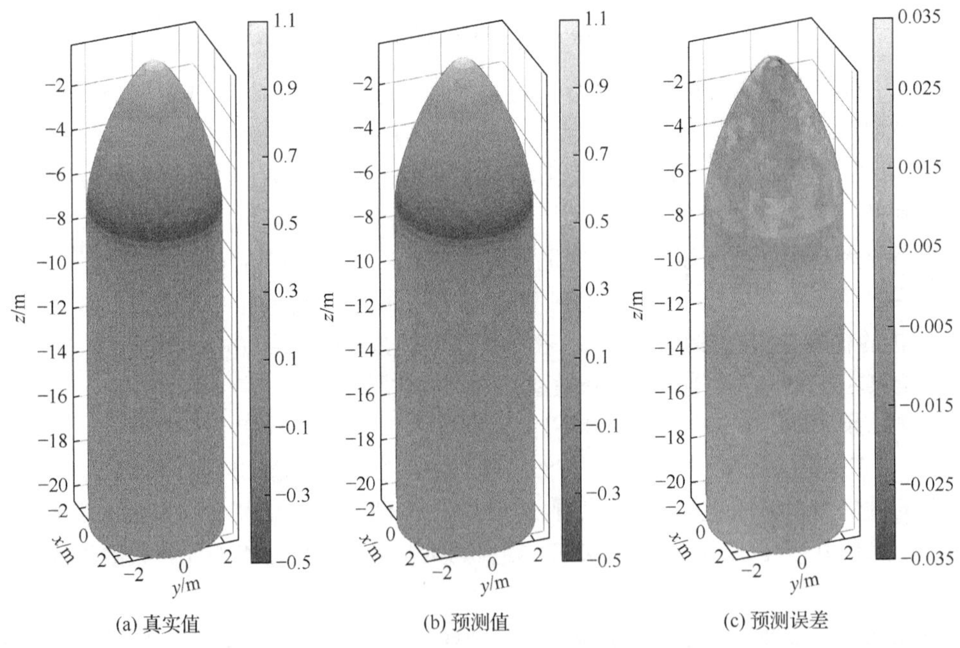

(a) 真实值　(b) 预测值　(c) 预测误差

图 2-33　某测试样本表面压力系数的预测结果

最后，对所建立的表面分布力预测模型进行效率和精度的分析。结果表明，训练单个部件的表面分布气动载荷代理模型耗时不超过 1min，预测单个工况耗时小于 0.1s。训练和预测耗时均远低于数小时的 CFD 计算时长。最大预测误差小于 0.035，模型精度较

高，满足导弹气动学科分析模型的一般性精度要求。

2.3.4 智能预测在气动优化中的应用

传统气动优化设计需要进行大量 CFD 分析，计算耗时。代理优化(SBO)能够有效降低 CFD 分析次数，从而得到广泛应用，但该方法并没有改变单个 CFD 分析时间。为此，介绍一种基于本征正交分解-反向传播神经网络(POD-BPNN)的高效气动代理优化方法[13]，其流程如图 2-34 所示。

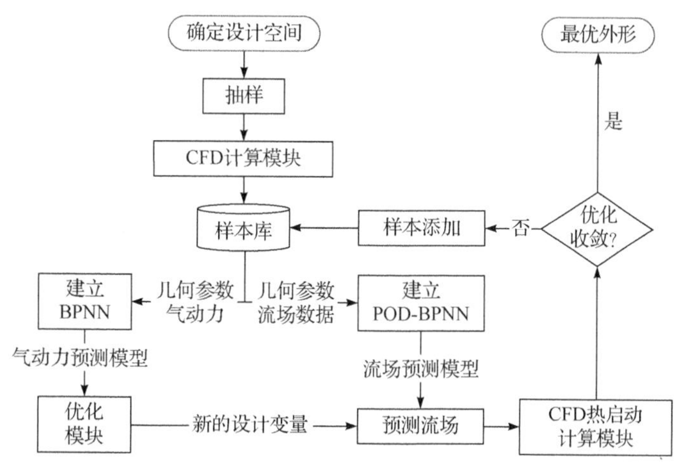

图 2-34 基于 POD-BPNN 的高效气动代理优化方法流程

首先，使用 POD-BPNN 对 SBO 中的初始样本建立从几何设计变量到流场数据的气动预测模型(图 2-35(a))。值得注意的是，这里所使用 POD-BPNN 的建模原理与 2.3.3 小节一致，即先使用 POD 将高维流场数据降阶到低维基模态系数，再使用 BPNN 建立从输入参数到低维基模态系数的映射关系。由于该模型的预测结果仅用于初场加速 CFD 计算，不需要太高的建模精度，因此这里没有采取 2.3.2 小节的融合建模思想。

然后，在 SBO 迭代过程中，使用 POD-BPNN 模型预测新样本的流场，并将其作为 CFD 分析的初场，进行热启动计算，获得新样本的数据(图 2-35(b))。同时，添加新样本数据到 POD-BPNN 建模样本并更新模型，直到优化结束。

算例结果表明，在跨声速翼型减阻优化设计中，基于 POD-BPNN 的热启动策略的引入使单个 CFD 计算时间平均降低了 68%。图 2-36 给出了普通 CFD 计算和 CFD 热启动策略下的升阻力系数收敛曲线，可以看出，使用普通 CFD 计算的初始样本收敛步数在 800 步左右；采用基于 POD-BPNN 的 CFD 热启动策略的新加样本点的计算收敛步数在 200 步左右。

在优化效率方面，基于智能预测方法的 SBO 相比于传统 SBO 提升了 37%。此外，由于 POD-BPNN 流场预测模型中使用了 POD，POD 的建模效率很高，因此 POD-BPNN 的建模效率与网格量的相关性较小。在实际应用中，针对气动网格数目较多的三维外形气动优化，POD-BPNN 的建模耗时与 CFD 计算耗时之间的比值更小，基于智能预测的 SBO 使优化效率的提升更加显著。

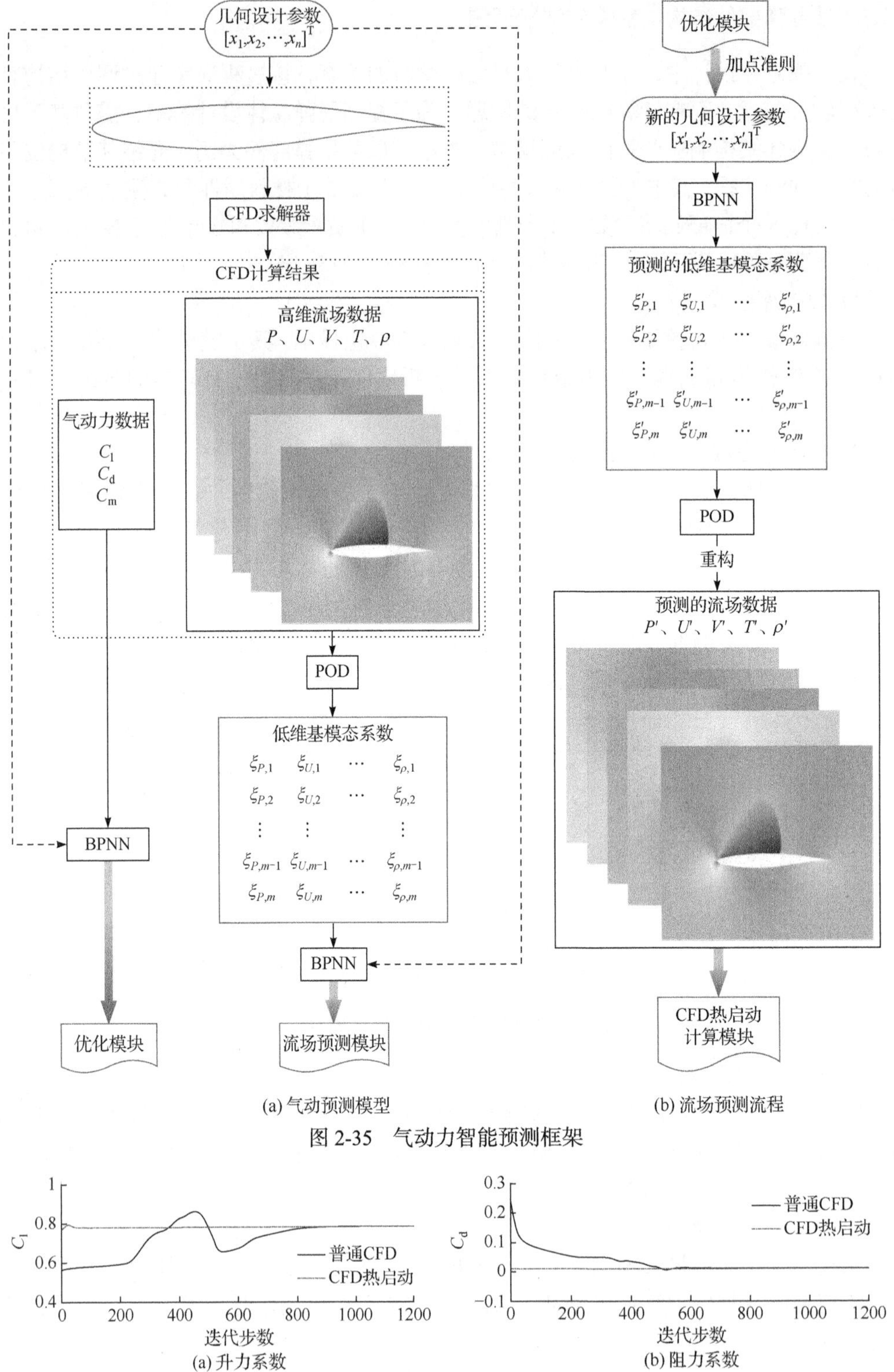

(a) 气动预测模型　　(b) 流场预测流程

图 2-35　气动力智能预测框架

(a) 升力系数　　(b) 阻力系数

图 2-36　普通 CFD 计算和 CFD 热启动策略下的升阻力系数收敛曲线

2.3.5 某导弹部件结构位移响应智能预测

在导弹总体设计中，需要进行大量结构学科的仿真，该过程通常通过调用结构有限元分析软件实现，存在计算耗时长的问题。为了提高导弹总体设计效率，需要基于机器学习算法构建结构响应的智能预测模型。本小节以某导弹部件为例，介绍其结构位移响应的智能预测流程。其中，学科输入共计 18 维，包括 3 个材料属性参数(弹性模量、泊松比、密度)、8 个内部储箱参数、2 个推力参数、2 个质量参数和 3 个工况参数(攻角、马赫数、载荷系数)，学科输出为高维的结构位移分布(2156 维)。

1) 数据库生成

对输入参数进行拉丁超立方抽样，共抽取 300 组样本。其中随机抽取 290 组作为训练集，10 组作为测试集。使用结构有限元分析软件计算获得所有样本的结构位移分布数据。

2) 机器学习模型选择和建模

该建模问题的输入维度为 18，输出维度为 2156，考虑使用“降阶模型-神经网络”算法。这里，降阶模型使用 POD，浅层神经网络使用 BPNN。其建模原理与 2.3.3 小节类似，这里不再赘述。图 2-37 给出了结构位移响应数据的 POD 重构误差，可以发现，随着降阶维度的增加，重构误差首先快速下降，当降阶维度超过 7 时，重构误差保持稳定的低值。因此，本案例选取 7 阶基模态系数作为 BPNN 模型的输出。通过调整参数所确定的 BPNN 架构为单隐藏层设计，隐藏层神经元个数为 18。

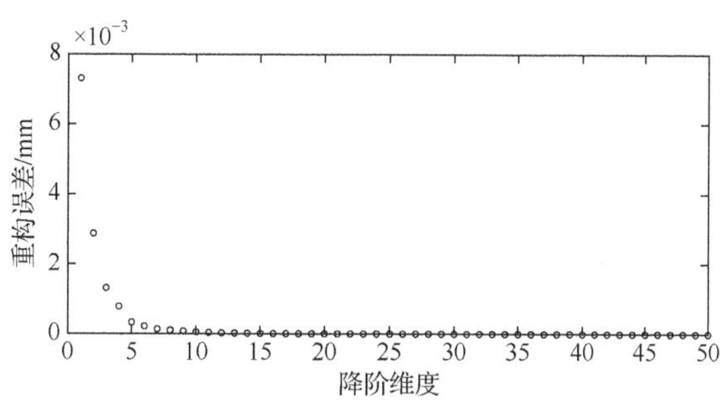

图 2-37 结构位移响应数据的 POD 重构误差

3) 模型的验证和使用

使用该模型进行新样本结构位移响应的预测流程与 2.3.3 小节一致，即给定一组新的输入参数，首先通过训练好的 BPNN 预测得到 7 阶基模态系数，再通过 POD 重构得到 2156 维的结构位移响应数据。

使用所建立的模型对某测试样本结构位移响应的预测结果如图 2-38 所示，可以看出，结构位移响应的最大预测误差小于 0.05mm，预测精度较高。此外，单个部件结构位移响应预测模型的训练耗时不超过 1min，预测单个工况耗时小于 0.1s，远低于有限元仿真耗时。

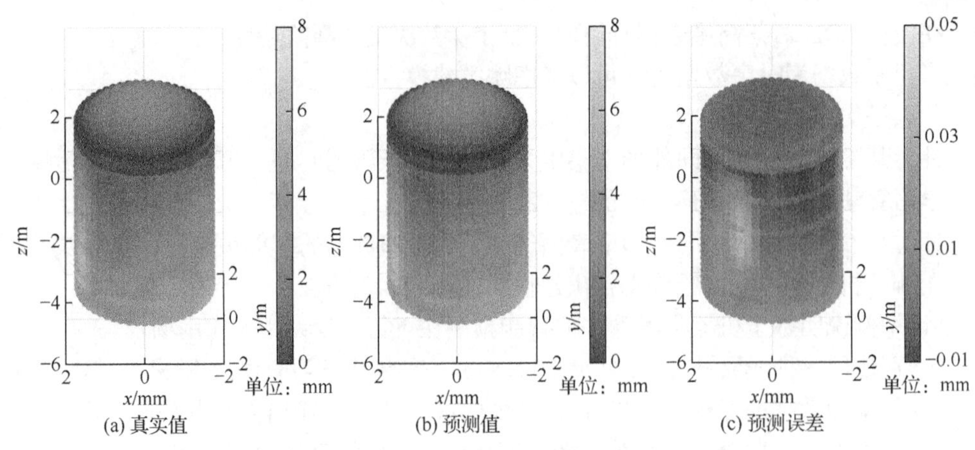

图 2-38　某测试样本结构位移响应的预测结果

2.4　本 章 小 结

本章介绍了基于机器学习算法的导弹学科分析，包括机器学习算法原理、一般应用过程和各类案例。读者在面对具体的导弹学科分析建模问题时，应结合学科输入参数和学科输出数据的时间和空间特性，找寻合理的机器学习算法，以实现精确、高效的学科分析要求。表 2-6 列出了第 2 章使用的程序代码文件。

表 2-6　第 2 章使用的程序代码文件

文件	描述
bpnn.m	实现反向传播神经网络
snapshot_pod.m	实现本征正交分解
dmd.m	实现动态模态分解
HLModeling	"降阶模型-神经网络"算法工具包
cnn.m	实现卷积神经网络
lstm.m	实现长短期记忆神经网络
rf.m	实现随机森林

习　　题

2.1　阐述什么是监督学习、非监督学习和强化学习，并举例说明各自的应用场景。

2.2　常见的激活函数有哪些？画出其图像，并描述其函数特征。

2.3　当数据维度较高时，可以考虑哪类建模方法？

2.4　请阐述降阶模型的优势和局限性。

2.5 在使用 POD 对某高维数据降阶时，哪个参数决定了降阶精度？

2.6 当建模数据为时序数据时，可以考虑哪类建模方法？

2.7 什么是集成学习？

2.8 针对某参数化导弹不同外形下集中力数据的智能预测问题，可以考虑使用哪些机器学习算法？分别指出建模时的输入和输出。

2.9 针对某参数化导弹不同外形下表面气动压力分布数据的智能预测问题，可以考虑使用哪些机器学习算法？分别指出建模时的输入和输出。

2.10 请举例说明基于机器学习算法的智能预测在飞行器设计中的应用场景。

2.11 分别使用一种浅层神经网络(如 BPNN)和一种集成学习算法(如随机森林)，完成指定气动力数据的建模，模型的输入为攻角和马赫数，输出为升力系数、阻力系数和力矩系数。对比分析两种算法的预测精度和建模效率(建模数据及说明请扫二维码获取，其所在文件夹：Exercises/T01)。

代码

2.12 使用 POD 算法完成指定气动分布力数据(2400 维)的降阶，并分析降阶维度为多少时可以保证较好的重构精度(建模数据及说明请扫二维码获取，其所在文件夹：Exercises/ T02)。

2.13 基于“降阶模型-神经网络”算法，通过自行编制程序或使用 HLModeling 软件工具包的方式，完成气动分布力数据的建模，模型的输入为攻角和马赫数，输出为 2400 维的表面压力系数(建模数据及说明请扫二维码获取，其所在文件夹：Exercises/T03)。

2.14 使用深度学习算法(如 CNN)完成翼型表面压强分布的建模，模型的输入为以 SDF 形式表征的外形(64×128)，输出为 300 维的表面压强(建模数据及说明请扫二维码获取，其所在文件夹：Exercises/T04)。

2.15 使用循环神经网络(如 LSTM)完成某流固耦合系统时序数据的建模，模型的输入为结构响应降阶后的 4 阶基模态系数，输出为流体某物理场数据降阶后的 4 阶基模态系数(建模数据及说明请扫二维码获取，其所在文件夹：Exercises/T05)。

参考文献

[1] 周志华. 机器学习[M]. 北京：清华大学出版社, 2016.

[2] ROWLEY C W, DAWSON S T M. Model reduction for flow analysis and control[J]. Annual Review of Fluid Mechanics, 2017, 49: 386-417.

[3] JIA X Y, GONG C L, JI W, et al. Flow sensing method for fluid-structure interaction systems via multilayer proper orthogonal decomposition[J]. Journal of Fluids and Structures, 2024, 124: 104023.

[4] KOU J Q, ZHANG W W. An improved criterion to select dominant modes from dynamic mode decomposition[J]. European Journal of Mechanics-B/Fluids, 2017, 62: 109-129.

[5] JIA X Y, LI C N, JI W, et al. A hybrid reduced-order model combing deep learning for unsteady flow[J]. Physics of Fluids, 2022, 34(9): 097112.

[6] 贾续毅, 龚春林, 李春娜. 基于 POD 和 BPNN 的流场快速计算方法[J]. 西北工业大学学报, 2021, 39(6): 1212-1221.

[7] HINTON G E, SALAKHUTDINOV R R. Reducing the dimensionality of data with neural networks[J]. Science, 2006, 313(5786):

504-507.

[8] JIA X Y, GONG C L, JI W, et al. An accuracy-enhanced transonic flow prediction method fusing deep learning and a reduced-order model[J]. Physics of Fluids, 2024, 36(5): 056101.

[9] HUANG W Y, GONG C L, LI C N, et al. Real-time data-driven inverse heat conduction method for a reentry flight vehicle based on the random forest algorithm[J]. Journal of Aerospace Engineering, 2024, 37(1): 04023091.

[10] BRUNTON S L, NOACK B R, KOUMOUTSAKOS P. Machine learning for fluid mechanics[J]. Annual Review of Fluid Mechanics, 2020, 52: 476-508.

[11] CALZOLARI G, LIU W. Deep learning to replace, improve, or aid CFD analysis in built environment applications: A review[J]. Building and Environment, 2021, 206: 108315.

[12] KULFAN B M. Universal parametric geometry representation method[J]. Journal of Aircraft, 2008, 45(1): 142-158.

[13] 贾续毅, 李春娜, 常琦, 等. 基于 POD-BPNN 的热启动策略及其在气动代理优化中的应用[J]. 航空工程进展, 2022, 13(5): 59-68.

第 3 章

智能优化算法及优化过程

优化设计是在某些给定的条件下寻找更好结果的一种行为。导弹设计包含大量的优化问题。例如，寻找一种气动布局或一组外形参数使得气动升阻特性最佳，寻找一种结构拓扑使得质量最小，寻找一套发动机几何形面使得比冲最高，寻找一套控制规律使得飞行射程最远等。随着优化理论和算法的发展，运用数值优化算法辅助工程设计成为发展趋势，取得了丰富的研究成果和良好的应用效果。在导弹设计领域，发展了气动外形优化、结构优化、总体多学科优化等专门的研究方向，发表了大量关于优化设计的理论、算法和应用的文献和著作，读者可以选择阅读。本章结合导弹优化设计存在的困难，重点关注更具智能化的优化原理，主要包括两方面内容：一是针对导弹设计大量存在的多极值全局优化问题，介绍典型的智能优化算法，这些算法通过模拟生物智能在全局设计空间进行更有效的设计方案搜索；二是针对优化问题规模庞大和设计空间复杂带来的调用分析模型次数多、分析计算成本高问题，介绍基于代理模型的智能优化过程，结合第 2 章介绍的代理模型，可以大幅降低优化过程中高计算负担学科分析的频次。

本章首先简要介绍优化设计的基本原理，使读者对优化设计有基本认识；其次介绍遗传算法、粒子群算法、蚁群算法、模拟退火算法、大猩猩部队优化算法和堆优化算法等智能优化算法；再次介绍基于代理模型的智能优化过程；最后分别从气动外形优化设计和导弹多学科优化设计两方面给出案例，使读者更深入地了解导弹优化设计的应用流程。

3.1 优化设计基本原理

用优化方法解决一个具体的设计问题，首先要建立该设计问题的数学表达，即数学模型。数学模型是实际设计问题的数学抽象，在优化设计中占有至关重要的地位。正确的数学模型是取得有效结果的前提。优化设计数学模型包括三个要素：设计变量、约束条件和目标函数。

3.1.1 设计变量

1. 设计变量及其表示方法

设计变量是用于确定某个系统或设计方案的一组相互独立的变量，是设计需要确定

的参数。设计变量用列向量表示为

$$\boldsymbol{x}=\left[\boldsymbol{x}_1,\boldsymbol{x}_2,\cdots,\boldsymbol{x}_n\right]^{\mathrm{T}} \tag{3-1}$$

$\boldsymbol{x}$ 在 n 维正交坐标轴上的投影分量即为一个设计方案。设计过程可以设想为这个向量在空间的变化。设计变量个数 n 为最优设计的维度。维度越高，问题难度越大，求解越复杂。有的工程技术问题有几十维、几百维，甚至更高维度。在满足设计要求的前提下应尽量压缩变量数目。

2. 变量区间和设计变量空间

1) 变量区间

对应每个设计变量的搜索范围称为变量区间。从理论上讲，在无约束优化设计问题中，设计变量的变化区间可以从$-\infty$到$+\infty$。但对于多数实际工程问题，过大或过小的设计变量区间是没有意义的。为减少不必要的寻查，应当对设计变量的搜索范围给予约束，一般可根据实际问题和设计者的经验，确定设计变量的区间，规定设计变量的上限值和下限值，将第 i 个设计变量的上限和下限分别记作 $x_{i,\mathrm{U}}$ 和 $x_{i,\mathrm{L}}$。

2) 设计变量空间

在由各个设计变量组成的正交轴系中，以各变量区间的上下限为界所形成的一个多维探索空间称为设计变量空间(简称变量空间)。二维情况下，变量空间为一个平面矩形，如图 3-1 所示；三维情况下，变量空间是一个长方体，如图 3-2 所示。n 维情况下，变量空间为每个变量轴上的上下限界面所围成的空间。有 n 个独立的设计变量，就可相应地构成 n 维空间，常称为 n 维欧几里得空间，记为 E^n 或 R^n。

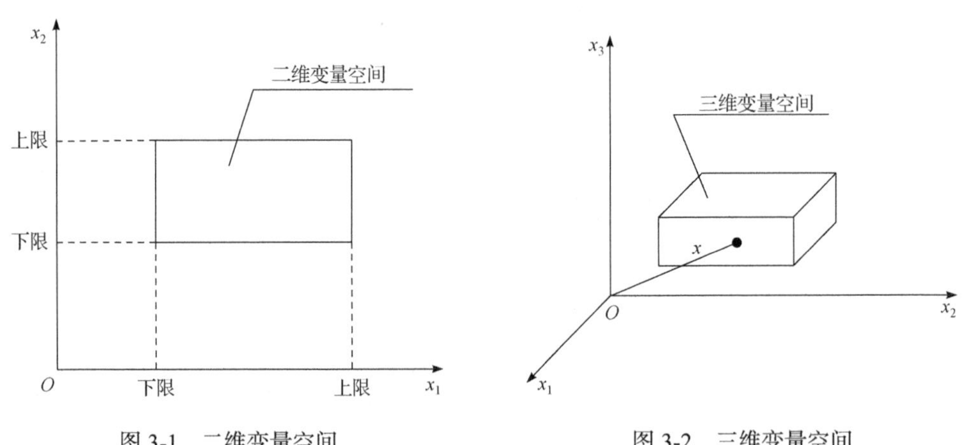

图 3-1　二维变量空间　　　　图 3-2　三维变量空间

3) 设计变量的选择原则

(1) 主导性。设计变量应选择对目标函数影响较大的且目标函数有明显极值存在的变量。

(2) 独立性。由于数学规划定义在 n 个变量轴相互正交所形成的 n 维欧几里得空间，因此要求设计变量相互独立。例如，对于导弹弹翼外形设计问题，可选择的变量有弹翼

面积 S、展弦比 λ、根梢比 η、后掠角 χ 及相对厚度 $\bar{c}$ 等。因为翼展长 l 与弹翼面积 S、展弦比 λ 有如下关系：$l=\sqrt{S\lambda}$，所以若把 S 与 λ 选作弹翼外形的设计变量，显然翼展长 l 不再是独立变量。

(3) 通用性。设计变量应尽量采用具有物理意义的无因次量，这样不仅可以减少变量数目，便于计算，而且对同类型的工程问题具有通用性。例如，在弹翼外形优化设计中，选用展弦比、根梢比等无因次量，而不选用弹翼的翼展长、翼根弦长、翼尖弦长等绝对量作为设计变量。

(4) 简约性。在满足设计要求条件下，应充分分析各设计变量的主次，减少变量的数目，使优化设计问题得到简化，节约计算时间。在优化过程中可将变量按重要程度依次排列，有时受到机时的限制，可只对前面重要的变量进行寻优，或将重要变量寻优作为全变量空间寻优的起始过程。

3.1.2 约束条件

1. 约束条件定义和类型

设计空间 R^n 是所有设计方案的可能集合，但其中一些方案并不符合设计要求，因此需要加以种种限制，这些限制称为“约束条件”。只有在设计空间内满足约束条件的方案，才是可行方案。

约束即为设计中的限制条件和设计要求，一般也是设计变量的函数，故也称为约束函数。约束通常分为性能约束和边界约束两种。性能约束是指设计所需要满足的一些技术指标。例如，导弹战术技术指标提出的射程、射高、速度、可用过载、轴向过载、发动机工作时间等，都可以作为设计的约束条件。边界约束是指设计变量的许可范围，即 3.1.1 小节所讲的变量区间。

从形式上，约束可分为不等式约束与等式约束两种，其数学表达式为

不等式约束：

$$\boldsymbol{g}_i(\boldsymbol{x})\leqslant 0(\text{或}\geqslant 0),\quad i=1,2,\cdots,m \tag{3-2}$$

等式约束：

$$\boldsymbol{h}_j(\boldsymbol{x})=0,\quad j=1,2,\cdots,l \tag{3-3}$$

式(3-2)和式(3-3)中，m、l 分别表示不等式约束条件数目和等式约束条件数目。

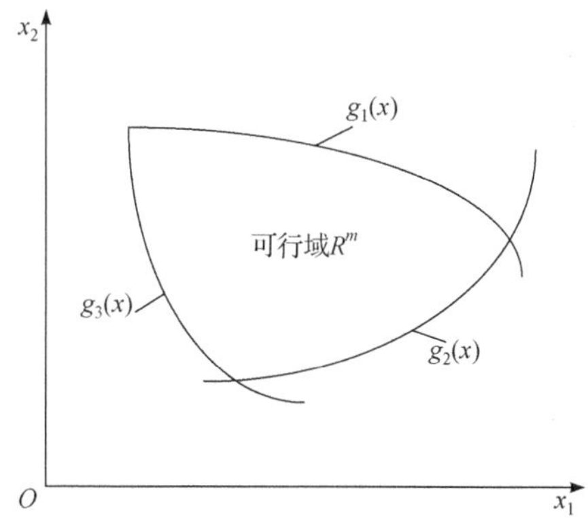

图 3-3 设计可行域

2. 设计可行域

设计空间 R^n 中满足所有约束条件的所有点组成的区域称为可行区域，简称可行域，记作 R^m，如图 3-3 所示。可行域中的点 x 称为可行设计或可行解。优化设计的寻优过程一般只应在可行区域内进行。最后确定的优化点，也应在此可行域

内，或在可行域的边界上；否则，得到的设计参数将因超出约束而失去实用价值。

3.1.3　目标函数

1. 目标函数定义

优化设计的任务就是对各个设计方案进行比较，从中找出最佳的设计方案。对设计方案优劣进行评价的标准就是目标函数(或称为指标函数、评价函数)。确定目标函数是优化设计过程的重要决策，它直接影响到优化设计结果的实际价值。目标函数是独立设计变量的函数，记作：

$$J(\boldsymbol{x}) = J\left(x_1, x_2, \cdots, x_n\right), \quad i = 1, 2, \cdots, n \tag{3-4}$$

在确定评价指标时，应该对设计问题的任务、设计问题的特点、设计进程的不同阶段可能达到的标准等进行分析，找到设计问题的主要目标，并以此为依据确定目标函数。例如，在导弹总体设计中，如果希望起飞质量越小越好，此时目标函数就为起飞质量；如果以成本作为评价指标，则目标函数为成本。

当设计问题中存在几个并重的追求目标时，应该设立多个目标函数，该类问题称为多目标优化问题。多目标优化比单目标优化更复杂。例如，导弹设计中，除了飞行性能，还关心其他一些要求，如可靠性、经济性、操作维护性等其他各项技术指标。当某设计问题是追求 p 个目标函数 $J_1(\boldsymbol{x}_1), J_2(\boldsymbol{x}_2), \cdots, J_p(\boldsymbol{x}_p)$ 同时最优时，则该多目标优化问题的目标函数为

$$\boldsymbol{J}(\boldsymbol{x}) = \left[J_1\left(\boldsymbol{x}_1\right), J_2\left(\boldsymbol{x}_2\right), \cdots, J_p\left(\boldsymbol{x}_p\right)\right]^{\mathrm{T}} \tag{3-5}$$

2. 目标函数选择

若评价方案的标准选得不合适，就无法获得真正的最优设计。在选择目标函数时应考虑以下几方面。

(1) 目标函数应真正全面反映设计的目的与要求。

(2) 目标函数应便于计算或易于测得。因为在优化设计中计算目标函数的次数与计算量很大，所以若选择的目标函数无法计算或者计算量过大，都将给优化设计带来困难。

(3) 在设计的全部阶段，目标函数应尽可能统一。

3. 极大值问题与极小值问题的等价

优化问题可能是求目标函数的最大值或最小值。在数学处理上，这两种情况的实质是相同的，都是求极值问题，是等价的，只需将目标函数改变正负号即可相互转换。例如，目标函数为寻求起飞质量最小的设计，即如图 3-4 中起飞质量曲线所示，可将它转换为求负起飞质量最大的问题，如图 3-4 中负起飞质量曲线所示。显然两种情况下的最优解 x_{OPT} 是相同的。

实际中也常采用下述方法对导弹的设计参数进行选优：取起飞质量最小为目标函数，

射程给定为约束条件；取射程最大为目标函数，质量给定为约束条件。这两种方法进行优化以后所求得的最优设计参数是相同的，这就是优化方法中的“对偶”原理。

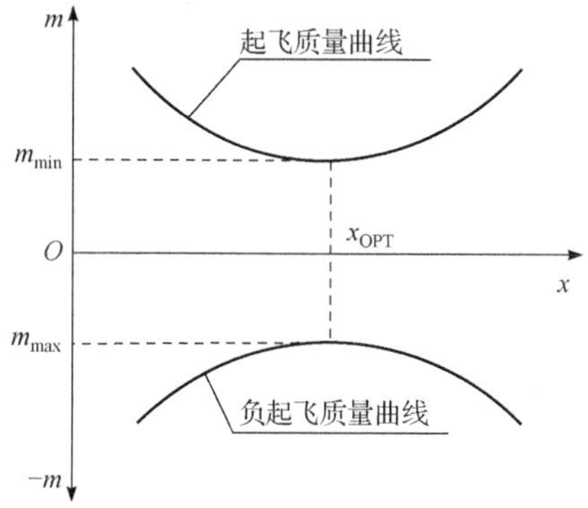

图 3-4 极大值与极小值问题的等价

3.1.4 计算模型

计算模型也称为分析模型，其描述了设计变量和约束函数、目标函数之间的关系。在学科范畴内，可通过建立一组方程(代数方程、非线性方程、常微分方程、偏微分方程等)并构造其求解方法建立计算模型。非线性方程对不同学科可能采用不同的形式，如结构优化问题需要建立结构几何参数与强度、刚度之间的关系模型，可通过线性或非线性方程组求解；气动优化设计问题需要建立外形几何参数与气动力之间的关系模型，可以通过求解偏微分方程组实现；对于轨迹设计问题，需要建立飞行性能和轨迹控制变量之间关系的计算模型，可通过一组微分方程求解。

计算模型包括两个部分，一部分是将设计变量转化为输出变量或状态变量的计算模型，另一部分是将设计变量和状态变量转化为目标函数、约束函数的计算模型。计算模型的数学表达式为

$$\begin{cases} \boldsymbol{y} = f(\boldsymbol{x}) \\ \boldsymbol{J} = J(\boldsymbol{y}, \boldsymbol{x}) \\ \boldsymbol{g} = g(\boldsymbol{y}, \boldsymbol{x}) \\ \boldsymbol{h} = h(\boldsymbol{y}, \boldsymbol{x}) \end{cases} \tag{3-6}$$

式中，$f(\cdot)$ 表示计算模型；$\boldsymbol{y}$ 表示计算模型输出变量；$J(\cdot)$、$g(\cdot)$、$h(\cdot)$ 分别表示目标函数、不等式约束、等式约束，它们都是关于设计变量 $\boldsymbol{x}$ 和输出变量 $\boldsymbol{y}$ 的函数。

3.1.5 优化模型

假设某一优化问题的设计变量为 n 个，约束条件为 m 个和 l 个，求目标函数最小时对应的设计变量值，则该优化问题的数学表达式为

$$\begin{aligned} &\min_{\boldsymbol{x} \in R^n} \quad J(\boldsymbol{x}) \\ &\text{s.t.} \quad \begin{cases} g_i(\boldsymbol{x}) \leqslant 0, \quad i = 1, 2, \cdots, m \\ h_j(\boldsymbol{x}) = 0, \quad j = 1, 2, \cdots, l \\ \boldsymbol{x}_{\mathrm{L}} \leqslant \boldsymbol{x} \leqslant \boldsymbol{x}_{\mathrm{U}} \end{cases} \end{aligned} \tag{3-7}$$

实际工程问题中，很难严格找到一个可以完全准确地用式(3-7)来表达的数学模型。因此，存在一个简化、假设、模拟的过程。简化、假设、模拟的好坏将决定最终优化设计结果是否真的最优，甚至将决定最终优化设计结果是否满足设计要求。翼面优化模型如

图 3-5 所示，下面给出一个翼面优化模型的建模过程。

要求：在材料一定、产生升力$\sum Y \geqslant R$、满足强度要求的前提下，翼面的结构质量最小。对于该设计问题，建立其优化数学模型：

(1) 设计变量：显然 b_0 是确定量，l 和 χ 可选为设计变量；

(2) 目标函数：该设计问题追求的目标是翼面结构质量最小，因此目标函数应为 $m(l,\chi)$；

(3) 约束条件：

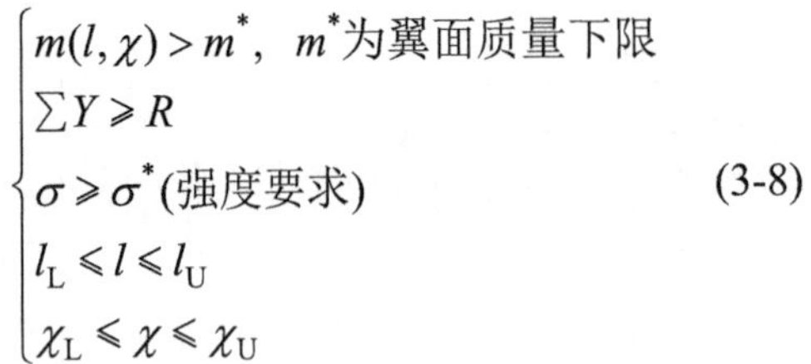

$$\begin{cases} m(l,\chi) > m^*,\ m^*\text{为翼面质量下限} \\ \sum Y \geqslant R \\ \sigma \geqslant \sigma^*(\text{强度要求}) \\ l_{\mathrm{L}} \leqslant l \leqslant l_{\mathrm{U}} \\ \chi_{\mathrm{L}} \leqslant \chi \leqslant \chi_{\mathrm{U}} \end{cases} \tag{3-8}$$

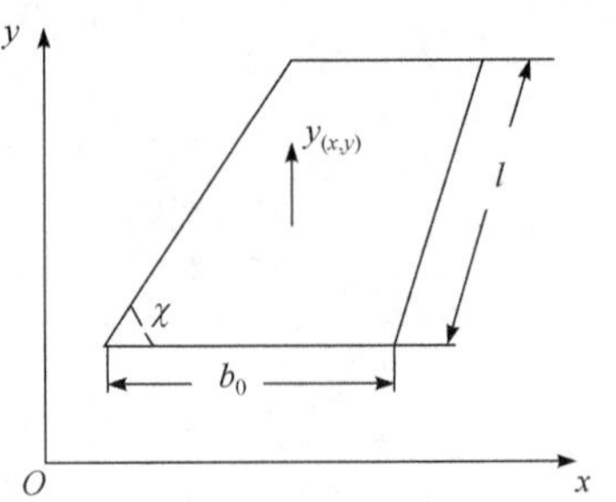

图 3-5　翼面优化模型

b_0-翼根弦长，由翼面与弹身的相对关系确定，为定值；

l-翼展长，可变化，其变化范围为$[l_{\mathrm{L}}, l_{\mathrm{U}}]$；

χ-后掠角，可变化，其变化范围为$[\chi_{\mathrm{L}}, \chi_{\mathrm{U}}]$

以上就是该翼面优化设计的一个简单的数学模型。当然，在实际设计中，还有许多其他问题需要考虑。

3.1.6　优化算法

按照搜索策略，优化算法可以分为局部优化算法、全局优化算法和代理优化算法。其中，局部优化算法又可分为带梯度的局部优化算法和无梯度的局部优化算法，它们的局部收敛性是可以严格证明的，但是这类方法在优化过程中容易陷入局部最优。带梯度的局部优化算法包括最速下降法、牛顿迭代法、共轭梯度法、拟牛顿迭代法和序列二次规划法等；无梯度的局部优化算法包括模式搜索法、单纯形法、复合形法等。局部优化算法的缺陷导致其在工程问题上的应用受限，因此本小节重点介绍全局优化算法。

全局优化算法即智能优化算法，这类算法一般是受某些自然现象或生物行为的启示，通过一定的策略来更新搜索点的位置，从而找寻最优解。全局优化算法能够根据搜索过程中获得的信息自适应地调整搜索策略，以更好地探索和利用设计空间，而且在算法设计中考虑了种群多样性的保持，从而避免早熟收敛来增加找到全局最优解的可能性。因此，全局优化算法具有更好的全局搜索性，为许多复杂的系统优化问题提供了一种解决途径。

代理优化算法是一种在极复杂优化问题中使用的方法，通过引入代理模型来近似目标函数或约束条件，以减少对真实模型的昂贵评估，因此特别适用于计算成本高、评估次数受限或具有噪声的问题，尤其是大规模和高维优化问题。代理模型的优化通常比真实模型的优化更快，从而加快整个优化过程。代理优化算法的关键是子优化问题中加点准则目标函数的构建，常见的加点准则有均方误差(mean square error，MSE)准则、最小化代理模型预测值(minimizing surrogate prediction，MSP)准则、改善概率(probability of improvement，PI)准则、改善期望(expected emprovement，EI)准则、置信下界(lower

confidence bounding，LCB)准则等，这些将在 3.3 节详细介绍。优化算法的分类如图 3-6 所示。

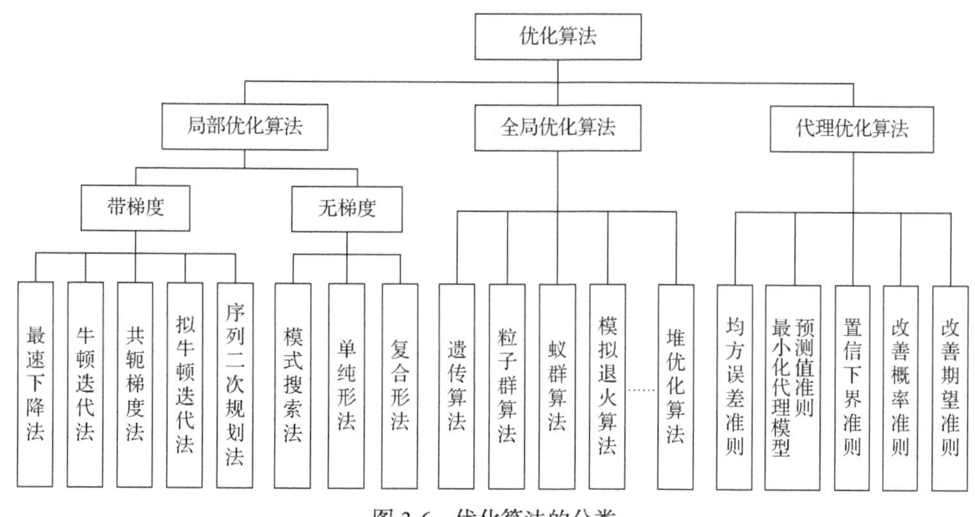

图 3-6 优化算法的分类

局部优化算法，如最速下降法和模式搜索法，是求解非线性优化问题中广泛采用的方法。这些算法通过迭代过程逼近目标函数的局部极小点。最速下降法依赖于目标函数的一阶导数信息，通过沿负梯度方向调整解向量来逐步逼近最优解，其优势在于计算效率和对连续可微函数的适用性，然而其固有的局限性在于可能陷入局部最小值，且对步长参数敏感。模式搜索法则不依赖于导数信息，通过在预定义的搜索模式下探索解空间来寻找改进的解，其优势在于对非光滑或不可微函数的适用性，但可能因初始点的选择而影响最终结果，且在某些情况下搜索效率可能不如最速下降法。总体而言，局部优化算法在解决具有多个局部极值的复杂优化问题时，面临全局最优性难以保证和参数调整复杂性等挑战。

全局优化算法即智能优化算法，包括遗传算法、粒子群算法、蚁群算法、模拟退火算法和堆优化算法等，以其在处理复杂、非线性、多峰值优化问题中的卓越性能而受到重视。这些算法通常不依赖于目标函数的导数信息，能够通过模拟自然现象或生物行为来探索解空间，从而有效地避开局部最优陷阱，增加找到全局最优解的概率。智能优化算法在解决高维、非凸和动态变化的优化问题时显示出其必要性，尤其是在传统局部优化方法难以应用或效率低下的场景中，它们提供了一种有效的替代方案，显著提高了优化过程的鲁棒性和效率。

3.2 智能优化算法

本节介绍的遗传算法、粒子群算法、蚁群算法、模拟退火算法、大猩猩部队优化算法和堆优化算法都属于智能优化算法，但它们各自又具有独特的特点和适用场景。遗传算法模仿自然选择和遗传机制，使用选择、交叉和变异等操作来迭代改进解的种群，适合

解决复杂的非线性问题；粒子群算法模仿鱼群或鸟群的社会行为，通过个体间的信息共享来探索空间，简单易实现，适合连续和离散的优化问题；蚁群算法受到蚂蚁寻找食物的启发，通过模拟蚂蚁释放信息素来寻找最优路径，特别适用于解决组合优化和路径规划问题；模拟退火算法基于物理退火过程，通过随机搜索和概率接受恶化解来避免局部最优，适用于解决大规模的优化问题，尤其是具有多个局部最优的问题；大猩猩部队优化算法通过模拟大猩猩的领地行为和社交互动来探索解空间，适用于解决复杂的工程优化问题；堆优化算法是一种基于堆排序数据结构的优化算法，通过构建最大堆或最小堆来指导搜索过程，通常用于解决排序问题或作为其他优化算法的辅助工具。

不同的智能优化算法具有特定的优势和局限性，选择哪种算法取决于问题的性质、求解者的需求和算法的实现复杂度。在实际应用中，有时需要结合多种算法或对算法进行改进，以适应特定问题的需求。

3.2.1　遗传算法

遗传算法(GA)是进化算法(evolutionary algorithm，EA)的一种，最早由 Holland[1]进行了系统的介绍，是一种基于生物进化和自然选择的人工智能技术。遗传算法的操作过程符合达尔文“适者生存”和随机信息交换的思想，是一种随机搜索优化算法。它将问题的求解近似成“染色体”中适者生存的过程，通过“染色体”种群一代代不断进化，包括复制、交叉、变异等操作，最终获得“最适应环境”的个体(最优解)。遗产算法的编码技术和遗传操作比较简单，优化过程不受搜索空间限制性条件约束，适用于很多学科领域的优化设计问题。

遗传算法与传统优化算法相比，其特点在于：

(1) 遗传算法的搜索起始于一组点，而不是一个设计点；

(2) 搜索中只考虑目标函数值，即适应度，不需要梯度信息；

(3) 设计变量是与自然界进化过程中染色体相应的二进制数据串；

(4) 在新一代种群中，新的数据串是通过对上一代种群中的个体进行随机选择和交叉产生的，具有全局搜索特性。

遗传算法的设计变量是采用一组二进制数据串进行编码的。例如，设计矢量的某个分量 $x_i = 5$，其二进制编码形式为 0101($1*2^0+0*2^1+1*2^2=5$)。令设计矢量中的每个设计变量的二进制编码长度为 q，则一个具有 m 个设计变量的设计矢量，即每个个体的数据串长度为 mq。例如，若设计矢量为 $\boldsymbol{x}=[18,3,1,4]^{\mathrm{T}}$，则其编码为含有 20 个二进制位的数据串，如图 3-7 所示。

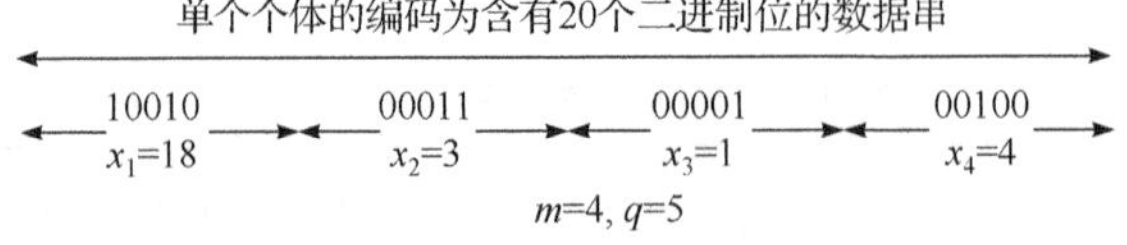

图 3-7　遗传算法设计矢量编码形式

遗传算法的三种操作形式：选择(selection)、交叉(crossover)和变异(mutation)。以下对

这三种基本操作形式进行具体介绍。

1) 选择

选择也称为复制，是从当前一代个体中选择优于平均水平的数据串构成杂交种群，这个过程依赖于概率分析。对于含有n个个体的当前一代，选择第i个数据串构成杂交种群的概率p_i是

$$p_i=\frac{f_i}{\sum_{i=1}^{n}f_i},\quad i=1,2,\cdots,n \tag{3-9}$$

式中，f_i表示适应度。

选择第i个数据串的积分分布函数值为

$$P_i=\sum_{j=1}^{n}p_j \tag{3-10}$$

因此，可以构成n个概率区间$\left(P_{i-1},P_i\right),i=1,2,\cdots,n$，$P_i$表示每个数据串被选择的概率密度积分。设定杂交种群中数据串的个数为n_p，相应地生成n_p个随机数；$r_j\in\left[0,1\right],j=1,2,\cdots,n_p$，用来表示被选择的数据串的概率密度积分，则当$r_j\in\left(P_{i-1},P_i\right)$，第$i$个数据串被选择成为杂交种群中的第$j$个个体。

例如，当前一代含有 6 个个体，所对应的函数值分别为 12、4、16、8、36 和 24，杂交种群中的个体数目定义为 12，相应生成的随机数分别为 0.41、0.65、0.42、0.80、0.67、0.39、0.63、0.53、0.86、0.88、0.57 和 0.55。根据式(3-9)和式(3-10)，可以计算得到 6 个数据串所对应的被选择的概率区间，如表 3-1 所示。

表 3-1 选择数据串构成杂交种群

数据串 i	适应度 f_i	被选择的概率 p_i	被选择的概率密度积分 $P_i=\sum_1^i p_j$	被选择的概率区间 (P_{i-1},P_i)
1	12	0.12	0.12	(0.00, 0.12)
2	4	0.04	0.16	(0.12, 0.16)
3	16	0.16	0.32	(0.16, 0.32)
4	8	0.08	0.40	(0.32, 0.40)
5	36	0.36	0.76	(0.40, 0.76)
6	24	0.24	1.00	(0.76, 1.00)

因此，根据生成的随机数，被选择杂交种群的数据串如表 3-2 所示。

表 3-2 被选择杂交种群的数据串

随机数 r_j	0.41	0.65	0.42	0.80	0.67	0.39	0.63	0.53	0.86	0.88	0.57	0.55
被选择的数据串 i	5	5	5	6	5	4	5	5	6	6	5	5

2) 交叉

交叉操作的目的是通过对选择得到的杂交种群中的个体进行信息交互，生成新的个体(数据串)。操作方法：从杂交种群中随机地选取两个个体(父个体)，随机地选择一个交叉位置，则两个个体的数据串被交叉点截断，交叉点右侧的二进制位进行交换生成两个新个体(子个体)。例如，含有 10 个二进制位的数据串进行如下交叉操作(随机产生的交叉点在第三个二进制位后)：

父个体
$$\begin{aligned} x_1 &= \{0\ \ 1\ \ 0\ \mid\ 1\ \ 0\ \ 1\ \ 1\ \ 0\ \ 1\ \ 1\} \\ x_2 &= \{1\ \ 0\ \ 0\ \mid\ 0\ \ 1\ \ 1\ \ 1\ \ 1\ \ 0\ \ 0\} \end{aligned} \rightarrow$$

子个体
$$\begin{aligned} x_3 &= \{0\ \ 1\ \ 0\ \mid\ 0\ \ 1\ \ 1\ \ 1\ \ 1\ \ 0\ \ 0\} \\ x_4 &= \{1\ \ 0\ \ 0\ \mid\ 1\ \ 0\ \ 1\ \ 1\ \ 0\ \ 1\ \ 1\} \end{aligned}$$

由于交叉操作生成的新个体的适应度可能优于父个体，也可能劣于父个体，因此并不对杂交种群中所有的个体进行交叉操作，而是将种群中一些好的个体直接作为下一代的个体，剩余的个体进行交叉操作。交叉概率 p_c 就是用于选择父个体的，因此种群中有 $(100p_c)\%$ 的个体用于交叉操作，$[100(1-p_c)]\%$ 的个体直接作为下一代的个体。

3) 变异

变异操作是根据变异概率对新生成的个体进行小的改变，包括单点变异和逐位变异。单点变异是在一个个体的数据串中随机地选择一个二进制位，并且将该位上的数值从 0 变成 1 或者从 1 变成 0，这种变异概率为 p_m。逐位变异是对数据串中的每个二进制位进行操作，每一位都从 0 变成 1 或者从 1 变成 0。例如，对一个含有 10 个二进制位的数据串进行如下变异操作。

单点变异：

$$x_1 = \{0\ \ 1\ \ 0\ \ 1\ \ 0\ \ \boxed{1}\ \ 1\ \ 0\ \ 1\ \ 1\} \rightarrow x_2 = \{0\ \ 1\ \ 0\ \ 1\ \ 0\ \ \boxed{0}\ \ 1\ \ 0\ \ 1\ \ 1\}$$

逐位变异：

$$x_3 = \{\boxed{0}\ \boxed{1}\ \boxed{0}\ \boxed{1}\ \boxed{0}\ \boxed{1}\ \boxed{1}\ \boxed{0}\ \boxed{1}\ \boxed{1}\} \rightarrow x_4 = \{\boxed{1}\ \boxed{0}\ \boxed{1}\ \boxed{0}\ \boxed{1}\ \boxed{0}\ \boxed{0}\ \boxed{1}\ \boxed{0}\ \boxed{0}\}$$

变异操作的目的：①在当前个体附近获得适应度更好的个体；②避免优化算法“早熟”现象；③保证每代个体的多样性。

遗传算法流程如图 3-8 所示。

具体的计算流程如下所述。

(1) 选择一个合适的数据串长度来描述 m 维空间内的设计矢量 $\boldsymbol{x}$。设置合适的控制参数：种群大小 n_p，即一代中个体的数目；交叉概率 p_c；变异概率 p_m；允许目标函数值的最大标准偏差 S_{max} 和最大进化代数 i_{max}。

(2) 随机地生成一代个体，其中个体数目为 n_p，每个个体包含的数据串长度 $l = mq$，q 为二进制编码长度，并计算每个个体的适应度 J_i(目标函数值)，$i = 1,2,\cdots,n_p$，即有 n_p 个数据串。

(3) 执行选择操作，通常选择 n_p 个个体作为杂交种群。

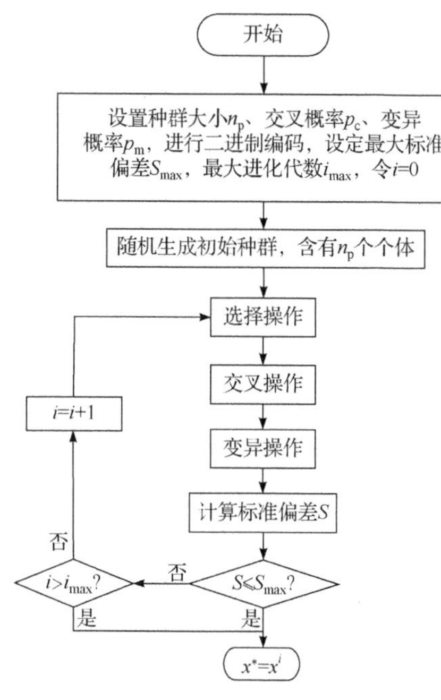

图 3-8 遗传算法流程图

(4) 从杂交种群中保留 $p_c \times n_p$ 个适应度好的个体不进行交叉操作，剩下的 $(1-p_c)\times n_p$ 个个体进行成对随机组合，然后进行交叉操作，生成的新个体与保留不变的个体共同构成杂交种群，其中 p_c 通常的取值范围为[0.6,0.9]。

(5) 执行变异操作，对每个个体的 $p_m \times l$ 个二进制位进行单点变异，生成 n_p 个新个体，其中 p_m 通常的取值范围为[0.001,0.01]。

(6) 计算新生成的 n_p 个个体的适应度，并计算其标准偏差 S 。

(7) 如果 $S \leqslant S_{max}$ ，迭代过程的收敛准则满足，则终止迭代。

(8) 如果 $i > i_{max}$ ，终止迭代；否则，更新迭代步 $i=i+1$ ，返回步骤(3)，进行下一步迭代。

下面是一个用遗传算法求解函数极大值的例子，函数如下：

$$f(x,y)=\frac{\cos\left(x^2+y^2\right)-0.8}{3+0.8\left(x^2+y^2\right)^2}+8$$

代码

首先编写适应度函数代码(代码详见二维码文件：遗传算法/gafun.m)，接着使用 ga 函数求解(代码详见二维码文件：遗传算法/main.m)，运行程序后可以得到如下结果：

```
Optimization terminated: average change in the fitness value less than
options.FunctionTolerance.
x =
   -1.0242    1.1075
fval =
    7.7973
exitflag =
     1
```

也就是，当 $\boldsymbol{x}$=[−1.0242,1.1075]时，函数取得最大值为 7.7973(运行结果可能略有不同)。

3.2.2 粒子群算法

粒子群(particle swarm，PS)算法最早由 Kennedy 等[2]在 1995 年提出，是基于群体(如蚂蚁、黄蜂、鸟等)的行为建立的。这种算法不同于进化算法，是一种行为激发的算法。粒子指的是算法中一个群体的单个个体，粒子的行为既取决于单个个体的智能(单个个体

对事物或环境所获得的认知)，又基于群体的智能。粒子群算法模拟鸟类的觅食行为，将每只鸟抽象为一个无质量无体积的粒子，视鸟类的飞行空间为搜索空间，食物被看成需要搜索的最优解。

鸟类觅食的过程遵循以下原则：鸟类个体之间的距离不能太小，单个个体的飞行方向趋向于其他个体的平均运动方向，单个个体在位置上趋向于与其他个体之间的距离更加均匀。因此，粒子群算法具有如下特点：

(1) 通用性强，不依赖于优化的问题；

(2) 单个个体发现食物时，会将信息发送给其他个体，即算法具有信息共享机制；

(3) 单个个体会记录自己飞行过程中的最佳位置，即算法具有信息记忆功能；

(4) 当一个个体发现食物时，其他的个体也会被食物吸引，但这种吸引并不是直接产生的，因此个体之间存在竞争与合作的关系，算法为全局搜索算法；

(5) 局部搜索特性差，对设置的参数具有一定的依赖性。

根据粒子群算法的搜索机制，需要两个基本量描述粒子的位置信息，即位置矢量和最佳位置，分别表示为 $\boldsymbol{x}_i=\left[x_{i,1},x_{i,2},\cdots,x_{i,m}\right]$ 和 $\boldsymbol{p}_{i,\text{best}}=\left[p_{i,1},p_{i,2},\cdots,p_{i,m}\right]$。其中最佳位置是按照每个位置上的目标函数值选出来的。此外，为了实现粒子位置的更新，还要对粒子的速度矢量和群体的最佳位置进行定义，分别为 $\boldsymbol{v}_i=\left[v_{i,1},v_{i,2},\cdots,v_{i,m}\right]$ 和 $\boldsymbol{p}_{\text{best}}$。速度矢量随着粒子运动(算法表现为迭代过程)进行更新的表达式为

$$\boldsymbol{v}_i^{k+1}=\omega\boldsymbol{v}_i^k+c_1r_1\left(\boldsymbol{p}_{i,\text{best}}-\boldsymbol{x}_i^k\right)+c_2r_2\left(\boldsymbol{p}_{\text{best}}-\boldsymbol{x}_i^k\right),\quad i=1,2,\cdots,n \tag{3-11}$$

式中，ω 为惯性权重因子；c_1 和 c_2 为正的加速度常数；r_1 和 r_2 为处于[0,1]的随机数。位移的更新表达式为

$$\boldsymbol{x}_i^{k+1}=\boldsymbol{x}_i^k+\boldsymbol{v}_i^{k+1},\quad i=1,2,\cdots,n \tag{3-12}$$

注意，粒子的运动还需要进行限制，这就需要对粒子的速度区间 $\left[\boldsymbol{v}_{\min},\boldsymbol{v}_{\max}\right]$ 和位移区间 $\left[\boldsymbol{x}_{\min},\boldsymbol{x}_{\max}\right]$ 进行定义。图 3-9 从几何上对式(3-11)和式(3-12)进行了解释。

粒子群算法的流程如图 3-10 所示(以求最小值为例)，具体流程介绍如下。

(1) 在 m 维飞行空间(设计空间)内设置粒子种群大小 n_{p}，小的和大的种群都会导致计算时间过长，应折中考虑，通常 n_{p} 的取值为[20, 30]；设置粒子运动的速度区间 $\left[\boldsymbol{v}_{\min},\boldsymbol{v}_{\max}\right]$ 和位移区间 $\left[\boldsymbol{x}_{\min},\boldsymbol{x}_{\max}\right]$；设置惯性权重因子 ω、加速度常数 c_1 和 c_2、最大标准偏差 $S_{\max}$ 和最大迭代次数 $i_{\max}$。

(2) 在速度区间和位移区间内，随机初始化种群中各个粒子的位置矢量 $\boldsymbol{x}_k^0$ 和速度

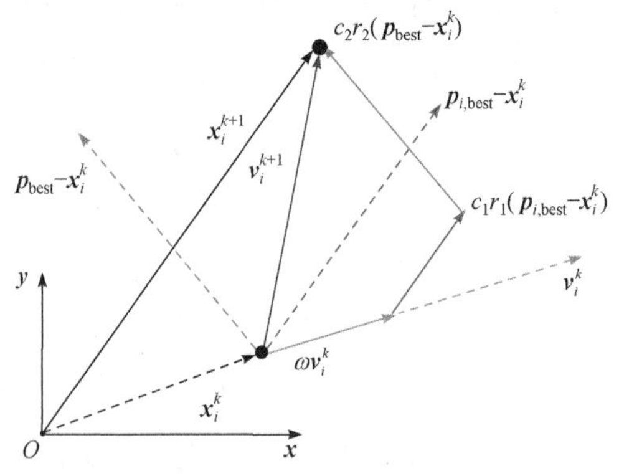

图 3-9　粒子速度矢量、位移矢量更新图解

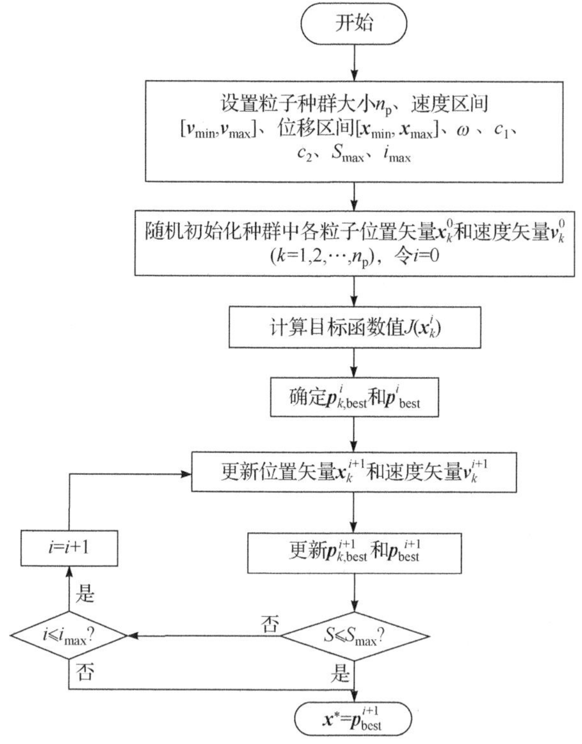

图 3-10 粒子群算法流程图

矢量 $\boldsymbol{v}_k^0$。

(3) 计算当前各粒子的目标函数值 $J\left(\boldsymbol{x}_k^i\right)$，并根据该值确定每个粒子的最佳位置 $\boldsymbol{p}_{k,\text{best}}^i\left(k=1,2,\cdots,n\right)$ 和种群的最佳位置 $\boldsymbol{p}_{\text{best}}^i$。

(4) 按式(3-11)和式(3-12)对各个粒子的速度矢量和位置矢量进行更新，得到 $\boldsymbol{v}_k^{i+1}$ 和 $\boldsymbol{x}_k^{i+1}$，并计算相应的函数值 $J\left(\boldsymbol{x}_k^{i+1}\right)$。

(5) 比较种群中每个粒子更新后的速度和位置，确定每个粒子最佳的运动位置 $\boldsymbol{p}_{k,\text{best}}^{i+1}$ 和整个粒子群的最佳位置 $\boldsymbol{p}_{\text{best}}^{i+1}$，可以根据下式进行更新：

$$\boldsymbol{p}_{k,\text{best}}^{i+1}=\begin{cases}\boldsymbol{x}_k^{i+1}, & J\left(\boldsymbol{x}_k^{i+1}\right)<J\left(\boldsymbol{p}_{k,\text{best}}^i\right)\\ \boldsymbol{p}_{k,\text{best}}^i, & J\left(\boldsymbol{x}_k^{i+1}\right)\geqslant J\left(\boldsymbol{p}_{k,\text{best}}^i\right)\end{cases} \tag{3-13}$$

$$\boldsymbol{p}_{\text{best}}^{i+1}=\begin{cases}\min\left[J\left(\boldsymbol{p}_{k,\text{best}}^i\right)\right], & \min\left[J\left(\boldsymbol{p}_{k,\text{best}}^i\right)\right]<J\left(\boldsymbol{p}_{\text{best}}^i\right)\\ \boldsymbol{p}_{\text{best}}^i, & \min\left[J\left(\boldsymbol{p}_{k,\text{best}}^i\right)\right]\geqslant J\left(\boldsymbol{p}_{\text{best}}^i\right)\end{cases} \tag{3-14}$$

(6) 判断迭代过程是否收敛，如果收敛，终止迭代并输出 $\boldsymbol{x}^*=\boldsymbol{p}_{\text{best}}^{i+1}$ 为最优点，否则更新迭代步 $i=i+1$，并返回步骤(4)进行下一步迭代。

鉴于粒子群算法的缺陷，人们采用多种方法对基本的粒子群算法进行了改进。例如，

利用模糊规则确定惯性权重因子，引入收缩因子来控制算法的收敛速度，改善加速因子和惯性权重因子来提高局部收敛特性等。在此不再对这些改进方法和技术进行赘述。

实现粒子群算法的代码详见二维码文件：粒子群算法/PSO.m。

代码

下面给出一个用粒子群算法求解函数最小值的例子，函数如下：

$$f(\boldsymbol{x})=\sum_{i=1}^{10}\left(x_i^2+2x_i-3\right)$$

首先编写适应度函数代码(代码详见二维码文件：粒子群算法/fitnessA.m)；其次使用 PSO 函数求解(代码详见二维码文件：粒子群算法/main.m)；最后运行程序后可以得到如下结果：

```
*************************************************
目标函数取最小值时的自变量：
xm =
  -0.983826572099156
  -1.000056938023330
  -1.013912977038022
  -0.996222657122986
  -1.018181786386371
  -0.988405250079631
  -1.011557254037663
  -1.001930961613762
  -1.002970800751743
  -0.984810142539969
目标函数的最小值为：
fv =
 -39.998688705996400
*************************************************
```

3.2.3　蚁群算法

蚁群算法(ant colony algorithm，ACA)是由 Colorni 等[3]在 20 世纪 90 年代初提出的。这种优化算法受启发于蚁群中个体在觅食过程中的相互合作，从而寻找到一条最短的通往食物源的觅食路径。对于蚁群算法，人工蚁群类似于真实蚁群，即在蚁群这个群体中个体与个体之间存在通信，在路径选择时都采用了当前的路径信息和随机选择策略，并且要实现最短路径的寻找。相比于真实蚁群，人工蚁群的不同之处在于：①人工蚁群具有记忆能力，可以保存曾经走过的路径信息；②人工蚁群在选择路径时并不是盲目的，而是会根据问题的空间特性，按照一定的算法规律有目的性地寻找最短的路径；③人工蚁群存在的环境是离散的。

蚁群算法的整个搜索过程可以用多层结构图来解释[4]，如图 3-11 所示，图中一个迭

代步中的层数为优化问题中设计变量的数目 i；每一层的节点数目为该设计变量所对应的离散值数目 p；每个节点的值为该层表示的设计变量所对应的离散值 $x_{ij}\left(i=1,2,\cdots,m,\ j=1,2,\cdots,p\right)$。图 3-11 表明，该优化问题具有 5 个设计变量，每个设计变量对应的离散值为 7 个。

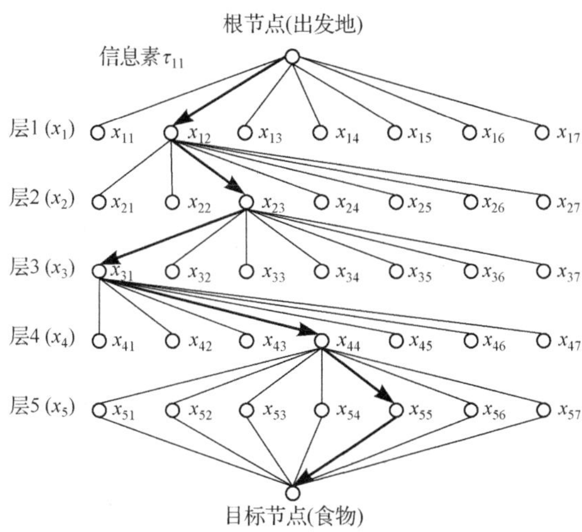

图 3-11　蚁群算法多层搜索结构图

蚁群算法的过程解释如下。定义种群所含有的个体(蚂蚁)数目 n_{p}，每个个体都是从根节点(出发地)出发，逐层进行搜索，最后到达目标节点(食物)。每个蚂蚁在每一层只能根据状态转换准则选择下一个节点。

一个蚂蚁从出发到到达目标节点所选择的所有节点为一个候选解，如图 3-11 中黑色箭头路径所经过的节点$\left(x_{12},x_{23},x_{31},x_{44},x_{55}\right)$。当蚂蚁走完一段路径，就会在该路径上留下信息素 τ_{ij}，表示第 i 层当前节点到第 i+1 层第 j 个节点的路径上信息素的含量，并且该信息素的多少与局部更新准则相关。当所有蚂蚁都从出发地到达目标节点后，采用全局更新准则更新当前最优路径上的信息素。在优化开始时，所有路径上的信息素设置为一个定值。因此，在第一步迭代过程中，所有蚂蚁都是随机选择路径并最终到达目标节点。当满足最大迭代步数设置，或者最优路径不再更新时，终止优化迭代过程。此时，具有最大信息素的路径上的节点对应的设计变量为最优解。总体上讲，当迭代终止时，所有蚂蚁都应该沿着同样的含有信息素最大的路径到达目标节点。

蚁群算法包括如下操作。

1) 状态转换准则

对于第 k 个蚂蚁，当其位于第 i 个节点时，利用状态转换准则来选择下一个节点，即根据信息素选择第 j 个节点的可能性(概率)为

$$p_{ij}^{(k)}=\begin{cases}\tau_{ij}^{\alpha}\Big/\sum\tau_{ij}^{\alpha}, & j\in N_i^{(k)}\\ 0, & j\notin N_i^{(k)}\end{cases} \tag{3-15}$$

式中，α表示信息素的重要度；$N_i^{(k)}$表示第 k 个蚂蚁所在第 i 个节点的邻居节点。邻居节点包含所有与第 i 个节点相连接的节点，但是要去除第 i 个节点之前途经的节点，以避免蚂蚁在到达目标前直接返回之前经过的节点。

2) 信息素更新

当第 k 个蚂蚁途经路径(i,j)时，会在该路径上释放信息素，释放的信息素大小为$\Delta\tau_{ij}^{(k)}$。在第 k 个蚂蚁从一个节点到另一个节点的移动过程中，该蚂蚁所途经的所有路径上的信息素都会挥发，信息素的挥发量为$\rho\tau_{ij},\rho\in(0,1],\forall(i,j)\in A$，$\rho$表示信息素挥发因子，$A$ 表示第 k 个蚂蚁途经路径。当所有的蚂蚁都返回出发点后，信息素通过下式更新：

$$\tau_{ij}=(1-\rho)\tau_{ij}+\sum_{k=1}^{n_p}\Delta\tau_{ij}^{(k)} \tag{3-16}$$

信息素更新的目的是增大最优路径上的信息素含量。第 k 个蚂蚁在路径(i,j)上释放的信息素为

$$\Delta\tau_{ij}^{(k)}=\frac{Q}{L_k} \tag{3-17}$$

式中，Q 是一个常数；L_k 是蚂蚁循环一周在路上所释放信息素的总量，是第 k 个蚂蚁所经过路径的总长度(对于旅行商问题，表示途经每个城市所经过的总距离)。式(3-17)可以进一步表示为

$$\Delta\tau_{ij}^{(k)}=\begin{cases}(\zeta f_{\text{best}})/f_{\text{worst}}, & (i,j)\in\text{全局最优路径}\\ 0, & \text{其他}\end{cases} \tag{3-18}$$

式中，f_{worst}和f_{best}分别为 N 个蚂蚁在觅食过程中对应的最差目标值和最优目标值；ζ为控制寻找全局最优路径的信息素释放量的参数。这个参数越大，全局最优路径上的信息素含量越大。

蚁群算法的流程如图 3-12 所示，具体介绍如下。

(1) 设置蚁群大小n_{p}、信息素挥发因子ρ、信息素释放量控制参数ζ、每个设计变量对应的离散值数目 p 和设计变量对应的离散值$x_{ij}\,(j=1,2,\cdots,p)$；在每一条路径(i,j)上释放初始等量的信息素$\tau_{ij}^{(1)}$，为了简化，令$\tau_{ij}^{(1)}$=1；记当前迭代步数k=1，当前搜索个体数l=1，当前搜索层数i=1。

(2) 从蚁群中第 l 个个体第 i 层开始搜索，根据式(3-15)计算当前所在节点处选择下一个节点的可能性$p_{ij}^{(k)}$，其中令$\alpha\geqslant1$。因此，可以根据在当前节点处计算的选择可能性确定积分分布范围。

(3) 生成 p 个随机数$r_i\left(i\in N_i^{(k)}\right)$，每一个随机数对应连接当前节点的一条路径；如果所计算的积分分布范围包含生成的随机数，则选择相应的随机数对应的路径，然后确定其中一条路径作为最终选择的路径。

(4) 如果$i<m$，更新$i=i+1$，返回步骤(2)，否则令i=1，进入下一步。

(5) 如果$l < n_p$，更新$l = l + 1$，返回步骤(2)，否则令l=1，进入下一步。

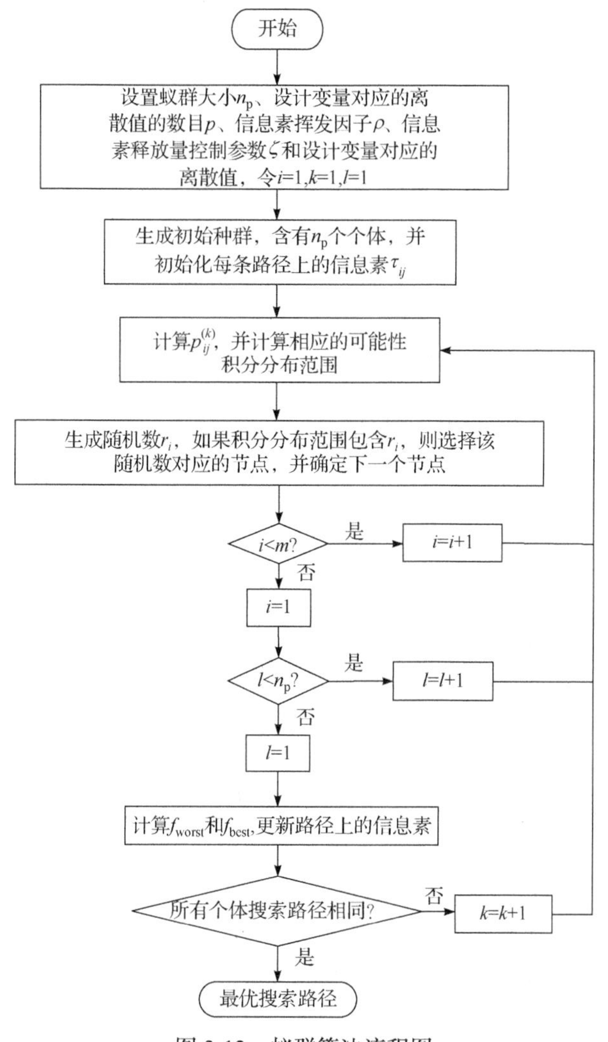

图 3-12 蚁群算法流程图

(6) 计算f_{worst}和f_{best}，根据式(3-16)和式(3-18)更新相应路径上累积的信息素，如果所有个体对应的搜索路径相同，则终止迭代，否则更新当前迭代步$k = k+1$，并返回步骤(2)。

尽管蚁群算法对于某些问题的求解具有比较大的优越性，如旅行商问题，但是基本蚁群算法还存在如下不足：计算量大；搜索时间长；局部搜索特性差；是离散的，只适用于组合优化问题。为了改善蚁群算法，提高蚁群算法的适用性，可以对蚁群算法做如下改进。

(1) 在搜索过程中采用确定性选择和随机性选择相结合的策略，并对状态转移准则进行动态调整，以改善局部搜索特性；

(2) 采用信息素局部更新准则，提高搜索过程的收敛性和效率。

下面是一个利用蚁群算法求解旅行商问题的案例：按照枚举法，我国 31 个城市(这里指直辖市、省会和自治区首府，不含香港、澳门和台北)的巡回路径约有 1.326×10^{32} 条，试找出一条距离最短的最佳路径(代码详见二维码文件：蚁群算法/main.m)。31 个城市的位置坐标存储在 citys_data.mat 文件中(见二维码文件：蚁群算法/ citys_data.mat)；程序运行后，得到的收敛历程和优化结果如图 3-13 所示。

代码

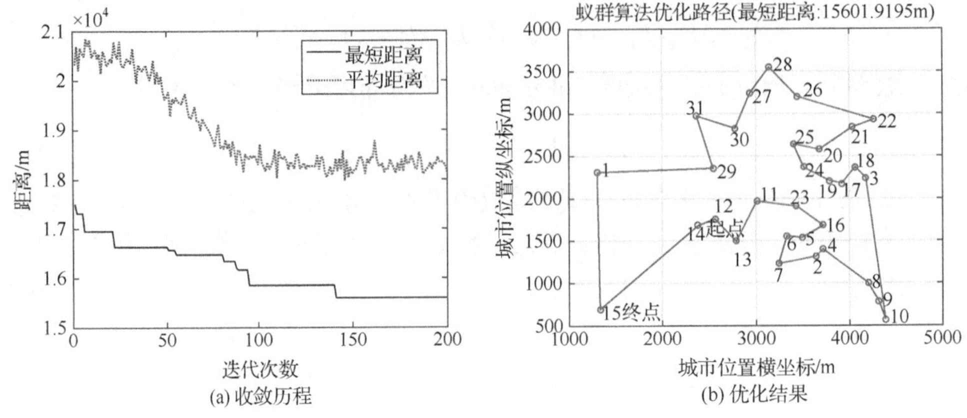

图 3-13 蚁群算法收敛历程和优化结果

3.2.4 模拟退火算法

模拟退火(simulated annealing，SA)算法是 20 世纪 80 年代发展起来的一种用于求解大规模组合优化问题的随机寻优算法。该算法源于对固体退火过程的模拟，采用 Metropolis 接受准则[5]，能在多项式时间里给出一个近似最优解。

首先对固体退火的概念进行如下解释：当被加热到一定温度时，固体处于融化状态，融化后固体中的原子可以自由移动；当融化固体的温度降低时，相应原子的这种无规则运动受到限制，并且趋向于有序排列，最终融化的固体结晶成含有最小内能的晶体。固体退火形成的晶体形式是依赖于冷却速率的，当固体融化后冷却的速率很快时，可能获得多晶状态，与晶体状态相比，这种多晶状态具有的内能更高。从工程应用的角度看，这种快速冷却得到的晶态会给材料内部引入缺陷。因此，固体的冷却需要一个较慢的降温过程，对应生成一个具有良好原子序列的晶态(其内能最低)。

模拟融化的固体冷却现象需要引入一个温度近似参数，并利用玻尔兹曼(Boltzmann)概率分布对其进行控制。Boltzmann 概率分布表示在温度 T 下，一个内能为 E 的平衡系统的概率分布具有如下关系：

$$P(E)=\mathrm{e}^{-E/(k_{\mathrm{B}}T)} \tag{3-19}$$

式中，$P(E)$ 表示获得能量的概率；k_{B} 表示 Boltzmann 常数。

式(3-19)说明，系统在高温下任何能量状态的概率都为 1；在低温下处于低能量状态的概率较大。这说明，如果优化算法的搜索过程被假设服从 Boltzmann 概率分布，那么模拟退火算法由温度 T 控制。这种应用 Boltzmann 概率分布模拟热力学系统的方法是由 Metropolis 等[5]首先创建的。

对于求目标函数的最小值问题，一个设计点 $\boldsymbol{x}_i$ 处的目标函数值可以表示为 $J(\boldsymbol{x}_i)$，热力学系统的能量状态与此相似，状态 $\boldsymbol{x}_i$ 下系统内能 E_i 可以表示为

$$E_i = J_i = J(\boldsymbol{x}_i) \tag{3-20}$$

根据 Metropolis 接受准则，下一个能量状态 $\boldsymbol{x}_{i+1}$ 出现的概率 $p[E_{i+1}]$ 依赖于当前能量状态和下一个能量状态下的能量差：

$$\Delta E = E_{i+1} - E_i = J_{i+1} - J_i = J(\boldsymbol{x}_{i+1}) - J(\boldsymbol{x}_i) \tag{3-21}$$

因此，新能量状态出现的概率按照 Boltzmann 概率分布可根据下式取值：

$$p[E_{i+1}] = \min\left\{1, \mathrm{e}^{-\Delta E/(k_{\mathrm{B}}T)}\right\} \tag{3-22}$$

式(3-22)中 Boltzmann 常数 k_{B} 起到了缩放因子的作用，为了使计算简化，可以取 $k_{\mathrm{B}}=1$。当能量差 $\Delta E<0$ 时，$p[E_{i+1}]=1$，因此新能量状态肯定会出现，说明新状态的能量小于当前状态的能量。如果 $\Delta E>0$，说明新状态的能量大于当前状态的能量，但是新能量状态出现的概率是个有限值 $p(E_{i+1}) = \mathrm{e}^{-\Delta E/(k_{\mathrm{B}}T)}$，因此该概率依赖于 ΔE 和 T 的取值。当温度很高时，大概率对应于大的能量差 ΔE，高温情况下差的能量状态很可能出现；相反，低温情况下差的能量状态出现的概率很低。由此可见，温度越低，搜索随着退火过程越靠近最优点，具有高能量的状态出现的概率越小。

模拟退火算法的特点在于：

- 最优解不受初始状态的影响，模拟退火算法为全局搜索算法；
- 具有通用性，无需梯度信息；
- 收敛特性不受目标函数的连续性和凸/凹特性影响；
- 对设计变量无需编码，对其正负也没有要求；
- 需要将有约束的优化问题转化为无约束的优化问题进行求解。

模拟退火算法的流程如图 3-14 所示，具体介绍如下。

(1) 设置初始温度 T^0、温度阈值 T_ε、温度缩减因子 c_T。同一温度下为了搜索到可行的能量状态，在当前能量状态的邻域内随机生成能量状态的最大迭代步数 n_{T}。

(2) 令初始迭代步数 $k=0$、恒温下的内循环迭代步数 $i=1$，在当前温度 T^k 下生成一个初始的能量状态(设计点) $\boldsymbol{x}_i^k$，并计算内循环迭代初始搜索点的目标函数值 $J(\boldsymbol{x}_i^k)$。

(3) 在当前能量状态 $\boldsymbol{x}_i^k$ 的邻域内随机生成一个新能量状态 $\boldsymbol{x}_{i+1}^k$，并计算 $J(\boldsymbol{x}_{i+1}^k)$、两个能量状态的能量差(目标函数差) $\Delta E = \Delta J = J(\boldsymbol{x}_{i+1}^k) - J(\boldsymbol{x}_i^k)$。

(4) 如果 $\Delta E<0$，则更新当前的能量状态 $\boldsymbol{x}_{i+1}^k = \boldsymbol{x}_i^k$，进入下一步；否则，根据 Metropolis 接受准则计算新能量状态出现的概率 $p[E_{i+1}]$，若 $p[E_{i+1}]$ 大于生成的在[0,1]的随机数，则更新当前的能量状态 $\boldsymbol{x}_{i+1}^k = \boldsymbol{x}_i^k$，并进入下一步，反之直接进入下一步。

(5) 更新内循环迭代步数 $i=i+1$，若 $i \geqslant n_{\mathrm{T}}$，则进入下一步；否则，回到步骤(3)。

(6) 更新循环迭代步数 $k=k+1$，并进行温度缩减(降温)，得到 $T^{k+1} = c_T T^k$；重置内循环迭代步数 $i=1$。

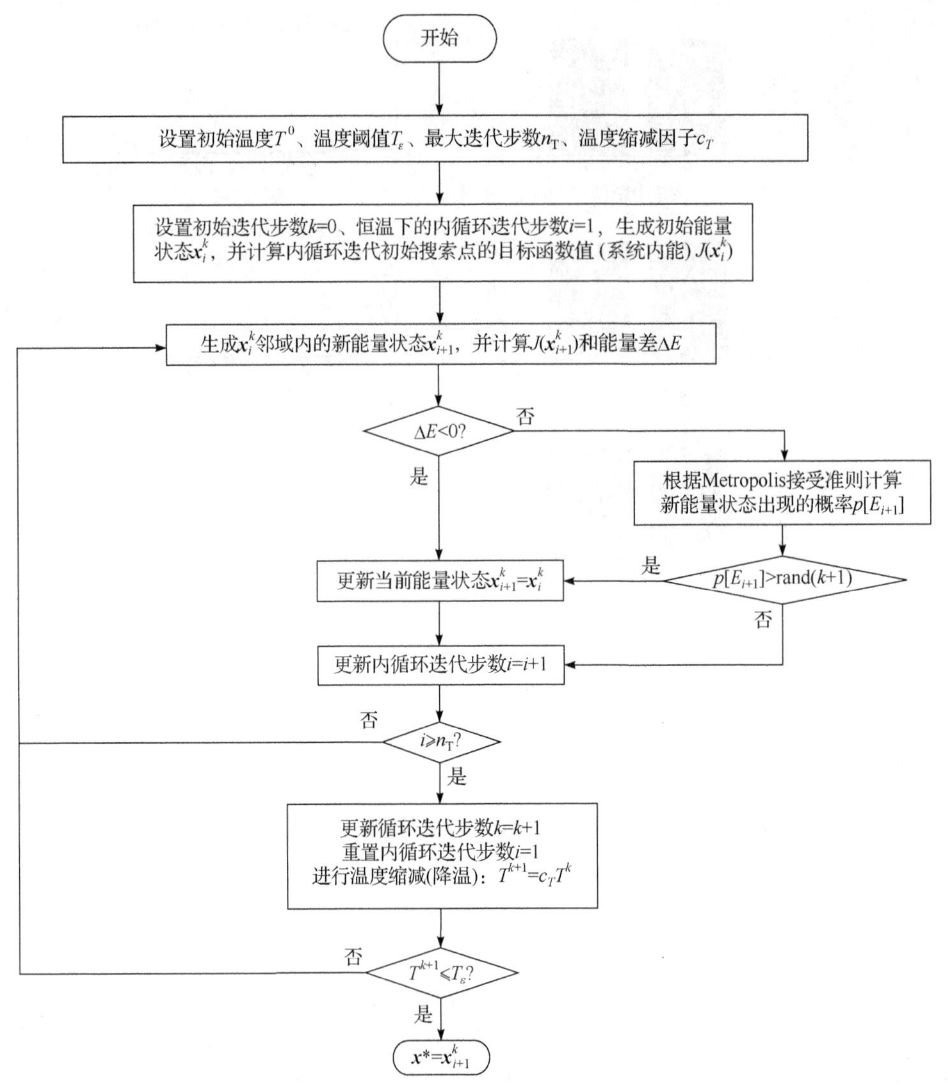

图 3-14　模拟退火算法流程图

(7) 判断算法迭代过程是否满足收敛准则$T^{k+1}\leqslant T_\varepsilon$，若满足则停止迭代过程；否则，返回迭代步骤(3)。

下面给出一个使用模拟退火算法求解 Rastigin 函数最小值的案例，Rastigin 函数如下：

$$f\left(x_1,x_2\right)=20+x_1^{\,2}+x_2^{\,2}-10\left(\cos\left(2\pi x_1\right)+\cos\left(2\pi x_2\right)\right),\quad -5\leqslant x_1\leqslant 5,-5\leqslant x_2\leqslant 5$$

首先构造目标函数(代码详见二维码文件：模拟退火算法/Rastrigin.m)；其次调用模拟退火算法工具箱求解上述问题(代码详见二维码文件：模拟退火算法/main.m)；最后运行程序，得到的模拟退火算法收敛历程如图 3-15 所示。

代码

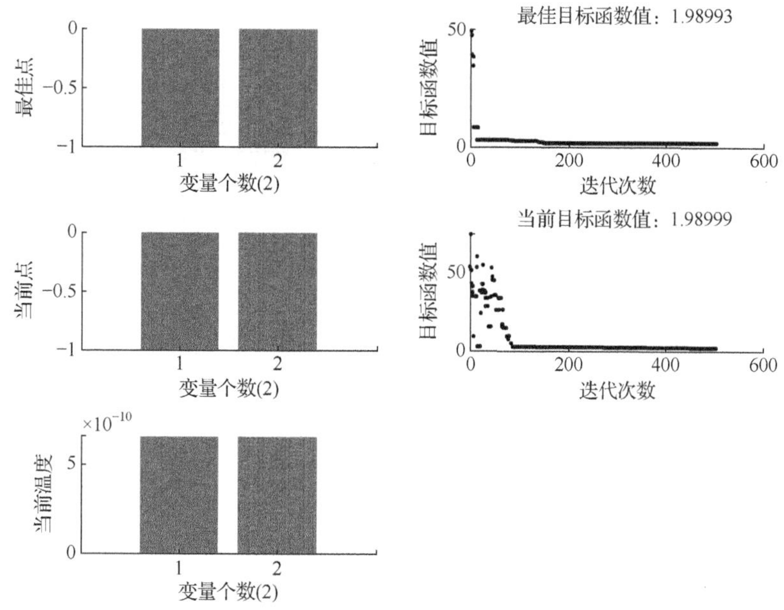

图 3-15　模拟退火算法收敛历程

优化结果：当 x=[−0.995,−0.9949]时，函数取最小值 1.98993。

3.2.5　大猩猩部队优化算法

大猩猩部队优化算法是受大猩猩群体行为启发的一种群体智能优化算法，主要由探索和开发两个阶段组成[6]。在探索阶段使用三种不同的操作方式，包括向未知位置迁移、向已知位置迁移和向其他群体迁移；在开发阶段使用两种不同的操作方式，包括跟随大猩猩首领和为雌性大猩猩竞争。

在探索阶段，所有大猩猩都被视为年轻雄性大猩猩，即候选解。大猩猩首领为每一次迭代过程中的最优解，采用三种不同的数学表达式(式(3-23))来模拟大猩猩群体的自然迁移行为，即向未知位置迁移、向已知位置迁移和向其他群体迁移。

$$\boldsymbol{GX}(t+1)=\begin{cases}(\text{Upb}-\text{Lob})\times r_1+\text{Lob}, & \text{rand}<P\\(r_2-C)\times \boldsymbol{X}_r(t)+L\times H, & \text{rand}\geqslant 0.5\\\boldsymbol{X}(i)-L\times\big(L\times(\boldsymbol{X}(t)-\boldsymbol{GX}_r(t))+\\r_3\times(\boldsymbol{X}(t)-\boldsymbol{GX}_r(t))\big), & \text{rand}<0.5\end{cases}\tag{3-23}$$

式中，$\boldsymbol{GX}(t+1)$ 表示下一次迭代中大猩猩个体的候选位置；t 表示当前迭代次数；$\boldsymbol{X}(t)$ 表示每只大猩猩的当前位置；r_1、r_2、r_3 和 rand 表示在每次迭代中更新的在[0,1]的随机值；P 表示一个常数，其值为 0.03；$\boldsymbol{X}_r(t)$ 和 $\boldsymbol{GX}_r(t)$ 分别表示从整个种群中随机选择一只大猩猩的当前位置和候选位置；Upb 和 Lob 分别表示目标空间的上边界和下边界；C、L、H 分别用如下公式计算：

$$
\begin{cases}
C = F \times \left(1 - \dfrac{t}{\text{maxIt}}\right) \\
F = \cos(2 \times \text{rand}) + 1 \\
L = C \times l \\
H = Z \times \boldsymbol{X}(t)
\end{cases}
\tag{3-24}
$$

式中，l 是在[−1, 1]的随机值；Z 是在[−C, C]的随机值；maxIt 是最大迭代次数。

在大猩猩部队优化算法的开发阶段，为了模拟跟随大猩猩首领和为雌性大猩猩竞争这两种行为，引入参数 w 来控制它们之间的切换，其值为 0.8。

如果 $C \geqslant w$，就进入第一个阶段，选择跟随大猩猩首领，其数学表达式如下：

$$
\begin{cases}
\boldsymbol{GX}(t+1) = L \times \boldsymbol{GX}_{\text{avg}} \times \left(\boldsymbol{X}(t) - \textbf{gbest}\right) + \boldsymbol{X}(t) \\
\boldsymbol{GX}_{\text{avg}} = \left(\left|\dfrac{1}{N}\sum_{i=1}^{N}\boldsymbol{GX}_i(t)\right|^{g}\right)^{\frac{1}{g}} \\
g = 2^{L}
\end{cases}
\tag{3-25}
$$

式中，**gbest** 是大猩猩首领的位置；N 是大猩猩个体数。

如果 $C < w$，就进入第二个阶段，选择为雌性大猩猩竞争。当年轻的大猩猩进入青春期后，它们会与其他雄性大猩猩战斗，以争夺成年的雌性大猩猩。用下式来模拟这种行为：

$$
\boldsymbol{GX}_i = \textbf{gbest} - \left(\textbf{gbest} \times Q - \boldsymbol{X}(t) \times Q\right) \times A
\tag{3-26}
$$

式中，Q 表示战斗力；A 表示为战斗力系数。Q、A 的计算方式如下：

$$
\begin{cases}
Q = 2 \times \text{rand} - 1 \\
A = \beta \times E
\end{cases}
\tag{3-27}
$$

式中，$\beta = 3$；E 用来模拟解的维度对战斗力的影响，如下式所示：

$$
E = \begin{cases}
N_1, & \text{rand} \geqslant 0.5 \\
N_2, & \text{rand} < 0.5
\end{cases}
\tag{3-28}
$$

当 $\text{rand} \geqslant 0.5$ 时，E 等于由符合正态分布的随机数组成的 D 维数组；当 $\text{rand} < 0.5$ 时，E 等于符合正态分布的一个随机值。

大猩猩部队优化算法流程描述如下，如图 3-16 所示。

(1) 初始化种群；

(2) 计算个体适应度值，选出最优个体；

(3) 更新 C、F、L、H 等参数；

(4) 根据式(3-23)开始探索行为；

(5) 如果 $C \geqslant w$，就进入第一个阶段，选择跟随大猩猩首领，根据式(3-25)更新位置，否则进入第二个阶段，选择与其他雄性大猩猩战斗，根据式(3-26)更新位置；

(6) 计算个体适应度值，选出最优个体；

(7) 判断是否满足终止条件，若满足则跳出循环，否则返回步骤(3)；

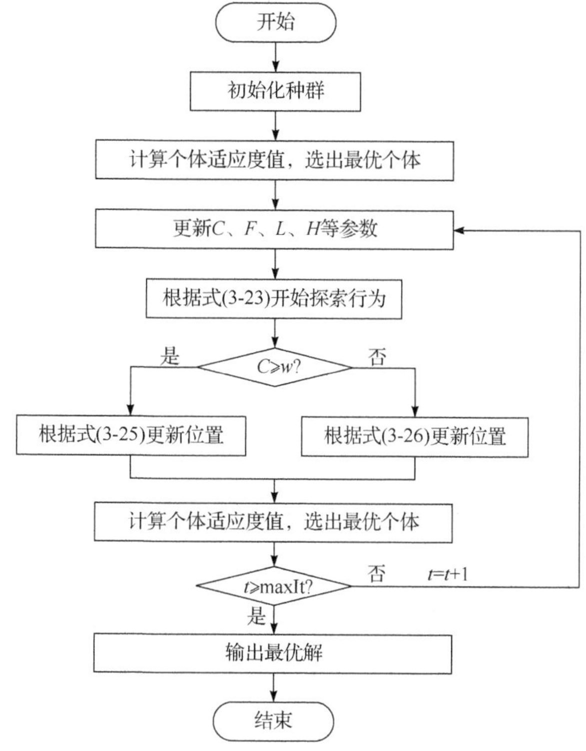

图 3-16　大猩猩部队优化算法流程图

(8) 输出最优位置及最优适应度值。

代码

大猩猩部队优化算法的代码详见二维码文件：大猩猩部队优化算法/ GTO.m；其中用到的种群初始化代码详见二维码文件：大猩猩部队优化算法/initialization.m。

下面给出一个使用大猩猩部队优化算法计算函数 $f(\boldsymbol{x})=\sum_{i=1}^{n}x_i^2(-100\leqslant x_i\leqslant 100,n=30)$ 最小值的例子。主函数代码详见二维码文件：大猩猩部队优化算法/main.m；其中用到的适应度函数 fitness 代码详见二维码文件：大猩猩部队优化算法/fitness.m。

运行程序后得到的大猩猩部队优化算法收敛历程如图 3-17 所示。

得到的优化结果如下：

```
GTO is now tackling your problem
求解得到的最优解为：-1.7244e-19  -2.256e-20  5.5018e-20  1.7487e-18  4.5584e-19  1.5375e-19
2.1463e-19  -5.4032e-21 -3.0075e-19   2.9934e-20   5.3452e-19 -1.3683e-19  5.4433e-19
4.2921e-19  -1.4887e-19  -5.7538e-19  -4.0954e-19  -2.009e-18  1.2776e-18  4.8753e-19
-1.6518e-18 -3.1121e-18  -5.1014e-19  -2.5145e-19  2.5206e-19  3.7209e-19  1.4838e-19
7.5801e-20   1.0353e-18   1.343e-18
最优解对应的函数值为：Fit=2.6515e-35
```

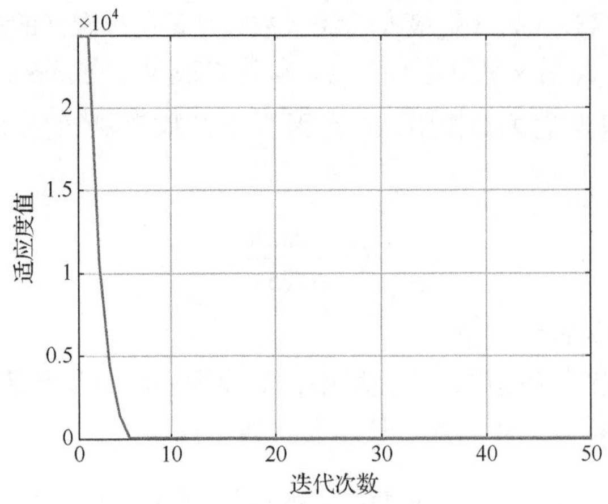

图 3-17 大猩猩部队优化算法收敛历程

3.2.6 堆优化算法

堆优化算法利用堆数据结构模拟公司等级制度，采用堆的概念形成个体之间的交互，并且构建了 3 种构造新解的数学模型，具有收敛速度快、精度高的特点[7]。

堆是一个非线性树形数据结构，具有以下两个属性：

(1) 堆是一个完整的树。如果树的每一层(可能除了最后一层)都被填满，并且最后一层中的所有节点都尽可能向左，则称为完整树。

(2) 在最小堆情况下，每个父节点的键都小于或等于其子节点的键；在最大堆情况下，每个父节点的键都大于或等于其子节点的键。

公司等级制度的最终目标是以最好的方式完成与业务相关的任务，主要包括 3 种数学模型：下属与直接领导的交互、同事之间的互动和员工的自我贡献。

1) 下属与直接领导交互的数学模型

在一个集中的组织结构中，规则和政策由上层实施，下属则服从直接领导。假设每个父节点是其子节点的直接领导，这种行为可以通过父节点 $\boldsymbol{B}$ 更新每个搜索点 $\boldsymbol{x}_i$ 的位置来建模，公式如下：

$$\boldsymbol{x}_i^k(t+1)=\boldsymbol{B}^k+\gamma\lambda^k\,|\boldsymbol{B}^k-\boldsymbol{x}_i^k(t)| \tag{3-29}$$

式中，t 表示当前迭代次数；k 表示向量的第 k 个分量；λ^k 表示向量 $\boldsymbol{\lambda}$ 的第 k 个分量，其值由以下公式随机生成：

$$\lambda^k=2r-1 \tag{3-30}$$

式中，r 是均匀分布在[0,1]的随机数。

γ 是设计参数，其计算公式如下：

$$\gamma=\left|2-\frac{\left(t \mod \dfrac{\text{maxIt}}{C}\right)}{\dfrac{\text{maxIt}}{4C}}\right| \tag{3-31}$$

式中，t 是当前迭代次数；maxIt 是最大迭代次数；C 是用户定义的参数。在迭代过程中，γ 从 2 线性减少到 0；然后又从 0 增加到 2。参数 C 决定了在 maxIt 次迭代中 γ 将完成多少个循环。C 对于优化起着关键作用，这是因为 C 控制着 $\gamma\lambda^k$ 的变化率。通过大量测试，C 被定义为

$$C = \frac{\text{maxIt}}{25} \tag{3-32}$$

2) 同事之间互动的数学模型

级别相同的职员被认为是同事。在堆中，假设同一层的节点是同事节点，每个搜索点 $\boldsymbol{x}_i$ 根据随机选择的同事 $\boldsymbol{s}_r$ 更新其位置，公式如下：

$$x_i^k(t+1) = \begin{cases} \boldsymbol{s}_r^k + \gamma\lambda^k \left|\boldsymbol{s}_r^k - \boldsymbol{x}_i^k(t)\right|, & f(\boldsymbol{s}_r) < f(\boldsymbol{x}_i(t)) \\ \boldsymbol{x}_r^k + \gamma\lambda^k \left|\boldsymbol{s}_r^k - \boldsymbol{x}_i^k(t)\right|, & f(\boldsymbol{s}_r) \geqslant f(\boldsymbol{x}_i(t)) \end{cases} \tag{3-33}$$

式中，$f(\cdot)$表示目标函数值，即适应度值。式(3-33)的位置更新机制与式(3-29)十分相似，但不同的是，当 $f(\boldsymbol{s}_r) < f(\boldsymbol{x}_i(t))$ 时，式(3-33)只允许搜索 $\boldsymbol{s}_r^k$ 周围的区域；当 $f(\boldsymbol{s}_r) \geqslant f(\boldsymbol{x}_i(t))$ 时，只允许搜索 $\boldsymbol{x}_r^k$ 周围的区域。这种行为促进了探索与开发。随机选择的同事具有多样性，并且总是在优秀的解决方案周围搜索，从而促进了收敛。

3) 员工自我贡献的数学模型

在员工自我贡献的数学模型中，个体在前一次迭代中的一些位置信息会一直保留到下一次迭代。搜索点在下一次迭代中不会更改其第 k 个设计变量位置：

$$\boldsymbol{x}_i^k(t+1) = \boldsymbol{x}_i^k(t) \tag{3-34}$$

在堆优化算法中，概率 p_1、p_2、p_3 决定了个体将会在以上 3 个数学模型中选择哪个数学模型进行更新，总体位置更新公式如下：

$$\boldsymbol{x}_i^k(t+1) = \begin{cases} \boldsymbol{x}_i^k(t), & p \leqslant p_1 \\ \boldsymbol{B}^k + \gamma\lambda^k \left|\boldsymbol{B}^k - \boldsymbol{x}_i^k(t)\right|, & p > p_1 \text{且} p \leqslant p_2 \\ \boldsymbol{s}_r^k + \gamma\lambda^k \left|\boldsymbol{s}_r^k - \boldsymbol{x}_i^k(t)\right|, & p > p_2 \text{且} p \leqslant p_3 \text{且} f(\boldsymbol{s}_r) < f(\boldsymbol{x}_i(t)) \\ \boldsymbol{x}_r^k + \gamma\lambda^k \left|\boldsymbol{s}_r^k - \boldsymbol{x}_i^k(t)\right|, & p > p_2 \text{且} p \leqslant p_3 \text{且} f(\boldsymbol{s}_r) \geqslant f(\boldsymbol{x}_i(t)) \end{cases} \tag{3-35}$$

式中，p_1、p_2、p_3 的计算方式如下：

$$\begin{cases} p_1 = 1 - t/\text{maxIt} \\ p_2 = p_1 + (1 - p_1)/2 \\ p_3 = p_2 + (1 - p_1)/2 \end{cases} \tag{3-36}$$

堆优化算法流程描述如下，如图 3-18 所示。

(1) 初始化公司；

(2) 计算公司中每个员工的适应度值，获取全局最优解；
(3) 构建堆；
(4) 根据不同的概率 p 从 3 个数学模型中选择 1 个进行更新；
(5) 边界控制，计算每个员工的适应度值；
(6) 更新公司；
(7) 判断是否满足终止条件，若满足则跳出循环，否则返回步骤(3)；
(8) 输出最优位置及最优适应度值。

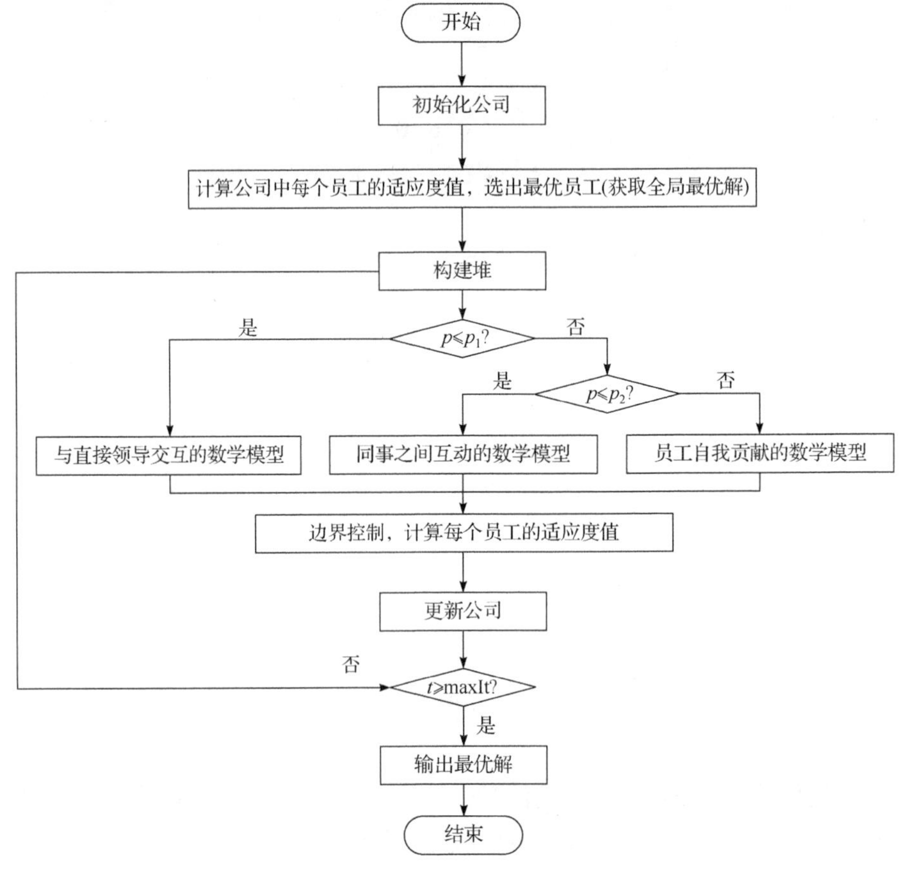

图 3-18　堆优化算法流程图

堆优化算法的代码详见二维码文件：堆优化算法/HBO.m。其中用到的种群初始化代码同 3.2.5 小节。

代码

下面给出一个使用堆优化算法计算函数 $f(\boldsymbol{x})=\sum_{i=1}^{n} x_i^2 (-100 \leqslant x_i \leqslant 100, n=30)$ 最小值的例子。主函数代码详见二维码文件：堆优化算法/main.m。其中用到的适应度函数 fitness 同 3.2.5 小节。

运行程序后得到的堆优化算法收敛历程如图 3-19 所示。

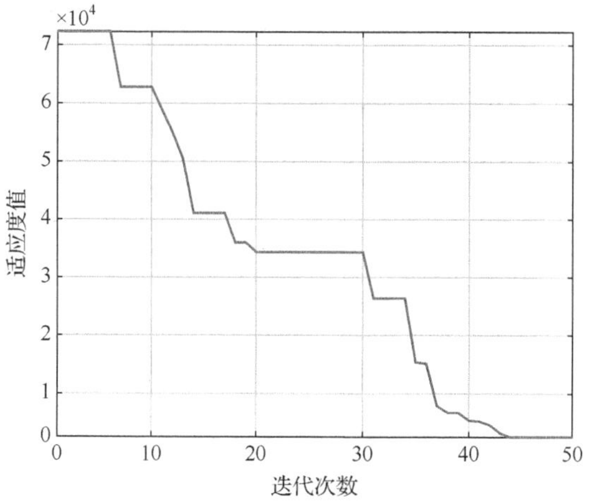

图 3-19　堆优化算法收敛历程

得到的优化结果如下：

```
HBO is now tackling your problem
求解得到的最优解为：-2.60255    6.61516    -3.4303    6.97893    3.94763
-0.612868    -10.0927    2.35513    14.4818    16.3822    -3.92681
0.279248    9.06673    -9.73688    6.01954    -6.91957    5.28555
5.73187    -11.6849    17.4168    0.161694    7.86424    -7.99926
15.3709    -11.9072    4.87317    1.14506    18.215    -12.1277
-6.77476
最优解对应的函数值为：Fit=2543.5066
```

3.3　基于代理模型的智能优化过程

微课

传统的优化设计方法包括梯度优化算法和启发式优化算法。梯度优化算法利用目标函数和约束函数关于设计变量的梯度信息来确定有利的搜索方向，并寻找最优的下降步长，不断迭代，直到目标函数收敛至离起始点最近的局部最优点。常用的梯度优化算法有 BFGS 拟牛顿算法、共轭梯度算法、序列二次规划(sequential quadratic programming，SQP)算法等。然而，梯度优化算法存在两个缺陷：一是梯度的计算较为困难，二是对于多极值问题，容易陷于局部最优。启发式优化算法则可以完美避开这两个缺陷。研究结果表明，即使采用多起点的梯度优化策略，梯度优化算法的优化效果也难以与启发式优化算法相媲美。启发式优化算法是指模拟自然界中的生物进化或生物群体行为等现象，设定某种标准来获得全局最优解。常见的启发式优化算法包括遗传算法(GA)、粒子群优化算法(PSO)等。这类算法虽然具有非常良好的全局搜索能力，但由于在优化过程中需要成千上万次(甚至更多)地直接调用数值模拟分析程序，整个优化过程的计算成本巨大。更严重的是，随着设计变量和约束个数的增多，计算量剧增，优化无法进行，也就是维数灾

难(curse of dimensionality)现象，这极大限制了其在优化设计中的应用。因此，为了提高优化效率，同时兼顾全局搜索能力，基于代理的优化(surrogate-based optimization，SBO)方法应运而生，并逐渐成为优化设计领域的研究热点之一。

3.3.1　代理优化框架

代理优化算法基于历史数据来驱动新样本的加入。具体来说，通过建立目标函数的代理模型，求解由优化加点准则定义的子优化问题，得到新的样本点并加入样本数据集中，循环更新代理模型，直到所产生的样本点序列逼近局部和全局最优解[8]。典型的代理优化框架如图 3-20 所示，下面针对优化问题来说明代理优化的流程。假设有如下一个 m 维通用优化问题：

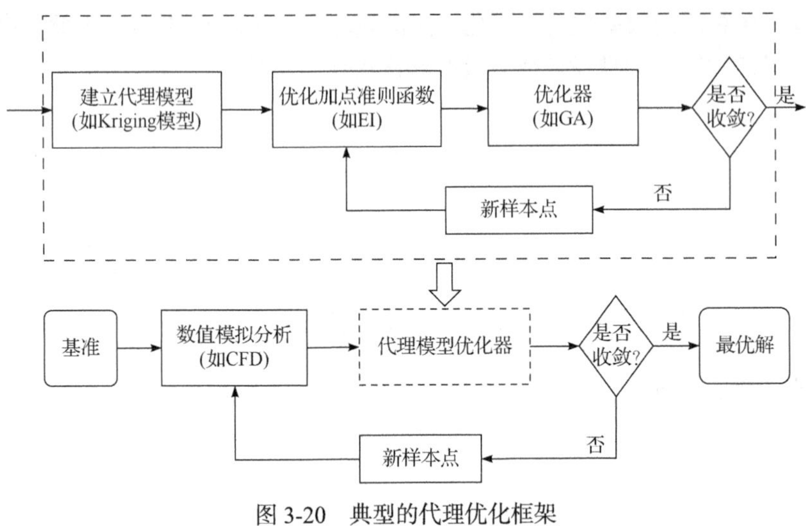

图 3-20　典型的代理优化框架

$$
\begin{aligned}
&\min \quad y(\boldsymbol{x})=\left[f_1(\boldsymbol{x}),f_2(\boldsymbol{x}),\cdots,f_p(\boldsymbol{x})\right]^{\mathrm{T}}\\
&\text{w.r.t.} \quad \boldsymbol{x}_{\mathrm{l}}\leqslant \boldsymbol{x}\leqslant \boldsymbol{x}_{\mathrm{u}}\\
&\text{s.t.} \quad \begin{cases} h_i(\boldsymbol{x})=0, & i=1,2,\cdots,n_{\mathrm{h}}\\ g_j(\boldsymbol{x})\leqslant 0, & j=1,2,\cdots,n_{\mathrm{g}}\end{cases}
\end{aligned}
\tag{3-37}
$$

式中，$y(\boldsymbol{x})$为目标函数；p 为目标个数(p=1 时为单目标优化问题，$p\geqslant 2$ 时为多目标优化问题)；$\boldsymbol{x}_{\mathrm{u}}$ 和 $\boldsymbol{x}_{\mathrm{l}}$ 分别为设计变量的上限和下限；$h(\boldsymbol{x})$ 和 $g(\boldsymbol{x})$ 分别为等式约束函数和不等式约束函数；n_{h} 和 n_{g} 分别为等式约束个数和不等式约束个数。

代理优化求解一般过程如下所述。

(1) 通过试验设计方法在设计空间内选取 n 个初始样本：$\boldsymbol{S}=[\boldsymbol{x}^{(1)},\boldsymbol{x}^{(2)},\cdots,\boldsymbol{x}^{(n)}]^{\mathrm{T}}\in\mathbf{R}^{n\times m}$，并对这些样本进行数值模拟分析(如 CFD 分析)，得到目标函数 $y(\boldsymbol{x})$ 和约束函数 $h(\boldsymbol{x})$ 、$g(\boldsymbol{x})$ 的响应值；

(2) 基于样本数据集 $(\boldsymbol{S},\boldsymbol{y}_S)$ 建立初始的代理模型 $\hat{y}(\boldsymbol{x})$ 、$\hat{h}(\boldsymbol{x})$ 和 $\hat{g}(\boldsymbol{x})$；

(3) 在代理模型的基础上，根据优化加点准则构造子优化问题，并利用传统优化算法

求解得到新样本点 $\boldsymbol{x}^*$；

(4) 对样本点 $\boldsymbol{x}^*$ 进行数值分析，并将结果添加到数据集中，不断更新代理模型，直到所产生的样本点序列收敛于局部或全局最优解。

对比图 3-21 所示的传统优化框架可知，代理优化的核心机制是子优化问题。在代理模型的基础上，通过构造适当的学习函数，形成子优化问题的数学模型。采用传统的梯度或启发式优化算法等求解子优化问题，便可以不断生成新的样本点，并驱动主优化过程朝着局部或全局最优解逼近。影响代理优化的关键因素是代理模型的选择和优化加点准则的构建，这些内容将在 3.3.2 小节和 3.3.3 小节介绍。一般来讲，利用一些具有全局性的优化加点准则构造在整个设计空间内的学习函数，可以保证优化算法的全局收敛性。研究结果表明，针对设计空间光滑连续且目标函数和约束函数计算代价昂贵的优化设计问题，代理优化算法的效率比传统优化算法的效率高 1～2 个数量级。因此，代理优化算法对于提升导弹性能、降低设计成本具有非常重要的意义。

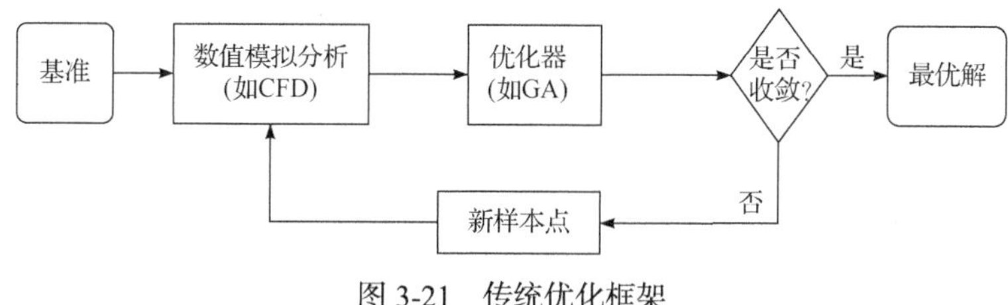

图 3-21 传统优化框架

3.3.2 代理模型建模方法

1. 响应面模型

响应面方法通过多项式函数对样本和响应之间的映射关系进行拟合。响应面方法有如下特点：构造简单快速，不能保证模型通过所有样本点，对于高度复杂的函数逼近效果不好。典型的二阶多项式函数的表达式：

$$\hat{f}(\boldsymbol{x})=\beta_0+\sum_{i=1}^{m}\beta_i x_i+\sum_{1\leqslant i\neq j\leqslant m}^{m}\beta_{ij}x_i x_j+\sum_{i=1}^{m}\beta_{ii}x_i^2 \tag{3-38}$$

式中，m 为自变量维度；β_0、β_i、β_{ij}、β_{ii} 等为待定参数。值得注意的是，选取的多项式函数阶数越高，拟合所需的样本点数量就越大。由于待定参数总个数 $p=(m+1)(m+2)/2$，因此至少需要 p 个样本点才能建立 m 维变量的响应面模型。假设样本点及样本点所对应的响应值如下：

$$\begin{cases}\boldsymbol{X}=\left(\boldsymbol{x}^{(1)},\boldsymbol{x}^{(2)},\cdots,\boldsymbol{x}^{(n)}\right)^{\mathrm{T}}\\ \boldsymbol{Y}=\left(\boldsymbol{y}^{(1)},\boldsymbol{y}^{(2)},\cdots,\boldsymbol{y}^{(n)}\right)^{\mathrm{T}}\end{cases} \tag{3-39}$$

式中，n 为样本点个数。那么，可以通过最小二乘估计得到待定参数值：

$$\boldsymbol{\beta}=\left(\boldsymbol{U}^{\mathrm{T}}\boldsymbol{U}\right)^{-1}\boldsymbol{U}^{\mathrm{T}}\boldsymbol{Y} \tag{3-40}$$

式中，

$$
\boldsymbol{U}=\begin{bmatrix}
1 & x_1^{(1)} & \cdots & x_m^{(1)} & x_1^{(1)}x_2^{(1)} & \cdots & x_{m-1}^{(1)}x_m^{(1)} & \left(x_1^{(1)}\right)^2 & \cdots & \left(x_m^{(1)}\right)^2 \\
\vdots & \vdots & & \vdots & \vdots & & \vdots & \vdots & & \vdots \\
1 & x_1^{(n)} & \cdots & x_m^{(n)} & x_1^{(n)}x_2^{(n)} & \cdots & x_{m-1}^{(n)}x_m^{(n)} & \left(x_1^{(n)}\right)^2 & \cdots & \left(x_m^{(n)}\right)^2
\end{bmatrix} \tag{3-41}
$$

$\boldsymbol{\beta}$ 为求解得到的 β_0、β_i、β_{ij}、β_{ii} 等参数组成的列向量。待定参数求解完成后，设计空间内任意一点 $\boldsymbol{x}$ 的预测响应值便可以由式(3-38)很快得到。

图 3-22 是一个响应面模型拟合真实函数的例子，其中样本点添加了一个微小的正态分布的噪声。结果表明，响应面模型对数据集的拟合效果较好。

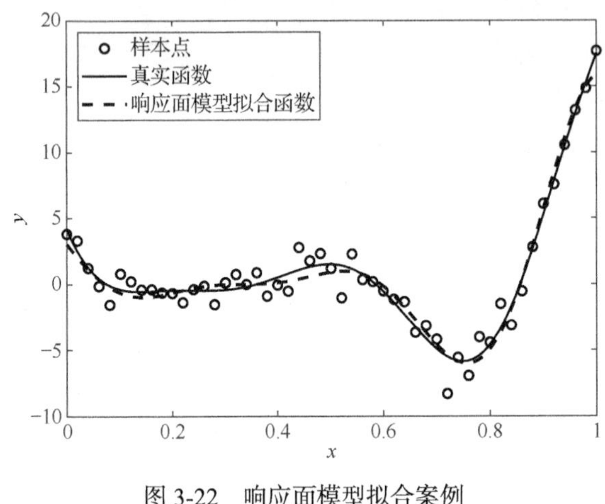

图 3-22　响应面模型拟合案例

代码

响应面方法的代码见二维码文件。其中，polynomial.m 函数用来进行多项式拟合，它通过交叉验证确定最适合问题的多项式阶数；muultipeak.m 为主函数，它用响应面方法来拟合一个多峰函数。

2. 径向基函数模型

径向基函数是常用的建模方法之一，其基本原理：以一组散布在设计空间中的点作为基函数中心构造基函数，并用基函数加权组合而成的光滑连续函数来近似输入与输出之间的关系。其插值过程的数学模型为

$$
\hat{f}\left(\boldsymbol{x}^{(j)}\right)=\boldsymbol{w}^{\mathrm{T}}\boldsymbol{\psi}=\sum_{i=1}^{n_c} w_i\psi\left(\left\|\boldsymbol{x}^{(j)}-\boldsymbol{c}^{(i)}\right\|\right)=y^{(j)},\quad j=1,2,\cdots,n \tag{3-42}
$$

式中，n 表示样本点个数；$\boldsymbol{x}^{(j)}$ 表示 n 个样本点中的第 j 个；n_c 表示基函数中心个数；$\boldsymbol{c}^{(i)}$ 表示 n_c 个基函数中心中的第 i 个；式(3-42)有唯一解的条件为 $n=n_c$；$\psi\left(\left\|\boldsymbol{x}^{(j)}-\boldsymbol{c}^{(i)}\right\|\right)$ 表示在样本点 $\boldsymbol{x}^{(j)}$ 和基函数中心 $\boldsymbol{c}^{(i)}$ 之间的欧氏距离上进行计算得到的基函数值；$\boldsymbol{\psi}$ 表示包含基函数值的 n_c 维向量；$\boldsymbol{w}$ 表示权重，通过下式计算得到：

$$\boldsymbol{w}=\boldsymbol{\psi}^{-1}\boldsymbol{y} \tag{3-43}$$

待权重求解后，通过下式计算预测点 $\boldsymbol{x}$ 处的径向基函数近似值：

$$\hat{f}(\boldsymbol{x})=\boldsymbol{w}^{\mathrm{T}}\boldsymbol{\Phi}=\sum_{i=1}^{n_c}w_i\Phi\left(\left\|\boldsymbol{x}-\boldsymbol{c}^{(i)}\right\|\right) \tag{3-44}$$

式中，$\Phi\left(\left\|\boldsymbol{x}-\boldsymbol{c}^{(i)}\right\|\right)$ 为在预测点 $\boldsymbol{x}$ 和基函数中心 $\boldsymbol{c}^{(i)}$ 之间的欧氏距离上进行计算得到的基函数值。

径向基函数建模实现过程简单，并且可以灵活选择基函数，基函数的选择会对建模结果产生重要影响。典型的基函数包括：

(1) 线性基函数 $\psi(r)=r$；

(2) 立方基函数 $\psi(r)=r^3$；

(3) 薄板样条基函数 $\psi(r)=r^2\ln r$；

(4) 高斯(Gauss)基函数 $\psi(r)=\mathrm{e}^{-r^2/(2\sigma^2)}$；

(5) 多元二次基函数 $\psi(r)=(r^2+\sigma^2)^{1/2}$；

(6) 逆多元二次基函数 $\psi(r)=(r^2+\sigma^2)^{-1/2}$；

当引入正则化参数后，径向基函数模型也能够处理带有噪声的数据，此时权重的求解公式变为如下形式：

$$\boldsymbol{w}=\left(\boldsymbol{\psi}+\lambda\boldsymbol{I}\right)^{-1}\boldsymbol{y} \tag{3-45}$$

式中，$\boldsymbol{I}$ 为单位矩阵；λ 为正则化参数，理想情况下，其值应该设置为响应数据 $\boldsymbol{y}$ 中噪声的方差。因此，径向基函数模型是一种实用的精细化建模方法，应用广泛。

代码

径向基函数模型的代码见二维码文件。其中，rbf.m 函数用来进行径向基模型参数的估计；dome.m 为目标函数；basis.m 可以选择不同的基函数；predrbf.m 为用于求新点处径向基模型预估值的函数；rbfexample.m 为主函数。

3. Kriging 模型

克里金(Kriging)模型是比较有代表性的一种精细化建模方法，由南非采矿工程师 Krige 于 1951 年提出。Kriging 模型是一种插值模型，将未知点处的响应值看作随机过程，利用相关函数和最大似然估计来最小化估计值处的预测误差[9]。Kriging 插值预测的数学表达式为

$$\hat{y}(x)=\hat{\mu}+\boldsymbol{r}^{\mathrm{T}}\boldsymbol{R}^{-1}\left(\boldsymbol{y}-\mathbf{1}\hat{\mu}\right) \tag{3-46}$$

式中，$\boldsymbol{r}$ 表示预测样本与所有已知样本之间的相关性；$\boldsymbol{R}$ 表示相关矩阵；$\boldsymbol{y}$ 表示样本函数值构成的向量；$\hat{\mu}$ 表示通过最大似然估计得到的高斯随机过程的均值；$\mathbf{1}$ 表示由数值 1 组成的列向量。$\boldsymbol{R}$ 和 $\hat{\mu}$ 的计算公式是

$$\begin{cases} \boldsymbol{R}\left(\boldsymbol{x}^i,\boldsymbol{x}^j\right)=\exp\left[-\sum_{l=1}^{m}\theta_l\left|x_l^i-x_l^j\right|^2\right], \quad i,j=1,2,\cdots,n \\ \hat{\mu}=\dfrac{\mathbf{1}^{\mathrm{T}}\boldsymbol{R}^{-1}\boldsymbol{y}}{\mathbf{1}^{\mathrm{T}}\boldsymbol{R}^{-1}\mathbf{1}} \end{cases} \tag{3-47}$$

式中，最优模型参数θ需要通过优化算法计算得到。

Kriging 模型近似非线性函数的能力强，也可以灵活控制相关函数，预测精度较高。在建模的同时可以给出模型在预测点处的预测误差$s^2\left(\boldsymbol{x}\right)$：

$$\begin{cases} \hat{\sigma}_{\mathrm{C}}^2=\dfrac{\left(\boldsymbol{y}-\mathbf{1}\hat{\mu}\right)^{\mathrm{T}}\boldsymbol{R}^{-1}\left(\boldsymbol{y}-\mathbf{1}\hat{\mu}\right)}{n} \\ s^2\left(\boldsymbol{x}\right)=\hat{\sigma}_{\mathrm{C}}^2\left[1-\boldsymbol{r}^{\mathrm{T}}\boldsymbol{R}^{-1}\boldsymbol{r}+\dfrac{\left(1-\mathbf{1}^{\mathrm{T}}\boldsymbol{R}^{-1}\boldsymbol{r}\right)^2}{\mathbf{1}^{\mathrm{T}}\boldsymbol{R}^{-1}\mathbf{1}}\right] \end{cases} \tag{3-48}$$

式中，$\hat{\sigma}_{\mathrm{C}}^2$为通过最大似然估计得到的高斯随机过程的方差。

图 3-23 是一个 Kriging 模型拟合真实函数的例子，图中样本点数量为 19。结果表明，Kriging 模型的拟合精度较高。

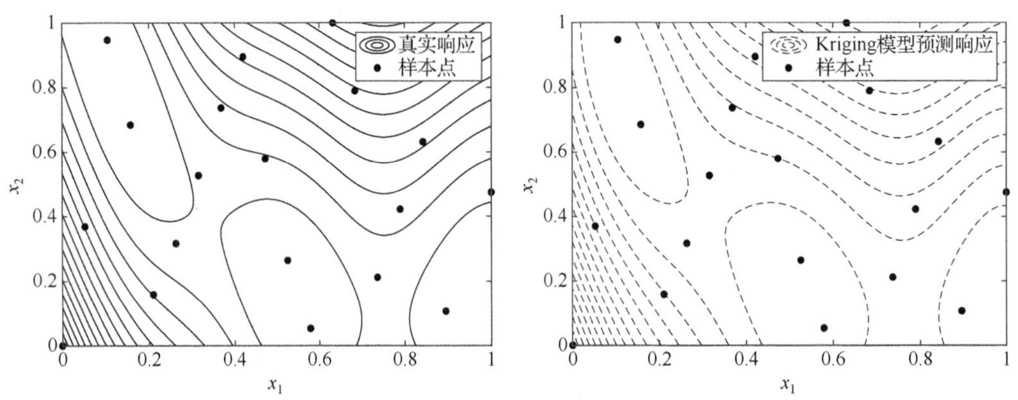

图 3-23　Kriging 模型预测响应与真实响应等值线对比

这一特点使得 Kriging 建模方法常常与加点准则结合起来用于自适应优化过程，常用的自适应加点准则有均方误差准则、最小化代理模型预测值准则、改善概率准则、改善期望准则、置信下界准则等，这些加点准则将在 3.3.3 小节详细介绍。

另外，在 Kriging 模型上发展起来的梯度增强克里金(gradient-enhanced Kriging，GEK)方法，通过引入梯度信息来提高建模精度；协克里金(co-Kriging)和分层克里金(hierarchical Kriging，HK)方法将不同可信度的数据进行融合，从而提高建模效率。

Kriging 模型的 MATLAB 代码见二维码文件。其中 findbound.m 和 normal0_1.m 分别用于寻找边界函数和归一化函数(在 Kriging 建模前将数据归一化会提高建模精度)；Rastrigin.m 为目标函数；likelihood.m 为似然函数，Kriging 模型就是通过最大化该似然函数来进行超参数寻优的；ga1.m 为超参数寻优时使用的优化算法，即遗传算法；

optimoptions.m 为遗传算法的参数设置函数；pred.m 和 predictor.m 为预测函数；Rastriginyuce.m 为主函数。

4. SVR 模型

支持向量机(support vector regression，SVR)进行函数拟合和预测的基本思想是通过某种非线性映射，将输入向量映射到高维特征空间，在高维空间中通过优化一个凸问题进行回归估计，然后映射回原空间。支持向量回归可以看作支持向量机的一种特殊情况。支持向量回归允许为误差指定或计算一个裕量ε，在该裕量范围内的样本数据误差是可以接受的。图 3-24 展示了 SVR 模型对一维测试函数做出的预测，虚线之间的区域即为裕量ε决定的误差接受范围。

考虑线性回归函数：

$$f(\boldsymbol{x})=\mu+\boldsymbol{w}^{\mathrm{T}}\boldsymbol{x} \tag{3-49}$$

式中，$\boldsymbol{w}$为权重；μ为阈值。为了找到与$\boldsymbol{y}$的偏差在ε以内且复杂度最小的函数，求解代理模型可以转化为求解带约束的凸优化问题：

$$\begin{aligned}&\min\ \frac{1}{2}\|\boldsymbol{w}\|^2\\&\text{s.t.}\begin{cases}y^{(i)}-\boldsymbol{w}\cdot\boldsymbol{x}^{(i)}-\mu\leqslant\varepsilon\\\boldsymbol{w}\cdot\boldsymbol{x}^{(i)}+\mu-y^{(i)}\leqslant\varepsilon\end{cases}\end{aligned} \tag{3-50}$$

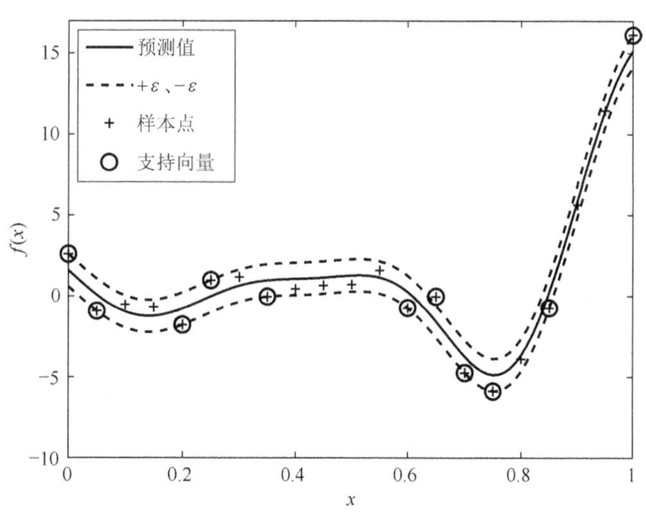

图 3-24　SVR 模型预测示例

绝对满足式(3-50)所示约束的解可能不存在，于是引入松弛变量$\xi^{+(i)}$和$\xi^{-(i)}$，则凸优化问题可以转化为

$$
\begin{aligned}
&\min\ \frac{1}{2}\|\boldsymbol{w}\|^2+C\frac{1}{n}\sum_{i=1}^{n}\left(\xi^{+(i)}+\xi^{-(i)}\right)\\
&\text{s.t.}\begin{cases}
y^{(i)}-\boldsymbol{w}\cdot\boldsymbol{x}^{(i)}-\mu\leqslant\varepsilon+\xi^{+(i)}\\
\boldsymbol{w}\cdot\boldsymbol{x}^{(i)}+\mu-y^{(i)}\leqslant\varepsilon+\xi^{-(i)}\\
\xi^{+(i)},\xi^{-(i)}\geqslant 0
\end{cases}
\end{aligned}
\tag{3-51}
$$

式中，C 为常数，用于权衡模型复杂度和大于 ε 的误差容忍度。C 较小通常会使预测模型更为平稳，即更“回归”，C 较大时预测模型更倾向于对样本数据进行拟合，即更“插值”。因此，应根据问题的非线性程度合理选择常数 C。

为了解上述优化问题，引入拉格朗日(Lagrange)乘子 $\eta^{+(i)}$、$\eta^{-(i)}$、$\alpha^{+(i)}$、$\alpha^{-(i)}$，使用 Lagrange 乘子法求解凸优化问题，得到：

$$
\begin{aligned}
L=&\frac{1}{2}\|\boldsymbol{w}\|^2+C\frac{1}{n}\sum_{i=1}^{n}\left(\xi^{+(i)}+\xi^{-(i)}\right)-\sum_{i=1}^{n}\left(\eta^{+(i)}\xi^{+(i)}+\eta^{-(i)}\xi^{-(i)}\right)\\
&-\sum_{i=1}^{n}\alpha^{+(i)}\left(\varepsilon+\xi^{+(i)}-y^{(i)}+\boldsymbol{w}\cdot\boldsymbol{x}^{(i)}+\mu\right)\\
&-\sum_{i=1}^{n}\alpha^{-(i)}\left(\varepsilon+\xi^{-(i)}+y^{(i)}-\boldsymbol{w}\cdot\boldsymbol{x}^{(i)}-\mu\right)
\end{aligned}
\tag{3-52}
$$

求解式(3-52)可得

$$
\boldsymbol{w}=\sum_{i=1}^{n}\left(\alpha^{+(i)}-\alpha^{-(i)}\right)\boldsymbol{x}^{(i)}
\tag{3-53}
$$

进而得到 SVR 模型的预测值为

$$
\hat{f}(\boldsymbol{x})=\mu+\sum_{i=1}^{n}\left(\alpha^{+(i)}-\alpha^{-(i)}\right)\left(\boldsymbol{x}^{(i)}\cdot\boldsymbol{x}\right)
\tag{3-54}
$$

式(3-54)中的内积 $\boldsymbol{x}^{(i)}\cdot\boldsymbol{x}$ 可以替换为核函数 $\psi(\boldsymbol{x}^{(i)},\boldsymbol{x})$，以处理更为复杂的问题，核函数的形式类似于径向基函数模型中的基函数。

SVR 模型的 MATLAB 代码见二维码文件。其中，svr.m 为主函数。

代码

3.3.3　代理模型自适应抽样方法

代理模型自适应抽样方法是指子优化过程中指导加点位置的方法，即加点准则，直接决定了代理优化的成败和优化效率。按照加点准则的局部与全局搜索性质，可以将加点准则分为局部发掘、全局探索、局部发掘与全局探索的结合三类。局部发掘是指仅提高代理模型在最优解附近的局部预测精度以快速找到最优解。全局探索是指提升模型全局精度，以避免陷入局部最优解[10]。前文已经提到，Kriging 模型的特性使其特别适宜于自适应加点，因此本小节介绍的自适应抽样方法主要是针对 Kriging 模型的。

1. MSE 准则

前面已经提到，Kriging 模型不仅可以预测未知点处的响应值，还可以预测未知点处的误差。于是，在模型误差最大的地方加入样本点可以提高模型的整体精度，从而可以更好地寻找真实最优解。

由 Kriging 模型理论中的均方误差计算式(3-48)，可得 MSE 准则的子优化数学模型如下：

$$\text{Maximize:}\quad \text{RMSE}(\boldsymbol{x}) = s(\boldsymbol{x}) \tag{3-55}$$

MSE 准则仅考虑了代理模型的误差，没有考虑代理模型的预测函数值，因而属于全局探索型加点准则。

2. MSP 准则

MSP 准则认为代理模型是足够精确的，在建立目标函数的代理模型后，直接寻找代理模型上目标函数的最小值，即建立代理模型后，求解下列子优化问题：

$$\text{Min:}\quad \hat{y}(\boldsymbol{x}) \tag{3-56}$$

由于 MSP 准则只考虑了代理模型的预测目标函数值 $\hat{y}(\boldsymbol{x})$，没有考虑代理模型的误差，因此属于局部发掘型加点准则。它的优点是适用于任何代理模型的优化，具有较好的局部收敛性，缺点是可能使优化陷入局部最优，甚至连局部最优解都无法找到。

3. LCB 准则

最简单的结合局部发掘和全局探索的方法是最小化统计学下界方法：

$$\text{LCB}(\boldsymbol{x}) = \hat{y}(\boldsymbol{x}) - As(\boldsymbol{x}) \tag{3-57}$$

式中，A 是控制局部发掘和全局探索之间平衡的常数。当 $A \to 0$ 时，$\text{LCB}(\boldsymbol{x}) \to \hat{y}(\boldsymbol{x})$，当 $A \to \infty$ 时，$\text{LCB}(\boldsymbol{x}) \to As(\boldsymbol{x})$。也就是，当 A=0 时，LCB 准则等价于 MSP 准则，当 $A \to \infty$ 时，LCB 准则等价于 MSE 准则。

于是，使用 LCB 准则的子优化目标函数如下式所示：

$$\text{Min:}\quad \text{LCB}(\boldsymbol{x}) \tag{3-58}$$

LCB 准则认为，由于代理模型存在误差，其真实值可能达到统计学下限，因此在设计空间内 LCB 最小值点可能为真实最优点。由于 LCB 准则既考虑了代理模型的预测值，又考虑了模型误差，因而属于兼顾局部发掘和全局探索的加点准则。

4. PI 准则

PI 准则认为代理模型预测的响应值是一个服从均值为 $\hat{y}(\boldsymbol{x})$，标准差为 $s(\boldsymbol{x})$ 的正态分布的随机变量，即 $Y(\boldsymbol{x}) \in N[\hat{y}(\boldsymbol{x}), s^2(\boldsymbol{x})]$，如图 3-25 所示，其概率密度函数如下：

$$f\left(Y(\boldsymbol{x})\right)=\frac{1}{\sqrt{2\pi}s(\boldsymbol{x})}\mathrm{e}^{-\frac{1}{2}\left(\frac{Y(\boldsymbol{x})-\hat{y}(\boldsymbol{x})}{s(\boldsymbol{x})}\right)^2} \tag{3-59}$$

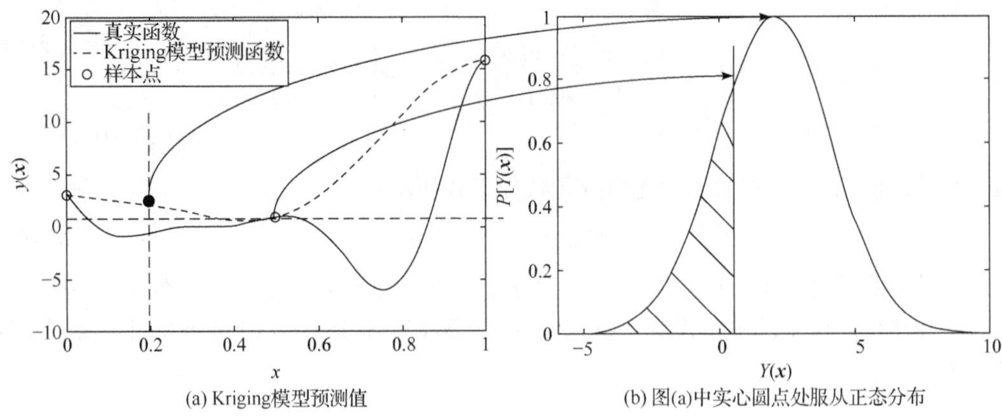

(a) Kriging模型预测值　(b) 图(a)中实心圆点处服从正态分布

图 3-25　Kriging 模型预测某一维函数示意图(任意点处的预测值服从正态分布)

设当前所有样本点中的最优真实目标函数值为 $y_{\min}$，则任意未知点处 Kriging 模型预测值相对于当前最优值的改进量为

$$\begin{cases}\boldsymbol{X}=\left(\boldsymbol{x}^{(1)},\boldsymbol{x}^{(2)},\cdots,\boldsymbol{x}^{(n)}\right)^{\mathrm{T}}\\ \boldsymbol{Y}=\left(\boldsymbol{y}^{(1)},\boldsymbol{y}^{(2)},\cdots,\boldsymbol{y}^{(n)}\right)^{\mathrm{T}}\end{cases} \tag{3-60}$$

因此，某一点处代理模型预测响应值小于当前最优样本值的概率(图 3-25(b)中阴影部分)为

$$\mathrm{PI}(\boldsymbol{x})=P\left[I(\boldsymbol{x})>0\right]=P\left[Y(\boldsymbol{x})<y_{\min}\right]=\varPhi\left(\frac{y_{\min}-\hat{y}(\boldsymbol{x})}{s(\boldsymbol{x})}\right) \tag{3-61}$$

式中，$\varPhi(\cdot)$ 表示标准正态累积分布函数。

于是，使用 PI 准则的子优化目标函数如下式所示：

$$\text{Maximize:}\quad \mathrm{PI}(\boldsymbol{x}) \tag{3-62}$$

从以上推导不难看出，PI 准则指向改善概率最大的位置。除局部极小值外，在全局极小值处同样存在改善概率，最终凭借更多的加点可以搜索到全局极小值区域。因此，PI 准则是一种兼顾局部发掘和全局探索的加点准则。但是，PI 准则仅仅给出了改善概率，并没有指出改善的量(改善期望值)有多大，这一点将在 EI 准则中体现出来。

5. EI 准则

根据 PI 准则的推导，易知 $I(\boldsymbol{x})$ 的概率密度函数为

$$f\left(I(\boldsymbol{x})\right)=\frac{1}{\sqrt{2\pi}s(\boldsymbol{x})}\mathrm{e}^{-\frac{1}{2}\left(\frac{y_{\min}-I(\boldsymbol{x})-\hat{y}(\boldsymbol{x})}{s(\boldsymbol{x})}\right)^2} \tag{3-63}$$

因此，某一点处代理模型预测响应值小于当前最优样本值的期望为

$$\begin{aligned}\mathrm{EI}(\boldsymbol{x})&=E\left[I(\boldsymbol{x})>0\right]=\int_0^{+\infty} I(\boldsymbol{x})f\left(I(\boldsymbol{x})\right)\mathrm{d}I\\&=\begin{cases}\left(y_{\min}-\hat{y}(\boldsymbol{x})\right)\Phi\left(\dfrac{y_{\min}-\hat{y}(\boldsymbol{x})}{s(\boldsymbol{x})}\right)+s(\boldsymbol{x})\phi\left(\dfrac{y_{\min}-\hat{y}(\boldsymbol{x})}{s(\boldsymbol{x})}\right), & s(\boldsymbol{x})>0\\0, & s(\boldsymbol{x})=0\end{cases}\end{aligned}\tag{3-64}$$

于是，使用 EI 准则的子优化目标函数如下式所示：

$$\text{Maximize:}\quad \mathrm{EI}(\boldsymbol{x})\tag{3-65}$$

EI 准则既考虑了代理模型的预测函数值，又考虑了预测的误差，因而也是一种兼顾局部发掘和全局探索的加点准则。研究证明，在某些假设条件下 EI 准则总可以找到全局最优解。

6. 约束处理

当存在约束 $g(\boldsymbol{x})>0$ 时，约束函数跟目标函数一样也建立相应的代理模型 $\hat{g}(\boldsymbol{x})$。一种最简单的处理约束的方法就是直接求解子优化目标函数值和约束函数值，并求解带约束子优化问题，以 EI 准则为例：

$$\begin{aligned}&\text{Maximize:}\quad \mathrm{EI}(\boldsymbol{x})\\&\text{s.t.}\qquad \hat{g}_i(x)\geqslant 0,\quad i=1,2,\cdots,n_g\end{aligned}\tag{3-66}$$

另一种处理约束问题的方法是将满足约束的概率引入加点准则之中，仍以 EI 准则为例，假定约束响应值 $G(\boldsymbol{x})$ 是服从均值为 $\hat{g}(\boldsymbol{x})$，标准差为 $s_g(\boldsymbol{x})$ 的正态分布的随机变量，即 $G(\boldsymbol{x})\in N[\hat{g}(\boldsymbol{x}),s_g^2(\boldsymbol{x})]$。于是，$G(\boldsymbol{x})$ 满足约束的概率为

$$P\left[G(\boldsymbol{x})>0\right]=1-\Phi\left(\frac{\hat{g}(\boldsymbol{x})}{s_g(\boldsymbol{x})}\right)\tag{3-67}$$

式中，$\Phi(\cdot)$ 表示标准正态累积分布函数。

设 $G(\boldsymbol{x})$ 和 $Y(\boldsymbol{x})$ 为独立的随机变量，于是满足约束的 EI 值如下：

$$\mathrm{EI}(\boldsymbol{x})=E\left[I(\boldsymbol{x})\cap(G>0)\right]=E\left[I(\boldsymbol{x})\right]\cdot P\left[G>0\right]\tag{3-68}$$

式中，求解 $E[I(\boldsymbol{x})]$ 的方法与无约束时的情况完全一致。若存在多个约束，则式(3-68)乘以每一个约束函数满足约束的概率。于是，含约束的 EI 准则的优化目标函数转化为

$$\begin{aligned}\text{Maximize:}\quad \mathrm{EI}(\boldsymbol{x})&=E\left[I(\boldsymbol{x})\right]\cdot\prod_{i=1}^{n_g}P_i\left[G_i>0\right]\\&=E\left[I(\boldsymbol{x})\right]\cdot\left(1-\Phi\left(\frac{\hat{g}_i(\boldsymbol{x})}{s_{g,i}(\boldsymbol{x})}\right)\right)\end{aligned}\tag{3-69}$$

代码

代理模型自适应抽样方法的 MATLAB 代码见二维码文件。其中，在 predictor.m 函数里有一个 ModelInfo.Option 选项，ModelInfo.Option=Pred 时，代表使用 MSP 准则，

ModelInfo.Option=RMSE 时，代表使用 MSE 准则，ModelInfo.Option= NegLogExpImp 时，代表使用 EI 准则，ModelInfo.Option= NegProbImp 时，代表使用 PI 准则；testEI.m 是一个使用 EI 准则对数值函数进行寻优的案例。

3.4　导弹优化设计案例

3.4.1　气动外形优化设计案例

以 EI 准则为例进行导弹气动外形代理优化。导弹基准外形如图 3-26 所示，导弹全长 1.321m，弹径 0.127m。导弹头部是钝头拱形体，头部的长径比为 3.0；弹身是圆柱旋成体，长径比为 7.4。在轴向两个站位 XLE1 和 XLE2 处分别安装十字布局的主翼和尾翼。导弹飞行工况为攻角 2°、马赫数 0.8，高度 10000m。

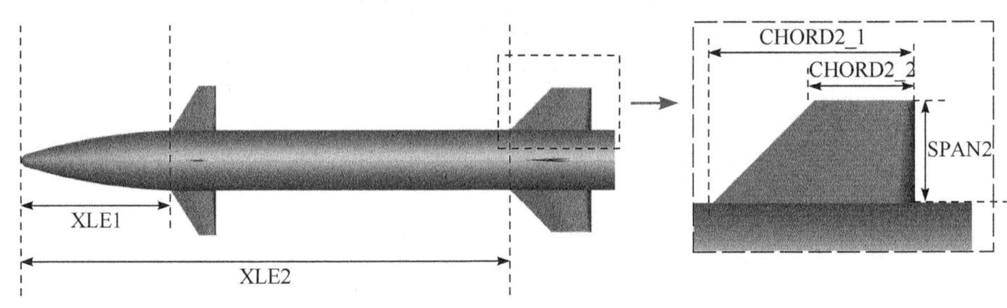

图 3-26　导弹基准外形

需要优化的参数共 8 个：主翼站位、主翼翼根弦长、主翼翼梢弦长、主翼展长、尾翼站位、尾翼翼根弦长、尾翼翼梢弦长、尾翼展长。每个参数的优化上下界和基准值如表 3-3 所示。其他一些导弹参数，如弹长、弹径由内部装置决定，这里保持不变。主翼和尾翼的后掠角随弦长、翼梢弦长和展长的变化而变化。优化目标为升阻比最大。

表 3-3　设计变量参数

设计变量	定义	优化下界/m	优化上界/m	基准值/m
XLE1	主翼站位	0.25	0.38	0.3230
CHORD1_1	主翼翼根弦长	0.08	0.15	0.1016
CHORD1_2	主翼翼梢弦长	0.02	0.05	0.0400
SPAN1	主翼展长	0.05	0.15	0.0953
XLE2	尾翼站位	0.90	1.10	1.0604
CHORD2_1	尾翼翼根弦长	0.14	0.23	0.1778
CHORD2_2	尾翼翼梢弦长	0.05	0.12	0.0889
SPAN2	尾翼展长	0.05	0.14	0.0889

导弹气动外形代理优化流程可按以下步骤进行，如图 3-27 所示。

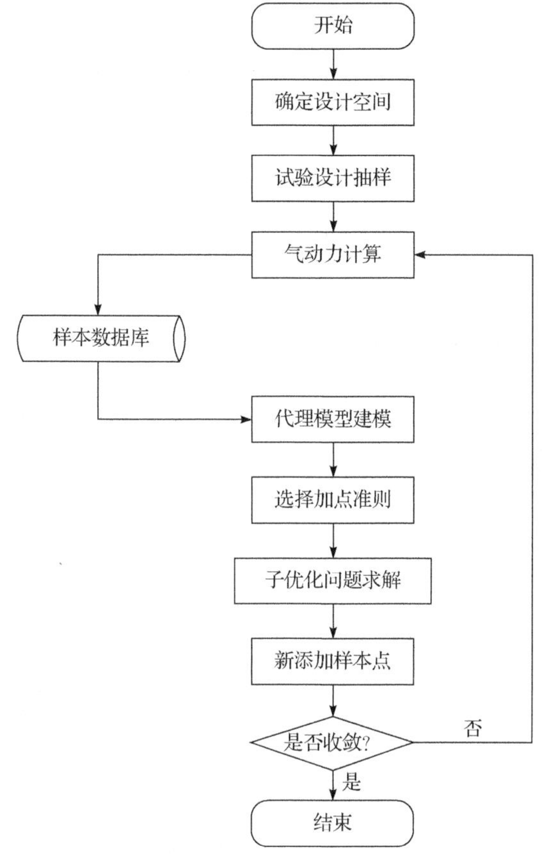

图 3-27 导弹气动外形代理优化流程

(1) 根据优化设计要求，确定设计变量和约束范围，形成设计空间；

(2) 采用试验设计方法，如中心复合法、拉丁超立方法等在设计空间内进行抽样，生成设计试验点集合；

(3) 将得到的试验样本点集合作为输入，应用气动力计算程序进行计算，得到响应值，如升力系数、阻力系数、俯仰力矩系数等。这里涉及建立导弹气动外形参数化几何模型和气动力自动化计算程序(如采用 CFD 方法来计算气动力，则需要构建一套稳定的几何变外形、网格生成、流场求解的流程)；

(4) 把试验样本点和响应值放入样本数据库中；

(5) 使用试验样本点及响应值，求解 Kriging 模型的相关参数，完成代理模型建模；

(6) 选择合适的加点准则，依据代理模型构建子优化问题；

(7) 求解子优化问题，得到新添加样本点，并计算新添加样本点对应的气动力响应值；

(8) 判断是否满足收敛标准，若满足则停止迭代，若不满足则把新添加样本点及其响应值加入样本数据库中，并返回步骤(3)继续迭代，直至收敛。

代理优化前后导弹外形对比如图 3-28 所示，代理优化收敛历程如图 3-29 所示。经过优化，导弹的升阻比变为 2.6856，约提升了 56.76%。

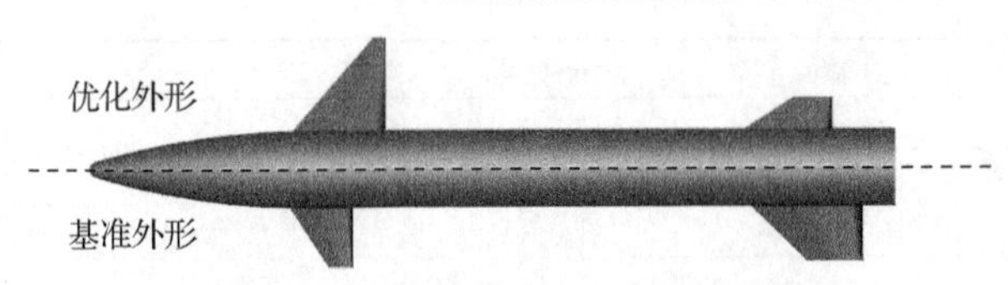

图 3-28　代理优化前后导弹外形对比

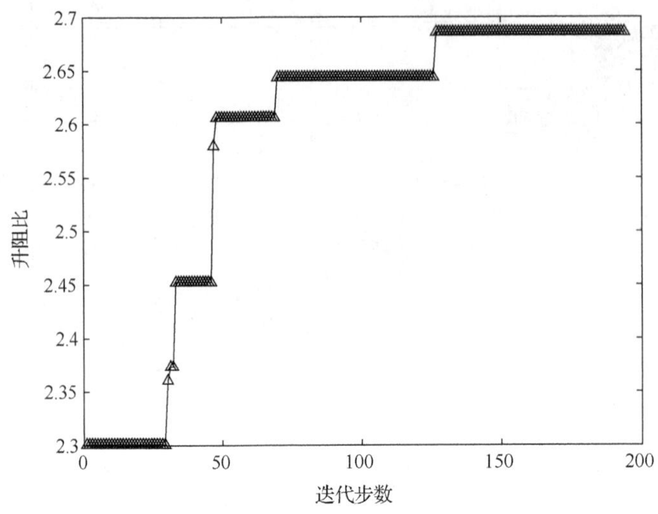

图 3-29　代理优化收敛历程

3.4.2　导弹多学科优化应用

本小节建立空射弹道式高速导弹的多学科优化设计(MDO)框架，然后对所涉及的几何、气动、发动机、布局、弹道、结构和战斗部学科的分析模型进行阐述。基于该框架，对导弹开展多学科优化设计[11]。

空射弹道式高速导弹的设计主要涉及几何、气动、发动机、布局、弹道、结构和战斗部 7 个学科。要构建多学科优化设计框架，首先要对参数进行梳理，框架中存在 3 种类型的变量：设计变量、耦合变量与状态变量。设计变量是各个学科的独立输入；耦合变量为学科之间的传递参数，既是一个学科的输出，又是另一个学科的输入；状态变量是各个学科的独立输出，在优化中可被选作约束条件或目标函数。然后，根据数据传递关系可将各个学科集成并建立该导弹的设计结构矩阵，如图 3-30 所示。

1) 几何及气动分析模型

几何学科对导弹的气动外形进行参数化设计，如图 3-31 所示，该导弹采用无翼式布局，因此气动外形设计集中在弹体和舵面的设计上。然后，气动学科采用高速面元法对该外形的气动特性进行分析，该方法对高速飞行器的气动特性计算具有一定的精度，同时能够在优化迭代时保证较高的计算效率。气动分析一方面为弹道学科输出升力系数 C_l 和阻力系数 C_d，另一方面为结构分析学科输出气动压力分布 $p(x)$，并且计算出导弹配平攻角 δ_b 以衡量导弹的操稳特性。几何及气动学科的输入输出如表 3-4 所示。

	设计变量							说明
优化	dv_{geom}							外形设计参数
			dv_{prop}					发动机设计参数
				dv_{layout}				布局设计参数
					dv_{traj}			弹道设计参数
						dv_{struc}		结构设计参数
							$dv_{warhead}$	战斗部设计参数
	几何 (geom)	cv_{GtoA}	cv_{GtoP}	cv_{GtoL}				气动外形
		气动 (aero)			cv_{AtoT}	cv_{AtoS}		气动系数
sv_{aero}								其他气动特性
			发动机 (prop)	cv_{PtoL}	cv_{PtoT}			发动机质量与推力
sv_{prop}								发动机其他性能
				布局 (layout)	cv_{LtoT}	cv_{LtoS}		质量特性
		cv_{LtoA}						
					弹道 (traj)	cv_{TtoS}	cv_{TtoW}	弹道曲线
sv_{traj}								飞行性能
				cv_{StoL}		结构 (struc)		结构质量
sv_{struc}								结构强度
				cv_{WtoL}			战斗部 (warhead)	战斗部质量
$sv_{warhead}$								战斗部毁伤效果
状态变量	耦合变量							

图 3-30 导弹的设计结构矩阵

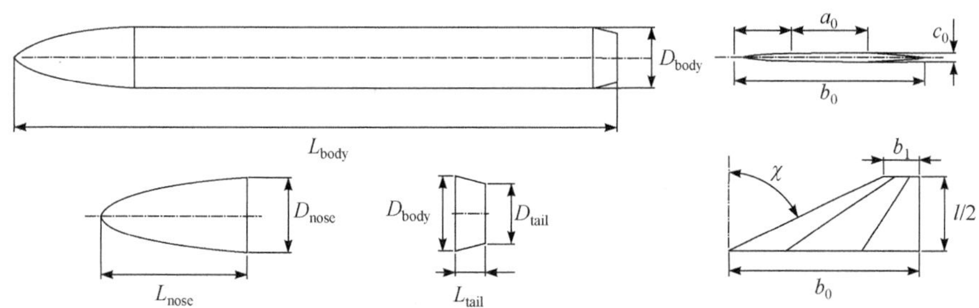

图 3-31 气动外形参数化设计

L_{body}-弹体长度；D_{body}-弹体直径；L_{nose}-头锥长度；D_{nose}-头锥直径；L_{tail}-尾部长度；D_{tail}-尾部直径；a_0-舵面根弦最大厚度处长度；b_0-舵面根弦长；c_0-舵面根弦最大厚度；b_1-舵面稍弦长；χ-舵面前缘后掠角；$l/2$-舵面半展长

表 3-4 几何及气动学科输入输出

	变量类型	dv_{geom}			
输入	变量	L_{nose}	L_{body}	D_{body}	D_{tail}
	说明	头锥长度	弹体长度	弹体直径	尾部直径
	变量类型	D_{tail}	cv_{LtoG}	—	—
	变量	b_0	x_{cg}	—	—
	说明	舵面根弦长	质心	—	—
输出	变量类型	cv_{AtoT}		cv_{AtoS}	sv_{aero}
	变量	$C_l(Ma,\alpha)$	$C_d(Ma,\alpha)$	$p(x)$	δ_b
	说明	升力系数	阻力系数	压力分布	配平攻角

2) 发动机分析模型

该导弹的动力系统与常规导弹相同，采用固体火箭发动机，如图 3-32 所示。

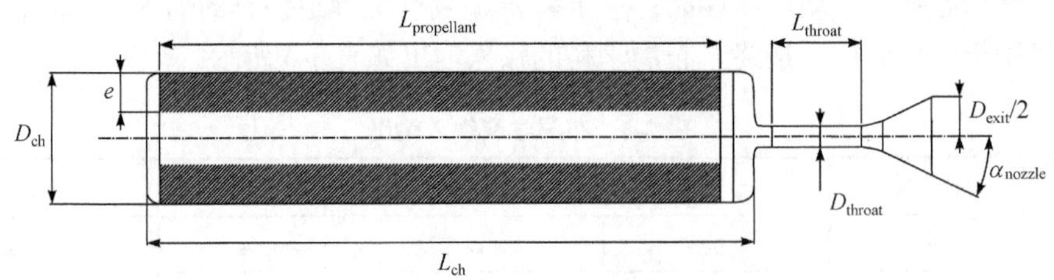

图 3-32 固体火箭发动机参数化设计

D_{ch}-燃烧室直径；L_{ch}-燃烧室长度；$L_{propellant}$-装药长度；e-药柱肉厚；L_{throat}-喉部长度；D_{throat}-喉部直径；D_{exit}-出口直径；α_{nozzle}-喷管扩张角

在发动机学科中，首先对发动机的燃烧室、喷管和药柱进行设计，然后采用零维内弹道方程对固体火箭的性能进行评估，导弹的燃烧室压强 $p_c(t)$可由下式计算得到：

$$\frac{V_c}{\left(\Gamma c^*\right)^2}\dot{p}_c\left(t\right)=\rho_p A_b a p_c{}^n\left(t\right)-\frac{A_t}{c^*}p_c\left(t\right) \tag{3-70}$$

式中，V_c 为燃烧室的自由容积；A_b 和 A_t 分别为燃面面积和喷管喉部面积；ρ_p 为固体装药的密度；Γ、c^*和 a 均为与推进剂燃烧相关的特征常量；n 为压强指数，是推进剂的特征常量。其次，基于此一方面为弹道分析学科输出推力 $T(t)$和发动机秒流量 m_s，另一方面为布局分析学科输出发动机质量 m_{motor}。同时，计算发动机的比冲和总冲以评估发动机性能。最后，发动机学科的输入输出如表 3-5 所示。

表 3-5 发动机学科输入输出

输入	变量类型	$\boldsymbol{dv}_{prop}$			
	变量	L_{ch}	D_{throat}	D_{exit}	e
	说明	燃烧室长度	喉部直径	出口直径	装药肉厚
	变量类型	$\boldsymbol{dv}_{prop}$	$\boldsymbol{cv}_{GtoP}$	—	—
	变量	$L_{propellant}$	Geo_{shape}	—	—
	说明	装药长度	外形约束	—	—
输出	变量类型	$\boldsymbol{cv}_{PtoT}$		$\boldsymbol{cv}_{PtoL}$	
	变量	$T(t)$	m_s	m_{motor}	
	说明	推力	秒流量	发动机质量	
	变量类型	$\boldsymbol{sv}_{prop}$			—
	变量	p_c	I	I_s	—
	说明	燃烧室压强	总冲	比冲	—

3) 布局分析模型

布局学科对导弹的内部布局进行设计，并对该布局的质量特性进行计算，包括质心 x_{cg}，用于计算导弹的气动操纵性能；总质量 m_{total} 将作为弹道仿真的输入；同时，质量分布 $m(x)$将用于结构分析。最终，布局学科的输入输出如表 3-6 所示

表 3-6 布局学科输入输出

<table>
<tr><td rowspan="6">输入</td><td>变量类型</td><td colspan="4">$\boldsymbol{dv}_{\text{layout}}$</td><td>$\boldsymbol{cv}_{\text{GtoL}}$</td></tr>
<tr><td>变量</td><td>$\boldsymbol{x}_{\text{cgdevices}}$</td><td colspan="2">$m_{\text{devices}}$</td><td>$\text{Geo}_{\text{devices}}$</td><td>$\text{Geo}_{\text{shape}}$</td></tr>
<tr><td>说明</td><td>设备位置</td><td colspan="2">设备质量</td><td>设备外形</td><td>气动外形</td></tr>
<tr><td>变量类型</td><td colspan="4">$\boldsymbol{cv}_{\text{PtoL}}$</td><td>$\boldsymbol{cv}_{\text{StoL}}$</td></tr>
<tr><td>变量</td><td colspan="2">$\text{Geo}_{\text{motor}}$</td><td colspan="2">$m_{\text{motor}}$</td><td>$m_{\text{equ.struc.}}(x)$</td></tr>
<tr><td>说明</td><td colspan="2">发动机外形</td><td colspan="2">发动机质量</td><td>结构质量</td></tr>
<tr><td rowspan="3">输出</td><td>变量类型</td><td>$\boldsymbol{cv}_{\text{LtoS}}$</td><td colspan="2">$\boldsymbol{cv}_{\text{LtoA}}$</td><td>$\boldsymbol{cv}_{\text{LtoT}}$</td><td>—</td></tr>
<tr><td>变量</td><td>$m\ (x)$</td><td colspan="2">x_{cg}</td><td>m_{total}</td><td>—</td></tr>
<tr><td>说明</td><td>质量分布</td><td colspan="2">质心</td><td>总质量</td><td>—</td></tr>
</table>

4) 弹道分析模型

弹道学科对导弹的弹道进行仿真计算，分析其飞行性能，包括过载、马赫数和射程等。之后，关心导弹的质心运动，因此常采用铅锤平面质心运动方程对导弹的飞行性能进行仿真分析：

$$
\begin{bmatrix} \dot{v} \\ \dot{\theta} \\ \dot{x} \\ \dot{y} \\ \dot{m} \end{bmatrix} = \begin{bmatrix} -g\sin\theta \\ -g\cos\theta \\ v\cos\theta \\ v\sin \\ -m_s \end{bmatrix} + \frac{1}{m}\begin{bmatrix} T\cos\alpha - X \\ T\sin\alpha + Y \\ 0 \\ 0 \\ 0 \end{bmatrix} \tag{3-71}
$$

式中$(v,\theta,x,y,m)^{\mathrm{T}}$为导弹的飞行状态，依次分别为速度、弹道倾角、水平位置、垂直高度和质量；g 为重力加速度；α 为导弹飞行攻角；T 为发动机的推力；X 和 Y 分别为导弹所受的气动阻力和升力。弹道学科的输入输出如表 3-7 所示。

表 3-7 弹道学科输入输出

<table>
<tr><td rowspan="6">输入</td><td>变量类型</td><td>$\boldsymbol{dv}_{\text{traj}}$</td><td colspan="2">$\boldsymbol{cv}_{\text{AtoT}}$</td><td>$\boldsymbol{cv}_{\text{PtoT}}$</td></tr>
<tr><td>变量</td><td>$\boldsymbol{\alpha}_{\text{control}}$</td><td>$C_{\text{l}}(Ma,\alpha)$</td><td>$C_{\text{d}}(Ma,\alpha)$</td><td>$F(t)$</td></tr>
<tr><td>说明</td><td>控制规律</td><td>升力系数</td><td>阻力系数</td><td>推力曲线</td></tr>
<tr><td>变量类型</td><td>$\boldsymbol{cv}_{\text{PtoT}}$</td><td>$\boldsymbol{cv}_{\text{LtoT}}$</td><td>—</td><td>—</td></tr>
<tr><td>变量</td><td>m_{s}</td><td>m_{total}</td><td>—</td><td>—</td></tr>
<tr><td>说明</td><td>秒流量</td><td>总质量</td><td>—</td><td>—</td></tr>
</table>

续表

	变量类型	cv_{TtoS}	cv_{TtoW}		sv_{traj}
输出	变量	n_{max}	v_{end}	θ_{end}	R
	说明	最大过载	末速度	落角	射程
	变量类型	—	—	—	—
	变量	Ma_{max}	—	—	—
	说明	最大马赫数	—	—	—

5) 结构分析模型

结构学科根据弹道仿真所得出的最大过载点和气动分析计算得到的气动压力分布，使用梁模型对导弹所受载荷进行计算，包括轴力、剪力和弯矩；然后根据所受载荷对导弹的结构质量进行评估，如图 3-33 所示。因此，结构学科的输入输出如表 3-8 所示。

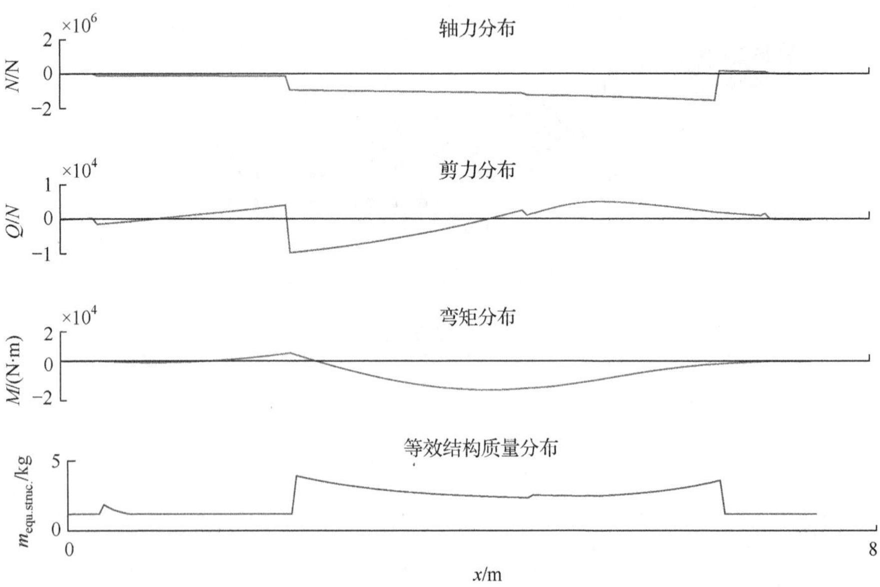

图 3-33　导弹结构质量分析示例

表 3-8　结构学科输入输出

	变量类型	cv_{TtoS}	cv_{AtoS}	cv_{LtoS}	—
输入	变量	n_{max}	$p(x)$	$m(x)$	—
	说明	最大过载	压力分布	质量分布	—
	变量类型	cv_{StoL}	sv_{struc}		
输出	变量	$m_{equ.struc.}(x)$	$N(x)$	$Q(x)$	$M(x)$
	说明	结构质量	轴力分布	剪力分布	弯矩分布

6) 战斗部毁伤分析模型

战斗部学科对导弹所使用的破片战斗部，采用射击迹线法[6]，对其对于典型雷达目标的毁伤效果进行分析，如图 3-34 所示，可得到破片在空间中的分布及飞行速度。然后，对命中破片数进行统计，并对杀伤动能 J_{hit} 进行计算，以评估战斗部的毁伤效果，从而对战斗部质量 $m_{warhead}$ 进行合理设计。战斗部学科输入输出如表 3-9 所示。

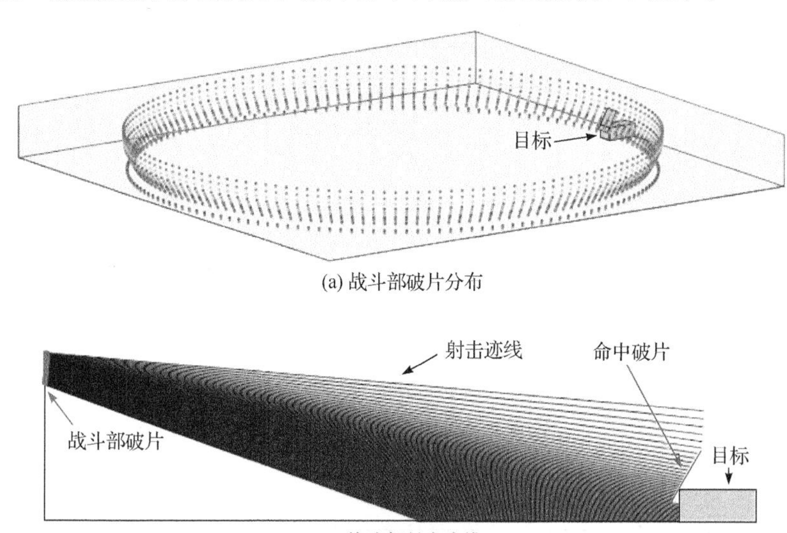

(a) 战斗部破片分布

(b) 战斗部射击迹线

图 3-34 战斗部毁伤分析示例

表 3-9 战斗部学科输入输出

<table>
<tr><td rowspan="6">输入</td><td>变量类型</td><td colspan="5">$\boldsymbol{dv}_{warhead}$</td></tr>
<tr><td>变量</td><td colspan="2">$L_{warhead}$</td><td colspan="2">$D_{warhead}$</td><td>$m_{fragments}$</td></tr>
<tr><td>说明</td><td colspan="2">战斗部长度</td><td colspan="2">战斗部直径</td><td>破片质量</td></tr>
<tr><td>变量类型</td><td>$\boldsymbol{dv}_{warhead}$</td><td colspan="3">$\boldsymbol{cv}_{TtoW}$</td><td>—</td></tr>
<tr><td>变量</td><td>$m_{explosives}$</td><td colspan="2">v_{end}</td><td>θ_{end}</td><td>—</td></tr>
<tr><td>说明</td><td>装药质量</td><td colspan="2">末速度</td><td>导弹落角</td><td>—</td></tr>
<tr><td rowspan="3">输出</td><td>变量类型</td><td>$\boldsymbol{cv}_{WtoL}$</td><td colspan="2">$\boldsymbol{sv}_{warhead}$</td><td>—</td><td>—</td></tr>
<tr><td>变量</td><td>$m_{warhead}$</td><td colspan="2">J_{hit}</td><td>—</td><td>—</td></tr>
<tr><td>说明</td><td>战斗部质量</td><td colspan="2">杀伤动能</td><td>—</td><td>—</td></tr>
</table>

根据上述分析，构建优化问题如下：

$$
\begin{aligned}
&\text{find} \quad \boldsymbol{x}=\left[x_1, x_2, \cdots, x_{14}\right]^{\mathrm{T}} \\
&\min \quad f=m_0(\boldsymbol{x}) \\
&\text{s. t.}\begin{cases}
\delta_{\mathrm{b}}^{\mathrm{L}}<\delta_{\mathrm{b}}<\delta_{\mathrm{b}}^{\mathrm{U}} \\
I_{\mathrm{s}}>I_{\mathrm{s}}^{\mathrm{L}} \\
p_{\mathrm{c}}^{\mathrm{L}}<p_{\mathrm{c}}<p_{\mathrm{c}}^{\mathrm{U}} \\
R>R^{\mathrm{L}} \\
Ma_{\max}>Ma_{\max}^{\mathrm{L}} \\
J_{\mathrm{hit}}>J_{\mathrm{hit}}^{\mathrm{L}} \\
\boldsymbol{x}^{\mathrm{L}}<\boldsymbol{x}<\boldsymbol{x}^{\mathrm{U}}
\end{cases}
\end{aligned} \tag{3-72}
$$

根据各个分析学科的输入输出关系，该导弹的优化设计问题在几何、发动机、布局、弹道及战斗部学科中存在 14 个设计变量，如表 3-10 所示。

表 3-10　设计变量

设计变量		说明	设计变量		说明
$\boldsymbol{dv}_{\mathrm{geom}}$	L_{nose}	头锥长度	$\boldsymbol{dv}_{\mathrm{prop}}$	L_{ch}	燃烧室长度
	L_{body}	弹体长度		D_{throat}	喉部直径
	D_{body}	弹体直径	$\boldsymbol{dv}_{\mathrm{traj}}$	$\alpha_{\mathrm{control}}$	控制规律
	D_{tail}	尾部直径	$\boldsymbol{dv}_{\mathrm{warhead}}$	L_{warhead}	战斗部长度
	b_0	舵面根弦长		D_{warhead}	战斗部直径
$\boldsymbol{dv}_{\mathrm{layout}}$	$\boldsymbol{x}_{\mathrm{cgdevices}}$	设备位置		$m_{\mathrm{fragrments}}$	破片质量
	m_{devices}	设备质量		$m_{\mathrm{explosives}}$	装药质量

约束条件共有 6 个，如表 3-11 所示，在气动分析学科中，对导弹的升力和阻力特性不做直接约束，其将在导弹的飞行性能中体现，并在弹道分析学科中间接约束。但是，对于导弹舵面的性能需进行约束，以使优化结果具有足够的舵效。因此，通过对导弹的配平攻角 δ_{b} 进行约束，使优化结果具有足够的机动性和稳定性。在发动机分析学科中，发动机应具有足够大的比冲 I_{s}，以使发动机具有较高的性能。同时，发动机燃烧室需有足够的压强以保证燃料能够正常燃烧，但过大压强将造成过大的结构质量。因此，燃烧室压强 p_{c} 应在一个合理范围内。在弹道分析学科中，为使导弹的飞行性能满足设计指标，需对导弹的射程、速度和落角等飞行性能进行约束。本章中的导弹对马赫数具有较高的要求，因此对最大马赫数 $Ma_{\max}$ 进行约束。射程 R 在不同的优化问题中被分别作为约束条件和目标函数。最后，在战斗部分析学科中，对战斗部的杀伤动能 J_{hit} 进行约束，使导弹能够对目标进行有效的毁伤。

表 3-11 约束条件

约束条件	公式	约束条件	公式
g_{aero}	$\delta_b^L \leqslant \delta_b \leqslant \delta_b^U$	g_{traj}	$R \geqslant R^L$
g_{prop}	$I_s \geqslant I_s^L$		$Ma_{max} \geqslant Ma_{max}^L$
	$p_c^L \leqslant p_c \leqslant p_c^U$	$g_{warhead}$	$J_{hit} \geqslant J_{hit}^L$

该问题使用遗传算法(GA)进行求解。优化问题的目标函数迭代历程(仅可行解)如图 3-35 所示。

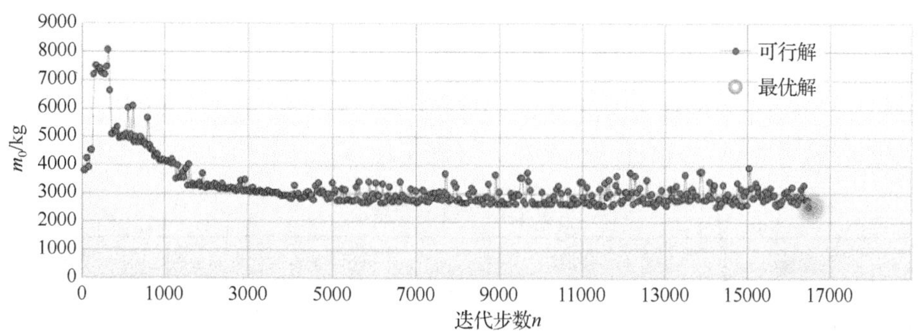

图 3-35 目标函数迭代历程(仅可行解)

最终，导弹的外形与发动机的优化结果如图 3-36 所示。可以看到，导弹的气动外形尺寸相对于基准方案在长度方向上产生了较大的减小，在直径方向减少较小，该外形能够有效减小导弹的结构质量。同时，发动机的规模也被减小，装药量随即减少，虽然这将降低发动机的总冲，但是由于总质量的下降，发动机依然能够提供足够的速度增量，以保证飞行性能不被损失。

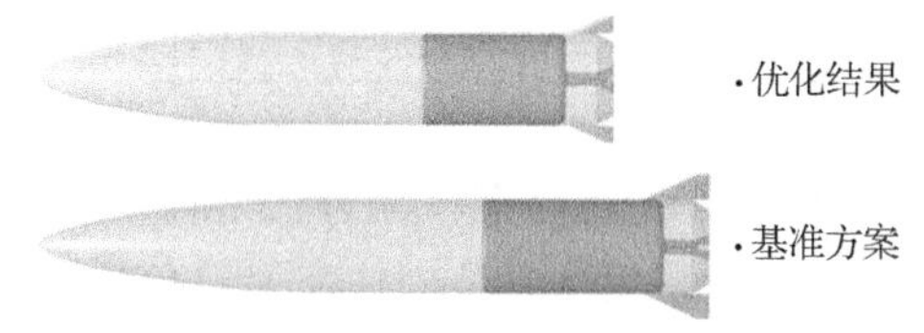

图 3-36 导弹外形与发动机的优化结果

优化后，虽然导弹尺寸和质量有所减小，但各项性能依然满足设计指标。首先，导弹的射程由于发动机规模的减小，相对于基准方案有所减小，但依然满足大于 2000km 的指标要求，如图 3-37 所示。同时，其他飞行性能，如最大马赫数也满足要求。

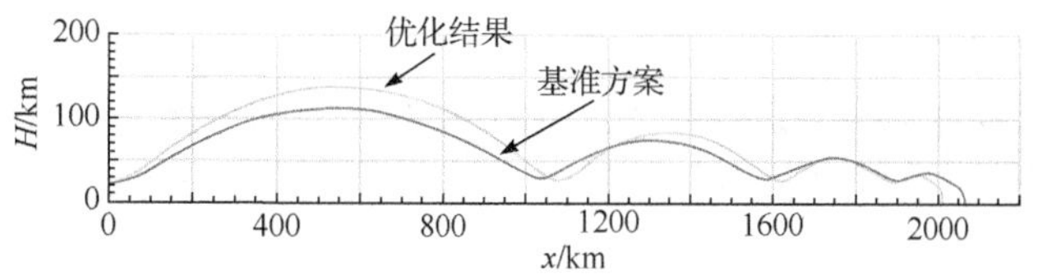

图 3-37 导弹的射程对比

战斗部的毁伤效果是导弹最重要的指标，优化后，导弹的战斗部规模有所增加，杀伤动能满足有效毁伤目标的动能要求，并且具有更好的起爆条件。如图 3-38 所示是导弹的射击迹线对比。

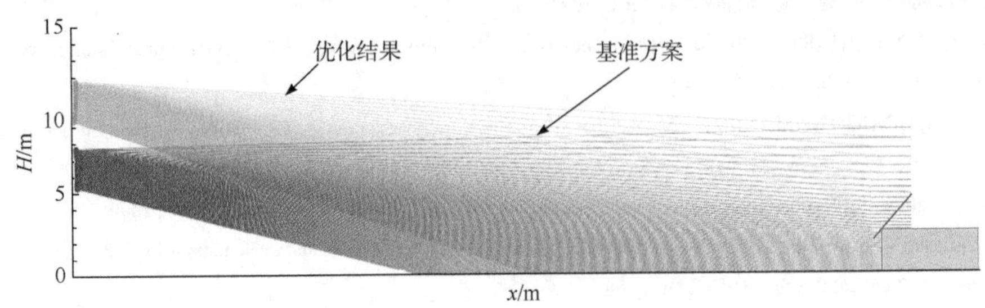

图 3-38　射击迹线对比

3.5　本 章 小 结

优化设计已经成为导弹设计过程很多环节必备的方法和手段，本章主要介绍智能优化算法和智能优化过程，首先介绍了优化设计的基本概念，包括设计变量、约束条件、目标函数等三要素，以及基本的优化过程和优化算法的分类；其次重点列举近年来发展的、借鉴生物智能的智能优化算法，包括遗传算法、粒子群算法、蚁群算法、模拟退火算法、大猩猩部队优化算法和堆优化算法等，使读者对智能优化算法的基本原理有较为深入的了解；再次介绍基于代理模型的智能优化过程，通过智能选择代理模型，构建更高效的代理优化过程；最后通过单学科和多学科层面的优化问题，使读者系统地了解和掌握导弹优化设计的实际操作方法。

习　　题

3.1　收敛级数为 p 的优化算法需要满足什么条件？

3.2　阐述牛顿迭代法的流程。

3.3　阐述多目标优化问题的数学模型。

3.4　阐述遗传算法的计算流程。

3.5　参照 4.2.2 小节的介绍，使用粒子群算法计算函数 $f(\boldsymbol{x})=\sum_{i=1}^{10}(x_i^2+2x_i-3)$ 的最小值。

3.6　参照 4.2.5 小节的介绍，使用大猩猩部队优化算法计算函数 $f(\boldsymbol{x})=\sum_{i=1}^{n}x_i^2(-100\leqslant x_i\leqslant 100, n=30)$ 的最小值。

3.7　代理优化的核心机制是什么？

3.8　常见的代理模型有哪些？

3.9　哪些加点准则属于局部发掘型？哪些属于全局探索型？哪些属于局部发掘+全局探索型？

参考文献

[1] HOLLAND J. Adaptation in Natural and Artificial Systems: An Introductory Analysis with Applications to Biology, Control and Artificial Intelligence [M]. Cambridge: MIT Press, 1992.

[2] KENNEDY J, EBERHART R. Partical swarm optimization [C]. Proceedings of IEEE International Conference on Neural Networks, Perth, Australia, 1995: 1942-1948.

[3] COLORNI A, DORIGO M, MANIEZZO V. Distributed optimization by ant colonies [C]. Proceedings First European Conference on Artificial Life, Paris, France, 1991: 134-142.

[4] RAO S S. Engineering Optimization: Theory and Practice [M]. 4th ed. Hoboken: John Wiley & Sons , 2009.

[5] METROPOLIS N, ROSENBLUTH A W, ROSENBLUTH M N, et al. Equation of state calculations by fast computing machines [J]. Journal of Chemical Physics, 1953, 21(6): 1087.

[6] PIRI J, MOHAPATRA P, ACHARYA B, et al. Feature selection using artificial gorilla troop optimization for biomedical data: A case analysis with COVID-19 data[J]. Mathematics, 2022, 10(15): 2742.

[7] NOULLEZ A, FANELLI D, AURELL E. A heap-based algorithm for the study of one-dimensional particle systems[J]. Journal of Computational Physics, 2003, 186(2): 696-703.

[8] 李春娜, 张阳康. 一种适用于气动优化的高效自适应全局优化方法[J]. 航空学报, 2020, 41(5): 95-107.

[9] FORRESTER A, SOBESTER A, KEANE A. Engineering Design Via Surrogate Modelling: A Practical Guide[M]. Hoboken: John Wiley & Sons, 2008.

[10] CHUNNA L, HAI F, CHUNLIN G. Development of an efficient global optimization method based on adaptive infilling for structure optimization[J]. Structural and Multidisciplinary Optimization, 2020, 62: 3383-3412.

[11] 张力聪, 朱亮聪, 舒忠平, 等. 空射弹道式高超声速导弹多学科优化设计研究[J]. 导弹与航天运载技术, 2020, 49(3): 7-14.

第 4 章

弹道优化与智能生成方法

弹道设计决定了导弹的主要工作过程，是导弹研制和使用的核心环节。在研制阶段，弹道设计是评价导弹性能和改进设计方案的主要依据。在使用过程中，设计良好的弹道可以将导弹能力和特性与作战任务进行精确适配，这对提升作战性能具有重要意义。弹道设计方法大致可以分为两类：一类是基于已有研制经验掌握并形成的相对固定的弹道模式，采用少量状态量(姿态角、高度、速度)或控制参数来描述弹道，通过人工或参数优化进行设计；另一类是将弹道设计处理成一个最优控制问题，采用弹道优化(或轨迹优化)方法在整个设计空间内进行优化问题的求解。随着导弹作战环境与任务的复杂化，弹道优化逐渐成为弹道设计和研究的主要手段。

在现代战争过程中，导弹作战反应能力直接影响整个武器系统效能的发挥，为了适应快速多变的作战任务，必须确保导弹飞行弹道尽可能逼近最优弹道，才能充分发挥导弹的作战能力。传统弹道优化过程包含大量的动力学方程解算和优化迭代，通常难以直接满足在线弹道规划的实时性需要。兼顾最优性和快速性的弹道设计方法，对于提高导弹武器系统效能具有重要意义。因此，如何结合智能化技术来提升弹道优化效率和全局寻优能力，是目前弹道优化的研究热点。

本章首先介绍弹道优化的相关基础，其次重点讨论基于最优弹道数据库和智能算法的弹道智能快速生成方法，最后给出导弹射前弹道规划和导弹在线弹道规划两个方面的应用案例。

4.1 弹道优化基础

4.1.1 弹道优化问题

1. 坐标系定义

1) 地面坐标系

地面坐标系 $oxyz$ 与地球固联，原点 o 通常取导弹质心在地面(水平面)上的投影点。ox 在水平面内，指向目标为正；oy 垂直于当地水平面向上；oz 按右手定则确定。

2) 弹体坐标系

原点 o 取在弹体质心上，ox_1 沿弹体纵轴方向；oy_1 在包含 ox_1 的弹体纵向对称面内，

向上为正；oz_1 由右手定则确定。利用弹体坐标系和地面坐标系能够确定导弹相对于地面的姿态，可以用三个角来描述，即俯仰角 ϑ、偏航角 ψ 和滚转角 γ。

3) 弹道坐标系

原点 o 取在弹体质心上，ox_2 与导弹速度方向一致；oy_2 在包含 ox_2 的铅垂平面内，向上为正；oz_2 由右手定则确定。弹道坐标系和地面坐标系可以确定导弹质心运动速度 V 相对地面的姿态，即弹道倾角 θ 和弹道偏角 ψ_v。

4) 速度坐标系

原点 o 取在弹体质心上，ox_3 与导弹速度方向一致；oy_3 在包含 ox_3 的弹体纵向对称面内，向上为正；oz_3 由右手定则确定。速度坐标系和弹体坐标系可以确定作用在导弹上的空气动力：阻力 X、升力 Y 和侧向力 Z。弹道坐标系和速度坐标系之间有一个夹角：倾斜角 γ_v。

2. 动力学方程

导弹的一般运动由其质心的运动和绕质心的转动所组成。计算质点弹道时，通常采用“瞬时平衡”假设。根据上述坐标系定义，导弹质心动力学方程可表示为

$$\begin{cases} m\dfrac{\mathrm{d}V}{\mathrm{d}t} = P\cos\alpha\cos\beta - X - mg\sin\theta \\ mV\dfrac{\mathrm{d}\theta}{\mathrm{d}t} = P\left(\sin\alpha\cos\gamma_v + \cos\alpha\sin\beta\sin\gamma_v\right) + Y\cos\gamma_v - Z\sin\gamma_v - mg\cos\theta \\ -mV\cos\theta\dfrac{\mathrm{d}\psi_v}{\mathrm{d}t} = P\left(\sin\alpha\sin\gamma_v - \cos\alpha\sin\beta\cos\gamma_v\right) + Y\sin\gamma_v + Z\cos\gamma_v \end{cases} \tag{4-1}$$

$$\begin{cases} \dfrac{\mathrm{d}x}{\mathrm{d}t} = V\cos\theta\cos\psi_v \\ \dfrac{\mathrm{d}y}{\mathrm{d}t} = V\sin\theta \\ \dfrac{\mathrm{d}z}{\mathrm{d}t} = -V\cos\theta\sin\psi_v \end{cases} \tag{4-2}$$

式中，P 为发动机推力；g 为重力加速度。

3. 弹道最优控制问题

在研究过程中，弹道优化问题通常被表示为含一个或多个非线性约束的最优控制问题。根据优化性能指标的不同，其被区分为 Lagrange 积分型、Mayer 终值型和 Bolza 复合型三种表达形式。其中，Mayer 形式与 Lagrange 形式均可通过 Bolza 形式简化得到。不同类型的导弹，其运行轨迹所对应的优化目标、约束条件、控制变量和状态变量都有各自的特点，在最优轨迹求解中所对应的表达形式也各有不同，但都可以抽象为求解最优性能指标的 Bolza 复合型控制问题。因此，导弹弹道最优控制问题可描述为由过程控制与终端控制共同构成的最小化 Bolza 复合型性能指标函数，其表达形式如下：

$$J\left(x(t),u(t)\right)=\phi\left[x(t_0),t_0,x(t_{\mathrm{f}}),t_{\mathrm{f}}\right]+\int_{t_0}^{t_{\mathrm{f}}}L\left[x(t),u(t),t\right]\mathrm{d}t \tag{4-3}$$

式中，$x(t)\in\mathbf{R}^n$，为状态变量；$u(t)\in\mathbf{R}^n$，为控制变量；t_0为初始时间；t_{f}为终端时间(自由或者固定)。该问题是在满足动力学约束f、路径约束C和终端约束ϕ的条件下，求解状态函数$x(t)$和控制函数$u(t)$，使得目标泛函$J\left(x(t),u(t)\right)$最优的问题。当t_{f}未设置约束时，目标泛函表示为$J\left(x(t),u(t),t_{\mathrm{f}}\right)$。

动力学微分方程约束如下：

$$\dot{x}(t)=f\left(x(t),u(t),t\right),\quad t\in\left[t_0,t_{\mathrm{f}}\right] \tag{4-4}$$

终端约束如下：

$$\phi\left(x(t_0),t_0,x(t_{\mathrm{f}}),t_{\mathrm{f}}\right)=0 \tag{4-5}$$

路径约束如下：

$$C\left(x(t),u(t),t\right)\leqslant 0,\quad t\in\left[t_0,t_{\mathrm{f}}\right] \tag{4-6}$$

4.1.2　弹道优化方法

弹道优化方法为导弹关键技术之一[1]，其通过优化算法获得导弹控制量变化规律，使得整个飞行弹道在满足终端约束、过程约束的条件下，获得各种性能指标下的最优解，从而为导弹覆盖能力分析、杀伤能力分析等性能特征提供支撑。弹道优化问题本质上为带约束的非线性最优控制问题。弹道优化问题往往无法直接求解，需要先进行转化，按照转化方法不同，弹道优化问题求解方法可以分为间接法和直接法。

1. 间接法

Pontryagin 等在古典变分法的基础上，将变量区分为状态变量和控制变量，讨论了有界控制下纯状态约束的优化问题，给出了 Pontryagin 极大值条件，这就是极大值原理。间接法基于极大(极小)值原理推导最优控制的一阶必要条件，它们构成了求解最优轨迹的哈密顿(Hamilton)边值问题(HBVP)，由于不对性能指标函数直接寻优，因此称为间接法。

间接法先根据庞特里亚金极小值原理、变分法或者贝尔曼动态规划原理得到最优解的必要条件(正则方程的两点边值问题)，然后用数值方法求解获得最优控制量和相应的飞行轨迹。目前主要的数值方法有最速下降法、共轭梯度法、改进的共轭梯度法、min-Hamilton 法、拟牛顿法、牛顿法、边值打靶法和临近极值法等，其中最速下降法、共轭梯度法、改进的共轭梯度法、min-Hamilton 法、拟牛顿法、牛顿法需要计算哈密顿函数对控制量的导数，是一种基于梯度信息的算法。最速下降法在接近最优解时，会出现迭代“锯齿”现象，收敛速度变慢；共轭梯度法、改进的共轭梯度法、min-Hamilton 法和拟牛顿法都是在最速下降法的基础上改进其搜索方向，以提高算法的收敛速度；牛顿法的收敛速度(特别在接近最优解时)比其他算法都快，其缺点是需要计算哈密顿函数对控制量的海塞(Hessian)矩阵，计算量大且收敛半径小，如果初始解离最优解较远，其迭代发散；边值打

靶法和临近极值法不需要计算哈密顿函数对控制量的导数，但需要对协态变量的初始值进行很精确的估计。间接法一般先求得最优控制变量的表达式，它们是关于伴随变量和状态变量的函数。再求解由 Hamilton 方程组、终端横截条件和约束构成的一个两点边值问题，从而获得最优轨迹和相应最优控制的数值解。

间接法虽然解的精度很高且最优解满足一阶最优性条件，但使用过程中存在如下问题：①基于极大(极小)值原理推导最优解的过程较为复杂和繁琐；②求解两点边值问题时的收敛域很小，对未知边界条件的初值估计精度要求很高，而且很多间接法求解的问题要求估计协调变量的初值，而这些变量无物理意义，从而进一步增大了初值估计的难度；③对于有路径约束的最优控制问题，采用间接法存在一定困难。可能的解决方法是将过程约束通过数学变换转化为等价的终端约束，或者是具备约束和非约束弧段的先验信息或切换结构。上述问题导致间接法对部分较为复杂的弹道优化问题无法适用。

2. 直接法

直接法[1]采用参数化方法将连续空间的最优控制问题求解转化为一个非线性规划(nonlinear programming，NLP)问题，通过数值求解非线性规划问题来获得最优轨迹。直接法相对间接法应用更为广泛。根据参数化方法不同，其可分为仅离散控制变量的打靶法、同时离散控制变量和状态变量的配点法、需要先凸化问题再离散求解的凸优化法。

1) 打靶法

经典打靶法对时间变量进行等距离散化，优化变量为离散时间节点上的控制变量值，节点外控制变量通过线性插值等插值手段获得，基于控制变量积分得到状态变量值后可进一步计算约束满足情况和优化目标大小。打靶法以其思路简单的优点自诞生就得到了广泛应用。

2) 配点法

配点法也称伪谱法[2]。伪谱法首先按照极大极小值对控制变量和状态变量进行缩放，把变量变化区间转变为[−1,1]。其次在[−1,1]区间按照一定方式选择离散点作为配点，在各配点赋予控制变量和状态变量初值，基于配点变量值构建拉格朗日插值多项式，则控制变量和状态变量可由该代数方程描述，其导数通过对代数方程求导得到，性能指标基于配点变量值直接通过对应不同配点选取方法的不同代数积分表达式得到。最后通过对离散点变量值的迭代优化计算即可得到优化问题结果。

根据离散点位置的选取方式及其积分方法不同，伪谱法分为切比雪夫(Chebyshev)伪谱法、勒让德(Legendre)伪谱法、拉道(Radau)伪谱法和 Gauss 伪谱法等。Huntington 等采用三个不同算例对 Legendre 伪谱法、Radau 伪谱法和 Gauss 伪谱法在状态变量、控制变量和协态变量上的求解精度和求解效率进行了详细的比较分析，发现 Radau 伪谱法和 Gauss 伪谱法精度表现相近，同时在协态变量精度上显著优于 Legendre 伪谱法，但在计算效率上，三种方法表现相近。相对于打靶法，伪谱法采用基于离散点插值的方式代替数值积分过程，基于离散点可以构造出极为稀疏的约束雅可比矩阵，这对数值优化算法的求解极为有利，可以显著提高优化问题求解效率；同时，由于伪谱法解算后可以得到协态变量，可以借此验证弹道优化求解结果的最优性。伪谱法凭借计算效率、计算精度

和最优性的优势，目前已广泛用于航空航天领域的弹道优化问题中，如固体运载火箭上升段快速弹道规划，升力式导弹火星进入段快速弹道优化。

3) 凸优化法

凸优化法与传统直接法的不同在于对问题进行了额外的凸化处理，将问题转化为凸问题，这样弹道优化问题不仅可以在多项式时间复杂度内得到任意精度的求解，还能保证解具有全局最优性。根据采用的凸化处理方式不同，凸优化可分为等价凸化、无损凸化和序列凸化三种方式。

等价凸化往往只能用于特定的非凸问题，通过简单转化或者根据问题物理意义，就可以将原问题完全转化为凸问题，由于不存在近似过程，转化的凸问题和原问题完全等价，但是对于复杂的弹道优化问题而言，往往无法实现等价凸化。无损凸化则是对优化问题中非凸约束通过松弛的方式进行问题凸化，按照松弛方式不同可分为可行域松弛和变量松弛两种。

无损凸化的过程不仅扩大了问题的可行域，而且需要对整个优化问题进行重新描述，因此经过无损凸化得到的转化问题需要进行相对于原问题的无损性证明，确保松弛过程对性能指标无损以及转化问题的解在原问题的可行域内。

序列凸化则是采用序列线性化和序列近似两种方式对原始问题进行线性化处理，求解时迭代计算线性化问题直到收敛，收敛标准可取变量绝对误差、变量相对误差、性能指标误差等。

凸优化以其求解效率高成为当前弹道优化问题的研究热点，有望解决导弹在线弹道规划问题。

上述介绍的典型弹道优化算法的特点如表 4-1 所示。

表 4-1　典型弹道优化算法的特点

方法	适用范围	应用特点
打靶法	可处理不同复杂度的动力学方程，但收敛性无法保证；可处理较为简单的约束条件	设计较为简单，计算效率低
配点法	可处理不同复杂度的动力学方程，对光滑问题收敛较快，精度较高；可处理多种复杂的约束条件	设计较为简单，计算效率一般
凸优化法	可处理不同复杂度的动力学方程，且收敛性可保证，但对于强非线性问题，存在线性化误差；可处理多种复杂的约束条件	设计较为复杂，计算效率高
间接法	较简单的问题；极为简单的约束条件	设计复杂，计算效率较高

其中，配点法[3]相较于其他方法，不仅适用范围广，可用于各种复杂度的最优控制问题求解，而且设计简单，具有很强的通用性，特别是配点法中的 h-p 自适应伪谱法，更加适合弹道智能优化求解。下述重点给出 h-p 自适应伪谱法的数学模型。

微课

3. h-p 自适应伪谱法

对于 Bolza 复合型控制问题，Gauss 伪谱法[4]的求解思路是在一系列离散的 Legendre Gauss(LG)节点上，采用拉格朗日全局插值多项式来近似状态量和控制量，通过对插值多

项式进行求导来近似动力学方程中状态量对时间的导数，且在配点上严格满足动力学方程约束。性能指标函数中的积分项采用LG积分公式来近似。其流程如下。

1) 离散配点计算

由于采用 LG 积分公式计算相关积分，因此需要将连续时间最优控制问题转化到 $\tau\in[-1,+1]$ 的时间区间内，转换关系为

$$t=\frac{t_{\mathrm{f}}-t_0}{2}\tau+\frac{t_{\mathrm{f}}+t_0}{2} \tag{4-7}$$

选定离散配点规模 N，在时间区间内求 N 阶拉格朗日多项式的根，得到 LG 配点位置，N 阶拉格朗日多项式表达式为

$$P_N(\tau)=\frac{1}{2^N N!}\cdot\frac{\mathrm{d}^N}{\mathrm{d}\tau^N}\left[\left(\tau^2-1\right)^N\right] \tag{4-8}$$

正交 LG 配点积分权重为

$$w_i=\frac{2}{\left(1-\tau_i^2\right)\left[\dot{P}_N(\tau_i)\right]^2} \tag{4-9}$$

2) 动力学方程离散

状态变量 $x(\tau)$ 由基于配点处的状态变量构造的拉格朗日插值多项式近似:

$$x(\tau)\approx\sum_{i=0}^{N}L_i(\tau)x(\tau_i) \tag{4-10}$$

式中，$L_i(\tau)$ 为拉格朗日插值基函数，表达式为

$$L_i(\tau)=\prod_{j=0,j\neq i}^{N}\frac{\tau-\tau_j}{\tau_i-\tau_j} \tag{4-11}$$

动力学方程通过对该拉格朗日插值多项式求导得到:

$$\dot{x}(\tau_k)\approx\sum_{i=0}^{N}x(\tau_i)\dot{L}_i(\tau_k)=\sum_{i=0}^{N}x(\tau_i)D_{ki} \tag{4-12}$$

式中，D_{ki} 为拉格朗日插值基函数在配点处的微分，表达式为

$$D_{ki}=\begin{cases}\dfrac{P_N(\tau_k)}{P_N(\tau_i)(\tau_k-\tau_i)}, & i\neq k\\ -N(N+1)/4, & i=k=0\\ N(N+1)/4, & i=k=N\\ 0, & \text{其他}\end{cases} \tag{4-13}$$

则动力学方程可转化为代数形式的动力学方程约束:

$$\sum_{i=0}^{N}D_{ki}x(\tau_i)-\frac{t_{\mathrm{f}}-t_0}{2}f\left(x(\tau_k),u(\tau_k),\tau_k\right)=0 \tag{4-14}$$

终端状态 $x(\tau_f)$ 通过 LG 积分求得

$$x(\tau_f)=x(\tau_0)+\frac{t_f-t_0}{2}\sum_{k=1}^{N}w_k f\left(x(\tau_k),u(\tau_k),\tau_k\right) \tag{4-15}$$

3) 路径约束和终端约束转化

路径约束转化为

$$C\left[x(\tau_k),u(\tau_k),\tau_k\right]\leqslant 0 \tag{4-16}$$

终端约束转化为

$$\phi\left[x(\tau_0),\tau_0,x(\tau_f),\tau_f\right]=0 \tag{4-17}$$

4) 性能指标转化

性能指标函数通过 LG 积分转化为如下形式：

$$J=\phi\left[x(\tau_0),\tau_0,x(\tau_f),\tau_f\right]+\frac{t_f-t_0}{2}\sum_{k=1}^{N}w_k g\left(x(\tau_k),u(\tau_k),\tau_k\right) \tag{4-18}$$

转化后的问题为由代数形式的性能指标函数、路径约束、终端约束和动力学方程约束构成的非线性规划问题，转化完成后由优化算法进行问题求解。

由前述流程可知，Gauss 伪谱法本质是对原始问题的离散近似。为保证对原问题的高精度近似，h-p 自适应伪谱法采用 h-p 策略提高精度：h 自适应代表区间划分自适应，主要针对全局伪谱法仅存在一个区间导致的复杂问题配点过密问题，通过自适应划分区间提高近似精度；p 自适应代表配点自适应，通过自适应调整配点数目提高近似精度。应用 h-p 策略迭代优化过程，区间数和配点数动态变化，可以更好地适应问题特性，提高优化求解效率。h-p 自适应伪谱法求解流程如下。

1) 误差评估

h-p 策略通过对各区间误差进行评估决定是否进行 h-p 自适应，假设区间内有 N 个配点 $(\tau_1,\tau_2,\cdots,\tau_N)$，误差评估点选择为相邻配点中点处：

$$\overline{\tau}_i=(\tau_i+\tau_{i+1})/2 \tag{4-19}$$

进行拉格朗日插值得到状态量 $x(\overline{\tau}_i)$ 和控制量 $u(\overline{\tau}_i)$，则配点中点处动力学方程一阶微分残差为

$$e_i=\left|\dot{x}(\overline{\tau}_i)-\frac{t_f-t_0}{2}f\left(x(\overline{\tau}_i),u(\overline{\tau}_i),x(\overline{\tau}_i)\right)\right| \tag{4-20}$$

过程约束残差为

$$c_i=C\left(x(\overline{\tau}_i),u(\overline{\tau}_i),\overline{\tau}_i\right) \tag{4-21}$$

判断残差是否满足误差限 $\varepsilon_{\max}$，若满足，则区间内对原问题近似良好；若不满足，调用 h-p 策略提高近似精度。

2) h-p 策略选择

假设 $\bar{\tau}_\varepsilon$ 处不满足误差限，状态量 x_m 在 $\bar{\tau}_\varepsilon$ 处的曲率为

$$k_m\left(\bar{\tau}_\varepsilon\right)=\frac{\left|\ddot{x}_m\left(\bar{\tau}_\varepsilon\right)\right|}{\left[1+\dot{x}_m\left(\bar{\tau}_\varepsilon\right)^2\right]^{3/2}} \tag{4-22}$$

设 $\bar{\tau}_\varepsilon$ 处所有状态量最大曲率为 $k_{\max}\left(\bar{\tau}_\varepsilon\right)$，平均曲率为 $\bar{k}\left(\bar{\tau}_\varepsilon\right)$，定义相对曲率为

$$r=k_{\max}\left(\bar{\tau}_\varepsilon\right)/\bar{k}\left(\bar{\tau}_\varepsilon\right) \tag{4-23}$$

若 r 大于等于曲率阈值 $r_{\max}$，表明区间内各状态量曲率相差过大，则使用 h 策略进行区间细化；若 r 小于曲率阈值 $r_{\max}$，表明区间内各状态量曲率相差不大，则使用 p 策略增加配点数目。

3) h 策略区间细化准则

若进行区间细化，则细化区间数 n_{new} 按式(4-24)确定：

$$n_{\text{new}}=B\lg\left(\varepsilon/\varepsilon_{\max}\right) \tag{4-24}$$

式中，B 为调节因子。

第 i 个子区间左端点 τ_0^i 按式(4-25)确定：

$$\begin{cases}\tau_0^i=-1, & i=1\\ F\left(\tau_0^i\right)=F\left(\tau_0^{i-1}\right)+\dfrac{1}{n_{\text{new}}}, & i=2,3,\cdots,n_{\text{new}}\end{cases} \tag{4-25}$$

式中，$F\left(\tau\right)=\int_{-1}^{\tau}\rho_k\left(\tau\right)\mathrm{d}\tau$，为累积分布函数，$\rho_k\left(\tau\right)=ck\left(\tau\right)^{1/3}$，为曲率密度函数，其中 c 为常量，满足 $F\left(1\right)=1$。

4) p 策略配点增加准则

若增加配点数目，则区间内新确定配点数 N_{new} 表达式为

$$N_{\text{new}}=N+\left\lceil\lg\left(\varepsilon/\varepsilon_{\max}\right)\right\rceil+A \tag{4-26}$$

式中，$\lceil\ \rceil$ 为向上取整；A 为正整数可调因子。

本章采用配点法中的 h-p 自适应伪谱法进行弹道优化求解。

4.1.3 弹道优化案例

本小节以某近程空地导弹为研究对象，进行弹道优化设计。导弹采用正常式“X-X”形布局，其气动特性如图 4-1 所示。低马赫数时，阻力系数随马赫数增加而增加，在马赫数接近 1 的跨声速段，由于弹体出现激波，产生波阻，阻力系数急剧增加，在马赫数超过 1.5 后，阻力系数平缓增加一小段后开始缓慢下降；升力系数随马赫数变化的变化范围不大。随着攻角绝对值增大，弹体迎风面积增大，压差阻力增大，阻力系数增大，由于导弹为轴对称布局，阻力系数随攻角增大或减小产生的数值变化对称；当攻角在−10°～10°范围内变化时，升力系数和攻角近似线性增大，未达到临界攻角，未发生失速现象。

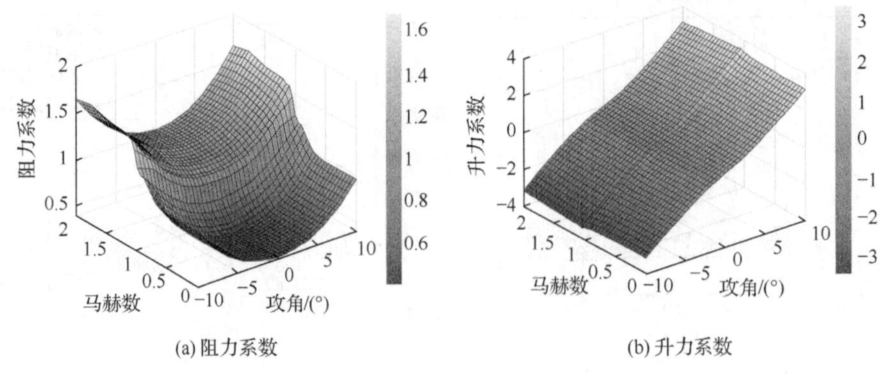

(a) 阻力系数　　(b) 升力系数

图 4-1　某近程空地导弹气动特性

导弹采用单室双推力发动机，分别对应助推段和主发动机工作段，各动力段在不同环境温度下有不同性能，如表 4-2 所示。由表可知，环境温度对发动机工作时长影响明显，相较于–40℃环境温度，环境温度 50℃时助推段时长减少 25%，主发动机段时长减少 25%；环境温度对总冲影响较小，相较于–40℃环境温度，环境温度 50℃时各段总冲略有增加，助推段总冲增加 1.49%，主发动机段总冲增加 1.93%。

表 4-2　某近程空地导弹动力特性表

发动机特征	–40℃环境温度	20℃环境温度	50℃环境温度
助推段总冲/Ns	21546	21803	21867
助推段时长/s	2	1.7	1.5
主发动机段总冲/Ns	48803	49742	49743
主发动机段时长/s	140	119	105

飞行工况为发射点地面海拔 0m、环境温度 25℃、发射高度 3000m、发射速度 100m、目标位置 25000m，分别取优化目标为最远射程、最近射程、最大落点速度、最短飞行时间，采用伪谱法进行优化，结果如图 4-2 所示。

由弹道优化结果可知：优化目标为最远射程和最近射程时，控制策略分别为使导弹长时间保持大升阻比飞行和长时间保持小升阻比飞行，飞行末段，均通过姿态调整，使导弹满足了落角约束；优化目标为最大落点速度时，采用弹道初段爬升的策略使导弹大部分时间工作在大气密度相对较小的高空，以减少飞行过程的速度损耗，实现落点速度最大的目标；优化目标为最短飞行时间时，导弹控制策略为使导弹始终保持高速飞行，以实现最短飞行时间的目标。

可见，弹道优化得到的弹道剖面在不同的优化目标下具有不同特征，明显区别于传统的由爬升段、平飞段、攻击段组成的弹道剖面，这些优化弹道无法简单地使用表达式进行描述，这也正是进行智能弹道设计方法研究的必要性。

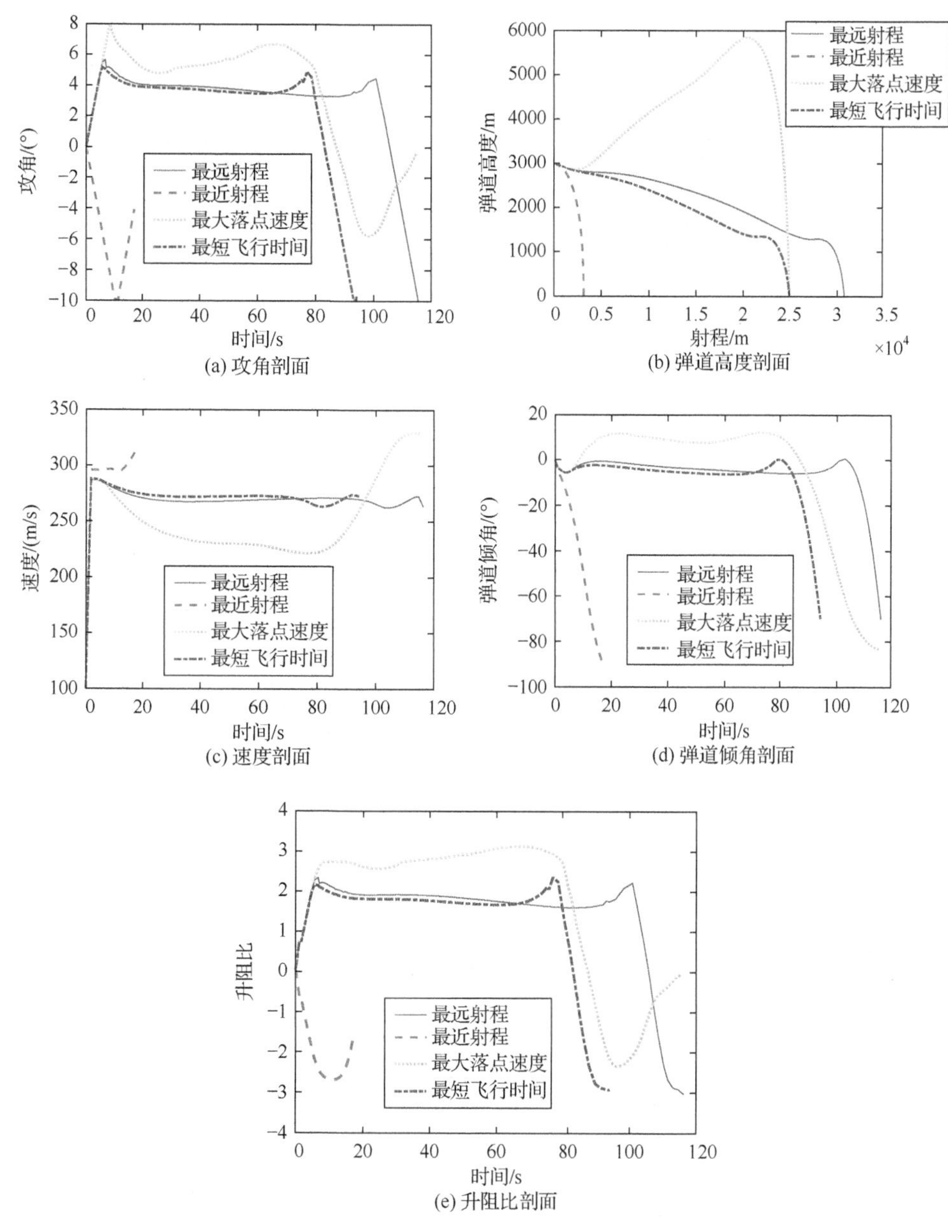

图 4-2 某近程空地导弹弹道优化结果

4.2 弹道智能快速生成方法

本节在前述基于伪谱法的弹道优化基础上，结合智能化设计方法，构建一种弹道智能快速生成方法。

4.2.1 传统弹道生成方法

传统弹道生成方法可分为在线弹道快速规划方法和离线弹道快速规划方法两类。在

线弹道快速规划方法应用于导弹的自主制导飞行过程，由于弹道规划问题的强非线性，对于控制指令的优化求解，在线弹道快速规划方法难以满足快速性要求。离线弹道快速规划方法应用于导弹发射前，包括射表法和弹道快速优化两种途径。

1. 射表法

射表法常用于弹道导弹等对象研究，通过大量计算制作复杂的数据表格，建立发射状态和导弹诸元的对应关系，规划弹道基于导弹诸元的运算获得。导弹诸元为一组用于控制导弹飞行过程状态的参数，其选取方式与弹道类型及具体的使用方式相关。为保证快速性，导弹诸元解算采用解析、拟合等方式。显然，导弹诸元的选择将带来性能指标非最优的问题，同时需要进一步研究射表外各工况的精度如何保证。虽然射表法具备快速性，但由于射表规模限制，存储的发射工况有限，在计算射表外弹道时，精度受限，且诸元选取之后可优化的参数少，设计自由度低，无法保证充分发挥导弹飞行性能。

2. 弹道快速优化

弹道快速优化主要针对弹道规划的快速实现，包括控制量设计、控制量的快速求解和模型简化设计三个方面。

(1) 控制量设计采取程序角思路，通过选取少量参数作为优化参数，避免直接针对控制量开展弹道优化设计带来的优化自由度过高的问题，提高弹道规划速度。

(2) 控制量的快速求解采用模型拟合整个优化过程中的复杂耗时环节。例如，采用神经网络拟合弹道计算过程，预报关机点状态；采用神经网络建立发射点和终端入轨点状态量与弹道参数的映射关系；采用连续型深度置信网络(CDBN)对机动能力进行在线预测，快速判定经由点状态的可行性；训练神经网络通过机动初始条件预测导弹以极限过载进行机动时机动时间的最大值；利用线性回归建立导弹诸元与发射信息之间的多项式拟合关系得到飞行方案诸参数迭代初值。

(3) 模型简化设计通过简化动力学模型的方式，降低弹道规划过程的复杂度。例如，对动力学方程进行降阶重新定义弹道规划框架，从而将问题转化为一系列单参数搜索问题；基于准平衡滑翔假设，将多约束的复杂弹道规划问题转化为简单的解析解形式。

弹道优化生成弹道时虽然综合考虑了各种约束与优化指标，但往往无法保证快速性和稳定性。例如，打靶法具有初值敏感和收敛速度慢的弊端，原因之一是不合适的初值选取和算法本身特性可能导致寻优迭代过程漫长，迭代无法收敛到最优解，计算效率低，无法满足发射快速性；其二是不合适的初值选取可能导致优化过程无法得到可行解，稳定性存疑。

以下给出基于射表思路和弹道快速优化结合的弹道智能快速生成框架。

4.2.2　弹道智能快速生成框架

弹道智能快速生成框架[5]如图 4-3 所示，共分为三个部分：最优弹道数据库构建、射前弹道规划模型构建、射前弹道规划模型压缩。

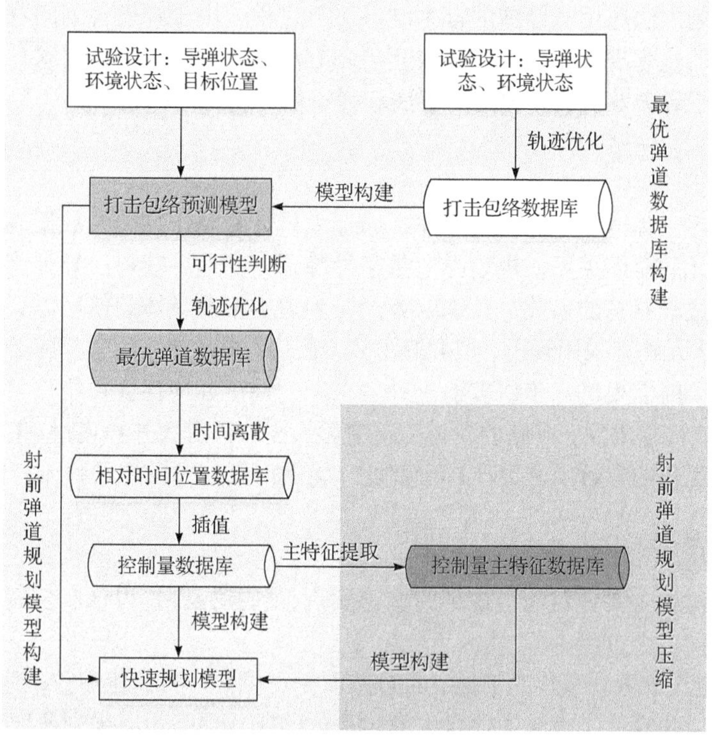

图 4-3　弹道智能快速生成框架

基于代理模型[6]进行射前弹道规划模型构建：离线构建最优弹道数据库，基于最优弹道数据库构建代理模型作为射前弹道规划模型。代理模型构建数据来自最优弹道数据库，保证弹道的最优性；弹道规划全程不涉及优化算法应用，仅存在简单的输入输出映射，保证弹道规划过程的快速性和稳定性。

4.2.3　弹道数据库生成与管理策略

本小节首先对射前弹道规划数据库构建基本方法进行介绍；其次为提高弹道规划模型精度，考虑到弹道规划模型应用时模型误差来自于直接输出的飞行时间和攻角预测结果；最后表现在落点位置误差上，提出基于飞行时间误差和攻角误差、基于落点位置误差两种不同的基于样本点加密的弹道数据库构建策略，构建模型时采用基于最小输出能量(MOE)准则的克里金法。

1. 弹道数据库生成策略

数据库构建首先要通过试验设计(design of experiment，DOE)生成试验空间内的样本点，试验设计的目的在于尽可能对试验空间信息进行探测。一般而言，试验设计方法可按照应用对象分为两类，如图 4-4 所示。

传统试验设计面向传统物理试验，方法包含全因子设计、部分因子设计、中心复合设计、Box-behnken 设计、正交设计和田口设计等，由于物理试验存在随机误差，所以常

在设计变量同一取值位置重复试验。

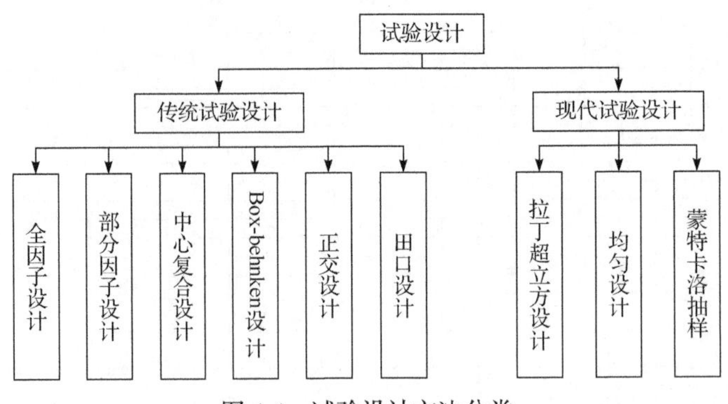

图 4-4　试验设计方法分类

现代试验设计则面向现代计算机试验，主要针对由于数值计算模型不存在随机误差，传统试验设计显得效率低下、不利于探索设计空间数值特性的问题，常见现代试验设计方法包含拉丁超立方设计、均匀设计和蒙特卡洛抽样等，基本思想为以尽量少的样本点对设计空间进行充分填充，以便对设计空间尽可能地充分探索。蒙特卡洛抽样本质上是通过生成随机变量的方式对样本分布进行模拟，如航空航天领域中基于随机干扰分布规律构造概率模型，对随机干扰进行模拟，该方法简单但是不容易保证空间填充的均匀性。均匀设计基于均匀设计表，根据设计变量因子数和水平数查表完成试验设计，可以保证空间填充的均匀性，但不易编程实现。拉丁超立方设计同样可以保证空间填充的均匀性，思路简单、灵活性高、不受因子数和水平数限制、容易编程实现，故选择拉丁超立方设计作为试验设计算法。

拉丁超立方设计基本流程如下：

(1) 设定样本总数 n，将每个设计变量的取值范围进行均匀划分，得到 n 个区间，整个抽样空间同时被划分为众多小空间。

(2) 将 n 个样本随机放于抽样空间的小空间内，保证样本点的随机分布以及生成的所有样本投影到任意一维设计变量时，设计变量的同一小区间内只包含一个样本点。为保证分布的均匀性，国内外学者提出了 ϕ_p 准则、最大熵准则、能量准则和 CL2 准则等不同均匀性度量准则，以更好地进行拉丁超立方设计。

两因子 20 水平的拉丁超立方设计如图 4-5 所示。设计空间均匀划分为 400 个小区间，样本点在小区间均匀分布，在各方向投影不落到同一个小区间内。

打击包络数据库试验设计空间包含导弹状态和环境状态，对对象而言，导弹状态包含导弹的发射高度和发射速度，环境状态包括环境温度和环境海拔，打击包络则由导弹发射工况对应的最远射程、最近射程描述。打击包络数据库构建流程如下：

(1) 采用拉丁超立方设计生成发射高度、发射速度、环境温度、环境海拔的组合作为设计点；

(2) 分别设定优化目标为射程最远和射程最近，基于各设计点采用 h-p 自适应伪谱法进行弹道优化求解，设计点及其对应最远射程、最近射程组成打击包络数据库。

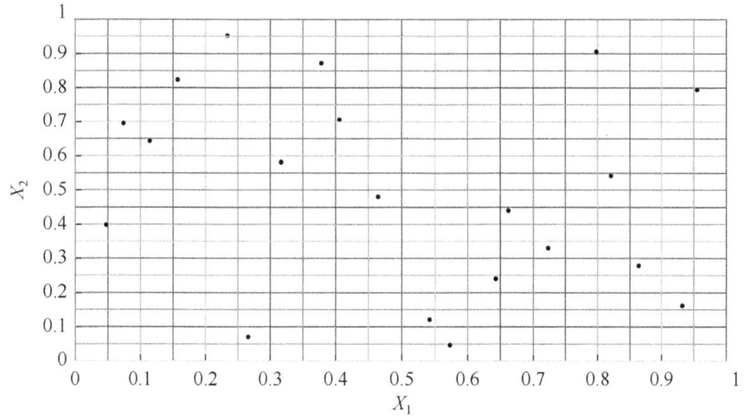

图 4-5　两因子 20 水平的拉丁超立方设计

以 4.1.3 小节的某近程空地导弹为例，生成由 10000 条弹道组成的打击包络数据库。由于试验设计变量为四维变量，为便于可视化，将发射高度和环境海拔合并为绝对发射高度。导弹最远射程分布如图 4-6 所示。由图可知，最远射程随绝对发射高度的增加而增大，由最远射程特性分析可知，最远射程方案为导弹飞行前期通过姿态调整实现大升阻比飞行，飞行末期姿态调整满足落角约束，飞行前期需要快速加速到大升阻比的飞行速度状态，随着绝对发射高度增加，大气密度减小，加速段能量损失减小，且更快进入大升阻比状态，所以射程增加；最远射程随发射速度增加而增大，发射速度增加同样减小进入大升阻比状态的时间，同时总能量增加，导致射程增加，在绝对发射高度高、环境温度低的时候增加趋势尤为明显，因为此时大气密度小，同时可知发动机推力小，所以发射速度增量作用明显；在绝对发射高度高的工况下，最远射程随环境温度减小表现出了明显的增大趋势，因为环境温度减小，平均推力下降，但工作时间增加，导弹可以维持大升阻比状态飞行时间更久，但在绝对发射高度低的工况下由于推力减小，进入大升阻比状态耗时增加，大升阻比状态飞行时间相对缩短，所以环境温度影响相对不明显。

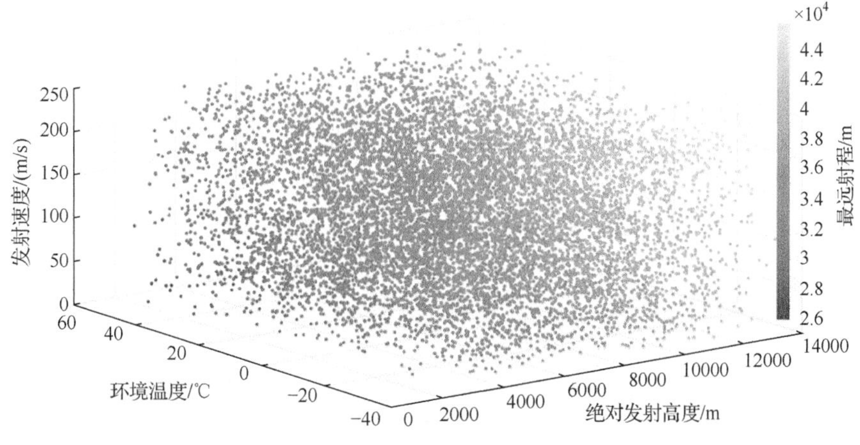

图 4-6　导弹最远射程分布

导弹最近射程分布如图 4-7 所示。由图可知，最近射程随绝对发射高度的增加而增加，由最近射程特性分析可知，最近射程方案为基于姿态调整快速进行弹道倾角下压，随着绝对发射高度增加，大气密度减小，基于气动力的姿态调整能力降低，同时需要下降的距离增加，因此最近射程增加；随着发射速度增加，姿态调整期间速度的水平方向分量增加，因此最近射程随之增加；环境温度对发动机推力和推力持续时间产生影响，环境温度降低，推力减小，导弹速度增加慢，姿态调整能力降低，但水平方向速度分量同时减小，因此环境温度影响相对不明显。

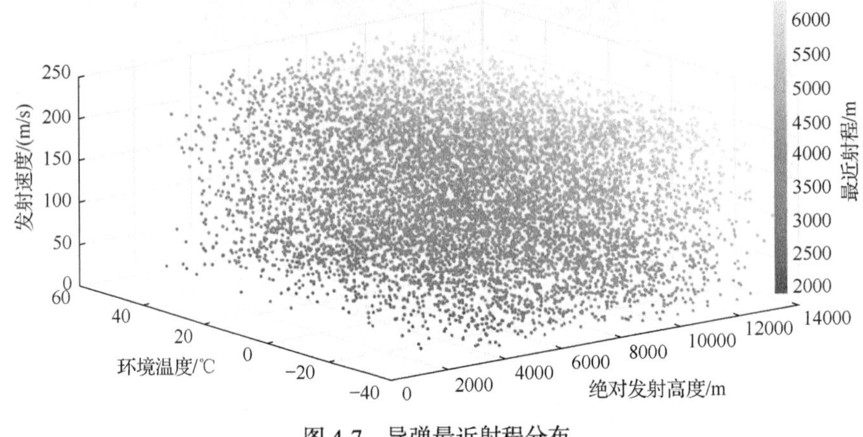

图 4-7　导弹最近射程分布

由上面分析可知，最远射程、最近射程随绝对发射高度、发射速度、环境温度基本单调变化，为此采取参考数据库样本估算的形式对待求工况的打击包络进行评估：比较待求工况和数据库设计点的绝对发射高度、发射速度、环境温度，以绝对发射高度略低、发射速度略小、环境温度略高的设计点最远射程作为待求工况最远射程，以绝对发射高度略高、发射速度略大、环境温度略低的设计点最近射程作为待求工况最近射程。

最优弹道数据库试验设计空间包含导弹状态、环境状态和目标状态，对对象而言，导弹状态包含导弹的发射高度和发射速度，环境状态包括环境温度和环境海拔，目标状态为目标位置。选择优化目标为落点速度最大以保证杀伤能力。最优弹道数据库构建流程如下：

(1) 采用拉丁超立方设计生成发射高度、发射速度、环境温度、环境海拔、目标位置的组合作为设计点，通过打击包络评估判断设计点可行性；

(2) 设定优化目标为落点速度最大，基于各设计点采用 h-p 自适应伪谱法进行弹道优化求解，设计点及其对应优化结果组成最优弹道数据库。

生成由 5000 条弹道组成的最优弹道数据库，弹道剖面和攻角剖面分别如图 4-8 和图 4-9 所示。

由攻角剖面可知，控制率整体表现出两种形式：一种从发射开始先增加攻角，然后保持长时间的正值，在飞行末段再减小而后增加，对应弹道剖面中的远距离目标，弹道存在比较长的爬升段，借助高空的低密度大气，减小能量损耗；另一种从发射开始先增加攻角，然后减小而后增加，攻角不存在增加后的长时间正值段，对应弹道剖面中的近

距离目标，由于目标近，因此不需要长时间爬升，剩余时间进行飞行末段的姿态调整。

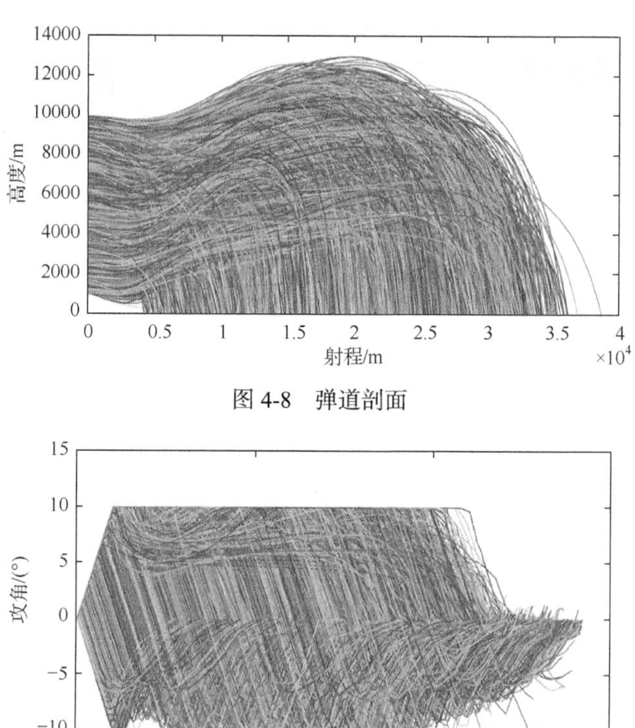

图 4-8　弹道剖面

图 4-9　攻角剖面

2. 弹道数据库离散策略

模型输出包含飞行时间和攻角序列两类，攻角序列需要对弹道优化计算得到的时间–攻角曲线进行离散处理，实现方式为以基于 Gauss 伪谱法得到的配点上的时间–攻角值为插值节点，在离散得到相对时间位置对应的绝对时间位置上进行拉格朗日插值，得到新的攻角序列作为攻角特征，拉格朗日插值表达式如下：

$$x(\tau) \approx \sum_{i=0}^{N} L_i(\tau) x(\tau_i) \tag{4-27}$$

式中，L_i 为拉格朗日插值基函数，表达式为

$$L_i(\tau) = \prod_{j=0, j \neq i}^{N} \frac{\tau - \tau_j}{\tau_i - \tau_j} \tag{4-28}$$

工况选为发射点地面海拔为 0m，环境温度为 20℃，发射高度为 5000m，发射速度为 100m/s，目标位置为 24000m、24500m、25000m，分别记作工况 1、工况 2、工况 3。控制量随时间的分布如图 4-10 所示，可见，通过策略处理，一方面，原本长度不一的时间–控制量序列转化为长度一致的相对时间位置–控制量序列；另一方面，从处理前后 60s 的曲线变化来看，经过处理，不同工况的曲线相似性进一步提升，说明采用的特征提取方式

确实符合弹道变化的内在规律。

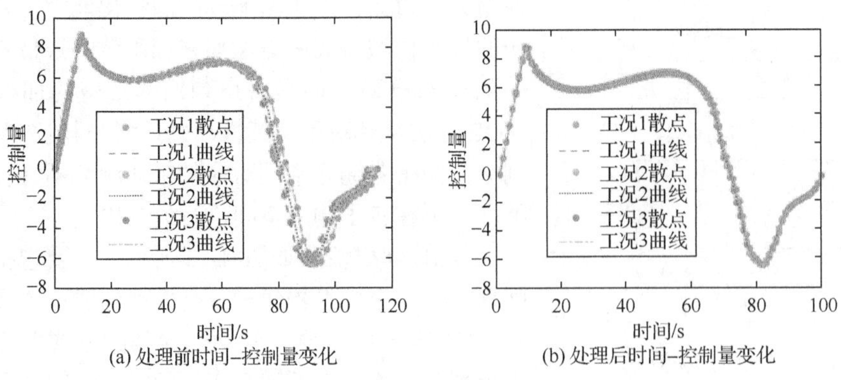

图 4-10　控制量随时间的分布

确定相对时间位置时首先要明确合适的离散规模，离散规模太小，新的特征不能代表原特征；离散规模太大，弹道规划模型输出过多，不利于模型构建和存储。本小节采用如下方式对离散规模进行确定：

(1) 选取不同离散规模进行攻角特征提取；

(2) 基于获取的攻角特征，对数据库各原弹道进行积分计算，统计其终端位置偏差，选取终端位置偏差稳定时的离散规模为最终离散规模。

离散规模取 1～200，计算结果如图 4-11 所示。

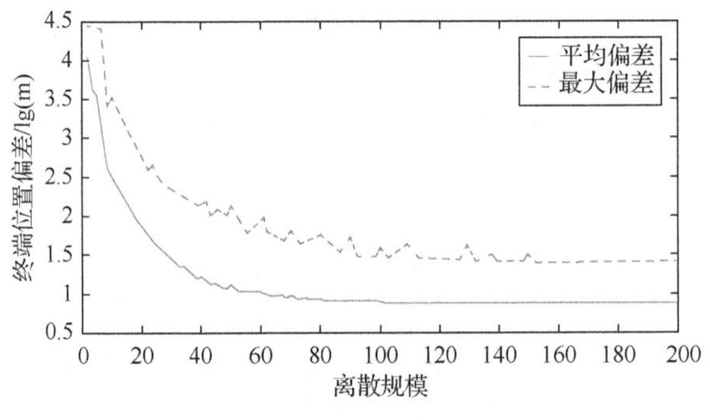

图 4-11　终端位置偏差变化图

由图 4-11 可知，随着离散规模增加，终端位置偏差的平均值和最大值逐渐减小，平均值在 100 以后几乎稳定取值在 7.6m 左右，最大值在 160 以后几乎稳定取值在 25.7m 左右。误差始终存在是因为提取的攻角特征来自对原始攻角序列的拉格朗日插值，而攻角特征的应用需要基于提取的攻角特征再次插值，相当于对原始攻角序列的二次插值，所以带来了精度上的损失，但是精度损失相对动辄十几公里的射程来说并不大。

3. 基于 MOE 的弹道模型生成策略

由于作为模型输出量的飞行时间的不连续，随着构建数据库的样本增加，模型精度逐渐不再提高。传统代理模型往往采用光滑函数对未知函数进行近似，精度严重依赖于

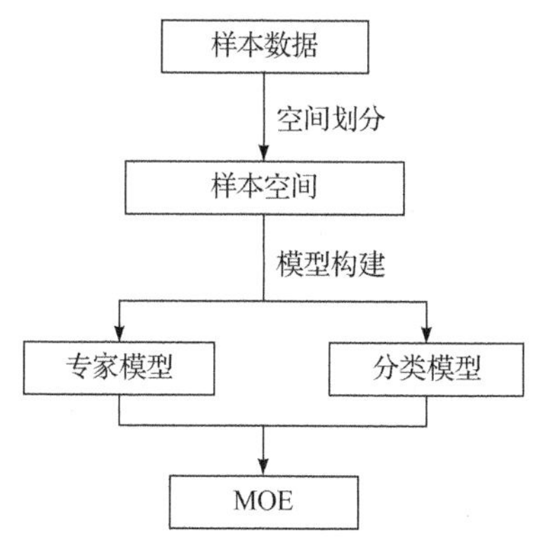

图 4-12　MOE 建模流程

未知函数的连续性，这导致在函数不连续的位置代理模型方差过大，严重影响模型的泛化能力。相对于传统的代理模型，MOE 方法对未知函数的近似不再是单一的全局模型，而是一系列局部模型的加权组合。MOE 方法从解决不连续性出发，通过对输入空间进行划分，使得各输入空间对应的未知函数不存在不连续特征，再在各子输入空间进行模型构建。

MOE 建模流程如图 4-12 所示，主要包括样本空间划分、专家模型构建和分类模型构建三个环节。

(1) 样本空间划分：通过聚类的方式对样本空间进行划分，将存在不连续特征的样本空间划分为输出连续的子样本空间组合；

(2) 专家模型构建：在各样本空间进行模型构建；

(3) 分类模型构建：由于模型使用时测试点输出未知，无法通过输出判断调用哪个模型，所以需要构建根据模型输入判定测试点归属的分类模型，专家模型结合分类模型即为最终的 MOE。

生成的 MOE 表达式为

$$\hat{y}(\boldsymbol{x})=\sum_{i=1}^{K}P(k=i\,|\,\boldsymbol{X}=\boldsymbol{x})\hat{y}_i(\boldsymbol{x}) \tag{4-29}$$

式中，$\hat{y}(\boldsymbol{x})$ 为模型输出；k 为子空间个数；$P(k=i\,|\,\boldsymbol{X}=\boldsymbol{x})$ 为测试点 $\boldsymbol{x}$ 位于子空间 i 的概率；$\hat{y}_i(\boldsymbol{x})$ 为第 i 个子空间的模型输出。

基于 MOE 的弹道规划模型构建流程如图 4-13 所示，相对传统弹道规划模型构建流程，基于 MOE 的弹道规划模型构建区别如下：

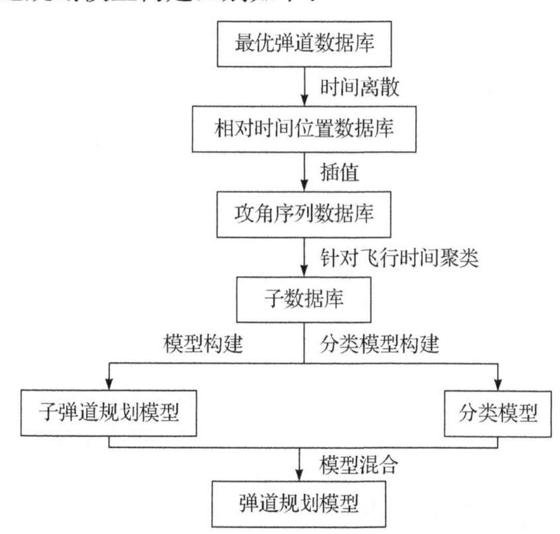

图 4-13　基于 MOE 的弹道规划模型构建流程

(1) 得到飞行时间数据库和攻角序列数据库后，不再直接进行模型构建，而是先基于

飞行时间进行聚类得到子数据库，保证子数据库内飞行时间的连续性，子数据库由对应的子飞行时间数据库和子攻角序列数据库组成。

(2) 基于子数据库构建子弹道规划模型和分类模型，最后通过 MOE 的方式结合子弹道规划模型和分类模型形成最终的弹道规划模型。其中分类模型起到对由未知发射高度、发射速度、环境温度、环境海拔、目标位置组成的未知工况进行划分，判断由哪个子弹道规划模型进行弹道规划计算的作用。

4. 数据库代理模型加点方法

针对已经建立的模型，本小节采用调整构建模型数据集的方式，通过样本点的合理加密分配降低回归模型的误差。

用于构建模型的样本点分配常见于基于代理模型加点优化过程，通用流程如图 4-14 所示。样本点的选择通过得到优化结果后经由收敛准则判定，构建模型的初始样本点来自于试验设计。常见的加点准则包括最小化模型预测(MSP)准则、期望改善(EI)准则、概率改善(PI)准则、均方误差(MSE)准则、置信下界(LCB)准则等，其中 MSP 准则、EI 准则、PI 准则和 LCB 准则进行样本点增加的目的侧重结合具体的优化指标实现高效的全局优化，MSE 准则进行样本点增加的目的在于提高代理模型的全局精度。

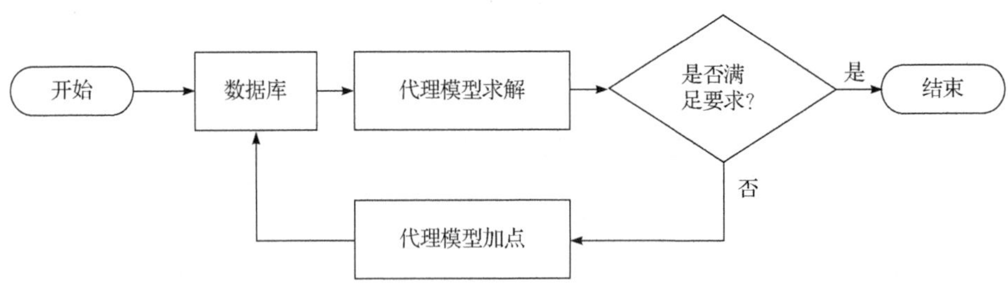

图 4-14　代理模型加点优化流程

由弹道规划模型构建及使用流程可知，弹道规划模型误差不仅表现在模型直接输出的飞行时间和攻角序列的预测误差上，而且最终表现在基于模型输出积分得到的弹道的观测误差上。因此，基于模型误差的样本点加密策略可从预测误差和落点误差两方面开展，加点基本思路为通过蒙特卡洛打靶重复生成测试点进行精度测试，从而更新数据库的方式。

基于 MSE 准则的加密方法基本流程如图 4-15 所示，考虑到弹道规划模型为多输出模型，本节对各输出进行并行加密，对各输出分别构建 MSE 优化问题进行求解。MSE 优化问题输入为发射高度、发射速度、环境温度、环境海拔和目标位置，不同优化问题优化目标分别为模型估计的飞行时间最大误差、模型估计的攻角最大误差，优化问题输出模型估计的飞行时间误差最大和攻角误差最大时，对应的发射高度、发射速度、环境温度、环境海拔和目标位置。

针对新增样本点涉及的优化问题，选择全局优化算法——遗传算法进行优化。

遗传算法基本思想来源于达尔文进化论中的遗传选择和自然淘汰，通过模拟自然界生物进化过程得到最优解。算法基本流程包括选择、交叉、变异三步，如图 4-16 所示。

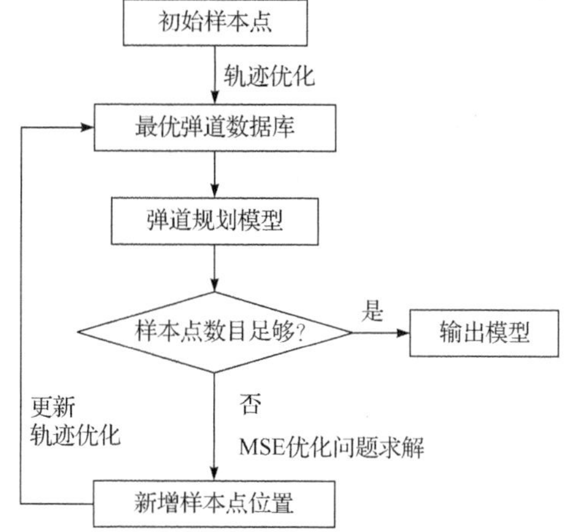

图 4-15　基于 MSE 准则的加密方法基本流程

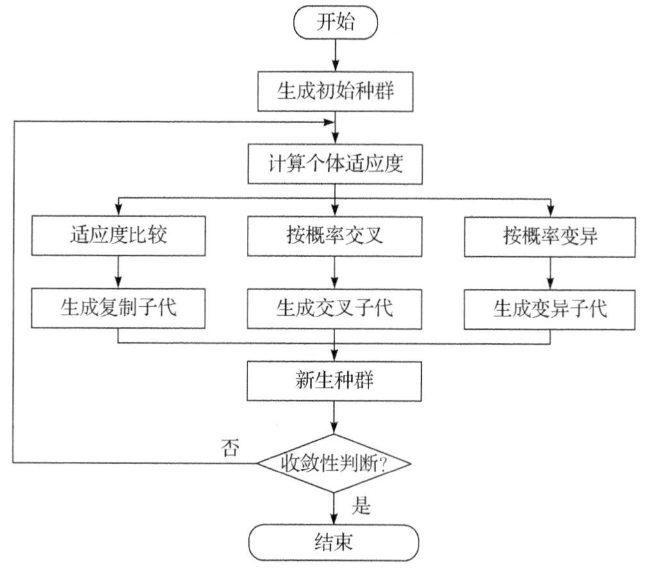

图 4-16　遗传算法应用流程

(1) 首先随机生成初始种群，通过适应性度量选择其中适应度高的作为父代。选择算子常用随机联赛选择：确定每次进行适应度比较的个体数作为联赛规模，进行适应度比较，选择适应度最高的个体进行遗传，重复上述流程，直到得到所需下一代种群。

(2) 交叉操作通过对现有种群个体进行交叉产生新种群个体。二进制交叉算子由父代 x_1 、 x_2 产生子代 y_1 、 y_2 的基本流程为首先生成随机数 $\mu\in[0,1]$；然后计算交叉参数 $\bar{\beta}$ ：

$$\bar{\beta}=\begin{cases}(2\mu)^{1/(\eta_c+1)}, & \mu\leqslant 0.5\\ \left(\dfrac{1}{2-2\mu}\right)^{1/(\eta_c+1)}, & 其他\end{cases} \tag{4-30}$$

式中， η_c 为控制参数。得到交叉参数后按照式(4-31)计算即可得到子代：

$$\begin{cases} y_1 = 0.5\left[(x_1 + x_2) - \bar{\beta}|x_2 - x_1|\right] \\ y_2 = 0.5\left[(x_1 + x_2) + \bar{\beta}|x_2 - x_1|\right] \end{cases} \tag{4-31}$$

(3) 变异操作参考自然界的基因突变为种群引入新个体，避免子代基因仅来自现有种群导致优化结果陷入局部最优。在基于参数的变异中，子代个体 y 来自于父代个体 x 周围的多项式形式扰动，基本流程为首先生成随机数 $\mu \in [0,1]$，然后计算变异参数 $\bar{\delta}$：

$$\bar{\delta} = \begin{cases} (2\mu)^{1/(\eta_m+1)} - 1, & \mu \leqslant 0.5 \\ 1 - \left[2(1-\mu)\right]^{1/(\eta_m+1)}, & \text{其他} \end{cases} \tag{4-32}$$

式中，η_m 为控制参数。子代个体变异表达式为

$$y = x + \bar{\delta}\Delta_{max} \tag{4-33}$$

式中，Δ_{max} 为扰动上界。

考虑到弹道规划模型生成的弹道落点偏差本质上是由模型预测的飞行时间和攻角序列偏差引起的，本小节即按照预测误差进行样本点加密，基本思路：首先根据精度检验结果得到满足落点误差使用标准的测试点，对其预测误差进行统计并求最大值得到容许预测误差限；其次采用蒙特卡洛打靶法随机生成测试点，同时采用弹道优化算法和弹道规划模型进行弹道生成；再次计算各测试点是否满足误差准则，不满足则更新至弹道数据库中，重新构建弹道规划模型；最后重复上述步骤直到达到最大样本点数。具体流程如图 4-17 所示。

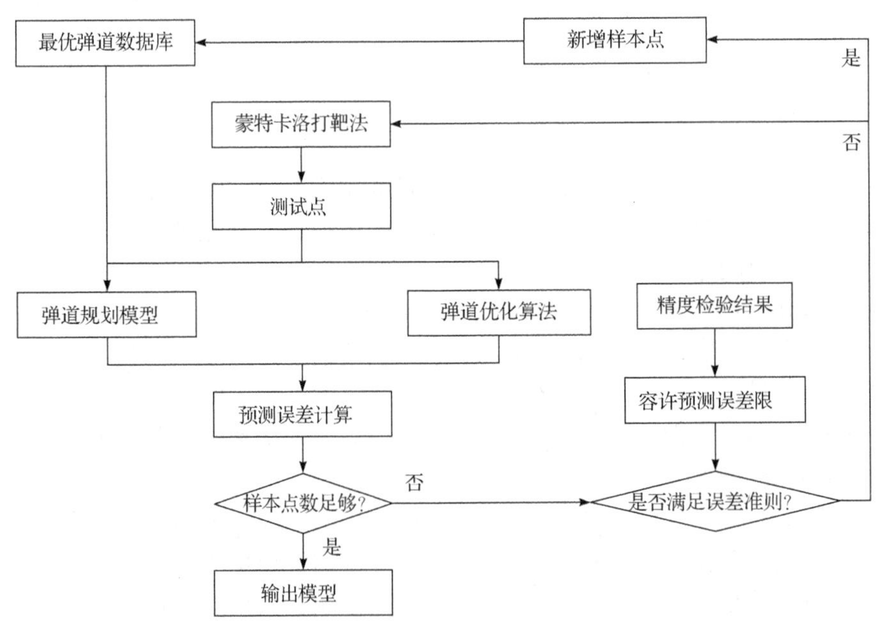

图 4-17　基于预测误差的样本点加密流程

考虑到模型精度评价准则为落点误差，模型预测的飞行时间和攻角序列偏差的影响

需要经过动力学方程才能转化为落点误差，即直接以落点误差作为样本点加密准则进行样本点加密，基本思路：首先采用蒙特卡洛打靶法随机生成测试点，通过弹道规划模型进行测试点生成；其次计算弹道是否满足误差准则，若不满足，进行弹道优化求解，并更新到数据库中，重新构建弹道规划模型；最后重复上述步骤直到达到最大样本点数。具体流程如图 4-18 所示。

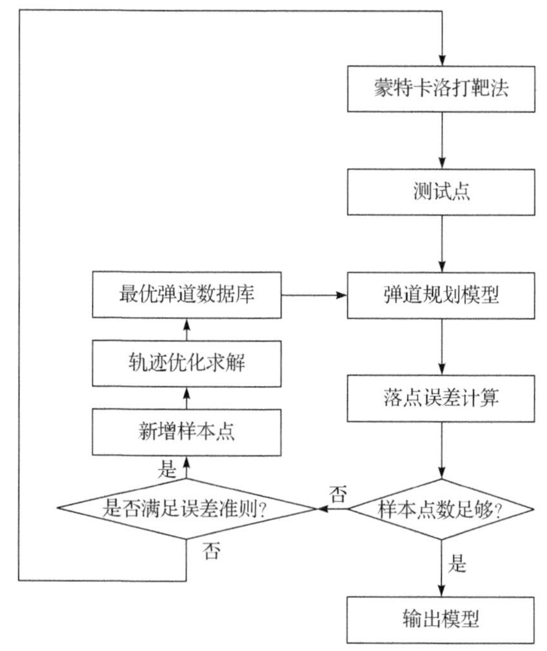

图 4-18 基于落点误差的样本点加密流程

4.2.4 基于智能算法的弹道生成模型

结合基于样本点加密的弹道数据库构建方法和基于 MOE 的特征分区弹道规划方法，同时将基于主成分分析(PCA)的弹道规划模型压缩内嵌其中，建立最终的弹道规划模型生成流程如图 4-19 所示。

具体流程如下：

(1) 初始样本点生成。对环境海拔、环境温度、发射高度、发射速度、目标位置，进行拉丁超立方设计，生成初始样本点。

(2) 最优弹道数据库构建。采用 h-p 自适应伪谱法对待解算样本点进行弹道优化解算，优化结果构成最优弹道数据库。

(3) 特征数据库构建。首先提取各弹道的飞行时间，形成飞行时间数据库；其次对飞行时间进行均匀划分得到用于插值的时间位置，基于各弹道优化得到的配点上的攻角，在插值位置进行拉格朗日插值得到攻角序列数据库；最后采用主成分分析对攻角序列数据库进行降阶，得到攻角序列主特征数据库。

(4) 数据库划分。对飞行时间数据库进行 k 均值聚类，得到不同飞行时间对应的类别特征并完成飞行时间数据库划分，类别特征映射回样本点并以设计点为索引完成攻角序

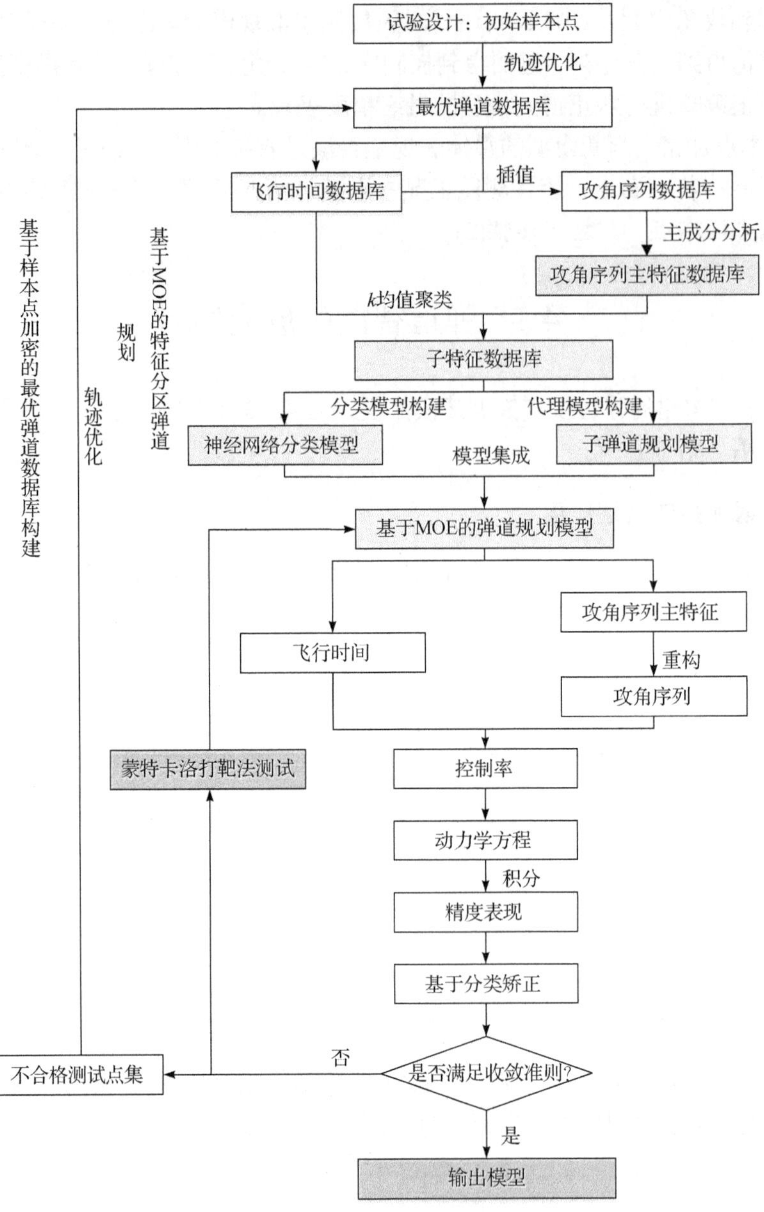

图 4-19　弹道规划模型生成流程

列主特征数据库的划分，k 值按照不同 k 值下的模型精度表现选取最优值。

(5) 基于 MOE 的弹道规划模型构建。对类别特征进行独立编码，以样本点作为输入，编码后的类别特征作为输出，基于神经网络训练分类模型；分别基于各子特征数据库，以样本点作为输入，飞行时间和攻角序列主特征作为输出，构建 Kriging 模型得到子弹道规划模型；采用 MOE 的方式对神经网络分类模型和子弹道规划模型进行集成得到基于 MOE 的弹道规划模型。

(6) 模型精度检测。采用蒙特卡洛打靶法的方式随机生成测试工况，弹道规划模型输

出飞行时间和攻角序列主特征，将飞行时间按照离散规模均匀划分，同时对攻角序列主特征进行重构得到攻角序列，进而得到控制率，经过动力学方程积分获得模型精度表现，应用分类矫正策略进行矫正得到模型的最终精度表现。

(7) 样本点加密。判断模型的整体表现是否满足收敛准则，若满足，则输出模型作为弹道规划模型；若不满足，统计测试工况中不满足精度指标的工况，得到不合格测试点集作为待解算样本点，并转至步骤(2)。

4.3 弹道智能生成应用

采用 4.2 节构建的弹道规划模型建模流程，对 4.1.3 小节的某近程空地导弹进行智能弹道设计应用与结果分析。

4.3.1 导弹射前弹道规划应用

导弹作战任务如表 4-3 所示，通过对任务指标设定变化范围模拟不同发射状态、环境状态、目标状态的复杂作战环境。

表 4-3 导弹作战任务

任务指标	下界	上界
发射速度/(m/s)	10	250
发射高度/km	1	10
环境海拔/m	0	3600
环境温度/℃	–40	50
目标位置/km	1	40

考虑到存在插值和聚类的误差，取收敛准则为落点位置 100m 的误差限下准确率超过 96%，初始样本点为 1000。落点位置误差随样本点数分布如图 4-20 所示。

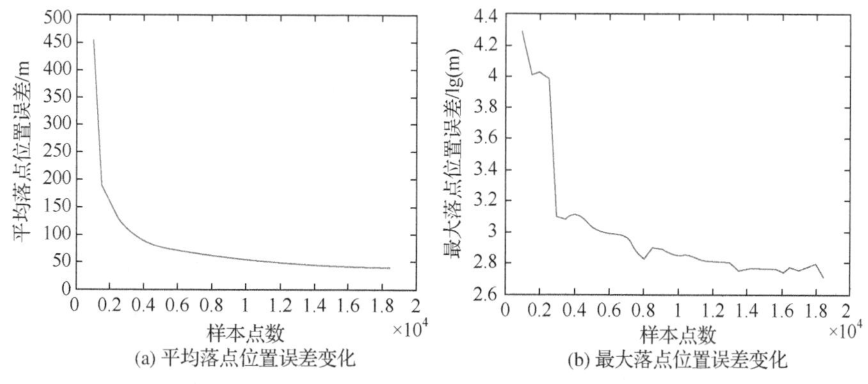

(a) 平均落点位置误差变化　(b) 最大落点位置误差变化

图 4-20 落点位置误差随样本点数分布

随着样本点数增加，落点位置误差逐渐减小，准确率逐渐上升，基本服从先快后慢的变化趋势，这是因为加点前期样本空间特征代表性不足，所以加点效果更为明显。整个模型构建过程在样本点数达到 18361 时中止，此时 100m 的误差限下准确率为 96.36%，在 120m、150m、200m 误差限下准确率分别达到了 97.75%、98.53%、99.30%。

模型构建完成时飞行时间分布如图 4-21 所示。可以发现，K 值取 3 符合数据分布特征；同时，传统 K 值准则推荐值在数据不充分时为 2，并非问题真实取值，可见，基于 MOE 模型精度表现确定 K 值为 3 更为准确。

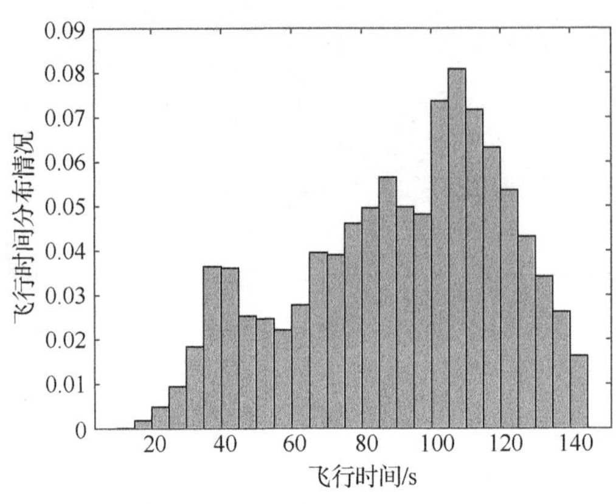

图 4-21　飞行时间分布图

分类模型精度的混淆矩阵如图 4-22 所示，在按照 70：15：15 划分数据集为训练集、验证集、测试集后，分类模型取得了 98.5%的精度。

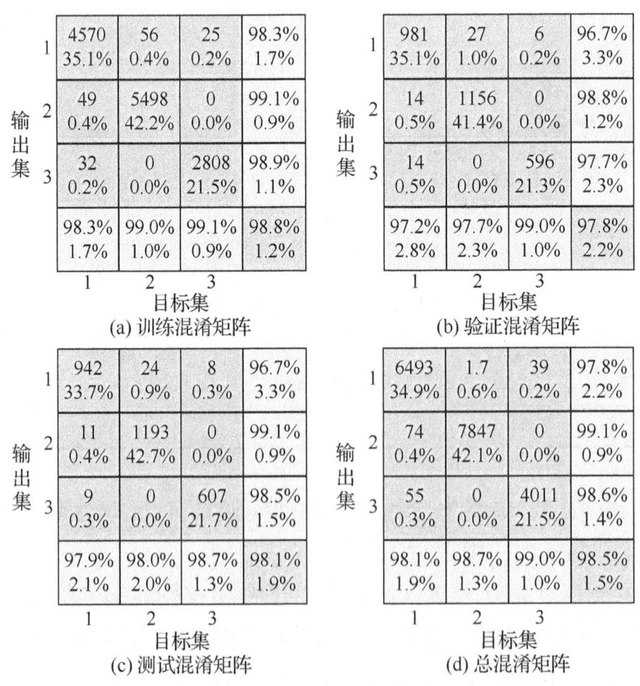

(a) 训练混淆矩阵　(b) 验证混淆矩阵

(c) 测试混淆矩阵　(d) 总混淆矩阵

图 4-22　分类模型精度的混淆矩阵

4.3.2 导弹在线弹道规划应用

1) 精度表现

随机生成 5000 个工况对模型的弹道生成情况进行检验，落点位置、速度误差分布如图 4-23 所示，攻角、飞行时间误差分布如图 4-24 所示，误差统计结果如表 4-4 所示。

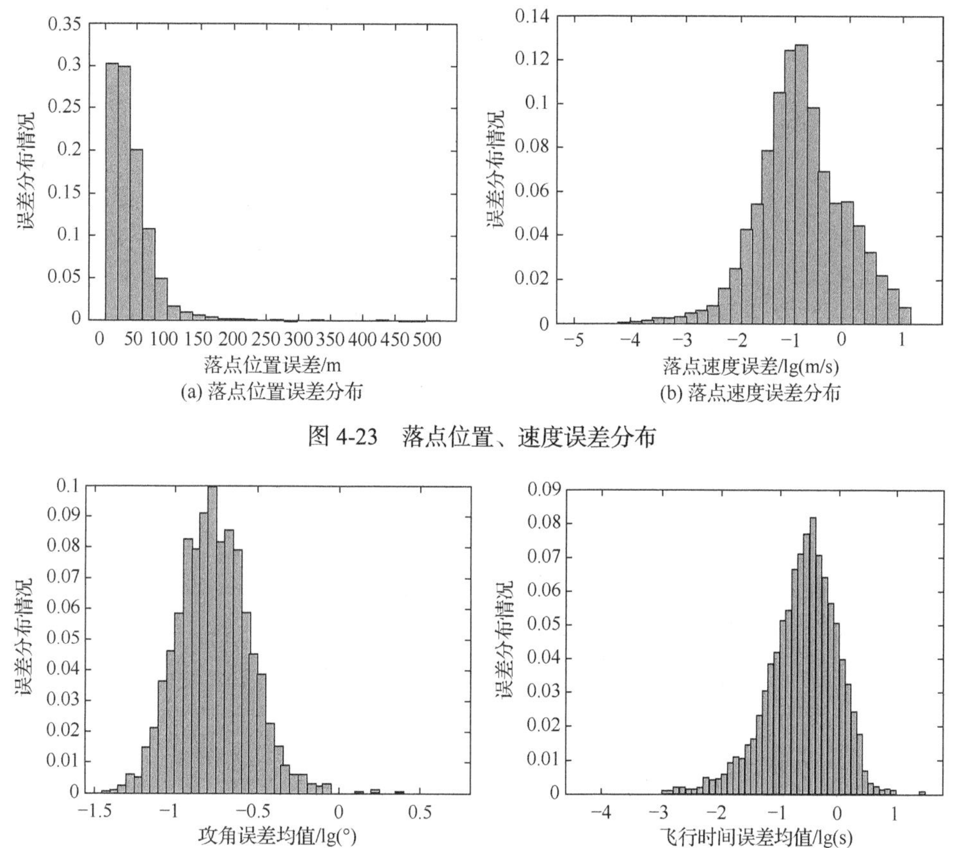

图 4-23 落点位置、速度误差分布

图 4-24 攻角、飞行时间误差分布

表 4-4 误差统计结果

平均落点位置误差/m	最大落点位置误差/m	平均落点速度误差/(m/s)	最大落点速度误差/(m/s)	准确率
40.13	518.68	0.48	22.3157	95.78%

由精度测试结果可知，最终生成的弹道规划模型具有 95.78%的准确率以及和弹道优化结果接近的落点速度表现，弹道近似最优。

选取 10000 个样本点，分别对仅从样本点加密出发构建的弹道规划模型、基于样本点构建的 MOE 模型、同时从样本点加密和 MOE 模型出发构建的弹道规划模型进行精度检验，三个模型分别记作模型 1、2、3，其落点位置误差分布如图 4-25 所示。可见，模

型 3 具有更好的误差表现，这也说明了同时从样本点加密和 MOE 模型出发进行弹道规划模型构建的必要性。

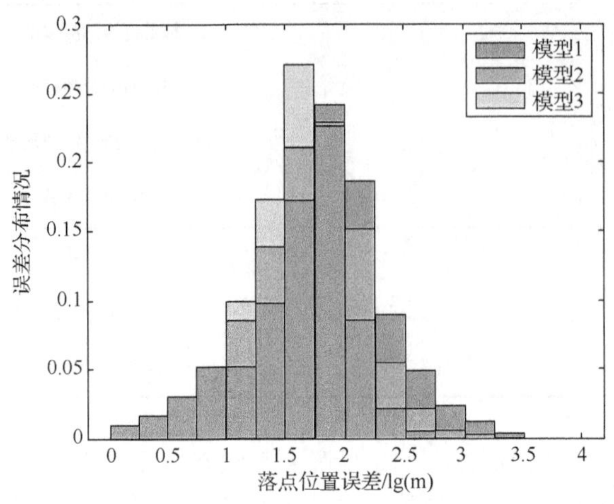

图 4-25　落点位置误差分布对比图

2)计算效率

在测试环境为 MATLAB R2020b，处理器为 AMD Ryzen 5 3550H 的条件下，构建的弹道规划模型计算耗时分布如图 4-26 所示。

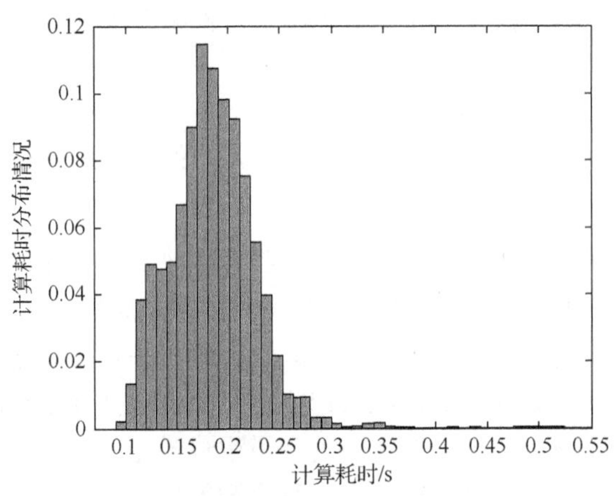

图 4-26　计算耗时分布

计算平均耗时在 0.18s 左右，具备应用的快速性。这是因为弹道规划过程涉及的分类和 Kriging 模型预测等环节，本质上具有明确的函数表达式，所以具有较高的计算速度。

3) 模型存储

构建的弹道规划模型由数据模型和对应的应用算法两部分构成，具体组成如表 4-5 所示。

表 4-5 弹道规划模型组成

弹道规划模型模块	具体组成
数据模型	打击包络预测模型
	神经网络分类模型
	飞行时间及攻角主特征预测模型
	PCA 重构矩阵
应用算法	神经网络算法
	Kriging 算法
	动力学方程积分模型

其中，打击包络预测模型保存的是导弹发射状态、环境状态、对应的最远射程和最近射程；神经网络分类模型保存的是三层神经网络的权重系数和偏置信息；飞行时间及攻角主特征预测模型保存的是导弹发射状态、目标状态、环境状态和对应的飞行时间及攻角主特征信息；PCA 重构矩阵用于将攻角主特征转换为攻角序列；神经网络算法用于对输入工况进行分类；Kriging 算法继而进行对应的飞行时间及攻角主特征预测；动力学方程积分模型基于预测结果进一步积分得到弹道。数据模型的大小在 3.5MB 左右，应用算法具有明确的函数表达式，大小在 90KB 左右，整体弹道规划模型大小不足 4MB，具有弹载计算的潜力。

4.4 本 章 小 结

本章首先介绍了弹道优化的相关基础，包括常用坐标系定义、动力学方程和弹道优化问题，并对间接法、直接法等常用弹道优化方法的基本原理和适用性进行了总结分析，重点论述了 h-p 自适应伪谱法的实现原理。其次介绍了一种智能化设计方法与 h-p 自适应伪谱优化方法结合后形成的弹道智能快速生成策略，包括弹道智能快速生成框架、弹道数据库生成与管理策略、基于智能算法的弹道生成模型三个部分。弹道智能快速生成策略相比于传统的弹道优化方法，通过引入弹道智能生成算法，能够避免低效的弹道优化过程，确保生成弹道的快速性和最优性，可为弹道射前快速规划提供理论方法支持。最后以某空地导弹为对象给出了基于弹道智能快速生成策略的应用案例，从精度表现、计算效率、模型存储方面给出了性能评价。

本章给出了一种弹道设计和智能化设计的成功结合应用案例。弹道设计作为飞行性能评估的核心手段，在导弹诸元解算、攻防对抗、弹道预报、虚拟飞行试验等应用过程中也作为关键核心环节，如何进一步结合智能化设计方法提升上述环节的最优性、快速性和精确性，是后续研究的重要问题之一。

习　　题

4.1 弹道设计方法有哪些？分别有什么特点？

4.2 弹道优化问题如何建模？

4.3 弹道优化方法有哪些？各自有什么优缺点？

4.4 弹道智能快速生成框架包括哪几部分？

4.5 弹道数据库生成有哪几种方法？各方法有什么特点？

4.6 基于智能算法的弹道生成流程是什么？

4.7 导弹射前弹道规划如何应用？

4.8 导弹在线弹道规划如何应用？

参 考 文 献

[1] GRAESSLIN M H, TELAAR J, SCHOETTLE U M. Ascent and reentry guidance concept based on NLP-methods[J]. Acta Astronautica, 2004, 55(3/9): 461-471.

[2] CHEN X Y, LI C N, GONG C L, et al. A study of morphing aircraft on morphing rules along trajectory[J]. Chinese Journal of Aeronautics, 2020, 34(7): 232-243.

[3] ZHANG L C, GONG C L, SU H, et al. Design methodology of a mini-missile considering flight performance and guidance precision[J]. Journal of Systems Engineering and Electronics, 2024, 35(1): 195-210.

[4] ZHANG T F, SU H, GONG C L. Hp-adaptive RPD based sequential convex programming for reentry trajectory optimization[J]. Aerospace Science and Technology 2022, 130: 107887.

[5] 柏绍波. 基于最优弹道数据库的射前快速弹道规划[D].西安：西北工业大学, 2022.

[6] FORRESTER A, SOBESTER A, KEANE A. Engineering Design via Surrogate Modelling: A Practical Guide[M]. New Jersey: John Wiley&Sons, 2008.

第 5 章

智能制导律设计

制导律作为导弹和现代制导武器系统的核心组成部分，不仅关系到武器系统的精确打击能力，而且直接影响作战效率和战场适应性。本章将在对经典制导律原理进行介绍的基础上，探讨智能制导律的理论基础、关键技术及其在现代战争中的应用，以期为相关领域的研究和实践提供参考。

制导律也称导引律，是指依据导航信息，计算导弹等飞行器的运行路径，使其能有效到达目标点的算法。随着武器工业、航天科技和人工智能的不断发展，早期传统的经典制导律开始向现代智能制导律演变。传统的制导律虽然经过长期实践和验证，已在一定程度上达到了较高的精确度和可靠性，但仍受限于其固定的控制逻辑和参数设置，难以适应复杂多变的战场环境。近年来，深度强化学习等技术的兴起为导弹制导领域带来了新的突破点，智能方法的引入使得导弹能够自适应地调整策略以应对不同情况，显著提高了导弹的制导性能和战场适应性。

本章将首先回顾飞行力学的基础知识，这是理解和设计制导律的理论基石。接着，将深入探讨经典制导律的原理和特点，分析其在现代战争中的局限性。在此基础上，本章将重点介绍基于深度强化学习的几种智能制导律，包括智能中制导律、多弹智能时间协同制导律。

5.1 飞行力学基础

本节首先介绍相对运动方程，作为分析导弹和目标之间运动关系的基础。随后，分析几种经典制导律，包括纯追踪法、平行接近法和比例导引法，每一种方法都有其特定的应用场景和局限性[1]。在此，将早期的神经网络制导律也纳入经典制导律的范畴，作为进一步介绍当前更先进制导律的基础。

5.1.1 相对运动方程

相对运动方程是指描述两个运动物体之间相对运动关系的方程。相对运动方程可以用来描述导弹和目标之间的相对运动关系，也可以用来描述导弹(或目标)和制导站之间的相对运动关系。相对运动方程是研究各种导引规律运动学特性的基础。

自动导引相对运动方程，实际上描述的是导弹和目标之间的相对运动关系，也就是

研究导弹和目标之间的相对距离向量在空间的变化规律。通过对此规律的研究，找出导弹的弹道特性。相对距离向量的变化规律可以通过其大小的变化率和方向的变化率来表示。

为了研究问题方便起见，设导弹和目标在同一平面内运动(该平面称为攻击平面或攻击面)，如图 5-1 所示。

图 5-1 中，xOy 为某一惯性坐标系，Ox 轴作为基准线；M 和 T 分别为某一时刻导弹和目标所处位置；V 和 V_T 分别为该时刻导弹和目标运动的速度向量；R 为目标相对导弹的距离向量，导弹和目标之间的连线也称为目标相对导弹视线(简称目标视线)；λ 为目标视线与基准线之间的夹角，称为目标视线角；η 为导弹速度向量 V 和距离向量 R 之间的夹角，称为导弹速度向量前置角；η_T 为目标速度向量前置角；γ 为在攻击平面内导弹速度向量与基准线之间的夹角，称为导弹的弹道角；γ_T 为在攻击平面内目标速度向量与基准线之间的夹角，称为目标的弹道角。

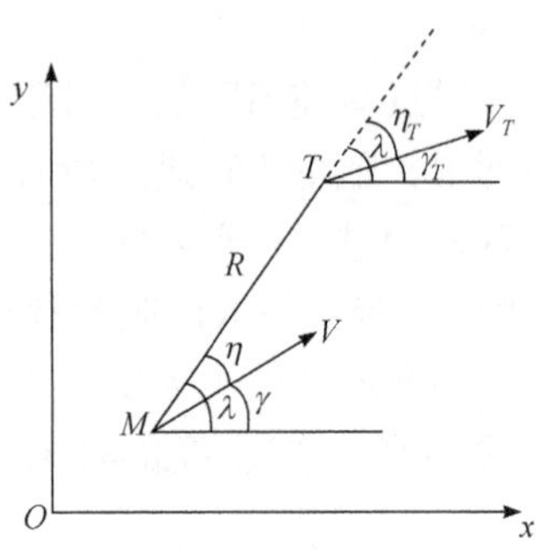

图 5-1　自动导引相对运动关系

在极角坐标系下可得如下相对运动方程：

$$
\begin{cases}
\dot{R} = -V\cos\eta + V_T\cos\eta_T \\
R\dot{\lambda} = V\sin\eta - V_T\sin\eta_T
\end{cases}
\tag{5-1}
$$

如果在惯性直角坐标系 Oxy 下表示上述相对运动，则有

$$
\begin{cases}
R = \sqrt{(x_T - x)^2 + (y_T - y)^2} \\
\lambda = \arctan\dfrac{y_T - y}{x_T - x} \\
\dot{R} = \dfrac{(x_T - x)(\dot{x}_T - \dot{x}) + (y_T - y)(\dot{y}_T - \dot{y})}{R} \\
\dot{\lambda} = \dfrac{(x_T - x)(\dot{y}_T - \dot{y}) - (y_T - y)(\dot{x}_T - \dot{x})}{R^2}
\end{cases}
\tag{5-2}
$$

下面介绍一些经典的制导律及相应的飞行特性。

5.1.2　经典制导律及飞行特性分析

1. 纯追踪法

在导弹制导技术中，纯追踪法(pure pursuit)是一种基础而直观的制导方式。其工作原理是使拦截导弹始终保持指向目标的瞄准线(line of sight，LOS)方向飞行，即导弹的航向始终沿着导弹与目标之间的连线调整。在攻击过程中，导弹会不断进行转弯以保持对目标的追踪，这种情境常被比喻为猎狗追逐兔子，形成尾追态势。因此，纯追踪法是指导弹在接近目标的过程中，导弹的速度向量永远指向目标，也就是说导弹的前置角永远等于

零。因此，纯追踪法的理想控制方程可表示为

$$\eta \equiv 0 \text{ 或 } \gamma \equiv \eta \tag{5-3}$$

这时的相对运动方程为

$$\begin{cases} \dot{R} = -V + V_T \cos \eta_T \\ R\dot{\lambda} = -V_T \sin \eta_T \end{cases} \tag{5-4}$$

通过对纯追踪法相对运动方程的分析，会发现纯追踪法对于机动目标的末段拦截并不理想。随着飞行进入最后的关键阶段，目标可能采取规避动作，要求导弹必须具有越来越大的过载机动才能维持尾追。这一过程中的瞬时过载需求可能会超出导弹的气动性能极限，导致较大的脱靶量。此外，在飞行末段，由于助推器和主发动机推力持续时间有限，导弹通常处于无动力滑翔状态，此时要求导弹在速度下降、转向能力最弱的时候做出短半径、高速度的转弯，而且纯追踪法对导弹速度有着较高的要求，一般要求 $1 < \dfrac{V}{V_T} \leqslant 2$。因此，纯追踪法最适宜的应用场景是对付低速飞行器或者迎头拦截来袭飞机。然而，对于快速机动的目标，尤其是当目标试图规避时，纯追踪法的有效性大打折扣。

2. 平行接近法

平行接近法是指导弹在向目标导引的过程中，目标视线始终保持平行，即 $\dot{\lambda} \equiv 0$，或者 λ 保持为一常数，故平行接近法的理想控制方程可以表示为

$$\dot{\lambda} \equiv 0 \text{或} \lambda \equiv \lambda_0 \tag{5-5}$$

即

$$\sin \eta = \frac{V_T}{V} \sin \eta_T \tag{5-6}$$

其物理意义是，不管目标作何种机动飞行，导弹和目标垂直于目标视线方向的速度分量始终保持相等。因此理想情况下采用平行接近法时，目标视线将保持方向不变。这时导弹和目标之间的相对运动方程就可以表示为

$$\begin{cases} \dot{R} = -V\cos \eta + V_T \cos \eta_T \\ \dot{R}\lambda = V\sin \eta - V_T \sin \eta_T \\ \lambda = \gamma + \eta \\ \lambda = \gamma_T + \eta_T \\ \eta = \arcsin\left(\dfrac{V_T}{V} \sin \eta_T\right) \end{cases} \tag{5-7}$$

平行接近法可以用于自动瞄准导引系统，也可用于遥控制导系统中。平行接近法最主要的优点在于弹道比较平直。如果目标作等速直线飞行，导弹作等速飞行，则导弹按平行接近法攻击目标的绝对弹道也是直线弹道。平行接近法的缺点在于控制系统比较复杂。它要求制导系统在每时每刻都要精确测量目标和导弹的速度和前置角，并严格保持

平行接近法的运动学关系。实际上，由于发射偏差或干扰的存在，不可能绝对保证相对速度方向始终指向目标。

3. 比例导引法

比例导引法是指导弹在向目标导引的过程中，导弹速度向量的转动角速度 $\dot{\gamma}$ 正比于视线转动速率 $\dot{\lambda}$，即

$$\dot{\gamma} = K\dot{\lambda} \tag{5-8}$$

式中，K 为比例导引法的比例系数，也称为导引比。若比例系数 K 是一常数，则比例导引法还可以写成如下积分形式：

$$\gamma = \gamma_0 + K(\lambda - \lambda_0) \tag{5-9}$$

利用几何关系 $\lambda = \eta + \gamma$，比例导引法还可以表示为

$$\dot{\eta} = (1-K)\dot{\lambda} = \frac{1-K}{K}\dot{\gamma} \tag{5-10}$$

从式(5-10)中可以看出，如果 K=1，则 $\dot{\eta} = 0$，即 $\eta = \eta_0 =$ 常数，也就是前置角为常值的比例导引法，而 $\eta = 0$ 即对应纯追踪法。因此纯追踪法可视为比例导引法的一个特例。如果 $K \to \infty$，则对应 $\dot{\lambda} \to 0$，即目标视线方向不变，也就是平行接近法。

因此，纯追踪法和平行接近法是比例导引法的特殊情况。换句话说，比例导引法是介于纯追踪法和平行接近法之间的一种导引方法。比例导引法的比例系数 K 应选择在 $1 < K < \infty$ 的范围内，通常可取 3～6。比例导引法的弹道特性也介于纯追踪法和平行接近法两者之间。随着比例系数 K 的增大，导引弹道也越加平直。

按比例导引法导引导弹时，导弹和目标之间的相对运动方程为

$$\begin{cases} \dot{R} = -V\cos\eta + V_T\cos\eta_T \\ R\dot{\lambda} = V\sin\eta + V_T\sin\eta_T \\ \lambda = \gamma + \eta \\ \lambda = \gamma_T + \eta_T \\ \dot{\gamma} = K\dot{\lambda} \end{cases} \tag{5-11}$$

比例导引法与平行接近法相比，对瞄准发射时的初始条件要求不严，是一种在实践中广泛使用的制导律。另一种常采用的形式为

$$n_c = -K\dot{R}\dot{\lambda} = KV_c\dot{\lambda} \tag{5-12}$$

式中，n_c 为法向指令加速度大小；V_c 为弹目接近速度。

实际上，比例导引法及其一系列变体在如今的制导律设计中占有重要的地位，研究者以比例导引法为基础提出了各种满足不同作战需求的先进制导律。比例导引法也能通过线性二次型最优控制理论推导出来，证明其在特定条件下的最优性。下面在更一般的形式下介绍比例导引法及其变体。

通过线性二次型最优控制理论和燃料最优的性能指标，考虑导弹时间常数为 τ 的一

阶动力学延迟，可推导出时变目标加速度 n_T 下的最优制导律形式为

$$n_c = NV_c\dot{\lambda} - \frac{N}{x^2}\left(e^{-x} + x - 1\right)n_L - \frac{N}{t_{go}^2}\int_t^{t_f}(\alpha - t_f)n_T(\alpha)d\alpha \tag{5-13}$$

式中，n_L 为实际的加速度，有效导引比 N 的表达式为

$$N = \frac{6x^2\left(e^{-x} - 1 + x\right)}{2x^3 - 6x^2 + 6x + 3 - 12xe^{-x} - 3e^{-2x}} \tag{5-14}$$

参数 x 的定义为

$$x = t_{go} / \tau \tag{5-15}$$

式(5-13)中等号右边的第一项为具有时变导引比的比例导引制导项；第二项通过一个与时间常数和剩余飞行时间相关的时变增益反馈导弹实际加速度。前两项的时变增益能够在 $t_{go} < 10\tau$ 时提高拦截精度。式(5-13)中的第三项用于补偿垂直于视线的目标加速度分量。

如果目标加速度为常值，则式(5-13)变为

$$n_c = NV_c\dot{\lambda} - \left(N / x^2\right)\left(e^{-x} + x - 1\right)n_L + (N / 2)n_T \tag{5-16}$$

这便是经典的最优制导律(optimal guidance，OG)。

进一步地，若式(5-16)中的时间常数为 0($x = 0$)，则可以得到增强比例导引(augmented proportional navigation，APN)，其表达式为[2-3]

$$n_c = NV_c\dot{\lambda} + \left(N / 2\right)n_T \tag{5-17}$$

式中，有效导引比为常数。式(5-14)中，$x = 0$ 时 $N = 3$。

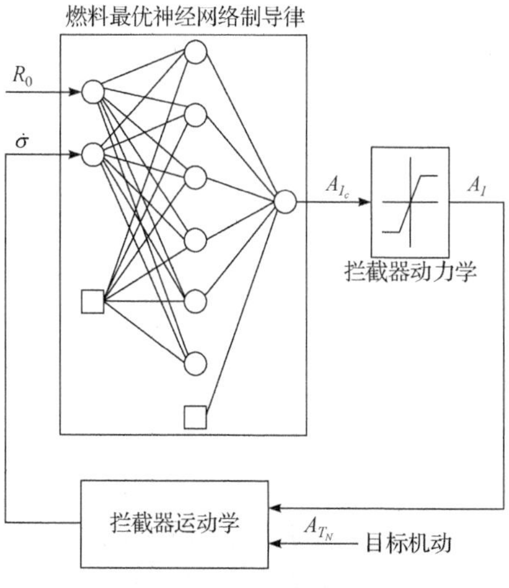

4. 神经网络制导律

图 5-2　神经网络制导律应用于拦截制导

需要注意的是，线性二次型最优制导定律除了实现比例导航所需的视线角速率和相对速度外，还需要对多个参数进行估计。为了补偿制导系统时间常数，需要估计剩余飞行时间和时间常数。参数的估计精度可能会破坏最优制导律实际应用效果。

为弥补已有最优制导律所需信息过多的不足，降低拦截器尺寸与质量，Cottrell 于 1996 年设计了一种燃料最优神经网络制导律(neural network guidance，NNG)，其结构如图 5-2 所示。燃料最优神经网络制导律的指标函数取为

$$J = \Delta V = \int_{t_0}^{t_f}\left|n_L\right|dt \tag{5-18}$$

即期望拦截器所需的速度增量最小。

从图 5-3 和图 5-4 的结果可以看出，当估计的目标加速度与实际的目标加速度一致时，增强比例导引与神经网络制导律的脱靶量结果几乎一致。图中 A_T、A_{TNE} 分别为实际的目标加速度和估计的目标加速度。当实际的目标加速度比估计的目标加速度大 25%时，初始交战距离 $R_0 > 80$ km 后 APN 出现了不可接受的脱靶量，而 NNG 在这一区间脱靶量仍为零。当实际的目标加速度比估计的目标加速度大 50%时，APN 的脱靶量均较大，而 NNG 在 54km $< R_0 <$ 80 km 这一区间的脱靶量仍为零。上述结果表明，NNG 即使在过载约束条件下仍具有一定的鲁棒性，降低了参数估计不准确所带来的影响。

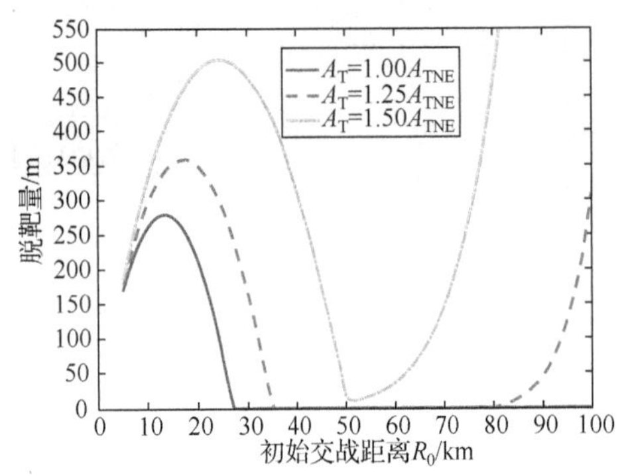

图 5-3　增强比例导引的脱靶量

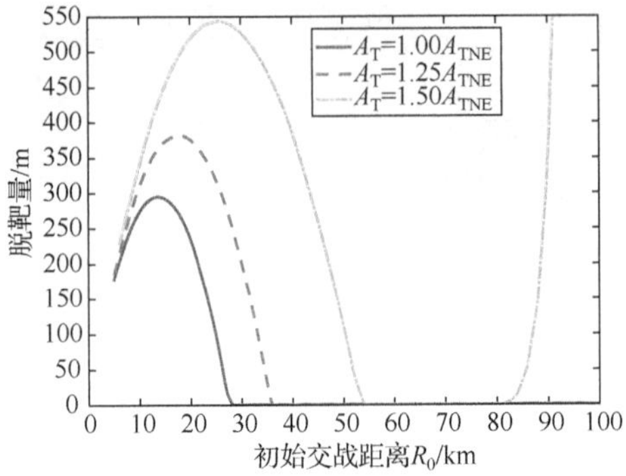

图 5-4　神经网络制导律的脱靶量

如图 5-5 所示，若目标加速度无估计误差，则 NNG 的制导指令与数值最优的制导指令曲线几乎一致，这表明神经网络制导律可精确拟合数值最优的 bang-bang 制导指令。如图 5-6 所示，当目标加速度有 25%的估计误差时，APN 在交战结束时刻附近存在导弹过载饱和现象，因此图 5-3 中的导弹脱靶量会明显增大。值得注意的是，NNG 的制导指令尽管未与数值最优的制导指令完全一致，但仅在后半段制导指令与数值最优有一定差异，

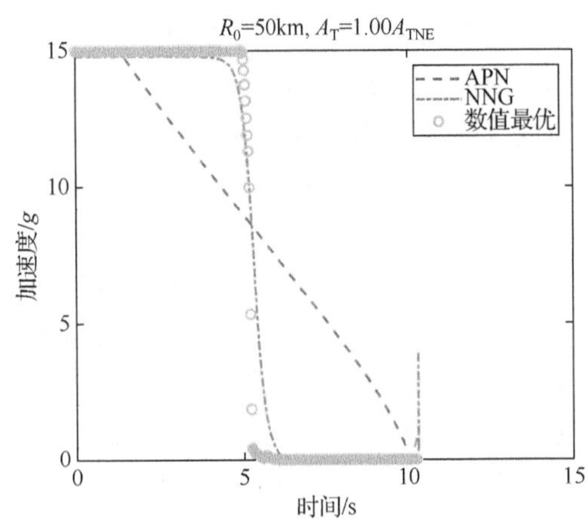

图 5-5　目标加速度无估计误差时的制导指令

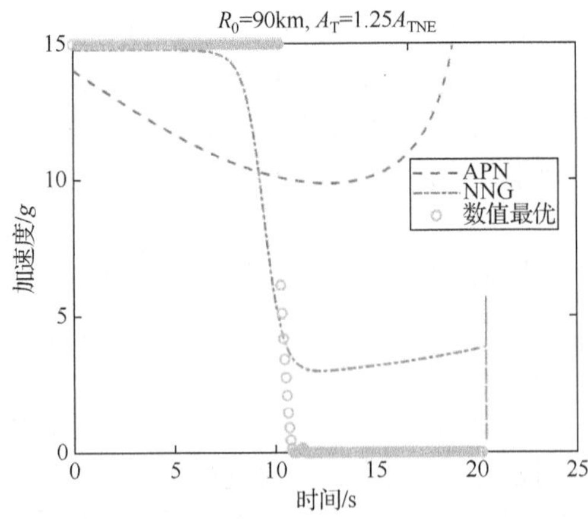

图 5-6　目标加速度有 25%估计误差时的制导指令

加速度不再是零，造成了一定的燃料消耗，但仍可称其为近优解，这也表明 NNG 具有一定的泛化能力。当目标加速度估计误差进一步增大到 50%时，如图 5-7 所示，NNG 的制导指令与数值最优的制导指令差异非常明显，在前半段与后半段均出现了饱和现象，与 APN 类似，最终导致导弹脱靶。

如图 5-8 所示，当弹目初始相对距离为 70km 时，尽管此时目标加速度估计误差为 50%，NNG 的制导指令与数值最优的类似，前半段使导弹以最大过载制导，交战结束时刻指令也并未饱和。根据图 5-4 的结果可知，导弹仍可命中目标，这也是 NNG 具有一定泛化能力的体现。

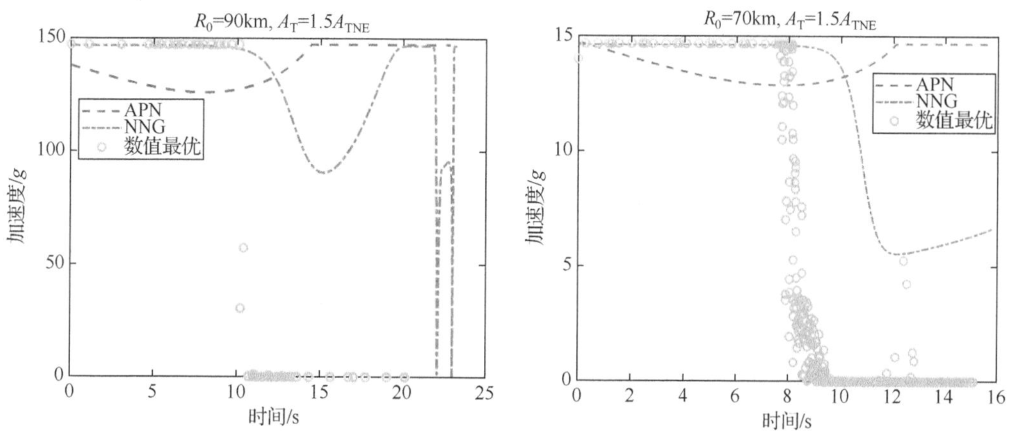

图 5-7　目标加速度有 50%估计误差时的制导指令（$R_0 = 90\text{km}$）

图 5-8　目标加速度有 50%估计误差时的制导指令（$R_0 = 70\text{km}$）

总结来说，经典制导律虽然为导弹制导提供了基本框架和方法，但它们在面对复杂环境和多变目标行为时显示出明显的局限性。经典制导律在特定条件下能够实现有效的目标拦截，但这些方法往往基于固定的控制逻辑和参数设置，缺乏自适应调整策略的能力，在面对复杂多变的战场环境时可能无法快速响应目标的机动变化。因此，在现代战争的高度动态和不确定性环境中，经典制导律可能无法达到最优的制导效果。这正是智能制导律应运而生的背景，它们通过引入深度强化学习等技术，能够实时学习和调整制导策略以适应不断变化的环境和目标行为，以期实现更高的制导精度和更强的环境适应能力。

值得注意的是，神经网络制导律作为一种模拟人脑处理信息的制导技术，通过其自适应性、非线性处理能力和泛化能力，在导弹制导领域展现出了显著的优势，尤其是在面对复杂环境和目标时。然而，随着技术的发展和战场环境的不断变化，神经网络制导律在训练数据依赖性、过拟合风险等方面的局限性逐渐显现。为了克服这些问题，深度学习技术应运而生，它通过构建更深层次的网络结构，能够处理更加复杂的数据特征。然而，深度学习仍然面临着数据依赖和静态决策的问题。为了进一步提升制导系统的动态适应性和决策优化能力，深度强化学习技术被引入制导律研究。深度强化学习结合了深度学习的感知能力和强化学习的决策优化能力，使得制导系统能够在与环境的交互中

学习并优化制导策略，从而在动态变化的战场环境中实现更加精准和灵活的制导，满足更加复杂的战场需求。这一技术的引入不仅解决了传统神经网络制导律的局限性，而且为智能制导系统的发展开辟了新的方向。

因此，本章接下来的内容将围绕深度强化学习在智能制导律研究中的几个示例展开介绍，展示将深度强化学习应用于制导律设计的一般步骤和效果。

5.2　深度强化学习基础

5.2.1　基本概念

深度强化学习是一种近年来引起广泛关注的机器学习范式，它融合了深度学习的强大特征提取能力和强化学习在决策过程中的优化能力。在深度强化学习中，一个智能体(agent)与环境(environment)进行交互，通过执行动作来改变环境状态，并从环境中接收奖励信号。智能体的目标是学习一个策略，这个策略能够指导它在给定状态下选择最佳动作，以最大化长期累积奖励。这个学习过程可以用马尔可夫决策过程(MDP)形式化描述。在 MDP 中，环境可被建模为由一组状态 $\boldsymbol{S}$ 与智能体可执行的行动集 $\boldsymbol{A}$ 构成，并由状态转移概率 $P\left(s' \mid s,a\right)$ 和即时奖励函数 $R(s,a)$刻画。代理的目标是学习一个策略 $\pi:\boldsymbol{S}\to\boldsymbol{A}$，使得在该策略 π 下，从任意初始状态 s_0 出发，期望得到的长期累积奖励最大化[4]：

$$\max E\left[\sum \gamma^t R\left(s_t,a_t\right) \mid \pi,s_0\right] \tag{5-19}$$

式中，$\gamma \in \left(0,1\right)$ 是折扣因子，用于权衡当前奖励与未来奖励的权重。

概括来说，智能体通过探索环境来收集状态、动作和奖励的数据，同时利用这些数据来更新其内部模型，即深度神经网络。这个网络不仅能够从原始数据中提取有用的特征，还能够预测在特定状态下采取特定动作的预期回报，这个过程称为价值函数的估计。随着时间的推移，智能体通过不断试错，逐步改进其策略，从而在复杂环境中找到最优的行为路径。

为解决该优化问题，强化学习算法通常依赖状态价值函数 $V^{\pi}(s)$ 或行动价值函数 $Q^{\pi}(s,a)$ 来估计在策略 π 下从状态 s(或状态–行动对 (s,a))开始后续能获得的预期累积奖励。基于这些价值函数，可以使用时序差分(temporal difference, TD)学习和策略梯度等方法来优化策略。

近年来，结合深度神经网络的表示能力，出现了许多高效的深度强化学习算法，包括深度 Q 网络(DQN)、深度确定性策略梯度(DDPG)、近端策略优化(PPO)等。这些算法通过神经网络逼近价值函数或直接表征策略，大幅提升了强化学习处理高维连续状态和行动空间的能力，推动了强化学习在复杂实际应用场景中的应用[5]。

5.2.2　算例展示

Python 是当前机器学习，尤其是深度学习领域的主流语言，基于 Python 自主编写深度强化学习算法无疑具有较高的灵活性和可扩展性。但对于初学者而言，更重要的是尽

快理解深度强化学习算法的核心原理，掌握从问题建模到参数调试的一般流程，尽快进入实践阶段。从近年来国内学习者的反馈来看，大家普遍认为强化学习的概念繁琐，原理复杂，学习曲线陡峭，从掌握原理到上手实践的延迟过长。因此，尽快掌握核心原理，然后从实践中迭代学习是十分有必要的。

MATLAB 的强化学习工具箱(Reinforcement Learning Toolbox)为初学者提供了一个高度集成且用户友好的环境，降低了入门的难度。这个工具箱不仅整合了强化学习所需的各种功能和算法，还通过直观的图形界面简化了实验设置和监控过程，这使得初学者可以更直观地理解深度强化学习的概念，而无需深陷复杂的编程细节。与之相对，Python 虽然提供了丰富的库来支持深度强化学习，但需要用户自行整合，这增加了初学者的学习负担。此外，MATLAB 的强化学习工具箱配备了丰富的示例和详尽的文档，这些资源能够让用户更快地理解强化学习的核心概念，并开始实践。

下面将通过一个 MATLAB 的强化学习工具箱中的算例为读者展示该工具箱的用法，帮助读者快速建立起深度强化学习的基本概念和算法应用时的设计框架。虽然该算例并不是设计制导律，但所体现的设计步骤具有一般性。

1. 定义环境

对于要解决的具体问题，需要自定义训练环境，一般包括如下步骤：

(1) 指定观测量(连续或者离散，维度)；

(2) 指定动作量(连续或者离散，维度)；

(3) 编写 step 函数；

(4) 编写 reset 函数。

示例如下：

```
ObservationInfo = rlNumericSpec([4 1]);
ObservationInfo.Name = 'CartPole States';
ObservationInfo.Description = 'x, dx, theta, dtheta';
ActionInfo = rlFiniteSetSpec([-10 10]);
ActionInfo.Name = 'CartPole Action';
env = rlFunctionEnv(ObservationInfo, ActionInfo, 'myStepFunction', 'myResetFunction');
```

对于工具箱内置的环境，可以直接调用预定义的环境，如对于离散动作下的 CartPole 环境即可通过如下代码调用：

```
env = rlPredefinedEnv("CartPole-Discrete")
obsInfo = getObservationInfo(env)
actInfo = getActionInfo(env)
```

2. 定义智能体

对上述 CartPole 环境，创建基于 DQN 算法的智能体。这一过程一般要定义智能体网络，如对于 Actor-Critic 算法，要同时定义 Actor 网络和 Critic 网络。此处需要定义的关键超参数有网络的宽度与深度、学习率、批处理大小、经验池大小、折扣因子等。

```
dnn = [
featureInputLayer(obsInfo.Dimension(1),'Normalization','none','Name','state')
    fullyConnectedLayer(24,'Name','CriticStateFC1')
    reluLayer('Name','CriticRelu1')
    fullyConnectedLayer(24, 'Name','CriticStateFC2')
    reluLayer('Name','CriticCommonRelu')
    fullyConnectedLayer(length(actInfo.Elements),'Name','output')];
criticOpts =
rlRepresentationOptions('LearnRate',0.001,'GradientThreshold',1);
critic =
rlQValueRepresentation(dnn,obsInfo,actInfo,'Observation',{'state'},criticOpts);
agentOpts = rlDQNAgentOptions(...
    'UseDoubleDQN',false, ...
    'TargetSmoothFactor',1, ...
    'TargetUpdateFrequency',4, ...
    'ExperienceBufferLength',100000, ...
    'DiscountFactor',0.99, ...
    'MiniBatchSize',256);
agent = rlDQNAgent(critic,agentOpts);
```

3. 训练智能体

在正式训练智能体之前还要指定一些与训练相关的超参数，包括训练的最大回合数、回合最大步数、终止训练标准等。这些参数一般与具体算法无关，主要根据训练环境的特点进行调整。

```
trainOpts = rlTrainingOptions(...
    'MaxEpisodes',1000, ...
    'MaxStepsPerEpisode',500, ...
    'Verbose',false, ...
    'Plots','training-progress',...
    'StopTrainingCriteria','AverageReward',...
    'StopTrainingValue',480);
% Train the agent.
trainingStats = train(agent,env,trainOpts);
```

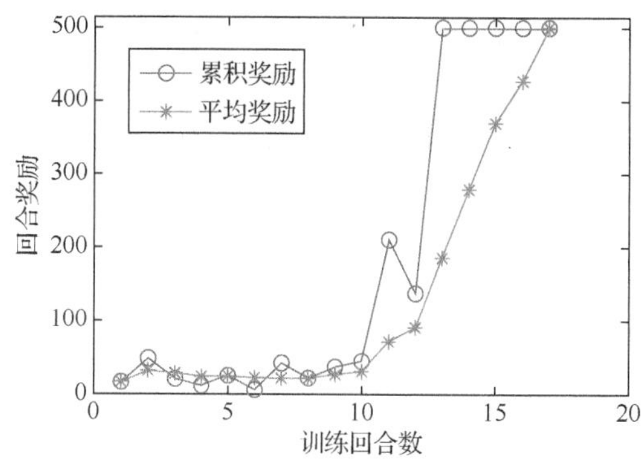

图 5-9 基于 DQN 算法训练的学习曲线

如上便完成了一个最简单的基于 MATLAB 工具箱的训练设置，所能得到的训练结果如图 5-9 所示(具体学习曲线由于随机数种子不同而有差异)。由于本算例提供的训练环境较为简单，因此基于 DQN 算法的智能体在不到 20 回合就收敛并取得目标奖励值。图中以圆圈作为标记的曲线为每个回合所取得的累积奖励，而以星号为标记的曲线为平均奖励，以平均奖励作为评价智能体策略的水平可以更好地保证训练的稳定性。

代码详见二维码文件：DQN/CartPoleDQNExample.m。

代码

5.2.3 应用前景

深度强化学习已经从最初的简单游戏应用，发展到解决更加复杂的问题，如自动驾驶汽车的决策系统、机器人的自主控制、大规模资源管理等。随着算法的不断优化，深度强化学习在处理高维状态空间、连续动作空间和多智能体系统方面取得了显著进展。此外，研究者还在探索如何提高学习效率，增强策略的泛化能力，以及实现更好的解释性和安全性。

在飞行器制导与控制领域，深度强化学习也同样展现出巨大的应用潜力。传统的控制方法往往依赖预先设定好的规则或模型，难以应对复杂多变的飞行环境。然而深度强化学习可以根据飞行器在实际飞行过程中与环境交互获得的经验，自主学习出高效的控制策略，使飞行器能够灵活应对各种情况，如噪声干扰、设备故障、目标机动等，并自主优化飞行轨迹、能量消耗等。目前的研究常涉及以下方面。

(1) 自主飞行控制：训练智能体直接输出控制指令(如推力、舵面角度等)，使飞行器轨迹和能耗达到最优。

(2) 航线规划：根据天气、交通等动态环境状态，实时调整最优航线。

(3) 制导律设计：面向目标机动、环境干扰、多智能体协同等场景设计能适用于强不确定性环境的鲁棒的智能制导律。

(4) 降落控制：精确控制运动学和动力学参数，实现安全高精度着陆。

(5) 编队飞行：训练多架飞行器进行协同编队以提高机队整体效率。

从深度强化学习的基本原理和适用范围来看，将深度强化学习算法应用于制导律设计也是合理的，其本质上是将导弹制导过程中的指令生成视为一个序贯决策问题。在这个问题中，智能体(导弹)需要在一系列时间步骤上做出决策，即选择一系列动作(制导指令)，以最大化其性能指标(如命中精度、攻击时间、生存概率等)。这些决策是基于智能体对环境(包括目标、敌方防御系统、飞行状态等)的观测和理解做出的。深度强化学习为这类序贯决策问题提供了一种自然而强大的解决方案。

深度强化学习的核心优势在于其能够处理具有延迟奖励的决策问题，即智能体在做出一系列决策后才能获得最终的奖励。在制导过程中，导弹的每一次微调都可能对最终的命中精度产生影响，而这种影响往往要在整个飞行过程结束后才能完全显现(这也同时对应了深度强化学习研究中备受关注的稀疏奖励问题)。通过深度强化学习，智能体可以学习到一系列动作的长期影响，从而做出更加有利于长期目标的决策。

此外，深度强化学习算法可以处理高维的观测空间和动作空间，这对于现代高精度制导系统来说是必要的。例如，智能体可能需要根据从多个传感器收集的复杂数据来做出决策，如雷达信号或视觉图像，而深度强化学习提供了一种从原始数据中直接学习到有效策略的方法，无需复杂的特征工程。因此深度强化学习提供了一种端到端的解决方案，可以直接从观测数据到制导指令，减少了对中间特征提取和决策逻辑设计的依赖。这不仅简化了制导系统的设计流程，而且提高了系统的灵活性和可扩展性。当然，如何权衡端到端的设计模式与充分利用模型信息从而提高算法的可靠性与可解释性同样是当今研究关注的重点。

深度强化学习还能够适应快速变化的环境和对抗性场景。在现代战争中，目标可能会采取复杂的机动策略，敌方也可能使用各种干扰手段。深度强化学习允许智能体在这些不确定性和对抗性条件下学习有效的策略，提高制导系统的适应性，而且良好的泛化能力也使得智能体即使在面对未见过的目标行为或环境条件时，也能做出合理的决策，这对于提高制导系统的鲁棒性至关重要。

综上所述，深度强化学习算法对于智能制导律的设计有着重要的意义，为作为序贯决策问题的制导律设计提供了一种合理且强大的解决方案，有望在现代军事和航空航天领域中的复杂化任务需求中提高制导系统的精度、适应性和鲁棒性，成为现代智能制导技术发展的重要方向。

5.3　智能中制导律

为了提高战机在近距格斗中的作战能力，能够攻击后半球目标的越肩发射方式成为研究的重点。具有越肩发射能力的导弹可以在大离轴角的条件下发射，在大攻角甚至失速状态快速改变飞行方向，并在导引头锁定目标后进入末制导阶段，从而使导弹具备全向攻击能力。然而在大攻角区域，由于动压较低，导弹气动控制效率低，并伴随着诸如非对称涡脱落等复杂气动现象。本节将介绍基于深度强化学习算法的空空导弹越肩发射中制导律的设计，首先介绍空空导弹的动力学建模，然后给出该问题下的求解过程及训练结果[6]。

5.3.1　空空导弹动力学建模

首先对所研究的问题进行建模。图 5-10 给出了空空导弹攻击后半球目标的交战几何示意图，并定义了相关的变量。采用越肩发射方式的空空导弹可以在发射后迅速改变飞行方向，但导弹在大攻角转向阶段将面临复杂的气动现象，属于典型的强非线性高不确

定性系统，因此这对导弹的制导与控制系统提出更高的要求。

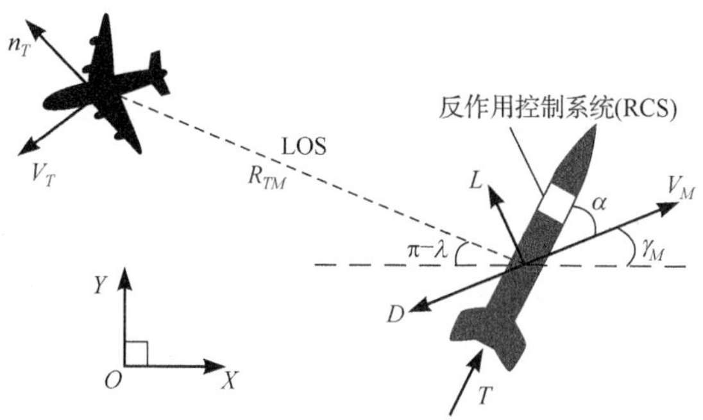

图 5-10　空空导弹攻击后半球目标的交战几何示意图

导弹的运动学及动力学方程如下，且其中变量均归一化处理以便于后续神经网络的训练：

$$
\begin{cases}
\dot{\tilde{V}}_M = \dfrac{1}{mV_*}\left(T\cos\alpha\cdot u_T - D - T_{\text{RCS}}\sin\alpha\cdot u_{\text{RCS}}\right) - g\sin\left(\gamma_*\tilde{\gamma}_M\right) \\
\dot{\tilde{\gamma}}_M = \dfrac{1}{mV_*\tilde{V}_M\gamma_*}\left(T\sin\alpha\cdot u_T + L + T_{\text{RCS}}\cos\alpha\cdot u_{\text{RCS}}\right) - \dfrac{g\cos\left(\gamma_*\tilde{\gamma}_M\right)}{\tilde{V}_M} \\
\dot{\tilde{x}}_M = \dfrac{V_*\tilde{V}_M\cos\left(\gamma_*\tilde{\gamma}_M\right)}{x_*} \\
\dot{\tilde{y}}_M = \dfrac{V_*\tilde{V}_M\sin\left(\gamma_*\tilde{\gamma}_M\right)}{y_*} \\
\dot{m} = -m_{\text{c}}
\end{cases}
\tag{5-20}
$$

式中，

$$
\tilde{V}_M = \frac{V_M}{V_*},\quad \tilde{\gamma}_M = \frac{\gamma_M}{\gamma_*},\quad \tilde{x}_M = \frac{x_M}{x_*},\quad \tilde{y}_M = \frac{y_M}{y_*}
\tag{5-21}
$$

$\tilde{V}_M$ 为导弹归一化后飞行速度；$\tilde{\gamma}_M$ 为归一化后弹道倾角；$\tilde{x}_M$ 为归一化后横坐标；$\tilde{y}_M$ 为归一化后纵坐标；$\dot{\tilde{V}}_M$、$\dot{\tilde{\gamma}}_M$、$\dot{\tilde{x}}_M$、$\dot{\tilde{y}}_M$ 为前述各量相应变化率；V_*、γ_*、x_*、y_* 为前述各量相应的归一化因子；α 为导弹攻角；T 为主发动机推力；T_{RCS} 为反作用喷气发动机推力；u_T 和 u_{RCS} 分别为主发动机和反作用喷气发动机的开关机逻辑量；D 和 L 分别为具有较强不确定性的阻力和升力；m 为导弹质量；m_{c} 为质量流量；g 为重力加速度常数。由于气动不确定性的干扰，升力 L 和阻力 D 将构成训练环境中随机不确定性的主要来源。

5.3.2　基于深度强化学习的越肩发射中制导律设计

微课

为了适应深度强化学习的研究范式，需要将研究问题建模为马尔可夫决策过程(Markov decision process，MDP)。

深度强化学习是一种通过与环境交互来学习策略的机器学习方法。在深度强化学习

的框架内，智能体通过执行动作来影响环境，并接收来自环境的反馈，这种反馈通常是以奖励或惩罚的形式体现的。为了将实际问题纳入这一框架，需要将其建模为马尔可夫决策过程。马尔可夫决策过程为深度强化学习提供了一个数学形式化的环境模型，它包含了动作空间设置、状态空间和观测空间设置、奖励函数设置等元素。在此基础上，再搭建算法网络，设置算法参数，设计网络更新规则。具体过程如下所述。

动作空间设置。为了保证系统动态的平稳性，选用攻角 α 的一阶导数 $\dot{\alpha}$ 作为系统输入。此外，将 $\dot{\alpha}$ 作为动作还可以方便满足导弹的机动能力限制。如果导弹存在可用攻角限制，即 $|\alpha|<\alpha_{\max}$，其中 $\alpha_{\max}$ 为攻角限制，则

$$\dot{\alpha}=\begin{cases}\text{action}, & \text{如果}|\alpha|\geqslant\alpha_{\max}\text{且}\dot{\alpha}\cdot\operatorname{sgn}(a)>0\\ 0, & \text{其他}\end{cases} \tag{5-22}$$

但随着未来空空导弹机动能力的发展，尤其是在推力矢量或反作用喷气的辅助下，可用攻角的限制也将随之取消。

状态空间和观测空间设置。设计系统的状态空间为 $s_t=(\tilde{V}_M,\tilde{\gamma}_M,\tilde{x}_M,\tilde{y}_M,m,\alpha)$，但并不是系统中所有的状态都对控制指令的决策有意义。冗余的观测将导致训练的不稳定，而不足的观测则容易直接导致训练不收敛。因此观测空间被设置为 $o_t=(\Delta\tilde{\gamma}_M,\alpha,\dot{\tilde{\gamma}}_M)$，其中 $\Delta\tilde{\gamma}_M=\dfrac{\gamma_M^d}{\gamma_*}-\tilde{\gamma}_M$，$\gamma_M^d$ 为期望的转弯角度。将 $\Delta\tilde{\gamma}_M$、$\dot{\tilde{\gamma}}_M$ 设置为观测量是由于其和训练目标的直接关系，而将 α 设置为观测量则是考虑到其和动作量的直接关系。

奖励函数设置。奖励函数的设置对最终训练效果有着重要的影响。但由于该场景中主要考虑的是终端时刻的转弯精度，因此很容易出现稀疏奖励问题。稀疏奖励描述的是在训练过程中，智能体很少获得奖励信号的情况。在深度强化学习框架中，智能体通过与环境的交互来学习如何做出最佳决策，通常依赖于奖励信号来指导其行为。然而，在稀疏奖励的场景中，这些关键的反馈信号并不频繁出现，这意味着智能体可能在执行了大量的动作之后才能获得一个奖励，甚至在某些情况下，长时间内都无法获得任何奖励。这种情况大大增加了学习的难度，因为智能体缺乏即时的正向反馈来指导其决策过程。为了避免稀疏奖励，这里设计的奖励函数为 $r_t=\lambda_1(\gamma_M^d-\gamma_M)^2+\lambda_2\mathrm{e}^{-\lambda_3\left|\gamma_M^d-\gamma_M\right|}+r_{\text{bonus}}$，其中 λ_1、λ_2、λ_3 为需要设置的超参数，用于调节各项之间的比例，且为了提高最终转弯精确度，引入额外奖励 r_{bonus}，其值为

$$r_{\text{bonus}}=\begin{cases}r_{\text{b}}, & \text{如果}\left|\gamma_M^d-\gamma_M\right|<\gamma_{\text{thre}}\\ 0, & \text{其他}\end{cases} \tag{5-23}$$

式中，r_{b} 与前面各项相协调以保证智能体在理想精度 θ_{thre} 内获得合适的奖励。

搭建算法网络，设置算法参数。选用的深度学习算法为近端策略优化(proximal policy optimization，PPO)算法，该算法包含 Actor 网络和 Critic 网络，网络权重参数采用随机化参数。在训练达到目标奖励值或最大步数之前，智能体将根据 PPO 算法不断收集状态转移数据和奖励，并不断迭代更新 Actor 网络和 Critic 网络的参数。

在每个仿真步长中，基于当前观测值$o_t=(\Delta\tilde{\gamma}_M,\alpha,\dot{\tilde{\gamma}}_M)$，执行当前策略得到当前动作$a_t=\dot{\alpha}$的概率均值，即$\pi_{\theta_k}(\dot{\alpha}\mid\Delta\tilde{\gamma}_M,\alpha,\dot{\tilde{\gamma}}_M)$。在高斯分布$\mathcal{N}$中采样得到当前动作$\dot{\alpha}\sim\mathcal{N}(\pi_{\theta_k},\sigma_a)$，并根据系统动力学方程$f(x_t,a_t,t)$积分得到下一时刻的状态$s_{t+1}$和观测$o_{t+1}$，同时计算奖励$r_t=\lambda_1(\gamma_M^d-\gamma_M)^2+\lambda_2\mathrm{e}^{-\lambda_3\left|\gamma_M^d-\gamma_M\right|}+r_{\text{bonus}}$，直至该回合结束，收集到一组轨迹$\{s_0,o_0,a_0,r_1,s_1,o_1,a_1,r_2,s_2,\cdots\}$。在当前策略$\pi_{\theta_k}$下收集轨迹数据并缓存至经验池，经验池中可缓存多个回合的轨迹，直至经验池存满。

采用广义优势估计(generalized advantage estimation，GAE)的方法估计优势函数$\hat{A}_t^{\pi_{\theta_k}}$，并采用截断的方式计算网络更新的目标函数以增加更有优势的动作的概率$\mathcal{L}_{\theta_k}^{\text{CLIP}}(\theta)=\mathbb{E}\left[\min\left(r_t(\theta)\hat{A}_t^{\pi_{\theta_k}},\text{clip}\left(r_t(\theta),1-\epsilon,1+\epsilon\right)\hat{A}_t^{\pi_{\theta_k}}\right)\right]$，其中$\mathbb{E}$为求取期望值，$r_t(\theta)$为表征新旧策略的概率比率以将更新步长控制在信赖域内，clip(·)为截断函数，ϵ为截断因子的超参数。进一步，为了提高 Critic 网络对价值函数估计的准确性，在$\mathcal{L}_{\theta_k}^{\text{CLIP}}(\theta)$的基础上再引入值函数损失项$\mathcal{L}^{\text{VF}}(\theta)$和鼓励探索的最大化熵项$\mathcal{L}^{\text{S}}(\theta)$，得到最终的优化目标$J^{\text{PPO}}(\theta)=\mathbb{E}[\mathcal{L}_{\theta_k}^{\text{CLIP}}(\theta)-c_{\text{VF}}\mathcal{L}^{\text{VF}}(\theta)+c_{\text{S}}\mathcal{L}^{\text{S}}(\theta)]$，其中$c_{\text{VF}}$和$c_{\text{S}}$是调整各项比例的超参数。

从经验池中按照批处理的大小取出轨迹数据，将之设置为批量(batch size) N_{B}，并对优化目标$J^{\text{PPO}}(\theta)$采用随机梯度下降的方式优化 Actor 网络和 Critic 网络的参数，直到经验池中数据完成k次(epoch)的更新。网络参数的更新公式为$\theta\leftarrow\theta+\alpha_{\text{LR}}\nabla_{\theta}J^{\text{PPO}}(\theta)$，其中$\alpha_{\text{LR}}$为学习率。

考虑到初始转弯指令的随机性，比较新旧策略所获累积奖励的期望，如果$\mathbb{E}[R(\theta^{\star})]<\mathbb{E}[R(\theta)]$，其中$\mathbb{E}$为求取期望值，$R(\theta^{\star})$为在最终待输出的策略$\pi_{\theta^{\star}}$下获得的回合累积奖励，$R(\theta)$为网络更新后的策略$\pi_{\theta}$下获得的回合累积奖励，则将令最终策略的网络参数$\theta^{\star}=\theta$。

重复样本收集及网络更新的过程，直至训练得到目标奖励值或达到最大训练步数，得到的 Actor 网络将作为最终的策略网络可以直接部署在弹载计算机上，实时生成攻角制导指令。由于深度强化学习采用的是离线训练、在线部署的方式，对计算性能要求高的训练部分在地面工作站完成，最终得到的策略$\pi_{\theta^{\star}}$本质上是一系列的矩阵运算与激活函数运算，占用内存和计算资源少，可以满足在线计算的实时性要求。

如图 5-11 所示，为提高深度强化学习算法学习效率，结合敏捷转弯场景，将导弹周围的空域分为三个区，在不同的区域采用不同的制导策略。如果导弹在发射时的速度矢量落在 1 区，则导弹可以直接进入末制导阶段，执行比例导引等经典制导定律。如果发射时的速度矢量落在 2 区或 3 区，则导弹需要首先经历中间制导敏捷转弯阶段，在此期间，导弹即使在失速后也可能以大攻角飞行，执行基于强化学习的敏捷转弯制导律。

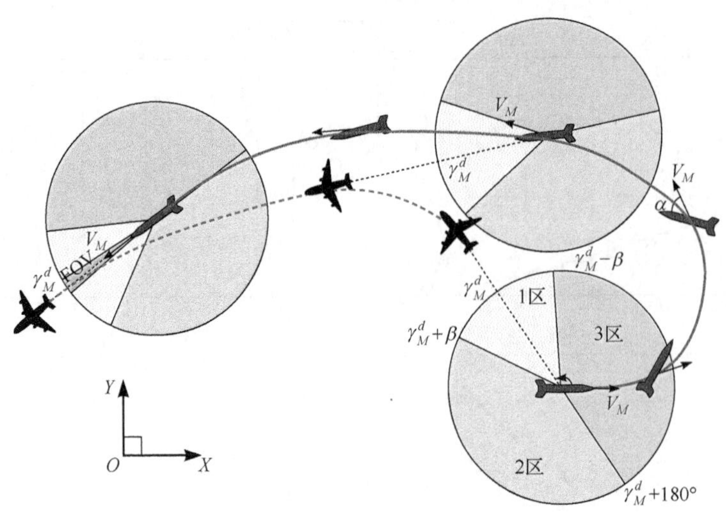

图 5-11　空域分区示意

FOV 为视场(field of view)

通过图 5-12～图 5-14 的仿真结果可以看出，基于深度强化学习的敏捷转弯制导律具有良好的泛化性、近优性、鲁棒性，从而能够在强对抗、强不确定性的战场环境中提升我方载机攻击优势。图 5-12 给出了智能体从训练域(trained region)向泛化域(generalized region)扩展的示例，这说明智能体对训练过程中没有遇到的场景和观测输入也能有较好的适应性，这为适应战场实时决策提供了基础。图 5-13 给出了基于深度强化学习的智能中制导律与 GPOPS 软件求解的数值最优结果的对比，可看出基于深度强化学习的智能中制导律接近最优解。图 5-14 给出了在气动参数拉偏情况下的转弯精度验证，可以看出攻角和弹道倾角误差在仿真结束时都能保持在 1°以内，这意味着导弹以较高的精度完成了转弯任务。

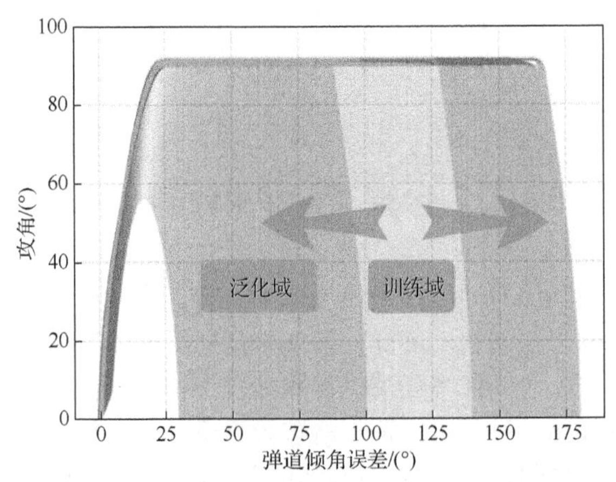

图 5-12　基于深度强化学习的智能中制导律泛化性能验证

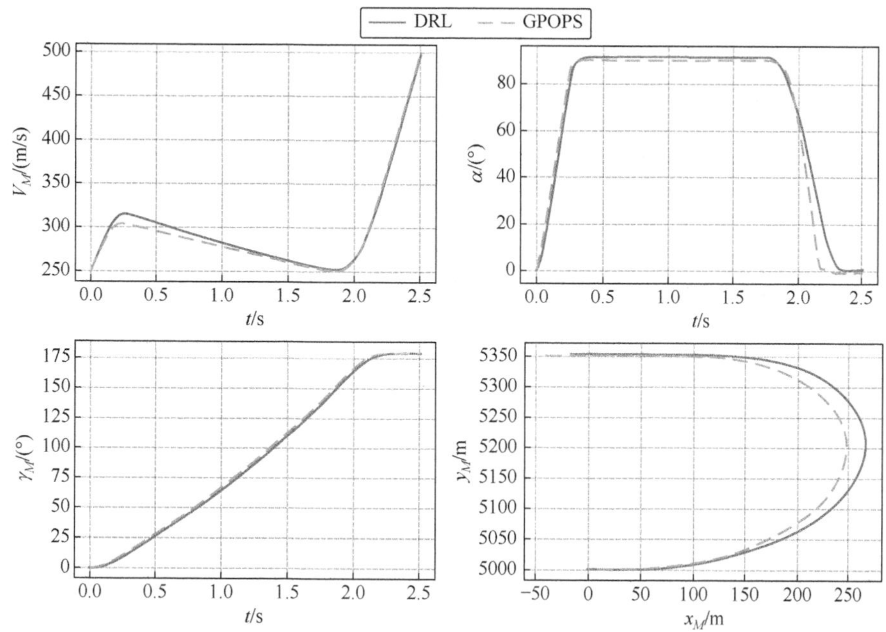

图 5-13 基于深度强化学习的智能中制导律接近最优解

DRL 为深度强化学习(deep reinforcement learning)

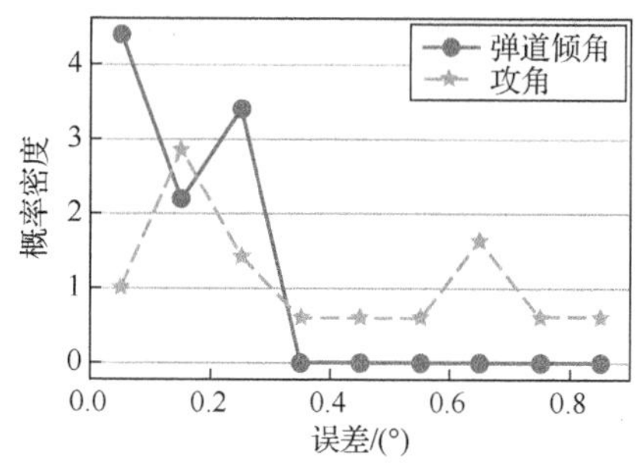

图 5-14 在气动参数拉偏情况下的转弯精度验证

5.4 多弹智能时间协同制导律

高速滑翔飞行器因其优异性能在现代战争中具有良好前景，但单个飞行器的突防能力受到防御武器系统的严重制约。因此，发展多高速滑翔飞行器协同打击技术以提高突防概率，成为研究热点。协同任务要求飞行器能自由调节飞行时间，在指定时间范围内精确打击目标。在再入制导过程中，再入滑翔段是设计最为复杂的环节，传统协同方法难以直接应用。因此，如何设计具备飞行时间可控能力的再入协同制导方法成为一个研究难点。本节将先对多弹协同攻击问题进行建模并定义飞行约束条件，然后给出深度强化学习的训练设计与训练结果[7]。

5.4.1　多弹协同攻击问题建模及飞行约束条件

旋转地球模型下，高速滑翔飞行器的六自由度动力学方程为

$$\begin{cases}\dfrac{\mathrm{d}\lambda}{\mathrm{d}t}=\dfrac{v\cos\gamma\sin\psi}{(R_\mathrm{e}+H)\cos\phi}\\ \dfrac{\mathrm{d}\phi}{\mathrm{d}t}=\dfrac{v\cos\gamma\cos\psi}{R_\mathrm{e}+H}\\ \dfrac{\mathrm{d}H}{\mathrm{d}t}=v\sin\gamma\\ \dfrac{\mathrm{d}v}{\mathrm{d}t}=-\dfrac{D}{m}-g\sin\gamma+\omega_\mathrm{e}^2(R_\mathrm{e}+H)\cos^2\phi\sin\gamma-\omega_\mathrm{e}^2(R_\mathrm{e}+H)\sin\phi\cos\phi\cos\gamma\cos\psi\\ \dfrac{\mathrm{d}\gamma}{\mathrm{d}t}=\dfrac{1}{v}\left[\omega_\mathrm{e}^2(R_\mathrm{e}+H)\cos\phi\cos\gamma+\omega_\mathrm{e}^2(R_\mathrm{e}+H)\sin\phi\cos\phi\sin\gamma\cos\psi+2v\omega_\mathrm{e}\cos\phi\sin\psi\right]\\ \qquad+\dfrac{L}{mv}\cos\sigma-\dfrac{g\cos\gamma}{v}+\dfrac{v\cos\gamma}{R_\mathrm{e}+H}\\ \dfrac{\mathrm{d}\psi}{\mathrm{d}t}=\dfrac{L\sin\sigma}{mv\cos\gamma}+\dfrac{v\sin\phi\cos\gamma\sin\psi}{(R_\mathrm{e}+H)\cos\phi}-\dfrac{(R_\mathrm{e}+H)\omega_\mathrm{e}^2\sin\phi\cos\phi\sin\psi}{v\cos\gamma}\\ \qquad+\dfrac{2\omega_\mathrm{e}}{\cos\gamma}(\sin\phi\cos\gamma-\cos\phi\sin\gamma\cos\psi)\end{cases}\tag{5-24}$$

高速滑翔飞行器滑翔段过程约束为

$$\begin{cases}\dot{Q}=k_Q\sqrt{\rho_0\mathrm{e}^{-H/7200}}v^{3.15}\leqslant\dot{Q}_{\max}\\ n=\dfrac{\sqrt{L^2+D^2}}{mg}\leqslant n_{\max}\\ q=\dfrac{1}{2}\rho v^2\leqslant q_{\max}\end{cases}\tag{5-25}$$

式中，k_Q 是热流密度相关常数；$\dot{Q}_{\max}$ 是最大热流密度；$n_{\max}$ 是飞行器允许的最大过载；$q_{\max}$ 是最大来流动压。此外，受飞控系统能力的限制，攻角和倾侧角的变化率应满足 $|\dot{\alpha}|\leqslant 4(°)/\mathrm{s}$，$|\ddot{\alpha}|\leqslant 16(°)/\mathrm{s}^2$，$|\dot{\sigma}|\leqslant 8(°)/\mathrm{s}$，$|\ddot{\sigma}|\leqslant 40(°)/\mathrm{s}^2$。

再入段终点严格来说并非是一个点，而是一定大小的区域，飞行器在进入该区域的同时也要保证具有相应的速度大小和方向。在终端时刻还要满足期望终端速度、终端高度、终端时间、终端倾侧角、终端弹道倾角、终端航向角误差、终端距离等一系列终端约束。

5.4.2　基于深度强化学习的横程机动再入协同制导律设计

不同的航向角走廊宽度，即不同的横向倾侧反转机制设计，会影响飞行航程，进而影响飞行时间。由于再入飞行时间与横向倾侧反转策略的关系非线性程度很高，二者的关系难以解析表达，因此传统的横向制导策略方法将无法适用于解决飞行时间约束的问题。

考虑到高速飞行器再入横向倾侧反转规划本质上是一个典型的二值决策问题，即根据当前状态和目标给出倾侧角符号“+”或“–”，因此基于深度强化学习方法设计再入横向制导智能决策器，通过调节倾侧角符号实现再入飞行时间的可控性。考虑到再入横向制导问题是一个状态空间连续、动作空间离散的问题，选择 DQN 算法进行横向制导律设计。DQN 算法结构如图 5-15 所示。

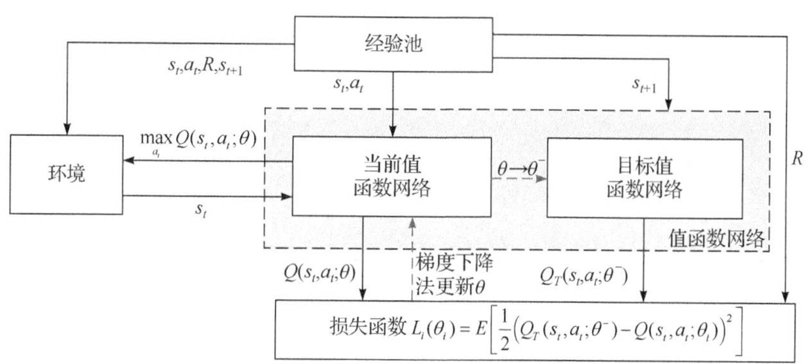

图 5-15 DQN 算法结构

在每个训练周期内，DQN 随机抽取来自经验池的样本对两个网络进行训练。使用一个网络产生当前状态–动作值函数 $Q(s_t,a_t;\theta)$，使用另一个网络产生目标状态–动作值函数。在训练过程中，DQN 根据网络参数 θ 的动作评价网络对当前状态 s_t 下能够采取的动作集 $\boldsymbol{A}$ 中所有动作的价值函数 $Q(s_t,a_t;\theta)$ 进行估计，输出其中具有最大价值的动作；之后根据最大价值动作的实际价值与估计值之间的误差对参数 θ 进行更新。为保证网络具有一定的探索能力，定义探索率 ε，使得每次输出均存在概率 ε 进行随机动作选择。根据 $Q(s_t,a_t;\theta)$ 的贝尔曼(Bellman)方程形式，神经网络训练中，定义第 i 次迭代的损失函数为

$$L_i(\theta_i)=\mathbb{E}\left[\frac{1}{2}\left(Q_T\left(s_t,a_t;\theta^-\right)-Q\left(s_t,a_t;\theta_i\right)\right)^2\right] \tag{5-26}$$

式中，θ_i 为第 i 次迭代网络参数，经过一段时间的学习后，采用梯度下降法用新的 θ_i 更新目标值函数网络参数 θ^-，可以在一定程度降低当前 Q 值和目标 Q 值的相关性，提高算法稳定性。

对横向飞行过程进行马尔可夫决策过程建模。考虑到由横向飞行状态控制再入飞行时间，并综合射程、落点误差和能量管理要求，构建如下的状态归一化空间集合 $\boldsymbol{S}$ 为

$$\boldsymbol{S}=\begin{bmatrix}\bar{\lambda}_{\text{go}} & \bar{\phi}_{\text{go}} & \bar{V} & \bar{\psi} & \bar{S}_{\text{go}} & \bar{t}_{\text{go}}\end{bmatrix} \tag{5-27}$$

由于倾侧角符号仅有正、负两个选项(当倾侧角大小为 0 时，视为符号为正)，设符号函数表示为 $\text{sign}(\cdot)$，因此动作空间集合 $\boldsymbol{A}$ 为

$$\boldsymbol{A}=\text{sign}(\sigma)=\{1,-1\} \tag{5-28}$$

再入制导问题是一个多约束问题，需要满足落点偏差、飞行时间、终端速度、终端高度、过程约束等多项指标，存在的可行解范围较窄，因此回报函数的合理设计对再入问

题至关重要。考虑到终端速度、高度约束由纵向制导设计决定，横向制导主要考虑射程与时间约束。因此结合混合回报函数设计方法，将回报函数 $R(s_f)$ 设计为阶梯状，如式(5-29)所示：

$$R(s_f)=\begin{cases}-25\left|\Delta S_{go}/S_{go0}\right|^{0.1}-100\left|\Delta t_{go}/t_{TAEM}\right|-\xi_B\cdot B, & S_{go}\geqslant 10^6\\ 50-\left|\Delta S_{go}/S_{go0}\right|-100\left|\Delta t_{go}/t_{TAEM}\right|-\xi_B\cdot B, & 10^5\leqslant S_{go}<10^6\\ 100-\left|\Delta S_{go}/S_{go0}\right|-100\left|\Delta t_{go}/t_{TAEM}\right|-\xi_B\cdot B, & 10^4\leqslant S_{go}<10^5\\ 150-\left|\Delta S_{go}/S_{go0}\right|-100\left|\Delta t_{go}/t_{TAEM}\right|-\xi_B\cdot B, & 10^3\leqslant S_{go}<10^4\\ 180-\left|\Delta S_{go}/S_{go0}\right|-150\left|\Delta t_{go}/t_{TAEM}\right|-\xi_B\cdot B, & S_{go}<10^3\end{cases} \tag{5-29}$$

训练学习曲线如图 5-16 所示。训练结束后，在线应用生成的智能体进行横向倾侧决策，即可实现再入协同制导。

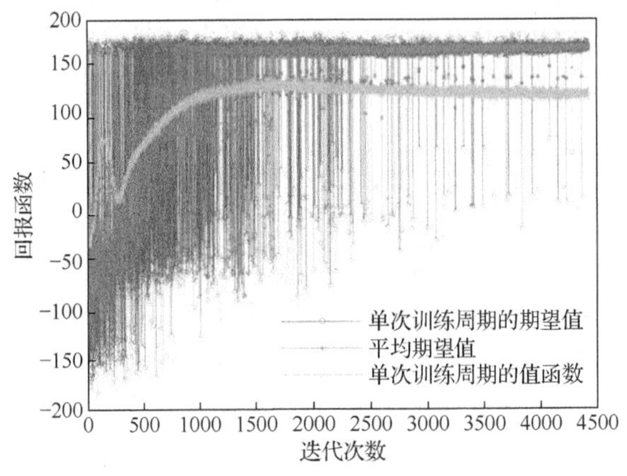

图 5-16　训练学习曲线

与基于深度强化学习的智能横程机动再入协同制导方法对比的是基于三维解析解的再入协同制导方法(AGCF)。在 V1 和 V2 两种任务下的仿真结果如图 5-17 和图 5-18 所示。通过图 5-17 与图 5-18 的仿真结果可以看出，传统的基于解析解的再入协同制导方法采用的是航向走廊迭代设计，影响飞行时间的参数单一，改变参数后轨迹形式变化不大，不利于突防任务。基于深度强化学习的智能横程机动再入协同制导方法采用离线训练+在线调用的模式，轨迹形式多变，难以预测，更有利于突防目标的实现。

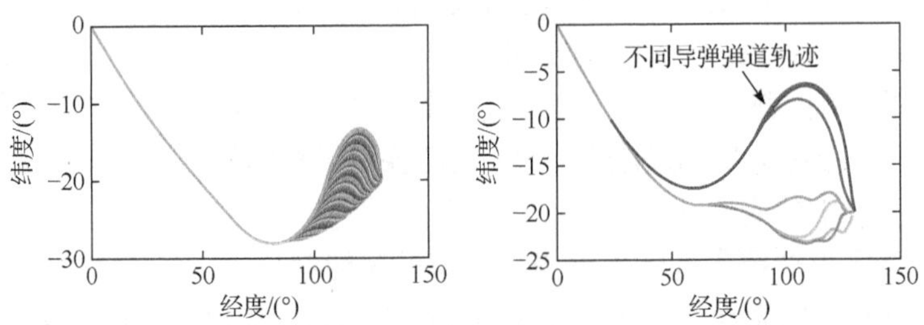

图 5-17　传统协同方法与智能协同方法飞行轨迹比较

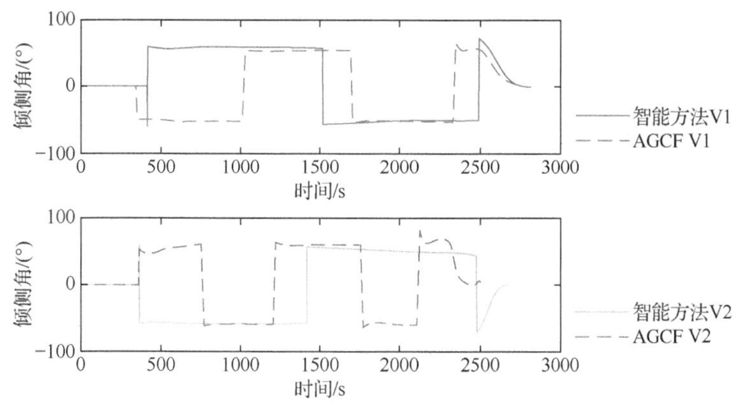

图 5-18　不同场景下倾侧角反转曲线

智能横程机动再入协同制导方法可以实现高速飞行器协同攻击，其主要优势如下：

(1) 该制导律的横向制导律设计基于强化学习的 DQN 算法。相比于基于解析解的三维再入协同制导律，该制导律采用调节回报函数权重的方法，可以有效减少倾侧反转次数，使得再入飞行器在复杂任务中更大程度发挥其横程机动能力成为可能，增大了突防概率。

(2) 针对不同再入任务，基于 DQN 的横向智能决策器摆脱了原来基于规则的横向制导逻辑约束，具备自主智能调节反转策略的能力和良好的任务适应性，使得再入弹道横向设计具有更多的可能性。

(3) 在高度调整阶段采用三维比例导引进行设计，在严格满足终端高度约束的条件下，能够使得高度曲线变化更加平缓，更易满足严苛的过程约束。

(4) 该制导律采用“离线强化学习+在线智能体应用”的模式，能够适应不同起始点、不同飞行时间约束等问题，制导精度较高，具有良好的应用前景。考虑到其优秀的横程机动能力，未来有望应用于进行多飞行器协同规避多禁飞区轨迹设计，进一步提高高速武器智能化水平。

5.5 本 章 小 结

本章探讨了智能制导律的理论基础、关键技术及其在现代军事和航空航天领域的应用。智能制导律作为现代智能武器系统的重要组成部分，对于提高武器系统的精确打击能力和复杂战场适应性具有重要意义。随着电子技术、计算机科学和人工智能技术的发展，制导律经历了从传统经典制导到现代智能制导的演变。

首先，本章介绍了飞行力学的基础知识，包括相对运动方程，这是分析导弹和目标之间运动关系的基础。然后，详细分析了经典制导律，如纯追踪法、平行接近法和比例导引法，以及它们的应用场景和局限性。此外，还探讨了早期的神经网络制导律，并指出了其在现代制导系统中的应用前景。

其次，本章重点介绍了基于深度强化学习的智能制导律，包括空空导弹智能中制导律、多弹智能时间协同制导律。这些智能制导律能够自适应地调整策略以应对不同情况，

显著提高了导弹的制导性能和战场适应性。深度强化学习技术的引入，使得制导系统能够在与环境的交互中采样数据并用于策略训练，从而在动态变化的战场环境中满足更加多样化的制导需求。本章通过多个算例展示了深度强化学习在上述智能制导律设计中的应用。这些算例证明了深度强化学习在提高制导系统性能方面的有效性，并为未来的研究和实践提供了有价值的参考。

最后，本章讨论了深度强化学习在制导律设计中的应用优势，包括处理高维状态空间、连续动作空间和多智能体系统的能力。深度强化学习算法可以处理具有延迟奖励的决策问题，适应快速变化的环境和对抗性场景，提高制导系统的适应性和鲁棒性。

通过本章的学习，读者可以全面了解智能制导律的理论基础和关键技术，以及它们在现代战争中的应用和发展前景。同时，对于深度强化学习这一新兴技术，可以初步认识其在智能制导律设计中的巨大潜力和应用价值。

习　　题

5.1　什么是制导律？制导律的作用是什么？

5.2　分别在惯性坐标系和极坐标系下推导导弹和目标的相对运动方程。

5.3　本章介绍了哪些经典制导律形式？对比不同制导律的优缺点。

5.4　某导弹在二维平面内拦截目标，导弹和目标的初始位置分别为(0, 0)和(8000, 3000)，单位为 m。目标以 300m/s 的速度匀速飞行，方向与 x 轴正方向成 30°。导弹速度为 800m/s，初始方向竖直向上，采用比例导引律，最大过载为 20g。编写一个 Python 或 MATLAB 程序，计算导弹的飞行轨迹，并绘制导弹和目标的飞行轨迹图。

5.5　简述神经网络的基本原理，并说明其在制导律设计中的应用前景。

5.6　比较监督学习和深度强化学习的异同点，并分析它们在制导律设计中的优缺点。

5.7　简述深度强化学习在制导律设计中的应用优势以及通过深度强化学习设计制导律的一般思路和流程。

5.8　深度强化学习将深度学习与强化学习相结合，实现了复杂环境下的端到端学习。请简述深度 Q 网络的基本原理，并查阅材料说明其与传统 Q-learning 的主要区别。

推荐材料：

(1) SUTTON R S, BARTO A G. Reinforcement Learning: An Introduction[M]. 2nd Ed. Cambridge: MIT Press, 2018.

(2) MNIH V, KAVUKCUOGLU K, SILVER D, et al. Human-level control through deep reinforcement learning[J]. Nature, 2015, 518(7540): 529-533.

5.9　考虑两枚导弹协同拦截一个目标的情况，给出一种基于深度强化学习的协同制导律的设计思路。要求：

(1) 每枚导弹的状态包括自身位置、速度和目标信息；

(2) 导弹的动作为选择加速度方向和大小；

(3) 奖励函数考虑拦截时间和导弹间的相对位置。

参 考 文 献

[1] SHNEYDOR N A. Missile Guidance and Pursuit: Kinematics, Dynamics and Control[M]. Cambridge: Woodhead Publishing, 1998.

[2] ZARCHAN P. Tactical and Strategic Missile Guidance[M]. 6th ed. Reston: American Institute of Aeronautics and Astronautics, Inc., 2012.

[3] SIOURIS G M. Missile Guidance and Control Systems[M]. New York: Springer Science & Business Media, 2004.

[4] SUTTON R S, BARTO A G. Reinforcement Learning: An Introduction[M]. 2nd ed. Cambridge: MIT Press, 2018.

[5] LAPAN M. Deep Reinforcement Learning Hands-On [M]. Birmingham: Packt Publishing Ltd, 2020.

[6] GONG X P, CHEN W C, CHEN Z Y. All-aspect attack guidance law for agile missiles based on deep reinforcement learning[J]. Aerospace Science and Technology, 2022, 127: 107677.

[7] 张晚晴,余文斌,李静琳,等.基于纵程解析解的飞行器智能横程机动再入协同制导[J].兵工学报, 2021, 42(7): 1400-1411.

第 6 章

基于人工智能的电视制导

电视制导作为一种常见的制导方式，因其制导精度高、抗干扰能力强等优点而被广泛应用。随着人工智能技术的发展，基于人工智能方法的电视制导技术已成为研究的热点。本章将详细介绍基于人工智能方法的电视制导技术的关键知识点，包括目标检测与识别技术、目标跟踪与滤波理论和视线角速度提取技术等。通过学习这些知识，掌握电视制导系统的基本工作原理，包括其如何利用图像数据来引导武器系统精确打击目标；理解并应用图像处理和深度学习算法提高目标检测的准确性和识别的可靠性；深入理解卡尔曼滤波等滤波理论，并学习如何结合神经网络等人工智能技术来提高目标跟踪的稳定性和精确度；同时掌握从导引头成像模型中准确提取视线角速率的方法，能够设计和实现仿真实验系统。通过理论与实践的结合，提高设计和开发高效电视制导系统的能力；通过解决实际的电视制导问题，增强分析问题和解决问题的能力。

6.1 目标检测与识别技术

在现代电视制导系统中，目标检测与识别技术是确保精确打击的关键。随着人工智能技术的飞速发展，尤其是深度学习在图像处理领域的突破，目标检测与识别的准确性和实时性得到了显著提升。

本节分为图像处理基础、深度学习基础和基于深度学习的目标检测三个部分。图像处理基础部分构成了后续深度学习应用的前提。图像的基本概念帮助理解图像的表示和属性；图像空间滤波基础为后续图像处理任务提供信号处理的理论支持；图像特征提取是目标检测与识别的关键步骤，同时为深度学习模型提供了输入特征。在图像处理的基础上，深度学习基础部分进一步介绍了神经网络的工作原理，深度学习的关键概念，以及深度学习的主要类型，这些都是理解和设计深度学习模型的理论基础。最后，基于深度学习的目标检测是对前两部分知识的综合应用，介绍如何利用深度学习技术进行有效的目标检测，这是现代电视制导系统中目标检测与识别的关键环节。

目标检测与识别是电视制导过程的第一步，这一环节得到的目标位置信息将传递给后续环节继续处理。掌握目标检测与识别技术的理论知识能够为后续学习目标跟踪与滤波等内容奠定基础。

6.1.1 图像处理基础

1. 图像的基本概念

图像一般分为彩色图像和灰度图像[1]。彩色图像是指包含多种颜色的图像，它们通常由红、绿、蓝(RGB)三个颜色通道组成。灰度图像是一种单通道图像，它只包含灰度信息，没有颜色信息。灰度图像广泛应用于图像处理过程中。去除颜色信息可以简化图像数据，一般能够提高算法的效率和准确性。下面主要讨论灰度图像处理。

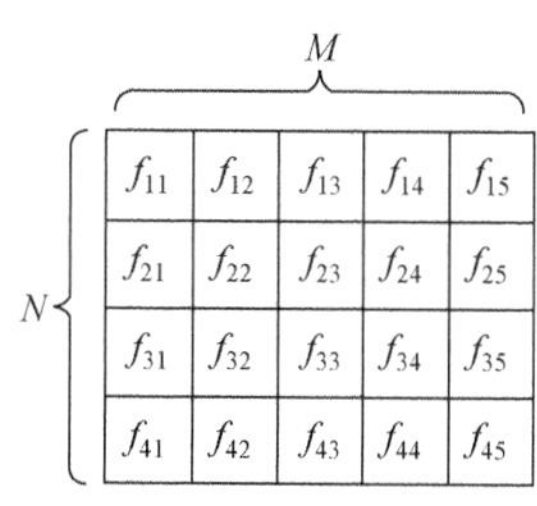

图 6-1 数字图像示例

一幅灰度图像可以定义为一个二维函数 $f(x,y)$，其中 x 和 y 是平面坐标，任意平面坐标 (x,y) 处的幅度值 f 称为图像在该坐标点的灰度。当 x、y 和灰度值 f 都是有限的离散量时，称该图像为数字图像。数字图像处理是指借助于数字计算机来处理数字图像。数字图像由有限数量的元素组成，每个元素都有一定的位置和数值，这些元素称为像素。在计算机中，数字图像可用一个 $M \times N$ 矩阵表示，图像长为 M、宽为 N，矩阵中的每个元素即为图像的像素，如图 6-1 所示。

2. 图像空间滤波基础

图像空间滤波是数字图像处理中的一项基本技术，它通过应用数学算子(滤波器)直接对图像像素的值进行操作，以达到去噪、增强、特征提取等目的。图像空间滤波主要分为线性空间滤波和非线性空间滤波两大类，每种类型都有其特定的应用场景和效果。

线性空间滤波是指滤波器对图像的作用是线性的。线性空间滤波器可以表示为一个卷积核，其操作可以描述为

$$g(x,y)=\sum_{i=-\infty}^{\infty}\sum_{j=-\infty}^{\infty}h(i,j)\cdot f(x+i,y+j) \tag{6-1}$$

式中，$f(x,y)$ 是原始图像；$g(x,y)$ 是滤波后的图像；$h(i,j)$ 是滤波器的系数，通常称为卷积核或掩模。

常见的线性空间滤波器有均值滤波器、高斯滤波器和拉普拉斯滤波器等。

均值滤波器是一种简单的线性空间滤波器，通过将每个像素的值替换为该像素周围邻域内像素值的平均值来实现滤波效果。均值滤波器适用于去除图像中的随机噪声，但可能会模糊图像的边缘，这是因为它无法区分图像的高频细节和噪声。

高斯滤波器使用高斯函数作为权重来计算邻域内像素的平均值。高斯函数的特点是中心像素的权重最高，随着距离中心像素越远，权重逐渐减小。高斯滤波器适用于平滑图像并去除高斯噪声，如传感器的读出噪声。高斯滤波器能够比均值滤波器更好地保留图像的边缘信息，但它的平滑效果取决于高斯函数的标准差，如果标准差过大，图像可能会过度模糊。

拉普拉斯滤波器是一种二阶导数滤波器，它可以用来增强图像的边缘，同时抑制图像的亮度变化。拉普拉斯滤波器常用于边缘检测，这是因为它可以突出图像的快速变化

区域。由于拉普拉斯滤波器是一个高通滤波器，在使用时可能会放大图像中的噪声，特别是当噪声水平较高时。

1) 均值滤波器

均值滤波器使用所有邻域像素的平均值替换中心像素值，适用于去除随机噪声。例如，一个 3×3 的均值滤波器卷积核如下所示：

$$\frac{1}{9}\times\begin{bmatrix}1 & 1 & 1\\ 1 & 1 & 1\\ 1 & 1 & 1\end{bmatrix}$$

例 6-1：假设有一个 5×5 的图像区域，其像素值如下：

$$\begin{bmatrix}100 & 200 & 150 & 180 & 160\\ 150 & 180 & 200 & 250 & 220\\ 200 & 250 & 230 & 250 & 210\\ 180 & 220 & 250 & 300 & 240\\ 160 & 210 & 240 & 240 & 190\end{bmatrix}$$

现在要用一个 3×3 的均值滤波器对这个图像区域进行滤波。计算滤波后的图像。

解：通过编写一个简单的 MATLAB 脚本来实现这一过程。

代码详见二维码文件：Example/E01.m。

代码

输出结果：

```
0     0     0     0     0
0   184   210   206     0
0   207   237   239     0
0   216   243   239     0
0     0     0     0     0
```

由输出结果可知，均值滤波器使用邻域像素的平均值替换了中心像素值。

这段代码假设图像是整数像素值，且滤波结果也存储为整数。在实际应用中，如果图像是浮点数或其他数据类型，可能需要进行相应的类型转换。此外，这段代码没有处理图像边缘的像素，这是因为在 3×3 均值滤波中，边缘像素的邻域可能不完整。在实际应用中，可能需要对边缘像素进行特殊处理，如通过扩展图像边缘或使用其他方法来计算边缘像素的均值滤波结果。

2) 高斯滤波器

高斯滤波器使用高斯函数作为权重，对像素邻域进行加权平均，适用于减少图像的高频噪声。例如，一个 3×3 的高斯滤波器卷积核如下：

$$\begin{bmatrix}a & b & a\\ b & c & b\\ a & b & a\end{bmatrix}$$

式中，a、b 和 c 是根据高斯函数计算得出的权重，这些权重的计算依赖于高斯分布的标

准差(σ)，权重可以通过式(6-2)计算：

$$w(i,j)=\frac{1}{2\pi\sigma^2}\mathrm{e}^{-\frac{i^2+j^2}{2\sigma^2}} \tag{6-2}$$

对于3×3的核，可以计算每个位置的权重，然后归一化使得所有权重加起来等于1。这里，i和j分别代表核中的位置索引，从−1到1(因为3×3核的中心是0，所以索引是−1, 0, 1)。以标准差σ=1为例，一个3×3的卷积核如下：

$$\begin{bmatrix} 0.075 & 0.124 & 0.075 \\ 0.124 & 0.204 & 0.124 \\ 0.075 & 0.124 & 0.075 \end{bmatrix}$$

例6-2：对例6-1中的5×5图像区域使用一个标准差σ=1的3×3高斯滤波器进行滤波，计算滤波后的图像。

解：通过编写一个简单的MATLAB脚本来实现这一过程。

代码详见第169页二维码文件：Example/E02.m。

输出结果：

```
0      0      0      0      0
0    187    207    213      0
0    212    236    242      0
0    217    245    248      0
0      0      0      0      0
```

由输出结果可知，高斯滤波器的滤波结果与原图像更接近，比均值滤波器能更多地保留原图像的信息，这是由于高斯函数赋予中心像素的权重最高，距离中心像素越远，权重越小。

代码通过嵌套循环遍历图像的每个像素(除了边缘像素，这是因为滤波器大小为3×3)，计算每个像素的邻域，并使用conv2函数进行卷积计算。conv2函数的'same'选项确保输出矩阵的大小与原始图像相同。取卷积结果的中心值作为滤波后的像素值，四舍五入后将其存储在filteredImage矩阵中。

3) 拉普拉斯滤波器

拉普拉斯滤波器是一种用于图像处理的二阶导数滤波器，主要用于边缘检测和图像锐化。拉普拉斯滤波器的核也是一个二维数组，其值可以根据拉普拉斯算子的离散近似来计算。例如，一个3×3的拉普拉斯滤波器卷积核如下：

$$\begin{bmatrix} 0 & -1 & 0 \\ -1 & 4 & -1 \\ 0 & -1 & 0 \end{bmatrix}$$

使用3×3的拉普拉斯滤波器对示例图像进行滤波，效果如图6-2所示。

非线性空间滤波是指滤波器对图像的作用是非线性的。与线性滤波器不同，非线性滤波器在处理图像时不会简单地对像素值进行加权平均，而是采用更复杂的方法来保留

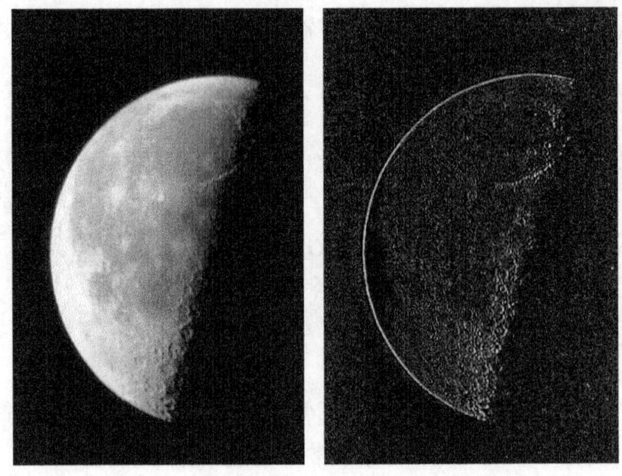

图 6-2 拉普拉斯滤波效果(左图为原图)

图像的重要特征，如边缘和细节，同时减少噪声。常见的非线性滤波器有中值滤波器和双边滤波器。

1) 中值滤波器

中值滤波器对邻域内的像素值进行排序，并用中间值替换中心像素，能够有效去除脉冲噪声(随机出现的黑色和白色像素点)，同时保持边缘。

例 6-3：对例 6-1 中的 5×5 图像区域使用一个 3×3 中值滤波器进行滤波，计算滤波后的图像。

解：通过编写一个简单的 MATLAB 脚本来实现这一过程。

代码详见第 169 页二维码文件：Example/E03.m。

输出结果：

```
    0      0      0      0      0
    0    200    200    210      0
    0    200    250    240      0
    0    220    240    240      0
    0      0      0      0      0
```

由输出结果可知，中值滤波器使用邻域内像素值的中间值替换了中心像素，能够显著降低图像像素值中的极大值和极小值的影响。

代码通过嵌套循环遍历图像的每个像素，并提取每个像素的 3×3 邻域。使用 median 函数计算邻域内的中值，并将这个中值存储在 filteredImage 矩阵的相应位置。在 MATLAB 中，也可以使用内置的 medfilt2 函数来实现中值滤波。

2) 双边滤波器

双边滤波器结合了空间邻近度和像素值相似度，同时进行空间滤波和值域滤波，在去噪的同时能够保留边缘。

滤波器的设计是空间滤波的关键部分。设计滤波器时需要考虑滤波器的大小(如 3×3、5×5 和 7×7 等)、形状、对称性和所期望的滤波效果。滤波器的设计通常基于频域分析，

通过分析图像的频率成分来设计相应的滤波器。

3. 图像特征提取基础

图像特征提取是图像处理和计算机视觉中的一个核心环节，它涉及从图像数据中提取出有助于图像分析、识别和理解的信息。特征是图像中的重要属性或模式，良好的特征可以显著提高算法的性能和准确性。有效的特征提取对于图像分类、目标识别、场景理解等任务至关重要。图像特征可分为边缘特征、角点特征、纹理特征、形状特征和全局特征等。

1) 边缘特征

边缘是图像中亮度变化剧烈的地方，通常对应于物体的轮廓或场景的边界。边缘检测算子，如 Prewitt 算子和 Canny 算子等，常用于提取边缘特征。

Prewitt 算子是一种用于边缘检测的离散微分算子，它通过计算图像在水平和垂直方向上的梯度来突出显示图像中的边缘。3×3 的 Prewitt 算子核通常形式如下。

水平方向：

$$\begin{bmatrix} -1 & 0 & 1 \\ -1 & 0 & 1 \\ -1 & 0 & 1 \end{bmatrix}$$

垂直方向：

$$\begin{bmatrix} -1 & -1 & -1 \\ 0 & 0 & 0 \\ 1 & 1 & 1 \end{bmatrix}$$

例 6-4：对例 6-1 中的 5×5 图像区域使用一个 3×3 的 Prewitt 算子核进行边缘检测，计算结果图像。

解：通过编写一个简单的 MATLAB 脚本来实现这一过程。

代码详见第 169 页二维码文件：Example/E04.m。

输出结果：

```
0     0     0     0     0
0   264   206   200     0
0   192   205   120     0
0   193   117    82     0
0     0     0     0     0
```

由输出结果可知，Prewitt 算子能够计算得到边缘的强度。对于该图像区域，其左上边缘强度高，右下边缘强度低，这反映了不同位置的梯度强度差异。

Canny 算子是一种由 Canny[2]在 1986 年提出的著名边缘检测算法。该算法能够准确地从噪声图像中检测出真实边缘，其核心优势在于它能够提供低错误率、精确的边缘定位和唯一的边缘响应。Canny 算子的实现需要多个步骤，包括噪声抑制、梯度计算、非极

大值抑制、双阈值处理、边缘跟踪和抑制等。Canny 算子因其优越的性能，在计算机视觉和图像处理领域得到了广泛的应用。

2) 角点特征

角点是图像中两个边缘相交的点，通常出现在物体的顶点或角落。Harris 角点检测器和尺度不变特征变换(scale-invariant feature transform，SIFT)算法中的角点检测是两种常见的角点特征提取方法。

Harris 角点检测器[3]是一种在计算机视觉中检测图像角点的算法。它通过分析图像局部区域的梯度变化来评估角点的强度，利用像素点周围边缘的分布情况来确定其是否为角点。这个算法因其简单有效而被广泛应用于图像处理领域，尤其是在特征匹配和运动跟踪等任务中。

在 SIFT 算法[4]中，角点检测是关键步骤之一，用于识别图像中的稳定特征点。这些角点是图像中两个边缘相交的区域，它们对尺度和旋转变化具有鲁棒性。SIFT 算法通过构建尺度空间来检测角点，这是通过对原始图像应用不同尺度的高斯模糊来实现的。这些角点随后被用于生成 SIFT 特征描述符，这些描述符能够提供关于图像局部结构的丰富信息，并且对于图像匹配和识别任务非常有效。

3) 纹理特征

纹理是图像中重复出现的局部模式，反映了图像的表面特性。纹理特征可以通过灰度共生矩阵(grey-level co-occurrence matrix，GLCM)、局部二值模式(local binary pattern，LBP)等方法提取。

GLCM 是图像纹理分析中的一种统计方法，用于描述图像中像素灰度值的空间关系。GLCM 通过计算一定距离和方向上成对像素的灰度级共现频率来构建，从而形成一个矩阵，该矩阵的元素反映了图像中特定纹理特征的分布情况，对于图像分类、纹理识别和场景分析等任务非常有用。

LBP 是一种用于描述图像纹理的简单而有效的特征提取方法。LBP 通过比较中心像素与其周围邻域像素的灰度值来生成一个二进制码，该码表示了中心像素与邻域像素之间的相对关系。LBP 算子的优势在于其对光照变化具有鲁棒性，计算效率高，且能够捕捉到图像的局部结构信息。因此，LBP 广泛应用于面部识别、纹理分类和场景理解等领域。

4) 形状特征

形状是描述物体外观和结构的特征。形状可以基于边界表示(如链码)或基于区域表示(如几何矩)来描述，其中 Hu 不变矩方法得到了广泛应用。

Hu 不变矩是一组用于描述图像形状特征的数学表达式，由 Hu[5]在 1962 年提出。这些矩能够提供对图像形状的结构和拓扑信息的描述，并且对于旋转、缩放和镜像变换具有不变性。Hu 不变矩包括七个基本矩，它们分别提供图像的面积、质心位置、形状的紧凑性和偏心率等信息，具体如下：

$$
\begin{cases}
m_{11}=\sum_{i=1}^{N}\sum_{j=1}^{M}\left(i-c_x\right)\cdot\left(j-c_y\right) \\
m_{20}=\sum_{i=1}^{N}\sum_{j=1}^{M}\left(i-c_x\right)^2 \\
m_{31}=\sum_{i=1}^{N}\sum_{j=1}^{M}\left(i-c_x\right)\cdot\left(j-c_y\right)^3 \\
m_{02}=\sum_{i=1}^{N}\sum_{j=1}^{M}j^2 \\
m_{22}=\sum_{i=1}^{N}\sum_{j=1}^{M}\left(i-c_x\right)^2\cdot\left(j-c_y\right)^2 \\
m_{04}=\sum_{i=1}^{N}\sum_{j=1}^{M}\left(j-c_y\right)^4 \\
m_{33}=\sum_{i=1}^{N}\sum_{j=1}^{M}\left(i-c_x\right)^3\cdot\left(j-c_y\right)^3
\end{cases}
\tag{6-3}
$$

通过这些矩的计算，可以对图像的形状特征进行分析和比较，使得 Hu 不变矩成为图像处理和模式识别领域中识别和分类图像形状的重要工具。

特征提取方法可以分为传统图像处理方法和基于机器学习的方法。传统图像处理方法通常基于图像的几何和统计特性，如边缘检测、角点检测、纹理分析等。基于机器学习的方法，如卷积神经网络，可以自动学习和提取对特定任务有用的特征。

6.1.2 深度学习基础

深度学习是机器学习的一个子领域，它通过使用大量的数据和复杂的神经网络结构来学习数据的表示和模式。深度学习模型，特别是深度神经网络，已经在图像识别、语音识别、自然语言处理和许多其他领域取得了显著的成功。

1. 神经网络基础

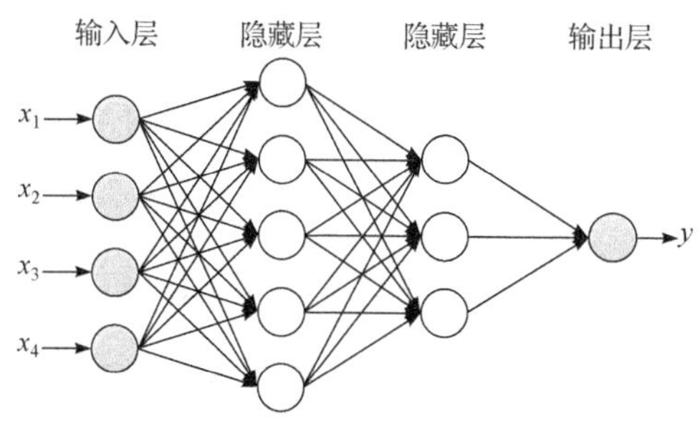

图 6-3 典型神经网络的结构

神经网络是一种受人脑工作原理启发的计算模型，它由大量相互连接的人工神经元组成，能够通过学习数据的统计规律来执行各种复杂的任务。这些网络通常包括输入层、隐藏层和输出层，每一层都由多个神经元组成，通过权重连接到下一层。在训练过程中，神经网络使用反向传播算法调整权重，以最小化预测输出和实际输出之间的差异。典型神经网络的结构如图 6-3 所示。

神经网络的训练过程是一个涉及数据准备、模型构建、参数配置和性能评估的迭代

过程。以下是一个使用 MATLAB 神经网络工具箱进行训练的简单例子。

例 6-5：给定一组输入特征 X 和对应的目标 T，训练一个能够预测的神经网络。

解：通过编写一个简单的 MATLAB 脚本来实现这一过程。

代码详见第 169 页二维码文件：Example/E05.m。

输出结果如图 6-4 所示。

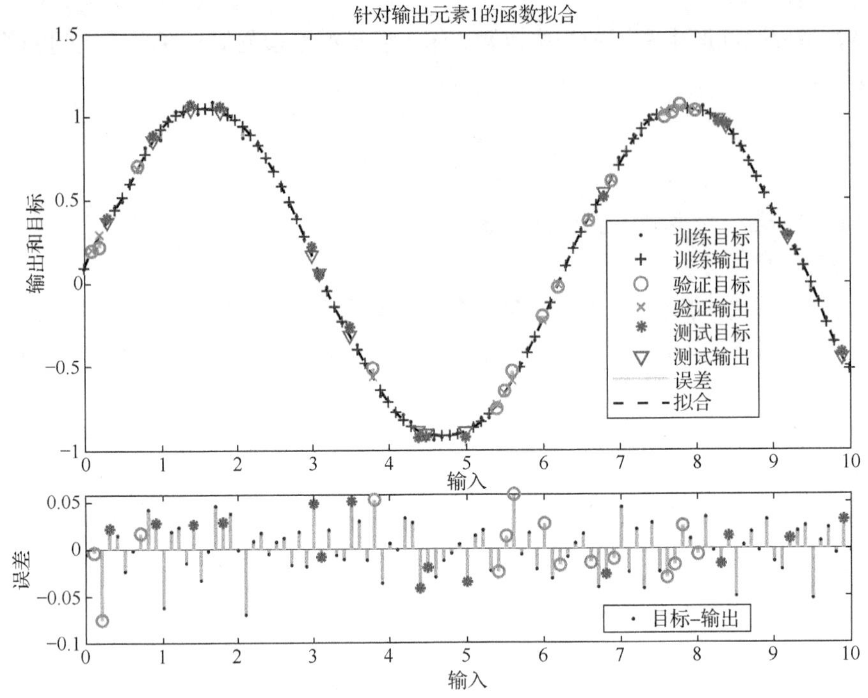

图 6-4　神经网络训练输出结果评估

由输出结果可知，通过训练，该神经网络能够实现对一个带噪声正弦函数的函数值预测，且误差较小。

2. 深度学习的关键概念

1) 激活函数

常见的激活函数包括 sigmoid 函数和线性整流函数(rectified linear unit，ReLU)等。

sigmoid 函数是一种常用的非线性激活函数，这个函数能将任意实数值映射到(0, 1)区间内，在早期机器学习中使用广泛。但该函数在输入值非常大或非常小时，函数的输出会趋向于 0 或 1，梯度变得非常小，容易出现梯度消失的问题。其表达式如下：

$$f\left(x\right)=\frac{1}{1+\mathrm{e}^{-x}} \tag{6-4}$$

ReLU 是一种在卷积神经网络中广泛使用的激活函数。ReLU 的特点是当输入值小于 0 时输出 0，当输入值大于等于 0 时输出该值。这种非线性特性使得 ReLU 在正向传播过程中能够有效地缓解梯度消失问题，并且在反向传播过程中具有较快的计算速度。其表

达式如下：

$$f(x)=\max(0,x) \tag{6-5}$$

2) 损失函数

损失函数衡量了模型预测值与真实值之间的差异。常见的损失函数包括均方误差(MSE)和交叉熵损失等。

均方误差是回归问题中常用的损失函数，用于衡量模型预测值与真实值之间的差异。其表达式如下：

$$\text{MSE}=\frac{1}{n}\sum_{i=1}^{n}(y_i-\hat{y}_i)^2 \tag{6-6}$$

式中，y 是真实标签；$\hat{y}$ 是模型预测的标签。

3) 优化算法

优化算法用于更新网络的权重，以最小化损失函数。常用的优化算法有随机梯度下降(stochastic gradient descent，SGD)法和自适应矩估计(adaptive moment estimation，Adam)算法等。

随机梯度下降法是一种用于优化机器学习模型参数的迭代算法。它是梯度下降的一种变体，特别适用于大规模数据集和在线学习场景。在 SGD 法中，每次参数更新只使用一个样本或一小批样本来计算梯度，而不是整个数据集。SGD 法的更新规则可以用如下公式表示：

$$\theta_j=\theta_j-\alpha\nabla_{\theta_j}J(\theta) \tag{6-7}$$

式中，θ_j 是参数向量中的第 j 个元素；α 是学习率；$\nabla_{\theta_j}J(\theta)$ 是损失函数 $J(\theta)$ 对参数 θ 的第 j 个元素的偏导数。

Adam 算法[6]是一种自适应学习率的优化算法，广泛用于深度学习模型的训练。Adam 算法的核心在于计算每个参数的自适应学习率。它维护了两个矩阵：第一矩阵(类似于动量)和第二矩阵(类似于平方梯度)。这两个矩阵分别用于估计参数的一阶矩(均值)和二阶矩(未中心化的方差)。

例 6-6：使用 Adam 算法求解以下函数的最小值：

$$f(x,y)=x^2+xy+y^2+4x+6y$$

解：通过编写一个简单的 MATLAB 脚本来实现这一过程。

代码详见第 169 页二维码文件：Example/E06.m。

输出结果：

```
Iteration 1000: f(–0.81, –0.88) = –6.3866
Iteration 2000: f(–1.16, –1.55) = –8.3874
Iteration 3000: f(–1.07, –2.04) = –9.0267
Iteration 4000: f(–0.85, –2.39) = –9.2735
Iteration 5000: f(–0.72, –2.59) = –9.3290
```

Iteration 6000: f(−0.67, −2.66) = −9.3333
Iteration 7000: f(−0.67, −2.67) = −9.3333
Iteration 8000: f(−0.67, −2.67) = −9.3333
Iteration 9000: f(−0.67, −2.67) = −9.3333
Iteration 10000: f(−0.67,−2.67) = −9.3333
Optimized x: −0.6667, Optimized y:−2.6667

由输出结果可知，Adam 算法能够将目标函数优化至最小值−9.3333。

6.1.3 基于深度学习的目标检测

主流的目标检测算法均主要依托卷积神经网络(CNN)的深度学习模型来实现，并大致可以分为两阶段目标检测算法和一阶段目标检测算法。根据出现时间，其代表模型如图 6-5 所示。

图 6-5 典型算法出现时间

1. 两阶段目标检测算法

两阶段目标检测算法也被称为基于候选区域的目标检测算法。这一部分算法先生成大量建议的区域以供选择，之后使用 CNN 在候选区域提取特征并做分类。

1) R-CNN

2014 年 Girshick 等[7]提出了 R-CNN 算法，将传统的滑窗算法换成了搜索与选择算法，极大地减少了窗口的数量，使算法的速度大大提升。通过 CNN 进行特征提取，能够实现对图像深层特征的感知，极大地提高了网络的鲁棒性。

2) Fast R-CNN

2015 年 Girshick[8]提出了 Fast R-CNN 算法，这一模型在前代的基础上提出了感兴趣区域的池化层。这一方法不但在准确性和计算速度上比 R-CNN 算法的性能好，还大大地减小了训练的耗时。

3) Faster R-CNN

2017 年 Ren 等[9]提出 Faster R-CNN 算法，该算法通过区域提议网络(region proposal network，RPN)得到候选区域，凭借锚框方法将候选框个数降低到了之前的 15%，并且保证候选框的高品质，使检测的效率和精度都得到极大提高。

2. 一阶段目标检测算法

一阶段目标检测算法又被称为基于回归的目标检测算法。这类算法的主要优势是具

有极快的速度，原因是去掉了生成候选区域的过程，直接把提取特征、分类和回归检测框封装在同一个 CNN 中实现，真正实现了端到端。

1) YOLO 及扩展模型

2016 年 Redmon 等[10]提出 YOLO(you only look once)目标检测算法，这一算法将目标检测问题归结为回归问题，只运行一次网络模型就可以对整幅图像输出目标的具体分类和检测框，提高了目标检测算法的效率。

2) SSD 及扩展模型

2016 年 Liu 等[11]提出单次多框检测器(single shot multibox detector，SSD)算法，这一算法完全取消了候选区域的生成和特征多次提取的过程，将全部的计算集成在单个深层神经网络中。SSD 算法延续了 YOLO 算法中将目标检测问题归结为回归问题的方式，使用多尺度特征的方法进行目标检测。

3. YOLO 算法发展历程

2017 年 Redmon 等[12]改进了如图 6-6 所示的初代 YOLO 网络框架，提出了 YOLOv2。主要创新点有将随机失活(dropout)换成了批量标准化的方式，提高了部分情况下模型的稳定性，并且还使用了锚框。2018 年 Redmon 等[13]又提出了 YOLOv3，这一模型使用了特征金字塔网络(feature pyramid network，FPN)的框架，使模型的小目标检测能力得到很大提升。2020 年 4 月 Bochkovskiy 等[14]在 Redmon 等工作的基础上提出了 YOLOv4，这一版本的模型中融入了很多普适性的算法技巧。由于这些提高算法性能的技巧的加入，YOLOv4 成为了当时的最佳算法。

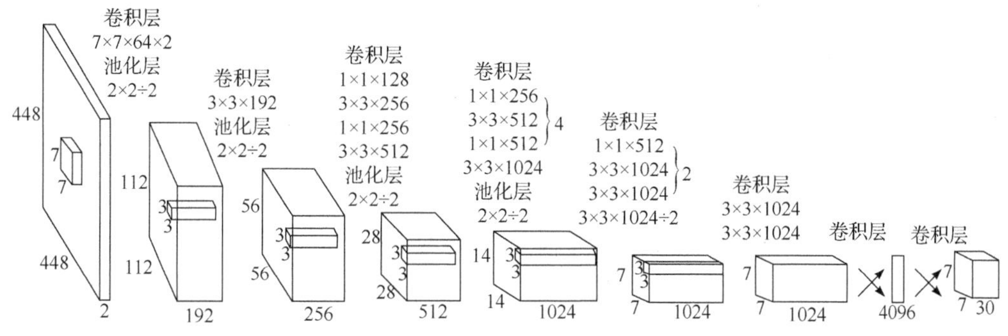

图 6-6 初代 YOLO 网络框架

2020 年 6 月 Ultralytics 公司[15]在 GitHub 平台发布了 YOLOv5 目标检测模型，该模型在上一版本的基础上又增加了一些新的改进，极大地提升了算法的效率和准确度，具体包括：输入端的马赛克增强、focus 方法、自适应锚框和图像缩放等。2022 年 Li 等[16]和 Wang 等[17]分别提出了 YOLOv6 和 YOLOv7，集中了领域内一些新的研究进展和算法成果，进一步提高了算法效率和精确性。

2023 年 1 月 Ultralytics 公司[18]在 GitHub 平台发布了 YOLOv8，其作为 YOLO 系列里程碑式的更新版本，可以实现图像分类、图像分割、目标检测和目标跟踪等多种任务。YOLOv8 作为新的最佳模型，其性能达到了实时检测界的一个新高度。

6.2　滤波理论与目标跟踪

目标跟踪与滤波是电视制导系统中的另一个关键技术，它负责在动态环境中持续准确地定位目标。本节将首先介绍卡尔曼滤波的基本理论，这是一种广泛应用于动态系统状态估计的递归滤波方法。随后，将探讨深度学习在目标跟踪中的应用。此外，本节还将介绍基于孪生神经网络的目标跟踪方法，这是一种新兴的技术，能够学习目标的视觉特征并在复杂场景中实现有效的目标跟踪。掌握目标跟踪与滤波的理论知识能够为后续学习视线角速度提取等内容奠定基础。

6.2.1　卡尔曼滤波理论

卡尔曼滤波器(Kalman filter)是一种高效的递归滤波器，用于估计动态系统的状态。它由 Kalman[19]在 1960 年提出，广泛应用于导航、控制和信号处理等领域。卡尔曼滤波的核心思想是结合系统的动态模型和观测数据，以最小化估计误差的方式来估计系统的真实状态。

1. 基本原理

卡尔曼滤波基于两个主要步骤：预测和更新。在每个时间步，卡尔曼滤波器都会进行这两个步骤的操作。

预测步骤使用系统的动态模型来预测下一个时间步的状态和误差协方差。动态模型通常由状态转移矩阵和过程噪声描述。

更新步骤使用最新的观测数据来修正预测的状态。这一步骤涉及观测模型和观测噪声。修正后的状态估计被称为估计，它是对系统真实状态的最佳猜测。

卡尔曼滤波器通过估计系统的状态向量来工作，状态向量包含了描述系统所有状态的变量。状态估计的目标是最小化估计误差的方差。

2. 卡尔曼滤波方程

卡尔曼滤波的核心是一组方程，具体如下。

(1) 状态预测方程：

$$\hat{\boldsymbol{x}}_{k|k-1} = \boldsymbol{\Phi}_{k|k-1}\hat{\boldsymbol{x}}_{k-1|k-1} + \boldsymbol{B}_k\boldsymbol{v}_k \tag{6-8}$$

(2) 预测误差协方差方程：

$$\boldsymbol{P}_{k|k-1} = \boldsymbol{\Phi}_{k|k-1}\boldsymbol{P}_{k-1|k-1}\boldsymbol{\Phi}_{k|k-1}^{\mathrm{T}} + \boldsymbol{Q}_k \tag{6-9}$$

(3) 卡尔曼增益方程：

$$\boldsymbol{K}_k = \boldsymbol{P}_{k|k-1}\boldsymbol{H}_k^{\mathrm{T}}\left(\boldsymbol{H}_k\boldsymbol{P}_{k|k-1}\boldsymbol{H}_k^{\mathrm{T}} + \boldsymbol{R}_k\right)^{-1} \tag{6-10}$$

(4) 状态更新方程：

$$\hat{\boldsymbol{x}}_k = \hat{\boldsymbol{x}}_{k|k-1} + \boldsymbol{K}_k\left(\boldsymbol{z}_k - \boldsymbol{H}_k\hat{\boldsymbol{x}}_{k|k-1}\right) \tag{6-11}$$

(5) 更新误差协方差方程：

$$\boldsymbol{P}_k = \left(\boldsymbol{I} - \boldsymbol{K}_k\boldsymbol{H}_k\right)\boldsymbol{P}_{k|k-1} \tag{6-12}$$

这些方程共同构成了卡尔曼滤波器的核心，通过不断地进行预测和更新步骤，卡尔曼滤波器能够逐步提高对系统状态的估计精度。

下面给出一个简单的卡尔曼滤波例子，用于估计一个线性系统的状态。

例 6-7：假设有一个简单的一维系统，遵循动态方程：$x_{t+1} = \phi x_t + v_t$。式中，ϕ 是状态转移系数，值为 1.05，v_t 是高斯噪声，均值为 0，方差为 0.1。同时，有一个观测模型，将状态映射到观测值：$z_t = x_t + w_t$。式中，w_t 是高斯噪声，均值为 0，方差为 10。给定一系列的观测值，使用卡尔曼滤波来估计每个时间步的状态。

解：通过编写一个简单的 MATLAB 脚本来实现这一过程。

代码详见第 169 页二维码文件：Example/E07.m。

输出结果：

```
Time step 10: True state = 7.710625, Estimated state = 12.296958
Time step 20: True state = 12.516906, Estimated state = 17.718101
Time step 30: True state = 19.641410, Estimated state = 25.202265
Time step 40: True state = 32.282205, Estimated state = 36.792523
Time step 50: True state = 51.797570, Estimated state = 56.925810
Time step 60: True state = 84.914779, Estimated state = 86.840282
Time step 70: True state = 138.324040, Estimated state = 138.593811
Time step 80: True state = 224.534752, Estimated state = 225.189852
Time step 90: True state = 366.238096, Estimated state = 366.599710
Time step 100: True state = 596.552422, Estimated state = 596.493831
```

由输出结果可知，卡尔曼滤波能够较为准确地估计系统的状态。

3. 卡尔曼滤波在目标跟踪中的应用

卡尔曼滤波在目标跟踪中的应用是其最为广泛和成功的用途之一。目标跟踪是指在连续的图像序列或传感器数据中，对一个或多个目标的位置、速度等状态进行实时或离线估计的过程。卡尔曼滤波通过有效地融合时间序列数据和观测数据，为跟踪算法提供了一种鲁棒的状态估计方法。

在目标跟踪中，卡尔曼滤波通常用于以下方面。

(1) 状态估计：卡尔曼滤波可以估计目标的位置、速度、加速度等状态变量。在每一帧图像或每个时间步，滤波器都会更新这些状态的估计值。

(2) 数据关联：在多目标跟踪中，卡尔曼滤波可以帮助解决数据关联问题，即确定新的观测数据与现有跟踪目标之间的对应关系。

(3) 噪声和干扰抑制：卡尔曼滤波通过最小化估计误差的方差来抑制噪声和干扰，从而提供更平滑的目标轨迹。

(4) 动态模型适应：卡尔曼滤波能够适应目标的动态行为，如直线运动、匀加速运动等，从而在目标机动时保持准确跟踪。

卡尔曼滤波在目标跟踪中的关键步骤如下。

(1) 初始化：在跟踪开始时，需要初始化目标的状态估计和协方差矩阵。

(2) 预测：基于目标的动态模型，预测目标在下一时间步的状态。

(3) 更新：当新的观测数据到来时，卡尔曼滤波器会更新状态估计和协方差矩阵，以包含新的信息。

(4) 迭代：跟踪算法在每个时间步重复预测和更新步骤，以持续跟踪目标。

由于标准的卡尔曼滤波假设目标的运动和观测是线性和高斯的，它并不适用于所有情况。因此，有以下几种卡尔曼滤波的变体被开发出来以适应不同类型的目标跟踪问题。

(1) 扩展卡尔曼滤波(extended Kalman filter，EKF)：用于处理非线性系统的跟踪问题，通过将非线性系统线性化来近似处理。

(2) 无迹卡尔曼滤波(unscented Kalman filter，UKF)：也是一种处理非线性系统的方法，通过采样来近似非线性函数的统计特性。

(3) 粒子滤波(particle filter，PF)：也称为蒙特卡洛定位滤波，适用于非线性和非高斯问题，通过一组随机样本(粒子)来表示状态的分布。

卡尔曼滤波及其变体在目标跟踪中扮演着重要角色，它们提供了有效的方法来估计和跟踪动态目标的状态。通过结合目标的动态模型和观测数据，卡尔曼滤波能够提供准确且鲁棒的跟踪结果。随着计算能力的提升和算法的发展，卡尔曼滤波在目标跟踪中的应用将继续扩展和深化。

6.2.2　基于深度学习的目标跟踪

微课

目前基于深度学习的目标跟踪算法主要基于孪生神经网络实现。孪生神经网络的输入为两份样本，输出为它们在高维空间的特征，通过一定的指标来计算它们高维特征的相似性，再把结果图上响应最大的位置作为目标在图像中的位置，如图 6-7 所示。

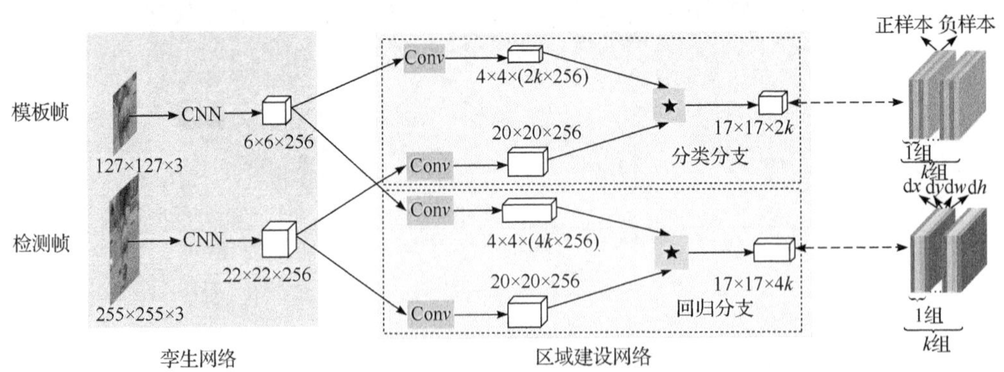

图 6-7　孪生神经网络跟踪算法[20]

1. 基于孪生神经网络的目标跟踪算法

2016 年，Bertinetto 等[21]基于孪生神经网络提出了目标跟踪算法——孪生全卷积网络(Siamese fully convolutional network，SiamFC)，这一算法在离线的情况下对匹配函数进行训练，同时在运行的过程中对匹配函数进行参数调整。这一实现方式，不但提高了跟踪的速度，还提高了算法的准确性，成为后续 Siam 系列算法的标准范式。

2018 年，Li 等[20]在 SiamFC 的基础上提出了孪生神经网络系列的重要算法——孪生区域提议网络(Siamese region proposal network，SiamRPN)，把检测任务中经典的区域提议网络(RPN)方法加入了孪生神经网络中，可以让跟踪框的位置更加精确，同时绕开了效率较低的金字塔式的跟踪，在保证跟踪准确性的前提下将跟踪效率大大提升。

2018 年，Zhu 等[22]基于 SiamRPN 的网络结构提出了长时目标跟踪算法——干扰感知孪生区域提议网络(distractor-aware Siamese region proposal network，DaSiamRPN)。这一算法在目标跟踪过程中对干扰物(distractor)具有感知能力，这是其关键特性之一。

可以发现，基于孪生神经网络的目标跟踪算法正向更准确、更快速的方向发展，同时希望能够降低干扰物的影响。

2. DaSiamRPN 算法

DaSiamRPN 算法主要针对跟踪过程中的干扰物进行改进。为了将算法扩展到长时跟踪领域中，需要针对目标出视野或者是被遮挡再重现后跟踪不到的问题进行改进，这种情况下得分和交并比的变化过程如图 6-8 所示。可以看出，SiamRPN 这种短时跟踪算法，在物体消失后仍然有很高的得分，而 DaSiamRPN 算法在跟踪过程中的得分情况与交并比变化基本相同。DaSiamRPN 算法很好地解决了大部分目标跟踪算法不能可靠地报告丢失的问题，适合应用于电视制导中。

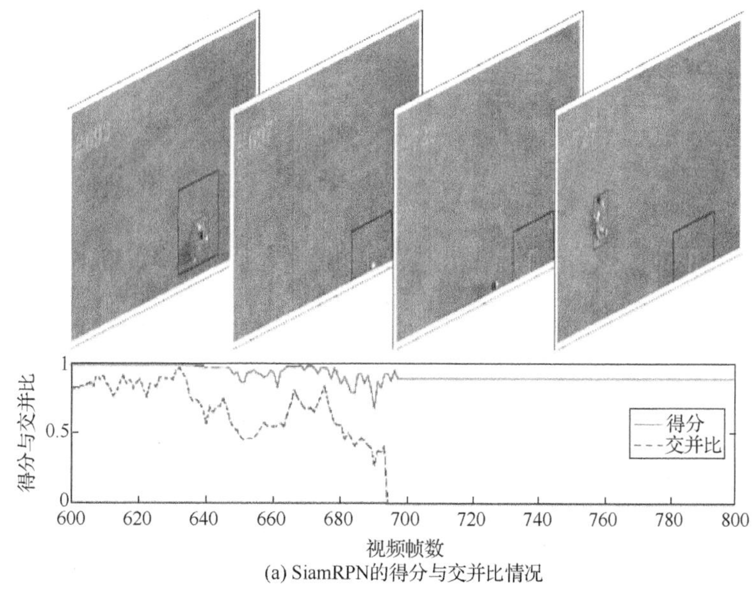

(a) SiamRPN的得分与交并比情况

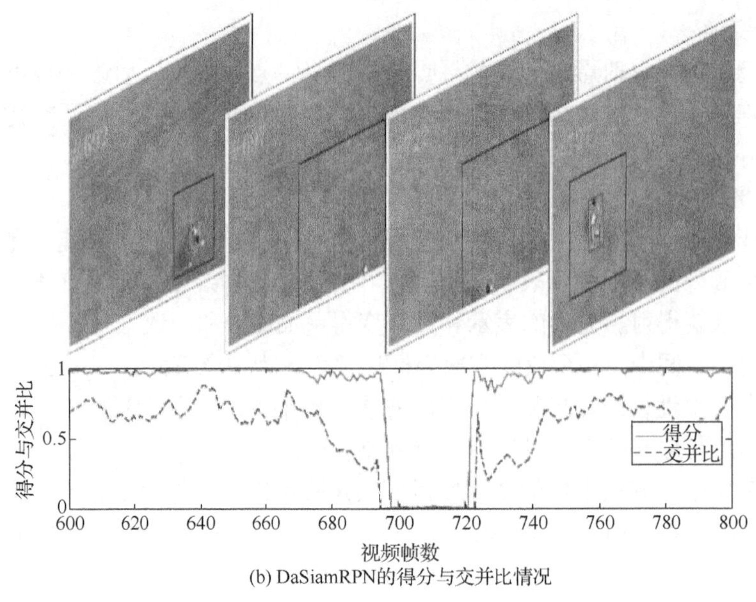

(b) DaSiamRPN的得分与交并比情况

图 6-8　得分与交并比情况对比[22]

6.3　视线角速度提取技术

目标检测与识别技术可以得到目标位置的观测值，再结合目标跟踪与滤波方法可以得到目标位置的估计值，但这些计算都是在二维的图像平面上进行的。要得到三维交战场景中的制导律，还需要进行视线角速度提取。因此，视线角速度提取技术对于电视制导系统的精确控制至关重要。本节将介绍射影几何学的基础知识，这是理解和实现视线角速度提取的基础。接着，将详细阐述电视导引头成像模型的构建和应用，以及如何基于成像模型提取视线角速度。掌握视线角速度提取技术的理论知识能够为后续学习电视制导回路等内容奠定基础。

6.3.1　射影几何学基础

射影几何学是经典几何学的一个重要部分，在计算机视觉、图形学、机器人学和许多工程领域都有着重要的应用。射影几何学的核心在于研究图形在射影变换下的不变性质，即在变换过程中保持不变的性质。

1. 射影几何基础知识

1) 射影空间

射影几何定义在射影空间中。射影空间是一个数学构造，用于表示所有可能的直线和平面，以及它们的交点。在射影几何中，点、直线和平面被视为基本元素，它们之间的关系通过射影变换来描述。

2) 射影变换

射影变换是一种将射影空间中的一点映射到另一点的变换。射影变换可以通过一个齐次坐标矩阵来实现，这个矩阵作用于点的齐次坐标。射影变换保持了交比这一基本不变量，这是射影几何分析中的关键特性。

3) 齐次坐标

在射影几何中，坐标通常使用齐次坐标，这是一种扩展的坐标系统，允许在三维空间中添加一个额外的维度用于表示无穷远。在齐次坐标系统中，点和直线可以通过齐次坐标来表示，这使得射影变换的表示和计算变得更加简洁和一致。

在二维射影空间中，一个点的齐次坐标通常表示为一个三元组(x, y, z)。齐次坐标对标量乘法具有齐次性，即如果将一个点的齐次坐标乘以一个非零常数λ，则得到的新齐次坐标表示的点与原来的点通过原标量乘的点相同。

在射影变换中，齐次坐标的使用使得变换矩阵可以直接作用于点的齐次坐标上。例如，给定一个射影变换矩阵$\boldsymbol{M}$和一个点的齐次坐标(x, y, z)，变换后的点的齐次坐标可以通过矩阵乘法计算得到：

$$\boldsymbol{M}\begin{bmatrix} x \\ y \\ z \end{bmatrix} = \begin{bmatrix} a & b & c \\ d & e & f \\ g & h & k \end{bmatrix}\begin{bmatrix} x \\ y \\ z \end{bmatrix} = \begin{bmatrix} ax+by+cz \\ dx+ey+fz \\ gx+hy+kz \end{bmatrix} \tag{6-13}$$

齐次坐标也可以用来表示直线。在二维射影空间中，一条直线可以由两个不同的齐次坐标点$P_1 = (x_1, y_1, z_1)$和$P_2 = (x_2, y_2, z_2)$来定义，则直线方程可以表示为

$$\frac{x - x_1}{x_2 - x_1} = \frac{y - y_1}{y_2 - y_1} = \frac{z - z_1}{z_2 - z_1} \tag{6-14}$$

这个方程实际上是两个平面的交线，其中一个平面通过点P_1和P_2，另一个平面通过原点和这两点。这种表示方法使得直线的方程具有与点相同的形式，从而在射影变换下保持一致性。

4) 透视投影

在实际应用中，透视投影通常由一个透视投影矩阵来实现，该矩阵可以将一个齐次坐标的点变换到另一个齐次坐标的点。例如，对于齐次坐标(x_w, y_w, z_w, w)的点，透视投影变换矩阵$\boldsymbol{M}$作用于该点的公式为

$$\begin{bmatrix} u \\ v \\ w \end{bmatrix} = \boldsymbol{M}\begin{bmatrix} x_w \\ y_w \\ z_w \\ w \end{bmatrix} \tag{6-15}$$

2. 计算机视觉中的相机模型

在计算机视觉的相机模型中，共涉及以下四个坐标系。

(1) 世界坐标系：描述成像目标绝对位置和相机位置，单位为米(m)。

(2) 相机坐标系：以相机光心作为原点，描述成像过程，单位为米(m)。

(3) 图像坐标系：在相机成像平面上描述成像情形，单位为毫米(mm)。

(4) 像素坐标系：在图像尺度上描述内容，原点是图像左上角，单位为像素(pixel)。

点 P 是世界坐标系中目标上的一点；点 p 是点 P 在图像中的成像点，它在图像坐标系的坐标为 (x,y)，在像素坐标系的坐标为 (u,v)。焦距 f 等于图像中心 o 与相机光心 O_{c} 的距离。

世界坐标系到相机坐标系的变换只涉及坐标系间的旋转和平移过程。齐次坐标变换表示为

$$\begin{bmatrix} X_{\mathrm{c}} \\ Y_{\mathrm{c}} \\ Z_{\mathrm{c}} \\ 1 \end{bmatrix} = \begin{bmatrix} \boldsymbol{R}_{3\times3} & \boldsymbol{T}_{3\times1} \\ \boldsymbol{0} & \boldsymbol{1} \end{bmatrix} \begin{bmatrix} X_{\mathrm{w}} \\ Y_{\mathrm{w}} \\ Z_{\mathrm{w}} \\ 1 \end{bmatrix} \tag{6-16}$$

在小孔成像模型下，相机坐标系到图像坐标系的坐标变换可由简单的相似三角形推导得到，写成矩阵形式为

$$Z_{\mathrm{c}} \begin{bmatrix} x \\ y \\ 1 \end{bmatrix} = \begin{bmatrix} f & 0 & 0 & 0 \\ 0 & f & 0 & 0 \\ 0 & 0 & 1 & 0 \end{bmatrix} \begin{bmatrix} X_{\mathrm{c}} \\ Y_{\mathrm{c}} \\ Z_{\mathrm{c}} \\ 1 \end{bmatrix} \tag{6-17}$$

图像坐标系到像素坐标系的变换是一个平移的关系。假设一个像素宽度和高度对应实际长度的关系为 d_x 和 d_y，变换关系为

$$\begin{bmatrix} u \\ v \\ 1 \end{bmatrix} = \begin{bmatrix} \dfrac{1}{d_x} & 0 & u_0 \\ 0 & \dfrac{1}{d_y} & v_0 \\ 0 & 0 & 1 \end{bmatrix} \begin{bmatrix} x \\ y \\ 1 \end{bmatrix} \tag{6-18}$$

综上可知，从世界坐标系到图像坐标系的变换关系为

$$\begin{aligned} Z_{\mathrm{c}} \begin{bmatrix} u \\ v \\ 1 \end{bmatrix} &= \begin{bmatrix} \dfrac{1}{d_x} & 0 & u_0 \\ 0 & \dfrac{1}{d_y} & v_0 \\ 0 & 0 & 1 \end{bmatrix} \begin{bmatrix} f & 0 & 0 & 0 \\ 0 & f & 0 & 0 \\ 0 & 0 & 1 & 0 \end{bmatrix} \begin{bmatrix} \boldsymbol{R}_{3\times3} & \boldsymbol{T}_{3\times1} \\ \boldsymbol{0} & \boldsymbol{1} \end{bmatrix} \begin{bmatrix} X_{\mathrm{w}} \\ Y_{\mathrm{w}} \\ Z_{\mathrm{w}} \\ 1 \end{bmatrix} \\ &= \begin{bmatrix} f_x & 0 & u_0 & 0 \\ 0 & f_y & v_0 & 0 \\ 0 & 0 & 1 & 0 \end{bmatrix} \begin{bmatrix} \boldsymbol{R}_{3\times3} & \boldsymbol{T}_{3\times1} \\ \boldsymbol{0} & \boldsymbol{1} \end{bmatrix} \begin{bmatrix} X_{\mathrm{w}} \\ Y_{\mathrm{w}} \\ Z_{\mathrm{w}} \\ 1 \end{bmatrix} \end{aligned} \tag{6-19}$$

其中，外参矩阵为

$$\begin{bmatrix} \boldsymbol{R}_{3\times3} & \boldsymbol{T}_{3\times1} \\ \boldsymbol{0} & \boldsymbol{1} \end{bmatrix} \tag{6-20}$$

内参矩阵为

$$\begin{bmatrix} f_x & 0 & u_0 & 0 \\ 0 & f_y & v_0 & 0 \\ 0 & 0 & 1 & 0 \end{bmatrix} \tag{6-21}$$

式中，$f_x = \dfrac{f}{d_x}$，$f_y = \dfrac{f}{d_y}$，为相机焦距；(u_0, v_0)为相机光轴与相机成像平面的交点在像素坐标系下的坐标(图像中心在像素坐标系下的坐标)。

6.3.2 视线角速度提取方法

1. 电视导引头

电视导引头可以认为是一个特殊的相机。电视导引头通常用于导弹或其他制导武器中，它们依赖于从目标反射回来的光信号来追踪和打击目标。电视导引头的关键组成部分如下。

1) 光学系统

导引头的光学系统通常包括透镜或反射镜，用于聚焦从目标反射回来的光线。这个系统决定了成像的分辨率和视场。

2) 成像传感器

成像传感器(如 CCD 或 CMOS)将光学系统聚焦的光信号转换成电信号。成像传感器的像素大小、灵敏度和动态范围对成像质量有直接影响。

3) 信号处理单元

信号处理单元接收来自传感器的电信号，并进行必要的放大、滤波和数字化处理，以便于后续的图像分析和处理。

4) 图像动态模型

图像动态模型描述导引头在运动中捕获的图像序列如何随时间变化。这包括由导引头或目标运动引起的图像旋转、缩放和平移。

2. 视线角速度提取

视线角速度提取是从图像序列中获取瞄准线(LOS)角速度的过程，这在许多领域，如导航、机器人视觉和视频监控中都非常重要。视线角速度描述了视线方向随时间的变化速率，可以用来估计物体的运动速度和方向，或者稳定摄像头以跟踪移动目标。

以下是几种常见的视线角速度提取方法。

1) 基于图像梯度的方法

基于图像梯度的方法依赖于图像序列中亮度变化的梯度。通过计算图像的梯度，可

以得到图像中每个像素点的亮度变化率。可以通过整合这些梯度信息来估计视线角速度。这种方法通常需要对图像进行预处理，如滤波和边缘检测，以提高梯度计算的准确性。

2) 基于特征点跟踪的方法

基于特征点跟踪的方法涉及在连续的图像帧中识别和跟踪显著的特征点。通过计算这些特征点在图像序列中的位移，可以估计视线角速度。常用的特征点检测算法包括尺度不变特征变换算法等。

3) 基于光流的方法

光流是一个描述图像中像素点随时间移动的矢量场。通过估计光流场，可以得到每个像素点在两个连续图像帧之间的运动。视线角速度可以通过分析光流场的统计特性来提取。Lucas-Kanade 算法是一种常用的光流估计方法。

4) 基于模型的方法

基于模型的方法假设视线运动遵循某种已知的数学模型，如线性模型或非线性模型。通过拟合模型到观测数据，可以估计视线角速度。这种方法通常需要先验知识，如视线运动的约束条件。

视线角速度提取是视觉系统的一个关键任务，它需要根据具体的应用场景和可用的传感器数据选择合适的方法。每种方法都有其优势和局限性，因此在实际应用中可能需要结合多种方法来获得最佳结果。随着计算机视觉和图像处理技术的发展，视线角速度提取的准确性和鲁棒性将不断提高。

6.4 本章小结

基于人工智能方法的电视制导技术是现代精确制导武器系统中的关键组成部分。本章从多个角度深入探讨了这一技术领域的基础知识和理论。

目标检测与识别技术是确保精确打击的首要环节。本章详细介绍了图像处理的基础知识，包括图像的基本概念、图像空间滤波基础和图像特征提取基础等。这些基础知识为后续深度学习的应用奠定了坚实的基础。深度学习基础部分进一步探讨了神经网络的工作原理、关键概念和主要类型，为理解和设计深度学习模型提供了理论支持。特别地，基于深度学习的目标检测方法，利用卷积神经网络对图像进行有效分析，已成为现代电视制导系统中目标检测与识别的关键技术。

目标跟踪与滤波理论对于在动态环境中持续准确地定位目标至关重要。本章首先介绍了卡尔曼滤波的基本理论，这是一种在动态系统状态估计中广泛使用的递归滤波方法。卡尔曼滤波器通过预测和更新步骤，结合系统的动态模型和观测数据，以最小化估计误差的方式来估计系统的真实状态。此外，本章还探讨了基于孪生神经网络的目标跟踪算法，这是一种新兴技术，能够在复杂场景中实现有效的目标跟踪。

视线角速度提取技术是电视制导系统中实现精确控制的另一关键技术。本章介绍了射影几何学的基础知识，包括射影空间、射影变换、齐次坐标和透视投影等概念，这些

知识是理解和实现视线角速度提取的基础。此外还阐述了电视导引头成像模型的构建和应用，以及基于成像模型的视线角速度提取方法，这对于三维交战场景中的制导律至关重要。

本章提供了电视制导系统中基于人工智能方法的全面理论知识，旨在培养在图像处理、深度学习、目标跟踪、视线角速度提取等方面的基础和核心能力。通过本章的学习，将能够掌握电视制导系统中的关键技术，并具备分析和解决相关问题的能力。

习　　题

6.1　解释数字图像处理中线性滤波和非线性滤波的区别。

6.2　假设有一个 5×5 的图像区域，其像素值如下所示：

$$\begin{bmatrix} 45 & 92 & 72 & 34 & 83 \\ 56 & 29 & 65 & 70 & 12 \\ 87 & 42 & 16 & 53 & 99 \\ 33 & 67 & 88 & 51 & 26 \\ 74 & 55 & 30 & 48 & 94 \end{bmatrix}$$

现在要用一个 3×3 的中值滤波器对这个图像区域进行滤波。计算滤波后的中心 3×3 区域像素的值。

6.3　给定输入特征 $X = 0:0.1:5$ 和目标 $T = \exp X + \text{rand}(\text{size}(X))$，训练一个能够预测的神经网络。

6.4　计算 sigmoid 函数的导数，并将其表示为 sigmoid 函数本身的二次函数的形式。

6.5　计算下列数据的 MSE。

$$y = 13,12,15,16,14$$

$$\hat{y} = 12,12,15,15,15$$

6.6　使用 Adam 算法求解以下函数的最小值。

$$f(x,y,z) = x^2 + y^2 + z^2 + 2x + y + 3z + xy$$

6.7　描述 YOLO 算法在目标检测中的优势。

6.8　描述卡尔曼滤波的基本原理和步骤。

6.9　计算世界坐标系中的点 $(6,9,3)$ 在像素坐标系中的坐标，其中 $f = 50$ ， $d_x = d_y = 10$ ， $u_0 = v_0 = 5$ ， $\boldsymbol{R}_{3\times3} = \boldsymbol{I}$ ， $\boldsymbol{T}_{3\times1} = \boldsymbol{0}$ ， $Z_c = 3$ 。

6.10　讨论如何使用人工智能方法提高电视制导系统的性能。

参 考 文 献

[1] GONZALEZ R C. Digital Image Processing[M]. New York: Pearson Education India, 2009.

[2] CANNY J. A computational approach to edge detection [J]. IEEE Transactions on Pattern Analysis and Machine Intelligence, 1986,

8(6): 679-698.

[3] HARRIS C G, STEPHENS M. A combined corner and edge detector[C]. Proceedings of the Fourth Alvey Vision Conference, Manchester, UK,1988: 147-151.

[4] LOWE D G. Distinctive image features from scale-invariant keypoints [J]. International Journal of Computer Vision, 2004, 60(2): 91-110.

[5] HU M K. Visual pattern recognition by moment invariants[J]. IRE Transactions on Information Theory, 1962, 8(2): 179-187.

[6] KINGMA D P, BA J. Adam: A method for stochastic optimization[J]. arXiv: 1412.6980, 2014.

[7] GIRSHICK R, DONAHUE J, DARRELL T, et al. Rich feature hierarchies for accurate object detection and semantic segmentation[C]. Proceedings of the IEEE Conference on Computer Vision and Pattern Recognition, Columbus, Ohio, 2014: 580-587.

[8] GIRSHICK R. Fast R-CNN[C]. Proceedings of the IEEE International Conference on Computer Vision, Santiago, Chile, 2015: 1440-1448.

[9] REN S, HE K, GIRSHICK R, et al. Faster R-CNN: Towards real-time object detection with region proposal networks[J]. IEEE Transactions on Pattern Analysis and Machine Intelligence, 2017, 39(6): 1137-1149.

[10] REDMON J, DIVVALA S, GIRSHICK R, et al. You only look once: Unified, real-time object detection[C]. Proceedings of the IEEE Conference on Computer Vision and Pattern Recognition, Las Vegas, Nevada, 2016: 779-788.

[11] LIU W, ANGUELOV D, ERHAN D, et al. SSD: Single shot multibox detector[C]. European Conference on Computer Vision, Amsterdam, Netherlands, 2016: 21-37.

[12] REDMON J, FARHADI A. YOLO9000: Better, faster, stronger[C]. Proceedings of the IEEE Conference on Computer Vision and Pattern Recognition, Honolulu, Hawaii, 2017: 6516-6525.

[13] REDMON J, FARHADI A. YOLOv3: An incremental improvement[J]. arXiv: 1804.02767, 2018.

[14] BOCHKOVSKIY A, WANG C Y, LIAO H Y M. YOLOv4: Optimal speed and accuracy of object detection[J]. arXiv: 2004.10934, 2020.

[15] JOCHER G. YOLOv5[EB/OL].[2020-07-10].https://github.com/ultralytics/yolov5.

[16] LI C Y, LI L L, JIANG H L, et al. YOLOv6: A single-stage object detection framework for industrial applications [J]. arXiv:cs.CV, 2022, eprint: 2209.02976.

[17] WANG C Y, BOCHKOVSKIY A, LIAO H Y M. YOLOv7: Trainable bag-of-freebies sets new state-of-the-art for real-time object detectors [J]. arXiv:cs.CV, 2022, eprint: 2207.02696.

[18] GLENN J, AYUSH C, JING Q. Ultralytics YOLOv8[EB/OL].[2024-05-17]. https://github.com/ultralytics/ultralytics. AGPL-3.0.

[19] KALMAN R E. A new approach to linear filtering and prediction problems[J]. Journal of Basic Engineering, 1960, 82(1): 35-45.

[20] LI B, YAN J, WU W, et al. High performance visual tracking with siamese region proposal network[C]. Proceedings of the IEEE Conference on Computer Vision and Pattern Recognition, Salt Lake City, Utah, 2018:8971-8980.

[21] BERTINETTO L, VALMADRE J, HENRIQUES J F, et al. Fully-convolutional siamese networks for object tracking[J]. arXiv:cs.CV, 2016, eprint:1606.09549v3.

[22] ZHU Z, WANG Q, LI B, et al. Distractor-aware siamese networks for visual object tracking[C]. Proceedings of the European Conference on Computer Vision, Munich, Germany, 2018: 101-117.

第7章

模型化导弹设计框架和导弹设计方案智能推理

系统工程实施方法正在由基于文档的模式向模型化方向发展，其目标是将系统全寿命周期的各阶段、各种行为和活动采用模型化的方式规范表达，并采用一定的集成环境无缝集成并运行系统模型。设计是导弹系统工程的核心环节，在模型化系统工程框架下实现导弹设计活动的模型化，将会大大减少各方利益和理解的不一致造成的集成问题，提升从设计需求到形成设计方案全过程的连续性、可追溯性、完整性和规范性。此外，将设计活动转化为模型也可以将设计师从繁琐的重复性工作中摆脱出来，并更为广泛和深入地使用计算机和智能算法辅助设计，最大程度提高设计过程的自动化和智能化程度，进而提高设计质量和效率。

目前对如何实现基于模型的设计过程并无标准的定义，各方对其理解也不完全一致。一方面，本章将结合基于模型的系统工程(MBSE)的基本过程和导弹设计内容，介绍一种从需求分析到形成方案全过程的模型化设计框架。另一方面，针对其中从功能架构到逻辑架构、逻辑架构到物理架构等环节的创造性工作，介绍基于知识的推理方法。这些环节的设计大都需要根据少量的已知信息推演更多信息量的设计方案，是一个从低自由度信息到高自由度信息转换的工作，具有很强的创造性。这些工作当前主要依赖设计师来完成。然而，创造方案的效率和水平受限于人的知识储备、经验积累、新知识的敏感能力和迁移能力、推理能力，以及所处的环境限制。将这些过程模型化表达，并结合智能推理算法，可以逐步形成更为规范化和完备化的设计模式。

7.1 模型化系统工程概述

随着信息化、智能化技术的发展，战场环境愈发充满不确定性，导弹武器需要不断地进行技术升级和创新。现代导弹武器系统设计具有学科交叉性更强、指标要求更高等特点。传统的导弹总体设计采用基于文档的系统工程(document-based systems engineering，DBSE)，但这种方式在资料的存储和数据传递上消耗了大量的时间和精力，导致设计效率有限，无法适应当今复杂导弹武器系统的研制要求。因此，需要引入基于模型的系统工程进行导弹总体设计。MBSE 能够支持贯穿整个生命周期的需求、设计、分析、验证和确认活动，通过自顶向下的系统设计思想和支撑工具提升设计水平。此外，MBSE 可以提供一种整合和协作的设计方法，加速设计过程，提高设计质量，并为设计决策和变更管理提供支持[1]。

模型(model)是 MBSE 的基础，可以理解为可能在物理世界中实现的一个或多个概念的抽象表达，能够从某个或某些方面对系统的现实属性进行洞察。模型可以是一种抽象表达，也可以是具体的物理原型。抽象表达可以采用文本(如编程语言中的语句)、数学方程、图形符号(如图形上的节点和圆弧)、几何布局(如 CAD 模型)，或者其组合来表示。模型通常不包含建模对象的所有细节，而只包含模型预期用途所需信息或感兴趣的领域，一般仅涉及特定类型系统(如飞行器)和系统的特定方面(如空气动力学特性)。模型的常见示例是建筑物的蓝图或比例原型。蓝图是实际建筑的一种抽象形式，不包含建筑的所有细节，如其材料的详细特征。比例原型则是实际建筑的表示，未包含建筑所有细节的待建建筑，如建筑材料。然而，这些模型可以用于指定和表达要构建的结构。

模型可以看作是一个现实的代理(surrogate)，虽然无法绝对精确表达现实系统，但在一定的阶段，以一种可接受的不精确性表达现实系统的特征，用于分析已有系统的特性，或者用于预测待发展系统的性能，从而支持系统设计的权衡和决策。

基于模型的方法[2]在系统工程的实践中应用也越来越普遍。1993 年，Wayne Wymore 提出了 MBSE 的数学形式。随着近年来计算机处理、存储能力的增强和网络技术的发展，以及工业界对系统工程实践标准的强化，大力推动了 MBSE 的发展。MBSE 提出以来，因其无歧义、便于设计综合和分析、便于数据更改和追溯，成为复杂系统设计研究的热点，也是解决复杂系统综合设计的有效手段，尤其是以飞行器为代表的复杂系统，逐步受到政府和行业的认可并得到推广应用。2007 年，国际系统工程协会[3](INCOSE)在《系统工程 2020 年愿景》中，正式提出了 MBSE 的定义：是一种在系统工程实施全阶段规范应用模型支持需求、设计、分析、验证和校验等活动的工作方式。

MBSE 采用标准的建模规范表达系统产生过程，使用模型来执行系统工程活动，系统工程活动的重点则是通过定义和发展使用基于模型的方法和工具进行建模。这种方式构建了一种可量化分析各阶段活动的手段。系统工程活动的输出将是具有一致性的唯一真相源——系统模型，基于该模型可全方位深入细致地获得系统的性能。

模型化系统工程原理主要包括 MBSE 方法论、MBSE 建模语言和 MBSE 建模工具三部分。MBSE 实施的关键和核心是构建系统模型(system model)。系统模型包括系统规范、设计、分析和验证等信息，由表示需求、设计、测试用例、设计原理及其相互关系的模型元素(model element)组成。一般而言，系统模型至少包括控制(功能行为)模型、接口(I/O)模型、物理体系结构(组件)模型等。

与基于文档的方法相比，系统模型提供了更精细的信息控制，在 DBSE 中，这些信息可能分布在许多文档中，并且可能没有明确定义关系。基于模型的方法提高了规范、设计、分析和验证过程的严格性，并且显著提高了信息可追溯性和及时性。

7.2　模型化导弹设计框架

MBSE 方法论主要包含四个层次的分析和设计过程：需求分析、功能分析、逻辑架构设计和物理架构设计。需求分析指定义系统需求，分析完善用户的需求；功能分析指

定义分解功能，实现用户需求–产品功能的转变；逻辑架构设计指设计系统的逻辑架构，构建系统的逻辑组件和逻辑接口；物理架构设计指设计系统的物理架构，构建系统的物理组件和物理接口。本节借鉴 OOSEM 方法论中的系统需求定义和系统设计环节，给出一种模型化导弹设计流程和实施框架。

7.2.1 基于 MBSE 的导弹设计一般流程

基于 MBSE 的导弹总体设计流程主要包括如图 7-1 所示的 5 个环节：需求分析、逻辑架构设计、物理架构设计、系统分析、系统评价，具体环节如下。

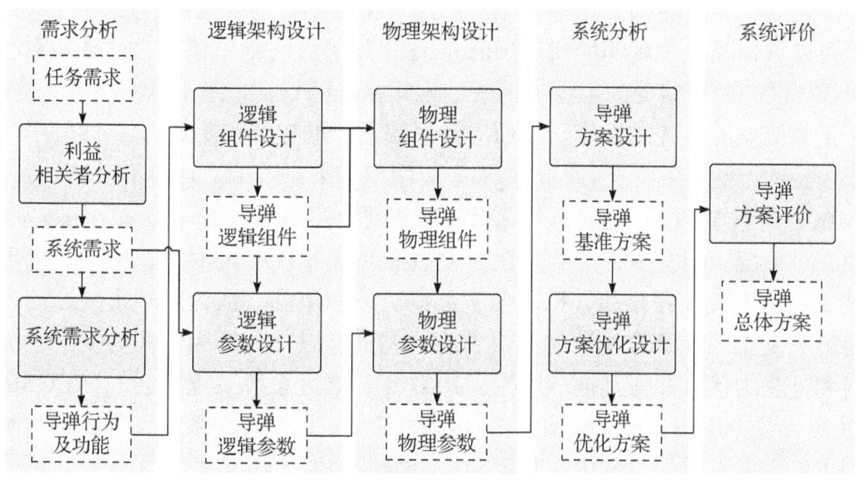

图 7-1 基于 MBSE 的导弹总体设计流程

(1) 需求分析：指通过调研分析用户提出的性能、功能等需求，将非形式需求表述转变为完整的系统需求表述，来确定系统的功能和性能，分为利益相关者分析和系统需求分析两个步骤。其中，利益相关者分析指根据任务需求，辅助用户完善系统需求；系统需求分析指根据系统需求分析导弹的行为及功能，获取系统行为模型。

(2) 逻辑架构设计：指设计满足系统需求的逻辑方案，分为逻辑组件设计和逻辑参数设计两个步骤。其中，逻辑组件设计指分配导弹功能至逻辑组件并分析其交互关系；逻辑参数设计指确定满足导弹性能的逻辑参数。

(3) 物理架构设计：指设计满足系统需求的物理方案，分为物理组件设计和物理参数设计两个步骤。其中，物理组件设计指根据功能需求和逻辑组件，分配导弹功能至物理组件并分析其交互关系；物理参数设计指设计满足导弹物理实现的物理参数。

(4) 系统分析：指以系统的整体最优为目标，对系统进行定性和定量分析，得到最佳系统方案，分为方案设计和方案优化设计两个步骤。其中，方案设计指在逻辑架构和物理架构的基础上进行综合协调分析，得到基准方案并完成各分系统参数设计与整体性能仿真；方案优化设计指在基准方案基础上进行设计优化，获得最优设计方案，并根据最优设计方案对之前的逻辑参数和物理参数进行修正。

(5) 系统评价：指对所有导弹最优方案进行综合评价，决策得到最佳的导弹方案。

在逻辑架构设计和物理架构设计中引入逻辑参数和物理参数概念：逻辑参数用于决定导弹的性能指标，根据任务需求得到；物理参数用于决定导弹的物理属性，根据逻辑参数得到。

7.2.2　导弹需求分析

导弹需求分析包括利益相关者分析和系统需求分析两个部分。利益相关者分析[2]指明确利益相关者，分析利益相关者需求并转化为系统需求。具体分析步骤如下。

1. 明确利益相关者

利益相关者是与该研究对象有一定关系的个人或组织群体，如产品的用户方、供应方或受益于该产品的部门等。在导弹总体设计周期中可能存在多个利益相关者，对于每个阶段，需要明确所有与任务相关的利益相关者。一般采用系统建模语言(system modeling language，SysML)中的模块定义图来表示利益相关者关系。

对于导弹而言，其利益相关者有导弹使用方、导弹设计方、导弹攻击方、导弹交互方和导弹装备方等。导弹使用方一般指军方，军方在作战过程中使用导弹打击指定目标，完成作战任务。导弹设计方指设计导弹的研究单位，完成导弹的设计、研制和实验验证。导弹攻击方指攻击目标，如飞机、坦克、舰艇、导弹、军事设施等目标类型。导弹交互方指在导弹飞行中与导弹进行信息交互的系统，如探测雷达、侦察卫星等。导弹装备方指装载导弹的发射平台，如载机、发射车、舰艇等。

2. 分析利益相关者需求并转化为系统需求

明确利益相关者后，需要进一步分析其期望和需求。由于导弹任务需求表述并不完整，因此需要从利益相关者角度去完善任务需求，并将其转化成标准化的需求条目，得到系统需求。标准化的需求条目一般采用需求表来表示。需求条目具有 Id、Name、Text 等元素，可以清楚地对需求分类展示。Id 指每条需求的标志，用于区分其他同名需求且便于检索；Name 指需求名称；Text 指对该需求的简要概括。采用 SysML 中的需求图来表示需求条目，用于后续环节的分析。

系统需求分为功能需求和性能需求。其中，功能需求指导弹系统需要具备的能力和可以执行的任务，如导弹的目标识别功能、突防功能等。性能需求指导弹系统应该具备的性能特性、质量属性、约束或限制，包括飞行性能、精度、威力、突防、生存能力、经济性、使用和维护性能等方面的要求。

系统需求分析指根据系统需求中的功能需求对系统行为进行分析，将功能需求转换成功能行为，获取导弹行为模型来设计后续的导弹架构。具体分析步骤如下。

1) 任务场景定义

任务场景指导弹系统完成需求的具体场景。以系统需求中的功能需求为输入，构建任务场景捕获功能需求，实现需求–功能的转变。任务场景一般通过用例表示，用例是系统将要执行的一个服务(或一个行为)。功能需求通过用例来表示导弹系统和利益相关者之

间的交互，明确其业务边界。将用例用于描述任务需求，建立任务顶层用例，再将包含功能需求过多的用例进行分解。任务场景定义完成后，采用 SysML 的用例图表示其与利益相关者之间的关系。

在导弹设计中，根据利益相关者对导弹的任务要求，构建导弹在任务过程的交互活动，以抽象出的场景为依据描述利益相关者的具体诉求。导弹的完整任务过程可分解为射前准备、发射、飞行、毁伤等典型场景。因此建立了五个导弹任务场景，主要场景为飞行任务，典型子任务场景为射前准备过程、发射过程、飞行过程、毁伤过程。其中，射前准备过程与利益相关者中的导弹使用方、导弹装备方和导弹交互方紧密联系；发射过程、飞行过程与导弹设计方相联系，是研究所针对导弹的设计需求，同时飞行过程和导弹交互方紧密相连，实时交互；毁伤过程和导弹攻击方相关，是其对导弹的设计需求。

2) 任务场景分析

任务场景分析指对任务场景进行功能行为分析，建立行为模型。具体构建步骤：先关注用例中主任务场景，分析导弹和外界的交互，捕获导弹活动的参与者，补充为导弹系统提供约束、期望的参与者；再对典型子场景采用泳道图分析，进行功能分析。

通过 SysML 中的活动图和序列图分析任务场景来捕获顶级功能需求，详细表述导弹系统行为及功能。其中主场景，即飞行任务用序列图表示，序列图中生命线表示利益相关者或者系统本身。通过分析各利益相关者与系统的交互关系，并借助导弹设计的相关知识，确定序列图中各功能的需求。

对于导弹的五大任务场景而言，首先对主场景飞行任务构建序列图进行导弹任务流程分析，构建顶层的功能需求。导弹的飞行任务流程主要是从发现目标，军方下达攻击指令，导弹开始发射到目标击毁。详细分析这一阶段中各利益相关者与导弹的交互关系，完善补充利益相关者的任务需求。对于射前准备过程、发射过程、飞行过程、毁伤过程四个典型子场景采用活动图中的泳道图进行分析，利用泳道图的区域表示利益相关者，将功能行为分解，并分配到对应的泳道图内，完成整个场景的分析，得到导弹的行为模型。

7.2.3 导弹逻辑架构设计

逻辑架构是系统需求和物理架构的中间层，便于设计团队管理需求和技术更改的变化[3]。逻辑架构属于技术解决方案中立的架构，不需要明确系统具体实现方式，更多的是从功能实现角度考虑采用哪些逻辑组件去实现相应功能。例如，导弹的推进功能由动力装置逻辑组件实现，表征动力性能，具象化后的物理组件才是固体火箭发动机或液体火箭发动机。逻辑架构由逻辑组件、逻辑组件间的交互关系和逻辑参数三个部分组成。逻辑组件设计环节的具体分析步骤如下。

1. 逻辑组件层次分析

首先确定顶层逻辑组件，在上层逻辑组件的基础向下分解得到下层逻辑组件，层层递进分解得到系统的逻辑结构。采用 SysML 中的模块定义图表示逻辑组件层次关系。

根据导弹的行为功能分析，得到导弹主要包括目标跟踪、毁伤、毁伤控制、目标定位、目标探测、动力、信号交互、姿态控制、气动力和结构承载、电源等功能，将功能进

行上述映射分配到逻辑组件上。具体分解层次由建模的目的和模型的粒度决定。通常分解到能用某种结构来承载功能行为为止。根据导弹组成划分将导弹逻辑架构分为三层:

(1) 第一层为导弹系统层，作为功能载体承载所有功能。

(2) 第二层为分系统层，用于分配导弹功能到各系统。借鉴导弹组成将导弹系统分解为推进系统、引战系统、制导控制系统、总体结构和电气系统。推进系统承载动力功能，引战系统承载毁伤、毁伤控制功能，制导控制系统承载目标定位、目标跟踪、目标探测、姿态控制和信息交互功能，总体结构承载气动力和结构功能，电气系统承载电源功能。

(3) 第三层为功能组件层，用于将分系统的具体功能做进一步分解，映射为功能逻辑组件。推进系统分解为动力装置，承载动力功能；引战系统分解为毁伤装置和引信装置，毁伤装置承载毁伤功能，引信装置承载毁伤控制功能；制导控制系统分解为导引装置和控制装置，导引装置承载目标跟踪、目标探测、目标定位功能，控制装置承载姿态控制和信息交互功能；总体结构由于存在功能耦合，只分解为外形结构，来承载气动力和结构承载功能；电气系统分解为电源装置，承载电源功能。导弹逻辑组件层次如表 7-1 所示。

表 7-1 导弹逻辑组件层次

第一层逻辑组件	第二层逻辑组件	第三层逻辑组件
导弹系统	推进系统	动力装置
	引战系统	毁伤装置
		引信装置
	制导控制系统	导引装置
		控制装置
	总体结构	外形结构
	电气系统	电源装置

2. 逻辑组件交互分析

逻辑层次分解完成后，定义底层逻辑组件交互实现任务场景。以系统需求分析得到的功能作为输入，采用分配泳道方法将功能映射到逻辑组件中。

针对需求分析提出的任务场景，采用逻辑组件直接承载功能，代替导弹的行为功能进行任务场景的分析，即针对飞行主任务、发射过程、飞行过程、毁伤过程四个场景，通过 SysML 中的活动图来分析各逻辑组件间的交互。

逻辑参数分为性能参数和类型参数。性能参数用于确定导弹性能，并作为约束设计物理参数。类型参数用于确定物理架构中物理组件的类型。

导弹各逻辑组件参数定义如下，具体如表 7-2 所示。

表 7-2 导弹逻辑组件及逻辑参数

第三层逻辑组件	逻辑参数
动力装置	总冲 平均推力 发动机类型
毁伤装置	威力参数 战斗部类型
引信装置	触发时间 引信类型
导引装置	探测范围 探测精度 导引类型
控制装置	控制精度 控制类型
外形结构	升阻性能 布局形式 结构形式
电源装置	能源功率

(1) 动力装置的逻辑参数包括总冲、平均推力和发动机类型。其中，总冲和平均推力为性能参数，总冲决定发动机的能量大小，平均推力决定速度和加速度；发动机类型为类型参数，用于确定物理组件发动机的类型选择。

(2) 毁伤装置的逻辑参数包括威力参数和战斗部类型。威力参数为性能参数，决定导弹杀伤能力；战斗部类型为类型参数，用于确定物理组件战斗部的类型选择。

(3) 引信装置的逻辑参数包括触发时间和引信类型。触发时间为性能参数，决定触发控制能力；引信类型为类型参数，用于确定物理组件引信的类型选择。

(4) 导引装置的逻辑参数包括探测范围、探测精度和导引类型。探测范围和探测精度为性能参数，决定导引装置的探测能力；导引类型为类型参数，用于确定物理组件导引头的类型选择。

(5) 控制装置的逻辑参数包括控制精度和控制类型。控制精度为性能参数，决定控制装置的控制能力；控制类型为类型参数，用于确定姿态控制方式。

(6) 外形结构的逻辑参数包括升阻性能、布局形式和结构形式。升阻性能为性能参数，决定导弹的气动特性；布局形式和结构形式为类型参数，用于进行导弹的结构外形设计。

(7) 电源装置的逻辑参数为能源功率。能源功率为性能参数，决定电源装置的能量大小。由于电源设计类型单一，故不设置类型参数。

7.2.4　导弹物理架构设计

物理架构是适应逻辑架构且满足系统要求的具体物理方案，是逻辑架构的物理实现。物理架构由物理组件、物理组件间的交互关系和物理参数三部分组成。物理组件设计环节的具体分析步骤如下：

1. 物理组件层次分析

导弹顶层物理组件的划分与逻辑组件类似，参照了逻辑组件划分方式。与逻辑架构层次关系对应，将导弹物理架构分解为三层：

(1) 第一层为导弹实体，对应逻辑架构中的导弹系统。

(2) 第二层物理组件参照第二层逻辑组件，分为推进系统、引战系统、制导控制系统、总体结构和电气系统，是逻辑分系统的具体物理实现。

(3) 第三层再继续向下分解物理实体，功能继续向下映射，模型粒度仅分解细化到单机级。推进系统进一步分解为物理单机级别的发动机，对应逻辑组件动力装置，承载提供动力功能；引战系统分解为战斗部和引信，战斗部对应毁伤装置，引信对应引信装置；制导控制系统分解为导引头、惯性元件、弹载计算机和舵机，导引头、惯性元件对应导引装置，弹载计算机、舵机对应控制装置；总体结构分解为弹头、弹身、翼、舵四个物理组件，对应外形结构；电气系统分解为电池和供电电缆，对应电源装置。具体的分解层次如表 7-3 所示。

表 7-3　导弹物理组件的层次

第一层物理组件	第二层物理组件	第三层物理组件
导弹实体	推进系统	发动机
	引战系统	战斗部
		引信
	制导控制系统	导引头
		惯性元件
		弹载计算机
		舵机
	总体结构	弹头
		弹身
		翼
		舵
	电气系统	电池
		供电电缆

2. 物理组件交互分析

物理层次分解完成后，定义底层物理组件交互实现任务场景。以系统需求分析得到的功能作为输入，采用分配泳道的方法将具体功能映射到物理组件中。针对需求分析提出的任务场景，采用物理组件直接承载功能，代替导弹的行为功能进行任务场景的分析，即针对飞行主任务、发射过程、飞行过程、毁伤过程四个场景通过 SysML 中的活动图来分析各逻辑组件间的交互。

物理参数指物理组件的物理信息，决定导弹的物理属性，作为系统分析中方案设计的部分输入。

参考逻辑参数设计，结合导弹相关知识对第三层物理组件添加物理参数。发动机的物理参数主要包括质量、尺寸、推进剂类型、质量比和装填比等参数。其余物理组件与发动机类似，主要物理参数为质量和尺寸。针对部分体积较小的物理组件，暂不考虑尺寸。导弹物理组件及物理参数具体如表 7-4 所示。

表 7-4　导弹物理组件及物理参数

第三层物理组件	物理参数
发动机	质量、尺寸、推进剂类型、质量比、装填比
战斗部	质量、尺寸、装药类型
引信	质量
导引头	质量、尺寸
惯性元件	质量
弹载计算机	质量
舵机	质量
弹头	质量、尺寸
弹身	质量、尺寸
翼	尺寸、质量、位置
舵	尺寸、质量、位置
电池	尺寸、质量
供电电缆	质量

7.2.5　导弹系统分析

导弹系统分析环节分为基准方案设计和方案优化两部分，该环节具体步骤如下。

1. 导弹基准方案设计

物理架构设计结束后，结合逻辑架构与物理架构分析得到基准方案，包括气动外形、结构、动力、制导/导航/控制(guidance/navigation/control，GNC)、引信、战斗部等方案。对构造的基准方案，进行导弹性能分析，包括飞行性能、精度、威力、突防、生存能力、

经济性、使用和维护性能等。

先根据逻辑架构中的逻辑参数和物理架构中的物理参数，进行初始方案的参数定义，将其转变为质量特性参数、外形参数和布局参数。质量特性参数由发动机、外形结构、战斗部、导引头、电池、弹上设备六类物理组件的物理参数得到，外形参数根据物理组件中弹长、弹径、弹头、翼、舵等参数得到，布局参数根据传入的物理组件长度自动布局得到。

得到初始方案的参数定义后，根据气动分析模型和动力分析模型计算得到气动特性和动力性能，再配合质量特性根据弹道模型得到初始方案的弹道仿真分析。气动性能分析指根据初始方案的外形采用气动分析模型进行分析，得到初始方案气动性能。动力性能分析指根据初始方案的推进系统的逻辑参数和物理参数进行分析，得到初始方案的动力性能。方案弹道仿真分析指根据其气动性能、动力性能和质量特性进行弹道仿真分析得到飞行弹道。

主要的飞行性能分析完成后，根据其他分析模型开展精度、威力、突防、生存能力、经济性等性能分析。

2. 导弹方案优化

方案优化是对基准方案进行参数优化得到导弹最优方案。在导弹方案优化设计中，建立气动、动力、结构、弹道、制导、控制、防热、可靠性、成本等学科分析模型，基于导弹逻辑架构和物理架构完成导弹多学科优化设计问题定义，确定目标函数、设计变量和约束条件，形成设计结构矩阵，采用多学科优化设计方法对导弹基准方案进行优化设计得到最优总体方案，分析最优总体方案是否能够满足性能需求。具体步骤如下：

(1) 梳理各学科间的参数传递关系，构建设计结构矩阵。设计结构矩阵可以清楚地表示系统、学科与变量间的耦合关系。将学科、分析器和优化器放置在对角线位置，其他位置表示耦合变量。再根据设计结构矩阵和系统需求构建 MDO 问题，确定设计变量、目标函数和设计约束。由系统需求分析出优化目标，性能需求确定设计约束，综合设计结构矩阵得到设计变量。

(2) 对设计结构矩阵中涉及的各学科进行深入研究，理解其基本原理、重要参数和相互关系，确定各学科的设计变量、状态变量和参数，使用数学方程、物理定律或经验公式来建立各学科的分析模型。由于涉及多个学科的模型，因此需要确定 MDO 求解策略来处理各学科的耦合。

(3) 软件集成是实现高效、准确的多学科分析的关键。通过软件集成，将各学科的分析模型、优化算法、优化框架和数据处理技术整合到一个统一的平台上，从而提高设计效率、减少重复工作和简化跨学科协作。

(4) 利用多学科设计仿真平台进行优化问题的应用求解。

7.2.6　导弹系统评价

系统评价主要对导弹方案进行总体评价分析。由于逻辑架构可以对应多个物理架构，因此若得到了多个物理架构，则存在多个可行的最优导弹总体方案，可以通过多准则决

策评价等评估方法对各导弹方案进行评价，综合分析得到唯一最佳系统方案。常见的多准则决策评价方法有层次分析法、熵权法、基于指标相关性的权重赋权(criteria importance through intercriteria correlation，CRITIC)法等，这些方法通常在评估过程中考虑多个准则或因素，综合得出最佳方案。

7.2.7 实现步骤和方法

针对导弹总体设计流程中各环节的特点，将其总结成具体实现步骤，并进一步阐述各环节的实施步骤、方法体系、输入输出接口和支撑工具，为后续开展研究提供经验性指导，具体步骤如图 7-2 所示。

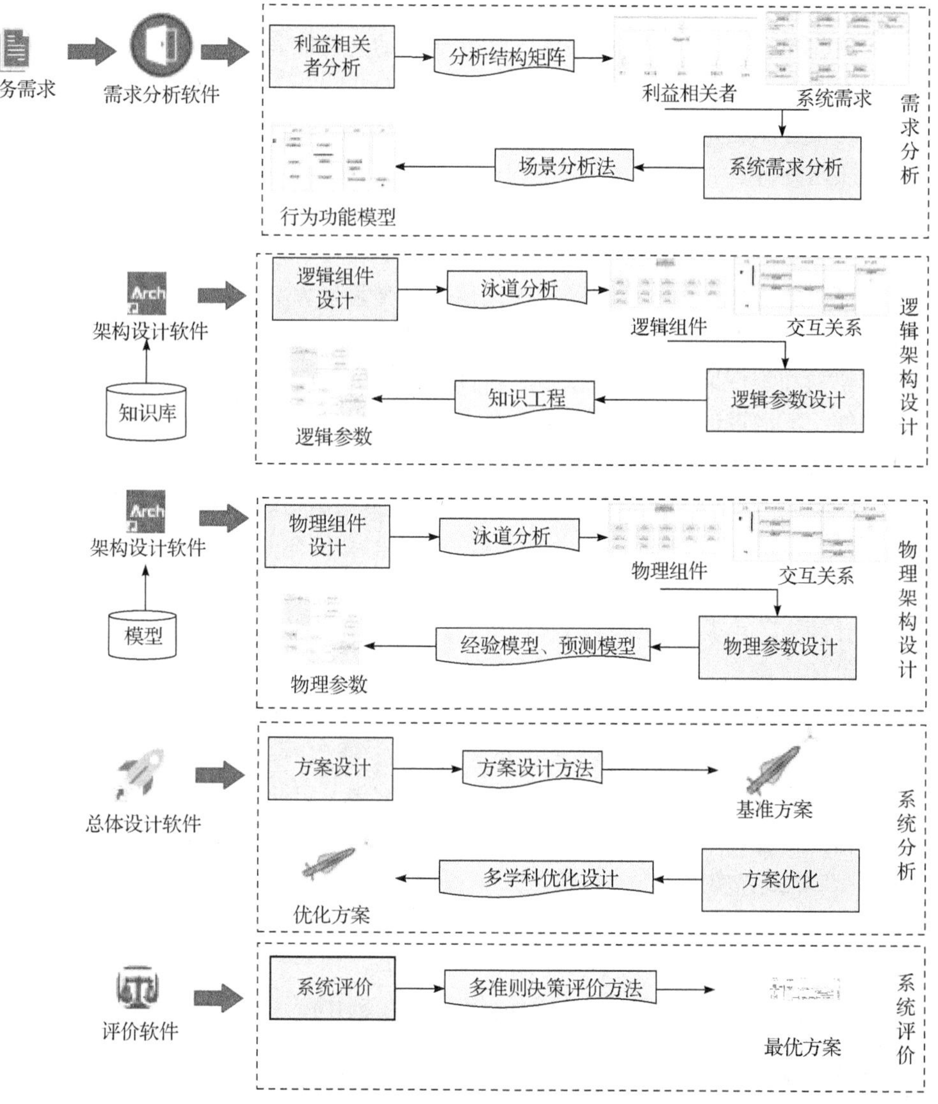

图 7-2 基于 MBSE 的导弹总体设计具体实现步骤

1. 需求分析

将任务需求导入到需求分析软件，采用分析结构矩阵方法进行利益相关者需求分析，得到标准化需求。得到系统需求后，将标准化的系统需求导入到 SysML 软件中，进行系统需求分析。根据系统需求采用场景分析法，构建典型任务场景进行系统功能行为分析，将系统需求转换为系统功能，得到功能模型。该阶段可采用面向动态对象的需求系统(dynamic object oriented requirements system，DOORS)、SysDeSim.req 等需求分析软件，以及 Rhapsody、CSM(cameo systems modeler)、SysDeSim.arch 等 SysML 软件。

2. 逻辑架构设计

采用泳道分析和分配矩阵的方法，在系统功能分配承载功能的逻辑结构上，完成任务场景的逻辑交互。得到逻辑组件后，根据集成的知识库，输入性能需求完成逻辑参数设计，得到逻辑模型。该阶段可采用 Rhapsody、CSM、SysDeSim.arch 等架构设计软件。

3. 物理架构设计

采用泳道分析和分配矩阵的方法，在系统功能分配承载功能的物理结构上，完成任务场景的物理交互。得到物理组件后，根据集成的模型库，输入逻辑参数基于经验和预测模型完成物理参数的快速设计，得到物理模型。该阶段可采用 Rhapsody、CSM、SysDeSim.arch 等架构设计软件。

4. 系统分析

在导弹逻辑模型和物理模型基础上进行导弹基准方案设计和总体性能分析，包括飞行性能、精度、威力、突防、生存能力、经济性、使用和维护性能等。基准方案闭合后，再进行方案优化，构建多学科优化设计问题，通过多学科优化得到最优总体方案。该阶段可采用 MCDesign[4]等总体设计软件。

5. 系统评价

通过多准则决策评价等评估方法对得到的多个最优导弹总体方案的性能指标、参数等进行评价，综合分析得到最佳导弹总体方案。该阶段可采用 SuperDecisions、Expert-Choice 等评价软件。

7.3　导弹设计方案智能推理

7.2 节介绍了基于 MBSE 的模型化导弹设计框架，本节对其中的逻辑参数设计环节给出一种基于智能推理的实现方法，以减少设计过程对经验的依赖并提高设计效率。首先介绍导弹知识智能利用方法，其次整理导弹知识构建导弹设计知识数据库，提出基于特征属性权重混合推理的逻辑参数设计方法，实现基于案例检索和规则推导的导弹逻辑参数混合推理过程，最后以某远程地空导弹为例，基于知识工程进行导弹基准方案智能

推理。

7.3.1 导弹知识智能利用方法

微课

知识工程可以分为知识获取、知识表示、知识推理和知识管理四部分。其核心在于对知识的重复使用，因此知识表示和知识推理是其中的关键环节。通过知识表示环节将知识存储到知识库，再基于知识库进行知识推理获取解决方案。

知识表示是将问题所需知识用规范化的计算机语言表达，存储在计算机中，通过计算机识别来解决问题。知识表示方法主要可以分为框架表示法、产生式规则表示法和面向对象表示法等。

框架表示法是把知识框架分成多个称为“槽”的结构单元，每个槽又能分为“侧面”。明确对象的主要属性和层次结构来保证槽和侧面的合理性和正确性。框架表示法格式如表 7-5 所示。

表 7-5 框架表示法格式

Frame<框架名称>
槽名 1:侧面名 11——值 111，值 112，…… 侧面名 12——值 121，值 122，…… …… 槽名 *n*:侧面名 *n*1——值 *n*11，值 *n*12，…… …… 侧面名 *nm*——值 *nm*1，……，值 *nmm*

框架表示法能够清晰地展示知识之间的层次关系等。在导弹设计领域可以借助框架表示法来搭建知识框架，逐步将导弹设计所涉及的知识、知识类型和知识内容进行分解，从而得到知识表示设计框架，如图 7-3 所示。

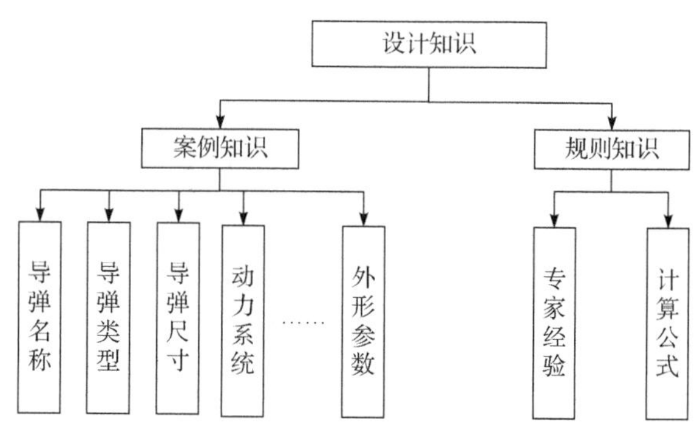

图 7-3 知识表示设计框架

产生式规则表示法常用于人工智能领域，其基于一系列的条件与结论，用于描述知识中的因果关系和推理规则。每条产生式规则由条件部分和结论部分组成，当条件部分与特定情境或数据匹配时，对应的结论部分会被触发执行。产生式规则表示法适用于描述“如果……，那么……”的逻辑关系，其具体形式为 $P \rightarrow Q$ 或 IF P，THEN Q。通过编

写一系列的产生式规则，可以表达复杂的推理过程，使计算机能够根据输入的条件自动执行相应的操作，因此产生式规则表示法在专家系统、推荐系统和各种基于规则的智能应用中被广泛使用。

面向对象表示法是一种用于描述和组织知识的方法，它在计算机科学和软件工程中被广泛应用。这种表示法将现实世界中的事物和概念抽象成对象，并将它们的属性、行为和彼此之间的关系表示为类和对象之间的结构。

在面向对象表示法中，类是一种模板，它定义了一类具有相似属性和行为的对象的通用特征。对象则是类的实例，具有特定的属性和行为。对象间的关系可以通过关联、继承、聚合等方式表示。

面向对象表示法强调数据和行为的封装，使得系统的设计更具模块化和可维护性。面向对象表示法提供了一种直观的方式来模拟现实世界的复杂关系，因此在软件开发中被广泛应用于对象导向编程和建模。与框架表示法相似，面向对象表示法更接近客观世界，其结构性更强。它同时具备的封装性和继承性，使得知识管理和推理工作更为方便，但是这种方法的复杂性相对较高，实现较为困难。

归纳总结得到三种知识表示方法的优缺点如表 7-6 所示。在实际应用中，通常是结合多种知识表示方法来构建知识库，本章采用产生式规则表示法和框架表示法表示导弹知识。

表 7-6　知识表示方法的优缺点

知识表示方法	优点	缺点
框架表示法	与人认知接近，具有结构性	无法表示过程性知识
产生式规则表示法	容易理解、模块性，能够表示不确定性知识	效率不高，无法表示结构性知识
面向对象表示法	模块性、继承性、封装性、多态性、可维护性	复杂、过度抽象、缺乏对动态性的支持

知识推理指基于已知的事实、规则和逻辑，通过逻辑演绎或归纳等方式推导出新的信息、结论或解决方案的过程。输入问题，系统会调用知识库，模拟人类思维来推导求解。目前常用的知识推理方法主要包括基于规则的推理(rule-based reasoning，RBR)、基于案例的推理(case-based reasoning，CBR)和混合推理等。

RBR 是基于一系列的规则进行推理，每条规则描述了特定的条件和相应的操作或结论。当输入的数据或情境满足规则中的条件时，对应的操作或结论就会被触发执行。RBR 适用于解决基于逻辑的问题，其中的规则可以包括各种条件和因果关系。通过编写一系列规则，系统可以根据输入的数据自动执行推理，从而得出新的信息或决策，具体流程如图 7-4 所示。

RBR 具有透明性、解释性、表示直观自然、易理解的优势，广泛应用于专家系统、诊断系统、智能决策系统等领域。但是随着规则数量的增加，管理和维护规则可能变得复杂，RBR 也存在一定的局限性：

(1) 处理复杂的非线性关系和不完全信息时，处理效率低；

(2) 不能表示结构性知识；

(3) 规则库规模较大时，推理速度较慢；

(4) 规则的获取相对困难。

CBR 是通过检索历史案例来解决问题的一种知识推理方法。通过比较相似的历史案例，从中获取有关解决方案的信息，然后将这些信息应用于当前的问题求解过程中，具体推理流程如图 7-5 所示。

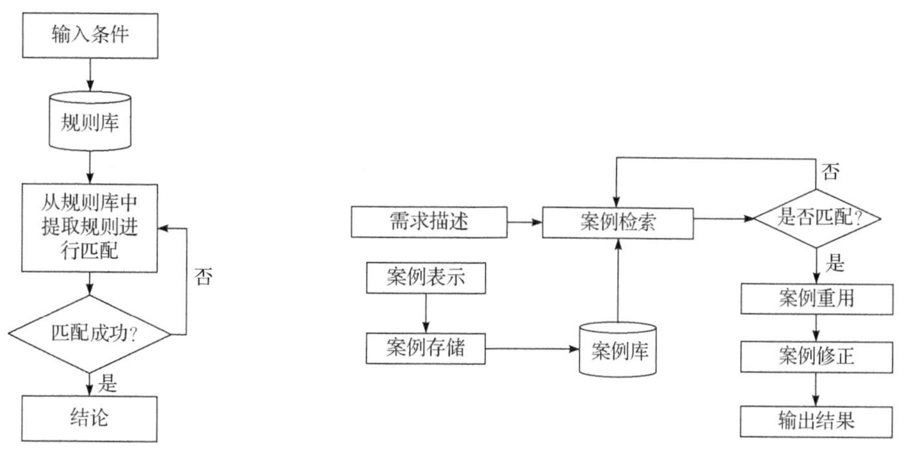

图 7-4　基于规则的推理流程　　图 7-5　基于案例的推理流程

CBR 包含案例表示、案例检索、案例重用、案例修正和案例存储等环节。案例表示指通过分析历史案例，提取关键特征变量，将其表达为案例形式；案例检索指基于特定的算法计算问题案例和历史案例的相似度，按照相似度大小排序，从案例库中检索得到相似历史案例；案例重用指比较问题案例与相似历史案例，选择适用于问题案例的有用部分，根据历史案例提供修改方案；案例修正指参考相似历史案例，对问题案例进行修改，获得适用于当前问题的有效解决方案；案例存储指将问题案例推导过程中获得的知识和对最终方案的应用结果评估后存储到案例库中，完善案例库。

CBR 广泛应用于专家系统、智能搜索和诊断系统等领域。其优势在于能够利用实际案例的经验，减少重复工作，提高问题求解的效率。然而，它也有可能受限于案例库的质量和覆盖范围，对于没有足够相似案例的问题可能效果较差。

混合推理方法指将 CBR 和 RBR 结合，使其优缺点互补，CBR 和 RBR 的优缺点如表 7-7 所示。目前存在四种主要的混合推理方法：以 CBR 为主 RBR 为辅、以 RBR 为主 CBR 为辅、并行推理 CBR 和 RBR、深度融合 CBR 和 RBR。

表 7-7　知识推理方法对比

评判标准	基于规则的推理	基于案例的推理
缺点	缺乏学习能力 知识获取容易 知识表示简单	难以对诊断结果做出解释 知识维护困难 案例检索效率低

续表

评判标准	基于规则的推理	基于案例的推理
优点	推理过程容易理解 诊断速度较快	知识库维护容易 较强自学能力

1) 以 CBR 为主 RBR 为辅

以 CBR 为主 RBR 为辅方法先基于规则计算相似度进行案例检索，或先通过案例检索得到历史案例，再根据规则进行案例修正和评价，适用于样本较多的案例库，是目前混合推理的主要方式。

2) 以 RBR 为主 CBR 为辅

以 RBR 为主 CBR 为辅方法先通过 RBR 推理，如果无法推理出结果，再采用 CBR 来检索历史案例，适用于样本较少的案例库。

3) 并行推理 CBR 和 RBR

并行推理 CBR 和 RBR 方法并行操作 CBR 和 RBR，最后合成最终结果。

4) 深度融合 CBR 和 RBR

深度融合 CBR 和 RBR 方法在知识推理的过程中实现两种推理方法的融合。通常在数据分析阶段结合 RBR 与 CBR，在选择方案时采用 RBR，在案例修正时混合 RBR 与 CBR。该方法较为复杂，难度较大。

7.3.2　导弹设计知识数据库构建

案例知识指获取得到的历史导弹型号。通过世界导弹大全及相关论文搜集到导弹型号 243 例，按照框架表示法提取其外形尺寸、飞行性能、动力形式等关键特征变量，将其表达为案例形式，存储在案例库中。

框架表示法中用特征属性表示其侧面，其特征属性包括序号、导弹名称、导弹类型、射程、速度、目标类型、发射质量、弹长、弹径、战斗部类型、战斗部质量、级数、布局形式、发动机类型和制导体制，详细信息见表 7-8。

表 7-8　导弹特征属性

序号	特征属性	单位
1	序号	—
2	导弹名称	—
3	导弹类型	—
4	射程	km
5	速度	*Ma*
6	目标类型	—
7	发射质量	kg
8	弹长	m

续表

序号	特征属性	单位
9	弹径	m
10	战斗部类型	—
11	战斗部质量	kg
12	级数	—
13	布局形式	—
14	发动机类型	—
15	制导体制	—

其中导弹类型表示导弹所属的分类。根据发射点和目标点位置分为面面导弹、面空导弹、空面导弹、空空导弹四类，用 1～4 编号表示。

以美国的“标准-3”导弹为例，用框架存储为以下形式，如表 7-9 所示。

表 7-9 “标准-3”导弹的主要特征属性

Frame<导弹-38>
序号：38 导弹名称：“标准-3”导弹 导弹类型：1(面空导弹) 射程：500km 速度：3*Ma* 目标类型：1(空中目标) 发射质量：1501kg 弹长：6.58m 弹径：0.34m 战斗部类型：动能战斗部 战斗部质量：23kg 级数：3 布局形式：正常式 发动机类型：固体发动机 制导体制：惯性导航+全球定位系统(global positioning system，GPS)指令修正+红外导引

规则知识分为设计规范、专家知识、公式知识等，通常采用产生式规则表示法表示。将规则知识分为规则描述知识和公式知识。

1. 规则描述知识

规则描述知识分为专家知识和设计规范，通过产生式规则表示法来表示。借鉴了航天飞行器设计、导弹总体设计原理等文献，总结得到的导弹规则描述知识的知识表示如表 7-10 所示。

表 7-10　导弹规则描述知识的知识表示

参数	规则前提	规则描述
战斗部类型	IF 目标类型=空中目标	THEN 战斗部类型=破片战斗部
	IF 目标类型=地面目标	THEN 战斗部类型=聚能装药战斗部 or 爆破战斗部
	……	……
发动机级数	IF 射程≤300km	THEN 发动机级数=1
	IF 300km<射程≤2000km	THEN 发动机级数=2
	IF 射程>2000km	THEN 发动机级数=3
	……	……
发动机类型	IF 4*Ma*≤平均速度	THEN 发动机类型=冲压发动机 or 液体发动机
	IF 1*Ma*≤平均速度<4*Ma*	THEN 发动机类型=固体发动机 or 液体发动机
	IF 平均速度<1*Ma*	THEN 发动机类型=涡轮发动机
	……	……
引信类型	IF 战斗部类型=爆破战斗部	THEN 引信类型=触发引信
	IF 战斗部类型=破片战斗部	THEN 引信类型=近炸引信
	……	……
布局类型	IF 射程>500km	THEN 布局类型=正常式
	IF 0km<射程≤500km	THEN 布局类型=正常式 or 无翼式 or 鸭式
	……	……
探测距离	IF 导引头类型=红外导引头	THEN 探测距离<20km
	IF 导引头类型=雷达导引头	THEN 20km≤探测距离≤200km
	……	……
触发时间	IF 引信类型=触发引信	THEN 触发时间=1ms
	IF 引信类型=近炸引信	THEN 触发时间=10ms
	……	……
案例判断规则	IF 所选案例的共同特征属性>50%	THEN 特征属性=案例的共同属性

2. 公式知识

导弹公式知识指导弹参数计算公式，主要用于导弹性能的初步分析，通常采用产生式规则表示法进行表示。参考航天飞行器设计、航天飞行动力学等文献，收集了导弹设计中性能参数相关公式，存储在规则库中，如表 7-11 所示。

表 7-11　导弹公式知识的知识表示

性能参数	公式
巡航射程	$R = V\frac{I_s}{g}\frac{L}{D}\cdot\ln\frac{m_0}{m_0 - m_f}$
速度	$\Delta v = I_s \cdot \ln\frac{m_0}{m_1}$
平均推力	$F = \int_0^t P\mathrm{d}t$
总冲	$I = I_s \cdot m$
……	……

7.3.3　基于知识工程的导弹基准方案智能推理原理

案例检索是导弹逻辑参数混合推理的关键。目前常用的案例检索算法主要有知识引导法、归纳索引法、神经网络法和 *K* 最近邻域(*K*-nearest neighbor，KNN)法等。知识引导法指根据知识判断特征属性的重要程度，检索结果依赖于知识。归纳索引法指根据特征属性对案例进行分类，重新划分案例组织结构，常结合最近相邻法使用。神经网络法指根据构建神经网络，输入目标需求，检索出最相似的案例，检索速度较快，但易陷入局部最优。*K* 最近邻域法指根据当前所求问题的属性值及其权重，与案例库中样本的属性及其权重按照计算公式求出相似值，选择出相似度最高的多个实例。KNN 法较为常用，具备简单易理解、实现容易的优势，且对于非线性问题具有较好的表现。

采用 KNN 法进行案例检索，通过计算目标与案例之间的距离得到相似度，根据相似度进行排序。相似度越大，代表目标与案例相似程度越高。目前常用的计算距离方法包括欧氏距离、曼哈顿距离和切比雪夫距离，这三种方法都可以用闵可夫斯基距离统一表示。当 t 为 1 时，表示曼哈顿距离；当 t 为 2 时，表示欧氏距离；当 t 为∞时，表示切比雪夫距离：

$$\mathrm{distance_q} = \sqrt[t]{\sum_{k=1}^{n}\left|x_i - y_i\right|^t} \tag{7-1}$$

采用欧氏距离作为计算距离的公式时，通过欧氏距离得到目标与案例的相似度 Sim。距离越近，相似度越大，其相似程度越高。

$$\mathrm{Sim} = \frac{1}{1 + \mathrm{distance}} \tag{7-2}$$

实际计算导弹逻辑参数时，普通权重的距离计算并不能完全找到相似度符合要求的案例，就需要考虑不同特征属性重要性的差异，引入权重进行距离计算。加权距离计算公式为

$$\mathrm{distance} = \sqrt[p]{\sum_{k=1}^{n} w_i\left|x_i - y_i\right|^2} \tag{7-3}$$

特征属性的权重表示各属性的相对重要程度，不同的权重会导致检索结果不同。目前计算权重的方法主要分为主观赋权法、客观赋权法和混合赋权法。

主观赋权法指根据行业专家经验得到属性权重，其主观依赖性强，结果可能存在较大差异。常见的主观赋权法有层次分析法、主因子法、专家打分法和模糊综合评价法等。客观赋权法指基于现有数据进行权重赋值的方法，避免了主观差异的干扰，但这种方法对数据要求较高，需要大量数据以全面反映知识。常见的客观赋权法有熵权法、CRITIC 法和灰色关联度法等。混合赋权法指将上述两种方法结合起来使用，进行优劣互补，兼顾了专家经验和客观数据。

采用混合赋权法确定特征属性权重，其中主观权重使用层次分析法计算，客观权重使用 CRITIC 法计算，再将两者的结果结合得到特征属性权重。

1. *层次分析法*

层次分析法(analytic hierarchy process，AHP)用于决策分析和多准则决策，可以帮助决策者在复杂的决策情境中进行权重的确定和比较。AHP 的主要思想是将复杂的问题层次化，将问题分解成多个层次的子问题，然后通过对子问题进行逐级比较，最终得出权重的相对大小。基于 AHP 的权重确定法计算步骤如下。

(1) 设计者根据实例属性建立层次结构。

(2) 比较各特征属性指标，判断指标的相对重要度 b_{ij}，建立权重判断矩阵 $\boldsymbol{B}=\left(b_{ij}\right)_{m\times m}$：

$$\boldsymbol{B}=\begin{pmatrix} b_{11} \cdots b_{1m} \\ b_{21} \cdots b_{2m} \\ \vdots \qquad \vdots \\ b_{m1} \cdots b_{mm} \end{pmatrix} \tag{7-4}$$

式中，标度值 b_{ij} 表示指标 $\boldsymbol{B}_i$ 相较于 $\boldsymbol{B}_j$ 的重要程度，一般采用 1～9 标度法来量化，重要度标度法如表 7-12 所示。

表 7-12　重要度标度法

重要度	1	3	5	7	9	2、4、6、8
说明	同等重要	稍微重要	明显重要	非常重要	特别重要	介于中间

(3) 计算权重判断矩阵的最大特征值 $\lambda_{\max}$ 和特征向量 $\boldsymbol{\xi}$，特征向量表示此层因素对于上层因素的权重值。

(4) 一致性检验：

$$\mathrm{CI}=\frac{\lambda_{\max}-n}{n-1} \tag{7-5}$$

式中，n 表示指标数量。

(5) 计算一致性比例 CR，根据权重判断矩阵阶数确定 RI 值，如表 7-13 所示。

$$CR = \frac{CI}{RI} \tag{7-6}$$

表 7-13 权重判断矩阵阶数与 RI 值关系

矩阵阶数	1	2	3	4	5	6	7	8	9
RI 值	0.00	0.00	0.58	0.90	1.12	1.24	1.321	1.41	1.45

若 CR<0.1，代表通过一致性检验；若没有通过一致性检验，需重复上述步骤，直到通过一致性检验为止。

2. CRITIC 法

基于指标相关性的权重赋权法是一种基于数据波动性的客观赋权法。其核心在于对比强度和冲突性指标。用标准差表示对比强度，标准差越大，表示波动越大，权重越高；用相关系数表示冲突性，相关系数值越大，表示冲突性越小，权重越低。计算权重时，将对比强度和冲突性指标相乘，再归一化处理就得到权重。CRITIC 法计算权重的步骤如下。

1) 无量纲处理

CRITIC 法通常使用正向或逆向处理。如果所用指标值越大越好，则采用正向处理：

$$x'_{ij} = \frac{x_j - x_{\min}}{x_{\max} - x_{\min}} \tag{7-7}$$

反之，采用逆向处理：

$$x'_{ij} = \frac{x_{\max} - x_j}{x_{\max} - x_{\min}} \tag{7-8}$$

2) 信息承载量计算

CRITIC 法基于对比强度和冲突性进行权重计算。用标准差 σ_j 表示第 j 项指标的对比强度：

$$\begin{cases} \bar{x}_j = \dfrac{1}{n}\sum_{i=1}^{n} x_{ij} \\ \sigma_j = \sqrt{\dfrac{\sum_{i=1}^{m}\left(x'_{ij} - \bar{x}_j\right)}{m-1}} \end{cases} \tag{7-9}$$

用相关系数 f_j 表示冲突性：

$$f_j = \sum_{i=1}^{m}\left(1 - r_{ij}\right) \tag{7-10}$$

式中，r_{ij} 表示评价指标 i 和 j 的皮尔逊相关系数。

信息承载量 $\boldsymbol{C}_j$ 表示为

$$\boldsymbol{C}_j = \sigma_j f_j \tag{7-11}$$

3) 客观权重计算

客观权重 $\boldsymbol{W}_j$ 表示为

$$\boldsymbol{W}_j = \frac{\boldsymbol{C}_j}{\sum_{j=1}^{n} \boldsymbol{C}_j} \tag{7-12}$$

3. 混合权重法

将 AHP 与 CRITIC 法结合起来，分别计算两种方法的赋权结果，组合得到混合权重：

$$\boldsymbol{w}_{\text{mix}} = \frac{\sqrt{\boldsymbol{w}_{\text{sub}_j} \boldsymbol{w}_{\text{obj}_j}}}{\sum_{j=1}^{n} \sqrt{\boldsymbol{w}_{\text{sub}_j} \boldsymbol{w}_{\text{obj}_j}}}, \quad j = 1, 2, \cdots, n \tag{7-13}$$

案例库规模相比于规则库较大，故采用混合推理方法中的以 CBR 为主 RBR 为辅的推理方式[5-6]进行逻辑参数设计的知识推理，具体推理流程如图 7-6 所示。

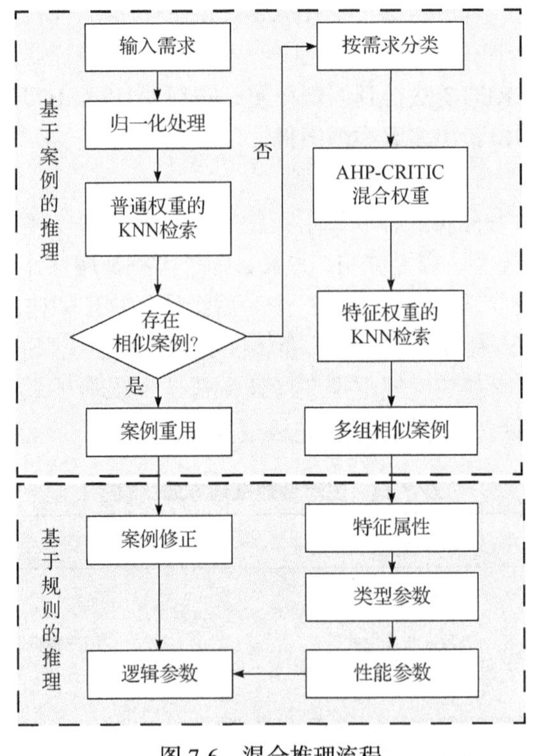

图 7-6　混合推理流程

1) 数据归一化处理

把数据转换成[0,1]区间的数，把有量纲的数转化成无量纲的表达式。采用 Min-Max 标准化方法，对特征属性 $x_1, x_2, \cdots, x_n$ 进行变换，得到无量纲的新属性 $y_1, y_2, \cdots, y_n \in [0,1]$。

$$y_i = \frac{x_i - \min\limits_{1\leqslant j\leqslant n}\{x_j\}}{\max\limits_{1\leqslant j\leqslant n}\{x_j\} - \min\limits_{1\leqslant j\leqslant n}\{x_j\}} \tag{7-14}$$

2) 普通权重的 KNN 检索

先判断目标需求的导弹类型，在该导弹类型的案例库进行检索，取射程、速度、发射质量等多个特征属性作为检索重点，所有特征属性权重值之和为 1，根据 KNN 进行案例检索，此时取 $K=1$，判断是否存在类似历史案例：

$$\boldsymbol{w} = \left(\frac{1}{n}, \frac{1}{n}, \frac{1}{n}, \cdots, \frac{1}{n}\right)^{\mathrm{T}} \tag{7-15}$$

若相似度小于 0.8，则表示无类似历史案例，进入步骤 4)。若相似度大于等于 0.8，则表示存在类似历史案例，进入步骤 3)。

3) 基于规则的推理——案例修正

案例检索得到相似案例后，根据规则进行案例修正，对历史案例进行特征属性修改，获得适用于当前问题的有效解决方案。

4) 基于 AHP-CRITIC 的特征属性权重案例检索

若不存在相似案例，则进行基于 AHP-CRITIC 的特征属性权重案例检索。首先采用 AHP 对需求进行排序，通过比较射程、速度、发射质量等特征属性的重要度，得到多个主观权重；其次根据 CRITIC 法得到客观权重，进行 AHP-CRITIC 混合权重的计算；最后基于特征权重的案例检索出多组类似案例。

5) 基于规则的推理——逻辑参数推理

比对每组各案例的特征属性，取每组案例中占比最高的导弹类型、战斗部类型、级数、布局形式、发动机类型、制导体制、弹长、弹径等特征属性作为基准属性。对其中的弹长、弹径等约束参数取基准属性极值，作为后续设计物理架构的参考。级数、布局形式、发动机类型、制导体制等参数，将基准属性的值与基于规则的推理结果展示给用户，由用户确定。其余的逻辑参数由规则推理得到，其具体推理方式及顺序如表 7-14 所示。表中 1～4 表示顺序先后，1 代表推理优先级最高。

表 7-14 逻辑参数推理方式及顺序

顺序	参数	推理方式
1	弹长、弹径	案例推理
2	级数、布局形式、发动机类型、制导体制	用户根据基准属性的值与基于规则的推理结果确定
3	战斗部类型、控制方式、威力参数、引信类型、探测距离、探测精度、升阻性能、结构形式	规则描述知识推理
4	总冲、平均推力	公式知识推理

7.3.4　导弹智能推理方案应用

本小节采用上述基于知识工程的逻辑架构参数推理方法，以某远程地空导弹为设计目标，进行逻辑架构设计，得到导弹设计基准方案。

1. 需求分析

某远程地空导弹的拦截目标主要包括预警机、空中加油机、远程轰炸机等高价值战略对象。某远程地空导弹目标特性如表 7-15 所示。

表 7-15　某远程地空导弹目标特性

目标	飞行高度/km	巡航速度/*Ma*	机动能力	特点
预警机	8～10	0.6～0.9	差	监测敌方目标，指挥己方武器作战
空中加油机	9～12	0.6～0.8	差	战机补充燃料，增大作战范围
远程轰炸机	8～15	0.6～0.95	中	飞行距离远，载弹量大

根据上述目标特性，某远程地空导弹的作战任务剖面如图 7-7 所示，包括发射爬升、中制导、末制导三个阶段。其中，发射爬升段指导弹从地面发射加速到高空；中制导段指导弹接收外部制导信号，对飞行轨迹进行实时修正以接近目标；末制导段指导弹进行精确制导接近目标实现有效打击。

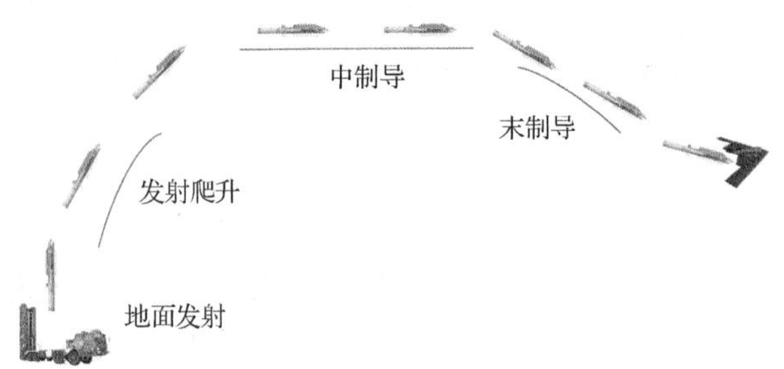

图 7-7　某远程地空导弹的作战任务剖面图

由上述目标特性可知，远程地空导弹必须具备射程远、速度高、体积小、作战反应时间短等特点。详细设计需求如下。

需求 1：攻击目标为预警机等高价值战略武器，考虑目标的机动能力和防御部署，要求导弹射程不小于 2000km；

需求 2：轻量化设计，质量不大于 3.5t，具有较低的生产成本；

需求 3：打击高速目标，飞行时间短，具备突防能力；

需求 4：采用小型化设计，能在发射车上发射，弹长不大于 10m，直径不大于 0.8m，应方便运输和存储。

2. 逻辑架构设计

远程地空导弹的逻辑组件分解形式参照一般导弹逻辑组件，仅对推进系统下的动力

装置数量做出改变，可以得到某远程地空导弹的逻辑组件如表 7-16 所示。

表 7-16 某远程地空导弹的逻辑组件

第一层逻辑组件	第二层逻辑组件	第三层逻辑组件
某远程地空导弹系统	推进系统	一级动力装置
		二级动力装置
	引战系统	毁伤装置
		引信装置
	制导控制系统	导引装置
		控制装置
	总体结构	外形结构
	电气系统	电源装置

分解完成后，用 SysML 中的模块定义图来表示导弹逻辑架构，图 7-8 描述了某远程地空导弹逻辑组件的层次。

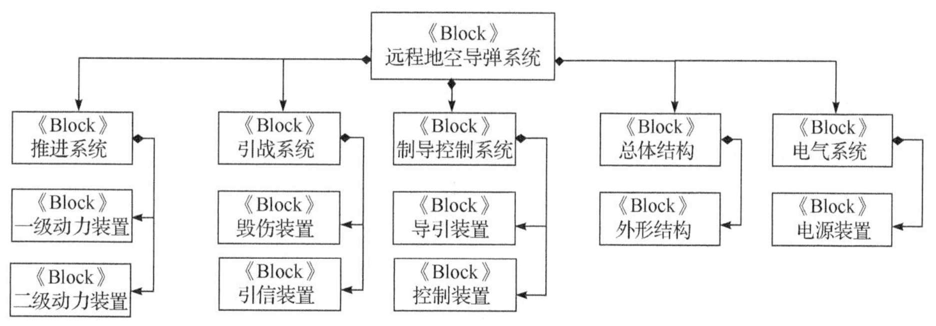

图 7-8 某远程地空导弹逻辑组件的层次

逻辑组件的层次分解完成后，将定义各底层逻辑组件之间的交互实现任务场景。在飞行主任务场景中，由一级动力装置、二级动力装置提供动力，配合电源装置、外形结构、导引装置、控制装置、引信装置、毁伤装置，完成飞行任务，如图 7-9 所示。

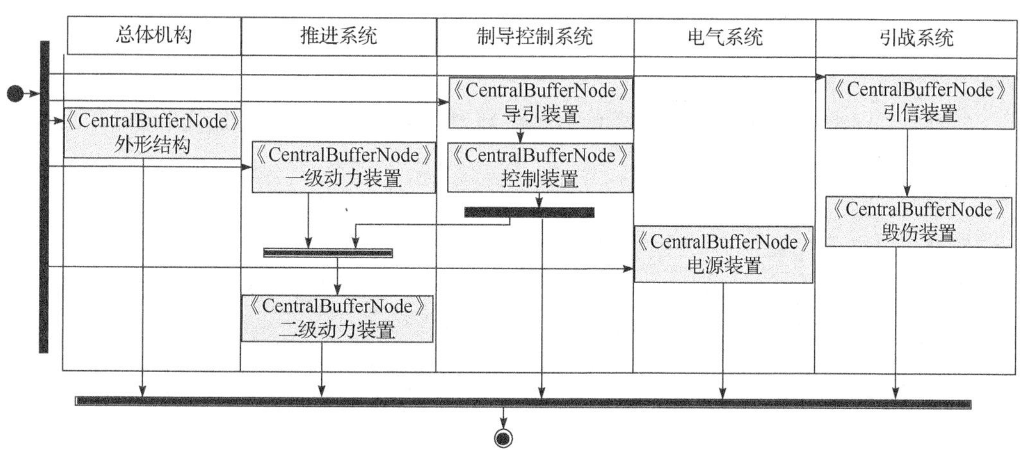

图 7-9 某远程地空导弹飞行主任务场景逻辑组件关系

在助推飞行场景中，由一级动力装置提供动力，配合电源装置、外形结构、控制装置，导弹开始向上爬升，完成助推飞行，如图 7-10 所示。

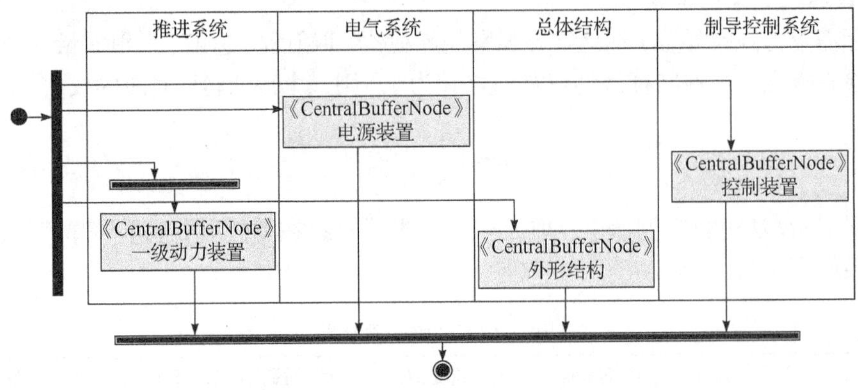

图 7-10　某远程地空导弹助推飞行场景逻辑组件关系

在巡航飞行场景中，由一级动力装置转到二级动力装置提供动力，配合电源装置、外形结构、导引装置、控制装置和外部的侦察卫星，完成巡航飞行，如图 7-11 所示。

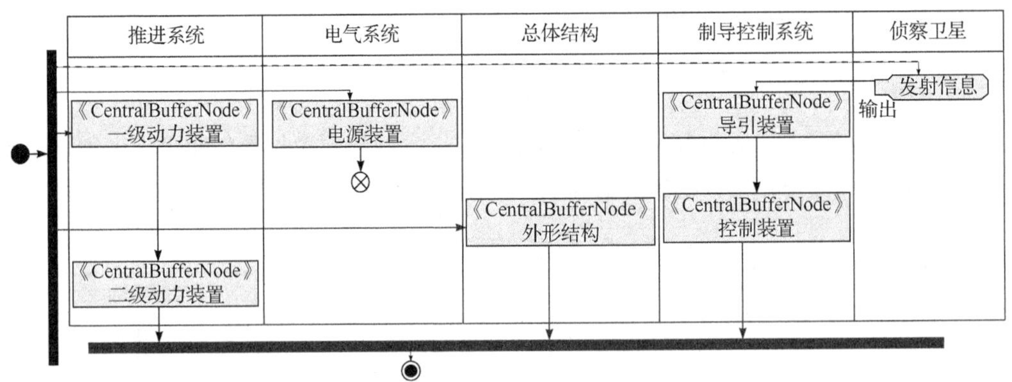

图 7-11　某远程地空导弹巡航飞行场景逻辑组件关系

在毁伤场景中，由导引装置定位信息后，引导导弹接近目标，通过控制装置改变气动力面的角度更改轨迹来接近目标，待目标进入杀伤范围内，引信装置发出信号，毁伤装置工作，完成任务，如图 7-12 所示。

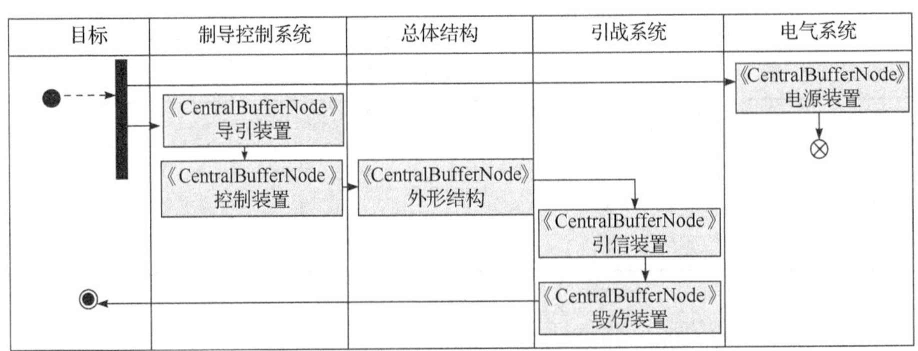

图 7-12　某远程地空导弹毁伤场景逻辑组件关系

3. 逻辑参数推理

1) 普通权重案例检索

目标需求为地空导弹，在地空导弹案例库检索。取射程、速度、发射质量三个特征属性作为检索重点，所有特征属性权重值之和为 1，则三个特征属性对应的权重为

$$\boldsymbol{w}=\left(\frac{1}{3},\frac{1}{3},\frac{1}{3}\right)^{\mathrm{T}} \tag{7-16}$$

根据 KNN 法进行案例检索，取 $K=1$，判断是否存在类似历史地空导弹案例，初始检索结果如表 7-17 所示。

表 7-17　初始检索结果

案例号	名称	射程/km	速度/*Ma*	发射质量/kg	距离/km	相似度
38	“标准-3”	500	3	1501	1.759	0.363

相似度小于 0.8，表示无类似历史案例，基于特征属性权重赋值法进行案例检索。

2) 基于 AHP-CRITIC 的权重案例检索

(1) 层次分析法确定主观权重。

采用层次分析法，通过比较射程、速度、发射质量三个主要指标的重要度，构建权重判断矩阵。根据需求分成射程和速度两组设计权重，构建两个权重判断矩阵来展示对比结果，得到的权重判断矩阵的标度值和权重判断矩阵如表 7-18～表 7-20 所示。

表 7-18　权重判断矩阵的标度值

组	射程/km	速度/*Ma*	发射质量/kg
*B*1	9	3	1
*B*2	3	9	1

表 7-19　权重判断矩阵 *B*1

指标	射程/km	速度/*Ma*	发射质量/kg
射程	1	0.33	1/9
速度	3	1	1/3
发射质量	9	3	1

表 7-20　权重判断矩阵 *B*2

指标	射程/km	速度/*Ma*	发射质量/kg
射程	1	3	1
速度	0.33	1	1/9
发射质量	3	9	1

计算得到最大特征值 $\lambda_{\max}$ 和特征向量 ξ：

$$\lambda_{\max 1}=3\text{，}\quad \xi_1=(0.943,0.31,0.10)^{\mathrm{T}} \tag{7-17}$$

$$\lambda_{\max 2}=3\text{，}\quad \xi_2=(0.31,0.943,0.10)^{\mathrm{T}} \tag{7-18}$$

计算一致性指标：

$$\mathrm{CR}_1=\frac{\mathrm{CI}}{\mathrm{RI}}=0<0.1 \tag{7-19}$$

$$\mathrm{CR}_2=\frac{\mathrm{CI}}{\mathrm{RI}}=0<0.1 \tag{7-20}$$

一致性检验通过，两组需求主观权重为

$$\boldsymbol{w}_{\mathrm{sub1}}=(0.6923,0.2308,0.0769)^{\mathrm{T}} \tag{7-21}$$

$$\boldsymbol{w}_{\mathrm{sub2}}=(0.2308,0.6923,0.0769)^{\mathrm{T}} \tag{7-22}$$

(2) CRITIC 法确定客观权重。

根据式(7-23)，计算得出信息承载量结果：

$$\boldsymbol{C}_j=(0.4864,0.5955,0.4852)^{\mathrm{T}} \tag{7-23}$$

CRITIC 法确定客观权重为

$$\boldsymbol{w}_{\mathrm{obj}}=(0.3435,0.4526,0.2039)^{\mathrm{T}} \tag{7-24}$$

(3) 确定主客观组合权重为

$$\boldsymbol{w}_{\mathrm{mix1}}=(0.5210,0.3452,0.1338)^{\mathrm{T}} \tag{7-25}$$

$$\boldsymbol{w}_{\mathrm{mix2}}=(0.2913,0.5791,0.1296)^{\mathrm{T}} \tag{7-26}$$

(4) 基于特征权重的案例检索。

采用 K 最近邻域法分别对两组混合权重进行案例检索，取 $K=5$，便于后续进行案例分析总结。根据特征属性的权重案例检索结果如表 7-21 和表 7-22 所示。

表 7-21　权重 1 案例检索结果

案例号	114	130	121	140	133
导弹名称	大力士 SS-N-21/石榴石	撑杆(Kent)AS-15A,B	战斧对陆攻击导弹(TLAM) Block3	战斧空射巡航导弹(TALCM) AGM-109	核战术空面导弹(TASM-N)
导弹类型	面面导弹	空面导弹	空面导弹	空面导弹	空面导弹
射程/km	1630	2500	1667	2360	800
速度/*Ma*	0.7	0.8	0.72	0.75	2.5
目标类型	地面目标	地面目标	地面目标	空中目标	地面目标
发射质量/kg	1700	1500	1362	1271	1100
弹长/m	8.09	6.04	6.24	6.06	5.54

续表

案例号	114	130	121	140	133
弹径/m	0.51	0.51	0.517	0.517	0.54
战斗部类型	核弹头	高爆战斗部	动能战斗部	核弹头	核弹头
战斗部质量/kg	410	410	318	122.5	250
级数	2	2	2	1	1
布局形式	正常式布局	正常式布局	正常式布局	正常式布局	无翼式
发动机类型	固推+涡扇	固推+涡扇	固推+涡扇	涡扇	火箭冲压
制导体制	惯导+地形匹配 TERCOM	惯导+ TERCOM	惯导+GPS+数字式景象匹配区域相关器(DSMAC)2A	惯导+TERCOM	地形匹配修正的惯导
距离值	0.1562	0.172	0.181	0.184	0.185
相似度	0.865	0.853	0.847	0.845	0.844

表 7-22　权重 2 案例检索结果

案例号	143	38	123	133	2
导弹名称	先进战略空射导弹(ASALM)	标准-3	远程空地导弹(ASLP)	核战术空面导弹(TASM-N)	天弓-2(SkyBow2)
导弹类型	空面导弹	面空导弹	空面导弹	空面导弹	面空导弹
射程/km	575	500	600	800	200
速度/Ma	3.5	3	3	2.5	4.3
目标类型	地面目标	空中目标	地面目标	地面目标	空中目标
发射质量/kg	1225	1501	1000	1100	1135
弹长/m	4.27	6.58	5.54	5.54	5.7
弹径/m	0.635	0.34	0.45	0.54	0.42
战斗部类型	核弹头	动能战斗部	核弹头	核弹头	破片战斗部
战斗部质量/kg	200	23	180	250	29
级数	2	3	1	1	1
布局形式	正常式布局	正常式布局	无翼式布局	无翼式布局	无翼式布局
发动机类型	固推+冲压	固推	火箭冲压	火箭冲压	固体火箭
制导体制	惯导+TERCOM	惯导+GPS 指令修正+红外	惯导+地形跟踪	地形匹配修正的惯导	惯导+指令修正+主动雷达
距离值	0.21	0.23	0.23	0.231	0.256
相似度	0.826	0.814	0.813	0.812	0.796

3) 规则推理

比对每组各案例的特征属性，找出每个特征属性在案例中占比最高的特征属性作为各组的基准属性，得到的基准属性如表 7-23 所示。

表 7-23　推理得到的两组基准属性

特征属性	权重 1 基准属性	权重 2 基准属性
导弹类型	空面导弹	空面导弹
射程/km	800～2500	200～800
速度/*Ma*	0.6～2.5	2.5～4.3
弹长/m	5.54～8.09	4.26～6.58
弹径/m	0.51～0.54	0.34～0.635
战斗部类型	核弹头	核弹头
级数	2	1
布局形式	正常式布局	无翼式布局
发动机类型	固推+涡扇	冲压
制导体制	惯导+TERCOM	惯导+指令修正+雷达

参考基准属性得到弹身直径在 0.34～0.635m，弹长在 4.26～8.09m。级数、布局形式、发动机类型、制导体制等参数与规则推理得到的结果比对后，选择采用固推+冲压的 2 级动力、正常式布局和雷达导引。再根据规则推出其他参数，得到的逻辑组件及参数如表 7-24 所示。

表 7-24　某远程地空导弹的逻辑组件及参数

第三层逻辑组件	逻辑参数	逻辑参数值
一级动力装置	发动机类型	固体火箭发动机
	总冲	3881.94kN·s
	平均推力	64.6kN
二级动力装置	发动机类型	液体冲压发动机
	总冲	8510.28kN·s
	平均推力	5.67kN
毁伤装置	战斗部类型	破片战斗部
	威力参数	50m
引信装置	引信类型	近炸引信
	触发时间	10ms
导引装置	导引类型	雷达导引头
	探测距离	200km
	探测精度	1m

续表

第三层逻辑组件	逻辑参数	逻辑参数值
控制装置	控制形式	STT(侧滑转弯控制)
	控制精度	5%
外形结构	布局形式	正常式 XX 布局
	结构形式	整体式结构
	升阻性能	升阻比为 2
电源装置	能源功率	1685.6W

7.4 本章小结

MBSE 采用更加科学化的方式支撑产品需求、设计、分析、验证和确认活动，将成为飞行器研制的主要手段。然而，在导弹领域，目前 MBSE 各环节过多依赖于设计人员对系统工程的认知和专业经验，缺少规范化的流程及支撑方法。本章主要讨论了基于 MBSE 的导弹总体设计方法。首先根据 MBSE 方法理论结合导弹设计知识，提出了一种基于 MBSE 的导弹总体设计方法；其次引入知识工程进行逻辑参数设计，提出导弹智能设计原理流程，支持导弹逻辑参数和物理参数设计，实现导弹基准方案的自动化、智能化推理；最后结合 MDO，将导弹基准方案与方案优化自动结合，得到导弹最优方案，形成自动化、智能化、规范化的导弹智能总体设计流程。

习题

7.1 模型化系统工程的概念是什么？
7.2 模型化系统工程原理及实施框架是什么？
7.3 面向 MBSE 的模型化导弹设计流程分为哪几步？
7.4 简述导弹设计全过程的智能化框架和流程。
7.5 导弹知识智能利用原理和策略是什么？
7.6 导弹设计知识数据库构建方法是什么？
7.7 基于知识工程的导弹基准方案智能推理原理是什么？
7.8 导弹智能推理方案应用流程是什么？

参考文献

[1] 张新国. 系统工程手册[M]. 北京：机械工业出版社, 2014.
[2] JEFF A E. Survey of model-based systems engineering (MBSE) methodologies[R]. Jet Propulsion Laboratory, California Institute of Technology, 2008.

[3] SCHINDEL W D. Handbook of Model-Based Systems Engineering[M]. Cham: Springer, 2022.

[4] KAPURCH S J. NASA Systems Engineering Handbook[M]. Darby: DIANE Publishing, 2010.

[5] FRIEDENTHAL S, MOORE A, STEINER R. A Practical Guide to SysML: The Systems Modeling Language[M]. San Francisco: Morgan Kaufmann, 2015.

[6] 粟华,方施喆,田昆效,等. 基于 MBSE 的地空导弹总体方案设计[J].图学学报, 2024, 45(2):268-276.